지역농협 6급

최신기출유형 + 모의고사 7회 + 무료NCS특강

시대에듀

2025 최신판 시대에듀 All-New NCS 지역농협 6급 필기시험
최신기출유형 + 모의고사 7회 + 무료NCS특강

Always **with you**

사람의 인연은 길에서 우연하게 만나거나 함께 살아가는 것만을 의미하지는 않습니다.
책을 펴내는 출판사와 그 책을 읽는 독자의 만남도 소중한 인연입니다.
시대에듀는 항상 독자의 마음을 헤아리기 위해 노력하고 있습니다. 늘 독자와 함께하겠습니다.

머리말 PREFACE

농협은 농업인의 경제적 · 사회적 · 문화적 지위 향상과 국민경제의 균형 있는 발전을 위해 1961년 창립되었다. 농업인의 복지 증진과 농촌 발전의 주역으로서 그 역할을 충실히 수행하고 있으며, 농업인이 전액 출자하고 농업인 대표에 의해 운영되는 자주적 생산자 단체이다. 창립 이래 지도 · 경제 · 신용 · 공제 사업 등 다양한 사업을 추진하는 종합 농협의 면모를 갖추어 국민의 생명 창고인 농업을 지원 · 육성하고 있다.

지역농협은 인재를 채용하기 위해 인 · 적성평가 및 직무능력평가를 실시하고 있다. 인 · 적성평가란 개인의 성격이 지원한 기업과 업무에 부합하는지 객관적으로 파악 · 판단하기 위한 검사이고, 직무능력평가는 직무에 필요한 능력을 보유하고 있는지 측정하는 검사이다.

이에 시대에듀에서는 지역농협 6급 필기시험을 준비하는 수험생들이 시험에 효과적으로 대응할 수 있도록 다음과 같은 특징의 본서를 출간하게 되었다.

도서의 특징

1. 2024년 하반기 기출복원문제를 수록하여 최근 출제경향을 한눈에 파악할 수 있도록 하였다.
2. NCS 직무능력평가 영역별 대표기출유형과 기출응용문제를 수록하여 체계적인 학습이 가능하도록 하였다.
3. 70문항 유형/60문항 유형으로 구성된 최종점검 모의고사 4회분을 수록하여 자신의 실력을 스스로 평가할 수 있도록 하였다.
4. 지역농협 기초 상식을 수록하여 필기시험을 빈틈없이 준비하도록 하였다.
5. 지역농협 인재상과의 적합 여부를 판별할 수 있는 인 · 적성평가와 면접 기출 질문을 수록하여, 한 권으로 채용 전반에 대비할 수 있도록 하였다.

끝으로 본서가 지역농협 6급 필기시험을 준비하는 여러분 모두에게 합격의 기쁨을 전달하기를 진심으로 기원한다.

SDC(Sidae Data Center) 씀

INTRODUCE

지역농협 기업분석

◇ 비전 2030

비전 변화와 혁신을 통한 새로운 대한민국 농협

슬로건 희망농업, 행복농촌 농협이 만들어간다.

◇ 핵심가치

- 국민에게 사랑받는 농협
- 농업인을 위한 농협
- 지역 농축협과 함께하는 농협
- 경쟁력 있는 글로벌 농협

◇ 혁신전략

농업인 · 국민과 함께 농사같이(農四價値)운동 전개

중앙회 지배구조 혁신과 지원체계 고도화로 농축협 중심의 농협 구현

디지털 기반 생산 · 유통 혁신으로 미래 농산업 선도, 농업소득 향상

금융부문 혁신과 디지털 경쟁력을 통해 농축협 성장 지원

미래 경영과 조직문화 혁신을 통해 새로운 농협으로 도약

◇ 심볼마크

「V」꼴은 「농」자의 「ㄴ」을 변형한 것으로 싹과 벼를 의미하여 농협의 무한한 발전을, 「V」꼴을 제외한 아랫부분은 「업」자의 「ㅇ」을 변형한 것으로 원만과 돈을 의미하며 협동 단결을 상징한다. 또한, 마크 전체는 「협」자의 「ㅎ」을 변형한 것으로 「ㄴ+ㅎ」은 농협을 나타내고 항아리에 쌀이 가득 담겨 있는 형상을 표시하여 농가 경제의 융성한 발전을 상징한다.

◇ 커뮤니케이션 브랜드

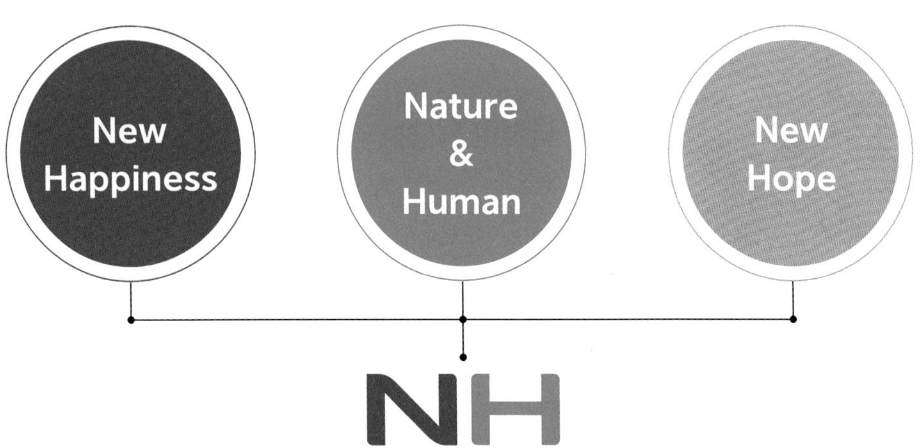

[NH]는 고객과의 커뮤니케이션을 위해 농협의 이름과는 별도로 사용되는 영문 브랜드로 미래지향적이고 글로벌한 농협의 이미지를 표현하고 있다.

◇ 인재상

시너지 창출가

항상 열린 마음으로 계통 간, 구성원 간에 존경과 협력을 다하여
조직 전체의 성과가 극대화될 수 있도록 시너지 제고를 위해 노력하는 인재

행복의 파트너

프로다운 서비스 정신을 바탕으로
농업인과 고객을 가족처럼 여기고 최상의 행복 가치를 위해 최선을 다하는 인재

최고의 전문가

꾸준한 자기계발을 통해 자아를 성장시키고,
유통 · 금융 등 맡은 분야에서 최고의 전문가가 되기 위해 지속적으로 노력하는 인재

정직과 도덕성을 갖춘 인재

매사에 혁신적인 자세로 모든 업무를 투명하고 정직하게 처리하여
농업인과 고객, 임직원 등 모든 이해관계자로부터 믿음과 신뢰를 받는 인재

진취적 도전가

미래지향적 도전의식과 창의성을 바탕으로 새로운 사업과 성장동력을 찾기 위해
끊임없이 변화와 혁신을 추구하는 역동적이고 열정적인 인재

◇ 농협이 하는 일

교육지원부문

농업인의 권익을 대변하고 농업 발전과 농가 소득 증대를 통해 농업인 삶의 질 향상에 도움을 주고 있다. 또한 또 하나의 마을 만들기 운동 등을 통해 농업 · 농촌에 활력을 불어넣고 농업인과 도시민이 동반자 관계로 함께 성장 · 발전하는 데 기여하고 있다.

교육지원사업 : 농 · 축협 육성 · 발전 지도, 영농 및 회원 육성 · 지도, 농업인 복지 증진, 농촌사랑 · 또 하나의 마을 만들기 운동, 농정활동 및 교육사업, 사회공헌 및 국제 협력 활동 등

경제부문

농업인이 영농활동에 안정적으로 전념할 수 있도록 생산 · 유통 · 가공 · 소비에 이르기까지 다양한 경제사업을 지원하고 있다. 경제사업 부문은 크게 농업경제 부문과 축산경제 부문으로 나누어지며, 농축산물 판로확대, 농축산물 유통구조 개선을 통한 농가소득 증대와 영농 비용 절감을 위한 사업에 주력하고 있다.

농업경제사업 : 영농자재(비료, 농약, 농기계, 면세유 등) 공급, 산지유통혁신, 도매사업, 소비지유통 활성화, 안전한 농식품 공급 및 판매

축산경제사업 : 축산물 생산, 도축, 가공, 유통, 판매 사업, 축산 지도(컨설팅 등), 지원 및 개량사업, 축산기자재(사료 등) 공급 및 판매

금융부문

농협의 금융사업은 농협 본연의 활동에 필요한 자금과 수익을 확보하고, 차별화된 농업금융 서비스 제공을 목적으로 하고 있다. 금융사업은 시중 은행의 업무 외에도 NH카드, NH보험, 외국환 등의 다양한 금융 서비스를 제공하여 가정경제에서 농업경제, 국가경제까지 책임을 다해 지켜나가는 우리나라의 대표 금융기관이다.

상호금융사업 : 농촌지역 농업금융 서비스 및 조합원 편익 제공, 서민금융 활성화

농협금융지주 : 종합금융그룹(은행, 보험, 증권, 선물 등)

INFORMATION

신규직원 채용 안내

◇ 응시자격

❶ 연령/학력/학점/어학점수 제한 없음

❷ 채용공고일 전일 기준 본인 · 부 · 모 중 1인의 주민등록상 주소지가 응시 가능 주소지 내에 있는자

※ 남자는 병역필 또는 면제자에 한함(지정일까지 병역필 가능한 자 포함)

◇ 채용절차

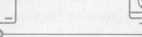

- 서류접수
- 자기소개서 심사

- 필기시험
  (인 · 적성 및 직무능력평가)

- 면접시험
- 신체검사

- 최종합격

◇ 필기시험

구분	영역		유형	시험시간	비고
1	인 · 적성평가		151문항/200문항/210문항 유형	25분/30분	–
2	직무능력평가	의사소통능력 수리능력 문제해결능력 자원관리능력 조직이해능력	70문항 유형	70분	5지선다
			60문항 유형	60분/70분	4지선다

◇ 시험유형

구분	채용지역	비고
60문항/60분	서울, 강원	4지선다
60문항/70분	인천, 충북, 충남 · 세종, 광주, 전북, 전남, 경북 · 대구, 부산, 제주	4지선다
70문항/70분	경기, 경남	5지선다

※ 상기 지역별 시험유형 및 시간은 2024년 하반기 필기시험을 기준으로 합니다.

❖ 자세한 채용절차는 직무별 채용방침에 따라 변경될 수 있으니 반드시 채용공고를 확인하기 바랍니다.

ANALYSIS

2024년 하반기 기출분석

총평

2024년 하반기 지역농협 6급 필기시험은 모듈형과 PSAT형이 혼합된 피듈형으로 출제되었다. 60문항 유형의 경우 난도가 높았고, 의사소통 · 수리 · 문제해결 · 자원관리 · 조직이해능력이 골고루 출제되었다는 후기가 대부분이었다. 70문항 유형의 경우 난도는 평이했으며, 의사소통능력의 비중이 높았고 특히 과학, 한국사 등 일반 상식을 활용한 어휘 관계 유추 문제가 출제되었다는 후기가 눈에 띄었다. 지역마다 차이는 있지만 농협 관련 상식을 묻는 문제도 일부 출제되었으므로, 평소 농협에 대해 관심을 가지고 있었다면 도움이 되었을 거라 판단된다.

◇ 영역별 출제비중

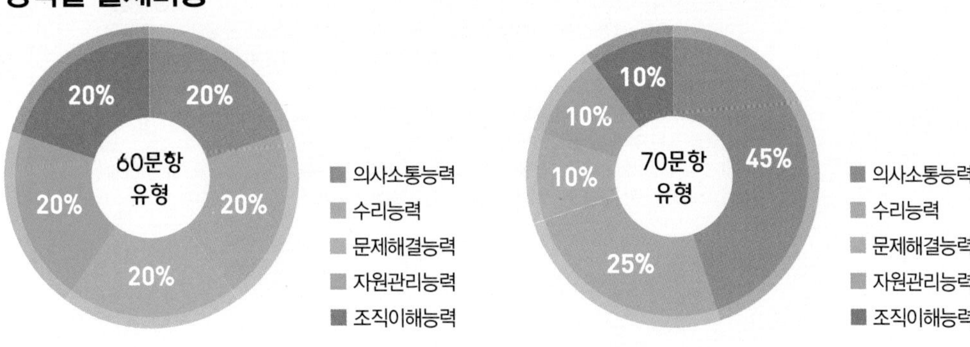

◇ 영역별 출제특징

구분	출제특징	
	60문항 유형	70문항 유형
의사소통능력	• 맞춤법이 옳지 않은 어휘의 개수를 찾는 문제 • 한자성어, 유의어 · 다의어를 찾는 문제 • 농업 관련 지문 출제	• 속담, 한자성어, 유의어, 성질이 다른 단어를 찾는 문제 • 은행나무, 맹사성, 음표 관련 지문 출제
수리능력	• 단순 계산, 수열 문제 • 거 · 속 · 시, 확률, 경우의 수, 교통비 계산, 이자 계산 등 응용수리 문제 • 표/그래프를 활용한 자료해석 문제	• 수열 문제 • 일률, 거 · 속 · 시, 환율 계산, 할인율 계산 등 응용수리 문제 • 표/그래프 활용한 자료해석 문제
문제해결능력	• 명제 문제 • SWOT 분석 문제 • 알파벳 규칙 변환 문제	• 명제 문제 • 신약 진통제, 항생제와 관련된 문제
자원관리능력	• 농지 지원금 관련 문제	• 예산편성의 순서를 고르는 문제 • 회의실 예약 문제 • 직접비용, 간접비용을 구하는 문제
조직이해능력	• 농업의 날 • 전결/결재선을 묻는 문제	• 농협의 핵심가치, 인재상 등 기업 상식을 묻는 문제 • 명함에 대한 문제

주요 금융권 적중 문제

지역농협 6급

의사소통능력 ▶ 나열하기

17 다음 문단을 논리적 순서대로 바르게 나열한 것은?

(가) 이때 보험금에 대한 기댓값은 사고가 발생할 확률에 사고 발생 시 받을 보험금을 곱한 값이다. 보험금에 대한 보험료의 비율(보험료/보험금)을 보험료율이라 하는데, 보험료율이 사고 발생 확률보다 높으면 구성원 전체의 보험료 총액이 보험금 총액보다 더 많고, 그 반대의 경우에는 구성원 전체의 보험료 총액이 보험금 총액보다 더 적게 된다. 따라서 공정한 보험에서는 보험료율과 사고 발생 확률이 같아야 한다.
(나) 위험 공동체의 구성원이 내는 보험료와 지급받는 보험금은 그 위험 공동체의 사고 발생 확률을 근거로 산정된다. 특정 사고가 발생할 확률은 정확히 알 수 없지만, 그동안 발생한 사고를 바탕으로 그 확률을 예측한다면 관찰 대상이 많아짐에 따라 실제 사고 발생 확률에 근접하게 된다.
(다) 본래 보험 가입의 목적은 금전적 이득을 취하는 데 있는 것이 아니라 장래의 경제적 손실을 보상받는 데 있으므로, 위험 공동체의 구성원은 자신이 속한 위험 공동체의 위험에 상응하는 보험료를 내는 것이 공정할 것이다.
(라) 따라서 공정한 보험에서는 구성원 각자가 내는 보험료와 그가 지급받을 보험금에 대한 기댓값이 일치해야 하며, 구성원 전체의 보험료 총액과 보험금 총액이 일치해야 한다.

① (가) – (나) – (다) – (라)
② (가) – (라) – (나) – (다)
③ (나) – (다) – (라) – (가)
④ (나) – (라) – (다) – (가)
⑤ (다) – (나) – (라) – (가)

수리능력 ▶ 일률

32 선규와 승룡이가 함께 일하면 5일이 걸리는 일을 선규가 먼저 혼자서 4일을 일하고, 승룡이가 혼자서 7일을 일하면 끝낼 수 있다고 한다. 승룡이가 이 일을 혼자서 끝내려면 며칠이 걸리겠는가?

① 11일
② 12일
③ 14일
④ 15일
⑤ 16일

문제해결능력 ▶ 명제

30 다음 명제가 모두 참일 때, 빈칸에 들어갈 명제로 가장 적절한 것은?

마라톤을 좋아하는 사람은 체력이 좋고, 인내심도 있다.
몸무게가 무거운 사람은 체력이 좋고, 명랑한 사람은 마라톤을 좋아한다.
따라서 ________________

① 체력이 좋은 사람은 인내심이 없다.
② 명랑한 사람은 인내심이 있다.
③ 마라톤을 좋아하는 사람은 몸무게가 가볍다.
④ 몸무게가 무겁지 않은 사람은 체력이 좋지 않다.

NH농협은행 6급

의사소통능력 ▸ 내용일치

06 농협은행 교육지원팀 과장인 귀하는 신입사원들을 대상으로 청렴교육을 실시하면서, 사내 내부제보준칙에 대하여 설명하려고 한다. 다음은 내부제보준칙 자료의 일부이다. 귀하가 신입사원들에게 설명할 내용으로 옳지 않은 것은?

> **제4조** 임직원 및 퇴직일로부터 1년이 경과하지 않은 퇴직 임직원이 제보하여야 할 대상 행위는 다음과 같다.
> ① 업무수행과 관련하여 위법·부당한 행위, 지시 또는 직권남용
> ② 횡령, 배임, 공갈, 절도, 금품수수, 사금융 알선, 향응, 겸업금지 위반, 성희롱, 저축관련 부당행위, 재산국외도피 등 범죄 혐의가 있는 행위
> ③ 「금융실명거래 및 비밀보장에 관한 법률」 또는 「특정금융거래정보의 보고 및 이용 등에 관한 법률」 위반 혐의가 있는 행위
> ④ 제도 등 시행에 따른 위험, 통제시스템의 허점
> ⑤ 사회적 물의를 야기하거나 조직의 명예를 훼손시킬 수 있는 대내외 문제
> ⑥ 그 밖에 사고방지, 내부통제를 위하여 필요한 사항 등

수리능력 ▸ 거리·속력·시간

01 K씨는 오전 9시까지 출근해야 한다. 집에서 오전 8시 30분에 출발하여 분속 60m로 걷다가 늦을 것 같아 도중에 분속 150m로 달렸더니 오전 9시에 회사에 도착하였다. K씨 집과 회사 사이의 거리가 2.1km일 때, K씨가 걸은 거리는?

① 1km
② 1.2km
③ 1.4km
④ 1.6km
⑤ 1.8km

문제해결능력 ▸ 문제처리

02 K은행은 A, B, C, D 각 부서에 1명씩 신입사원을 선발하였다. 지원자는 총 5명이었으며, 선발 결과에 대해 다음과 같이 진술하였다. 이 중 1명의 진술만 거짓으로 밝혀졌을 때, 다음 중 항상 옳은 것은?

> • 지원자 1 : 지원자 2가 A부서에 선발되었다.
> • 지원자 2 : 지원자 3은 A 또는 D부서에 선발되었다.
> • 지원자 3 : 지원자 4는 C부서가 아닌 다른 부서에 선발되었다.
> • 지원자 4 : 지원자 5는 D부서에 선발되었다.
> • 지원자 5 : 나는 D부서에 선발되었는데, 지원자 1은 선발되지 않았다.

① 지원자 1은 B부서에 선발되었다.
② 지원자 2는 A부서에 선발되었다.
③ 지원자 3은 D부서에 선발되었다.
④ 지원자 4는 B부서에 선발되었다.
⑤ 지원자 5는 C부서에 선발되었다.

TEST CHECK

주요 금융권 적중 문제

하나은행

의사소통능력 ▸ 나열하기

12 다음 제시된 문단을 논리적 순서대로 바르게 나열한 것은?

(가) 이와 같이 임베디드 금융의 개선을 위해서는 효과적인 보안 시스템과 프라이버시 보호 방안을 도입하여 사용자의 개인정보를 안전하게 관리하는 것이 필요하다. 또한 디지털 기기의 접근성을 개선하고 사용자들이 편리하게 이용할 수 있는 환경을 조성해야 한다.

(나) 임베디드 금융은 기업과 소비자 모두에게 이점을 제공한다. 기업은 제품과 서비스에 금융 기능을 통합함으로써 자사 플랫폼 의존도를 높이고, 수집한 고객의 정보를 통해 매출을 증대시킬 수 있으며, 고객들에게 편리한 금융 서비스를 제공할 수 있다. 소비자의 경우는 모바일 앱을 통해 간편하게 금융 거래를 할 수 있고, 스마트기기 하나만으로 다양한 금융 상품에 접근할 수 있어 편의성과 접근성이 크게 향상된다.

(다) 그러나 임베디드 금융은 개인정보 보호와 안전성에 대한 관리가 필요하다. 사용자의 금융 데이터와 개인정보가 디지털 플랫폼이나 기기에 저장되므로 해킹이나 데이터 유출과 같은 사고가 발생할 수 있다. 이는 사용자의 프라이버시 침해와 금융 거래 안전성에 대한 심각한 위협이 될 수 있다. 또한 모든 사람이 안정적인 인터넷 연결과 임베디드 금융이 포함된 최신 기기를 보유하고 있지는 않기 때문에 디지털 기기에 익숙하지 않은 사람들은 임베디드 금융 서비스를 제공받는 데 제한을 받을 수 있다.

(라) 임베디드 금융은 비금융 기업이 자신의 플랫폼이나 디지털 기기에 금융 서비스를 탑재하는 것

수리능력 ▸ 농도

37 농도 6%의 소금물 200g에서 소금물을 조금 덜어낸 후, 덜어낸 양의 절반만큼 물을 넣고 농도 2%의 소금물을 넣었더니 농도 3%의 소금물 300g이 되었다. 더 넣은 농도 2% 소금물의 양은?

① 105g
② 120g
③ 135g
④ 150g

문제해결능력 ▸ 순서추론

58 어떤 지역의 교장 선생님 5명 가 ~ 마는 올해 각기 다른 고등학교 5곳 A ~ E학교로 배정받는다고 한다. 다음 〈조건〉을 참고할 때, 반드시 참인 것은?

조건

- 하나의 고등학교에는 한 명의 교장 선생님이 배정받는다.
- 이전에 배정받았던 학교로는 다시 배정되지 않는다.
- 가와 나는 C학교와 D학교에 배정된 적이 있다.
- 다와 라는 A학교와 E학교에 배정된 적이 있다.
- 마가 배정받은 학교는 B학교이다.
- 다가 배정받은 학교는 C학교이다.

① 가는 확실히 A학교에 배정될 것이다.
② 나는 E학교에 배정된 적이 있다.
③ 다는 D학교에 배정된 적이 있다.
④ 라가 배정받은 학교는 D학교일 것이다.

KB국민은행

의사소통능력 ▶ 주제 · 제목찾기

※ 다음 글의 주제로 가장 적절한 것을 고르시오. [1~2]

01

금융당국은 은행의 과점체제를 해소하고, 은행과 비은행의 경쟁을 촉진시키는 방안으로 은행의 고유 전유물이었던 통장을 보험 및 카드 업계로의 도입을 검토하겠다고 밝혔다.
이는 전자금융거래법을 개정해 대금결제업, 자금이체업, 결제대행업 등 모든 전자금융업 업무를 관리하는 종합지급결제사업자를 제도화하여 비은행에 도입한다는 것으로, 이를 통해 비은행권은 간편결제 · 송금 외에도 은행 수준의 보편적 지급결제 서비스가 가능해지는 것이다.
특히 금융당국이 은행업 경쟁촉진 방안으로 검토 중인 은행업 추가 인가나 소규모 특화은행 도입 등 여러 방안 중에서 종합지급결제사업자 제도를 중점으로 검토 중인 이유는 은행의 유효경쟁을 촉진시킴으로써 은행의 과점 이슈를 가장 빠르게 완화할 수 있을 것으로 판단되기 때문이다.
이는 소비자 측면에서도 기대효과가 있는데, 은행 계좌가 없는 금융소외계층은 종합지급결제사업자 제도를 통해 금융 서비스를 제공받을 수 있고, 기존 방식에서 각 은행에 지불하던 지급결제 수수료가 절약돼 그만큼 보험료가 인하될 가능성도 기대해 볼 수 있기 때문이다. 보험사 및 카드사 측면에서도 기존 방식에서는 은행을 통해 진행했던 방식이 해당 제도가 확립된다면 직접 처리할 수 있게 되어 방식이 간소화될 수 있다는 장점이 있다.
하지만 이 또한 현실적으로 많은 문제들이 제기되는데, 그중 하나가 소비자보호 사각지대의 발생이다. 비은행권은 은행권과 달리 예금보험제도가 적용되지 않을 뿐더러 은행권에 비해 규제 수준이

문제해결능력 ▶ 순서추론

01 카드게임을 하기 위해 A～F 6명이 원형 테이블에 앉고자 한다. 다음 〈조건〉에 따라 이들의 좌석을 배치하고자 할 때, F와 이웃하여 앉을 사람은?(단, 좌우 방향은 원탁을 바라보고 앉은 상태를 기준으로 한다)

조건

- B는 C와 이웃하여 앉는다.
- A는 E와 마주보고 앉는다.
- C의 오른쪽에는 E가 앉는다.
- F는 A와 이웃하여 앉지 않는다.

① B, D　　② C, D
③ C, E　　④ D, E

수리능력 ▶ 확률

03 S부서에는 부장 1명, 과장 1명, 대리 2명, 사원 2명 총 6명이 근무하고 있다. 새로운 프로젝트를 진행하기 위해 S부서를 2개의 팀으로 나누려고 한다. 팀을 나눈 후 인원수는 서로 같으며, 부장과 과장이 같은 팀이 될 확률은 30%라고 한다. 대리 2명의 성별이 서로 다를 때, 부장과 남자 대리가 같은 팀이 될 확률은?

① 41%　　② 41.5%
③ 42%　　④ 42.5%

STRUCTURES

도서 200% 활용하기

2024년 하반기 기출복원문제로 출제경향 파악

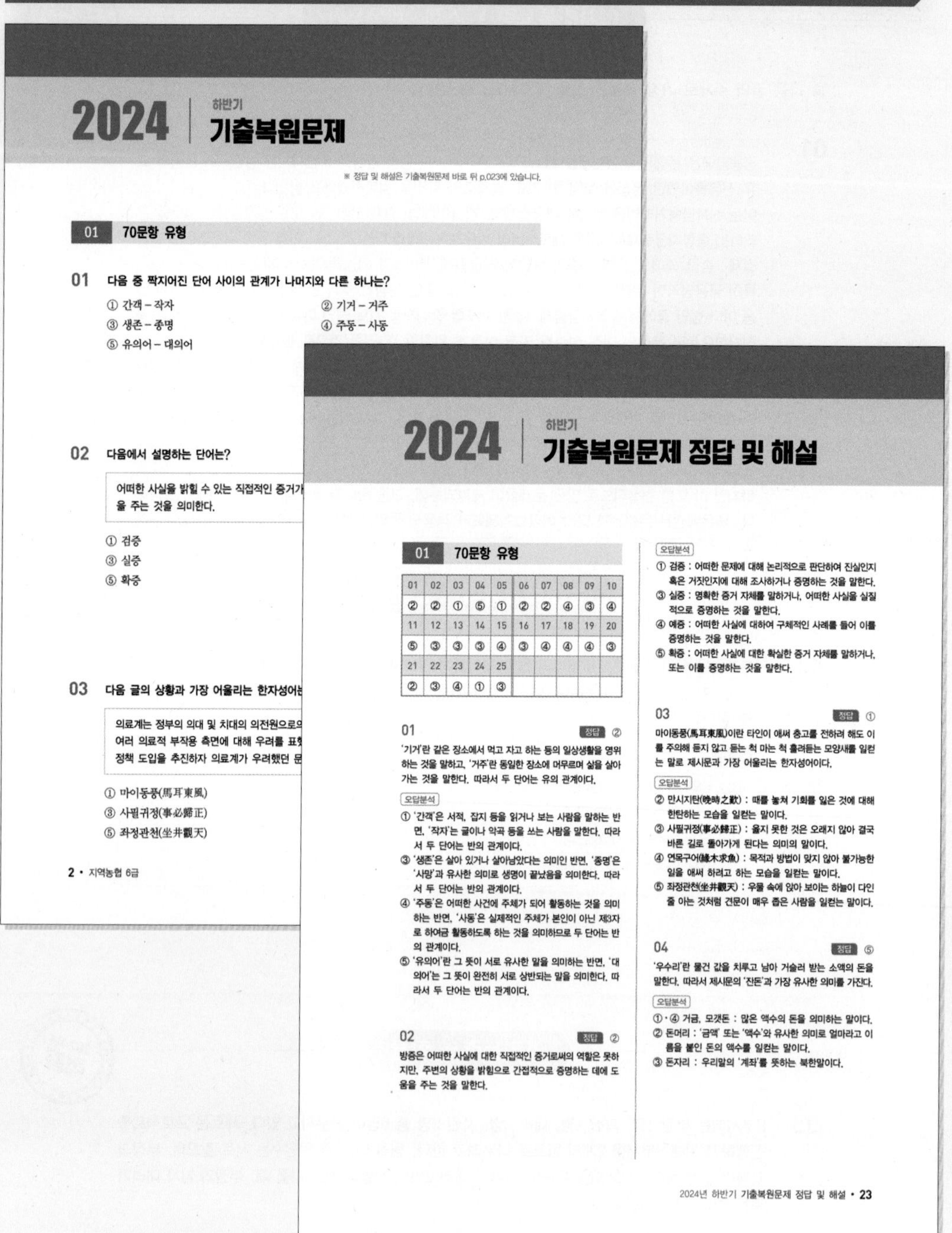

2024 하반기 기출복원문제

※ 정답 및 해설은 기출복원문제 바로 뒤 p.023에 있습니다.

01 70문항 유형

01 다음 중 짝지어진 단어 사이의 관계가 나머지와 다른 하나는?

① 간객 – 작자 ② 기거 – 거주
③ 생존 – 종명 ④ 주동 – 사동
⑤ 유의어 – 대의어

02 다음에서 설명하는 단어는?

어떠한 사실을 밝힐 수 있는 직접적인 증거가
을 주는 것을 의미한다.

① 검증
③ 실증
⑤ 확증

03 다음 글의 상황과 가장 어울리는 한자성어는

의료계는 정부의 의대 및 치대의 의전원으로의
여러 의료적 부작용 측면에 대해 우려를 표현
정책 도입을 추진하자 의료계가 우려했던 문

① 마이동풍(馬耳東風)
③ 사필귀정(事必歸正)
⑤ 좌정관천(坐井觀天)

2 • 지역농협 6급

2024 하반기 기출복원문제 정답 및 해설

01 70문항 유형

01	02	03	04	05	06	07	08	09	10
②	②	①	⑤	①	②	②	④	③	④
11	12	13	14	15	16	17	18	19	20
⑤	③	③	③	④	③	④	④	④	③
21	22	23	24	25					
②	③	④	①	③					

01 정답 ②

'기거'란 같은 장소에서 먹고 자고 하는 등의 일상생활을 영위하는 것을 말하고, '거주'란 동일한 장소에 머무르며 삶을 살아가는 것을 말한다. 따라서 두 단어는 유의 관계이다.

오답분석

① '간객'은 서적, 잡지 등을 읽거나 보는 사람을 말하는 반면, '작자'는 글이나 악곡 등을 쓰는 사람을 말한다. 따라서 두 단어는 반의 관계이다.
③ '생존'은 살아 있거나 살아남았다는 의미인 반면, '종명'은 '사망'과 유사한 의미로 생명이 끝났음을 의미한다. 따라서 두 단어는 반의 관계이다.
④ '주동'은 어떠한 사건에 주체가 되어 활동하는 것을 의미하는 반면, '사동'은 실제적인 주체가 본인이 아닌 제3자로 하여금 활동하도록 하는 것을 의미하므로 두 단어는 반의 관계이다.
⑤ '유의어'란 그 뜻이 서로 유사한 말을 의미하는 반면, '대의어'는 그 뜻이 완전히 서로 상반되는 말을 의미한다. 따라서 두 단어는 반의 관계이다.

02 정답 ②

방증은 어떠한 사실에 대한 직접적인 증거로써의 역할은 못하지만, 주변의 상황을 밝힘으로 간접적으로 증명하는 데에 도움을 주는 것을 말한다.

오답분석

① 검증 : 어떠한 문제에 대해 논리적으로 판단하여 진실인지 혹은 거짓인지에 대해 조사하거나 증명하는 것을 말한다.
③ 실증 : 명확한 증거 자체를 말하거나, 어떠한 사실을 실질적으로 증명하는 것을 말한다.
④ 예증 : 어떠한 사실에 대하여 구체적인 사례를 들어 이를 증명하는 것을 말한다.
⑤ 확증 : 어떠한 사실에 대한 확실한 증거 자체를 말하거나, 또는 이를 증명하는 것을 말한다.

03 정답 ①

마이동풍(馬耳東風)이란 타인이 애써 충고를 전하려 해도 이를 주의해 듣지 않고 듣는 척 마는 척 흘려듣는 모양새를 일컫는 말로 제시문과 가장 어울리는 한자성어이다.

오답분석

② 만시지탄(晩時之歎) : 때를 놓쳐 기회를 잃은 것에 대해 한탄하는 모습을 일컫는 말이다.
③ 사필귀정(事必歸正) : 옳지 못한 것은 오래지 않아 결국 바른 길로 돌아가게 된다는 의미의 말이다.
④ 연목구어(緣木求魚) : 목적과 방법이 맞지 않아 불가능한 일을 애써 하려고 하는 모습을 일컫는 말이다.
⑤ 좌정관천(坐井觀天) : 우물 속에 앉아 보이는 하늘이 다인 줄 아는 것처럼 견문이 매우 좁은 사람을 일컫는 말이다.

04 정답 ⑤

'우수리'란 물건 값을 치루고 남아 거슬러 받는 소액의 돈을 말한다. 따라서 제시문의 '잔돈'과 가장 유사한 의미를 가진다.

오답분석

①·④ 거금, 모갯돈 : 많은 액수의 돈을 의미하는 말이다.
② 돈머리 : '금액' 또는 '액수'와 유사한 의미로 얼마라고 이름을 붙인 돈의 액수를 일컫는 말이다.
③ 돈자리 : 우리말의 '계좌'를 뜻하는 북한말이다.

2024년 하반기 기출복원문제 정답 및 해설 • 23

▸ 2024년 11월 17일에 시행된 지역농협 6급 필기시험의 기출복원문제를 수록하였다.
▸ 70문항 유형과 60문항 유형으로 구분하여 유형별 최근 출제경향을 파악할 수 있도록 하였다.

대표기출유형&기출응용문제로 영역별 체계적 학습

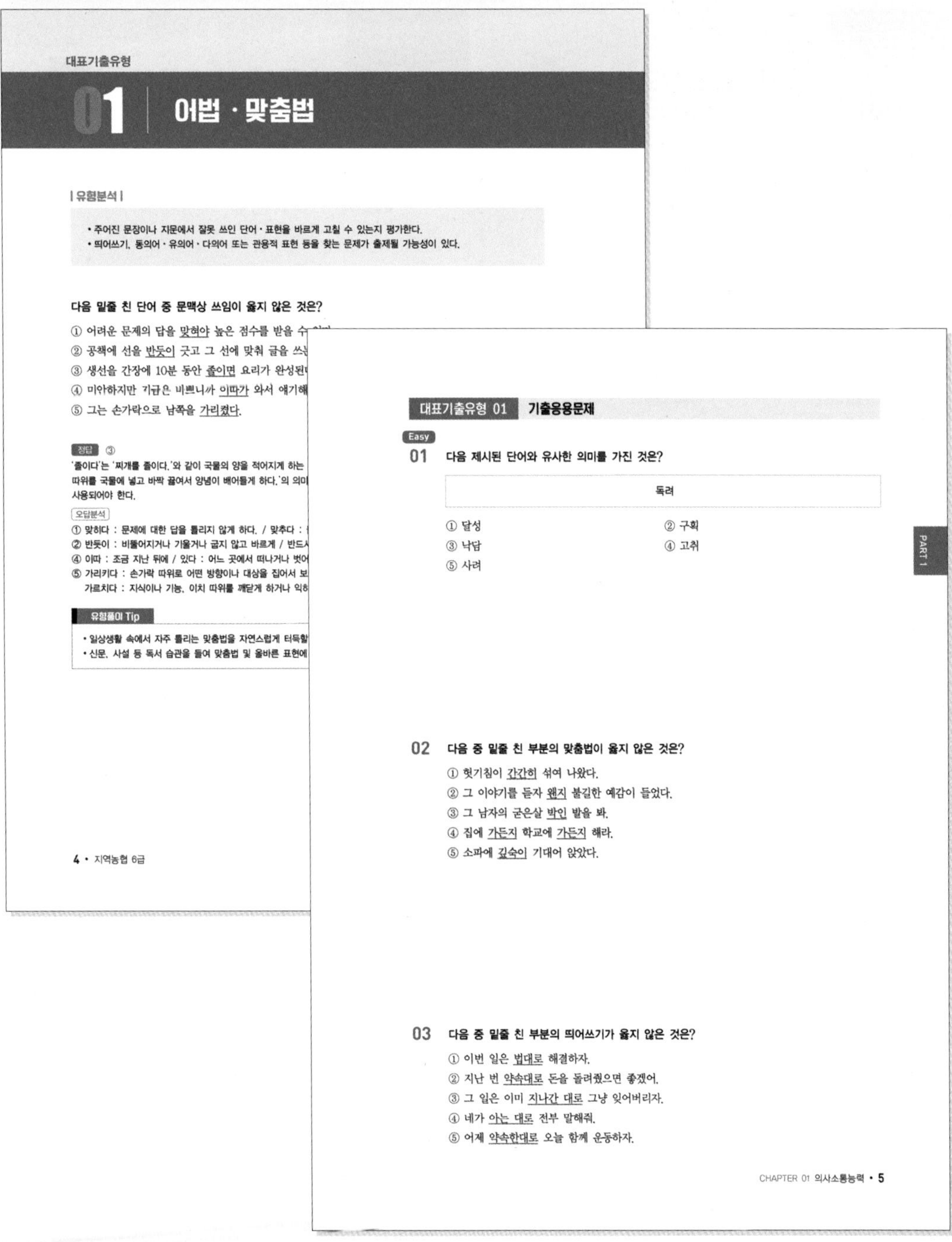

대표기출유형

01 어법 · 맞춤법

| 유형분석 |

- 주어진 문장이나 지문에서 잘못 쓰인 단어 · 표현을 바르게 고칠 수 있는지 평가한다.
- 띄어쓰기, 동의어 · 유의어 · 다의어 또는 관용적 표현 등을 찾는 문제가 출제될 가능성이 있다.

다음 밑줄 친 단어 중 문맥상 쓰임이 옳지 않은 것은?

① 어려운 문제의 답을 맞혀야 높은 점수를 받을 수
② 공책에 선을 반듯이 긋고 그 선에 맞춰 글을 쓰
③ 생선을 간장에 10분 동안 졸이면 요리가 완성된
④ 미안하지만 기금은 바쁘니까 이따가 와서 얘기해
⑤ 그는 손가락으로 남쪽을 가리켰다.

정답 ③

'졸이다'는 '찌개를 졸이다.'와 같이 국물의 양을 적어지게 하는
따위를 국물에 넣고 바짝 끓여서 양념이 배어들게 하다.'의 의미
사용되어야 한다.

오답분석

① 맞히다 : 문제에 대한 답을 틀리지 않게 하다. / 맞추다 :
② 반듯이 : 비뚤어지거나 기울거나 굽지 않고 바르게 / 반드시
④ 이따 : 조금 지난 뒤에 / 있다 : 어느 곳에서 떠나거나 벗어
⑤ 가리키다 : 손가락 따위로 어떤 방향이나 대상을 집어서 보
가르치다 : 지식이나 기능, 이치 따위를 깨닫게 하거나 익히

유형풀이 Tip

- 일상생활 속에서 자주 틀리는 맞춤법을 자연스럽게 터득할
- 신문, 사설 등 독서 습관을 들여 맞춤법 및 올바른 표현에

4 • 지역농협 6급

대표기출유형 01 기출응용문제

Easy

01 다음 제시된 단어와 유사한 의미를 가진 것은?

독려

① 달성 ② 구획
③ 낙담 ④ 고취
⑤ 사려

PART 1

02 다음 중 밑줄 친 부분의 맞춤법이 옳지 않은 것은?

① 헛기침이 간간히 섞여 나왔다.
② 그 이야기를 듣자 웬지 불길한 예감이 들었다.
③ 그 남자의 굳은살 박인 발을 봐.
④ 집에 가든지 학교에 가든지 해라.
⑤ 소파에 깊숙이 기대어 앉았다.

03 다음 중 밑줄 친 부분의 띄어쓰기가 옳지 않은 것은?

① 이번 일은 법대로 해결하자.
② 지난 번 약속대로 돈을 돌려줬으면 좋겠어.
③ 그 일은 이미 지나간 대로 그냥 잊어버리자.
④ 네가 아는 대로 전부 말해줘.
⑤ 어제 약속한대로 오늘 함께 운동하자.

CHAPTER 01 의사소통능력 • 5

▸ '의사소통 · 수리 · 문제해결 · 자원관리 · 조직이해능력'의 대표기출유형과 기출응용문제를 수록하였다.

▸ 출제영역별 유형분석과 유형풀이 Tip을 통해 혼자서도 체계적인 학습이 가능하도록 하였다.

STRUCTURES

도서 200% 활용하기

최종점검 모의고사로 실전 연습

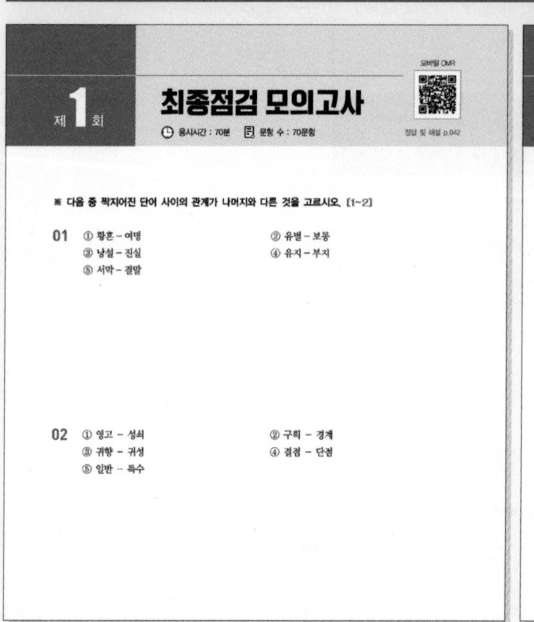

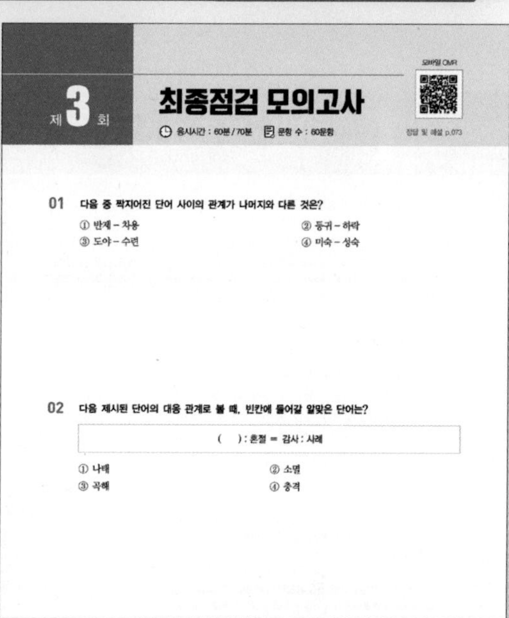

▶ 70문항 유형과 60문항 유형의 최종점검 모의고사로 실제 시험처럼 최종 마무리 연습을 할 수 있도록 하였다.

지역농협 기초 상식까지 완벽 준비

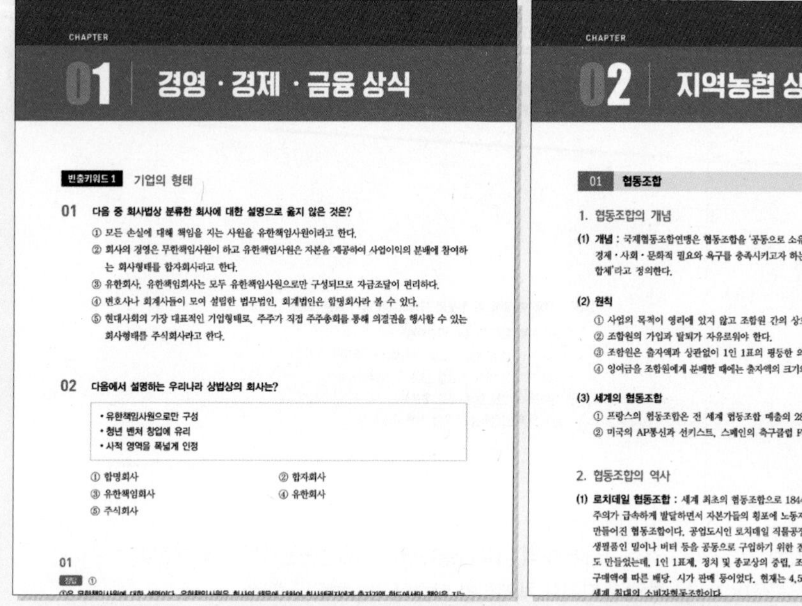

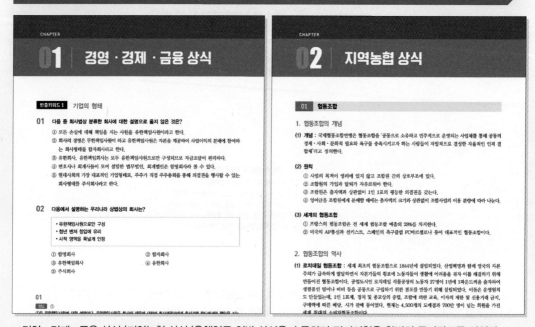

▶ 경영 · 경제 · 금융 상식/지역농협 상식/은행업무 일반 상식을 수록하여 필기시험을 완벽히 준비하도록 하였다.

Easy&Hard로 난이도별 시간 분배 연습

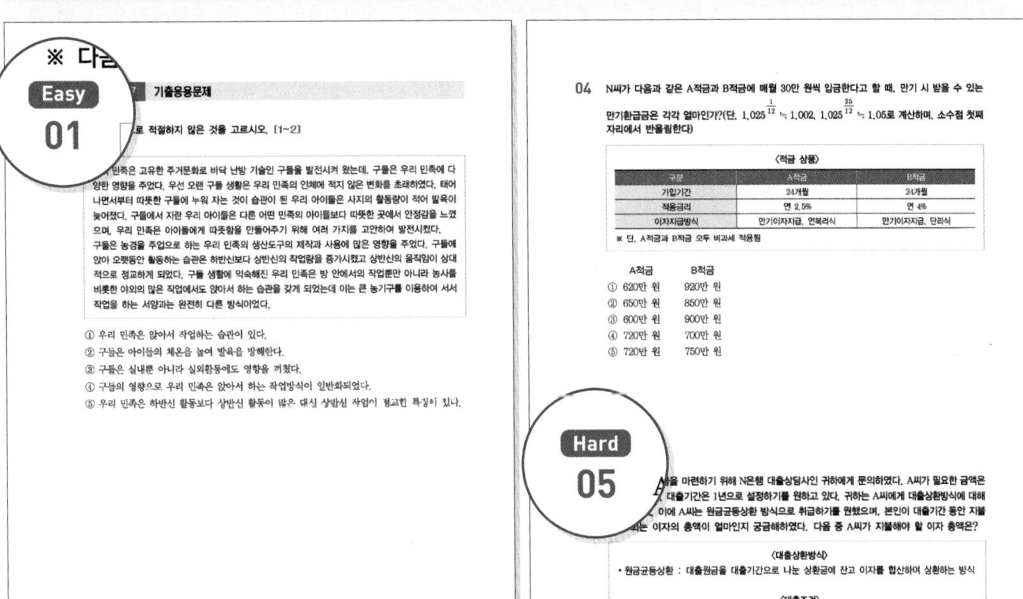

※ 다음 … 로 적절하지 않은 것을 고르시오. [1~2]

Easy 01

기출응용문제

… 민족은 고유한 주거문화로 바닥 난방 기술인 구들을 발전시켜 왔는데, 구들은 우리 민족에 다양한 영향을 주었다. 우선 오랜 구들 생활은 우리 민족의 인체에 적지 않은 변화를 초래하였다. 태어나면서부터 따뜻한 구들에 누워 자는 것이 습관이 된 우리 아이들은 사지의 활동량이 적어 발육이 늦어졌다. 구들에서 자란 우리 아이들은 다른 어떤 민족의 아이들보다 따뜻한 곳에서 안정감을 느꼈으며, 우리 민족은 아이들에게 따뜻함을 만들어주기 위해 여러 가지를 고안하여 발전시켰다.
구들은 농경을 주업으로 하는 우리 민족의 생산도구의 제작과 사용에 많은 영향을 주었다. 구들에 앉아 오랫동안 활동하는 습관은 하반신보다 상반신의 작업량을 증가시켰고 상반신의 움직임이 상대적으로 정교하게 되었다. 구들 생활에 익숙해진 우리 민족은 방 안에서의 작업뿐만 아니라 농사를 비롯한 야외의 많은 작업에서도 앉아서 하는 습관을 갖게 되었는데 이는 큰 농기구를 이용하여 서서 작업을 하는 서양과는 완전히 다른 방식이었다.

① 우리 민족은 앉아서 작업하는 습관이 있다.
② 구들은 아이들의 체온을 높여 발육을 방해한다.
③ 구들은 실내뿐 아니라 실외활동에도 영향을 끼쳤다.
④ 구들의 영향으로 우리 민족은 앉아서 하는 작업방식이 일반화되었다.
⑤ 우리 민족은 하반신 활동보다 상반신 활동이 많은 대신 상반신 작업이 정교한 특징이 있다.

04 N씨가 다음과 같은 A적금과 B적금에 매월 30만 원씩 입금한다고 할 때, 만기 시 받을 수 있는 만기환급금은 각각 얼마인가?(단, $1.025^{\frac{1}{12}} \fallingdotseq 1.002$, $1.025^{\frac{25}{12}} \fallingdotseq 1.05$로 계산하며, 소수점 첫째 자리에서 반올림한다)

〈적금 상품〉

구분	A적금	B적금
가입기간	24개월	24개월
적용금리	연 2.5%	연 4%
이자지급방식	만기이자지급, 연복리식	만기이자지급, 단리식

※ 단, A적금과 B적금 모두 비과세 적용됨

	A적금	B적금
①	620만 원	920만 원
②	650만 원	850만 원
③	600만 원	900만 원
④	720만 원	700만 원
⑤	720만 원	750만 원

Hard 05

A … 을 마련하기 위해 N은행 대출상담사인 귀하에게 문의하였다. A씨가 필요한 금액은 … 대출기간은 1년으로 설정하기를 원하고 있다. 귀하는 A씨에게 대출상환방식에 대해 … 이에 A씨는 원금균등상환 방식으로 취급하기를 원했으며, 본인이 대출기간 동안 지불 … 하는 이자의 총액이 얼마인지 궁금해하였다. 다음 중 A씨가 지불해야 할 이자 총액은?

〈대출상환방식〉
• 원금균등상환 : 대출원금을 대출기간으로 나눈 상환금에 잔고 이자를 합산하여 상환하는 방식

〈대출조건〉

▶ Easy&Hard 표시로 문제별 난이도에 따라 시간을 적절하게 분배하여 풀이하는 연습이 가능하도록 하였다.

인 · 적성평가&면접까지 한 권으로 대비

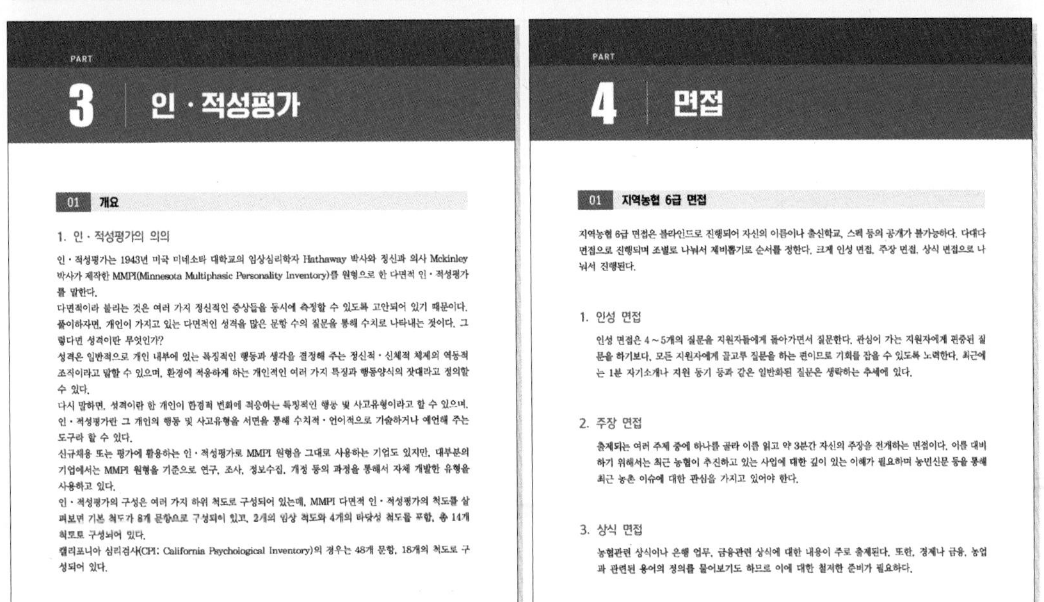

PART 3 인 · 적성평가

01 개요

1. 인 · 적성평가의 의의

인 · 적성평가는 1943년 미국 미네소타 대학교의 임상심리학자 Hathaway 박사와 정신과 의사 Mckinley 박사가 제작한 MMPI(Minnesota Multiphasic Personality Inventory)를 원형으로 한 다면적 인 · 적성평가를 말한다.
다면적이라 불리는 것은 여러 가지 정신적인 증상들을 동시에 측정할 수 있도록 고안되어 있기 때문이다. 풀이하자면, 개인이 가지고 있는 다면적인 성격을 많은 문항 수의 질문을 통해 수치로 나타내는 것이다. 그렇다면 성격이란 무엇인가?
성격은 일반적으로 개인 내부에 있는 특징적인 행동과 생각을 결정해 주는 정신적 · 신체적 체제의 역동적 조직이라고 말할 수 있으며, 환경에 적응하게 하는 개인적인 여러 가지 특징과 행동양식의 잣대라고 정의할 수 있다.
다시 말하면, 성격이란 한 개인이 환경적 변화에 적응하는 특징적인 행동 및 사고유형이라고 할 수 있으며, 인 · 적성평가란 그 개인의 행동 및 사고유형을 서면을 통해 수치적 · 언어적으로 기술하거나 예언해 주는 도구라 할 수 있다.
신규채용 또는 평가에 활용하는 인 · 적성평가로 MMPI 원형을 그대로 사용하는 기업도 있지만, 대부분의 기업에서는 MMPI 원형을 기준으로 연구, 조사, 정보수집, 개정 등의 과정을 통해서 자체 개발한 유형을 사용하고 있다.
인 · 적성평가의 구성은 여러 가지 하위 척도로 구성되어 있는데, MMPI 다면적 인 · 적성평가의 척도를 살펴보면 기본 척도가 8개 문항으로 구성되어 있고, 2개의 임상 척도와 4개의 타당성 척도를 포함, 총 14개 척도로 구성되어 있다.
캘리포니아 심리검사(CPI : California Psychological Inventory)의 경우는 48개 문항, 18개의 척도로 구성되어 있다.

PART 4 면접

01 지역농협 6급 면접

지역농협 6급 면접은 블라인드로 진행되어 자신의 이름이나 출신학교, 스펙 등의 공개가 불가능하다. 다대다 면접으로 진행되며 조별로 나눠서 제비뽑기로 순서를 정한다. 크게 인성 면접, 주장 면접, 상식 면접으로 나눠서 진행된다.

1. 인성 면접

인성 면접은 4 ~ 5개의 질문을 지원자들에게 돌아가면서 질문한다. 관심이 가는 지원자에게 편중된 질문을 하기보다, 모든 지원자에게 골고루 질문을 하는 편이므로 기회를 잡을 수 있도록 노력한다. 최근에는 1분 자기소개나 지원 동기 등과 같은 일반화된 질문은 생략하는 추세에 있다.

2. 주장 면접

출제되는 여러 주제 중에 하나를 골라 이를 읽고 약 3분간 자신의 주장을 전개하는 면접이다. 이를 대비하기 위해서는 최근 농협이 추진하고 있는 사업에 대한 깊이 있는 이해가 필요하며 농민신문 등을 통해 최근 농촌 이슈에 대한 관심을 가지고 있어야 한다.

3. 상식 면접

농협관련 상식이나 은행 업무, 금융관련 상식에 대한 내용이 주로 출제된다. 또한, 경제나 금융, 농업과 관련된 용어의 정의를 물어보기도 하므로 이에 대한 철저한 준비가 필요하다.

▶ 인 · 적성평가 모의연습과 지역농협 6급 면접 기출 질문을 수록하여 한 권으로 채용 전반에 대비할 수 있도록 하였다.

학습플랜

1주 완성 학습플랜

본서에 수록된 전 영역을 단기간에 끝낼 수 있도록 구성한 학습플랜이다. 한 번에 전 영역을 공부하지 않고, 한 영역을 집중적으로 공부할 수 있도록 하였다. 필기시험에 대한 기초 학습은 되어 있으나, 학습 계획 세우기에 자신이 없는 분들이나 미리 시험에 대비하지 못해 단시간에 많은 분량을 봐야 하는 수험생에게 추천한다.

ONE WEEK STUDY PLAN			
Start!	1일 차 □	2일 차 □	3일 차 □
	____월 ____일	____월 ____일	____월 ____일
4일 차 □	5일 차 □	6일 차 □	7일 차 □
____월 ____일	____월 ____일	____월 ____일	____월 ____일

STUDY CHECK BOX

구분	1일 차	2일 차	3일 차	4일 차	5일 차	6일 차	7일 차
기출복원문제							
PART 1							
제1～2회 최종점검 모의고사							
제3～4회 최종점검 모의고사							
다회독 1회							
다회독 2회							
오답분석							

스터디 체크박스 활용법

1주 완성 **학습플랜**에서 계획한 학습량을 어느 정도 실천하였는지 표시하여 자신의 학습량을 효율적으로 관리한다.

구분	1일 차	2일 차	3일 차	4일 차	5일 차	6일 차	7일 차
PART 1	의사소통 능력	×	×	완료			

CONTENTS

이 책의 차례

Add+

2024년 하반기
기출복원문제

2024 하반기 기출복원문제

※ 정답 및 해설은 기출복원문제 바로 뒤 p.023에 있습니다.

01 70문항 유형

01 다음 중 짝지어진 단어 사이의 관계가 나머지와 다른 하나는?

① 간객 – 작자
② 기거 – 거주
③ 생존 – 종명
④ 주동 – 사동
⑤ 유의어 – 대의어

02 다음에서 설명하는 단어는?

> 어떠한 사실을 밝힐 수 있는 직접적인 증거가 되지는 않지만, 간접적으로 이를 증명해내는 데 도움을 주는 것을 의미한다.

① 검증
② 방증
③ 실증
④ 예증
⑤ 확증

03 다음 글의 상황과 가장 어울리는 한자성어는?

> 의료계는 정부의 의대 및 치대의 의전원으로의 전환 정책에 대해, 군의관 부족뿐만 아니라 예측되는 여러 의료적 부작용 측면에 대해 우려를 표했다. 하지만 정부는 이를 무시한 채 강력하게 의전원 정책 도입을 추진하자 의료계가 우려했던 문제는 현실로 나타났다.

① 마이동풍(馬耳東風)
② 만시지탄(晩時之歎)
③ 사필귀정(事必歸正)
④ 연목구어(緣木求魚)
⑤ 좌정관천(坐井觀天)

※ 다음 글의 밑줄 친 단어와 가장 유사한 의미의 단어를 고르시오. [4~5]

04

N카드사의 A카드 상품은 5천 원 이상 결제 시 1천 원 미만의 잔돈을 포인트로 적립해 현금처럼 사용할 수 있는 혜택을 줘 인기를 끌었다.

① 거금
② 돈머리
③ 돈자리
④ 모갯돈
⑤ 우수리

05

날이 풀리자 서해 바다에는 갯벌 체험을 위해 호미를 들고 조개 채집하는 사람들로 인산인해를 이루었다.

① 괭이
② 쇠뇌
③ 쟁기
④ 당그래
⑤ 도리깨

06 다음 중 성질이 다른 하나는?

① 악어
② 개구리
③ 거북이
④ 도마뱀
⑤ 카멜레온

07 다음에서 설명하는 악기에 해당하는 것은?

현악기란 줄악기라도 불리며 손 또는 활을 사용하여 현을 뜯거나 문질러 소리를 내는 악기의 한 종류이다.

① 나각
② 첼로
③ 마라카스
④ 아코디언
⑤ 클라리넷

08 다음 글의 내용으로 적절하지 않은 것은?

현재 전해지는 조선 시대의 목가구는 대부분 조선 후기의 것들로 단단한 소나무, 느티나무, 은행나무 등의 곧은결을 기둥이나 쇠목으로 이용하고, 오동나무, 느티나무, 먹감나무 등의 늘결을 판재로 사용하여 자연스런 나뭇결의 재질을 살렸다. 또한 대나무 혹은 엇갈리거나 소용돌이 무늬를 이룬 뿌리 부근의 목재 등을 활용하여 자연스러운 장식이 되도록 하였다.

조선 시대의 목가구는 대부분 한옥의 온돌에서 사용되었기에 온도와 습도 변화에 따른 변형을 최대한 방지할 수 있는 방법이 필요하였다. 그래서 단단하고 가느다란 기둥재로 면을 나누고, 기둥재에 홈을 파서 판재를 끼워 넣는 특수한 짜임과 이음의 방법을 사용하였으며, 꼭 필요한 부위에만 접착제와 대나무 못을 사용하여 목재가 수축·팽창하더라도 뒤틀림과 휘어짐이 최소화될 수 있도록 하였다. 조선 시대 목가구의 대표적 특징으로 언급되는 '간결한 선'과 '명확한 면 분할'은 이러한 짜임과 이음의 방법에 기초한 것이다. 짜임과 이음은 조선 시대 목가구 제작에 필수적인 방법으로, 겉으로 드러나는 아름다움은 물론 보이지 않는 내부의 구조까지 고려한 격조 높은 기법이었다.

한편 물건을 편리하게 사용할 수 있게 해주며, 목재의 결합부위나 모서리에 힘을 보강하는 금속 장석은 장식의 역할도 했지만 기능상 반드시 필요하거나 나무의 질감을 강조하려는 의도에서 사용되어, 조선 시대 목가구의 절제되고 간결한 특징을 잘 살리고 있다.

① 조선 시대 목가구는 온도와 습도 변화에 따른 변형을 방지할 방법이 필요했다.
② 금속 장석은 장식의 역할도 했지만, 기능상 필요에 의해서도 사용되었다.
③ 나무의 곧은결을 기둥이나 쇠목으로 이용하고, 늘결을 판재로 사용하였다.
④ 접착제와 대나무 못을 사용하면 목재의 수축과 팽창이 발생하지 않게 된다.
⑤ 목재의 결합부위나 모서리에 힘을 보강하기 위해 금속 장석을 사용하였다.

09 다음 문단을 논리적 순서대로 바르게 나열한 것은?

(가) 최근 많은 소비자들이 지구에 도움이 되는 일을 하고 있고, 건강에 좀 더 좋은 음식을 먹고 있다고 확신하면서 유기농 식품 생산이 급속도로 증가하고 있다.
(나) 또한 유기 농업이 틈새시장의 부유한 소비자들에게 먹을거리를 제공하지만, 전 세계 수십 억의 굶주리는 사람을 먹여 살릴 수 없다는 점이다.
(다) 하지만 몇몇 전문가들은 유기 농업이 몇 가지 결점을 안고 있다고 말한다.
(라) 유기 농가들의 작물 수확량이 전통적인 농가보다 훨씬 낮으며, 유기농 경작지가 전통적인 경작지보다 잡초와 벌레로 인해 많은 피해를 입고 있다는 점이다.

① (가) – (나) – (다) – (라)
② (가) – (나) – (라) – (다)
③ (가) – (다) – (라) – (나)
④ (나) – (가) – (다) – (라)
⑤ (나) – (가) – (라) – (다)

10 다음은 인구의 국제 이동에 대한 자료이다. 이에 대한 설명으로 옳지 않은 것은?

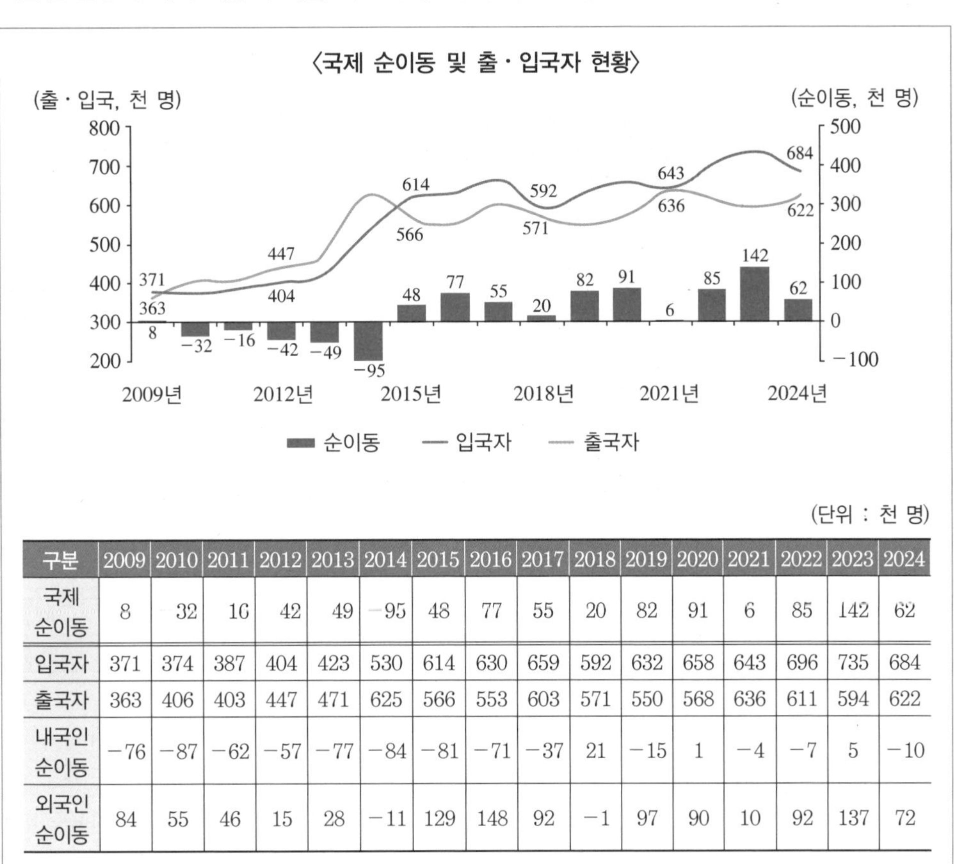

(단위 : 천 명)

구분	2009	2010	2011	2012	2013	2014	2015	2016	2017	2018	2019	2020	2021	2022	2023	2024
국제 순이동	8	−32	16	42	49	−95	48	77	55	20	82	91	6	85	142	62
입국자	371	374	387	404	423	530	614	630	659	592	632	658	643	696	735	684
출국자	363	406	403	447	471	625	566	553	603	571	550	568	636	611	594	622
내국인 순이동	−76	−87	−62	−57	−77	−84	−81	−71	−37	21	−15	1	−4	−7	5	−10
외국인 순이동	84	55	46	15	28	−11	129	148	92	−1	97	90	10	92	137	72

① 국제 순이동은 2015년 이후 순유입을 유지하고 있다.

② 외국인은 2009년 이후 일부 연도를 제외하고는 순유입 추세를 보이고 있다.

③ 내국인의 국제 순이동은 2020년 이후 유출과 유입의 차이가 1만 명 이내이다.

④ 내국인 순유출이 가장 많았던 해에는 외국인 순유입이 가장 적었다.

⑤ 외국인 순이동 수치가 가장 컸던 해는 2016년이다.

11 다음은 연령별 비만율에 대한 자료이다. 이에 대한 설명으로 옳지 않은 것은?

〈19세 이상 연령별 비만도 분포〉

(단위 : %)

구분		저체중	정상체중	비만
2015년	전체	5.2	69.0	25.8
	19 ~ 29세	9.9	74.9	15.2
	30 ~ 39세	3.4	72.0	24.6
	40 ~ 49세	2.1	66.3	31.6
	50 ~ 59세	2.0	62.4	35.6
	60 ~ 69세	4.9	65.0	30.2
	70세 이상	13.4	64.4	22.2
2024년	전체	4.7	63.2	32.1
	19 ~ 29세	10.4	67.5	22.0
	30 ~ 39세	5.6	66.6	27.8
	40 ~ 49세	2.2	65.4	32.5
	50 ~ 59세	1.0	56.6	42.4
	60 ~ 69세	2.0	51.8	46.2
	70세 이상	4.6	63.6	31.7

① 2015년에 비해 2024년의 비만 분포가 가장 많이 증가한 연령대는 60대이다.

② 2024년 40대 이하 비만율의 평균은 50대 이상 비만율의 평균보다 낮다.

③ 2015년 70세 이상의 비만율과 저체중 비율의 차이는 동년 40대의 비만율과 저체중 비율의 차이와 3배 이상 격차가 벌어진다.

④ 두 해 모두 저체중 비율이 가장 높은 연령대는 비만율에서 각각 하위 1위나 2위를 기록했다.

⑤ 2024년 정상체중 비율의 연령대별 최대치와 최저치의 차이는 2015년의 차이보다 작다.

12 초등학생 n명에게 포도를 2알씩 나눠주면 20알이 남고, 3알씩 나눠주면 10개가 부족하다고 한다. 이때 처음에 갖고 있던 포도알은 모두 몇 알인가?

① 60알
② 70알
③ 80알
④ 90알
⑤ 100알

13 평균점수가 80점 이상이면 우수상을, 85점 이상이면 최우수상을 받는 시험이 있다. 현재 갑돌이는 70점, 85점, 90점을 받았고 나머지 1과목의 시험만을 남겨 놓은 상태이다. 이때 갑돌이가 최우수상을 받으려면 몇 점 이상을 받아야 하는가?

① 85점
② 90점
③ 95점
④ 100점
⑤ 80점

14 N사원은 독서 모임을 위해 책을 읽고 있다. 첫날은 전체의 $\frac{1}{3}$, 둘째 날은 남은 양의 $\frac{1}{4}$, 셋째 날은 100쪽을 읽었더니 92쪽이 남았다. 책의 전체 쪽수는?

① 356쪽
② 372쪽
③ 384쪽
④ 394쪽
⑤ 402쪽

※ 일정한 규칙으로 수나 문자를 나열할 때, 빈칸에 들어갈 알맞은 것을 구하시오. **[15~16]**

15

1　2　4　7　8　10　13　14　(　)

① 14.5
② 15
③ 15.5
④ 16
⑤ 16.5

16

E　N　(　)　K　T　H

① D
② I
③ J
④ L
⑤ Y

17 제시된 명제가 참일 때, 빈칸에 들어갈 명제로 가장 적절한 것은?

- 과학자들 가운데 미신을 따르는 사람은 아무도 없다.
- 돼지꿈을 꾼 다음 날 복권을 사는 사람들은 모두가 미신을 따르는 사람들이다.
- 그러므로 ＿＿＿＿＿＿＿＿＿＿＿＿＿＿＿

① 과학자가 아닌 사람들은 모두 미신을 따른다.

② 미신을 따르는 사람들은 모두 돼지꿈을 꾼 다음 날 복권을 산다.

③ 미신을 따르지 않는 사람 중 돼지꿈을 꾼 다음 날 복권을 사는 사람이 있다.

④ 돼지꿈을 꾼 다음 날 복권을 사는 사람이라면 과학자가 아니다.

⑤ 돼지꿈을 꾼 다음 날 복권을 사지 않는다면 미신을 따르는 사람이 아니다.

18 다음 글의 내용이 참일 때, 반드시 채택되는 업체의 수는?

농림축산식품부는 구제역 백신을 조달할 업체를 채택할 것이다. 예비 후보로 A ~ E 5개 업체가 선정되었으며, 그 외 다른 업체가 채택될 가능성은 없다. 각각의 업체에 대해 농림축산식품부는 채택하거나 채택하지 않거나 어느 하나의 결정만을 내린다.
정부의 중소기업 육성 원칙에 따라, 일정 규모 이상의 대기업인 A가 채택되면 소기업인 B도 채택된다. A가 채택되지 않으면 D와 E 역시 채택되지 않는다. 그리고 수의학산업 중점육성 단지에 속한 업체인 B가 채택된다면, 같은 단지의 업체인 C가 채택되거나 타지역 업체인 A는 채택되지 않는다. 마지막으로 지역 안배를 위해 D가 채택되지 않는다면, A는 채택되지만 C는 채택되지 않는다.

① 1개

② 2개

③ 3개

④ 4개

⑤ 5개

19 다음 정보만으로 판단할 때 기초생활수급자로 선정할 수 없는 경우는?

가. 기초생활수급자 선정 기준

- 부양의무자가 없거나, 부양의무자가 있어도 부양능력이 없거나 또는 부양을 받을 수 없는 자로서 소득인정액이 최저생계비 이하인 자

※ 부양능력 있는 부양의무자가 있어도 부양을 받을 수 없는 경우란 부양의무자가 교도소 등에 수용되거나 병역법에 의해 징집·소집되어 실질적으로 부양을 할 수 없는 경우와 가족관계 단절 등을 이유로 부양을 거부하거나 기피하는 경우 등을 가리킴

나. 매월 소득인정액 기준

- (소득인정액)=(소득평가액)+(재산의 소득환산액)
- (소득평가액)=(실제소득)−(가구특성별 지출비용)

1) 실제소득 : 근로소득, 사업소득, 재산소득

2) 가구특성별 지출비용 : 경로연금, 장애수당, 양육비, 의료비, 중·고교생 입학금 및 수업료

다. 가구별 매월 최저생계비

1인	2인	3인	4인	5인	6인
42만 원	70만 원	94만 원	117만 원	135만 원	154만 원

라. 부양의무자의 범위

- 수급권자의 배우자, 수급권자의 1촌의 직계혈족 및 그 배우자, 수급권자와 생계를 같이 하는 2촌 이내의 혈족

① 유치원생 아들 둘과 함께 사는 A는 재산의 소득환산액이 12만 원이고, 구멍가게에서 월 100만 원의 수입을 얻고 있으며, 양육비로 월 20만 원씩 지출하고 있다.

② 부양능력이 있는 근로소득 월 60만 원의 조카와 살고 있는 B는 실제소득 없이 재산의 소득환산액이 36만 원이며, 의료비로 월 30만 원을 지출한다.

③ 중학생이 된 두 딸을 혼자 키우고 있는 C는 재산의 소득환산액이 24만 원이며, 근로소득으로 월 80만 원이 있지만, 두 딸의 수업료로 각각 월 11만 원씩 지출하고 있다.

④ 외아들을 잃은 D는 어린 손자 두 명과 부양능력이 있는 며느리와 함께 살고 있다. D는 근로소득이 월 80만 원, 재산의 소득환산액이 48만 원이며, 의료비로 월 15만 원을 지출하고 있다.

⑤ 군대 간 아들 둘과 함께 사는 고등학생 딸을 둔 E는 재산의 소득환산액이 36만 원이며, 월 평균 60만 원의 근로소득을 얻고 있지만, 딸의 수업료로 월 30만 원을 지출하고 있다.

20 N회사의 A대리는 다음 주 분기종합회의를 위해 회의실을 예약하고자 한다. 회의 조건과 세미나실별 다음 주 예약현황, 세미나실별 시설현황이 다음과 같을 때, A대리가 다음 주 분기종합회의를 위해 예약 가능한 세미나실과 요일로 옳은 것은?

〈회의 조건〉

- 회의는 오후 1시부터 오후 4시 사이에 진행되어야 한다.
- 회의는 1시간 30분 동안 연이어 진행되어야 한다.
- 회의 참석자는 24명이다.
- 회의에는 빔프로젝터가 필요하다.

〈세미나실별 다음 주 예약현황〉

구분	월	화	수	목	금
본관 1세미나실	인재개발원 (10:00 ~ 15:00)			조직개발팀 (13:30 ~ 15:00)	기술전략처 (14:00 ~ 15:00)
본관 2세미나실	환경조사과 (10:00 ~ 11:30)	위기관리실 (14:00 ~ 15:00)	남미사업단 (13:00 ~ 16:00)	데이터관리과 (16:00 ~ 17:00)	–
국제관 세미나실A	–	품질보증처 (10:00 ~ 11:30)	건설기술처 (09:00 ~ 10:00)	–	성과관리과 (09:30 ~ 10:30)
국제관 세미나실B	회계세무부 (14:00 ~ 16:00)	글로벌전략실 (13:00 ~ 13:30)	내진기술실 (14:00 ~ 15:30)	글로벌전략실 (10:00 ~ 16:00)	
복지동 세미나실	경영관리실 (09:30 ~ 11:00)	–	법무실 (14:00 ~ 16:30)	–	법무실 (10:00 ~ 11:00)

〈세미나실별 시설현황〉

구분	빔프로젝터 유무	최대 수용가능인원
본관 1세미나실	○	28명
본관 2세미나실	○	16명
국제관 세미나실A	○	40명
국제관 세미나실B	○	32명
복지동 세미나실	×	38명

① 본관 1세미나실, 수요일
② 본관 2세미나실, 금요일
③ 국제관 세미나실B, 화요일
④ 국제관 세미나실B, 수요일
⑤ 복지동 세미나실, 목요일

21 **다음 중 명함을 교환할 때 지켜야 할 예절로 적절하지 않은 것은?**

① 명함은 반드시 지갑에서 꺼내고, 상대방에게 받은 명함도 명함 지갑에 넣는다.
② 명함은 상위자가 먼저 건넨 후 하위자가 상위자한테 건네야 한다.
③ 명함은 반드시 새것을 사용하여야 한다.
④ 명함에 대한 부가정보는 만남이 끝난 후 적는다.
⑤ 서로 명함을 꺼낼 때는 왼손으로 교환하도록 한다.

22 **다음 중 NH농협이 하는 일의 성격이 나머지와 다른 것은?**

① 영농에 필요한 재재를 저렴하고 안정적으로 공급
② 혁신적 물류체계 구축으로 농산물 도매유통 선도
③ 미래 농업·농촌을 이끌 영농인력 육성
④ 다양한 유통채널을 통해 우수 국산 농산물 판매
⑤ 안전 농식품 공급으로 국민 건강에 기여

23 **다음 중 농업협동조합법에서 정의하는 조합에 대한 설명으로 옳지 않은 것은?**

① 조합이란 지역조합과 품목조합을 말한다.
② 지역조합이란 농업협종조합법에 따라 설립된 지역농업협동조합과 지역축산업협동조합을 말한다.
③ 품목조합이란 농업협동조합법에 따라 설립된 품목별·업종별 협동조합을 말한다.
④ 조합 명칭은 임의로 정하여 사용할 수 있다.
⑤ 농업협동조합법에 따라 설립된 조합이 아니면 '협동조합' 명칭을 사용할 수 없다.

24 다음 중 NH농협의 혁신과제의 하나인 '농사같이(農四價値)'운동에서 강조하는 네 가지 항목이 아닌 것은?

① 농경
② 농민
③ 농업
④ 농촌
⑤ 농협

25 다음 중 NH농협의 인재상이 아닌 것은?

① 항상 열린 마음으로 계통 또는 구성원 사이에 존경과 협력을 다하여 조직 전체의 성과가 극대화될 수 있도록 노력하는 인재
② 꾸준히 자기계발을 통해 자아를 성장시키고 맡은 분야에서 최고의 전문가가 되기 위해 지속적으로 노력하는 인재
③ 고객의 믿음을 지키기 위해 안정적이고 변하지 않는 모습으로 노력하는 인재
④ 프로다운 서비스 정신을 바탕으로 농업인과 고객을 가족처럼 여기고 최상의 행복 가치를 위해 최선을 다하는 인재
⑤ 모든 업무를 투명하고 정직하게 처리하여 모든 이해관계자로부터 신뢰를 받는 인재

02 60문항 유형

01 **다음 글의 상황과 가장 잘 어울리는 한자성어는?**

> 한 정치인은 인터뷰에서 요즘 정치권은 여야 할 것 없이 서로 자신의 잘못을 인정하지 않고 숨기기 급급하다며 부끄러움이나 수치심은 찾아볼 수 없고 오히려 자신의 잘못을 타인에게 전가하기 바쁘다며 비판했다.

① 후안무치(厚顔無恥)
② 견리사의(見利思義)
③ 지록위마(指鹿爲馬)
④ 회빈작주(回賓作主)

02 **다음 글을 읽고 빈칸에 들어갈 접속어를 순서대로 바르게 나열한 것은?**

> 각 시대에는 그 시대의 특징을 나타내는 문학이 있다고 한다. 우리나라도 무릇 사천 살이 넘는 생활의 역사를 가진 만큼 그 발전 시기마다 각각 특색을 가진 문학이 없을 수 없고, 문학이 있었다면 그 중추가 되는 것은 아무래도 시가문학이라고 볼 수밖에 없다. ______ 대개 어느 민족을 막론하고 인간 사회가 성립하는 동시에 벌써 각자의 감정과 의사를 표시하려는 욕망이 생겼을 것이며, 삼라만상의 대자연은 자연 그 자체가 율동적이고 음악적이라고 할 수 있기 때문이다. 다시 말하면 인간이 생활하는 곳에는 자연적으로 시가가 발생하였다고 할 수 있다. ______ 사람의 지혜가 트이고 비교적 언어의 사용이 능란해짐에 따라 종합 예술체의 한 부분으로 있었던 서정문학적 요소가 분화 · 독립되어 제요나 노동요 따위의 시가의 원형을 이루고 다시 이 집단적 가요는 개인적 서정시로 발전하여 갔으리라 추측된다. ______ 다른 나라도 마찬가지이겠지만, 우리 문학사상에서 시가의 지위는 상당히 중요한 몫을 지니고 있다.

① 왜냐하면 – 그리고 – 그러므로
② 그리고 – 왜냐하면 – 그러므로
③ 그러므로 – 그리고 – 왜냐하면
④ 왜냐하면 – 그러나 – 그럼에도 불구하고

03 다음 글을 읽고 추론한 내용으로 가장 적절한 것은?

> 인삼은 한국 고유의 약용 특산물이었으며, 약재로서의 효능과 가치가 매우 높은 물건이었다. 중국과 일본에서는 조선 인삼에 대한 수요가 폭발적으로 증가하였다. 이에 따라 인삼을 상품화하여 상업적 이익을 도모하는 상인들이 등장하였다. 특히 개인 자본을 이용하여 상업 활동을 하던 사상(私商)들이 평안도 지방과 송도를 근거지로 하여 인삼 거래에 적극적으로 뛰어들었는데, 이들을 삼상(蔘商)이라고 하였다.
>
> 인삼은 매우 희귀한 물품이었으므로 조선 정부는 인삼을 금수품(禁輸品)으로 지정하여 자유로운 매매와 국외 유출을 억제하였다. 대신 삼상의 인삼 재배를 허가해 주고 그에 따른 세금을 거두어 들였다. 또한 삼상의 특정 지역 출입을 엄격하게 통제하였다. 가령 평안도 강계부는 개마고원과 백두산 지역의 인삼이 모이는 거점이었는데, 삼상이 이곳에 출입하기 위해서는 먼저 일종의 여행증명서인 황첩(黃帖)을 호조에서 발급받아야 하였다. 그리고 강계부에 도착할 때까지 강계부를 관할하는 평안도 감영은 물론 평안도의 주요 거점에서 황첩을 제시해야 하였다. 강계부에 도착해서는 강계부의 관원에게 황첩을 확인받고, 이어 매입하려는 인삼량을 신고한 뒤 그에 따른 세금을 강계부에 선납한 후에야 비로소 인삼을 구매할 수 있었다. 강계부는 세금을 납부한 삼상들의 명단을 작성하고, 이들이 어느 지역의 어떤 사람과 거래하였는지, 그리고 거래량은 얼마인지를 일일이 파악하여 중앙의 비변사에 보고하였다. 황첩이 없거나 거래량을 허위로 신고한 삼상은 밀매업자인 잠상(潛商)으로 간주되어 처벌되었으며, 황첩이 없는 상인의 거래를 허가한 강계부사도 처벌되었다.
>
> 삼상은 이렇게 사들인 인삼을 경상도 동래의 왜관으로 가지고 와 왜인들에게 팔았다. 이때도 삼상은 동래부에 세금을 내야 하였으며, 인삼 판매도 매달 여섯 차례 열리는 개시(開市) 때만 가능했다. 정부는 개시에서 판매하는 인삼의 가격까지 통제하였으며, 숙종 6년에는 판매할 수 있는 상인의 수도 20명으로 제한하였다.
>
> 이렇듯 여러 가지 까다로운 절차와 세금, 인원수의 제한에 따라 많은 상인이 합법적인 인삼 매매와 무역을 포기하고 잠상이 되었다. 더군다나 잠상은 합법적으로 인삼을 거래할 때보다 많은 이윤을 얻을 수 있었다. 한양에서 70냥에 팔리는 인삼이 일본 에도에서는 300냥에 팔리기도 하였기 때문이다.

① 황첩을 위조하여 강계부로 잠입하는 잠상들이 많았다.

② 정부는 잠상을 합법적인 삼상으로 전환시키기 위해 노력하였다.

③ 상인들은 송도보다 강계부에서 인삼을 더 싸게 구입할 수 있었다.

④ 중앙정부는 강계부에서 삼상에게 합법적으로 인삼을 판매한 백성이 어느 지역 사람인지를 파악할 수 있었다.

04 다음 글의 밑줄 친 단어 중 한글 맞춤법상 옳지 않은 단어의 개수는?

> 학자금부채탕감운동본부가 학자금 부채를 사회적 부채로 규정하고 '사회적 부채 감사위원회'를 발족하며 활동을 시작하겠다고 전했다. 이들은 학자금이 없거나 도리어 지원을 받아 사실상 무상 대학 교육에 가까운 미국과 유럽을 한국 현실과 비교하며 '한국은 고등교육에 대한 책임을 온전히 학생과 그 가족이 짊어지고 있다.'며 이러한 사회적 부채 문제를 국정감사 등에서 공론화해 줄 것을 촉구함과 동시에 사회적 감사를 통해 학자금 부채의 실상을 파헤치겠다고 전했다.
> 이에 대해 한국파산회생변호사회는 일자리와 소득을 얻기 어려운 현실 속에서 청년들이 학자금 대출 상환까지 병행되야 하면 자포자기하는 경우가 많다며, 또 젊으니 일해서 갚으라는 사회적 인식 때문에 개인회생 및 개인파산 제도도 청년들에게 까다롭게 운용되고 있어 청년들이 자력으로 채무를 조정하고 스스로 제기하는 것은 현실적으로 어렵다고 지적했다.
> 교육평등권이 보장되지 않는 이 땅에서 곰곰히 생각해 보면 학자금 대출은 불가피한 선택이다. 해마다 대학들이 앞다투어 등록금을 높히고 있고, 여기에 더불어 월세, 식비, 교통비, 교재비 등까지 보태져 서민 가정에서의 학자금 대출은 어쩌면 당연한 수순일지도 모른다. 이에 학자금부채탕감운동본부는 이제 막 사회에 발돋움한 청년의 삶을 해치는 학자금 대출을 사회적 공론화하여 해법을 구해야 한다고 역설했다.

① 3개　　② 4개
③ 5개　　④ 6개

05 다음 글의 밑줄 친 단어 중 한글 맞춤법상 옳지 않은 것은?

> 정부가 농촌진흥청 R&D 예산을 대폭 삭감하자 전문가들은 이에 대해 우려를 제기했다. 농촌진흥청으로부터 제출받은 자료에 따르면, 지난 10년간 논농업 기계화율은 97.7%인 데 반해 밭농업 기계화율은 목표치를 크게 밑도는 59.3% 수준이다. 이런 상황에서 관련 R&D 예산을 도리여 20% 가까이 삭감한 것이다. 농촌의 인구 감소와 함께 심화되는 인구 고령화 탓에 농촌에서 인력 구하기란 하늘의 별 따기인지 오래라, 농사 작업의 기계화는 절실한 상황이다.
> 이런 급급한 상황에도 불구하고 밭농업 기계화율은 계속해서 정체를 보이고 있는데, 특히 가장 많은 비용과 인력이 필요한 파종·정식 작업은 지난 10년간 8.7%, 수확 작업은 23.8%로 나타났다. 심지어 배추, 고구마, 무의 파종·정식 작업 기계화율은 0%로 실제 기계의 도움은 전혀 받지 못한 채 수작업으로만 이루어지고 있고, 이 중 배추와 고구마는 수확 작업에서의 기계화율도 여전히 0%에 머물러 있다.

① 밑도는　　② 도리여
③ 정체　　④ 못한 채

06 다음 글의 밑줄 친 단어 중 한글 맞춤법상 띄어쓰기가 옳지 않은 것은?

농림축산검역본부는 전국 공항 및 항만 등에서 국가를 위해 공헌한 검역탐지견이 민간 입양을 통해 새 가족을 만나 남은 삶을 행복하게 보낼 수 있도록 하겠다고 전했다.
검역탐지견은 전국 공항 및 항만 등에서 국내 반입이 금지된 축산물과 식물류 등을 찾아내는 작업을 해왔으며 마리당 연간 5,000건 이상의 반입금지 물품을 찾아내고 있다.
이처럼 국가를 위해 공헌한 검역탐지견은 은퇴 시기인 만 8세에 다다르거나, 능력 저하, 훈련탈락 등 더 이상 검역 탐지 업무가 불가능한 상황이 되면 민간 입양을 통해 제2의 삶을 시작하게 된다.
민간 입양은 분기 별로 연 4회 실시되며 입양을 원하는 가정은 농림축산검역본부 홈페이지에 올라온 안내문에 따라 입양을 신청할 수 있다. 입양 가정은 동물보호단체와 함께 2개월간 공평하고 투명한 서류 및 현장심사를 통해 선정되며, 선정이 끝나면 분기 말 마지막 주에 입양이 진행된다.
또한 농림축산검역본부는 입양 이후에도 매년 '홈커밍데이'를 개최해 민간에 입양된 검역탐지견과 그 가족을 초청하고 있으며, '해마루 반려동물 의료재단'과 업무협약을 맺어 진료비 30% 할인 등을 제공하고 있다.

① 새 가족
② 만 8세
③ 제2의
④ 분기 별

07 다음 글을 근거로 판단할 때 가장 적절한 것은?

조선 시대 쌀의 종류에는 가을철 논에서 수확한 벼를 가공한 흰색 쌀 외에 밭에서 자란 곡식을 가공함으로써 얻게 되는 회색 쌀과 노란색 쌀이 있었다. 회색 쌀은 보리의 껍질을 벗긴 보리쌀이었고, 노란색 쌀은 조의 껍질을 벗긴 좁쌀이었다.
남부 지역에서는 보리가 특히 중요시되었다. 가을 곡식이 바닥을 보이기 시작하는 봄철, 농민들의 희망은 들판에 넘실거리는 보리뿐이었다. 보리가 익을 때까지는 주린 배를 움켜쥐고 생활할 수밖에 없었고, 이를 보릿고개라 하였다. 그것은 보리를 수확하는 하지, 즉 낮이 가장 길고 밤이 가장 짧은 시기까지 지속되다가 사라지는 고개였다. 보리 수확기는 여름이었지만 파종 시기는 보리 종류에 따라 달랐다. 가을철에 파종하여 이듬해 수확하는 보리는 가을보리, 봄에 파종하여 그해 수확하는 보리는 봄보리라고 불렀다.
적지 않은 농부들은 보리를 수확하고 그 자리에 다시 콩을 심기도 했다. 이처럼 같은 밭에서 1년 동안 보리와 콩을 교대로 경작하는 방식을 그루갈이라고 한다. 그렇지만 모든 콩이 그루갈이로 재배된 것은 아니었다. 콩 수확기는 가을이었으나, 어떤 콩은 봄철에 파종해야만 제대로 자랄 수 있었고 어떤 콩은 여름에 심을 수도 있었다. 한편 조는 보리, 콩과 달리 모두 봄에 심었다. 그래서 봄철 밭에서는 보리, 콩, 조가 함께 자라는 것을 볼 수 있었다.

① 흰색 쌀과 여름에 심는 콩은 서로 다른 계절에 수확했다.
② 봄보리의 재배 기간은 가을보리의 재배 기간보다 짧았다.
③ 흰색 쌀과 회색 쌀은 논에서 수확된 곡식을 가공한 것이었다.
④ 남부 지역의 보릿고개는 가을 곡식이 바닥을 보이는 하지가 지나면서 더 심해졌다.

※ 다음 식을 계산한 값으로 옳은 것을 고르시오. **[8~9]**

08

$$\frac{4{,}324}{6} \times \frac{66}{2{,}162} - \frac{15}{6}$$

① 17.79
② −1,779
③ 19.5
④ −1,950

09

$$14{,}465 - 3{,}354 + 1{,}989 - 878 + 1$$

① 11,123
② 11,223
③ 12,223
④ 12,233

10 어떤 수 x가 $-6 < x < 3$인 실수일 때, $\frac{2(6-x)}{3y} = 1$을 만족하는 자연수 y의 모든 값의 합은?

① 13
② 17
③ 21
④ 25

11 어떤 일을 하여 끝마칠 때까지 걸리는 기간은 A와 B가 함께 일할 때 15일, B와 C가 함께 일할 때 30일, C와 A가 함께 일할 때 18일이다. 이 일을 A, B, C가 함께 일할 때 끝마칠 때까지 걸리는 기간은?

① 10일 ② 11일
③ 12일 ④ 13일

12 반지름이 12cm인 원 3개를 다음과 같이 원의 중심이 지나도록 겹쳤을 때, 색칠한 영역의 넓이는?

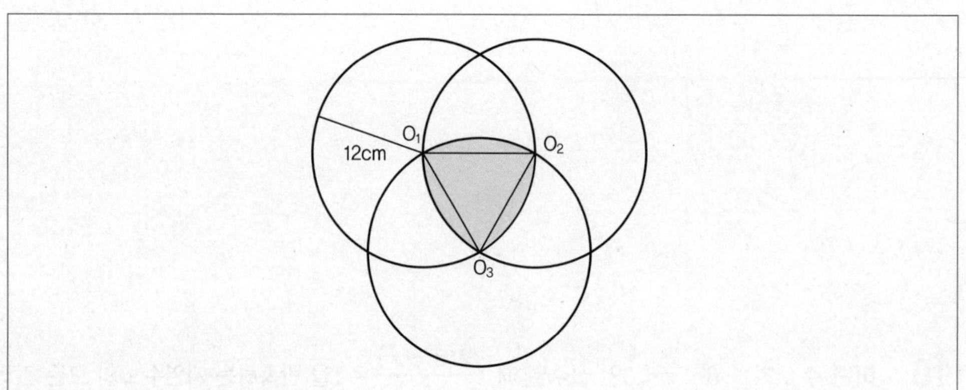

① $36(\pi-\sqrt{3})\text{cm}^2$ ② $48(\pi-\sqrt{3})\text{cm}^2$
③ $60(\pi-\sqrt{3})\text{cm}^2$ ④ $72(\pi-\sqrt{3})\text{cm}^2$

13 작년에 N공장에서 제작한 어떤 물건의 원가는 480만 원이고, 원가에 20%의 이익을 붙인 가격을 정가로 정하여 판매하였다. 올해 원가가 15% 상승했을 때, 올해 정가를 작년 정가 가격의 25% 증가한 가격으로 판매하였다면 올해 이익과 작년 이익의 차이는?

① 48만 원
② 56만 원
③ 64만 원
④ 72만 원

14 다음은 N기업 지원자의 인턴 및 해외연수 경험과 합격 여부에 대한 자료이다. 이에 대한 〈보기〉의 설명 중 옳은 것을 모두 고르면?

〈N기업 지원자의 인턴 및 해외연수 경험과 합격 여부〉

(단위 : 명, %)

인턴 경험	해외연수 경험	합격 여부		합격률
		합격	불합격	
있음	있음	53	414	11.3
	없음	11	37	22.9
없음	있음	0	16	0
	없음	4	139	2.8

※ 합격률(%)$=\frac{(\text{합격자 수})}{(\text{합격자 수})+(\text{불합격자 수})}\times 100$

※ 합격률은 소수점 둘째 자리에서 반올림한 값임

보기

ㄱ. 해외연수 경험이 있는 지원자가 해외연수 경험이 없는 지원자보다 합격률이 높다.
ㄴ. 인턴 경험이 있는 지원자가 인턴 경험이 없는 지원자보다 합격률이 높다.
ㄷ. 인턴 경험과 해외연수 경험이 모두 있는 지원자 합격률은 인턴 경험만 있는 지원자 합격률의 2배 이상이다.
ㄹ. 인턴 경험과 해외연수 경험이 모두 없는 지원지와 인턴 경험만 있는 지원자 간 합격률 차이는 30%p보다 크다.

① ㄱ, ㄴ
② ㄱ, ㄷ
③ ㄴ, ㄷ
④ ㄴ, ㄷ, ㄹ

※ 일정한 규칙으로 수나 문자를 나열할 때, 빈칸에 들어갈 알맞은 것을 구하시오. [15~16]

15

B B C B D F D L ( )

① M ② N
③ O ④ P

16

504 ( ) 127 12 0

① 279 ② 303
③ 327 ④ 346

17 제시된 명제가 모두 참일 때, 추론한 내용으로 가장 적절한 것은?

- 사과를 좋아하면 배를 좋아하지 않는다.
- 귤을 좋아하면 배를 좋아한다.
- 귤을 좋아하지 않으면 오이를 좋아한다.

① 사과를 좋아하면 오이를 좋아한다.
② 배를 좋아하면 오이를 좋아한다.
③ 귤을 좋아하면 사과를 좋아한다.
④ 배를 좋아하지 않으면 사과를 좋아한다.

18 **지영이의 생일을 맞이하여 민지, 재은, 영재, 정호는 함께 생일을 축하하고, 생일 케이크를 나눠 먹기로 하였다. 지영이가 다섯 조각으로 자른 케이크의 크기는 서로 다르며 각자 케이크 한 조각씩을 먹었다고 할 때, 먹은 케이크의 크기가 작은 순서대로 바르게 나열한 것은?**

- 생일 주인공이 가장 큰 조각의 케이크를 먹었다.
- 민지의 케이크 조각은 가장 작지도 않고, 두 번째로 작지도 않다.
- 재은이의 케이크 조각은 지영이의 케이크 조각보다 작지만, 민지의 케이크 조각보다는 크다.
- 정호의 케이크 조각은 민지의 케이크 조각보다는 작지만, 영재의 케이크 조각보다는 크다.

① 지영 – 재은 – 민지 – 영재 – 정호
② 정호 – 재은 – 민지 – 영재 – 지영
③ 영재 – 정호 – 민지 – 재은 – 지영
④ 영재 – 재은 – 민지 – 정호 – 지영

19 **다음은 N기관에 대한 SWOT 분석 결과이다. SWOT 분석 결과를 바탕으로 한 적절한 전략을 〈보기〉에서 모두 고르면?**

〈N기관에 대한 SWOT 분석 결과〉

강점(Strength)	약점(Weakness)
• 공공기관으로서의 신뢰성 • 국토의 종합적 이용·개발	• 국토개발로 인한 환경파괴 • 정부 통제 및 보수적 조직문화
기회(Opportunity)	**위협(Threat)**
• 정부의 해외 개발 사업 추진 • 환경친화적 디지털 신도시에 대한 관심 확대	• 환경보호 단체, 시민 단체와의 충돌 • 건설 경기 위축 및 침체

보기

ㄱ. 공공기관으로서의 높은 신뢰도를 바탕으로 정부의 해외 개발 사업에 적극적으로 참여한다.
ㄴ. 침체된 건설 경기를 회복하기 위해 비교적 개발이 진행되지 않은 산림, 해안지역 등의 개발을 추진한다.
ㄷ. 환경파괴를 최소화하면서도 국토를 효율적으로 이용할 수 있는 환경친화적 신도시를 개발한다.
ㄹ. 환경보호 단체나 시민 단체에 대한 규제 강화를 통해 공공기관으로서의 역할을 수행한다.

① ㄱ, ㄴ
② ㄱ, ㄷ
③ ㄴ, ㄷ
④ ㄴ, ㄹ

20 **농업이 국민경제의 근간임을 국민들에게 인식시키고, 농업인의 긍지와 자부심을 고하며 노고를 위로하기 위해 법정기념일로 정한 '농업인의 날'은 언제인가?**

① 10월 1일
② 10월 10일
③ 10월 15일
④ 11월 11일

21 **다음 중 NH농협의 심벌마크에 대한 설명으로 옳은 것은?**

① 'V'꼴은 농협의 'ㄴ'을 변형한 것으로 싹과, 벼, 농협의 무한한 발전을 상징한다.
② 'V'꼴을 제외한 아랫부분은 '업'의 'ㅇ'을 변형한 것으로 잘 익은 쌀, 풍년을 상징한다.
③ 심벌마크 전체는 '협'의 'ㅎ'을 변형한 것으로 화폐, 재산 등을 상징한다.
④ 노란색은 태양을 상징하며, 농업인의 밝은 내일을 비추어 주는 희망을 상징한다.

22 **다음 중 NH농협의 핵심가치가 아닌 것은?**

① 국민에게 사랑받는 농협
② 금융사고 제로 농협
③ 지역 농축협과 함께하는 농협
④ 경쟁력 있는 글로벌 농협

2024 하반기 기출복원문제 정답 및 해설

01 70문항 유형

01	02	03	04	05	06	07	08	09	10
②	②	①	⑤	①	②	②	④	③	④
11	12	13	14	15	16	17	18	19	20
⑤	③	③	③	④	③	④	④	④	③
21	22	23	24	25					
②	③	④	①	③					

01 정답 ②

'기거'란 같은 장소에서 먹고 자고 하는 등의 일상생활을 영위하는 것을 말하고, '거주'란 동일한 장소에 머무르며 삶을 살아가는 것을 말한다. 따라서 두 단어는 유의 관계이다.

오답분석

① '간객'은 서적, 잡지 등을 읽거나 보는 사람을 말하는 반면, '작자'는 글이나 악곡 등을 쓰는 사람을 말한다. 따라서 두 단어는 반의 관계이다.
③ '생존'은 살아 있거나 살아남았다는 의미인 반면, '종명'은 '사망'과 유사한 의미로 생명이 끝났음을 의미한다. 따라서 두 단어는 반의 관계이다.
④ '주동'은 어떠한 사건에 주체가 되어 활동하는 것을 의미하는 반면, '사동'은 실제적인 주체가 본인이 아닌 제3자로 하여금 활동하도록 하는 것을 의미하므로 두 단어는 반의 관계이다.
⑤ '유의어'란 그 뜻이 서로 유사한 말을 의미하는 반면, '대의어'는 그 뜻이 완전히 서로 상반되는 말을 의미한다. 따라서 두 단어는 반의 관계이다.

02 정답 ②

'방증'은 어떠한 사실에 대한 직접적인 증거로써의 역할은 못하지만, 주변의 상황을 밝힘으로 간접적으로 증명하는 데에 도움을 주는 것을 말한다.

오답분석

① 검증 : 어떠한 문제에 대해 논리적으로 판단하여 진실인지 혹은 거짓인지에 대해 조사하거나 증명하는 것을 말한다.
③ 실증 : 명확한 증거 자체를 말하거나, 어떠한 사실을 실질적으로 증명하는 것을 말한다.
④ 예증 : 어떠한 사실에 대하여 구체적인 사례를 들어 이를 증명하는 것을 말한다.
⑤ 확증 : 어떠한 사실에 대한 확실한 증거 자체를 말하거나, 또는 이를 증명하는 것을 말한다.

03 정답 ①

'마이동풍(馬耳東風)'이란 타인이 애써 충고를 전하려 해도 이를 주의해 듣지 않고 듣는 척 마는 척 흘려듣는 모양새를 일컫는 말로 제시문과 가장 어울리는 한자성어이다.

오답분석

② 만시지탄(晩時之歎) : 때를 놓쳐 기회를 잃은 것에 대해 한탄하는 모습을 일컫는 말이다.
③ 사필귀정(事必歸正) : 옳지 못한 것은 오래지 않아 결국 바른 길로 돌아가게 된다는 의미의 말이다.
④ 연목구어(緣木求魚) : 목적과 방법이 맞지 않아 불가능한 일을 애써 하려고 하는 모습을 일컫는 말이다.
⑤ 좌정관천(坐井觀天) : 우물 속에 앉아 보이는 하늘이 다인 줄 아는 것처럼 견문이 매우 좁은 사람을 일컫는 말이다.

04 정답 ⑤

'우수리'란 물건 값을 치르고 남아 거슬러 받는 소액의 돈을 말한다. 따라서 제시문의 '잔돈'과 가장 유사한 의미를 가진다.

오답분석

①·④ 거금·모갯돈 : 많은 액수의 돈을 의미하는 말이다.
② 돈머리 : '금액' 또는 '액수'와 유사한 의미로 얼마라고 이름을 붙인 돈의 액수를 일컫는 말이다.
③ 돈자리 : '계좌'를 뜻하는 북한말이다.

05

정답 ①

'호미'와 '괭이'는 모두 한쪽에 넓적한 날이 있어 땅을 파는 농기구이다. 호미의 경우 주로 감자나 고구마 따위를 수확할 때 쓰이며, 괭이는 땅을 파거나 고를 때 쓰인다.

오답분석

② 쇠뇌 : 쇠로 된 발사 장치가 달린 활로 여러 개의 화살을 연달아 쏠 수 있도록 한 장치이다.
③ 쟁기 : 가축이나 기계에 활용해 논밭을 갈 때 쓰는 농기구이다.
④ 당그래 : 고기잡이용 기구로, 주로 김을 씻거나 풀어줄 때 저어 사용한다.
⑤ 도리깨 : 곡식의 낟알을 떠는 데 쓰는 탈곡용 농기구를 말한다.

06

정답 ②

'개구리'는 양서류인 반면, 악어, 거북이, 도마뱀, 카멜레온은 파충류에 속한다.

07

정답 ②

'첼로'는 바이올린 계통의 대형 저음 현악기이다. 현이 네 줄이며 의자에 앉아 동체를 무릎 사이에 끼고 활을 수평으로 하여 연주하는데, 침착하고 차분한 음색을 갖고 있어 독주 또는 합주 악기로 쓴다.

오답분석

① 나각 : 큰 소라 껍데기로 만든 관악기의 한 종류이다.
③ 마라카스 : 손잡이를 잡고 흔들면 둥근 울림통에 들어있는 작은 알갱이가 부딪히며 소리를 내 리듬을 만들어내는 타악기의 한 종류이다.
④ 아코디언 : 바람통으로 공기의 압을 조절하고 건반과 버튼을 통해 멜로디와 화음을 동시에 낼 수 있는 건반악기의 한 종류이다.
⑤ 클라리넷 : 마우스피스와 리드사이로 공기를 불고 원통관에 달린 구멍의 패드를 손가락으로 누르며 음정을 내는 목관악기이다.

08

정답 ④

두 번째 문단의 '꼭 필요한 부위에만 접착제와 대나무 못을 사용하여 목재가 수축・팽창하더라도 뒤틀림과 휘어짐이 최소화될 수 있도록 하였다.'라는 문장을 볼 때, 접착제와 대나무 못을 사용하면 수축과 팽창이 발생하지 않게 된다는 내용은 적절하지 않다.

09

정답 ③

제시문은 유기농 식품의 생산이 증가하고 있지만, 몇몇 전문가들은 유기 농업을 부정적으로 보고 있다는 내용을 말하고 있다. 따라서 (가) 최근 유기농 식품 생산의 증가 – (다) 유기 농업을 부정적으로 보는 몇몇 전문가들의 시선 – (라) 전통 농가에 비해 수확량도 적고 벌레의 피해가 잦은 유기 농가 – (나) 유기 농업으로는 굶주리는 사람을 충분히 먹여 살릴 수 없음 순으로 나열하는 것이 적절하다.

10

정답 ④

내국인 순유출이 가장 많았던 해는 2010년이며, 외국인 순유입이 가장 적은 해는 2014년이다.

11

정답 ⑤

정상체중 비율의 연령대별 최대치와 최저치의 차이는 2015년은 $74.9-62.4=12.5$%p, 2024년은 $67.5-51.8=15.7$%p이므로 2024년이 더 크다.

오답분석

① 60대의 비만 증가는 $46.2-30.2=16$%p로 가장 많다.
② 40대 이하의 비만율 총합은 82.3%인 것에 비해 40대 이후의 비만율 총합은 120.3%이므로 50대 이상 비만율의 평균이 훨씬 높다.
③ 2015년 70세 이상의 비만율과 저체중 비율의 차이는 8.8%p이며, 동년 40대의 차이는 29.5%p이므로 두 수치는 3배 이상의 차이를 보인다.
④ 저체중 비율이 가장 높은 연령대는 2015년에는 70세 이상으로 비만율에서 하위 2위를 기록하였으며, 2024년에는 19 ~ 29세로 비만율에서 하위 1위를 기록했다.

12

정답 ③

포도알 개수에 대한 식을 세우면 다음과 같다.

$2n+20=3n-10$

$\therefore n=30$

따라서 초등학생 수는 30명이고, 처음에 갖고 있던 포도알은 $2\times30+20=80$알이다.

13

정답 ③

최우수상을 받으려면 4과목의 평균점수가 85점 이상이어야 하므로 총점은 $85\times4=340$점 이상이어야 한다.

따라서 갑돌이는 최소 $340-(70+85+90)=95$점을 받아야 한다.

14

정답 ③

책의 전체 쪽수를 x쪽이라고 하면 다음과 같은 식이 성립한다.

$x-\frac{1}{3}x-\frac{1}{4}\left(x-\frac{1}{3}x\right)-100=92$

$\therefore\ x=384$

따라서 책의 전체 쪽수는 384쪽이다.

15

정답 ④

앞의 항에 +1, +2, +3을 번갈아 가며 더하는 수열이다.

따라서 ( )=14+2=16이다.

16

정답 ③

홀수 항은 2씩 곱하고, 짝수 항은 3씩 빼는 수열이다.

E	N	(J)	K	T	H
5	14	(10)	11	20	8

17

정답 ④

돼지꿈을 꾼 다음 날 복권을 사는 사람들은 모두가 미신을 따르는 사람들이고, 미신을 따르는 사람 중 과학자는 없다. 즉, 돼지꿈을 꾼 다음 날 복권을 사는 사람이라면 과학자가 아니다.

18

정답 ④

제시문을 논리기호화하면 다음과 같다.

i) A(O) → B(O)

ii) A(×) → [D(×) ∧ E(×)]

iii) B(O) → [C(O) ∨ A(×)]

iv) D(×) → [A(O) ∧ C(×)]

ii)와 iv)를 통해 A가 채택되지 않으면 D와의 관계에서 모순이 발생하므로 A는 반드시 채택된다는 것을 알 수 있으며 이를 i)과 결합하면 B 역시 채택된다는 것을 알 수 있다. 또한 B가 채택된다는 사실을 iii)과 결합하면 C도 채택된다는 것을 알 수 있고, 이를 iv)의 대우와 연결하면 D가 채택된다는 것을 알 수 있다. 마지막으로 남은 E는 ii)를 통하더라도 반드시 채택되어야 하는 것은 아니므로 결과적으로 A, B, C, D 4개의 업체가 반드시 채택됨을 알 수 있다.

19

정답 ④

D는 부양능력이 있는 며느리와 함께 살고 있으므로 기초생활수급자 선정기준에 해당하지 않는다.

오답분석

① A의 소득인정액은 (100−20)+12=92만 원인데, 이는 3인 가구의 최저생계비인 94만 원보다 적으므로 기초생활수급자에 해당한다.
② B의 소득인정액은 (0−30)+36=6만 원인데, 이는 1인 가구의 최저생계비인 42만 원보다 적으므로 기초생활수급자에 해당한다(가구 수 산정 시 부양의무자가 아닌 조카는 제외).
③ C의 소득인정액은 (80−22)+24=82만 원인데, 이는 3인 가구의 최저생계비인 94만 원보다 적으므로 기초수급자에 해당한다.
⑤ E의 소득인정액은 (60−30)+36=66만 원인데, 이는 2인 가구의 최저생계비인 70만 원보다 적으므로 기초수급자에 해당한다.

20

정답 ③

국제관 세미나실B의 경우 화요일에 글로벌전략실의 이용이 끝난 13:30부터 예약이 가능하다.

오답분석

① 본관 1세미나실의 경우 수요일은 15시 이후에 이용 가능하지만 회의는 오후 1시부터 오후 4시 사이에 진행되어야 하므로, 1시간 30분 동안 연이어 진행되어야 하는 회의는 불가능하다.
② 본관 2세미나실은 최대 수용가능인원이 16명이므로 24명의 회의 참석자를 수용하지 못해 제외된다.
④ 국제관 세미나실B의 경우 수요일은 오후 1시부터 오후 4시 사이에 진행되어야 하는 조건에 따라 내진기술실 이용 전에는 1시간, 이용 후에는 30분만 이용이 가능하므로 1시간 30분 동안 연이어 진행되어야 하는 회의는 불가능하다.
⑤ 복지동 세미나실은 빔프로젝터가 없어서 제외된다.

21

정답 ②

명함은 하위자가 상위자한테 먼저 건네야 하며, 상위자의 명함을 받을 때에는 왼손으로 가볍게 받쳐야 한다.

22

정답 ③

NH농협이 하는 일

구분	내용
교육지원 사업	• 미래 농업·농촌을 이끌 영농인력 육성 • 농촌지역 삶의 질을 높이는 문화·복지사업 실시 • 농촌에 활력을 불어넣는 다양한 교류사업 추진 • 농업·농촌의 가치를 알리는 농정홍보활동 • 지역사회 중심체인 농·축협을 체계적으로 지원 • 사회공헌 및 국제교류
농업경제 사업	• 규모화·전문화를 통한 농산물 산지유통 혁신 • 영농에 필요한 자재를 안정적으로 공급 • 혁신적 물류체계 구축으로 농산물 도매유통 선도 • 다양한 유통채널을 통해 우수 국산 농산물 판매 • 안전 농식품 공급으로 국민 건강에 기여
상호금융 사업	• 농촌경제 활성화를 위한 다양한 금융서비스 제공 • 안정적인 농업경영을 위한 영농·가계자금 지원 • 농촌농협 – 도시농협 상생의 가교 역할 수행 • 맞춤형 금융상품을 통해 서민금융 활성화에 기여 • 조합원·고객의 실익증진을 위한 각종 사업 추진 • 소외계층 지원을 위한 사회공헌기금 조성

23

정답 ④

농업협동조합법 제3조 제1항에 따르면 지역조합은 지역명을 붙이거나 지역의 특성을 나타내는 농업협동조합 또는 축산업협동조합의 명칭을, 품목조합은 지역명과 품목명 또는 업종명을 붙인 협동조합의 명칭을, 중앙회는 농업협동조합중앙회의 명칭을 각각 사용하여야 한다.

24

정답 ①

NH농협의 농사같이(農四價値)운동은 농민존중, 농업성장, 농촌재생, 농협혁신의 네 가지 중요 가치 구현을 위한 운동이다.

25

정답 ③

NH농협의 인재상

구분	내용
시너지 창출가	항상 열린 마음으로 계통 간, 구성원 간에 존경과 협력을 다하여 조직 전체의 성과가 극대화될 수 있도록 시너지 제고를 위해 노력하는 인재
행복의 파트너	프로다운 서비스 정신을 바탕으로 농업인과 고객을 가족처럼 여기고 최상의 행복 가치를 위해 최선을 다하는 인재
최고의 전문가	꾸준히 자기계발을 통해 자아를 성장시키고, 유통·금융 등 맡은 분야에서 최고의 전문가가 되기 위해 지속적으로 노력하는 인재
정직과 도덕성을 갖춘 인재	매사에 혁신적인 자세로 모든 업무를 투명하고 정직하게 처리하여 농업인과 고객, 임직원 등 모든 이해관계자로부터 믿음과 신뢰를 받는 인재
진취적 도전가	미래지향적 도전의식과 창의성을 바탕으로 새로운 사업과 성장 동력을 찾기 위해 끊임없이 변화와 혁신을 추구하는 역동적이고 열정적인 인재

02 60문항 유형

01	02	03	04	05	06	07	08	09	10
①	①	④	②	②	④	②	③	③	④
11	12	13	14	15	16	17	18	19	20
④	④	④	①	③	②	①	③	②	④
21	22								
①	②								

01
정답 ①

'후안무치(厚顔無恥)'란 얼굴이 두꺼워 창피함을 모른다는 말로 제시문과 가장 어울리는 한자성어이다.

오답분석

② 견리사의(見利思義) : 이익을 마주치면 의로움에 대해 먼저 생각하는 자세를 일컫는 말로 '견리망의'와 상반된 뜻을 가지고 있다.
③ 지록위마(指鹿爲馬) : 윗사람을 교묘하게 꾀어내어 그 권력을 제 맘대로 이용하는 모습을 일컫는 말이다.
④ 회빈작주(回賓作主) : 손님이 오히려 주인마냥 제멋대로 행동한다는 말로 남의 의견은 무시하고 자기 마음대로 행동하는 모양새를 말한다.

02
정답 ①

첫 번째 빈칸이 있는 문장의 서술어가 '때문이다.'로 되어 있으므로 빈칸에는 이와 호응하는 '왜냐하면'이 와야 한다. 다음으로 두 번째 빈칸에는 문장의 내용이 앞 문장과 상반되는 내용이 아닌, 앞 문장을 부연하는 내용이므로 병렬 기능의 접속부사 '그리고'가 들어가야 한다. 마지막으로 세 번째 빈칸은 내용상 결론에 해당하므로 '그러므로'가 적절하다.

03
정답 ④

두 번째 문단의 '강계부는 세금을 납부한 ~ 비변사에 보고하였다.'라는 내용을 통해 조선 정부는 삼상과 관련된 여러 가지 상황을 파악하고 있었음을 알 수 있다.

오답분석

① 두 번째 문단의 '황첩이 없거나 ~ 처벌되었다.'를 보면 황첩 자체가 없거나 거래량을 허위로 신고하는 경우에 대한 설명은 있으나, 황첩을 위조하였는지는 알 수 없다.
② 네 번째 문단에서 조선 정부의 엄격한 통제로 인해 상인들은 합법적인 인삼 매매와 무역을 포기하고 잠상이 되었고 더 많은 이익을 취하려 했다는 내용은 있으나, 이들에 대한 정부의 합법화 노력은 언급되지 않았다.
③ 첫 번째 문단과 두 번째 문단에 따르면 송도는 삼상들의 근거지임을 알 수 있고, 삼상들이 강계부에 출입한 것은 이곳이 인삼이 모이는 거점이었기 때문이지, 가격이 더 싸서 간 것은 아니라는 것을 알 수 있다.

04
정답 ②

- 병행되야 : 한글 맞춤법에 따르면 어간 모음 'ㅚ' 뒤에 '-어'가 붙어 'ㅙ'로 줄여진다면 'ㅙ'로 표기하라고 명시되어 있다. 따라서 '병행되어야'를 줄인 말이므로 '병행돼야'로 표기되어야 한다.
- 제기하다 : '제기하다'는 어떠한 의견 등을 제시하는 것을 말하고, '재기하다'는 역량이나 능력을 끌어 모아 다시금 일어나는 것을 말한다. 따라서 문맥상 '제기하는'이 아닌 '재기하는'으로 표기되어야 한다.
- 곰곰히 : '곰곰'이란 깊게 생각하는 모양새를 뜻하는 부사이므로 부사형 접미사인 '-이'를 붙여야 한다. 따라서 '곰곰히'가 아닌 '곰곰이'로 표기되어야 한다.
- 높히다 : '높다'의 사동사로 '높히다'는 올바르지 않은 표기법이다. '높이고', '높여서'처럼 '높히고'가 아닌 '높이고'라고 표기되어야 한다.

오답분석

- 온전히 : 본바탕 그대로란 의미의 '온전하다'의 부사어로 올바르게 표기되었다.
- 파헤치다 : 숨겨지거나 보이지 않는 실상을 찾아낸다는 동사로 올바르게 표기되었다.
- 해치다 : '헤치다'란 모여 있는 것을 흩트린다는 의미이고, '해치다'는 사람의 감정이나 몸에 해를 끼친다는 의미이다. 따라서 문맥상 올바르게 표기되었다.

05
정답 ②

'도리여'는 예상했거나 기대한 바와 다르게 된 상태를 의미하는 부사어인 '도리어'의 방언 표기법으로 올바른 맞춤법은 '도리어'이다.

오답분석

① '밑돌다'는 어떠한 기준에 다다르지 못한다는 뜻으로, 반의어로는 어떠한 기준을 넘어선다는 '웃돌다'가 있다. 문맥상 적절한 어휘는 '밑도는'이다.
③ '정체'는 사물이 발전하거나 나아가지 못하고 한자리에 머물러 있음을 나타내는 단어이다. 논농업에 비해 밭농업의 기계화율이 목표치에 도달하지 못하고 있으므로 적절한 어휘 사용이다.
④ '채'는 이미 있는 상태 그대로란 의미의 의존명사이고, '체'란 그럴듯하게 꾸미어 흉내 내는 거짓된 것을 의미하는 의존명사이다. 따라서 문맥상 적절한 어휘는 '채'이다.

06

정답 ④

'-별'은 명사 뒤에 붙어 '그것에 따른'의 뜻을 더하는 접미사이다. 따라서 앞말과 붙여 쓰는 것이 올바른 표기법이므로, '분기 별'이 아닌 '분기별'로 표기되어야 한다.

오답분석

① 새 가족 : '새'는 이전의 것이 아닌 처음 생기거나 다시 생긴 또는 사용하거나 구매한 지 얼마 안 된 것을 뜻하는 관형사로 사전에 한 단어로 등재된 새해, 새집, 새것, 새댁 등을 제외하고는 원칙적으로 뒷말과 띄어 쓰므로 올바르게 표기되었다.

② 만 8세 : 나이 앞에 쓰이는 '만'은 정해진 시기나 햇수가 꽉 참을 뜻하는 관형사로 뒷말과 띄어 써야 하므로 올바르게 표기되었다.

③ 제2의 : 어떠한 숫자에 해당하는 차례 또는 순서의 뜻을 더하는 접두사인 '제-'는 뒷말과 붙여 써야 하므로 올바르게 표기되었다.

07

정답 ②

봄보리는 봄에 파종하여 그해 여름에 수확하며, 가을보리는 가을에 파종하여 이듬해 여름에 수확하므로 봄보리의 재배 기간이 더 짧다.

오답분석

① 흰색 쌀은 가을, 여름에 심는 콩은 가을에 수확한다.

③ 흰색 쌀은 논에서 수확한 벼를 가공한 것이며, 회색 쌀은 밭에서 자란 보리를 가공한 것이다.

④ 보릿고개는 하지까지이므로 그 이후에는 보릿고개가 완화된다.

08

정답 ③

$\frac{4,324}{6} \times \frac{66}{2,162} - \frac{15}{6} = 22 - 2.5 = 19.5$

09

정답 ③

$14,465 - 3,354 + 1,989 - 878 + 1$

$= 11,111 + 1,111 + 1 = 12,223$

10

정답 ④

$\frac{2(6-x)}{3y} = 1$을 y에 대해 정리하면 $y = -\frac{2}{3}x + 4$이다.

x는 $-6 < x < 3$인 실수이므로 정리하면 다음과 같다.

$\left(-\frac{2}{3}\right) \times 3 + 4 < -\frac{2}{3}x + 4 < \left(-\frac{2}{3}\right) \times (-6) + 4$

$\rightarrow 2 < -\frac{2}{3}x + 4 < 8$

$\therefore 2 < y < 8$

이를 만족하는 자연수는 3, 4, 5, 6, 7이므로 모든 값의 합은 $3+4+5+6+7=25$이다.

11

정답 ④

전체 일의 양을 1이라 하고 A, B, C가 1일 동안 할 수 있는 일의 양을 각각 a, b, c라고 하면 다음과 같은 관계가 성립한다.

$15(a+b) = 1 \cdots$ ㉠

$30(b+c) = 1 \cdots$ ㉡

$18(c+a) = 1 \cdots$ ㉢

$a+b = \frac{1}{15}$, $b+c = \frac{1}{30}$, $c+a = \frac{1}{18}$이므로 ㉠+㉡+㉢을 정리하면 $2(a+b+c) = \frac{1}{15} + \frac{1}{30} + \frac{1}{18} = \frac{14}{90}$이다.

따라서 A, B, C가 함께 일할 때 끝마칠 때까지 걸리는 기간은 $\frac{1}{a+b+c} = \frac{90}{7} \fallingdotseq 12.86$이므로 13일이다.

12

정답 ④

색칠한 영역의 넓이는 삼각형 $O_1O_2O_3$과 활꼴 O_1O_2 3개의 넓이를 더한 것과 같으므로 각 도형의 넓이를 구하면 다음과 같다.

- 삼각형 $O_1O_2O_3$의 넓이

  : $\frac{\sqrt{3}}{4}r^2 = \frac{\sqrt{3}}{4} \times 12^2 = 36\sqrt{3}\text{cm}^2$

- 활꼴 O_1O_2의 넓이(부채꼴 $O_1O_2O_3$ − 삼각형 $O_1O_2O_3$)

  : $\pi r^2 \times \frac{60}{360} - \frac{\sqrt{3}}{4}r^2 = 12^2\pi \times \frac{1}{6} - \frac{\sqrt{3}}{4} \times 12^2$

  $= (24\pi - 36\sqrt{3})\text{cm}^2$

삼각형의 넓이와 활꼴 3개의 넓이를 더하면 다음과 같다.

$36\sqrt{3} + 3(24\pi - 36\sqrt{3})$

$= 36\sqrt{3} + 72\pi - 108\sqrt{3}$

$= 72\pi - 72\sqrt{3}$

$= 72(\pi - \sqrt{3})$

따라서 색칠한 영역의 넓이는 $72(\pi - \sqrt{3})\text{cm}^2$이다.

13

정답 ④

작년 N공장에서 제작한 물건의 원가가 480만 원이므로 20% 이율을 붙인 정가는 $480 \times 1.2 = 576$만 원이다.

올해 원가는 15% 증가했으므로 $480 \times 1.15 = 552$만 원이고, 정가는 작년 정가에서 25% 증가한 $576 \times 1.25 = 720$만 원이다. 따라서 작년 이익은 $576 - 480 = 96$만 원이고, 올해 이익은 $720 - 552 = 168$만 원이므로 그 차이는 $168 - 96 = 72$만 원이다.

14

정답 ①

ㄱ. 해외연수 경험이 있는 지원자 합격률은 $\frac{53}{53+414+16}\times100≒11\%$로, 해외연수 경험이 없는 지원자 합격률인 $\frac{11+4}{11+37+4+139}\times100≒7.9\%$보다 높다.

ㄴ. 인턴 경험이 있는 지원자의 합격률은 $\frac{53+11}{53+414+11+37}\times100=\frac{64}{515}\times100≒12.4\%$로, 인턴 경험이 없는 지원자의 합격률인 $\frac{4}{16+4+139}\times100=\frac{4}{159}\times100≒2.5\%$보다 높다.

오답분석

ㄷ. 인턴 경험과 해외연수 경험이 모두 있는 지원자 합격률(11.3%)은 인턴 경험만 있는 지원자 합격률(22.9%)보다 낮다.

ㄹ. 인턴 경험과 해외연수 경험이 모두 없는 지원자와 인턴 경험만 있는 지원자 간 합격률 차이는 $22.9-2.8=20.1$%p로 30%p 미만이다.

15

정답 ③

×1, +1, −1, ×2, +2, −2, ×3, +3, …을 하는 수열이다.

B	B	C	B	D	F	D	L	(O)
2	2	3	2	4	6	4	12	15

16

정답 ②

제시된 수열은 (23^2-25)에서 제곱하는 수는 5, 6, 7, 8, … 씩 감소하고, 빼는 수는 4씩 감소하는 수열이다.

따라서 ($)=(23-5)^2-(25-4)=18^2-21=303$이다.

17

정답 ①

참인 명제는 그 대우 명제도 참이므로 두 번째 명제의 대우 명제인 '배를 좋아하지 않으면 귤을 좋아하지 않는다.' 역시 참이다. 이를 첫 번째, 세 번째 명제와 연결하면 '사과를 좋아함 → 배를 좋아하지 않음 → 귤을 좋아하지 않음 → 오이를 좋아함'이 성립한다. 따라서 '사과를 좋아하면 오이를 좋아한다.'가 성립한다.

18

정답 ③

생일 주인공인 지영이가 먹은 케이크 조각이 가장 크고, 민지가 먹은 케이크 조각은 가장 작지도 않고 두 번째로 작지도 않으므로 민지는 세 번째 또는 네 번째로 작은 케이크를 먹었을 것이다. 이때 재은이가 먹은 케이크 조각은 민지가 먹은 케이크 조각보다 커야 하므로 민지는 세 번째로 작은 케이크 조각을, 재은이는 네 번째로 작은 케이크 조각을 먹었음을 알 수 있다. 또한 정호와 영재의 관계에서 영재의 케이크 조각이 가장 작음을 알 수 있다. 따라서 먹은 케이크 조각의 크기가 작은 순서는 '영재 – 정호 – 민지 – 재은 – 지영'이다.

19

정답 ②

ㄱ. 강점인 공공기관으로서의 신뢰성을 바탕으로 해외 개발사업에 참여하는 것은 강점을 살려 기회를 포착하는 SO전략으로 적절하다.

ㄷ. 약점인 환경파괴를 최소화하는 방향의 환경친화적 신도시 개발은 약점을 보완하여 기회를 포착하는 WO전략으로 적절하다.

오답분석

ㄴ. 국토개발로 인한 환경파괴라는 약점과 환경보호 단체 등과의 충돌을 겪고 있는 위협을 고려했을 때 적절한 전략으로 볼 수 없다.

ㄹ. 환경보호 단체나 시민 단체와의 충돌을 규제 강화라는 강압적 방법으로 해결하는 것은 적절한 전략으로 볼 수 없으며, 공공기관의 역할 수행으로도 볼 수 없다.

20

정답 ④

1973년 3월 「각종 기념일 등에 관한 규정」에 의해 어민의 날(4월 1일)과 권농의 날(6월 1일), 목초의 날(9월 5일)을 권농의 날로서 6월 첫째 토요일로 통합하였다. 이후 1984년 전국적으로 모내기 시기가 앞당겨짐에 따라 권농의 날을 5월 넷째 화요일로 변경하였으나, 1996년 5월 「각종 기념일 등에 관한 규정」에 의해 권농의 날을 폐지하고, 농민은 흙에서 나서 흙을 벗삼아 함께 살다가 흙으로 돌아간다는 의미에서 흙 '土'자가 겹친 '土月土日', 11월 11일을 '농어업인의 날'로 지정하였다. 이때가 모든 영농을 마치고 풍년제를 할 수 있는 적절한 시기라는 것도 하나의 이유이다. 이후 1997년에 '농어업인의 날'을 '농업인의 날'로 변경하였다.

21

정답 ①

오답분석

② 'V'꼴을 제외한 아랫부분은 '업'의 'ㅇ'을 변형한 것으로 원만과 돈을 의미하며 협동·단결을 상징한다.
③ 심벌마크 전체는 '협'의 'ㅎ'을 변형한 것으로 'ㄴ'+'ㅎ'은 농협을 나타내고 항아리에 쌀이 가득 담겨 있는 형상을 표시하여 농가 경제의 융성한 발전을 상징한다.
④ NH농협 심벌마크에 주로 사용하는 노란색은 '풍요로운 생활의 중심, 근원이 되는 농협의 이미지를 계승'을 의미한다.

22

정답 ②

NH농협의 핵심가치

- 국민에게 사랑받는 농협
- 농업인을 위한 농협
- 지역 농축협과 함께하는 농협
- 경쟁력 있는 글로벌 농협

PART 1

NCS 직무능력평가

CHAPTER 01

의사소통능력

합격 Cheat Key

의사소통능력을 평가하지 않는 금융권이 없을 만큼 필기시험에서 중요도가 높은 영역이다. 또한, 의사소통능력의 문제 출제 비중은 가장 높은 편이다. 이러한 점을 볼 때, 의사소통능력은 NCS를 준비하는 수험생이라면 반드시 정복해야 하는 과목이다.

국가직무능력표준에 따르면 의사소통능력의 세부 유형은 문서이해, 문서작성, 의사표현, 경청, 기초외국어로 나눌 수 있다. 문서이해・문서작성과 같은 제시문에 대한 주제 찾기, 내용일치 문제의 출제 비중이 높으며, 공문서・기획서・보고서・설명서 등 문서의 특성을 파악하는 문제도 출제되고 있다. 따라서 이러한 분석을 바탕으로 전략을 세우는 것이 매우 중요하다.

1 문제에서 요구하는 바를 먼저 파악하라!

의사소통능력에서 가장 중요한 것은 제한된 시간 안에 빠르고 정확하게 답을 찾아내는 것이다. 그러기 위해서는 우리가 의사소통능력을 공부하는 이유를 잊지 말아야 한다. 우리는 지식을 쌓기 위해 의사소통능력 지문을 보는 것이 아니다. 의사소통능력에서는 지문이 아니라 문제가 주인공이다! 지문을 보기 전에 문제를 먼저 파악해야 한다. 주제찾기 문제라면 첫 문장과 마지막 문장 또는 접속어를 주목하자! 내용일치 문제라면 지문과 문항의 일치 / 불일치 여부만 파악한 뒤 빠져 나오자! 지문에 빠져드는 순간 소중한 시험 시간은 속절없이 흘러 버린다!

2 잠재되어 있는 언어능력을 발휘하라!

의사소통능력에는 끝이 없다! 의사소통의 방대함에 포기한 적이 있는가? 세상에 글은 많고 우리가 학습할 수 있는 시간은 한정적이다. 이를 극복할 수 있는 방법은 다양한 글을 접하는 것이다. 실제 시험장에서 어떤 내용의 지문이 나올지 아무도 예측할 수 없다. 따라서 평소에 신문, 소설, 보고서 등 여러 글을 접하는 것이 필요하다. 잠재되어 있는 글에 대한 안목이 시험장에서 빛을 발할 것이다.

3 상황을 가정하라!

업무 수행에 있어 상황에 따른 언어 표현은 중요하다. 같은 말이라도 상황에 따라 다르게 해석될 수 있기 때문이다. 그런 의미에서 자신의 의견을 효과적으로 전달할 수 있는 능력을 평가하는 것은 당연하다. 따라서 다양한 상황에서의 언어표현능력을 함양하기 위한 연습의 과정이 요구된다. 업무를 수행하면서 발생할 수 있는 여러 상황을 가정하고 그에 따른 올바른 언어표현을 정리하는 것이 필요하다. 의사표현 영역의 경우 출제 빈도가 높지는 않지만 상황에 따른 판단력을 평가하는 문항인 만큼 대비하는 것이 필요하다.

4 말하는 이의 입장에서 생각하라!

잘 듣는 것 또한 하나의 능력이다. 상대방의 이야기에 귀 기울이고 공감하는 태도는 업무를 수행하는 관계 속에서 필요한 요소이다. 그런 의미에서 다양한 상황에서의 듣는 능력을 평가하는 것이다. 말하는 이가 요구하는 듣는 이의 태도를 파악하고, 이에 따른 판단을 할 수 있도록 언제나 말하는 사람의 입장이 되는 연습이 필요하다.

5 반복만이 살길이다!

학창 시절 외국어를 공부하던 때를 떠올려 보자! 셀 수 없이 많은 표현들을 익히기 위해 얼마나 많은 반복의 과정을 거쳤는가? 의사소통능력 역시 그러하다. 하나의 문제 유형을 마스터하기 위해 가장 중요한 것은 바로 여러 번, 많이 풀어 보는 것이다.

01 어법 · 맞춤법

| 유형분석 |

- 주어진 문장이나 지문에서 잘못 쓰인 단어 · 표현을 바르게 고칠 수 있는지 평가한다.
- 띄어쓰기, 동의어 · 유의어 · 다의어 또는 관용적 표현 등을 찾는 문제가 출제될 가능성이 있다.

다음 밑줄 친 단어 중 문맥상 쓰임이 옳지 않은 것은?

① 어려운 문제의 답을 맞혀야 높은 점수를 받을 수 있다.
② 공책에 선을 반듯이 긋고 그 선에 맞춰 글을 쓰는 연습을 해.
③ 생선을 간장에 10분 동안 졸이면 요리가 완성된다.
④ 미안하지만 지금은 바쁘니까 이따가 와서 얘기해.
⑤ 그는 손가락으로 남쪽을 가리켰다.

정답 ③

'졸이다'는 '찌개를 졸이다.'와 같이 국물의 양을 적어지게 하는 것을 의미한다. 반면에 '조리다'는 '양념을 한 고기나 생선, 채소 따위를 국물에 넣고 바짝 끓여서 양념이 배어들게 하다.'의 의미를 지닌다. 따라서 ③의 경우 문맥상 '졸이다'가 아닌 '조리다'가 사용되어야 한다.

오답분석

① 맞히다 : 문제에 대한 답을 틀리지 않게 하다. / 맞추다 : 둘 이상의 일정한 대상들을 나란히 놓고 비교하여 살피다.
② 반듯이 : 비뚤어지거나 기울거나 굽지 않고 바르게 / 반드시 : 틀림없이 꼭, 기필코
④ 이따 : 조금 지난 뒤에 / 있다 : 어느 곳에서 떠나거나 벗어나지 않고 머물다. 또는 어떤 상태를 계속 유지하다.
⑤ 가리키다 : 손가락 따위로 어떤 방향이나 대상을 집어서 보이거나 말하거나 알리다.
가르치다 : 지식이나 기능, 이치 따위를 깨닫게 하거나 익히게 하다.

유형풀이 Tip

- 일상생활 속에서 자주 틀리는 맞춤법을 자연스럽게 터득할 수 있도록 노력해야 한다.
- 신문, 사설 등 독서 습관을 들여 맞춤법 및 올바른 표현에 대해 숙지해 두어야 한다.

대표기출유형 01 기출응용문제

Easy

01 다음 제시된 단어와 유사한 의미를 가진 것은?

독려

① 달성 ② 구획
③ 낙담 ④ 고취
⑤ 사려

02 다음 중 밑줄 친 부분의 맞춤법이 옳지 않은 것은?

① 헛기침이 간간히 섞여 나왔다.
② 그 이야기를 듣자 왠지 불길한 예감이 들었다.
③ 그 남자의 굳은살 박인 발을 봐.
④ 집에 가든지 학교에 가든지 해라.
⑤ 소파에 깊숙이 기대어 앉았다.

03 다음 중 밑줄 친 부분의 띄어쓰기가 옳지 않은 것은?

① 이번 일은 법대로 해결하자.
② 지난번 약속대로 돈을 돌려줬으면 좋겠어.
③ 그 일은 이미 지나간 대로 그냥 잊어버리자.
④ 네가 아는 대로 선부 발해줘.
⑤ 어제 약속한대로 오늘 함께 운동하자.

02 관계유추

| 유형분석 |

- 제시된 단어의 관계를 파악하여 빈칸에 들어갈 단어를 정확하게 유추해 낼 수 있는지 평가한다.
- 짝지어진 단어 사이의 관계가 나머지와 다른 것을 찾는 문제 유형이 빈번하게 출제된다.

다음 제시된 단어의 대응 관계에 따라 빈칸에 들어갈 단어로 적절한 것은?

능동 : 수동 = (　　) : 자유

① 자진　　② 범죄
③ 속박　　④ 권리
⑤ 자립

정답 ③

제시된 단어는 반의 관계이다.
'능동'은 스스로 움직이지 않고 다른 것의 작용을 받아 움직임을 뜻하는 '수동'의 반의어이고, '자유'는 어떤 행위나 권리의 행사를 자유로이 하지 못하도록 강압적으로 얽어매거나 제한함을 뜻하는 '속박'의 반의어이다.

유형풀이 Tip

어휘의 상관 관계
1) 동의 관계 : 두 개 이상의 어휘가 소리는 다르나 의미가 같은 경우
2) 유의 관계 : 두 개 이상의 어휘가 소리는 다르나 의미가 비슷한 경우
3) 반의 관계 : 두 개 이상의 어휘의 의미가 서로 대립하는 경우
4) 상하 관계 : 어휘의 의미적 계층 구조에서 한쪽이 의미상 다른 쪽을 포함하거나 다른 쪽에 포함되는 의미 관계
5) 부분 관계 : 한 어휘가 다른 어휘의 부분이 되는 관계
6) 인과 관계 : 원인과 결과의 관계
7) 순서 관계 : 위치의 상하 관계, 시간의 흐름 관계

대표기출유형 02 기출응용문제

01 다음 짝지어진 단어 사이의 관계가 나머지와 다른 것은?

① 계획 – 의도
② 고심 – 고충
③ 과격 – 극성
④ 임의 – 강제
⑤ 공헌 – 기여

02 다음 제시된 단어의 대응 관계로 볼 때 빈칸에 들어가기에 적절한 단어끼리 짝지어진 것은?

(   ) : 문학 = (   ) : 건축

① 사실, 원시
② 책, 창문
③ 소설, 창문
④ 소설, 바로크
⑤ 고전, 건설

Easy

03 다음 제시된 단어에서 공통으로 연상할 수 있는 것은?

용호상박 12지 여의주

① 호랑이
② 용
③ 구슬
④ 별자리
⑤ 사주

PART 1

03 한자성어 · 속담

| 유형분석 |

- 실생활에서 활용되는 한자성어나 속담을 이해할 수 있는지 평가한다.
- 제시된 상황과 일치하는 사자성어 또는 속담을 고르거나 한자의 훈음·독음을 맞히는 등 다양한 유형이 출제된다.

다음 상황에 가장 적절한 한자성어는?

A씨는 업무를 정리하다가 올해 초 진행한 프로젝트에 자신의 실수가 있었음을 알게 되었다. 하지만 자신의 실수를 드러내고 싶지 않았고, 그리 큰 문제라고 생각하지 않은 A씨는 이를 무시하였다. 이후 다른 프로젝트를 진행하면서 지난번 실수와 동일한 실수를 다시 저지르게 되었고, 프로젝트에 큰 피해를 입혔다.

① 유비무환(有備無患)
② 유유상종(類類相從)
③ 회자정리(會者定離)
④ 개과불린(改過不吝)
⑤ 개세지재(蓋世之才)

정답 ④

'개과불린(改過不吝)'은 '허물을 고침에 인색하지 말라'는 뜻으로, 잘못된 것이 있으면 고치는 데 주저하지 않고 빨리 바로잡아 반복하지 말라는 의미이다.

오답분석

① 유비무환(有備無患) : 준비가 있으면 근심이 없다.
② 유유상종(類類相從) : 같은 무리끼리 서로 사귄다.
③ 회자정리(會者定離) : 만남이 있으면 헤어짐도 있다.
⑤ 개세지재(蓋世之才) : 세상을 마음대로 다스릴 만한 뛰어난 재기(才氣) 또는 그러한 재기(才氣)를 가진 사람

유형풀이 Tip

- 한자성어나 속담 관련 문제의 경우 일정 수준 이상의 사전지식을 요구하므로, 지원 기업 관련 기사 및 이슈를 틈틈이 찾아보며 한자성어나 속담에 대입해보면 효과적으로 대처할 수 있다.
- 문제에 제시된 한자성어의 의미를 파악하기 어렵다면, 먼저 알고 있는 한자가 있는지 확인한 후 글의 문맥과 상황에 대입하며 선택지를 하나씩 소거해 나가는 것이 효율적이다.

대표기출유형 03 기출응용문제

01 다음 우리말의 한자 표기로 옳은 것은?

연말정산신청서

① 年末定算信聽書
② 年末定算申請書
③ 年末精算信請書
④ 年末精算申請書
⑤ 年末精算新請書

PART 1

02 다음 내용에 가장 적절한 한자성어는?

TV 드라마에는 주인공이 어릴 적 헤어졌던 가족 혹은 연인을 바로 눈앞에 두고도 알아보지 못하는 안타까운 상황이 자주 등장한다.

① 누란지위(累卵之危)
② 등하불명(燈下不明)
③ 사면초가(四面楚歌)
④ 조족지혈(鳥足之血)
⑤ 지란지교(芝蘭之交)

Easy

03 다음 글의 중심 내용을 나타낸 관용적 표현으로 가장 적절한 것은?

> 우리가 처한 현실이 어렵다는 것은 사실입니다. 그러나 이럴 때일수록 우리가 할 수 있는 일이 무엇인가를 냉철히 생각해 보아야겠지요. 급한 마음에 표면적으로 나타나는 문제만 해결하려 했다가는 문제를 더 나쁘게 만들 수도 있는 일이니까요. 가령 우리나라에 닥친 경제 위기가 외환 위기라 하여 무조건 외제 상품을 배척하는 일은 옳지 않다는 겁니다. 물론 무분별한 외제 선호 경향은 이 기회에 뿌리 뽑아야겠지요. 그렇게 함으로써 불필요한 외화 유출을 막고, 우리의 외환 부족 사태를 해소할 수도 있을 테니까요.
> 그러나 우리나라는 경제 여건상 무역에 의존할 수밖에 없는 나라입니다. 다시 말해 수출을 하지 않으면 우리의 경제를 원활히 운영하기가 어렵습니다. 우리가 무조건 외제 상품을 구매하지 않는다면, 다른 나라의 반발을 초래할 수 있습니다. 즉, 그들도 우리의 상품을 구매하지 않는다는 거죠. 그렇게 되면 우리 경제는 더욱 열악한 상황으로 빠져 들게 된다는 것은 불을 보듯 뻔한 일입니다. 냉철하게 생각해서 건전한 소비를 이끌어 내는 것이 필요한 때라고 봅니다.

① 타산지석(他山之石)의 지혜가 필요한 때이다.
② 언 발에 오줌 누기 식의 대응은 곤란하다.
③ 우물에서 숭늉 찾는 일은 어리석은 일이다.
④ 소 잃고 외양간 고치는 일은 없어야 하겠다.
⑤ 호랑이에게 잡혀가도 정신만 차리면 살 수 있다.

04 기초영어

| 유형분석 |

- 기본적인 영어 어휘와 문법을 실무에 활용할 수 있는지 평가한다.
- 문법, 회화, 나열하기, 주제·제목찾기, 내용 일치 / 불일치 등 다양한 유형의 문제가 출제된다.

다음 중 빈칸에 들어갈 내용으로 가장 적절한 것은?

A : Hello. I need to exchange some money.
B : Okay. What currency do you need?
A : I need to convert dollars into pounds. ______________________
B : We convert your currency back for free. Just bring your receipt with you.

① How much does this cost?
② How should I pay for that?
③ What's your buy-back policy?
④ Do you take credit cards?
⑤ Would you like to leave a message?

정답 ③

빈칸에 해당하는 A의 질문에 대해 B가 '다시 환전할 때는 비용이 없다.'고 대답하므로, 빈칸에는 통화를 되파는 것과 관련된 ③ '환매 정책은 어떻게 되죠?'가 들어가는 것이 가장 적절하다.

오답분석

① 비용이 얼마죠?
② 어떻게 지불하면 되나요?
④ 신용카드를 취급하시나요?
⑤ 메시지를 남기시겠습니까?

A : 안녕하세요. 돈을 환전하려고 합니다.
B : 예. 어떤 화폐로 해드릴까요?
A : 달러를 파운드로 바꿔야 합니다. 환매 정책은 어떻게 되죠?
B : 무료로 매입합니다. 영수증만 가져오시면 됩니다.

유형풀이 Tip

- 문제와 선택지를 먼저 읽은 후 글을 읽을 때 무엇을 중점적으로 파악해야 하는지 인지해 두어야 문제 풀이 시간을 단축할 수 있다.
- 기본적인 영어능력을 바탕으로 풀이할 수 있는 정도의 난이도로 출제되므로, 모르는 어법이 나오더라도 앞뒤 문맥을 통해 유추하여 답을 찾기 위해 노력해야 한다.

대표기출유형 04 기출응용문제

01 다음 글의 내용으로 가장 적절한 것은?

> Some people in the city like pigeons. These people think pigeons make the city people feel closer to nature. But some people in the city do not like pigeons at all. These people think pigeons carry diseases.

① Pigeons do not carry diseases.
② All city people like pigeons.
③ Not all city people like pigeons.
④ No city people like pigeons.
⑤ Pigeons live in the nature.

Easy

02 다음 글의 중심 내용으로 가장 적절한 것은?

> We are surprised to hear that a lion escaped from the zoo. We need more guards at the zoo to keep animals from running away. Besides, more guards are needed to provide safety for the public.

① 경비원 숫자를 늘려야 한다.
② 다른 장소로 이전해야 한다.
③ 관람 시간을 연장해야 한다.
④ 식물원도 함께 있어야 한다.
⑤ 시설물 보수공사를 해야 한다.

03 다음 문장을 논리적 순서대로 바르게 나열한 것은?

> (A) When you met someone on the road, it became customary to extend your hands to show that you were carrying no weapons.
> (B) The habit of shaking hands goes back to the old days.
> (C) This gradually developed into the handshake.

① (A) – (C) – (B)
② (B) – (A) – (C)
③ (B) – (C) – (A)
④ (C) – (A) – (B)
⑤ (C) – (B) – (A)

05 문장삽입

| 유형분석 |

- 논리적인 흐름에 따라 글을 이해할 수 있는지 평가한다.
- 한 문장뿐 아니라 여러 개의 문장이나 문단을 삽입하는 문제가 출제될 가능성이 있다.

다음 글에서 〈보기〉의 문장이 들어갈 위치로 가장 적절한 곳은?

밥상에 오르는 곡물이나 채소가 국내산이라고 하면 보통 그 종자도 우리나라의 것으로 생각하기 쉽다. (가) 하지만 실상은 벼, 보리, 배추 등을 제외한 많은 작물의 종자를 수입하고 있어 그 자급률이 매우 낮다고 한다. (나) 또한, 청양고추 종자는 우리나라에서 개발했음에도 현재는 외국 기업이 그 소유권을 가지고 있다. (다) 국내 채소 종자 시장의 경우 종자 매출액의 50%가량을 외국 기업이 차지하고 있다는 조사 결과도 있다. (라) 이런 상황이 지속될 경우, 우리 종자를 심고 키우기 어려워질 것이고 종자를 수입하거나 로열티를 지급하는 데 지금보다 훨씬 많은 비용이 들어가는 상황도 발생할 수 있다. 또한, 전문가들은 세계 인구의 지속적인 증가와 기상 이변 등으로 곡물 수급이 불안정하고, 국제 곡물 가격이 상승하는 상황을 고려할 때, 결국에는 종자 문제가 식량 안보에 위협 요인으로 작용할 수 있다고 지적한다. (마)

보기

양파, 토마토, 배 등의 종자 자급률은 약 16%, 포도는 약 1%에 불과하다.

① (가)
② (나)
③ (다)
④ (라)
⑤ (마)

정답 ②

보기의 문장은 우리나라 작물의 낮은 자급률을 보여주는 구체적인 수치이다. 따라서 우리나라 작물의 낮은 자급률을 이야기하는 '하지만 실상은 벼, 보리, 배추 등을 제외한 많은 작물의 종자를 수입하고 있어 그 자급률이 매우 낮다고 한다.'의 뒤인 (나)에 위치하는 것이 가장 적절하다.

유형풀이 Tip

- 보기를 먼저 읽고, 선택지로 주어진 빈칸의 앞·뒤 문장을 읽어 본다. 그리고 빈칸 부분에 보기를 넣었을 때 그 흐름이 어색하지 않은 위치를 찾는다.
- 보기 문장의 중심이 되는 단어가 빈칸의 앞뒤에 언급되어 있는지 확인하도록 한다.

대표기출유형 05 기출응용문제

※ 다음 글에서 〈보기〉의 내용이 들어갈 위치로 가장 적절한 곳을 고르시오. [1~3]

01

(가) 생물학에서 이기주의와 이타주의에 대한 문제는 학문적으로 흥미로울 뿐 아니라 인간사 일반에서도 중요한 의미를 갖는다. 예를 들어 사랑과 증오, 다툼과 도움, 주는 것과 훔치는 것 그리고 욕심과 자비심 등이 모두 이 문제와 밀접히 연관되어 있다.

(나) 만약 인간 사회를 지배하는 유일한 원리가 인간 유전자의 철저한 이기주의라면 이 세상은 매우 삭막한 곳이 될 것이다. 그럼에도 불구하고 우리가 원한다고 해서 인간 유전자의 철저한 이기성이 사라지는 것도 아니다. 인간이나 원숭이나 모두 자연의 선택 과정을 거쳐 진화해 왔다. 그리고 자연이 제공하는 선택 과정의 살벌함을 이해한다면 그 과정을 통해서 살아남은 모든 개체는 이기적일 수밖에 없음을 알게 될 것이다.

(다) 따라서 만약 우리가 인간, 원숭이 혹은 어떤 살아있는 개체를 자세히 들여다보면 그들의 행동 양식이 매우 이기적일 것이라고 예상할 수 있다. 우리의 이런 예상과 달리, 인간의 행동양식이 진정한 이타주의를 보여준다면 이는 상당히 놀라운 일이며 뭔가 새로운 설명을 필요로 한다.

(라) 이 문제에 대해서는 이미 많은 연구와 저서가 있었다. 그러나 이 연구들은 대부분 진화의 원리를 정확히 이해하지 못해서 잘못된 결론에 도달했다. 즉, 기존의 이기주의 – 이타주의 연구에서는 진화에 있어서 가장 중요한 것이 개체의 살아남음이 아니라 종 전체 혹은 어떤 종에 속하는 한 그룹의 살아남음이라고 가정했다.

(마) 진화론의 관점에서 이기주의 – 이타주의의 문제를 들여다보는 가장 타당한 견해는 자연의 선택이 유전의 가장 기본적인 단위에서 일어난다고 생각하는 것이다. 즉, 나는 자연의 선택이 일어나는 근본 단위는 혹은 생물의 이기주의가 작동하는 기본 단위는, 종이나 종에 속하는 한 그룹 혹은 개체가 아니며 바로 유전자라고 주장한다.

보기

나는 성공적인 유전자가 갖는 가장 중요한 특성은 이기주의이며 이러한 유전자의 이기성은 개체의 행동 양식에 철저한 이기주의를 심어주었다고 주장한다. 물론 어떤 특별한 경우에 유전자는 그 이기적 목적을 달성하기 위해서 개체로 하여금 제한된 형태의 이타적 행태를 보이도록 하기도 한다. 그럼에도 불구하고 조건 없는 사랑이나 종 전체의 이익이라는 개념은, 우리에게 그런 개념들이 아무리 좋아 보이더라도, 진화론과는 상충되는 생각들이다.

① (가) 문단의 뒤
② (나) 문단의 뒤
③ (다) 문단의 뒤
④ (라) 문단의 뒤
⑤ (마) 문단의 뒤

PART 1

02

법과 정의의 관계는 법학의 고전적인 과제 가운데 하나이다. 때와 장소에 관계없이 누구에게나 보편적으로 받아들여질 수 있는 정의롭고 도덕적인 법을 떠올리게 되는 것은 자연스러운 일이다. 전통적으로 이런 법을 '자연법'이라 부르며 논의해 왔다. 자연법은 인위적으로 제정되는 것이 아니라 인간의 경험에 앞서 존재하는 본질적인 것으로서 신의 법칙이나 우주의 질서 또는 인간 본성에 근원을 둔다.

서구 중세의 신학에서는 자연법을 인간 이성에 새겨진 신의 법이라고 이해하여 종교적 권위를 중시하였다. 이후 근대의 자연법 사상에서는 신학의 의존으로부터 독립하여 자연법을 오직 이성으로써 확인할 수 있다고 보았다. 이런 경향을 열었다고 할 수 있는 그로티우스(1583 ~ 1645)는 중세의 전통을 수용하면서도 인간 이성에 따른 자연법의 기초를 확고히 하였다. 그는 이성을 통해 확인되고 인간 본성에 합치하는 법 규범은 자연법이자 신의 의지라고 말하면서, 이 자연법은 신도 변경할 수 없는 본질적인 것이라고 주장하였다. (가) 이성의 올바른 인도를 통해 다다르게 되는 자연법은 국가와 실정법을 초월하는 규범이라고 보았다. (나)

그로티우스가 활약하던 시기는 한편으로 종교 전쟁의 시대였다. 그는 이 소용돌이 속에서 어떤 법도 존중받지 못하는 일들을 보게 되고, 자연법에 기반을 두면 가톨릭, 개신교, 비기독교 할 것 없이 모두가 받아들일 수 있는 규범을 세울 수 있다고 생각했다. (다) 나아가 이렇게 이루어진 법 원칙으로써 각국의 이해를 조절하여 전쟁의 참화를 막고 인류의 평화와 번영을 실현할 수 있다고 믿었다. (라) 이러한 그의 사상은 1625년 『전쟁과 평화의 법』이란 저서를 낳았다. 이 책에서는 개전의 요건, 전쟁 중에 지켜져야 할 행위 등을 다루었으며, 그에 대한 이론적 근거로서 자연법 개념의 기초를 다지고, 그것을 바탕으로 국가 간의 관계를 규율하는 법 이론을 구성하였다. (마)

보기

이 때문에 그로티우스는 '국제법의 아버지'로도 불린다.

① (가)
② (나)
③ (다)
④ (라)
⑤ (마)

03

1895년에 발견된 X선은 진단 의학의 혁명을 일으켰다. 이후 X선 사진 기술은 단면 촬영을 통해 입체 영상 구성이 가능한 CT(컴퓨터 단층 촬영 장치)로 진화하면서 해부를 하지 않고 인체 내부를 정확하게 진단하는 기술로 발전하였다. (가)
X선 사진은 X선을 인체에 조사하고, 투과된 X선을 필름에 감광시켜 얻어낸 것이다. 조사된 X선의 일부는 조직에서 흡수・산란되고 나머지는 조직을 투과하여 반대편으로 나오게 된다. X선이 투과되는 정도를 나타내는 투과율은 공기가 가장 높으며 지방, 물, 뼈의 순서로 낮아진다. 또한 투과된 X선의 세기는 통과한 조직의 투과율이 낮을수록, 두께가 두꺼울수록 약해진다. 이런 X선의 세기에 따라 X선 필름의 감광 정도가 달라져 조직의 흑백 영상을 얻을 수 있다. (나) 이러한 X선 사진의 한계를 극복한 것이 CT이다.
CT는 인체에 투과된 X선의 분포를 통해 인체의 횡단면을 영상으로 재구성한다. CT 촬영기 한쪽 편에는 X선 발생기가 있고 반대편에는 여러 개의 X선 검출기가 배치되어 있다. (다) CT 촬영기 중심에 사람이 누운 침대가 들어가면 X선 발생기에서 나온 X선이 인체를 투과한 후 맞은편 X선 검출기에서 검출된다.
X선 검출기로 인체를 투과한 X선의 세기를 검출하는데, 이때 공기를 통과하며 감쇄된 양을 빼고, 인체 조직만을 통과하면서 감쇄된 X선의 총량을 구해야 한다. 이것은 공기만을 통과한 X선 세기와 조직을 투과한 X선 세기의 차이를 계산하면 얻을 수 있고, 이를 환산값이라고 한다. 즉, 환산값은 특정 방향에서 X선이 인체 조직을 통과하면서 산란되거나 흡수되어 감쇄된 총량을 의미한다. 이 값을 여러 방향에서 구하기 위해 CT 촬영기를 회전시킨다. (라) 그러면 동일 단면에 대한 각 방향에서의 환산값을 구할 수 있고, 이를 활용하여 컴퓨터가 단면 영상을 재구성한다.
CT에서 영상을 재구성하는 데에는 역투사(Back Projection) 방법이 이용된다. 역투사는 어떤 방향에서 X선이 진행했던 경로를 거슬러 진행하면서 경로상에 환산값을 고르게 분배하는 방법이다. (마) CT 촬영기를 회전시키며 얻은 여러 방향의 환산값을 경로별로 역투사하여 더해 나가는데, 이처럼 여러 방향의 환산값들이 더해진 결과가 역투사 결괏값이다. 역투사를 하게 되면 뼈와 같이 감쇄를 많이 시키는 조직에서는 여러 방향의 값들이 더해지게 되고, 그 결과 다른 조직에서보다 더 큰 결괏값이 나오게 된다.

보기

그렇지만 X선 사진에서는 투과율이 비슷한 조직들 간의 구별이 어려워서 X선 사진은 다른 조직과의 투과율 차이가 큰 뼈나 이상 조직의 검사에 주로 사용된다.

① (가)
② (나)
③ (다)
④ (라)
⑤ (마)

※ 다음 글에서 〈보기〉의 문장 ㉠~㉢이 들어갈 위치로 가장 적절한 곳을 고르시오. [4~5]

Hard

04

(가) 완전국가가 퇴화해 가는 최초의 형태, 곧 야심 있는 귀족들이 지배하는 명예정치체제는 거의 모든 점에서 완전국가 자체와 비슷하다고 한다. 주목할 만한 점은 플라톤이 현존하는 국가 중에서 가장 우수하고 가장 오래된 이 국가를 명백히 스파르타와 크레타의 도리아식 정체와 동일시했으며, 이들 부족적인 귀족정치체제는 그리스 안에 남아 있는 가장 오랜 정치형태를 대표했다는 것이다.
(나) 한때는 통일되어 있던 가부장적 지배계급이 이제 분열되며, 이 분열이 바로 다음 단계인 과두체제로의 퇴화를 초래한다. 분열을 가져온 것은 야심이다. 플라톤은 젊은 명예정치가에 관해 이야기하면서 "처음, 그는 자기 아버지가 지배자에 들지 않았음을 한탄하는 어머니의 말을 듣는다."라고 말하고 있다. 이리하여 그는 야심을 가지게 되고 저명해지기를 갈망한다.
(다) 플라톤의 기술은 탁월한 정치적 선전이다. 뛰어난 학자이며, 『국가』의 편찬자인 애덤과 같은 이도 플라톤의 아테네에 대한 힐난의 변론술에 맞설 수 없다는 점을 감안하면, 그것이 끼쳤을 해독이 어떠했으리라는 것을 짐작할 수 있다. 애덤은 "민주적 인간의 출현에 대한 플라톤의 기술은 고금의 문헌을 통틀어서 가장 고귀하고 위대한 걸작이다."라고 쓰고 있다.

보기

㉠ 민주체제에 대한 플라톤의 기술은 아테네 사람들의 정치생활과 페리클레스가 표현했던 민주주의 신조에 대한 풍자로서 생생하긴 하나, 지극히 적대적이고 공정치 못한 풍자이다.
㉡ 플라톤의 완전국가를 자세히 논하기에 앞서, 타락해 가는 네 가지 국가형태의 이행과정에서 경제적인 동기가 차지하는 역할과 계급투쟁에 대한 플라톤의 분석을 간략히 설명하기로 한다.
㉢ 최선의 국가 또는 이상적인 국가와 명예정치체제의 주요한 차이는 후자가 불완전성이라는 요소를 안고 있다는 점이다.

	(가)	(나)	(다)
①	㉠	㉡	㉢
②	㉠	㉢	㉡
③	㉡	㉠	㉢
④	㉡	㉢	㉠
⑤	㉢	㉠	㉡

05

전통적으로 화이사상(華夷思想)에 바탕을 둔 중화우월주의 사상을 가지고 있던 중국인들에게 아편 전쟁에서의 패배와 그 이후 서구 열강의 침탈은 너무나 큰 충격이었다. 이런 충격에 휩싸인 당시 개혁주의자들은 서구 문화에 어떻게 대응할지를 심각하게 고민하였다. 이들이 서구 문화를 어떻게 수용했는지를 시기별로 나누어 보면 다음과 같다.
1919년 5·4 운동 이전의 개혁주의자들은 중국의 정신을 서구의 물질과 구별되는 특수한 것으로 내세운 (가)를 개발하였다. 이러한 논리는 자문화를 중심으로 하되 도구로서 서양 물질·문명을 선택적으로 수용하여 자기 문화를 보호·유지하려는 의도를 포함하고 있다. 문화 접변의 진행에 한도를 설정하여 서구와 구별을 시도한 것이다.
이후 중국의 개혁주의자들은 거듭되는 근대화의 실패를 경험했고 5·4 운동 즈음해서는 '전통에 대해서 계승을 생각하기 이전에 철저한 부정과 파괴를 선행해야 한다는 논리'를 통해서 전통과의 결별을 꿈꾸게 된다. 구제도의 모순을 타파하지 않은 채 서구 물질만을 섭취할 수 없다는 한계를 인식한 결과이다. 동시에 5·4 운동의 정신에 역행해서 서구의 문화를 받아들이는 데는 기본적으로 동의하면서도 무분별하게 모방하는 것에 대해 반대하는 (나) 역시 강력하게 등장하기 시작하였다. 즉, 자신이 필요로 하는 것은 택하되 '거만하지도 비굴하지도 않은' 선택을 해야 한다며, 덮어놓고 모방하는 것에 대해 반대했다.
1978년 이후 개방의 기치하에 중국은, 정치 부분에서는 사회주의를 유지한 가운데, 경제 부분에서 시장경제를 선별적으로 수용한 (다)를 추진하였다. 그 결과 문화 영역에서 서구 자본주의 문화의 침투에 대한 경계심을 유지하면서 이데올로기적으로 덜 위협적이라고 인식되는 문화요소를 여과 과정을 거쳐 수입하려는 노력을 계속하고 있다.

보기

㉠ 외래 문화를 그대로 받아들이지 않고 선별적으로 수용하자는 논리
㉡ 사회주의를 주체로 하되 자본주의를 적극적으로 이용하자는 논리
㉢ 중국 유학의 '도(道)'를 주체로 하고 서양의 '기(器)'를 이용하자는 논리

	(가)	(나)	(다)
①	㉠	㉡	㉢
②	㉠	㉢	㉡
③	㉡	㉠	㉢
④	㉢	㉠	㉡
⑤	㉢	㉡	㉠

PART 1

06 빈칸추론

| 유형분석 |

- 글의 전반적인 흐름을 파악하고 있는지 평가한다.
- 첫 문장, 마지막 문장 또는 글의 중간 등 다양한 위치에 빈칸이 주어질 수 있다.

다음 글의 빈칸에 들어갈 내용으로 가장 적절한 것은?

우리의 생각과 판단은 언어에 의해 결정되는가 아니면 경험에 의해 결정되는가? 언어결정론자들은 우리의 생각과 판단이 언어를 반영하고 있고 실제로 언어에 의해 결정된다고 주장한다. 언어결정론자들의 주장에 따르면 에스키모인들은 눈에 관한 다양한 언어 표현을 갖고 있어서 눈이 올 때 우리가 미처 파악하지 못한 미묘한 차이점들을 찾아낼 수 있다. 또 언어결정론자들은 '노랗다', '샛노랗다', '누르스름하다' 등 노랑에 대한 다양한 우리말 표현들이 있어서 노란색들의 미묘한 차이가 구분되고 그 덕분에 색에 관한 우리의 인지능력이 다른 언어 사용자들보다 뛰어나다고 본다. 이렇듯 언어결정론자들은 사용하는 언어에 의해서 우리의 사고능력이 결정된다고 본다.

정말 그럴까? 모든 색은 명도와 채도에 따라 구성된 스펙트럼 속에 놓이고, 각각의 색은 여러 언어로 표현될 수 있다. 이러한 사실에 비추어보면 우리말이 다른 언어에 비해 보다 풍부한 표현을 갖고 있다고 볼 수 없다. 나아가 ____________________ 따라서 우리의 생각과 판단은 언어가 아닌 경험에 의해 결정된다고 보는 쪽이 더 설득력 있다.

① 개개인의 언어습득능력과 속도는 모두 다르기 때문에 인지능력에 대한 언어의 영향도 제각기 다르다.
② 언어가 사고능력에 미치는 영향과 경험이 사고능력에 미치는 영향을 계량화하여 비교하기는 곤란한 일이다.
③ 어떤 것을 가리키는 단어가 있을 때에만 우리는 그 단어에 대하여 사고할 수 있다.
④ 더 풍부한 표현을 가진 언어를 사용함에도 불구하고 인지능력이 뛰어나지 못한 경우들도 있다.
⑤ 다양한 우리말 표현들은 다른 언어 사용자들보다 더 뛰어나며, 이는 우리의 생각과 판단에 영향을 미친다.

정답 ④

제시문은 앞부분에서 언어가 사고능력을 결정한다는 언어결정론자들의 주장을 소개하고, 이어지는 문단에서 이에 대하여 반박하면서 우리의 생각과 판단이 언어가 아닌 경험에 의해 결정된다고 결론짓고 있다. 그러므로 빈칸에 들어갈 문장은 언어결정론자들이 내놓은 근거를 반박하면서도 사고능력이 경험에 의해 결정된다는 주장에 위배되지 않는 내용이어야 한다. 따라서 풍부한 표현을 가진 언어를 사용함에도 인지능력이 뛰어나지 못한 경우가 있다는 내용이 들어가는 것이 적절하다.

유형풀이 Tip

- 글을 모두 읽고 풀기에는 시간이 부족하다. 따라서 빈칸의 앞 · 뒤 문장만을 통해 내용을 파악할 수 있어야 한다.
- 주어진 문장을 각각 빈칸에 넣었을 때 그 흐름이 어색하지 않은지 확인하도록 한다.

대표기출유형 06 기출응용문제

※ 다음 글의 빈칸에 들어갈 내용으로 가장 적절한 것을 고르시오. [1~2]

Easy

01

과거, 민화를 그린 사람들은 정식으로 화업을 전문으로 하는 사람이 아니었다. 대부분 타고난 그림 재주를 밑천으로 그림을 그려 가게에 팔거나 필요로 하는 사람에게 그려주고 그 대가로 생계를 유지했던 사람들이었던 것이다. 그들은 민중의 수요를 충족시키기 위해 정형화된 내용과 상투적 양식의 그림을 반복적으로 그렸다.

민화는 당초부터 세련된 예술미 창조를 목표로 하는 그림이 아니었다. 단지 이 세상을 살아가는 데 필요한 진경(珍景)의 염원과 장식 욕구를 충족할 수만 있으면 그것으로 족한 그림이었던 것이다. 그래서 표현 기법이 비록 유치하고, 상투적이라 해도 화가나 감상자(수요자) 모두에게 큰 문제가 되지 않았던 것이다.

＿＿＿＿＿＿＿＿＿＿＿＿＿＿＿＿＿＿ 다시 말해 민화는 필력보다 소재와 그것에 담긴 뜻이 더 중요한 그림이었던 것이다. 문인 사대부들이 독점 향유해 온 소재까지도 서민들은 자기 식으로 해석, 번안하고 그 속에 현실적 욕망을 담아 생활 속에 향유했다. 민화에 담은 주된 내용은 세상에 태어나 죽을 때까지 많은 자손을 거느리고 부귀를 누리면서 편히 오래 사는 것이었다.

① '어떤 기법을 쓰느냐'에 따라 민화는 색채가 화려하거나 단조로울 수 있다.
② '어떤 기법을 쓰느냐'보다 '무엇을 어떤 생각으로 그리느냐'를 중시하는 것이 민화였다.
③ '어떤 기법을 쓰느냐'보다 '감상자가 작품에 만족을 하는지'를 중시하는 것이 민화였다.
④ '어떤 기법을 쓰느냐'에 따라 세련된 그림이 나올 수도 있고, 투박한 그림이 나올 수 있다.
⑤ '어떤 기법을 쓰느냐'와 '무엇을 어떤 생각으로 그리느냐'를 모두 중시하는 것이 민화였다.

02

스마트팩토리는 인공지능(AI), 사물인터넷(IoT) 등 다양한 기술이 융합된 자율화 공장으로, 제품 설계와 제조, 유통, 물류 등의 산업 현장에서 생산성 향상에 초점을 맞췄다. 이곳에서는 기계, 로봇, 부품 등의 상호 간 정보 교환을 통해 제조 활동을 하고, 모든 공정 이력이 기록되며, 빅데이터 분석으로 사고나 불량을 예측할 수 있다. 스마트팩토리에서는 컨베이어 생산 활동으로 대표되는 산업 현장의 모듈형 생산이 컨베이어를 대체하고 IoT가 신경망 역할을 한다. 센서와 기기 간 다양한 데이터를 수집하고, 이를 서버에 전송하면 서버는 데이터를 분석해 결과를 도출한다. 서버는 AI 기계학습 기술이 적용돼 빅데이터를 분석하고 생산성 향상을 위한 최적의 방법을 제시한다.

스마트팩토리의 대표 사례로는 고도화된 시뮬레이션 '디지털 트윈'을 들 수 있다. 디지털 트윈은 데이터를 기반으로 가상공간에서 미리 시뮬레이션하는 기술이다. 시뮬레이션을 위해 빅데이터를 수집하고 분석과 예측을 위한 통신・분석 기술에 가상현실(VR), 증강현실(AR)과 같은 기술을 더한다. 이를 통해 산업 현장에서 작업 프로세스를 미리 시뮬레이션하고, VR・AR로 검증함으로써 실제 시행에 따른 손실을 줄이고, 작업 효율성을 높일 수 있다.

한편 '에지 컴퓨팅'도 스마트팩토리의 주요 기술 중 하나이다. 에지 컴퓨팅은 산업 현장에서 발생하는 방대한 데이터를 클라우드로 한 번에 전송하지 않고, 에지에서 사전 처리한 후 데이터를 선별해서 전송한다. 서버와 에지가 연동해 데이터 분석 및 실시간 제어를 수행하여 산업 현장에서 생산되는 데이터가 기하급수로 늘어도 서버에 부하를 주지 않는다. 현재 클라우드 컴퓨팅이 중앙 데이터센터와 직접 소통하는 방식이라면 에지 컴퓨팅은 기기 가까이에 위치한 일명 '에지 데이터 센터'와 소통하며, 저장을 중앙 클라우드에 맡기는 형식이다. 이를 통해 데이터 처리 지연 시간을 줄이고 즉각적인 현장 대처를 가능하게 한다.

이러한 스마트팩토리의 발전은 ____________________ 최근 선진국에서 나타나는 주요 현상 중의 하나는 바로 '리쇼어링'의 가속화이다. 리쇼어링이란 인건비 등 각종 비용 절감을 이유로 해외에 나간 자국 기업들이 다시 본국으로 돌아오는 현상을 의미하는 용어이다. 2000년대 초반까지는 국가적 차원에서 세제 혜택 등의 회유책을 통해 추진되어 왔지만, 스마트팩토리의 등장으로 인해 자국 내 스마트팩토리에서의 제조 비용과 중국이나 멕시코와 같은 제3국에서 제조 후 수출 비용에 큰 차이가 없어 리쇼어링 현상은 더욱 가속화되고 있다.

① 공장의 안전 비용을 절감시키고 있다.
② 공장의 세제 혜택을 사라지게 하고 있다.
③ 공장의 위치를 변화시키고 있다.
④ 수출 비용을 줄이는 데 도움이 된다.
⑤ 공장의 생산성을 높이고 있다.

Hard

03 다음 글의 빈칸 ㉠, ㉡에 들어갈 내용으로 가장 적절한 것은?

애덤 스미스의 '보이지 않는 손'이라는 가정은 시장에서 개인의 이익 추구 활동을 제한하지 않는 것이 전체 이윤을 극대화하는 최선의 방책임을 보여주는 것으로 간주되었다. 그렇다면 다음의 경우는 어떠한가?
공동 소유의 목초지에 양을 치기에 알맞은 풀이 자라고 있다고 생각해 보자. 일정 넓이의 목초지에 방목할 수 있는 가축 두수에는 일정한 한계가 있기 마련이다. 즉, '수용 한계'가 존재하는 것이다. 그 목초지에 한 마리를 더 방목한다고 해서 다른 가축들이 갑자기 죽거나 병에 걸리는 것은 아니다. 하지만 목초지의 수용 한계를 넘어 양을 키울 경우, 목초가 줄어들어 그 목초지에서 양을 키워 얻을 수 있는 전체 생산량이 줄어든다. 나아가 수용 한계를 과도하게 초과할 정도로 사육 두수가 늘어날 경우 목초지 자체가 거의 황폐화된다.
예를 들어 수용 한계가 양 20마리인 공동 목초지에서 4명의 농부가 각각 5마리의 양을 키우고 있다고 해 보자. 그 목초지의 수용 한계에 이미 도달한 상태이지만, 그중 한 농부가 자신의 이익을 늘리고자 방목하는 양의 두수를 늘리려 한다. 그러면 5마리를 키우고 있는 농부들은 목초지의 수용 한계로 인하여 기존보다 이익이 줄어들지만, 두수를 늘린 농부의 경우 그의 이익이 기존보다 조금 늘어난다. 손실을 만회하기 위해 다른 농부들도 사육 두수를 늘리고자 할 것이다. 이러한 상황이 장기화될 경우, ______㉠______ 이와 같이 애덤 스미스의 '보이지 않는 손'에 시장을 맡겨 둘 경우 ______㉡______ 결과가 나타날 것이다.

① ㉠ : 농부들의 총이익은 기존보다 증가할 것이다.
   ㉡ : 한 사회의 공공 영역이 확장되는
② ㉠ : 농부들의 총이익은 기존보다 감소할 것이다.
   ㉡ : 한 사회의 전체 이윤이 감소하는
③ ㉠ : 농부들의 총이익은 기존보다 감소할 것이다.
   ㉡ : 한 사회의 전체 이윤이 유지되는
④ ㉠ : 농부들의 총이익은 기존과 동일하게 될 것이다.
   ㉡ : 한 사회의 전체 이윤이 감소되는
⑤ ㉠ : 농부들의 총이익은 기존과 동일하게 될 것이다.
   ㉡ : 한 사회의 공공 영역이 보호되는

04 다음은 농촌사랑상품권 표준약관의 일부이다. 이를 토대로 〈보기〉와 같은 고객의 질문에 응답하고자 할 때, 빈칸 ㉠~㉤에 들어갈 내용으로 적절하지 않은 것은?

〈농촌사랑상품권 표준약관〉

제3조(중요 정보의 제공)

1. 발행자 : 농협경제지주
2. 권면액 : 상품권면 참조
3. 유효기간 : 발행일로부터 상사채권 소멸시효인 5년
4. 사용 후 잔액의 환불 기준 : 제8조 참조
5. 상품권의 사용과 관련한 사항 : 제4조 참조
6. 지급보증 및 피해보상보험계약 체결에 관한 사항 : 이 상품권은 지급보증 및 피해보상보험계약 체결이 되어 있지 않지만 농협경제지주에서 전액을 보장합니다.
7. 소비자피해 발생 시 연락할 전화번호 등 : 1588-××××, nhabgroup.com(홈페이지)

제4조(상품권의 사용)

고객은 발행자 또는 가맹점의 매장에서 판매하는 물품 등에 대하여 가격 할인 기간을 포함하여 언제든지 상품권을 사용할 수 있다. 다만, 미리 상품권면에 기재한 특정 매장(할인매장 제외) 또는 물품 등에 대하여 상품권의 사용을 제한할 수 있다.

제6조(상품권의 훼손)

① 고객이 요구하는 경우 발행자 또는 가맹점은 훼손된 상품권을 재발급하여야 한다. 다만, 재발급에 따르는 비용은 실비 범위 내에서 고객이 부담한다.

② 상품권이 훼손되어 발행자의 상품권임을 확인할 수 없는 경우 발행자 또는 가맹점은 상품권의 재발급 및 사용을 거부할 수 있다. 다만, 발행자의 상품권임은 알 수 있으나 상품권의 종류, 금액 또는 수량 등이 불명확한 경우 고객은 확인 가능한 범위 내에서 최저 가격의 상품권으로 재발급받거나 사용할 수 있다.

③ 물품 또는 용역(이하 '물품 등'이라 함)의 금액 또는 수량이 전자기적 방법으로 입력된 상품권이 훼손 등의 사유로 그 입력된 내용을 판독할 수 없는 경우 고객은 발행자가 지정한 장소에서 판독해 확인된 금액 또는 수량만큼의 다른 상품권으로 교환받을 수 있다.

제7조(소멸시효)

상품권을 발행한 날로부터 5년이 경과하면 〈상법〉상의 상사채권 소멸시효가 완성되어 고객은 발행자 등에게 물품 등의 제공, 환불 및 잔액 반환을 요청할 수 없다. 다만, 발행자 등이 자발적으로 상품권의 사용을 허락한 경우에는 소멸시효를 적용하지 아니한다.

제8조(상품권의 잔액 반환)

상품권은 현금으로 반환하지 않는다. 다만, 상품권면 금액(상품권을 여러 장 동시에 사용하는 경우에는 총금액)의 100분의 60(1만 원 이하 상품권 및 전자상품권은 100분의 80) 이상에 해당하는 물품 등을 제공받고 고객이 잔액의 반환을 요구하는 경우 발행자 또는 가맹점은 잔액을 현금으로 반환한다.

보기

Q1 : 농촌사랑상품권의 유효기간은 언제까지인가요?
A1 : ______________ ㉠ ______________
Q2 : 훼손된 농촌사랑상품권을 사용할 수 있습니까?
A2 : ______________ ㉡ ______________
Q3 : 훼손된 농촌사랑상품권을 다시 발급받으려면 어떻게 해야 합니까?
A3 : ______________ ㉢ ______________
Q4 : 농촌사랑상품권 1만 원권과 5만 원권의 잔액 환불은 어떻게 됩니까?
A4 : ______________ ㉣ ______________
Q5 : 가맹점에서 세일 기간 중에도 농촌사랑상품권을 사용할 수 있나요?
A5 : ______________ ㉤ ______________

① ㉠ : 상품권 유효기간은 5년이지만, 농협경제지주의 허락이 있다면 유효기간이 지났어도 사용이 가능합니다.

② ㉡ : 네, 농협이 발행한 상품권임을 확인할 수 있는 경우에는 사용이 가능합니다. 다만, 훼손 정도에 따라 사용이 일부 제한될 수도 있습니다.

③ ㉢ : 가까운 상품권 가맹점을 방문하시면 상품권을 재발급받으실 수 있고요, 실비는 고객님께서 부담해 주셔야 합니다.

④ ㉣ : 1만 원권은 9천 원 이상을, 5만 원권은 4만 원 이상을 사용한 경우에 잔액을 돌려받으실 수 있습니다.

⑤ ㉤ : 네, 세일 기간을 포함해 언제든지 상품권을 사용하실 수 있습니다.

07 내용일치

| 유형분석 |

- 짧은 시간 안에 글의 내용을 정확하게 이해할 수 있는지 평가한다.
- 은행 금융상품 관련 글을 읽고 이해하기, 고객 문의에 답변하기 등의 유형이 빈번하게 출제된다.

다음 글의 내용으로 적절하지 않은 것은?

사람의 눈이 원래 하나였다면 세계를 입체적으로 지각할 수 있었을까? 입체 지각은 대상까지의 거리를 인식하여 세계를 3차원으로 파악하는 과정을 말한다. 입체 지각은 눈으로 들어오는 시각 정보로부터 다양한 단서를 얻어 이루어지는데, 이를 양안 단서와 단안 단서로 구분할 수 있다.

양안 단서는 양쪽 눈이 함께 작용하여 얻어지는 것으로, 양쪽 눈에서 보내오는 시차(視差)가 있는 유사한 상이 대표적이다. 단안 단서는 한쪽 눈으로 얻을 수 있는 것인데, 사람은 단안 단서만으로도 이전의 경험으로부터 추론에 의하여 세계를 3차원으로 인식할 수 있다. 망막에 맺히는 상은 2차원이지만, 그 상들 사이의 깊이의 차이를 인식하게 해 주는 다양한 실마리들을 통해 입체 지각이 이루어진다.

동일한 물체의 크기가 다르게 시야에 들어오면 우리는 더 큰 시각(視角)을 가진 쪽이 더 가까이 있다고 인식한다. 이렇게 물체의 '상대적 크기'는 대표적인 단안 단서이다. 또 다른 단안 단서로는 '직선 원근'이 있다. 우리는 앞으로 뻗은 길이나 레일이 만들어 내는 평행선의 폭이 좁은 쪽이 넓은 쪽보다 멀리 있다고 인식한다. 또 하나의 단안 단서인 '결 기울기'는 같은 대상이 집단적으로 어떤 면에 분포할 때, 시야에 동시에 나타나는 대상들의 연속적인 크기 변화로 얻어진다.

① 세계를 입체적으로 지각하기 위해서는 단서가 되는 다양한 시각 정보가 필요하다.
② 단안 단서에는 물체의 상대적 크기, 직선 원근, 결 기울기 등이 있다.
③ 사고로 한쪽 눈의 시력을 잃은 사람은 입체 지각이 불가능하다.
④ 대상까지의 거리를 인식할 수 있어야 세계를 입체적으로 지각할 수 있다.
⑤ 들판에 만발한 꽃을 보면 앞쪽은 꽃이 크고 뒤로 가면서 작아지는 것처럼 보인다.

정답 ③

사람은 한쪽 눈으로 얻을 수 있는 단안 단서만으로도 이전의 경험으로부터 추론에 의하여 세계를 3차원으로 인식할 수 있다. 즉, 사고로 한쪽 눈의 시력을 잃어도 남은 한쪽 눈에 맺히는 2차원의 상들은 다양한 실마리를 통해 입체 지각이 가능하다.

오답분석

① 첫 번째 문단의 세 번째 문장에 따르면, 입체 지각은 눈으로 들어오는 시각 정보로부터 다양한 단서를 얻어 이루어진다.
②·⑤ 마지막 문단에서 확인할 수 있다.
④ 첫 번째 문단의 두 번째 문장에 따르면, 입체 지각은 대상까지의 거리를 인식하여 세계를 3차원으로 파악하는 과정이다.

유형풀이 Tip

- 글을 읽기 전에 문제와 선택지를 먼저 읽어보고 글의 주제를 대략적으로 파악해야 한다.
- 선택지를 통해 글에서 찾아야 할 정보가 무엇인지 먼저 인지한 후 글을 읽어야 문제 풀이 시간을 단축할 수 있다.

대표기출유형 07 기출응용문제

※ 다음 글의 내용으로 적절하지 않은 것을 고르시오. [1~2]

Easy

01

> 우리 민족은 고유한 주거문화로 바닥 난방 기술인 구들을 발전시켜 왔는데, 구들은 우리 민족에 다양한 영향을 주었다. 우선 오랜 구들 생활은 우리 민족의 인체에 적지 않은 변화를 초래하였다. 태어나면서부터 따뜻한 구들에 누워 자는 것이 습관이 된 우리 아이들은 사지의 활동량이 적어 발육이 늦어졌다. 구들에서 자란 우리 아이들은 다른 어떤 민족의 아이들보다 따뜻한 곳에서 안정감을 느꼈으며, 우리 민족은 아이들에게 따뜻함을 만들어주기 위해 여러 가지를 고안하여 발전시켰다.
> 구들은 농경을 주업으로 하는 우리 민족의 생산도구의 제작과 사용에 많은 영향을 주었다. 구들에 앉아 오랫동안 활동하는 습관은 하반신보다 상반신의 작업량을 증가시켰고 상반신의 움직임이 상대적으로 정교하게 되었다. 구들 생활에 익숙해진 우리 민족은 방 안에서의 작업뿐만 아니라 농사를 비롯한 야외의 많은 작업에서도 앉아서 하는 습관을 갖게 되었는데 이는 큰 농기구를 이용하여 서서 작업을 하는 서양과는 완전히 다른 방식이었다.

① 우리 민족은 앉아서 작업하는 습관이 있다.
② 구들은 아이들의 체온을 높여 발육을 방해한다.
③ 구들은 실내뿐 아니라 실외활동에도 영향을 끼쳤다.
④ 구들의 영향으로 우리 민족은 앉아서 하는 작업방식이 일반화되었다.
⑤ 우리 민족은 하반신 활동보다 상반신 활동이 많은 대신 상반신 작업이 정교한 특징이 있다.

02

핀테크(FinTech)란 Finance(금융)과 Technology(기술)의 합성어로 금융과 IT의 융합을 통한 금융서비스 제공을 비롯한 산업의 변화를 통칭하는 신조어다. 금융서비스의 변화로는 모바일(Mobile), SNS(Social Network Service), 빅데이터(Big Data) 등 새로운 IT기술을 활용하여 기존의 금융기법과 차별화된 서비스를 제공하는 기술 기반의 혁신이 대표적이다. 최근에 대중이 널리 사용하는 모바일 뱅킹(Mobile Banking)과 앱카드(App Card)도 이러한 시대적 흐름 가운데 나타난 핀테크의 한 예라 볼 수 있다.
금융위원회는 핀테크 산업 발전을 위한 디지털금융의 종합혁신방안을 발표하였다. 규제완화와 이용자보호 장치마련이 주목적이었다. 종합지급결제업과 지급지시 전달업의 신설로 핀테크 기업들은 고도화된 디지털 금융서비스 창출과 수익 다각화의 기반을 마련했다. 간편 결제에 소액 후불결제 기능을 추가한 것이라든지 선불결제 충전한도상향 등도 중요한 규제완화의 예라 볼 수 있다. 전자금융업종의 통합과 간소화를 통해 이제는 자금이체업, 대금결제업, 결제대행업으로 산업이 재편된 셈이다.
핀테크 산업의 미래는 데이터 기반의 마이데이터 서비스체계를 구축하는 것이다. 개인이 정보이동권에 근거하여 본인 데이터에 대한 개방을 요청하면 기업이 해당 데이터를 제3자에게 개방하도록 하는 것이 마이데이터 개념이다. 그동안 폐쇄적으로 운영·관리되어 왔던 마이데이터란 개인정보의 활용으로 맞춤형 재무서비스나 금융상품 추천 등 다양한 데이터 기반의 금융서비스 활성화가 기대되는 바이다. 또한 마이데이터의 도입으로 고객데이터 독점이 사라지는 상황에서 금융업 간 경쟁심화는 필연적일 것으로 보인다. 마이데이터 사업자와의 협력과 직접진출 등이 활발하게 나타날 것으로 전망되기 때문이다.
사이버 관련 사고가 지능화되고 고도화되면서 보안기술과 시스템에 대한 수요도 높은 수준을 요구하고 있다. 정부가 D.N.A(Data, Network, AI) 생태계 강화 등을 기반으로 디지털 뉴딜을 추진중이며 전 산업의 디지털화가 진행 중이라 대부분의 산업에 있어서도 보안기술의 향상이 요구된다. 특히 최근에는 금융권 클라우드나 바이오 정보에 대한 공격 증가에 따른 금융기관 등의 피해가 커질 위험에 노출되어 있어 주의를 요한다.
개인정보보호법, 신용정보법, 정보통신망법 등 개인정보보호 관련 3개 법률(데이터 3법) 개정안이 발표되었다. 여기서 가명정보의 도입, 개인정보의 활용 확대, 마이데이터 산업 도입 등이 주요 내용이었다. 데이터 3법 개정으로 마이데이터 사업이 본격화되고 핀테크 기업 중심의 정보공유 활성화, 데이터기반 신산업 발전 등이 효과를 볼 것으로 전망된다. 반면 개인정보 및 금융정보의 노출 가능성이 높아지게 되고 보안사고의 위험과 개인정보 보호의 이슈가 부각될 수 있는 현실을 맞이하게 된 것이다.

① 빅데이터를 활용한 금융서비스 제공 역시 핀테크의 일종이다.
② 핀테크 산업 활성을 위해서는 기존의 규제를 완화하는 것이 필요하다.
③ 마이데이터 서비스체계에서 기업은 개인의 동의하에 제3자에게 데이터를 제공할 수 있다.
④ 마이데이터 사업자 간의 협력이 활발해진다면 금융업 간 경쟁심화는 완화될 것으로 보인다.
⑤ 데이터 3법 개정과 함께 기업들은 개인정보 보호를 위한 보안기술 구축을 위해 별도로 노력해야 한다.

※ 다음 글의 내용으로 가장 적절한 것을 고르시오. [3~4]

03

풍속화는 문자 그대로 풍속을 그린 그림이다. 세속을 그린 그림이라는 뜻에서 속화(俗畵)라고도 한다. 정의는 이렇게 간단하지만 따져야 할 문제들은 산적해 있다. 나는 풍속화에 대해 엄밀한 학문적 논의를 펼 만큼 전문적인 식견을 갖고 있지는 않다. 하지만 한 가지 확실하게 말할 수 있는 것은 풍속화가 인간의 모습을 화폭 전면에 채우는 그림이라는 사실이다. 그런데 현재 우리가 접하는 그림에서 인간의 모습이 그림의 전면을 차지하는 작품은 생각보다 많지 않다. 우리의 일상적인 모습은 더욱 그렇다. 만원 지하철에 시달리며 출근 전쟁을 하고, 직장 상사로부터 핀잔을 듣고, 포장마차에서 소주를 마시고, 노래방에서 스트레스를 푸는 평범한 사람들의 일상의 모습은 그림에 등장하지 않는다. 조선 시대에도 회화의 주류는 산수와 꽃과 새, 사군자와 같은 인간의 외부에 존재하는 대상을 그리는 것이었다. 이렇게 말하면 너무 지나치다고도 할 것이다. 산수화에도 인간이 등장하고 있지 않은가? 하지만 산수화 속의 인간은 산수에 부속된 것일 뿐이다. 산수화에서의 초점은 산수에 있지, 산수 속에 묻힌 인간에 있지 않다. 인간의 그림이라면, 초상화가 있지 않느냐고 물을 수도 있다. 사실 그렇다. 초상화는 인간이 화면 전체를 차지하는 그림이다. 나는 조선 시대 초상화에서 깊은 감명을 받은 적도 있다. 그것은 초상에 그 인간의 내면이 드러나 보일 때인데, 특히 송시열의 초상화를 보고 그런 느낌을 받았다. 하지만 초상화는 아무래도 딱딱하다. 초상화에서 보이는 것은 얼굴과 의복일 뿐, 구체적인 삶의 모습은 아니다. 이에 반해 조선 후기 풍속화는 인간의 현세적・일상적 모습을 중심 제재로 삼고 있다. 조선 사회가 양반 관료 사회인만큼 양반들의 생활이 그려지는 것은 당연하겠지만, 풍속화에 등장하는 인물의 주류는 이미 양반이 아니다. 농민과 어민, 그리고 별감, 포교, 나장, 기생, 뚜쟁이 할미까지 도시의 온갖 인간들이 등장한다. 풍속화를 통하여 우리는 양반이 아닌 인간들을 비로소 만나게 된 것이다. 여성이 그림에 등장하는 것도 풍속화의 시대에 와서이다. 조선 시대는 양반・남성의 사회였다. 양반・남성 중심주의는 양반이 아닌 이들과 여성을 은폐하였다. 이들이 예술의 중심대상이 된 적은 거의 없었다. 특히 그림에서는 인간이 등장하는 일이 드물었고, 여성이 등장하는 일은 더욱 없었다. 풍속화에 와서야 비로소 여성이 회화의 주요대상으로 등장했던 것이다. 조선 시대 풍속화는 18, 19세기에 '그려진 것'이다. 물론 풍속화의 전통을 따지고 들면, 저 멀리 고구려 시대의 고분벽화에까지 이를 수 있다. 그러나 그것들은 의례적・정치적・도덕적 관념의 선전이란 목적을 가지고 '제작된 것'이다. 좀 더 구체적으로 말하자면, 죽은 이를 위하여, 농업의 중요성을 강조하고 생산력을 높이기 위하여, 혹은 민중의 교화를 위하여 '제작된 것'이다. 이점에서 이 그림들은 18, 19세기의 풍속화와는 구분되어야 마땅하다.

① 풍속화는 인간의 외부에 존재하는 대상을 그리는 것이었다.
② 조선 후기 풍속화에는 양반들의 생활상이 주로 나타나 있다.
③ 조선 시대 산수화 속에 등장하는 인물은 부수적 존재에 불과하다.
④ 조선 시대 회화의 주류는 인간의 내면을 그린 그림이 대부분이었다.
⑤ 조선 전기에도 여성이 회화의 주요대상으로 등장했다.

Hard

04

일반적으로 동식물에서 종(種)이란 '같은 개체끼리 교배하여 자손을 남길 수 있는' 또는 '외양으로 구분이 가능한' 집단을 뜻한다. 그렇다면 세균처럼 한 개체가 둘로 분열하여 번식하며 외양의 특징도 많지 않은 미생물에서는 종을 어떤 기준으로 구분할까?

미생물의 종 구분에는 외양과 생리적 특성을 이용한 방법이 사용되기도 한다. 하지만 이러한 특성들은 미생물이 어떻게 배양되는지에 따라 변할 수 있으며, 모든 미생물에 적용될 만한 공통적 요소가 되기도 어렵다. 이런 문제를 극복하기 위해 오늘날 미생물 종을 구분하는 데는 주로 유전적 특성을 이용하고 있다. 미생물의 유전체는 DNA로 이루어진 많은 유전자로 구성되는데, 특정 유전자를 비교함으로써 미생물들 간의 유전적 관계를 알 수 있다. 종의 구분에는 서로 간의 차이를 잘 나타내 주는 유전자를 이용한다. 유전자 비교를 통해 미생물들이 유전적으로 얼마나 가깝고 먼지를 확인할 수 있는데, 이를 '유전거리'라 한다. 유전거리가 가까울수록 같은 종으로 묶일 가능성이 커진다.

하지만 유전자 비교로 확인한 유전거리만으로는 두 미생물이 같은 종에 속하는지를 명확히 판별하기 어렵다. 특정 유전자가 해당 미생물의 전체적인 유전적 특성을 대변하지는 못하기 때문이다.

이러한 문제를 보완하기 위한 것이 미생물들 간의 유전체 유사도를 측정하는 방법이다. 유전체 유사도를 정확히 측정하기 위해서는 모든 유전자를 대상으로 유전적 관계를 살펴야 하지만, 수많은 유전자를 모두 비교하는 것은 현실적으로 어렵다. 따라서 유전체의 특성을 화학적으로 비교하는 방법이 주로 사용되고 있다. 이렇게 얻어진 유전체 유사도는 종의 경계를 확정하는 데 유용한 기준을 제공한다.

① 외양과 생리적 특성을 이용한 종 구분 방법은 미생물의 종 구분 시 일절 사용하지 않는다.
② 유전체 유사도를 이용한 방법은 비교대상이 되는 유전자를 모두 비교해야만 가능하다.
③ 유전거리보다는 유전체의 비교가 종을 구분하는 데 더 명확한 기준을 제시한다.
④ 미생물의 유전체는 동식물의 유전자보다 구조가 단순하여 종 구분이 용이하다.
⑤ 유전체의 특성을 물리적으로 비교하는 방법이 널리 사용되고 있다.

05 다음 글을 근거로 판단할 때 옳은 것은?

제1조 이 법은 법령의 공포절차 등에 관하여 규정함을 목적으로 한다.

제2조

① 법률 공포문의 전문에는 국회의 의결을 받은 사실을 적고, 대통령이 서명한 후 대통령인을 찍고 그 공포일을 명기하여 국무총리와 관계 국무위원이 서명한다.

② 확정된 법률을 대통령이 공포하지 아니할 때에는 국회의장이 이를 공포한다. 국회의장이 공포하는 법률의 공포문 전문에는 국회의 의결을 받은 사실을 적고, 국회의장이 서명한 후 국회의장인을 찍고 그 공포일을 명기하여야 한다.

제3조 조약 공포문의 전문에는 국회의 동의 또는 국무회의의 심의를 거친 사실을 적고, 대통령이 서명한 후 대통령인을 찍고 그 공포일을 명기하여 국무총리와 관계 국무위원이 서명한다.

제4조 대통령령 공포문의 전문에는 국무회의의 심의를 거친 사실을 적고, 대통령이 서명한 후 대통령인을 찍고 그 공포일을 명기하여 국무총리와 관계 국무위원이 서명한다.

제5조

① 총리령을 공포할 때에는 그 일자를 명기하고, 국무총리가 서명한 후 총리인을 찍는다.

② 부령을 공포할 때에는 그 일자를 명기하고, 해당 부의 장관이 서명한 후 그 장관인을 찍는다.

제6조

① 법령의 공포는 관보에 게재함으로써 한다.

② 관보의 내용 및 적용 시기 등은 종이관보를 우선으로 하며, 전자관보는 부차적인 효력을 가진다.

※ 법령 : 법률, 조약, 대통령령, 총리령, 부령을 의미한다.

① 모든 법률의 공포문 전문에는 국회의장인이 찍혀 있다.

② 핵무기비확산조약의 공포문 전문에는 총리인이 찍혀 있다.

③ 지역문화발전기본법의 공포문 전문에는 대법원장인이 찍혀 있다.

④ 대통령인이 찍혀 있는 법령의 공포문 전문에는 국무총리의 서명이 들어 있다.

⑤ 종이관보에 기재된 법인세법의 세율과 전자관보에 기재된 그 세율이 다른 경우 전자관보를 기준으로 판단하여야 한다.

PART 1

08 나열하기

| 유형분석 |

- 글의 논리적인 전개 구조를 파악할 수 있는지 평가한다.
- 첫 문단(단락)이 제시되지 않은 문제가 출제될 가능성이 있다.

다음 글을 논리적 순서대로 바르게 나열한 것은?

(가) 그렇기 때문에 남녀 고용 평등의 확대를 위해 채용 목표제를 강화할 필요가 있다.
(나) 우리나라 대졸 이상 여성의 고용 비율은 OECD 국가 중 최하위인데 이는 채용 과정에서 여성이 부당한 차별을 받는 경우가 많다는 것을 보여준다.
(다) 우리나라 남녀 전체의 평균 고용 비율 격차는 31.8%p로 남성에 비해 여성의 고용 비율이 현저히 낮다.
(라) 강화된 법규가 준수될 수 있도록 정부의 계도와 감독 기능을 강화해야 할 것이다.
(마) 고용 시 여성에게 일정 비율을 할애하는 것은 남성에 대한 역차별이라는 주장이 있기는 하지만, 남녀 고용 평등이 어느 정도 실현될 때까지 여성에 대한 배려는 불가피하다.

① (다) – (가) – (마) – (나) – (라)
② (다) – (나) – (라) – (가) – (마)
③ (라) – (나) – (마) – (다) – (가)
④ (라) – (다) – (가) – (나) – (마)
⑤ (라) – (다) – (마) – (나) – (가)

정답 ①

제시문은 우리나라 여성의 고용 비율이 남성보다 낮기 때문에 여성의 고용에 대한 배려가 필요하다는 내용이다. 따라서 '(다) 우리나라는 남성에 비해 여성의 고용 비율이 현저히 낮음 – (가) 남녀 고용 평등의 확대를 위한 채용 목표제의 강화 필요 – (마) 역차별이라는 주장과 현실적인 한계 – (나) 대졸 이상 여성의 고용 비율이 OECD 국가 중 최하위인 대한민국의 현실 – (라) 강화된 법규가 준수될 수 있도록 정부의 계도와 감독 기능이 강화'의 순서로 연결되어야 한다.

유형풀이 Tip

- 각 문단에 위치한 지시어와 접속어를 살펴본다. 문두에 접속어가 오거나 문장 중간에 지시어가 나오는 경우 글의 첫 번째 문단이 될 수 없다.
- 각 문단의 첫 문장과 마지막 문장에 집중하면서 글의 순서를 하나씩 맞춰 나간다.
- 선택지를 참고하여 문단의 순서를 생각해 보는 것도 시간을 단축하는 좋은 방법이 될 수 있다.

대표기출유형 08 기출응용문제

※ 다음 글을 논리적 순서대로 바르게 나열한 것을 고르시오. [1~3]

Easy

01

(가) 최초로 입지를 선정하는 업체는 시장의 어디든 입지할 수 있으나 소비자의 이동 거리를 최소화하기 위하여 시장의 중심에 입지한다.
(나) 최대수요입지론은 산업 입지와 상관없이 비용은 고정되어 있다고 가정한다. 이 이론에서는 경쟁 업체와 가격 변동을 고려하여 수요가 극대화되는 입지를 선정한다.
(다) 그다음 입지를 선정해야 하는 경쟁 업체는 가격 변화에 따라 수요가 변하는 정도가 크지 않은 경우, 시장의 중심에서 멀어질수록 시장을 뺏기게 되므로 경쟁 업체가 있더라도 가능한 한 중심에 가깝게 입지하려고 한다.
(라) 하지만 가격 변화에 따라 수요가 크게 변하는 경우에 두 경쟁자는 서로 적절히 떨어져 입지하여 보다 낮은 가격으로 제품을 공급하려고 한다.

① (가) – (나) – (라) – (다)
② (나) – (가) – (다) – (라)
③ (나) – (라) – (다) – (가)
④ (라) – (가) – (나) – (다)
⑤ (라) – (가) – (다) – (나)

02

(가) 사회서비스에는 서비스를 받을 수 있는 증서를 제공함으로써 수혜자가 공적 기관을 이용하도록 하는 것뿐만 아니라 민간단체가 운영하는 사적 기관의 서비스를 자신의 선호도에 따라 선택할 수 있게 하는 방식이 있다.
(나) 이와 같이 사회서비스는 소득의 재분배보다는 시민들의 삶의 질을 향상시키는 것에 기여하는 제도라고 할 수 있다.
(다) 최근 들어서 많은 나라들은 서비스 증서를 제공하는 일명 바우처(Voucher) 제도를 도입하여 후자 방식을 강화하는 경향을 보이고 있다.
(라) 사회서비스는 급여의 지급이 현금이 아니라 '돌봄'의 가치를 가진 특정한 서비스를 통해 이루어지는 제도이다.

① (가) – (다) – (나) – (라)
② (가) – (라) – (다) – (나)
③ (나) – (가) – (다) – (라)
④ (라) – (가) – (다) – (나)
⑤ (라) – (다) – (나) – (가)

03

(가) 이와 같이 임베디드 금융의 개선을 위해서는 효과적인 보안 시스템과 프라이버시 보호 방안을 도입하여 사용자의 개인정보를 안전하게 관리하는 것이 필요하다. 또한 디지털 기기의 접근성을 개선하고 사용자들이 편리하게 이용할 수 있는 환경을 조성해야 한다.

(나) 임베디드 금융은 기업과 소비자 모두에게 이점을 제공한다. 기업은 제품과 서비스에 금융 기능을 통합함으로써 자사 플랫폼 의존도를 높이고, 수집한 고객의 정보를 통해 매출을 증대시킬 수 있으며, 고객들에게 편리한 금융 서비스를 제공할 수 있다. 소비자의 경우는 모바일 앱을 통해 간편하게 금융 거래를 할 수 있고, 스마트기기 하나만으로 다양한 금융 상품에 접근할 수 있어 편의성과 접근성이 크게 향상된다.

(다) 그러나 임베디드 금융은 개인정보 보호와 안전성에 대한 관리가 필요하다. 사용자의 금융 데이터와 개인정보가 디지털 플랫폼이나 기기에 저장되므로 해킹이나 데이터 유출과 같은 사고가 발생할 수 있다. 이는 사용자의 프라이버시 침해와 금융 거래 안전성에 대한 심각한 위협이 될 수 있다. 또한 모든 사람들이 안정적인 인터넷 연결과 임베디드 금융이 포함된 최신 기기를 보유하고 있지는 않기 때문에 디지털 기기에 익숙하지 않은 사람들은 임베디드 금융 서비스를 제공받는 데 제한을 받을 수 있다.

(라) 임베디드 금융은 비금융 기업이 자신의 플랫폼이나 디지털 기기에 금융 서비스를 탑재하는 것을 뜻한다. S페이나 A페이 같은 결제 서비스부터 대출이나 보험까지 임베디드 금융은 제품과 서비스에 금융 기능을 통합하여 사용자에게 편의성과 접근성을 높여준다.

① (가) – (다) – (라) – (나)
② (나) – (가) – (다) – (라)
③ (나) – (라) – (다) – (가)
④ (라) – (나) – (다) – (가)
⑤ (라) – (다) – (나) – (가)

04 다음 글을 읽고, 이어질 문단을 논리적 순서대로 바르게 나열한 것은?

구체적 행위에 대한 도덕적 판단 문제를 다루는 것이 규범 윤리학이라면 옳음의 의미 문제, 도덕적 진리의 존재 문제 등과 같이 규범 윤리학에서 사용하는 개념과 원칙에 대해 다루는 것은 메타 윤리학이다. 메타 윤리학에서 도덕 실재론과 정서주의는 '옳음'과 '옳지 않음'의 의미를 이해하는 방식과 도덕적 진리의 존재 여부에 대해 상반된 주장을 펼친다.

(가) 따라서 '옳다' 혹은 '옳지 않다'라는 도덕적 판단을 내리지만, 과학적 진리와 같은 도덕적 진리는 없다는 입장을 보인다.
(나) 도덕 실재론에서는 도덕적 판단과 도덕적 진리를 과학적 판단 및 과학적 진리와 마찬가지라고 본다.
(다) 한편, 정서주의에서는 어떤 도덕적 행위에 대해 도덕적으로 옳음이나 도덕적으로 옳지 않음이라는 성질은 객관적으로 존재하지 않는 것이고 도덕적 판단도 참 또는 거짓으로 판정되는 명제를 나타내지 않는다.
(라) 즉, 과학적 판단이 '참' 또는 '거짓'을 판정할 수 있는 명제를 나타내고 이때 참으로 판정된 명제를 과학적 진리라고 부르는 것처럼, 도덕적 판단도 참 또는 거짓으로 판정할 수 있는 명제를 나타내고 참으로 판정된 명제가 곧 도덕적 진리라고 규정하는 것이다.

① (가) – (나) – (다) – (라)
② (나) – (가) – (다) – (라)
③ (나) – (라) – (다) – (가)
④ (다) – (가) – (나) – (라)
⑤ (다) – (라) – (나) – (가)

09 주제 · 제목 찾기

| 유형분석 |

- 글의 목적이나 핵심 주장을 정확하게 구분할 수 있는지 평가한다.
- 문단별 주제 · 화제, 글쓴이의 주장 · 생각, 표제와 부제 등 다양한 유형으로 출제될 수 있다.

다음 글의 제목으로 가장 적절한 것은?

많은 경제학자는 제도의 발달이 경제 성장의 중요한 원인이라고 생각해 왔다. 예를 들어 재산권 제도가 발달하면 투자나 혁신에 대한 보상이 잘 이루어져 경제 성장에 도움이 된다는 것이다. 그러나 이를 입증하기는 쉽지 않다. 제도의 발달 수준과 소득 수준 사이에 상관관계가 있다 하더라도, 제도는 경제 성장에 영향을 줄 수 있지만 경제 성장으로부터 영향을 받을 수도 있으므로 그 인과관계를 판단하기 어렵기 때문이다.

① 경제 성장과 소득 수준
② 경제 성장과 제도 발달
③ 경제 성장과 투자 혁신
④ 소득 수준과 제도 발달
⑤ 소득 수준과 투자 수준

정답 ②

제시문은 재산권 제도의 발달에 따른 경제 성장을 예로 들어 제도의 발달과 경제 성장의 상관관계에 대해 설명하고 있다. 더불어 제도가 경제 성장에 영향을 줄 수는 있지만, 동시에 경제 성장으로부터 영향을 받을 수도 있다는 점에서 그 인과관계를 판단하기 어렵다는 한계점을 제시하고 있다. 따라서 제목으로 가장 적절한 것은 '경제 성장과 제도 발달'이다.

유형풀이 Tip

- 글의 중심이 되는 내용은 주로 글의 맨 앞이나 맨 뒤에 위치한다. 따라서 글의 첫 문단과 마지막 문단을 먼저 확인한다.
- 첫 문단과 마지막 문단에서 실마리가 잡히지 않은 경우 그 문단을 뒷받침해 주는 부분을 읽어가면서 제목이나 주제를 파악해 나간다.

대표기출유형 09 기출응용문제

Easy

01 다음 글의 중심 내용으로 가장 적절한 것은?

> 최근에 사이버공동체를 중심으로 한 시민의 자발적 정치 참여 현상이 많은 관심을 끌고 있다. 이러한 현상과 관련하여 A의 연구가 새삼 주목받고 있다. A의 연구에 따르면 공동체의 구성원이 됨으로써 얻게 되는 '사회적 자본'이 시민사회의 성숙과 민주주의 발전을 가져오는 원동력이다. A의 이론에서는 공동체에 대한 자발적 참여를 통해 사회 구성원 간의 상호 의무감과 신뢰, 구성원들이 공유하는 규칙과 관행, 사회적 유대 관계와 같은 사회적 자본이 늘어나면, 사회 구성원 간의 협조적인 행위가 가능하게 된다고 보았다. 더 나아가 A는 자원봉사자와 같이 공동체 참여도가 높은 사람이 투표할 가능성이 높고 정부 정책에 대한 의견 개진도 활발해지는 등 정치 참여도가 높아진다고 주장하였다.
> 몇몇 학자들은 A의 이론을 적용하여 면대면 접촉에 따른 인간관계의 산물인 사회적 자본이 사이버공동체에서도 충분히 형성될 수 있다고 보았다. 그리고 사이버공동체에서 사회적 자본의 증가는 곧 정치 참여도 활성화시킬 것으로 기대했다. 하지만 이러한 기대와는 달리 정치 참여가 활성화되지 않았다. 요즘 젊은이들을 보면 각종 사이버공동체에 자발적으로 참여하는 수준은 높지만 투표나 다른 정치 활동에는 무관심하거나 심지어 정치를 혐오하기도 한다. 이런 측면에서 A의 주장은 사이버공동체가 활성화된 오늘날에는 잘 맞지 않는다.
> 이러한 이유 때문에 오늘날 사이버공동체를 중심으로 한 정치 참여를 더 잘 이해하기 위해서 '정치적 자본' 개념의 도입이 필요하다. 정치적 자본은 사회적 자본의 구성 요소와는 달리 정치 정보의 습득과 이용, 정치적 토론과 대화, 정치적 효능감 등으로 구성된다. 정치적 자본은 사회적 자본과 마찬가지로 공동체 참여를 통해서 획득되지만, 정치 과정에의 관여를 촉진한다는 점에서 사회적 자본과는 구분될 필요가 있다. 사회적 자본만으로 정치 참여를 기대하기 어렵고, 사회적 자본과 정치 참여 사이를 정치적 자본이 매개할 때 비로소 정치 참여가 활성화된다.

① 사이버공동체를 통해 축적된 사회적 자본에 정치적 자본이 더해질 때 정치 참여가 활성화된다.
② 사회적 자본은 정치적 자본을 포함하기 때문에 그 자체로 정치 참여의 활성화를 가져온다.
③ 사회적 자본이 많은 사회는 정치 참여가 활발하기 때문에 민주주의가 실현된다.
④ 사이버공동체의 특수성으로 인해 시민들의 정치 참여가 어렵게 되었다.
⑤ 사이버공동체에의 자발적 참여 증가는 정치 참여를 활성화시킨다.

※ 다음 글의 주제로 가장 적절한 것을 고르시오. [2~3]

02

20세기 한국 사회는 내부 노동시장에 의존한 평생직장 개념을 갖고 있었으나, 1997년 외환 위기 이후 인력 관리의 유연성이 향상되면서 그것은 사라지기 시작하였다. 기업은 필요한 우수 인력을 외부 노동시장에서 적기에 채용하고, 저숙련 인력은 주변화하여 비정규직을 계속 늘려간다는 전략을 구사하고 있다. 이러한 기업의 인력 관리 방식에 따라서 실업률은 계속 하락하는 동시에 주당 18시간 미만으로 일하는 불완전 취업자가 많이 증가하고 있다.
이러한 현상은 우리나라의 경제가 지식 기반 산업 위주로 점차 바뀌고 있음을 말해 준다. 지식 기반 산업이 주도하는 경제 체제에서는 고급 지식을 갖거나 숙련된 노동자는 더욱 높은 임금을 받게 된다. 다시 말해, 지식 기반 경제로의 이행은 지식 격차에 의한 소득 불평등의 심화를 의미한다. 우수한 기술과 능력을 갖춘 핵심 인력은 능력 개발 기회를 얻게 되어 '고급 기술 → 높은 임금 → 양질의 능력 개발 기회'의 선순환 구조를 갖지만, 비정규직 · 장기 실업자 등 주변 인력은 악순환을 겪을 수밖에 없다. 이러한 '양극화' 현상을 국가가 적절히 통제하지 못할 경우, 사회 계급 간의 간극은 더욱 확대될 것이다. 결국 고도 기술 사회가 온다고 해도 자본주의 사회 체제가 지속되는 한 사회 불평등 현상은 여전히 계급 간 균열선을 따라 존재하게 될 것이다. 국가가 포괄적 범위에서 강력하게 사회 정책적 개입을 추진하면 계급 간 차이를 현재보다는 축소시킬 수 있겠지만 아주 없애지는 못할 것이다.
사회 불평등 현상은 나라들 사이에서도 발견된다. 각국 간 발전 격차가 지속 확대되면서 전 지구적 생산의 재배치는 이미 20세기 중엽부터 진행됐다. 정보통신 기술은 지구의 자전 주기와 공간적 거리를 '장애물'에서 '이점'으로 변모시켰다. 그 결과 전 지구적 노동시장이 탄생하였다. 기업을 비롯한 각 사회 조직은 국경을 넘어 인력을 충원하고, 재화와 용역을 구매하고 있다. 개인들도 인터넷을 통해 이러한 흐름에 동참하고 있다. 생산 기능은 저개발국으로 이전되고, 연구 · 개발 · 마케팅 기능은 선진국으로 모여드는 경향이 지속 · 강화되어, 나라 간 정보 격차가 확대되고 있다. 유비쿼터스 컴퓨팅 기술에 의거하여 전 지구 사회를 잇는 지역 간 분업은 앞으로 더욱 활발해질 것이다. 나라 간의 경제적 불평등 현상은 국제 자본 이동과 국제 노동 이동으로 표출되고 있다. 노동 집약적 부문의 국내 기업이 해외로 생산 기지를 옮기는 현상에서 나아가, 초국적 기업화 현상이 본격적으로 대두되고 있다. 전 지구에 걸친 외부 용역 대치가 이루어지고, 콜센터를 외국으로 옮기는 현상도 보편화될 것이다.

① 국가 간 노동 인력의 이동이 가져오는 폐해
② 사회 계급 간 불평등 심화 현상의 해소 방안
③ 지식 기반 산업 사회에서의 노동시장의 변화
④ 선진국과 저개발국 간 격차 축소 정책의 필요성
⑤ 저개발국에서 나타나는 사회 불평등 현상

03

정부는 탈원전 · 탈석탄 공약에 발맞춰 2030년까지 전체 국가 발전량의 20%를 신재생에너지로 채운다는 정책 목표를 수립하였다. 목표를 달성하기 위해 신재생에너지에 대한 송 · 변전 계획을 제8차 전력수급기본계획에 처음으로 수립하겠다는 게 정부의 방침이다.
정부는 기존의 수급계획이 수급안정과 경제성을 중심으로 수립된 것에 반해, 8차 계획은 환경성과 안전성을 중점으로 하였다고 밝히고 있으며, 신규 발전설비는 원전, 석탄화력발전에서 친환경, 분산형 재생에너지와 LNG 발전을 우선시하는 방향으로 수요관리를 통합하여 합리적 목표수용 결정에 주안점을 두었다고 밝혔다.
그동안 많은 NGO 단체에서 에너지 분산에 관한 다양한 제안을 해왔지만 정부 차원에서 고려하거나 논의가 활발히 진행된 적은 거의 없었으며 명목상으로 포함하는 수준이었다. 그러나 이번 정부에서는 탈원전 · 탈석탄 공약을 제시하는 등 중앙집중형 에너지 생산시스템에서 분산형 에너지 생산시스템으로 정책의 방향을 전환하고자 한다. 이 기조에 발맞춰 분산형 에너지 생산시스템은 향후 지방선거에서도 해당 지역에 대한 다양한 선거공약으로 제시될 가능성이 높다.
중앙집중형 에너지 생산시스템은 환경오염, 송전선 문제, 지역 에너지 불균형 문제 등 다양한 사회적인 문제를 야기하였다. 하지만 그동안은 값싼 전기인 기저전력을 편리하게 사용할 수 있는 환경을 조성하고자 하는 기존 에너지계획과 전력수급계획에 밀려 중앙집중형 발전원 확대가 꾸준히 진행되었다. 그러나 현재 정부는 중앙집중형 에너지 정책에서 분산형 에너지정책으로 전환되어야 한다는 것을 누누이 밝혀 왔으며, 현재 분산형 에너지정책으로 전환을 모색하기 위한 다각도의 노력을 하고 있다. 이러한 정부의 정책변화와 아울러 석탄화력발전소가 국내 미세먼지에 주는 영향과 일본 후쿠시마 원자력 발전소 문제, 국내 경주 대지진 및 포항 지진 문제 등으로 인한 원자력에 대한 의구심 또한 커지고 있다.
제8차 전력수급계획에 의하면, 우리나라의 에너지 정책은 격변기를 맞고 있다. 우리나라는 현재 중앙집중형 에너지 생산시스템이 대부분이며, 분산형 전원 시스템은 그 설비용량이 극히 적은 상태이다. 또한 우리나라의 발전설비는 2016년 말 105GW이며, 2014년도 최대 전력치를 보면 80GW 수준이므로 25GW 정도의 여유가 있는 상태이다. 25GW라는 여유는 원자력발전소 약 25기 정도의 전력생산설비가 여유 있는 상황이라고 볼 수 있다. 또한 제7차 전력수급기본계획(2015 ~ 2016년)의 전기수요 증가율을 4.3 ~ 4.7%라고 예상하였으나 실제 증가율은 1.3 ~ 2.8% 수준에 그쳤다는 점은 우리나라의 전력 소비량 증가량이 둔화하고 있는 상태라는 것을 나타낸다.

① 중앙집중형 에너지 생산시스템의 발전 과정
② 에너지 분권의 필요성과 방향
③ 전력 소비량과 에너지 공급량의 문제점
④ 중앙집중형 에너지 정책의 한계점
⑤ 전력수급기본계획의 내용과 수정 방안 모색

※ 다음 글의 (가) ~ (마) 문단의 소제목으로 적절하지 않은 것을 고르시오. [4~5]

Hard

04

(가) 우리는 최근 '사회가 많이 깨끗해졌다.'라는 말을 많이 듣는다. 실제 우리의 일상생활은 정말 많이 깨끗해졌다. 과거에 비하면 일상생활에서 뇌물이 오가는 경우가 거의 없어진 것이다. 그런데 왜 부패인식지수가 나아지기는커녕 도리어 나빠지고 있을까? 일상생활과 부패인식지수가 전혀 다른 모습을 보이는 이유는 어디에 있을까?

(나) 부패인식지수가 산출되는 과정에서 그 물음의 답을 찾을 수 있다. 부패인식지수는 국제투명성기구에서 매년 조사하여 발표하고 있는 세계적으로 가장 권위 있는 부패 지표로, 지수는 국제적인 조사 및 평가를 실시하고 있는 여러 기관의 조사 결과를 바탕으로 산출된다. 각 기관의 조사 항목과 조사 대상은 서로 다르지만, 주요 항목은 공무원의 직권 남용 억제 기능, 공무원의 공적 권력의 사적 이용, 공공서비스와 관련한 뇌물 등으로 공무원의 뇌물과 부패에 초점이 맞추어져 있다.

(다) 부패인식지수를 이해하는 데에 주목하여야 할 또 하나의 중요한 점은 부패인식지수 계산에 사용된 각 지수의 조사 대상이다. 조사에 따라 약간의 차이가 있기는 하지만 조사는 주로 해당 국가나 해당 국가와 거래하고 있는 고위 기업인과 전문가들을 대상으로 이루어진다. 일반 시민이 아닌 기업 활동에서 공직자들과 깊숙한 관계를 맺고 있어 공직자들의 행태를 누구보다 잘 알고 있을 것으로 추정되는 사람들의 의견을 대상으로 하는 것이다. 결국 부패인식지수는 고위 기업경영인과 전문가들의 공직 사회의 뇌물과 부패에 대한 평가라 할 수 있다.

(라) 그렇다면 부패인식지수를 개선하는 방법은 무엇일까? 그간 정부는 공무원행동강령, 청탁금지법, 부패방지기구 설치 등 많은 제도적인 노력을 기울여왔다. 이러한 정부의 노력에도 불구하고 정부 반부패정책은 대부분 효과가 없는 것으로 보인다. 정부 노력에 대한 일반 시민들의 시선도 차갑기만 하다. 결국 법과 제도적 장치는 우리 사회에 만연한 연줄 문화 앞에서 힘을 쓰지 못하고 있는 것으로 해석할 수 있다.

(마) 천문학적인 뇌물을 받아도 마스크를 낀 채 휠체어를 타고 교도소를 나오는 기업경영인과 공직자들의 모습을 우리는 자주 보아왔다. 이처럼 솜방망이 처벌이 반복되는 상황에서 부패는 계속될 수밖에 없다. 예상되는 비용에 비해 기대 수익이 큰 상황에서 부패는 끊어질 수 없는 것이다. 이러한 상황이 인간의 욕망을 도리어 자극하여 사람들은 연줄을 찾아 더 많은 부당이득을 노리려 할지 모른다. 연줄로 맺어지든 다른 방식으로 이루어지든 부패로 인하여 지불해야 할 비용이 크다면 부패에 대한 유인이 크게 줄어들 수 있을 것이다.

① (가) : 일상부패에 대한 인식과 부패인식지수의 상반되는 경향에 대한 의문

② (나) : 공공분야에 맞추어진 부패인식지수의 산출 과정

③ (다) : 특정 계층으로 집중된 부패인식지수의 조사 대상

④ (라) : 부패인식지수의 효과적인 개선 방안

⑤ (마) : 부패가 계속되는 원인과 부패 해결 방향

05

(가) 우리 경제는 1997년을 기준으로 지난 30년간 압축성장을 이룩하는 과정에서 많은 문제점을 안게 되었다. 개발을 위한 물자 동원을 극대화하는 과정에서 가명·무기명 금융거래 등 잘못된 금융 관행이 묵인되어 음성·불로 소득이 널리 퍼진 소위 지하경제가 번창한 것이다.

(나) 이에 따라 계층 간 소득과 조세 부담의 불균형이 심화되었으며, 재산의 형성 및 축적에 대한 불신이 팽배해져 우리 사회의 화합과 지속적인 경제성장의 장애 요인이 되고 있었다. 또한 비실명거래를 통해 부정한 자금이 불법 정치자금·뇌물·부동산투기 등에 쓰이면서 각종 비리와 부정부패의 온상이 되기도 하였다. 이로 인하여 일반 국민들 사이에 위화감이 조성되었으며, 대다수 국민들의 근로의욕을 약화시키는 요인이 되었다.

(다) 이와 같이 비실명 금융거래의 오랜 관행에서 발생되는 폐해가 널리 번짐에 따라 우리 경제가 더 나은 경제로 진입하기 위해서는 금융실명제를 도입하여 금융거래를 정상화할 필요가 절실했으며, 그러한 요구가 사회단체를 중심으로 격렬하게 제기되었다.

(라) 이에 문민정부는 과거 정권에서 부작용을 우려하여 실시를 유보하였던 금융실명제를 과감하게 도입했다. 금융실명제는 모든 금융거래를 실제의 명의(實名)로 하도록 함으로써 금융거래와 부정부패·부조리를 연결하는 고리를 차단하여 깨끗하고 정의로운 사회를 구현하고자 하는 데 의미가 있었다.

(마) 이러한 금융실명제가 도입되면서 금융거래의 투명성은 진전되었으나 여전히 차명 거래와 같은 문제점은 존재했다. 이전까지는 탈세 목적을 가진 차명 거래가 적발되어도 법률로 계좌를 빌려 준 사람과 실소유주를 처벌할 수 없었던 것이다.

① (가) : 잘못된 금융 관행으로 나타난 지하경제

② (나) : 비실명 금융거래의 폐해

③ (다) : 금융실명제의 경제적 효과

④ (라) : 금융실명제의 도입과 의미

⑤ (마) : 금융실명제 도입에서 나타난 허점

대표기출유형

10 비판 · 반박하기

| 유형분석 |

- 글의 주장과 논점을 파악하고, 이에 대립하는 내용을 판단할 수 있는지 평가한다.
- 서로 상반되는 주장 두 개를 제시하고, 하나의 관점에서 다른 하나를 비판 · 반박하는 문제 유형이 출제될 수 있다.

다음 글에서 도출한 결론을 반박하는 주장으로 가장 적절한 것은?

> 인터넷은 국경 없이 누구나 자유롭게 정보를 주고받을 수 있는 훌륭한 매체이다. 하지만 최근 급속도로 늘고 있는 성인 인터넷 방송처럼 오히려 청소년에게 해로운 매체가 될 수 있다는 사실은 선진국에서도 동감하고 있다. 그러므로 인터넷 등급제를 만들어 유해한 환경으로부터 청소년들을 보호하고, 이를 어긴 사업자는 엄격한 처벌로 다스려야만 한다.

① 인터넷 등급제를 만들어 규제를 하는 것도 완전한 방법은 아니기 때문에 유해한 인터넷 내용에는 원천적으로 접속할 수 없도록 조치를 취해야 한다.

② 인터넷 등급제는 정보에 대한 책임을 일방적으로 사업자에게만 지우는 조치로, 잘못하면 국민의 표현의 자유와 알 권리를 침해할 수 있다.

③ 인터넷 등급제는 미니스커트나 장발 규제와 같은 구태의연한 조치이다.

④ 청소년들 스스로가 정보의 유해를 가릴 수 있는 식견을 마련할 수 있도록 가능한 한 많은 정보를 접해야 한다. 그러므로 인터넷 등급제는 좋은 방법이 아니다.

⑤ 인터넷 등급제는 IT 강국으로서의 대한민국의 입지를 위축시킬 수 있으므로 실행하지 않는 것이 옳다.

정답 ②

언론매체에 대한 사전 검열은 항상 표현의 자유와 개인의 알 권리를 침해할 가능성을 배제할 수 없다는 논지로 반박을 전개하는 것이 적절하다.

유형풀이 Tip

- 대립하는 두 의견의 쟁점을 찾은 후, 제시문 또는 보기에서 양측 주장의 근거를 찾아 각 주장에 연결하며 답을 찾는다.
- 문제의 난도를 높이기 위해 글의 후반부에 주장을 뒷받침할 수 있는 근거를 제시하고 선택지에 그 근거에 대한 반박을 실어 놓는 경우도 있다. 하지만 주의할 점은 제시문의 '주장'에 대한 반박을 찾는 것이지, 이를 뒷받침하기 위해 제시된 '근거'에 대한 반박을 찾는 것이 아니라는 것이다.

Easy

01 다음 글의 밑줄 친 ㉠에 대해 제기할 수 있는 반론으로 가장 적절한 것은?

기업은 상품의 사회적 마모를 촉진시키는 주체이다. 생산과 소비가 지속되어야 이윤을 남길 수 있기 때문에, 하나의 상품을 생산해서 그 상품의 물리적 마모가 끝날 때까지를 기다렸다가는 그 기업은 망하기 십상이다. 이러한 상황에서 늘 수요에 비해서 과잉 생산을 하는 기업이 살아남을 수 있는 길은 상품의 사회적 마모를 짧게 해서 사람들로 하여금 계속 소비하게 만드는 것이다.
그래서 ㉠ 기업들은 더 많은 이익을 내기 위해서는 상품의 성능을 향상시키기보다는 디자인을 변화시키는 것이 더 바람직하다고 생각한다. 산업이 발달하여 상품의 성능이나 기능, 내구성이 이전보다 더욱 향상되었는데도 불구하고 상품의 생명이 이전보다 더 짧아지는 것은 어떻게 생각하면 자본주의 상품이 지닌 모순이라고 할 수 있다. 섬유의 질은 점점 좋아지지만 그 옷을 입는 기간은 이에 비해서 점점 짧아지게 되는 것이 바로 자본주의 상품이 지니고 있는 모순이다. 산업이 계속 발달하여 상품의 성능이 향상되는데도 상품의 사회적인 마모 기간이 누군가에 의해서 엄청나게 짧아지고 있다. 상품의 질은 향상되고 내가 버는 돈은 늘어가는 것 같은데 늘 무엇인가 부족한 듯한 느낌이 드는 것도 이것과 관련이 있다.

– 류승호, 『신세대 유행의 속성』

① 상품의 성능은 그대로 두어도 향상될 수 있는가?
② 디자인에 관한 소비자들의 취향이 바뀌는 것을 막을 방안은 있는가?
③ 상품의 성능 향상을 등한시하며 디자인만 바꾼다고 소비가 증가할 것인가?
④ 사회적 마모 기간이 점차 짧아지면 디자인을 개발하는 것이 기업에 도움이 되겠는가?
⑤ 소비 성향에 맞춰 디자인을 다양화할 수 있는가?

※ 다음 글에 대한 반론으로 가장 적절한 것을 고르시오. [2~3]

02

현재 우리나라는 드론의 개인 정보 수집과 활용에 대해 '사전 규제' 방식을 적용하고 있다. 이는 개인 정보 수집과 활용을 원칙적으로 금지하면서 예외적인 경우에만 허용하는 방식으로 정보 주체의 동의 없이 개인 정보를 수집·활용하기 어려운 것이다. 이와 관련하여 개인 정보를 대부분의 경우 개인 동의 없이 활용하는 것을 허용하고, 예외적인 경우에 제한적으로 금지하는 '사후 규제' 방식을 도입해야 한다는 의견이 대두하고 있다. 그러나 나는 사전 규제 방식의 유지에 찬성한다.

드론은 고성능 카메라나 통신 장비 등이 장착되어 있는 경우가 많아 사전 동의 없이 개인의 초상, 성명, 주민등록 번호 등의 정보뿐만 아니라 개인의 위치 정보까지 저장할 수 있다. 또한 드론에서 수집한 정보를 검색하거나 전송하는 중에 사생활이 노출될 가능성이 높다. 더욱이 드론의 소형화, 경량화 기술이 발달하고 있어 사생활 침해의 우려가 커지고 있다. 드론은 인명 구조, 시설물 점검 등의 공공 분야뿐만 아니라 제조업, 물류 서비스 등의 민간 분야까지 활용 범위가 확대되고 있는데, 동시에 개인 정보를 수집하는 일이 많아지면서 사생활 침해 사례도 증가하고 있다.

헌법에서는 주거의 자유, 사생활의 비밀과 자유 등을 명시하여 개인의 사생활이 보호받도록 하고 있고, 개인 정보를 자신이 통제할 수 있는 정보의 자기 결정권을 부여하고 있다. 이와 같은 기본권이 안정적으로 보호될 때 드론 기술과 산업의 발전으로 얻게 되는 사회적 이익은 더욱 커질 것이다.

① 드론을 이용하여 개인 정보를 자유롭게 수집하게 되면 사생활 침해는 더욱 심해지고, 개인 정보의 복제, 유포, 훼손, 가공 등 의도적으로 악용하는 사례까지 증가할 것이다.

② 사전 규제를 통해 개인 정보의 수집과 활용에 제약이 생기면 개인의 기본권이 보장되어 오히려 드론을 다양한 분야에 활용할 수 있고, 드론 기술과 산업은 더욱더 빠르게 발전할 수 있다.

③ 산업적 이익을 우선시하면 개인 정보 보호에 관한 개인의 기본권을 등한시하는 결과를 초래할 수 있다.

④ 개인 정보의 복제, 유포, 위조 등으로 정보 주체에게 중대한 손실을 입힐 경우 손해액을 배상하도록 하여 엄격하게 책임을 묻는다면 사전 규제 없이도 개인 정보를 효과적으로 보호할 수 있다.

⑤ 사전 규제 방식을 유지하면서도 개인 정보 수집과 활용에 동의를 얻는 절차를 간소화하고 편의성을 높이면 정보의 활용이 용이해져 드론 기술과 산업의 발전을 도모할 수 있다.

03

사회복지는 소외 문제를 해결하고 예방하기 위하여 사회 구성원들이 각자의 사회적 기능을 원활하게 수행하게 하고, 삶의 질을 향상시키는 데 필요한 제반 서비스를 제공하는 행위와 그 과정을 의미한다. 현대 사회가 발전함에 따라 계층 간·세대 간의 갈등 심화, 노령화와 가족 해체, 정보 격차에 의한 불평등 등의 사회 문제가 다각적으로 생겨나고 있는데, 이들 문제는 때로 사회 해체를 우려할 정도로 심각한 양상을 띠기도 한다. 이러한 문제의 기저에는 경제 성장과 사회 분화 과정에서 나타나는 불평등과 불균형이 있으며, 이런 점에서 사회 문제는 대부분 소외 문제와 관련되어 있음을 알 수 있다.
사회복지 찬성론자들은 이러한 문제들의 근원에 자유 시장 경제의 불완전성이 있으며, 이러한 사회적 병리 현상을 해결하기 위해서는 국가의 역할이 더 강화되어야 한다고 주장한다. 예컨대 구조 조정으로 인해 대량의 실업 사태가 생겨나는 경우를 생각해 볼 수 있다. 이 과정에서 생겨난 희생자들을 방치하게 되면 사회 통합은 물론 지속적 경제 성장에 막대한 지장을 초래할 것이다. 따라서 사회가 공동의 노력으로 이들을 구제할 수 있는 안전망을 만들어야 하며, 여기서 국가의 주도적 역할은 필수적이라 할 것이다. 현대 사회에 들어와 소외 문제가 사회 전 영역으로 확대되고 있는 상황을 감안할 때, 국가와 사회가 주도하여 사회복지 제도를 체계적으로 수립하고 그 범위를 확대해 나가야 한다는 이들의 주장은 충분한 설득력을 갖는다.

① 사회복지는 소외 문제 해결을 통해 구성원들의 사회적 기능 수행을 원활하게 한다.
② 사회복지는 제공 행위뿐만 아니라 과정까지를 의미한다.
③ 사회복지의 확대는 근로 의욕 상실과 도덕적 해이를 불러일으킬 수 있다.
④ 사회가 발전함에 따라 불균형이 심해지고 있다.
⑤ 사회 병리 현상 과정에서 생겨나는 희생자들을 그대로 두면 악영향을 불러일으킬 수 있다.

PART 1

04 다음 글의 ㉠의 입장에서 호메로스의 『일리아스』를 비판한 내용으로 적절하지 않은 것은?

기원전 5세기 헤로도토스는 페르시아 전쟁에 대한 책을 쓰면서 『역사(Historiai)』라는 제목을 붙였다. 이 제목의 어원이 되는 'histor'는 원래 '목격자', '증인'이라는 뜻의 법정 용어였다. 이처럼 어원상 '역사'는 본래 '목격자의 증언'을 뜻했지만, 헤로도토스의 『역사』가 나타난 이후 '진실의 탐구' 혹은 '탐구한 결과의 이야기'라는 의미로 바뀌었다.

헤로도토스 이전에는 사실과 허구가 뒤섞인 신화와 전설 혹은 종교를 통해 과거에 대한 지식이 전수되었다. 특히 고대 그리스인들이 주로 과거에 대한 지식의 원천으로 삼은 것은 『일리아스』였다. 『일리아스』는 기원전 9세기의 시인 호메로스가 오래전부터 구전되어 온 트로이 전쟁에 대해 읊은 서사시이다. 이 서사시에서는 전쟁을 통해 신들, 특히 제우스 신의 뜻이 이루어진다고 보았다. 헤로도토스는 바로 이런 신화적 세계관에 입각한 서사시와 구별되는 새로운 이야기 양식을 만들어 내고자 했다. 즉, 헤로도토스는 가까운 과거에 일어난 사건의 중요성을 인식하고, 이를 직접 확인·탐구하여 인과적 형식으로 서술함으로써 역사라는 새로운 분야를 개척한 것이다.

『역사』가 등장한 이후, 사람들은 역사 서술의 효용성이 과거를 통해 미래를 예측하게 하여 후세인(後世人)에게 교훈을 주는 데 있다고 인식하게 되었다. 이러한 인식에는 한 번 일어났던 일이 마치 계절처럼 되풀이하여 다시 나타난다는 순환 사관이 바탕에 깔려 있다. 그리하여 오랫동안 역사는 사람을 올바르고 지혜롭게 가르치는 '삶의 학교'로 인식되었다. 이렇게 교훈을 주기 위해서는 과거에 대한 서술이 정확하고 객관적이어야 했다.

물론 모든 역사가들이 정확성과 객관성을 역사 서술의 우선적 원칙으로 앞세운 것은 아니다. 오히려 헬레니즘과 로마 시대의 역사가들 중 상당수는 수사학적인 표현으로 독자의 마음을 움직이는 것을 목표로 하는 역사 서술에 몰두하였고, 이런 경향은 중세시대에도 어느 정도 지속되었다. 이들은 이야기를 감동적이고 설득력 있게 쓰는 것이 사실을 객관적으로 기록하는 것보다 더 중요하다고 보았다. 이런 점에서 그들은 역사를 수사학의 테두리 안에 집어넣은 셈이 된다.

하지만 이 시기에도 역사의 본령은 과거의 중요한 사건을 가감 없이 전달하는 데 있다고 보는 역사가들이 여전히 존재하여, 그들에 대해 날카로운 비판을 가하기도 했다. 더욱이 15세기 이후부터는 수사학적 역사 서술이 역사 서술의 장에서 퇴출되고, ㉠ <u>과거를 정확히 탐구하려는 의식과 과거 사실에 대한 객관적 서술 태도</u>가 역사의 척도로 다시금 중시되었다.

① 직접 확인하지 않고 구전에만 의거해 서술했으므로 내용이 정확하지 않을 수 있다.
② 신화와 전설 등의 정보를 후대에 전달하면서 객관적 서술 태도를 배제하지 못했다.
③ 트로이 전쟁의 중요성은 인식하였으나 실제 사실을 확인하는 데까지는 이르지 못했다.
④ 신화적 세계관에 따른 서술로 인해 과거에 대해 정확한 정보를 추출해 내기 어렵다.
⑤ 과거의 지식을 습득하는 수단으로 사용되기도 했지만 과거를 정확히 탐구하려는 의식은 찾을 수 없다.

Hard

05 다음 글의 ㉡의 입장에서 ㉠의 생각을 비판한 내용으로 가장 적절한 것은?

17세기에 수립된 ㉠ 뉴턴의 역학 체계는 3차원 공간에서 일어나는 물체의 운동을 취급하였는데 공간 좌표인 x, y, z는 모두 시간에 따라 변하는 것으로 간주하였다. 뉴턴에게 시간은 공간과 무관한 독립적이고 절대적인 것이었다. 즉, 시간은 시작도 끝도 없는 영원한 것으로, 우주가 생겨나고 사라지는 것과 아무 관계없이 항상 같은 방향으로 흘러간다. 시간은 빨라지지도 느려지지도 않는 물리량이며, 모든 우주에서 동일한 빠르기로 흐르는 실체인 것이다. 이러한 뉴턴의 절대 시간 개념은 19세기 말까지 물리학자들에게 당연한 것으로 받아들여졌다.

하지만 20세기에 들어 시간의 절대성 개념은 ㉡ 아인슈타인에 의해 근본적으로 거부되었다. 그는 빛의 속도가 진공에서 항상 일정하다는 사실을 기초로 하여 상대성 이론을 수립하였다. 이 이론에 의하면 시간은 상대적인 개념이 되어, 빠르게 움직이는 물체에서는 시간이 느리게 간다. 광속을 c라 하고 물체의 속도를 v라고 할 때 시간은 $\frac{1}{\sqrt{1-(v/c)^2}}$배 팽창한다. 즉, 광속의 50%의 속도로 달리는 물체에서는 시간이 약 1.15배 팽창하고, 광속의 99%로 달리는 물체에서는 7.09배 정도 팽창한다. v가 c에 비하여 아주 작을 경우에는 시간 팽창 현상이 거의 감지되지 않지만 v가 c에 접근하면 팽창률은 급격하게 커진다.

아인슈타인에게 시간과 공간은 더 이상 별개의 물리량이 아니라 서로 긴밀하게 연관되어 함께 변하는 상대적인 양이다. 따라서 운동장을 질주하는 사람과 교실에서 가만히 바깥 풍경을 보고 있는 사람에게 시간의 흐름은 다르다. 속도가 빨라지면 시간 팽창이 일어나 시간이 그만큼 천천히 흐르는 시간 지연이 생긴다.

① 시간은 모든 공간에서 동일하게 흐르는 것이 아니므로 절대적이지 않다.

② 상대 시간 개념으로는 시간에 따라 계속 변하는 물체의 운동을 설명할 수 없다.

③ 시간은 인간이 만들어 낸 개념이므로 우주를 시작도 끝도 없는 영원한 것으로 보아서는 안 된다.

④ 시간과 공간은 긴밀하게 연관되어 있지만 독립적으로 존재할 수 있으므로 이 둘의 관련성에만 주목하면 안 된다.

⑤ 물체의 속도가 광속에 가까워지면 시간이 반대로 흐를 수 있으므로 시간이 항상 같은 방향으로 흐르는 것은 아니다.

11 추론하기

| 유형분석 |

- 문맥을 통해 글에 명시적으로 드러나 있지 않은 내용을 유추할 수 있는지 평가한다.
- 글 뒤에 이어질 내용 찾기, 글을 뒷받침할 수 있는 근거 찾기 등 다양한 유형으로 출제될 수 있다.

다음 글의 밑줄 친 ㉠의 사례가 아닌 것은?

> ㉠ 닻내림 효과란 닻을 내린 배가 크게 움직이지 않듯 처음 접한 정보가 기준점이 돼 판단에 영향을 미치는 일종의 편향(왜곡) 현상을 말한다. 즉, 사람들이 어떤 판단을 하게 될 때 초기에 접한 정보에 집착해, 합리적 판단을 내리지 못하는 현상을 일컫는 행동경제학 용어이다. 대부분의 사람은 제시된 기준을 그대로 받아들이지 않고, 기준점을 토대로 약간의 조정과정을 거치기는 하나, 그런 조정과정이 불완전하므로 최초 기준점에 영향을 받는 경우가 많다.

① 연봉 협상 시 본인의 적정 기준보다 더 높은 금액을 제시한다.
② 원래 1만 원이던 상품에 2만 원의 가격표를 붙이고 50% 할인한 가격에 판매한다.
③ 명품 매장에서 최고가 상품들의 가격표를 보이게 진열하여 다른 상품들이 그다지 비싸지 않은 것처럼 느끼게 만든다.
④ 홈쇼핑에서 '이번 시즌 마지막 세일', '오늘 방송만을 위한 한정 구성' '매진 임박' 등의 표현을 사용하여 판매한다.
⑤ '온라인 정기구독 연간 $25'와 '온라인 및 오프라인 정기구독 연간 $125' 사이에 '오프라인 정기구독 연간 $125'의 항목을 넣어 판촉한다.

정답 ④

④는 밴드왜건 효과(편승효과)의 사례로, 밴드왜건 효과란 유행에 따라 상품을 구입하는 소비현상을 뜻하는 경제용어이다. 기업은 이러한 현상을 충동구매 유도 마케팅 전략으로 활용하고, 정치계에서는 특정 유력 후보를 위한 선전용으로 활용한다.

유형풀이 Tip

글에 명시적으로 드러나 있지 않은 부분을 추론하여 답을 도출해야 하는 유형이기 때문에 자신의 주관적인 판단보다는 제시된 글에 대한 이해를 기반으로 문제를 풀어야 한다.
추론하기 문제는 다음 두 가지 유형으로 구분할 수 있다.

1) 세부적인 내용을 추론하는 유형 : 주어진 선택지를 먼저 읽고 지문을 읽으면서 답이 아닌 선택지를 지워나가는 방법이 효율적이다.
2) 글쓴이의 주장 / 의도를 추론하는 유형 : 글에 나타난 주장 · 근거 · 논증 방식을 파악하는 유형으로, 주장의 타당성을 평가하여 글쓴이의 관점을 이해하며 읽는다.

대표기출유형 11 기출응용문제

01 다음 글을 읽고 추론한 내용으로 가장 적절한 것은?

> EU는 1995년부터 철제 다리 덫으로 잡은 동물 모피의 수입을 금지하기로 했다. 모피가 이런 덫으로 잡은 동물의 것인지, 아니면 상대적으로 덜 잔혹한 방법으로 잡은 동물의 것인지 구별하는 것은 불가능하다. 그렇기 때문에 EU는 철제 다리 덫 사용을 금지하는 나라의 모피만 수입하기로 결정했다. 이런 수입 금지 조치에 대해 미국, 캐나다, 러시아는 WTO에 제소하겠다고 위협했다. 결국 EU는 WTO가 내릴 결정을 예상하여, 철제 다리 덫으로 잡은 동물의 모피를 계속 수입하도록 허용했다.
>
> 또한 1998년부터 EU는 화장품 실험에 동물을 이용하는 것을 금지했을 뿐만 아니라, 동물실험을 거친 화장품의 판매조차 금지하는 법령을 채택했다. 그러나 동물실험을 거친 화장품의 판매 금지는 WTO 규정 위반이 될 것이라는 유엔의 권고를 받았다. 결국 EU의 판매 금지는 실행되지 못했다.
>
> 한편 그 외에도 EU는 성장 촉진 호르몬이 투여된 쇠고기의 판매 금지 조치를 시행하기도 했다. 동물복지를 옹호하는 단체들이 소의 건강에 미치는 영향을 우려해 호르몬 투여 금지를 요구했지만, EU가 쇠고기 판매를 금지한 것은 주로 사람의 건강에 대한 염려 때문이었다. 미국은 이러한 판매 금지 조치에 반대하며 EU를 WTO에 제소했고, 결국 WTO 분쟁패널로부터 호르몬 사용이 사람의 건강을 위협한다고 믿을 만한 충분한 과학적 근거가 없다는 판정을 이끌어 내는 데 성공했다. EU는 항소했다. 그러나 WTO의 상소 기구는 미국의 손을 들어주었다. 그럼에도 불구하고 EU는 금지 조치를 철회하지 않았다. 이에 미국은 1억 1,600만 달러에 해당하는 EU의 농업 생산물에 100% 관세를 물리는 보복 조치를 발동했고 WTO는 이를 승인했다.

① EU는 환경의 문제를 통상 조건에서 최우선적으로 고려한다.

② WTO는 WTO 상소기구의 결정에 불복하는 경우 적극적인 제재조치를 취한다.

③ WTO는 사람의 건강에 대한 위협을 방지하는 것보다 국가 간 통상의 자유를 더 존중한다.

④ WTO는 제품의 생산과정에서 동물의 권리를 침해한다는 이유로 해당 제품 수입을 금지하는 것을 허용하지 않는다.

⑤ WTO 규정에 의하면 각 국가는 타국의 환경, 보건, 사회 정책 등이 자국과 다르다는 이유로 타국의 특정 제품의 수입을 금지할 수 있다.

PART 1

※ 다음 글을 읽고 추론한 내용으로 적절하지 않은 것을 고르시오. [2~3]

Easy

02

삼국통일을 이룩한 신라는 경덕왕(742 ~ 765)대에 이르러 안정된 왕권과 정치제도를 바탕으로 문화적인 면 역시 황금기를 맞이하게 되었다. 불교문화 역시 융성기를 맞이하여 석굴암, 불국사를 비롯한 많은 건축물과 조형물을 건립함으로써 당시의 문화적 수준과 역량을 지금까지 전하고 있다.

석탑에 있어서도 시원양식과 전형기를 거치면서 성립된 양식이 이때에 이르러 통일된 수법으로 정착되어, 이후 건립되는 모든 석탑의 근원적인 양식이 되고 있다. 건립된 석탑으로는 나원리 오층석탑, 구황동 삼층석탑, 장항리 오층석탑, 불국사 삼층석탑, 갈항사지 삼층석탑, 원원사지 삼층석탑 그리고 경주지방 외에 청도 봉기동 삼층석탑과 창녕 술정리 동삼층석탑 등이 있다. 이들은 대부분 불국사 삼층석탑의 양식을 모형으로 건립되었다. 이러한 석탑이 경주지방에 밀집되어 있는 이유는 통일된 석탑양식이 지방으로까지는 파급되지 못하였음을 보여주고 있다.

이 통일된 수법을 가장 대표하는 석탑이 불국사 삼층석탑이다. 부재의 단일화를 통해 규모는 축소되었으나, 목조건축의 양식을 완벽하게 재현하고 있고, 양식적인 면에서도 초기적인 양식을 벗어나 높은 완성도를 보이고 있다.

그 특징은 첫 번째, 이층기단으로 상·하층기단부에 모두 2개의 탱주와 우주를 마련하고 있다. 또한 하층기단갑석의 상면에는 호각형 2단의 상층기단면석 받침이, 상층기단갑석의 상면에는 각형 2단의 1층탑신석 받침이 마련되었고, 하면에는 각형 1단의 부연이 마련되었다. 두 번째로 탑신석과 옥개석은 각각 1석으로 구성되었다. 또한 1층 탑신에 비해 2·3층 탑신이 낮게 만들어져 체감율에 있어 안정감을 주고 있다. 옥개석은 5단의 옥개받침과 각형 2단의 탑신받침을 가지고 있으며, 낙수면의 경사는 완만하고, 처마는 수평을 이루다가 전각에 이르러 날렵한 반전을 보이고 있다. 세 번째로 상륜부는 대부분 결실되어 노반석만 남아있다.

① 경덕왕 때 불교문화가 번창할 수 있었던 것은 안정된 정치체제가 바탕이 되었기 때문이다.
② 장항리 오층석탑은 불국사 삼층석탑과 동일한 양식으로 지어졌다.
③ 경덕왕 때 통일된 석탑양식은 경주뿐만 아니라 전 지역으로 유행했다.
④ 이전에는 시원양식을 사용해 석탑을 만들었다.
⑤ 탑신부에서 안정감이 느껴지는 것은 아래층보다 위층을 낮게 만들었기 때문이다.

03

헤로도토스의 앤드로파기(=식인종)나 신화나 전설적 존재들인 반인반양, 켄타우루스, 미노타우로스 등은 아무래도 역사적인 구체성이 크게 결여된 편이다. 반면에 르네상스의 야만인 담론에 등장하는 야만인들은 서구의 전통 야만인관에 의해 각색되는 것은 여전하지만 이전과는 달리 현실적 구체성을 띠고 나타난다. 하지만 이때도 문명의 시각이 작동하기는 마찬가지며 야만인이 저질 인간으로 인식되는 것도 마찬가지다. 다만 이제 이런 인식은 서구 중심의 세계체제 형성과 관련을 맺는다. 르네상스 야만인 상은 서구인의 문명건설 과업과 관련하여 만들어진 것이다. '신대륙 발견'과 더불어 '문명'과 '야만'의 접촉이 빈번해지자 야만인은 더는 신화적·상징적·문화적 이해 대상이 아니다. 이제 그는 실제 경험의 대상으로서 서구인의 일상생활에까지 모습을 드러내는 존재이다.
특히 주목해야 할 점은 콜럼버스의 '신대륙 발견' 이후로 야만인 담론은 유럽인이 '발견'한 지역의 원주민들과 직접, 그리고 집단으로 만나는 실제 체험과 관련되어 있다는 사실이다. 르네상스 이전이라고 해서 이방의 원주민들을 만나지 않았을 리 없겠지만 그때에는 원주민에 관한 정보가 직접 경험에 의한 것이라기보다는 뜬소문에 근거하거나 아니면 순전히 상상의 산물인 경우가 많았다. 반면에 르네상스 시대 야만인은 그냥 원주민이 아니다. 이때 원주민은 식인종이며 바로 이 점 때문에 문명인의 교화를 받거나 정복과 절멸의 대상이 된다. 이 점은 코르테스가 정복한 아스테카 제국인 멕시코를 생각하면 쉽게 이해할 수 있다. 멕시코는 당시 거대한 제국으로써 유럽에서도 유례를 찾아보기 힘들 정도로 거대한 인구 25만의 도시를 건설한 '문명국'이었지만 코르테스를 수행하여 멕시코 정벌에 참여하고 나중에 이 경험에 관한 회고록으로 『뉴스페인 정복사』를 쓴 베르날 디아즈에 따르면 지독한 식인습관을 가진 것으로 매도된다. 멕시코 원주민들이 식인종으로 규정되고 나면 그들이 아무리 스페인 정복군이 눈이 휘둥그레질 정도로 발달된 문화를 가지고 있어도 소용이 없다. 집단으로 '식인' 야만인으로 규정됨으로써 정복의 대상이 되고 또 이로 말미암아 세계사의 흐름에 큰 변화가 오게 된다. 거대한 대륙의 주인이 바뀌는 것이다.

① 고대에 형성된 야만인 이미지들은 경험에 의한 것이기보다 허구의 산물이었다.
② 르네상스 이후 서구인의 야만인 담론은 전통적인 야만인관과 단절을 이루었다.
③ 르네상스 이후 야만인은 서구의 세계 제패 전략의 관점에서 인식되고 평가되었다.
④ 스페인 정복군에 의한 아즈테카 문명의 정복은 서구 야만인 담론을 통해 합리화되었다.
⑤ 콜럼버스 신대륙 발견 이후 야만인은 문명에 의해 교화되거나 정복되어야 할 잔인한 존재로 매도되었다.

※ 다음 글을 읽고 〈보기〉의 내용을 바르게 이해한 것을 고르시오. [4~5]

04

뇌가 받아들인 기억 정보는 그 유형에 따라 각각 다른 장소에 저장된다. 우리가 기억하는 것들은 크게 서술 정보와 비서술 정보로 나뉜다. 서술 정보란 학교 공부, 영화의 줄거리, 장소나 위치, 사람의 얼굴처럼 말로 표현할 수 있는 정보이다. 이 중에서 서술 정보를 처리하는 중요한 기능을 담당하는 것은 뇌의 내측두엽에 있는 해마로 알려져 있다. 교통사고를 당해 해마 부위가 손상된 이후 서술 기억 능력이 손상된 사람의 예가 그 사실을 뒷받침한다. 그렇지만 그는 교통사고 이전의 오래된 기억을 모두 회상해냈다. 해마가 장기 기억을 저장하는 장소는 아닌 것이다.

서술 정보가 오랫동안 저장되는 곳으로 많은 학자들은 대뇌피질을 들고 있다. 내측두엽으로 들어온 서술 정보는 해마와 그 주변 조직들에서 일시적으로 머무는 동안 쪼개져 신경정보 신호로 바뀌고 어떻게 나뉘어 저장될 것인지가 결정된다. 내측두엽은 대뇌피질의 광범위한 영역과 신경망을 통해 연결되어 이런 기억 정보를 대뇌피질의 여러 부위로 전달한다. 다음 단계에서는 기억과 관련된 유전자가 발현되어 단백질이 만들어지면서 기억 내용이 공고해져 오랫동안 저장된 상태를 유지한다.

그러면 비서술 정보는 어디에 저장될까? 운동 기술은 대뇌의 선조체나 소뇌에 저장되며, 계속적인 자극에 둔감해지는 '습관화'나 한 번 자극을 받은 뒤 그와 비슷한 자극에 계속 반응하는 '민감화' 기억은 감각이나 운동 체계를 관장하는 신경망에 저장된다고 알려져 있다. 감정이나 공포와 관련된 기억은 편도체에 저장된다.

보기

얼마 전 교통사고로 뇌가 손상된 김씨는 뇌의 내측두엽 절제 수술을 받았다. 수술을 받고 난 뒤 김씨는 새로 바뀐 휴대폰 번호를 기억하지 못하고 수술 전의 기존 휴대폰 번호만을 기억하는 등 금방 확인한 내용은 몇 분 동안밖에 기억하지 못했다. 그러나 수술 후 배운 김씨의 탁구 실력은 제법 괜찮았다. 비록 언제 어떻게 누가 가르쳐 주었는지 전혀 기억하지는 못했지만…….

① 김씨는 어릴 적 놀이기구를 타면서 느꼈던 공포감이나 감정 등을 기억하지 못할 것이다.
② 김씨가 수술 후에도 기억하는 수술 전의 기존 휴대폰 번호는 서술 정보에 해당하지 않을 것이다.
③ 김씨는 교통사고로 내측두엽의 해마와 함께 대뇌의 선조체가 모두 손상되었을 것이다.
④ 탁구 기술은 비서술 정보이므로 김씨의 대뇌피질에 저장되었을 것이다.
⑤ 김씨에게 탁구를 가르쳐 준 사람에 대한 정보는 서술 정보이므로 내측두엽의 해마에 저장될 것이다.

Hard

05

통화정책은 정부가 화폐 공급량이나 기준금리 등을 조절하여 경제의 안정성을 유지하려는 정책이다. 예를 들어 경기가 불황에 빠져 있을 때, 정부가 화폐 공급량을 늘리면 이자율이 낮아져 시중에 풍부한 자금이 공급되고 이에 따라 소비자들의 소비지출과 기업들의 투자지출이 늘어나면 총수요* 에 영향을 주어 경제가 활성화된다. 재정정책은 정부가 지출이나 조세징수액을 변화시킴으로써 총수요에 영향을 주려는 정책이다. 재정정책에는 경기의 변동에 따라 자동적으로 작동되는 자동안정화장치와 정부의 의사결정과 국회의 동의 절차에 따라 이루어지는 재량적 재정정책이 있다.

이러한 안정화 정책의 효과는 다소간의 시차를 두고 나타나는데 이를 정책시차라고 한다. 정책시차는 내부시차와 외부시차로 구분된다. 내부시차는 정부가 경제에 발생한 문제를 인식하고 실제로 정책을 수립·집행하는 시점까지의 시간을, 외부시차는 시행된 정책이 경제에 영향을 끼쳐 그에 따른 효과가 나타나는 데까지 걸리는 시간을 의미한다.

재량적 재정정책의 경우 추경예산**을 편성하거나 조세제도를 변경해야 할 때 입법 과정과 국회의 동의 절차를 거쳐야 하기 때문에 내부시차가 길다. 이에 비해 통화정책은 별도의 입법 절차를 거칠 필요 없이 정부의 의지만으로 수립·집행될 수 있기 때문에 내부시차가 짧다. 또한 재량적 재정정책은 외부시차가 짧다. 예를 들어 경기 불황에 의해 실업률이 급격하게 증가할 때 정부는 공공근로사업 등에 대한 지출을 늘려 일자리를 창출하는데 이는 비교적 짧은 시간 안에 소비지출의 변화에 의해 총수요를 변화시킬 수 있다. 반면 통화정책은 정부가 이자율을 변화시켰다 하더라도 소비지출 및 투자지출의 변화가 즉각적으로 나타나지 않기 때문에 외부시차가 길다. 한편 자동안정화장치는 경기의 상황에 따라 재정지출이나 조세 징수액이 자동적으로 조절될 수 있도록 미리 재정제도 안에 마련된 재정정책이다. 따라서 재량적 재정정책과 마찬가지로 외부시차가 짧을 뿐만 아니라, 재량적 재정정책과는 달리 내부시차가 없어 경제 상황의 변화에 신속하게 대응할 수 있다는 장점이 있다. 이러한 자동안정화장치의 대표적인 예로는 누진적소득세와 실업보험제도가 있다.

*총수요 : 한 나라의 경제 주체들이 일정 기간 동안 소비와 투자를 위해 사려고 하는 재화와 서비스의 총합
**추경예산 : 예산을 집행하다 수입(세입)이 줄거나 예기치 못한 지출요인이 생길 때 고치는 예산

보기

누진적소득세는 납세자의 소득 금액에 따른 과세의 비율을 미리 정하여 소득이 커질수록 높은 세율을 적용하도록 정한 제도이다. 경기가 활성화되어 국민소득이 늘어날 경우 경기가 지나치게 과열될 우려가 있는데, 이때 소득 수준이 높을수록 더 높은 세율을 적용받게 되므로 전반적 소득 증가와 더불어 세금이 자동적으로 늘어나게 된다. 이는 소비지출의 억제로 이어져 경기가 심하게 과열되지 않도록 진정하는 효과를 얻게 된다.

① 누진적소득세를 통해 화폐 공급량을 조절할 수 있다.
② 누진적소득세 시행을 위해서는 국회의 동의 절차가 필요하다.
③ 누진적소득세는 변화하는 경제 상황에 신속하게 대응할 수 있다.
④ 누진적소득세는 입법 절차로 인해 내부시차가 길다.
⑤ 누진적소득세가 실시되어도 즉각적인 소비지출의 변화가 나타나지 않기 때문에 외부시차가 길다.

PART 1

CHAPTER 02

수리능력

합격 Cheat Key

수리능력은 사칙연산 · 통계 · 확률의 의미를 정확하게 이해하고 이를 업무에 적용하는 능력으로, 기초연산과 기초통계, 도표분석 및 작성의 문제 유형으로 출제된다. 수리능력 역시 채택하지 않는 금융권이 거의 없을 만큼 필기시험에서 중요도가 높은 영역이다.

수리능력은 NCS 기반 채용을 진행한 거의 모든 기업에서 다루었으며, 문항 수는 전체의 평균 16% 정도로 많이 출제되었다. 특히, 난이도가 높은 금융권의 시험에서는 도표분석, 즉 자료해석 유형의 문제가 많이 출제되고 있고, 응용수리 역시 꾸준히 출제하는 기업이 많기 때문에 기초연산과 기초통계에 대한 공식의 암기와 자료해석능력을 기를 수 있는 꾸준한 연습이 필요하다.

1 응용수리능력의 공식은 반드시 암기하라!

응용수리능력은 지문이 짧지만, 풀이 과정은 긴 문제도 자주 볼 수 있다. 그렇기 때문에 응용수리능력의 공식을 반드시 암기하여 문제의 상황에 맞는 공식을 적절하게 적용하여 답을 도출해야 한다. 따라서 문제에서 묻는 것을 정확하게 파악하여 그에 맞는 공식을 적절하게 적용하는 꾸준한 노력과 공식을 암기하는 연습이 필요하다.

2 통계에서 사건이 동시에 발생하는지 개별적으로 발생하는지 구분하라!

통계에서는 사건이 개별적으로 발생했을 때, 경우의 수는 합의 법칙, 확률은 덧셈정리를 활용하여 계산하며, 사건이 동시에 발생했을 때, 경우의 수는 곱의 법칙, 확률은 곱셈정리를 활용하여 계산한다. 특히, 기초통계능력에서 출제되는 문제 중 순열과 조합의 계산 방법이 필요한 문제도 다수이므로 순열(순서대로 나열)과 조합(순서에 상관없이 나열)의 차이점을 숙지하는 것 또한 중요하다. 통계 문제에서의 사건 발생 여부만 잘 판단하여도 계산과 공식을 적용하기가 수월하므로 문제의 의도를 잘 파악하는 것이 중요하다.

3 자료의 해석은 자료에서 즉시 확인할 수 있는 지문부터 확인하라!

대부분의 수험생들이 어려워 하는 영역이 수리영역 중 도표분석, 즉 자료해석능력이다. 자료는 표 또는 그래프로 제시되고, 쉬운 지문은 증가 혹은 감소 추이, 간단한 사칙연산으로 풀이가 가능한 문제 등이 있고, 자료의 조사기간 동안 전년 대비 증가율 혹은 감소율이 가장 높은 기간을 찾는 문제들도 있다. 따라서 일단 증가・감소 추이와 같이 눈으로 확인이 가능한 지문을 먼저 확인한 후 복잡한 계산이 필요한 지문을 확인하는 방법으로 문제를 풀이한다면, 시간을 조금이라도 아낄 수 있다. 특히, 그래프와 같은 경우에는 그래프에 대한 특징을 알고 있다면, 그래프의 길이 혹은 높낮이 등으로 대강의 수치를 빠르게 확인이 가능하므로 이에 대한 숙지도 필요하다. 또한, 여러 가지 보기가 주어진 문제 역시 지문을 잘 확인하고 문제를 풀이한다면 불필요한 계산을 생략할 수 있으므로 항상 지문부터 확인하는 습관을 들이기를 바란다.

4 도표작성능력에서 지문에 작성된 도표의 제목을 반드시 확인하라!

도표작성은 하나의 자료 혹은 보고서와 같은 수치가 표현된 자료를 도표로 작성하는 형식으로 출제되는데, 대체로 표보다는 그래프를 작성하는 형태로 많이 출제된다. 지문을 살펴보면 각 지문에서 주어진 도표에도 소제목이 있는 경우가 대부분이다. 이때, 자료의 수치와 도표의 제목이 일치하지 않는 경우 함정이 존재하는 문제일 가능성이 높으므로 도표의 제목을 반드시 확인하는 것이 중요하다. 도표작성의 경우 대부분 비율 계산이 많이 출제되는데, 도표의 제목과는 다른 수치로 작성된 도표가 존재하는 경우가 있다. 그렇기 때문에 지문에서 작성된 도표의 소제목을 먼저 확인하는 연습을 하여 간단하지 않은 비율 계산을 두 번 하는 일이 없도록 해야 한다.

01 기초연산

| 유형분석 |

- 사칙연산을 활용하여 크고 복잡한 수를 정확하게 계산할 수 있는지 평가한다.
- 괄호연산을 올바른 순서대로 적용하여 주어진 식을 풀이할 수 있는지 평가한다.

다음 식을 계산한 값으로 옳은 것은?

$$27\times\frac{12}{9}\times\frac{1}{3}\times\frac{3}{2}$$

① 8
② 14
③ 18
④ 20
⑤ 21

정답 ③

$27\times\frac{12}{9}\times\frac{1}{3}\times\frac{3}{2}=3\times12\times\frac{1}{3}\times\frac{3}{2}=3\times6=18$

유형풀이 Tip

1) 사칙연산 : +, −, ×, ÷

왼쪽을 기준으로 순서대로 계산하되 ×와 ÷를 먼저 계산한 뒤 +와 −를 계산한다.

예 $1+2-3\times4\div2$

→ $1+2-12\div2$

→ $1+2-6$

→ $3-6=-3$

2) 괄호연산 : ( ), { }, [ ]

소괄호 ( ) → 중괄호 { } → 대괄호 [ ]의 순서대로 계산한다.

예 $[\{(1+2)\times3-4\}\div5]\times6=\{(3\times3-4)\div5\}\times6$

→ $\{(9-4)\div5\}\times6=(5\div5)\times6=1\times6=6$

3) 곱셈공식

다항식의 곱들을 공식화한 것으로, 중간 단계의 복잡한 계산을 생략하고 바로 답을 도출하기 위해 사용한다.

- $a^b\times a^c\div a^d=a^{b+c-d}$
- $ab\times cd=ac\times bd=ad\times bc$
- $a^2-b^2=(a+b)(a-b)$
- $(a+b)(a^2-ab+b^2)=a^3+b^3$
- $(a-b)(a^2+ab+b^2)=a^3-b^3$

대표기출유형 01 기출응용문제

※ 다음 식을 계산한 값으로 옳은 것을 고르시오. [1~3]

Easy

01

454,469÷709+879

① 1,471
② 1,492
③ 1,520
④ 1,573
⑤ 1,620

02

512,745−425,427+23,147

① 106,465
② 107,465
③ 108,465
④ 109,465
⑤ 110,465

03

$(48^2+16^2)\div16+88$

① 232
② 233
③ 247
④ 248
⑤ 261

02 수열추리

| 유형분석 |

- 나열된 수의 규칙을 찾아 해결하는 문제이다.
- 등차·등비수열 등 다양한 수열 규칙에 대한 사전 학습이 요구된다.

일정한 규칙으로 수를 나열할 때, 빈칸에 들어갈 알맞은 수는?

3 5 10 17 29 48 ( )

① 55
② 60
③ 71
④ 79
⑤ 81

정답 ④

n을 자연수라 하면 $(n+1)$항의 값에 n항의 값을 더하고 +2를 한 값인 $(n+2)$항이 되는 수열이다.
따라서 ( )=48+29+2=79이다.

유형풀이 Tip

- 수열을 풀이할 때는 다음과 같은 규칙이 적용되는지를 순차적으로 판단한다.
  1) 각 항에 일정한 수를 사칙연산(+, −, ×, ÷)하는 규칙
  2) 홀수 항, 짝수 항 규칙
  3) 피보나치 수열과 같은 계차를 이용한 규칙
  4) 군수열을 활용한 규칙
  5) 항끼리 사칙연산을 하는 규칙

주요 수열 규칙

구분	내용
등차수열	앞의 항에 일정한 수를 더해 이루어지는 수열
등비수열	앞의 항에 일정한 수를 곱해 이루어지는 수열
피보나치수열	앞의 두 항의 합이 그 다음 항의 수가 되는 수열
건너뛰기 수열	두 개 이상의 수열 또는 규칙이 일정한 간격을 두고 번갈아가며 적용되는 수열
계차수열	앞의 항과 차가 일정하게 증가하는 수열
군수열	일정한 규칙성으로 몇 항씩 묶어 나눈 수열

대표기출유형 02 기출응용문제

※ 일정한 규칙으로 수를 나열할 때, 빈칸에 들어갈 알맞은 수를 고르시오. [1~3]

01

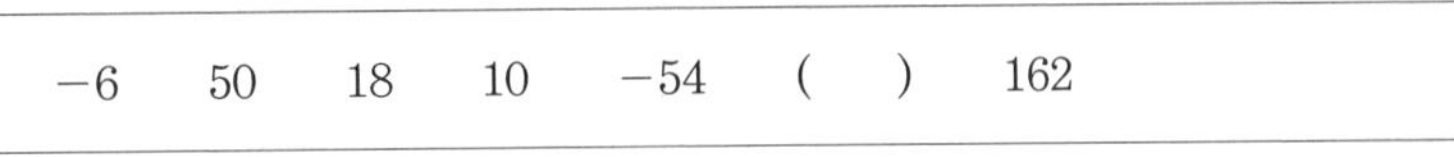
−6 50 18 10 −54 ( ) 162

① 2
② −1
③ 32
④ −18
⑤ 64

Easy

02

0.4	0.5	0.65	0.85	1.1	( )

① 1.35
② 1.4
③ 1.45
④ 1.5
⑤ 1.55

03

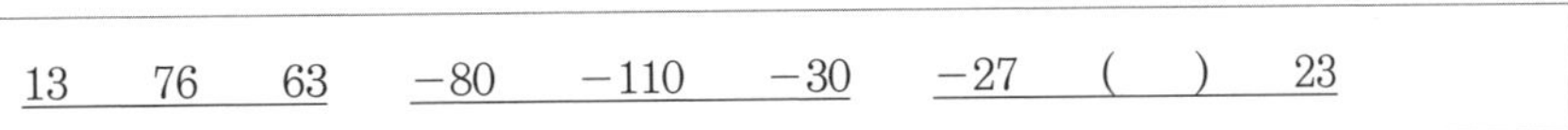
13 76 63 −80 −110 −30 −27 ( ) 23

① −14
② −4
③ 0
④ 4
⑤ 14

03 문자추리

| 유형분석 |

- 나열된 문자의 규칙을 찾아 해결하는 문제이다.
- 문자열에 해당하는 한글 자·모, 알파벳을 순서에 따라 맞춰 본 후 풀이하면 시간을 절약할 수 있다.

일정한 규칙으로 문자를 나열할 때, 빈칸에 들어갈 알맞은 문자는?

E I O W G ( )

① J
② M
③ P
④ S
⑤ Z

정답 ④

다음과 같이 알파벳에 따라 숫자로 변환하면, 앞의 항에 +4, +6, +8, +10, +12를 하는 수열임을 알 수 있다.

E	I	O	W	G	(S)
5	9	15	23	33(=26+7)	45(=26+19)

유형풀이 Tip

- 한글 자음, 한글 모음, 알파벳이 숫자로 제시되는 경우 각각의 주기를 갖는다. 이를 고려하여 풀이에 활용한다.
  - 한글 자음 : +14
  - 한글 모음 : +10
  - 알파벳 : +26

한글 자음의 숫자 변환

ㄱ	ㄴ	ㄷ	ㄹ	ㅁ	ㅂ	ㅅ	ㅇ	ㅈ	ㅊ	ㅋ	ㅌ	ㅍ	ㅎ
1	2	3	4	5	6	7	8	9	10	11	12	13	14
ㄱ	ㄴ	ㄷ	ㄹ	ㅁ	ㅂ	ㅅ	ㅇ	ㅈ	ㅊ	ㅋ	ㅌ	ㅍ	ㅎ
15	16	17	18	19	20	21	22	23	24	25	26	27	28

알파벳의 숫자 변환

A	B	C	D	E	F	G	H	I	J	K	L	M
1	2	3	4	5	6	7	8	9	10	11	12	13
N	O	P	Q	R	S	T	U	V	W	X	Y	Z
14	15	16	17	18	19	20	21	22	23	24	25	26

대표기출유형 03 기출응용문제

※ 일정한 규칙으로 문자를 나열할 때, 빈칸에 들어갈 알맞은 것을 고르시오. [1~3]

Easy

01

A A B C E H M ( )

① O
② R
③ U
④ W
⑤ Z

02

D C E F F L ( ) X

① C
② G
③ J
④ Q
⑤ W

03

A B D H P ( )

① E
② F
③ G
④ K
⑤ Z

04 거리 · 속력 · 시간

| 유형분석 |

- (거리)=(속력)×(시간), (속력)=$\frac{(거리)}{(시간)}$, (시간)=$\frac{(거리)}{(속력)}$
- 기차와 터널의 길이, 물과 같이 속력이 있는 장소 등 추가적인 거리 · 속력 · 시간에 관한 조건과 결합하여 난도 높은 문제로 출제된다.

A사원은 회사 근처 카페에서 거래처와 미팅을 갖기로 했다. 처음에는 4km/h로 걸어가다가 약속 시간에 늦을 것 같아서 10km/h로 뛰어서 24분 만에 미팅 장소에 도착했다. 회사에서 카페까지의 거리가 2.5km일 때, A사원이 뛴 거리는?

① 0.6km
② 0.9km
③ 1.2km
④ 1.5km
⑤ 1.7km

정답 ④

총거리와 총시간이 주어져 있으므로 걸은 거리와 뛴 거리 또는 걸은 시간과 뛴 시간을 미지수로 잡을 수 있다.
미지수를 잡기 전에 문제에서 묻는 것을 정확하게 파악해야 나중에 답을 구할 때 헷갈리지 않는다.
문제에서 A사원이 뛴 거리를 물어보았으므로 거리를 미지수로 놓는다.
A사원이 회사에서 카페까지 걸어간 거리를 $x$km, 뛴 거리를 $y$km라고 하면,
회사에서 카페까지의 거리는 2.5km이므로 걸어간 거리 $x$km와 뛴 거리 $y$km의 합은 2.5km이다.
$x+y=2.5$ … ㉠
A사원이 회사에서 카페까지 24분이 걸렸으므로 걸어간 시간$\left(\frac{x}{4}\text{시간}\right)$과 뛰어간 시간$\left(\frac{y}{10}\text{시간}\right)$을 합치면 24분이다.
이때 속력은 시간 단위이므로 '분'으로 바꾸어 계산한다.
$\frac{x}{4}\times60+\frac{y}{10}\times60=24 \rightarrow 5x+2y=8$ … ㉡
㉠과 ㉡을 연립하여 ㉡-(2×㉠)을 하면 $x=1$이고, 구한 x의 값을 ㉠에 대입하면 $y=1.5$이다.
따라서 A사원이 뛴 거리는 $y$km이므로 1.5km이다.

유형풀이 Tip

- 미지수를 정할 때에는 문제에서 묻는 것을 정확하게 파악해야 한다.
- 속력과 시간의 단위를 처음부터 정리하여 계산하면 실수 없이 풀이할 수 있다.
  예 1시간=60분=3,600초
  예 1km=1,000m=100,000cm

대표기출유형 04 기출응용문제

Easy

01 하진이는 집에서 학교까지 2km 거리를 자전거를 타고 시속 4km로 등교한다. 하진이는 학교에 얼마 만에 도착하는가?

① 10분 ② 20분
③ 30분 ④ 40분
⑤ 50분

02 KTX와 새마을호가 서로 마주 보며 오고 있다. 속력은 7 : 5의 비로 운행하고 있으며 현재 두 열차 사이의 거리는 6km이다. 두 열차가 서로 만났을 때 새마을호가 이동한 거리는?

① 2km ② 2.5km
③ 3km ④ 3.5km
⑤ 4km

03 동녘이는 매주 일요일 집에서 10km 떨어진 산으로 등산을 간다. 지난주 동녘이는 오전 11시에 집에서 출발해 평지를 지나 산 정상까지 갔다가 같은 길을 되돌아와 저녁 8시에 집에 도착했다. 평지에서는 시속 5km로, 산을 올라갈 때는 시속 4km로 걸었고 등산로의 총길이는 12km라 할 때, 동녘이가 산을 내려올 때는 시속 몇 km로 걸었는가?(단, 동녘이는 쉬지 않고 걸었고, 등산로는 산 입구에서 산 정상까지이다)

① 3km/h ② 4km/h
③ 5km/h ④ 6km/h
⑤ 7km/h

05 농도

| 유형분석 |

- (농도)$=\frac{(\text{용질의 양})}{(\text{용액의 양})}\times 100$
- (소금물의 양)=(물의 양)+(소금의 양)이라는 것에 유의하고, 더해지거나 없어진 것을 미지수로 두고 풀이한다.

소금물 500g이 있다. 이 소금물에 농도가 3%인 소금물 200g을 모두 섞었더니 소금물의 농도는 7%가 되었다. 500g의 소금물에 녹아 있던 소금의 양은?

① 31g
② 37g
③ 43g
④ 49g
⑤ 55g

정답 ③

문제에서 구하고자 하는 500g의 소금물에 녹아 있던 소금의 양을 미지수로 놓는다.
500g의 소금물에 녹아 있던 소금의 양을 xg이라고 하면,

농도가 3%인 소금물 200g에 녹아 있던 소금의 양은 $\frac{3}{100}\times 200=6$g이다.

소금물 500g에 농도가 3%인 소금물 200g을 모두 섞었을 때 소금물의 농도가 주어졌으므로 농도를 기준으로 식을 세우면 다음과 같다.

$\frac{x+6}{500+200}\times 100=7$

$\rightarrow (x+6)\times 100=7\times(500+200)$

$\rightarrow (x+6)\times 100=4,900$

$\rightarrow x+6=49$

$\therefore x=43$

따라서 500g의 소금물에 녹아 있던 소금의 양은 43g이다.

유형풀이 Tip

- 숫자의 크기를 최대한 간소화해야 한다. 특히, 농도의 경우 분수와 정수가 같이 제시되고, 최근에는 비율을 활용한 문제가 많이 출제되고 있으므로 통분이나 약분을 통해 수를 간소화시켜 계산 실수를 줄일 수 있도록 한다.
- 항상 미지수를 구해서 그 값을 계산하여 풀이해야 하는 것은 아니다. 문제에서 원하는 값은 정확한 미지수를 구하지 않아도 풀이 과정에서 답이 제시되는 경우가 있으므로 문제에서 묻는 것을 명확히 해야 한다.

대표기출유형 05 기출응용문제

Easy

01 농도가 11%인 소금물 100g에 농도가 5%인 소금물을 섞어 농도 10%의 소금물을 만들려고 한다. 이때 농도 5%의 소금물은 몇 g인가?

① 10g
② 20g
③ 30g
④ 40g
⑤ 50g

PART 1

02 농도 10%의 소금물 1,000g을 가열하면 1분에 4g씩 물이 증발한다. 1시간 30분 후 남은 순수한 물의 양은 얼마인가?

① 500g
② 520g
③ 540g
④ 560g
⑤ 580g

03 농도 15%의 소금물 500g에 몇 g의 물을 넣어야 농도 10%의 소금물이 되는가?

① 180g
② 200g
③ 230g
④ 250g
⑤ 270g

06 일의 양

| 유형분석 |

- $(\text{일률})=\dfrac{(\text{작업량})}{(\text{작업기간})}$, $(\text{작업기간})=\dfrac{(\text{작업량})}{(\text{일률})}$, $(\text{작업량})=(\text{일률})\times(\text{작업기간})$
- 전체 일의 양을 1로 두고 풀이하는 유형이다.
- 분이나 초 단위 계산이 가장 어려운 유형으로 출제되고 있다.

한 공장에서는 기계 2대를 운용하고 있다. 이 공장의 전체 작업을 수행할 때 A기계로는 12시간이 걸리며, B기계로는 18시간이 걸린다. 이미 절반의 작업이 수행된 상태에서 A기계로 4시간 동안 작업하다가 이후로는 A, B 두 기계를 모두 동원해 작업을 수행했다고 할 때 A, B 두 기계를 모두 동원해 작업을 수행하는 데 소요된 시간은?

① 1시간
② 1시간 12분
③ 1시간 20분
④ 1시간 24분
⑤ 1시간 30분

정답 ②

전체 일의 양을 1이라고 하면, A기계가 1시간 동안 작업할 수 있는 일의 양은 $\frac{1}{12}$ 이고, B기계가 1시간 동안 작업할 수 있는 일의 양은 $\frac{1}{18}$ 이다. 이미 절반의 작업이 수행되었으므로 남은 일의 양은 $1-\frac{1}{2}=\frac{1}{2}$ 이다.

이 중 A기계로 4시간 동안 작업을 수행했으므로 A기계와 B기계가 함께 작업해야 하는 일의 양은 $\frac{1}{2}-\left(\frac{1}{12}\times4\right)=\frac{1}{6}$ 이다.

따라서 A, B 두 기계를 모두 동원해 남은 $\frac{1}{6}$ 을 수행하는 데는 $\dfrac{\frac{1}{6}}{\left(\frac{1}{12}+\frac{1}{18}\right)}=\dfrac{\frac{1}{6}}{\frac{5}{36}}=\frac{6}{5}$ 시간, 즉 1시간 12분이 걸린다.

유형풀이 Tip

- 전체의 값을 모르는 상태에서 비율을 묻는 문제의 경우 전체를 1이라고 하면 쉽게 풀이할 수 있다.
  예 1개의 빵을 만드는 데 3시간이 걸린다. 1개의 빵을 만드는 일의 양을 1이라고 하면 한 시간에 $\frac{1}{3}$ 만큼의 빵을 만든다.
- 난도가 높은 일의 양 문제에 접근할 때 전체 일의 양을 막대 그림으로 표현하면서 풀이하면 한눈에 파악할 수 있다.
  예

$\frac{1}{2}$ 수행됨	A기계로 4시간 동안 작업	A, B 두 기계를 모두 동원해 작업

대표기출유형 06 기출응용문제

Easy

01 A회사는 10분에 5개의 인형을 만들고, B회사는 1시간에 1대의 인형 뽑는 기계를 만든다. 이 두 회사가 40시간 동안 일을 하면 최대 몇 대의 인형이 들어 있는 인형 뽑는 기계를 완성할 수 있는가?(단, 인형 뽑는 기계 하나에는 적어도 40개의 인형이 들어가야 한다)

① 30대
② 35대
③ 40대
④ 45대
⑤ 50대

PART 1

02 어떤 컴퓨터로 600KB의 자료를 다운받는 데 1초가 걸린다. A씨가 이 컴퓨터를 이용하여 B사이트에 접속해 자료를 다운받는 데까지 1분 15초가 걸렸다. 자료를 다운받을 때 걸리는 시간이 사이트에 접속할 때 걸리는 시간의 4배일 때, A씨가 다운받은 자료의 용량은?

① 18,000KB
② 24,000KB
③ 28,000KB
④ 34,000KB
⑤ 36,000KB

03 수조에 물을 채울 수 있는 급수관 A와 B가 있으며 같은 시간 동안 A는 B보다 2배의 물이 나온다. 그런데 수조에 금이 가 매시간 일정한 양의 누수가 발생하고 있다. 이 수조에 급수관 A로 물을 가득 채우면 4분이 걸리고 급수관 B로 물을 가득 채우면 10분이 걸린다고 할 때, 수조를 가득 채웠을 때 물이 모두 빠져나가기까지 걸리는 시간은?(단, 수조에 물을 채우는 동안에도 일정한 양의 물이 빠져나간다)

① 18분
② 20분
③ 22분
④ 24분
⑤ 26분

07 금액

| 유형분석 |

- (정가)=(원가)+(이익), (이익)=(정가)−(원가)
  a원에서 $b\%$ 할인한 가격$=a\times\left(1-\frac{b}{100}\right)$
- 원가, 정가, 할인가, 판매가 등의 개념을 명확히 한다.
- 난이도가 어려운 편은 아니지만 비율을 활용한 계산 문제이기 때문에 실수하기 쉽다.

원가의 20%를 추가한 금액을 정가로 하는 제품을 15% 할인해서 50개를 판매한 금액이 127,500원일 때, 이 제품의 원가는?

① 1,500원
② 2,000원
③ 2,500원
④ 3,000원
⑤ 3,500원

정답 ③

제품의 원가를 x원이라고 하면, 제품의 정가는 $(1+0.2)x=1.2x$원이고, 판매가는 $1.2x(1-0.15)=1.02x$원이다.
50개를 판매한 금액이 127,500원이므로, 다음 식이 성립한다.

$1.02x\times50=127,500$

$\rightarrow 1.02x=2,550$

$\therefore\ x=2,500$

따라서 제품의 원가는 2,500원이다.

유형풀이 Tip

- 전체 금액을 구하는 것이 아니라 할인된 금액을 구하면 수의 크기도 작아지고, 풀이 과정을 단축시킬 수 있다.

대표기출유형 07 기출응용문제

01 조각 케이크 1개를 정가로 팔면 3,000원의 이익을 얻는다. 만일, 장사가 잘되지 않아 정가보다 20%를 할인하여 5개 팔았을 때 순이익과 조각 케이크 1개당 정가에서 2,000원씩 할인하여 4개를 팔았을 때의 매출액이 같다면 이 상품의 정가는 얼마인가?

① 4,000원
② 4,100원
③ 4,300원
④ 4,400원
⑤ 4,600원

02 민섭이는 가족여행을 하려고 한다. 총경비의 $\frac{1}{3}$은 숙박비이고, $\frac{1}{3}$은 왕복 항공권 비용이다. 숙박비와 항공권 비용을 쓰고 남은 경비의 $\frac{1}{6}$은 교통비로 사용하고, 이외의 나머지 경비를 40만 원으로 책정할 때, 총경비는 얼마인가?

① 138만 원
② 140만 원
③ 142만 원
④ 144만 원
⑤ 146만 원

03 M영화관 C지점이 개장했다. C지점에서는 오픈 이벤트로 10명이 모여 예매하면 1인당 20%를 할인해준다. N고등학교 1학년 2반 학생들은 C지점에서 단체 영화 관람을 하기로 했다. 2반 학생 수가 총 46명일 때, 이벤트 이전에 내야 하는 금액보다 얼마나 할인을 받을 수 있는가?(단, 청소년 1명의 요금은 8,000원이다)

① 61,000원
② 64,000원
③ 67,000원
④ 71,000원
⑤ 73,000원

08 날짜 · 요일

| 유형분석 |

- 1일=24시간=1,440(=24×60)분=86,400(=1,440×60)초
- 월별 일수 : 31일 – 1, 3, 5, 7, 8, 10, 12월
  30일 – 4, 6, 9, 11월
  28일 또는 29일(윤년, 4년에 1회) – 2월
- 날짜 · 요일 단위별 기준이 되는 숫자가 다르므로 실수하지 않도록 유의한다.

어느 달의 3월 2일은 금요일일 때, 한 달 후인 4월 2일은 무슨 요일인가?

① 월요일
② 화요일
③ 수요일
④ 목요일
⑤ 금요일

정답 ①

3월은 31일까지 있고 일주일은 7일이므로, 31÷7=4 ⋯ 3이다.
따라서 4월 2일은 금요일부터 3일이 지난 월요일이다.

유형풀이 Tip

- 일주일은 7일이므로, 전체 일수를 구한 뒤 7로 나누면 빠르게 해결할 수 있다.
- 날짜와 요일의 단위를 처음부터 정리하여 계산하면 실수 없이 풀이할 수 있다.

대표기출유형 08 기출응용문제

Easy

01 어떤 마을에 A장터는 25일마다 열리고 B장터는 30일마다 열리는데 1월 18일에 두 장터가 같이 열렸다. 1월 18일이 목요일이었다면, 다음으로 두 장터가 동시에 열리는 날은 무슨 요일인가?

① 일요일
② 월요일
③ 화요일
④ 수요일
⑤ 목요일

02 A고등학교 도서부는 매일 교내 도서관을 정리하고 있다. 부원은 모두 40명이며 각각 1 ~ 40번의 번호를 부여하여 월요일부터 금요일까지 돌아가면서 12명씩 도서관을 정리하기로 하였다. 6월 7일에 1 ~ 12번 학생이 도서관을 정리하였다면 이들이 처음으로 다시 함께 도서관을 정리하는 날은 언제인가?(단, 주말에는 활동하지 않는다)

① 6월 20일
② 6월 21일
③ 6월 22일
④ 6월 23일
⑤ 6월 24일

03 A씨는 기간제로 6년을 일하였고, 시간제로 6개월을 근무하였다. 다음과 같은 연차 계산법을 활용할 때, A씨의 연차는 며칠인가?(단, 모든 계산은 소수점 첫째 자리에서 올림한다)

〈연차 계산법〉

- 기간제 : [(근무 연수)×(연간 근무 일수)]÷365×15
- 시간제 : (근무 총시간)÷365

※ 근무는 1년 365일, 1개월 30일, 1일 8시간 근무로 계산함

① 86일
② 88일
③ 92일
④ 94일
⑤ 100일

09 경우의 수

| 유형분석 |

- $_{n}P_{m}=n\times(n-1)\times\cdots\times(n-m+1)$

  $_{n}C_{m}=\frac{_{n}P_{m}}{m!}=\frac{n\times(n-1)\times\cdots\times(n-m+1)}{m!}$
- 벤 다이어그램을 활용한 문제가 출제되기도 한다.

N은행은 토요일에 2명의 사원이 당직 근무를 서도록 사칙으로 규정하고 있다. N은행의 A팀에는 8명의 사원이 있다. A팀이 앞으로 3주 동안 토요일 당직 근무를 선다고 할 때, 가능한 모든 경우의 수는?(단, 모든 사원은 당직 근무를 2번 이상 서지 않는다)

① 1,520가지
② 2,520가지
③ 5,040가지
④ 10,080가지
⑤ 20,160가지

정답 ②

8명을 2명씩 3개의 그룹으로 나누는 경우의 수는 $_{8}C_{2}\times{}_{6}C_{2}\times{}_{4}C_{2}\times\frac{1}{3!}=28\times15\times6\times\frac{1}{6}=420$가지이다.

3개의 그룹을 각각 A, B, C라 하면, 3주 동안 토요일에 근무자를 배치하는 경우의 수는 A, B, C를 일렬로 배열하는 방법의 수와 같으므로 3개의 그룹을 일렬로 나열하는 경우의 수는 $3\times2\times1=6$가지이다.

따라서 가능한 모든 경우의 수는 $420\times6=2,520$가지이다.

유형풀이 Tip

경우의 수의 합의 법칙과 곱의 법칙 등에 관해 명확히 한다.

1) 합의 법칙
   ① 두 사건 A, B가 동시에 일어나지 않을 때, A가 일어나는 경우의 수를 m, B가 일어나는 경우의 수를 n이라고 하면, 사건 A 또는 B가 일어나는 경우의 수는 $m+n$이다.
   ② '또는', '~이거나'라는 말이 나오면 합의 법칙을 사용한다.
2) 곱의 법칙
   ① A가 일어나는 경우의 수를 m, B가 일어나는 경우의 수를 n이라고 하면, 사건 A와 B가 동시에 일어나는 경우의 수는 $m\times n$이다.
   ② '그리고', '동시에'라는 말이 나오면 곱의 법칙을 사용한다.

대표기출유형 09 기출응용문제

01 6장의 서로 다른 쿠폰이 있는데 처음 오는 손님에게 1장, 두 번째 오는 손님에게 2장, 세 번째 오는 손님에게 3장을 주는 경우의 수는 몇 가지인가?

① 32가지
② 48가지
③ 51가지
④ 58가지
⑤ 60가지

02 학생회장을 포함한 학생 4명과 A ~ H 8명의 교수 중 위원회를 창설하기 위한 대표 5명을 뽑으려고 한다. 학생회장과 A교수가 동시에 위원회 대표가 될 수 없을 때, 위원회를 구성할 수 있는 경우의 수는?(단, 교수와 학생의 구성 비율은 신경 쓰지 않는다)

① 588가지
② 602가지
③ 648가지
④ 658가지
⑤ 672가지

Easy

03 N은행은 하계 체육대회를 할 때 다음 〈조건〉에 따라 신입사원들의 팀을 구성할 예정이다. 팀을 구성하는 경우의 수는 모두 몇 가지인가?

조건

- 신입사원은 여자 4명, 남자 6명이다.
- 신입사원 중 무작위로 5명을 뽑아 경기에 출전시킨다.

① 145가지
② 210가지
③ 252가지
④ 495가지
⑤ 792가지

대표기출유형

10 확률

| 유형분석 |

- 순열(P)과 조합(C)을 활용한 문제이다.
- 조건부 확률 문제가 출제되기도 한다.

주머니에 1부터 10까지의 숫자가 적힌 카드 10장이 들어 있다. 주머니에서 카드를 세 번 뽑는다고 할 때, 1, 2, 3이 적힌 카드 중 하나 이상을 뽑을 확률은?(단, 꺼낸 카드는 다시 넣지 않는다)

① $\frac{5}{6}$

② $\frac{3}{4}$

③ $\frac{17}{24}$

④ $\frac{11}{24}$

⑤ $\frac{7}{24}$

정답 ③

(1, 2, 3이 적힌 카드 중 하나 이상을 뽑을 확률)$=1-$(세 번 모두 $4\sim10$이 적힌 카드를 뽑을 확률)

세 번 모두 $4\sim10$이 적힌 카드를 뽑을 확률은 $\frac{7}{10}\times\frac{6}{9}\times\frac{5}{8}=\frac{7}{24}$이다.

따라서 1, 2, 3이 적힌 카드 중 하나 이상을 뽑을 확률은 $1-\frac{7}{24}=\frac{17}{24}$이다.

유형풀이 Tip

1) 여사건의 확률
   ① 사건 A가 일어날 확률이 p일 때, 사건 A가 일어나지 않을 확률은 $(1-p)$이다.
   ② '적어도'라는 말이 나오면 주로 사용한다.
2) 확률의 덧셈
   두 사건 A, B가 동시에 일어나지 않을 때, A가 일어날 확률을 p, B가 일어날 확률을 q라고 하면, 사건 A 또는 B가 일어날 확률은 $p+q$이다.
3) 확률의 곱셈
   A가 일어날 확률을 p, B가 일어날 확률을 q라고 하면, 사건 A와 B가 동시에 일어날 확률은 $p\times q$이다.

대표기출유형 10 기출응용문제

Easy

01 A, B, C 세 사람이 가위바위보를 한 번 할 때, A만 이길 확률은?

① $\frac{1}{5}$

② $\frac{1}{6}$

③ $\frac{1}{7}$

④ $\frac{1}{8}$

⑤ $\frac{1}{9}$

02 두 자연수 a, b에 대하여 a가 짝수일 확률은 $\frac{2}{3}$, b가 짝수일 확률은 $\frac{3}{5}$이다. 이때 a와 b의 곱이 짝수일 확률은?

① $\frac{11}{15}$

② $\frac{4}{5}$

③ $\frac{13}{15}$

④ $\frac{14}{15}$

⑤ $\frac{1}{3}$

03 남자 5명과 여자 5명이 정오각형 모양의 탁자 각 변에 2명씩 둘러앉으려고 한다. 이때 탁자의 각 변에 남자와 여자가 이웃하여 앉을 확률은?(단, 회전하여 일치하는 경우는 모두 같은 것으로 본다)

① $\frac{5}{63}$

② $\frac{8}{63}$

③ $\frac{10}{63}$

④ $\frac{13}{63}$

⑤ $\frac{17}{63}$

대표기출유형

11 환율

| 유형분석 |

- $(환율)=\frac{(자국\ 화폐\ 가치)}{(외국\ 화폐\ 가치)}$
- (자국 화폐 가치)=(환율)×(외국 화폐 가치)
- $(외국\ 화폐\ 가치)=\frac{(자국\ 화폐\ 가치)}{(환율)}$

수인이는 베트남 여행을 위해 환전하기로 하였다. 다음은 N환전소의 환전 당일 환율 및 수수료를 나타낸 자료이다. 수인이가 한국 돈으로 베트남 현금 1,670만 동을 환전한다고 할 때, 수수료까지 포함하여 필요한 돈은 얼마인가?(단, 모든 계산 과정에서 구한 값의 십 원 단위 미만은 절사한다)

〈N환전소 환율 및 수수료〉

- 베트남 환율 : 483원/만 동
- 수수료 : 0.5%
- 우대사항 : 50만 원 이상 환전 시 70만 원까지 수수료 0.4%로 인하 적용
  100만 원 이상 환전 시 총금액 수수료 0.4%로 인하 적용

① 808,840원
② 808,940원
③ 809,840원
④ 809,940원
⑤ 810,040원

정답 ④

베트남 현금 1,670만 동을 환전하기 위해 필요한 한국 돈은 수수료를 제외하고 1,670만 동×483원/만 동=806,610원이다.
우대사항에 따르면 50만 원 이상 환전 시 70만 원까지 수수료가 0.4%로 낮아지므로 70만 원에는 수수료가 0.4% 적용되고, 나머지는 0.5%가 적용되므로 총수수료를 구하면 700,000×0.004+(806,610−700,000)×0.005=2,800+533.05≒3,330원(∵ 십 원 단위 미만 절사)이다.
따라서 수수료까지 포함하여 수인이가 원하는 금액을 환전하는 데 필요한 총금액은 806,610+3,330=809,940원이다.

유형풀이 Tip

- 수수료나 우대사항 등 문제에서 요구하는 조건을 놓치지 않도록 주의한다.

대표기출유형 11 기출응용문제

※ 다음은 국가별 환율에 대한 자료이다. 이어지는 질문에 답하시오(단, 환전 수수료는 고려하지 않으며 소수점은 생략한다). [1~2]

〈환율표〉

구분	중국	일본	러시아	태국	사우디아라비아
환율	170원/위안	8.5원/엔	13원/루블	35원/바트	350원/리얄

PART 1

Easy

01 중국 1,000위안을 태국 바트로 환전하면 얼마인가?

① 3,572바트
② 4,857바트
③ 6,003바트
④ 6,953바트
⑤ 7,737바트

02 대한민국 원화의 미국 달러(USD) 환율이 1,250원/USD일 때, 중국, 일본, 러시아, 태국, 사우디아라비아 국가의 외화를 달러 지수로 환산한 값으로 옳은 것은?

① 중국 – 190위안/USD
② 일본 – 48엔/USD
③ 러시아 – 96루블/USD
④ 태국 – 260바트/USD
⑤ 사우디아라비아 – 2,603리얄/USD

03 다음은 2024년 9월과 2024년 12월의 원/달러 환율이다. 2024년 9월에 100만 원을 달러로 환전하고 2024년 12월에 다시 원화로 환전했을 때, 손해를 보는 금액은 얼마인가?(단, 환전 수수료는 고려하지 않는다)

〈원/달러 환율〉

연도 / 월	2024년 9월	2024년 12월
환율	1,327원/달러	1,302원/달러

※ 단, 원화에서 달러로 환전할 때에는 소수점 둘째 자리에서 반올림하고, 달러에서 원화로 환전할 때에는 백의 자리에서 반올림함

① 17,000원
② 19,000원
③ 21,000원
④ 23,000원
⑤ 25,000원

12 금융상품 활용

| 유형분석 |

- 금융상품을 정확하게 이해하고 문제에서 요구하는 답을 도출해낼 수 있는지 평가한다.
- 단리식, 복리식, 이율, 우대금리, 중도해지, 만기해지 등 조건에 유의해야 한다.

N은행은 '더 커지는 적금'을 새롭게 출시하였다. A씨는 이 적금의 모든 우대금리조건을 만족하여 이번 달부터 이 상품에 가입하려고 한다. 만기 시 A씨가 받을 수 있는 이자는 얼마인가?(단, 이자 소득에 대한 세금은 고려하지 않으며, $1.025^{\frac{1}{12}}=1.002$로 계산한다)

〈더 커지는 적금〉

- 가입기간 : 12개월
- 가입금액 : 매월 초 200,000원 납입
- 적용금리 : 기본금리(연 2.1%)+우대금리(최대 연 0.4%p)
- 저축방법 : 정기적립식
- 이자지급방식 : 만기일시지급, 연복리식
- 우대금리조건
  - 당행 입출금통장 보유 시 : +0.1%p
  - 연 500만 원 이상의 당행 예금상품 보유 시 : +0.1%p
  - 급여통장 지정 시 : +0.1%p
  - 이체실적이 20만 원 이상 시 : +0.1%p

① 105,000원
② 107,000원
③ 108,000원
④ 111,000원
⑤ 113,000원

정답 ①

모든 우대금리조건을 만족하므로 최대 연 0.4%p가 기본금리에 적용되어 2.1+0.4=2.5%가 된다.

n개월 후 연복리 이자는 (월납입금)$\times\dfrac{(1+r)^{\frac{1}{12}}\left\{(1+r)^{\frac{n}{12}}-1\right\}}{(1+r)^{\frac{1}{12}}-1}$−(적립원금)이므로, 이에 따른 식은 다음과 같다.

$$200{,}000\times\frac{1.025^{\frac{1}{12}}(1.025-1)}{\left(1.025^{\frac{1}{12}}-1\right)}-200{,}000\times12=200{,}000\times1.002\times\frac{(1.025-1)}{0.002}-2{,}400{,}000$$

$=2{,}505{,}000-2{,}400{,}000=105{,}000$원

유형풀이 Tip

1) 단리
   ① 개념 : 원금에만 이자가 발생
   ② 계산 : 이율이 $r\%$인 상품에 원금 a를 총 n번 이자가 붙는 동안 예치한 경우 $a(1+nr)$
2) 복리
   ① 개념 : 원금과 이자에 모두 이자가 발생
   ② 계산 : 이율이 $r\%$인 상품에 원금 a를 총 n번 이자가 붙는 동안 예치한 경우 $a(1+r)^n$
3) 이율과 기간
   ① $(\text{월이율})=\frac{(\text{연이율})}{12}$
   ② n개월$=\frac{n}{12}$년
4) 예치금의 원리합계
   원금 a원, 연이율 $r\%$, 예치기간 n개월일 때,
   - 단리 예금의 원리합계 : $a\left(1+\frac{r}{12}n\right)$
   - 월복리 예금의 원리합계 : $a\left(1+\frac{r}{12}\right)^n$
   - 연복리 예금의 원리합계 : $a(1+r)^{\frac{n}{12}}$
5) 적금의 원리합계
   월초 a원씩, 연이율 $r\%$일 때, n개월 동안 납입한다면
   - 단리 적금의 n개월 후 원리합계 : $an+a\times\frac{n(n+1)}{2}\times\frac{r}{12}$
   - 월복리 적금의 n개월 후 원리합계 : $\frac{a\left(1+\frac{r}{12}\right)\left\{\left(1+\frac{r}{12}\right)^n-1\right\}}{\left(1+\frac{r}{12}\right)-1}$
   - 연복리 적금의 n개월 후 원리합계 : $\frac{a(1+r)^{\frac{1}{12}}\left\{(1+r)^{\frac{n}{12}}-1\right\}}{(1+r)^{\frac{1}{12}}-1}=\frac{a\left\{(1+r)^{\frac{n+1}{12}}-(1+r)^{\frac{1}{12}}\right\}}{(1+r)^{\frac{1}{12}}-1}$

PART 1

대표기출유형 12 기출응용문제

Easy

01 이달 초 가격이 40만 원인 물건을 할부로 구매하고 이달 말부터 매달 일정한 금액을 12개월에 걸쳐 갚는다면 매달 얼마씩 갚아야 하는가?(단, $1.015^{12}=1.2$, 월이율은 1.5%, 1개월마다 복리로 계산한다)

① 3만 2천 원
② 3만 5천 원
③ 3만 6천 원
④ 3만 8천 원
⑤ 4만 2천 원

02 N은행 행원인 귀하에게 A고객이 찾아와 2025년 말부터 매년 말에 일정한 금액을 적립하여 2044년 말에 1억 원이 되는 목돈을 만들려고 한다고 하였다. 이에 따라 귀하는 연이율 10%인 연복리 상품을 추천하였다. 이때 A고객이 매년 말에 얼마를 적립해야 되는지를 묻는다면, 귀하가 안내할 금액은 얼마인가?(단, 세금은 고려하지 않으며, $1.1^{20}=6.7$로 계산하고, 만 원 단위 미만은 절사한다)

① 160만 원
② 175만 원
③ 180만 원
④ 190만 원
⑤ 210만 원

03 A씨는 N은행 예·적금 상품을 알아보던 중 다음과 같은 〈조건〉의 금융상품을 발견하였다. 해당 정기 적금에 가입할 때, 만기 시 수령할 적금의 총액은 얼마인가?(단, 이자 세금은 15%이다)

조건

- 상품명 : N은행 청년희망주택적금
- 가입기간 : 24개월
- 가입금액 : 매월 초 300,000원 납입
- 저축방법 : 정기적립식
- 적용금리 : 연 2.1%
- 이자지급방식 : 만기일시지급, 단리식

① 7,000,875원
② 7,111,875원
③ 7,222,875원
④ 7,333,875원
⑤ 7,428,875원

04 N씨가 다음과 같은 A적금과 B적금에 매월 30만 원씩 입금한다고 할 때, 만기 시 받을 수 있는 만기환급금은 각각 얼마인가?(단, $1.025^{\frac{1}{12}}=1.002$, $1.025^{\frac{25}{12}}=1.05$로 계산하며, 소수점 첫째 자리에서 반올림한다)

〈적금 상품〉

구분	A적금	B적금
가입기간	24개월	24개월
적용금리	연 2.5%	연 4%
이자지급방식	만기이자지급, 연복리식	만기이자지급, 단리식

※ 단, A적금과 B적금 모두 비과세 적용됨

	A적금	B적금
①	620만 원	920만 원
②	650만 원	850만 원
③	600만 원	900만 원
④	720만 원	700만 원
⑤	720만 원	750만 원

Hard

05 A씨는 창업자금을 마련하기 위해 N은행 대출상담사인 귀하에게 문의하였다. A씨가 필요한 금액은 4천만 원이며, 대출기간은 1년으로 설정하기를 원하고 있다. 귀하는 A씨에게 대출상환방식에 대해 설명하였고, 이에 A씨는 원금균등상환 방식으로 취급하기를 원했으며, 본인이 대출기간 동안 지불하게 되는 이자의 총액이 얼마인지 궁금해하였다. 다음 중 A씨가 지불해야 할 이자 총액은?

〈대출상환방식〉

• 원금균등상환 : 대출원금을 대출기간으로 나눈 상환금에 잔고 이자를 합산하여 상환하는 방식

〈대출조건〉

• 대출금액 : 4천만 원
• 대출기간 : 1년
• 대출이율 : 연 8%
• 상환회차 : 총 4회(분기별 1회 후납)

① 500,000원
② 700,000원
③ 1,000,000원
④ 1,800,000원
⑤ 2,000,000원

13 자료계산

| 유형분석 |

- 제시된 자료를 통해 문제에서 주어진 특정한 값을 찾고, 자료의 변동량을 구할 수 있는지 평가하는 유형이다.
- 자료상에 주어진 공식을 활용하는 계산문제와 증감률, 비율, 합, 차 등을 활용한 문제가 출제된다.
- 많은 문제가 출제되지는 않지만, 숫자가 큰 경우가 많으므로 정확한 수치와 제시된 조건을 꼼꼼히 확인하여 실수하지 않는 것이 중요하다.

다음은 시·군지역의 성별 비경제활동 인구에 대해 조사한 자료이다. 빈칸 (가), (다)에 들어갈 수가 바르게 연결된 것은?(단, 인구수는 백의 자리에서 반올림하고, 비중은 소수점 첫째 자리에서 반올림한다)

〈성별 비경제활동 인구〉

(단위 : 천 명, %)

구분	총계	남자		여자	
			비중		비중
시지역	7,800	2,574	(가)	5,226	(나)
군지역	1,149	(다)	33.5	(라)	66.5

	(가)	(다)		(가)	(다)
①	30	385	②	30	392
③	33	378	④	33	385
⑤	33	392			

정답 ④

- (가) : $\frac{2,574}{7,800} \times 100 = 33\%$
- (다) : 1,149×0.335≒385천 명

유형풀이 Tip

- 빈칸이 여러 개인 경우 계산이 간단한 한두 개의 빈칸의 값을 먼저 찾고, 역으로 대입하여 풀이 시간을 단축한다.
- 금융권 NCS 수리능력의 경우 마지막 자리까지 정확하게 계산하는 것을 요구한다. 따라서 선택지에 주어진 값의 차이가 크지 않다면 어림값을 활용하는 것이 오히려 풀이 속도를 지연시킬 수 있으므로 주의해야 한다.

Easy

01 다음은 2019년부터 2024년까지 자원봉사 참여 현황에 대한 자료이다. 6년 동안 참여율이 4번째로 높은 해의 전년 대비 참여율의 증가율을 구하면?(단, 증가율은 소수점 첫째 자리에서 반올림한다)

〈자원봉사 참여 현황〉

구분	2019년	2020년	2021년	2022년	2023년	2024년
총 성인 인구수	35,744	36,786	37,188	37,618	38,038	38,931
자원봉사 참여 성인 인구수	1,621	2,103	2,548	3,294	3,879	4,634
참여율	4.5	5.7	6.9	8.8	10.2	11.9

① 17%
② 19%
③ 21%
④ 23%
⑤ 25%

02 다음은 N은행 영업부의 작년 분기별 영업 실적을 나타낸 그래프이다. 작년 전체 실적에서 1 ~ 2분기와 3 ~ 4분기가 각각 차지하는 비중을 바르게 나열한 것은?(단, 비중은 소수점 둘째 자리에서 반올림한다)

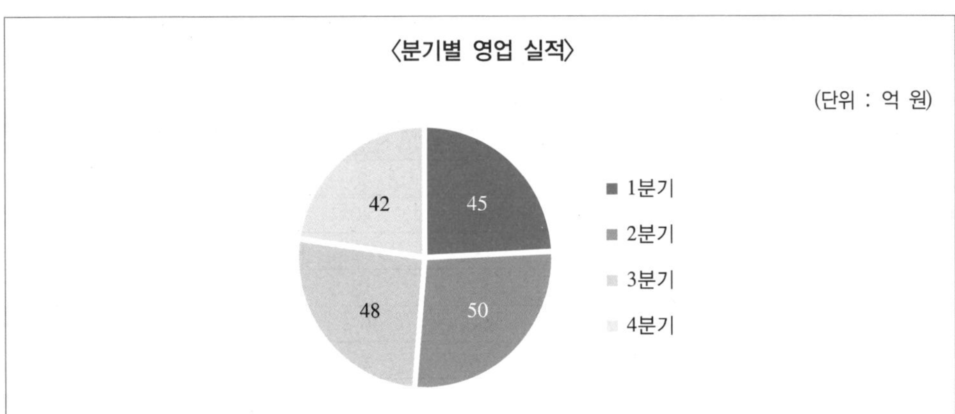

	1 ~ 2분기	3 ~ 4분기
①	46.8%	50.1%
②	48.6%	51.4%
③	50.0%	50.0%
④	50.1%	46.8%
⑤	51.4%	48.6%

03 다음은 Y시 아파트 실거래지수 현황에 대한 자료이다. 2024년 4월 아파트 실거래지수가 137.8일 때, 2023년 3월 대비 2024년 3월 아파트 실거래지수의 증감률은?(단, 소수점 둘째 자리에서 반올림한다)

〈Y시 아파트 실거래지수 현황〉

구분	전월 대비 아파트 실거래지수 증감량	구분	전월 대비 아파트 실거래지수 증감량
2023.01	−1.3(▼)	2023.09	+1.2(▲)
2023.02	+0.8(▲)	2023.10	−0.9(▼)
2023.03	+1.3(▲)	2023.11	−1.1(▼)
2023.04	+2.7(▲)	2023.12	+0.7(▲)
2023.05	+3.3(▲)	2024.01	+1.3(▲)
2023.06	+2.1(▲)	2024.02	−2.1(▼)
2023.07	−0.7(▼)	2024.03	+1.7(▲)
2023.08	−0.5(▼)	2024.04	−1.5(▼)

① 4.3%
② 5.2%
③ 5.9%
④ 6.4%
⑤ 6.7%

04 다음은 종이책 및 전자책 성인 독서율에 대한 자료이다. 빈칸 (가)에 들어갈 수치로 옳은 것은?(단, 각 항목의 2024년 수치는 2023년 수치 대비 일정한 규칙으로 변화한다)

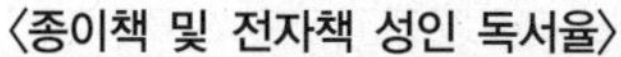
〈종이책 및 전자책 성인 독서율〉

(단위 : %)

항목 \ 연도		2023년			2024년		
		사례수(건)	1권 이상	읽지 않음	사례수(건)	1권 이상	읽지 않음
전체	소계	5,000	60	40	6,000	72	48
성별	남자	2,000	60	40	3,000	90	60
	여자	3,000	65	35	3,000	65	35
연령별	20대	1,000	87	13	1,000	87	13
	30대	1,000	80.5	19.5	1,100	88.6	21.5
	40대	1,000	75	25	1,200	90	30
	50대	1,000	60	40	1,200	(가)	
	60대 이상	1,000	37	63	1,400	51.8	88.2

① 44
② 52
③ 72
④ 77
⑤ 82

Hard

05 다음은 N기업 영업 A～D팀의 분기별 매출액과 분기별 매출액에서 영업팀별로 차지하는 구성비를 나타낸 자료이다. 연간 영업팀의 매출 순위와 1위 팀이 기록한 연 매출액을 순서대로 나열한 것은?

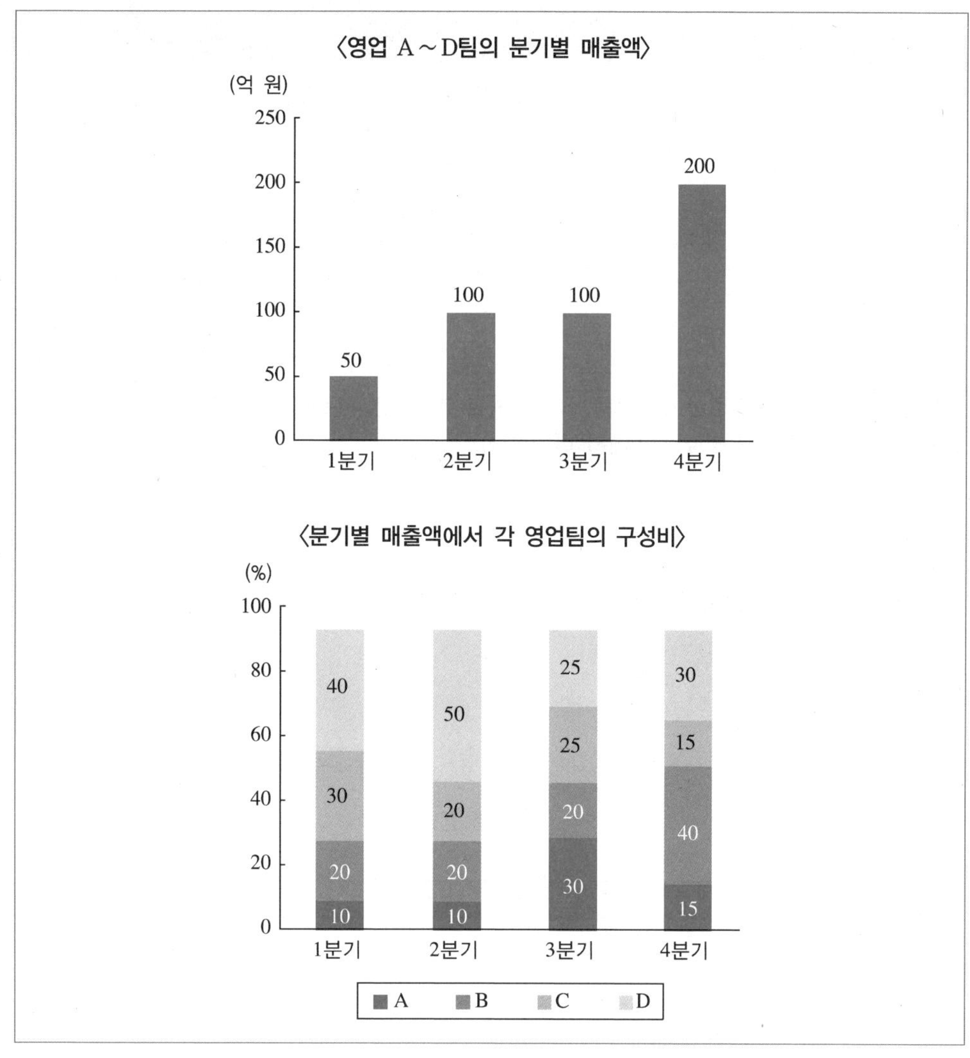

① A－B－C－D, 120억 원
② B－A－C－D, 120억 원
③ B－A－D－C, 155억 원
④ D－B－A－C, 120억 원
⑤ D－B－C－A, 155억 원

PART 1

대표기출유형

14 자료추론

| 유형분석 |

- 문제에 주어진 상황과 정보를 적절하게 활용하여 잘못된 내용을 찾아낼 수 있는지 평가한다.
- 비율 · 증감폭 · 증감률 · 수익(손해)율 등의 계산을 요구하는 문제가 출제된다.

다음은 N은행 행원 250명을 대상으로 조사한 독감 예방접종 여부에 대한 자료이다. 이에 대한 설명으로 옳은 것은?(단, 소수점 첫째 자리에서 버림한다)

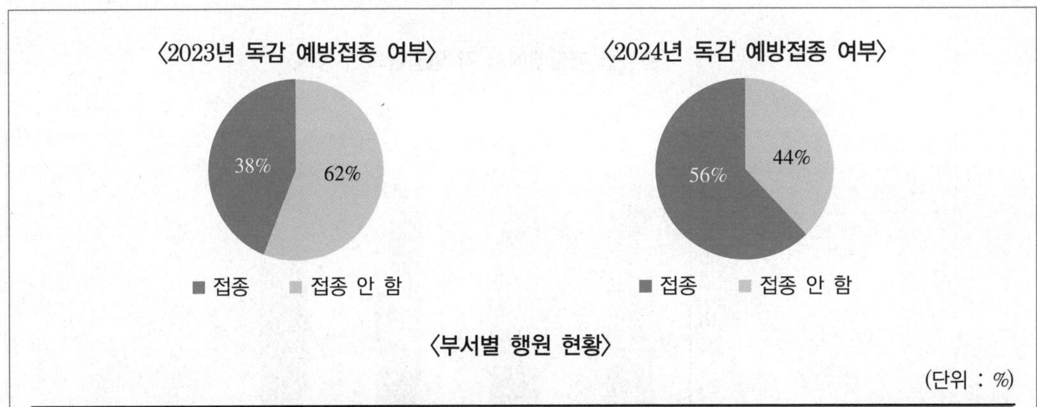

〈부서별 행원 현황〉

(단위 : %)

구분	총무부서	회계부서	영업부서	제조부서	합계
비율	16	12	28	44	100

※ 제시된 것 외의 부서는 없음

※ 2023년과 2024년 부서별 행원 현황은 변동이 없음

① 2023년의 독감 예방접종자가 모두 2024년에도 예방접종을 했다면, 2023년에는 예방접종을 하지 않았지만 2024년에 예방접종을 한 행원은 총 54명이다.

② 2023년 대비 2024년에 예방접종을 한 행원의 수는 49% 이상 증가했다.

③ 위의 2024년 독감 예방접종 여부 그래프가 2023년의 예방접종을 하지 않은 행원들을 대상으로 2024년의 독감 예방접종 여부를 조사한 자료라고 한다면, 2023년과 2024년 모두 예방접종을 하지 않은 행원은 총 65명이다.

④ 위의 2023년과 2024년 독감 예방접종 여부 그래프가 총무부서에 대한 자료라고 한다면, 총무부서 행원 중 예방접종을 한 행원은 2023년 대비 2024년에 7명 증가했다.

⑤ 제조부서를 제외한 모든 부서에서는 직원들이 모두 2024년에 예방접종을 했다고 할 때, 제조부서 직원 중 예방접종을 한 직원의 비율은 2%이다.

정답 ④

총무부서 행원은 총 $250\times0.16=40$명이다. 2023년과 2024년의 독감 예방접종 여부 그래프가 총무부서에 대한 자료라고 한다면, 총무부서 행원 중 2023년과 2024년의 예방접종자 수의 비율 차는 $56-38=18$%p이다. 따라서 2023년 대비 2024년에 $40\times0.18 \fallingdotseq 7$명 증가했다.

오답분석

① 2023년 독감 예방접종자 수는 $250\times0.38=95$명, 2024년 독감 예방접종자 수는 $250\times0.56=140$명이므로, 2023년에는 예방접종을 하지 않았지만, 2024년에는 예방접종을 한 행원은 총 $140-95=45$명이다.

② 2023년의 예방접종자 수는 95명이고, 2024년의 예방접종자 수는 140명이다. 따라서 $\frac{140-95}{95}\times100 \fallingdotseq 47\%$ 증가했다.

③ 2024년의 독감 예방접종 여부 그래프가 2023년의 예방접종을 하지 않은 행원들을 대상으로 2024년의 독감 예방접종 여부를 조사한 자료라고 한다면, 2023년과 2024년 모두 예방접종을 하지 않은 행원은 총 $250\times0.62\times0.44 \fallingdotseq 68$명이다.

⑤ 제조부서를 제외한 직원은 $250\times(1-0.44)=140$명이고, 2024년에 예방접종을 한 직원은 $250\times0.56=140$명이다. 따라서 제조부서 직원 중 예방접종을 한 직원은 없다.

유형풀이 Tip

[증감률(%)] : $\frac{(\text{비교값})-(\text{기준값})}{(\text{기준값})}\times100$

예 N은행의 작년 신입사원 수는 500명이고, 올해는 700명이다. N은행의 전년 대비 올해 신입사원 수의 증가율은?

$\frac{700-500}{500}\times100=\frac{200}{500}\times100=40\%$ → 전년 대비 40% 증가하였다.

예 N은행의 올해 신입사원 수는 700명이고, 내년에는 350명을 채용할 예정이다. N은행의 올해 대비 내년 신입사원 수의 감소율은?

$\frac{350-700}{700}\times100=-\frac{350}{700}\times100=-50\%$ → 올해 대비 50% 감소할 것이다.

Easy

01 다음은 품목별 수송량 구성비를 나타낸 그래프이다. 이에 대한 설명으로 옳지 않은 것은?

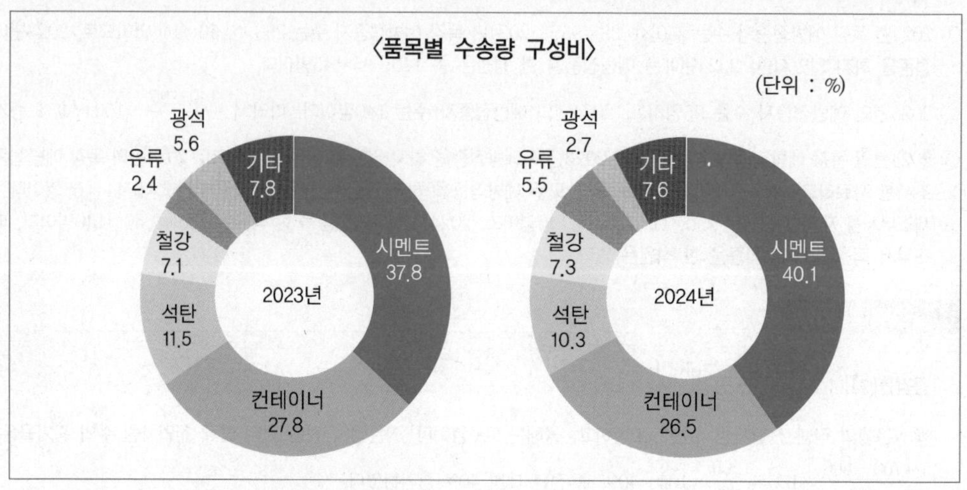

① 2023년 대비 2024년에 구성비가 증가한 품목은 3개이다.

② 컨테이너 수송량은 2023년에 비해 2024년에 감소하였다.

③ 구성비가 가장 크게 변화한 품목은 유류이다.

④ 2023년과 2024년에 가장 큰 비율을 차지하는 품목은 같다.

⑤ 2023년엔 유류가, 2024년엔 광석이 단일 품목 중 가장 작은 비율을 차지한다.

02 다음은 연도별 국내 5급 공무원과 7급 공무원 채용인원 현황을 나타낸 그래프이다. 이에 대한 설명으로 옳은 것을 〈보기〉에서 모두 고르면?

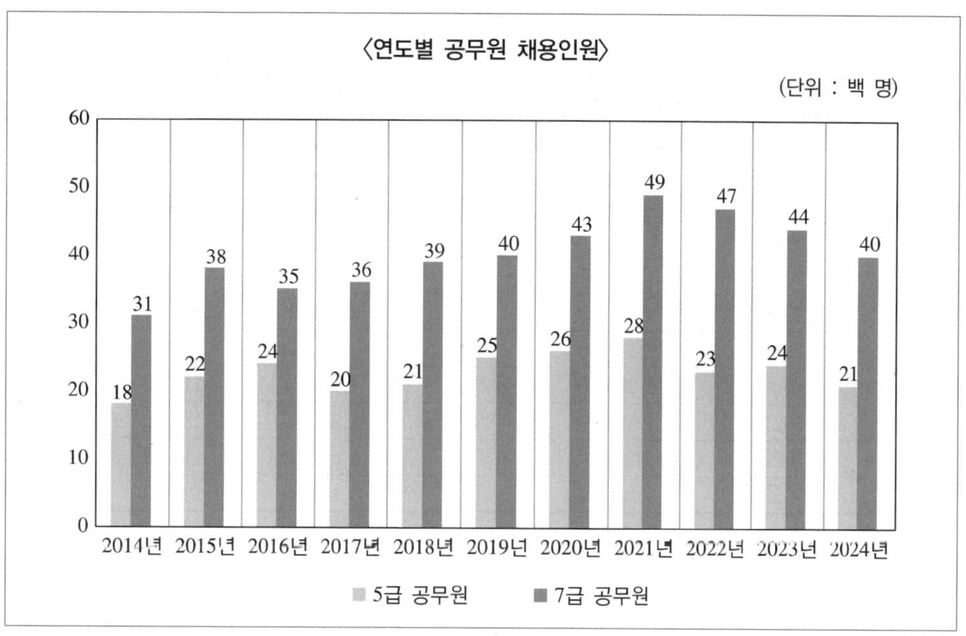

보기

ㄱ. 2018 ~ 2022년 동안 5급 공무원과 7급 공무원 채용인원의 증감추이는 동일하다.

ㄴ. 2014 ~ 2024년 동안 채용인원이 가장 적은 해와 가장 많은 해의 인원 차이는 5급 공무원이 7급 공무원보다 많다.

ㄷ. 2015 ~ 2024년 동안 전년 대비 채용인원의 증감량이 가장 많은 해는 5급 공무원과 7급 공무원 모두 동일하다.

ㄹ. 2014 ~ 2024년 동안 매년 7급 공무원 채용인원이 5급 공무원 채용인원의 2배 미만이다.

① ㄱ

② ㄷ

③ ㄱ, ㄴ

④ ㄱ, ㄷ

⑤ ㄷ, ㄹ

Hard

03 다음은 지난 10년간의 원 · 엔 · 달러의 환율표이다. 이에 대한 설명으로 옳지 않은 것을 〈보기〉에서 모두 고르면?

〈환율표〉

구분	한국(원/달러)			일본(엔/달러)	
	연말	절상률	연평균	연말	절상률
2014년	788.7	2.46	803.62	99.75	12.13
2015년	774.7	1.81	771.04	103.4	▽3.53
2016년	844.2	▽8.23	804.78	116.2	▽11.02
2017년	1,415.20	▽40.35	951.11	130.1	▽10.68
2018년	1,207.80	17.17	1,398.88	114.65	13.48
2019년	1,145.40	5.45	1,189.48	102.1	12.29
2020년	1,259.70	▽9.07	1,130.61	114.36	▽10.72
2021년	1,326.10	▽5.01	1,290.83	131.38	▽12.95
2022년	1,200.40	10.47	1,251.24	118.52	10.85
2023년	1,197.80	0.22	1,191.89	106.99	10.78

보기

ㄱ. 연말 기준으로 한국의 환율은 2017년에 가장 높았고, 일본은 2021년에 가장 높았다.

ㄴ. 연말 기준으로 전년 대비 원화의 대미 환율상승률이 가장 큰 해는 2017년이고, 하락률이 가장 작은 해는 2015년이다.

ㄷ. 2021년에 원화는 달러에 대하여 5.01% 절하되었고, 엔화는 달러에 대하여 12.95% 절하되었다. 달러에 대한 엔화의 절하율이 더 크기 때문에 엔화 대비 원화 환율은 상승하였다.

ㄹ. 2015년을 제외하고 원화와 엔화의 대미 달러에 대한 연말환율은 같은 방향으로 움직였다.

① ㄱ, ㄴ
② ㄱ, ㄹ
③ ㄴ, ㄷ
④ ㄴ, ㄹ
⑤ ㄴ, ㄷ, ㄹ

04 다음은 항목별 상위 7개 동의 자산규모에 대한 자료이다. 이에 대한 설명으로 옳은 것은?

〈항목별 상위 7개 동의 자산규모〉

순위＼구분	총자산(조 원)		부동산자산(조 원)		예금자산(조 원)		가구당 총자산(억 원)	
	동명	규모	동명	규모	동명	규모	동명	규모
1	여의도동	24.9	대치동	17.7	여의도동	9.6	을지로동	51.2
2	대치동	23.0	서초동	16.8	태평로동	7.0	여의도동	26.7
3	서초동	22.6	압구정동	14.3	을지로동	4.5	압구정동	12.8
4	반포동	15.6	목동	13.7	서초동	4.3	도곡동	9.2
5	목동	15.5	신정동	13.6	역삼동	3.9	잠원동	8.7
6	도곡동	15.0	반포동	12.5	대치동	3.1	이촌동	7.4
7	압구정동	14.4	도곡동	12.3	반포동	2.5	서초동	6.4

※ (총자산)=(부동산자산)+(예금자산)+(증권자산)

※ (가구 수)=$\frac{\text{(총자산)}}{\text{(가구당 총자산)}}$

① 압구정동의 가구 수는 여의도동의 가구 수보다 적다.

② 이촌동의 가구 수는 2만 가구 이상이다.

③ 대치동의 증권자산은 서초동의 증권자산보다 많다.

④ 여의도동의 증권자산은 최소 4조 원 이상이다.

⑤ 총자산 대비 부동산자산의 비율은 도곡동이 목동보다 높다.

PART 1

15 자료변환

| 유형분석 |

- 그래프의 형태별 특징을 파악하고, 다양한 종류로 변환하여 표현할 수 있는지 평가한다.
- 수치를 일일이 확인하기보다 증감 추이를 먼저 판단한 후 그래프 모양이 크게 차이 나는 곳의 수치를 확인하는 것이 효율적이다.

다음 중 2020 ~ 2024년 N기업의 매출표를 그래프로 나타낸 것으로 옳은 것은?

〈N기업 매출표〉

(단위 : 억 원)

구분	2020년	2021년	2022년	2023년	2024년
매출액	1,485	1,630	1,410	1,860	2,055
매출원가	1,360	1,515	1,280	1,675	1,810
판관비	30	34	41	62	38

※ (영업이익)=(매출액)−[(매출원가)+(판관비)]

※ (영업이익률)=[(영업이익)÷(매출액)]×100

① 2020 ~ 2024년 영업이익

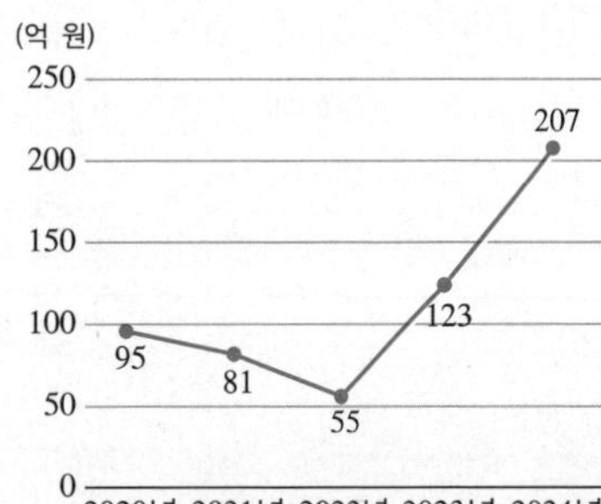

② 2020 ~ 2024년 영업이익

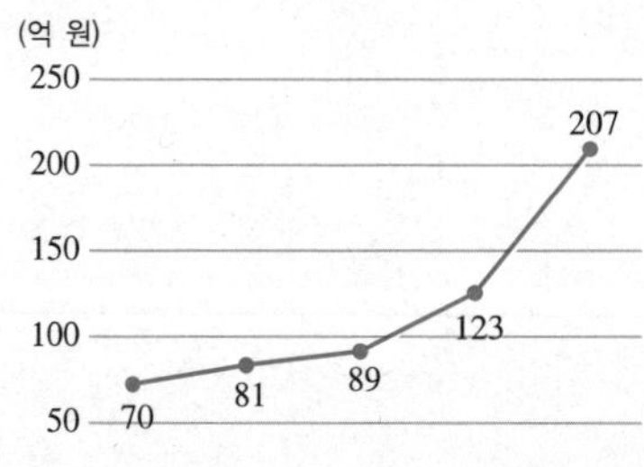

③ 2020 ~ 2024년 영업이익률

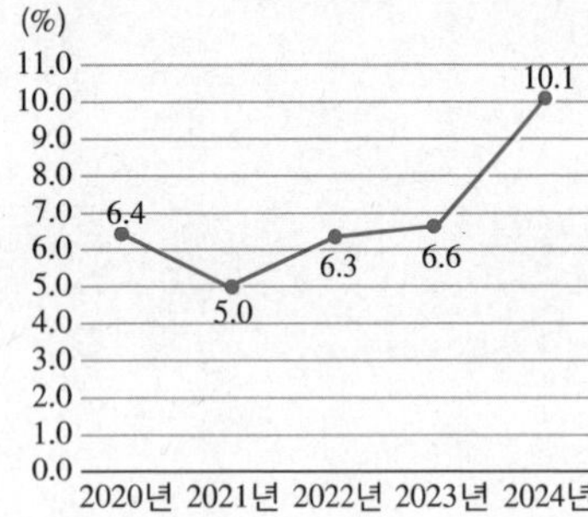

④ 2020 ~ 2024년 영업이익률

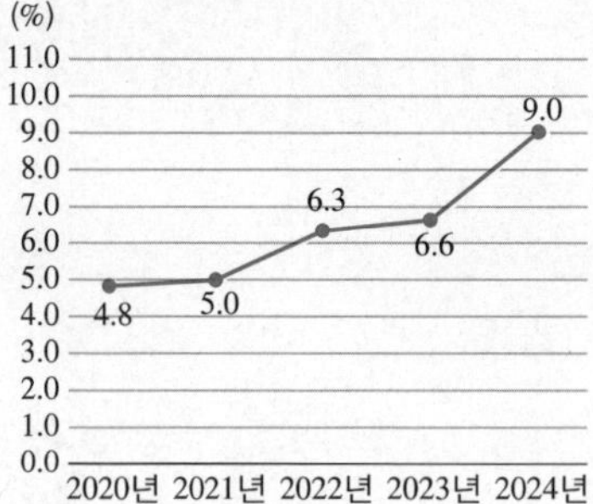

⑤ 2020～2024년 영업이익률

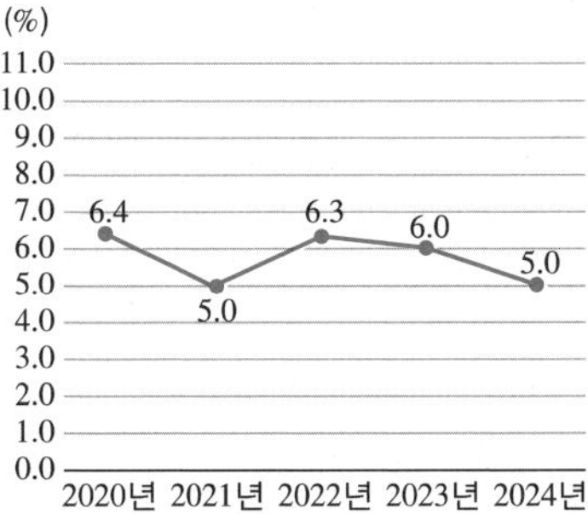

정답 ③

연도별 영업이익과 영업이익률은 다음과 같다.

(단위 : 억 원)

구분	2020년	2021년	2022년	2023년	2024년
매출액	1,485	1,630	1,410	1,860	2,055
매출원가	1,360	1,515	1,280	1,675	1,810
판관비	30	34	41	62	38
영업이익	95	81	89	123	207
영업이익률	6.4%	5.0%	6.3%	6.6%	10.1%

유형풀이 Tip

그래프의 종류

종류	내용
선 그래프	시간적 추이(시계열 변화)를 표시하고자 할 때 적합 예 연도별 매출액 추이 변화
막대 그래프	수량 간의 대소관계를 비교하고자 할 때 적합 예 영업소별 매출액
원 그래프	내용의 구성비를 분할하여 나타내고자 할 때 적합 예 제품별 매출액 구성비
층별 그래프	합계와 각 부분의 크기를 백분율로 나타내고 시간적 변화를 보고자 할 때 적합 예 상품별 매출액 추이
점 그래프	지역분포를 비롯한 기업 등의 평가나 위치, 성격을 표시하고자 할 때 적합 예 광고비율과 이익률의 관계
방사형 그래프	다양한 요소를 비교하고자 할 때 적합 예 매출액의 계절변동

대표기출유형 15 기출응용문제

01 다음은 연도별 및 연령대별 흡연율을 나타낸 자료이다. 이를 나타낸 그래프로 옳지 않은 것은?

〈연도별 · 연령대별 흡연율〉

(단위 : %)

구분	연령대				
	20대	30대	40대	50대	60대 이상
2015년	28.4	24.8	27.4	20.0	16.2
2016년	21.5	31.4	29.9	18.7	18.4
2017년	18.9	27.0	27.2	19.4	17.6
2018년	28.0	30.1	27.9	15.6	2.7
2019년	30.0	27.5	22.4	16.3	9.1
2020년	24.2	25.2	19.3	14.9	18.4
2021년	13.1	25.4	22.5	15.6	16.5
2022년	22.2	16.1	18.2	13.2	15.8
2023년	11.6	25.4	13.4	13.9	13.9
2024년	14.0	22.2	18.8	11.6	9.4

① 40대, 50대 연도별 흡연율

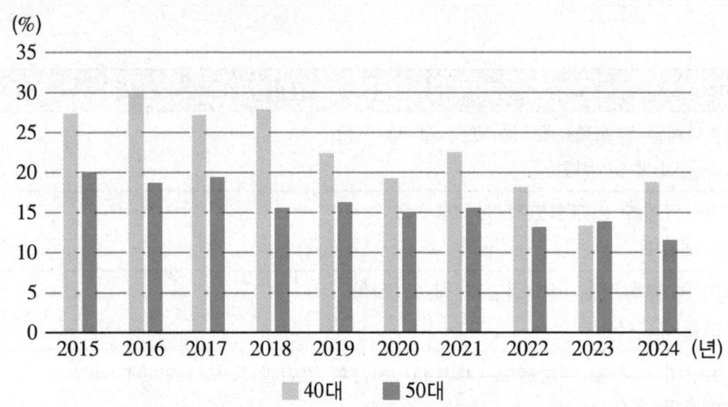

② 2021 ~ 2024년 연령대별 흡연율

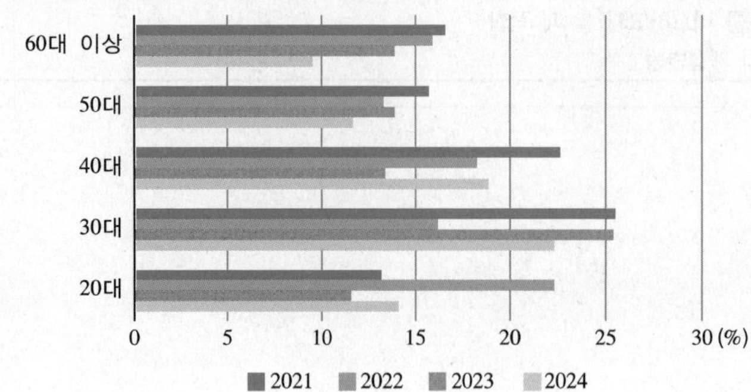

③ 2019～2024년 60대 이상 연도별 흡연율

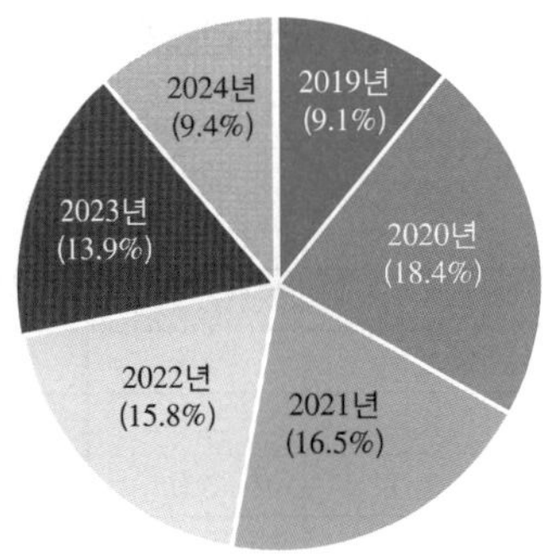

④ 20대, 30대 연도별 흡연율

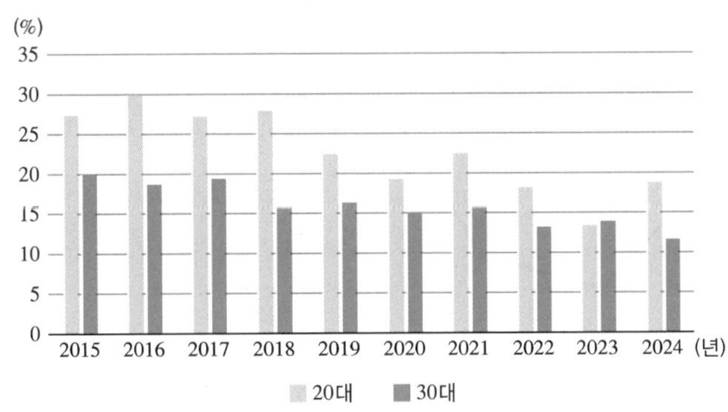

⑤ 2024년 연령대별 흡연율

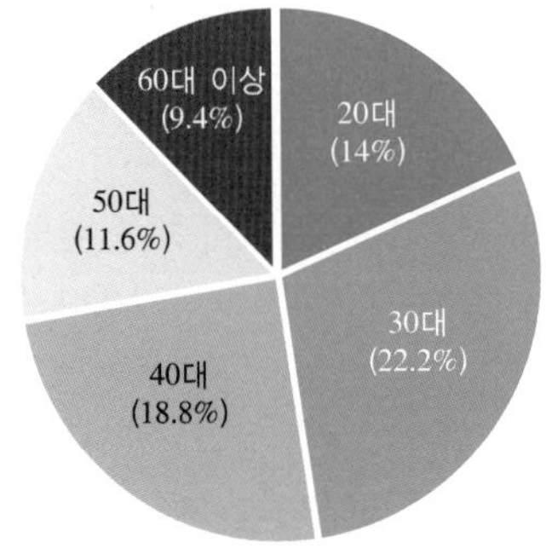

Easy

02 N은행 갑 ~ 무 5명의 직원들을 대상으로 신년회를 위한 장소 A ~ E에 대한 만족도 조사를 하였다. 장소별 직원들의 점수를 그래프로 변환한 것으로 옳은 것은?(단, 5점 만점을 기준으로 한다)

〈A ~ E장소 만족도〉

(단위 : 점)

구분	갑	을	병	정	무	평균
A장소	2.5	5.0	4.5	2.5	3.5	3.6
B장소	3.0	4.0	5.0	3.5	4.0	3.9
C장소	4.0	4.0	3.5	3.0	5.0	3.9
D장소	3.5	3.5	3.5	4.0	3.0	3.5
E장소	5.0	3.0	1.0	1.5	4.5	3.0

①
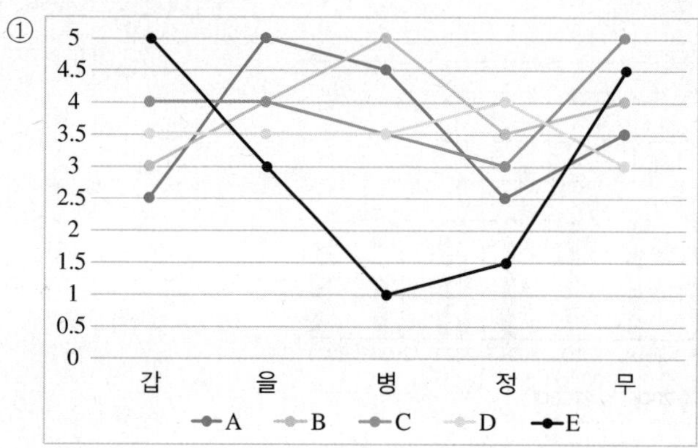

②
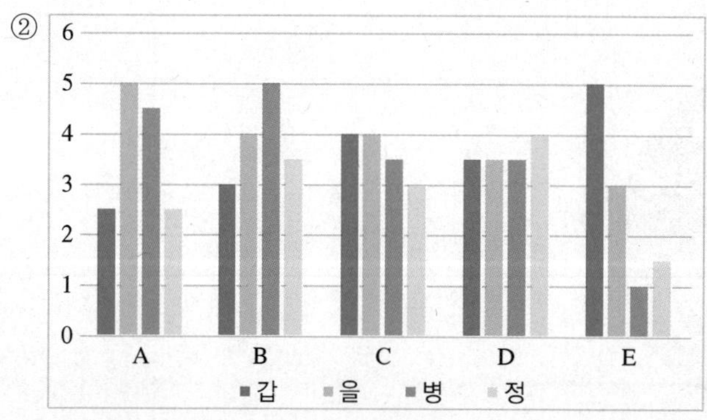

③

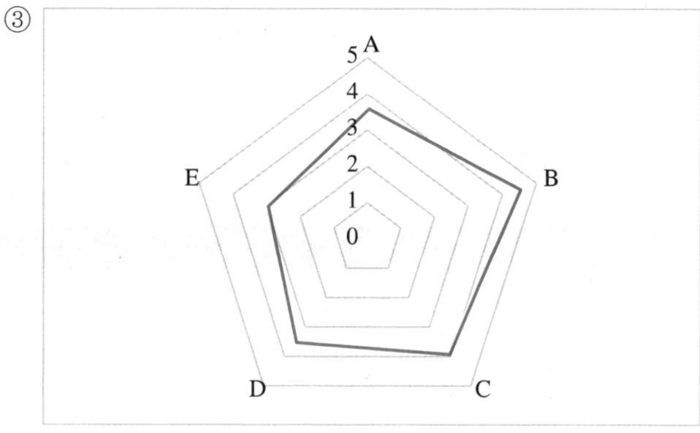

④

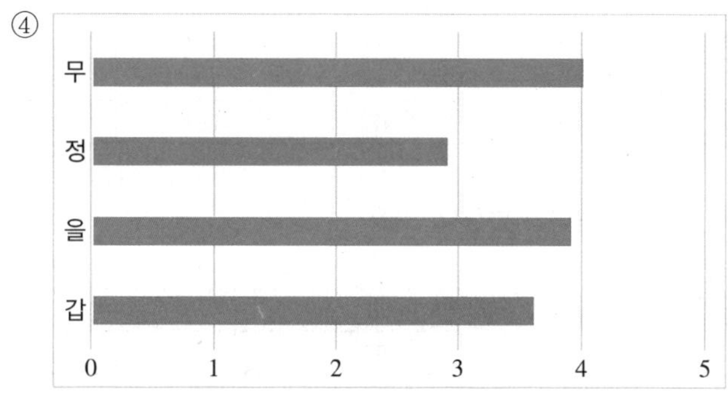

⑤

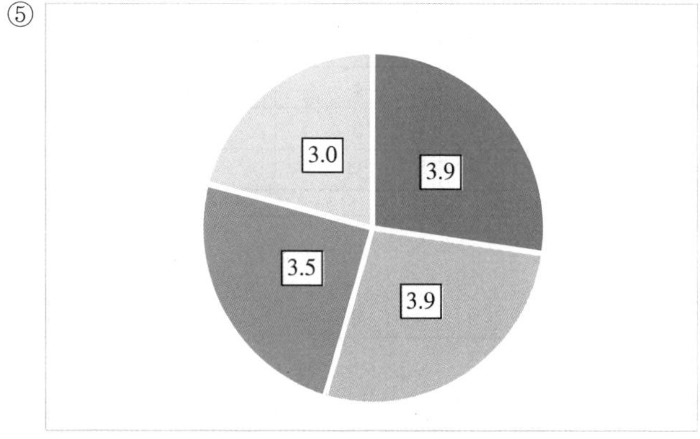

PART 1

03 다음은 난민 통계 현황에 대한 자료이다. 이를 정리한 그래프로 옳지 않은 것은?(단, 소수점 둘째 자리에서 반올림한다)

〈난민 신청자 현황〉

(단위 : 명)

구분		2019년	2020년	2021년	2022년
성별	남자	1,039	1,366	2,403	4,814
	여자	104	208	493	897
국적	파키스탄	242	275	396	1,143
	나이지리아	102	207	201	264
	이집트	43	97	568	812
	시리아	146	295	204	404
	중국	3	45	360	401
	기타	178	471	784	2,687

〈난민 인정자 현황〉

(단위 : 명)

구분		2019년	2020년	2021년	2022년
성별	남자	39	35	62	54
	여자	21	22	32	51
국적	미얀마	18	19	4	32
	방글라데시	16	10	2	12
	콩고DR	4	1	3	1
	에티오피아	4	3	43	11
	기타	18	24	42	49

① 난민 신청자 연도별・국적별 현황

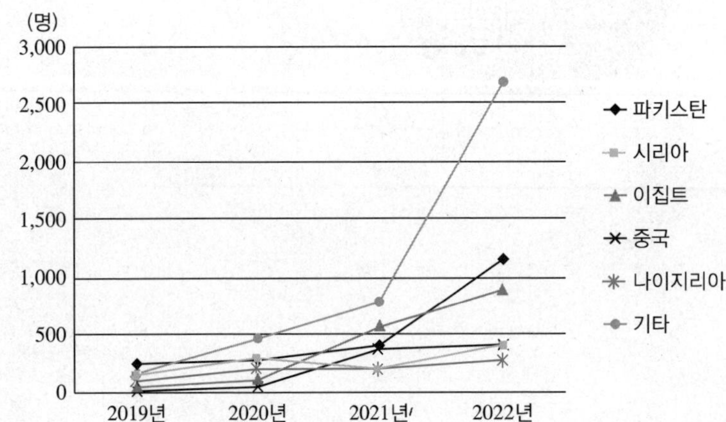

② 전년 대비 난민 인정자 증감률

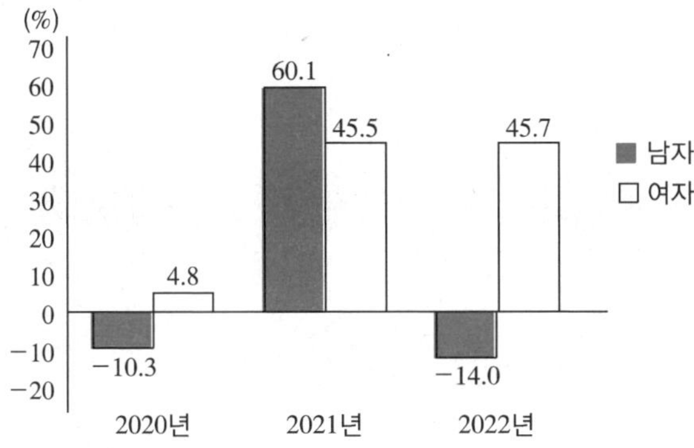

③ 난민 신청자 현황

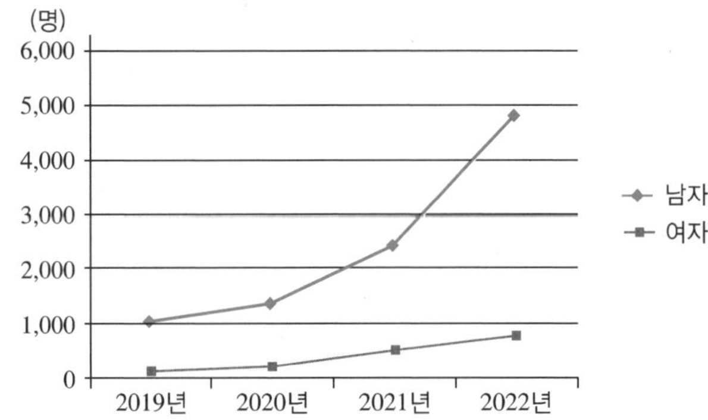

④ 난민 인정자 비율

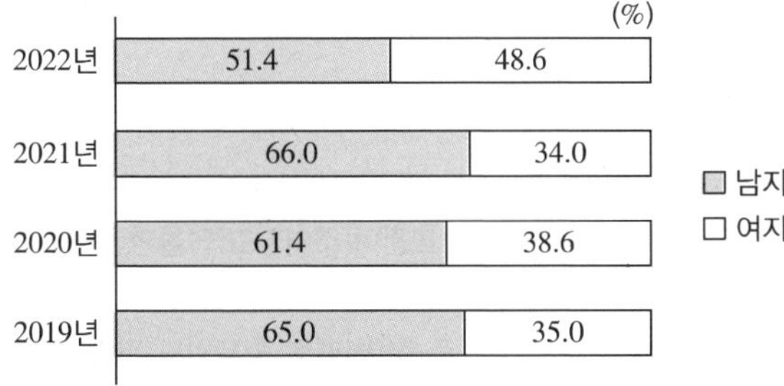

⑤ 2022년 국가별 난민 신청자 비율

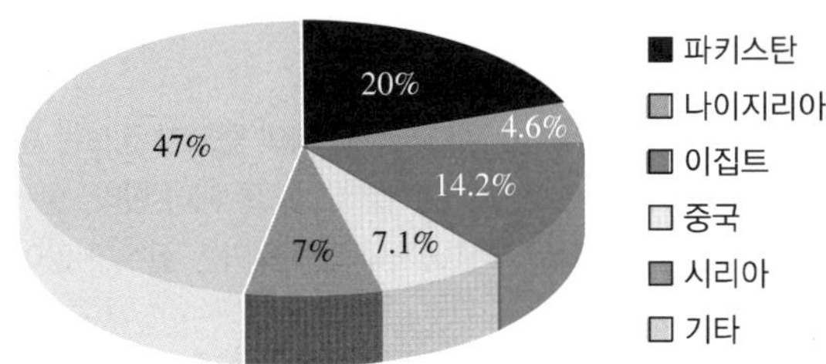

PART 1

CHAPTER 03

문제해결능력

합격 Cheat Key

문제해결능력은 업무를 수행하면서 여러 가지 문제 상황이 발생하였을 때, 창의적이고 논리적인 사고를 통하여 이를 올바르게 인식하고 적절히 해결하는 능력을 말한다. 하위능력으로는 사고력과 문제처리능력이 있다.

문제해결능력은 NCS 기반 채용을 진행하는 대다수의 금융권에서 채택하고 있으며, 문항 수는 평균 24% 정도로 상당히 많이 출제되고 있다. 하지만 수험생들은 더 많이 출제되는 다른 영역에 몰입하고 문제해결능력에는 집중하지 않는 실수를 하고 있다. 다른 영역보다 더 많은 노력이 필요할 수는 있지만 그렇기에 차별화를 할 수 있는 득점 영역이므로 포기하지 말고 꾸준하게 노력해야 한다.

1 질문의 의도를 정확하게 파악하라!

문제해결능력은 문제에서 무엇을 묻고 있는지 정확하게 파악하여 먼저 풀이 방향을 설정하는 것이 가장 효율적인 방법이다. 특히, 조건이 주어지고 답을 찾는 창의적·분석적인 문제가 주로 출제되고 있기 때문에 처음에 정확한 풀이 방향이 설정되지 않는다면 시간만 허비하고 결국 문제도 풀지 못하게 되므로 첫 번째로 출제의도 파악에 집중해야 한다.

2 중요한 정보는 반드시 표시하라!

위에서 말한 출제의도를 정확히 파악하기 위해서는 문제의 중요한 정보는 반드시 표시나 메모를 하여 하나의 조건, 단서도 잊고 넘어가는 일이 없도록 해야 한다. 실제 시험에서는 시간의 압박과 긴장감으로 정보를 잘못 적용하거나 잊어버리는 실수가 많이 발생하므로 사전에 충분한 연습이 필요하다.
가령 명제 문제의 경우 주어진 명제와 그 명제의 대우를 본인이 한눈에 파악할 수 있도록 기호화, 도식화하여 메모하면 흐름을 이해하기가 더 수월하다. 이를 통해 자신만의 풀이 순서와 방향, 기준 또한 생길 것이다.

3 반복 풀이를 통해 취약 유형을 파악하라!

길지 않은 한정된 시간 동안 모든 문제를 다 푸는 것은 조금은 어려울 수도 있다. 따라서 고득점을 할 수 있는 효율적인 문제 풀이 방법을 찾아야 한다. 이때, 반복적인 문제 풀이를 통해 자신이 취약한 유형을 파악하는 것이 중요하다. 취약 유형 파악은 종료 시간이 임박했을 때 빛을 발할 것이다. 풀 수 있는 문제부터 빠르게 풀고 취약한 유형은 나중에 푸는 효율적인 문제 풀이를 통해 최대한의 고득점을 하는 것이 중요하다. 그러므로 본인의 취약 유형을 파악하기 위해서는 많은 문제를 풀어 봐야 한다.

4 타고나는 것이 아니므로 열심히 노력하라!

대부분의 수험생들이 문제해결능력은 공부해도 실력이 늘지 않는 영역이라고 생각한다. 하지만 그렇지 않다. 문제해결능력이야말로 노력을 통해 충분히 고득점이 가능한 영역이다. 정확한 질문 의도 파악, 취약한 유형의 반복적인 풀이, 빈출유형 파악 등의 방법으로 충분히 실력을 향상시킬 수 있다. 자신감을 갖고 공부하기 바란다.

01 명제

| 유형분석 |

- 연역추론을 활용해 주어진 문장을 치환하여 성립하지 않는 내용을 찾는 문제이다.

다음 명제가 모두 참일 때, 반드시 참인 명제는?

- 재현이가 춤을 추면 서현이나 지훈이가 춤을 춘다.
- 재현이가 춤을 추지 않으면 종열이가 춤을 춘다.
- 종열이가 춤을 추지 않으면 지훈이도 춤을 추지 않는다.
- 종열이는 춤을 추지 않았다.

① 재현이만 춤을 추었다.
② 서현이만 춤을 추었다.
③ 지훈이만 춤을 추었다.
④ 재현이와 서현이 모두 춤을 추었다.
⑤ 아무도 춤을 추지 않았다.

정답 ④

먼저 이름의 첫 글자만 이용하여 명제를 도식화한다. 재 ○ → 서 or 지 ○, 재 × → 종 ○, 종 × → 지 ×, 종 ×
세 번째, 네 번째 명제에 의해 종열이와 지훈이는 춤을 추지 않았다. 종 × → 지 ×
또한, 두 번째 명제의 대우(종 × → 재 ○)에 의해 재현이가 춤을 추었다.
마지막으로 첫 번째 명제에 따라 서현이가 춤을 추었다. 따라서 재현이와 서현이 모두 춤을 추었다.

유형풀이 Tip

- 명제 유형의 문제에서는 항상 '명제의 역은 성립하지 않지만, 대우는 항상 성립한다.'
- 단어의 첫 글자나 알파벳을 이용하여 명제를 도식화한 후 명제의 대우를 활용하여 각 명제들을 연결하여 답을 찾는다.

예 채식주의자라면 고기를 먹지 않을 것이다.
→ (역) 고기를 먹지 않으면 채식주의자이다.
→ (이) 채식주의자가 아니라면 고기를 먹을 것이다.
→ (대우) 고기를 먹는다면 채식주의자가 아닐 것이다.

명제의 역, 이, 대우

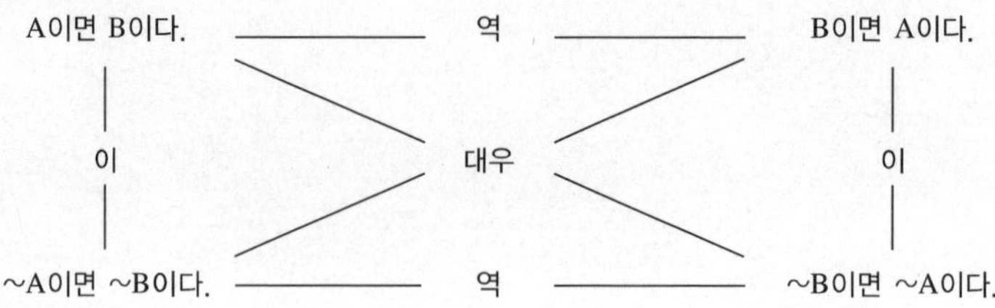

대표기출유형 01 기출응용문제

※ 다음 명제가 모두 참일 때, 빈칸에 들어갈 명제로 가장 적절한 것을 고르시오. [1~2]

Easy

01

- 지구 온난화를 해소하려면 탄소 배출을 줄여야 한다.
- 지구 온난화가 해소되지 않으면 기후 위기가 발생한다.
- 따라서 ______________________________

① 탄소 배출을 줄이면 지구 온난화가 해소된다.
② 기후 위기가 발생하면 지구 온난화가 해소된다.
③ 탄소 배출을 줄이면 기후 위기가 발생하지 않는다.
④ 지구 온난화를 해소하려면 기후 위기가 발생하지 않아야 한다.
⑤ 기후 위기가 발생하지 않으려면 탄소 배출을 줄여야 한다.

PART 1

02

- 스테이크를 먹는 사람은 지갑이 없다.
- ______________________________
- 지갑이 있는 사람은 쿠폰을 받는다.

① 스테이크를 먹는 사람은 쿠폰을 받지 않는다.
② 스테이크를 먹지 않는 사람은 쿠폰을 받는다.
③ 쿠폰을 받는 사람은 지갑이 없다.
④ 지갑이 없는 사람은 쿠폰을 받지 않는다.
⑤ 지갑이 없는 사람은 스테이크를 먹지 않는다.

※ **다음 명제가 모두 참일 때, 반드시 참인 명제를 고르시오. [3~4]**

03

- 도보로 걷는 사람은 자가용을 타지 않는다.
- 자전거를 타는 사람은 자가용을 탄다.
- 자전거를 타지 않는 사람은 버스를 탄다.

① 자가용을 타는 사람은 도보로 걷는다.
② 버스를 타지 않는 사람은 자전거를 타지 않는다.
③ 버스를 타는 사람은 도보로 걷는다.
④ 도보로 걷는 사람은 버스를 탄다.
⑤ 도보로 걷는 사람은 자전거를 탄다.

04

- 테니스를 좋아하는 사람은 가족 여행을 싫어한다.
- 가족 여행을 좋아하는 사람은 독서를 좋아한다.
- 독서를 좋아하는 사람은 쇼핑을 싫어한다.
- 쇼핑을 좋아하는 사람은 그림 그리기를 좋아한다.
- 그림 그리기를 좋아하는 사람은 테니스를 좋아한다.

① 그림 그리기를 좋아하는 사람은 가족 여행을 좋아한다.
② 쇼핑을 싫어하는 사람은 그림 그리기를 좋아한다.
③ 테니스를 좋아하는 사람은 독서를 좋아한다.
④ 쇼핑을 좋아하는 사람은 가족 여행을 싫어한다.
⑤ 쇼핑을 싫어하는 사람은 테니스를 좋아한다.

05 N은행의 기획부에는 A ~ D 4명의 사원과 E ~ G 3명의 대리가 소속되어 있으며, 이들 중 4명이 해외 진출 사업을 진행하기 위해 베트남으로 출장을 갈 예정이다. 다음 〈조건〉에 따를 때, 항상 참인 것은?

조건

- 사원 중 적어도 한 사람은 출장을 간다.
- 대리 중 적어도 한 사람은 출장을 가지 않는다.
- A사원과 B사원 중 적어도 한 사람이 출장을 가면, D사원은 출장을 간다.
- C사원이 출장을 가면, E대리와 F대리는 출장을 가지 않는다.
- D사원이 출장을 가면, G대리도 출장을 간다.
- G대리가 출장을 가면, E대리도 출장을 간다.

① A사원은 출장을 간다.
② B사원은 출장을 간다.
③ C사원은 출장을 가지 않는다.
④ D사원은 출장을 가지 않는다.
⑤ G대리는 출장을 가지 않는다.

PART 1

Hard

06 A ~ F 6명은 피자 3판을 모두 같은 양만큼 나누어 먹기로 하였다. 피자 1판은 각각 동일한 크기로 8조각씩 나누어져 있을 때, 다음 〈조건〉에 따라 앞으로 2조각을 더 먹어야 하는 사람은?

조건

- 현재 총 6조각이 남아있다.
- A, B, E는 같은 양을 먹었고, 나머지는 모두 먹은 양이 달랐다.
- F는 D보다 적게 먹었으며, C보다는 많이 먹었다.

① B ② C
③ D ④ E
⑤ F

02 참 · 거짓

| 유형분석 |

• 주어진 문장을 토대로 논리적으로 추론하여 참 또는 거짓을 구분하는 문제이다.

이번 학기에 4개의 강좌 A ~ D가 새로 개설되는데, 강사 갑 ~ 무 중 4명이 한 강좌씩 맡으려 한다. 배정 결과를 궁금해 하는 5명은 다음 〈조건〉과 같이 예측했다. 배정 결과를 보니 갑 ~ 무의 진술 중 1명의 진술만이 거짓이고 나머지는 참임이 드러났을 때, 바르게 추론한 것은?

조건

• 갑 : 을이 A강좌를 담당하고 병은 강좌를 담당하지 않을 것이다.
• 을 : 병이 B강좌를 담당할 것이다.
• 병 : 정은 D강좌가 아닌 다른 강좌를 담당할 것이다.
• 정 : 무가 D강좌를 담당할 것이다.
• 무 : 을의 말은 거짓일 것이다.

① 갑은 A강좌를 담당한다.
② 을은 C강좌를 담당한다.
③ 병은 강좌를 담당하지 않는다.
④ 정은 D강좌를 담당한다.
⑤ 무는 B강좌를 담당한다.

정답 ③

을과 무의 진술이 모순되므로 둘 중 1명은 참, 다른 1명은 거짓이다. 여기서 을의 진술이 참일 경우 갑의 진술도 거짓이 되어 2명이 거짓을 진술한 것이 되므로 문제의 조건에 위배된다. 따라서 을의 진술이 거짓, 무의 진술이 참이다. 그러므로 A강좌는 을이, B와 C강좌는 각각 갑과 정 중 1명이, D강좌는 무가 담당하고, 병은 강좌를 담당하지 않는다.

유형풀이 Tip

참 · 거짓 유형의 90% 이상은 다음 두 가지 방법으로 풀 수 있다.
주어진 진술을 빠르게 훑으며 다음 두 가지 중 어떤 경우에 해당하는지 확인한 후 문제를 풀어나간다.

1) 2명 이상의 발언 중 한쪽이 진실이면 다른 한쪽이 거짓인 경우
   ① A가 진실이고 B가 거짓인 경우, B가 진실이고 A가 거짓인 경우 두 가지로 나눌 수 있다.
   ② 두 가지 경우에서 각 발언의 진위 여부를 판단한다.
   ③ 주어진 조건과 비교한다(범인의 숫자가 맞는지, 진실 또는 거짓을 말한 인원수가 조건과 맞는지 등).
2) 2명 이상의 발언 중 한쪽이 진실이면 다른 한쪽도 진실인 경우와 한쪽이 거짓이면 다른 한쪽도 거짓인 경우
   ① A와 B가 모두 진실인 경우, A와 B가 모두 거짓인 경우 두 가지로 나눌 수 있다.
   ② 두 가지 경우에서 각 발언의 진위 여부를 판단하여 범인을 찾는다.
   ③ 주어진 조건과 비교한다(범인의 숫자가 맞는지, 진실 또는 거짓을 말한 인원수가 조건과 맞는지 등).

대표기출유형 02 기출응용문제

Easy

01 기말고사를 치르고 난 후 A～E 5명의 친구가 다음과 같이 성적에 대해 이야기를 나누었는데, 이 중 1명의 진술은 거짓이다. 다음 중 올바른 결론을 내린 것은?(단, 동점은 없으며, 모든 사람은 진실 또는 거짓만 말한다)

- A : E는 1등이고, D는 C보다 성적이 높다.
- B : B는 E보다 성적이 낮고, C는 A보다 성적이 높다.
- C : A는 B보다 성적이 낮다.
- D : B는 C보다 성적이 높다.
- E : D는 B보다, A는 C보다 성적이 높다.

① B가 1등이다.
② A가 2등이다.
③ E가 2등이다.
④ B는 3등이다.
⑤ D가 3등이다.

02 운동선수인 A～D 4명은 각자 하는 운동이 모두 다르다. 농구를 하는 선수는 늘 진실을 말하고, 축구를 하는 선수는 늘 거짓을 말하며, 야구와 배구를 하는 선수는 진실과 거짓을 하나씩 말한다. 이들이 다음과 같이 진술했을 때, 선수와 운동을 바르게 연결한 것은?

- A : C는 농구를 하고, B는 야구를 한다.
- B : C는 야구, D는 배구를 한다.
- C : A는 농구, D는 배구를 한다.
- D : B는 야구, A는 축구를 한다.

① A – 야구
② A – 배구
③ B – 축구
④ C – 농구
⑤ D – 배구

PART 1

03 N은행은 A ~ D 4개의 부서에 1명씩 신입사원을 선발하였다. 지원자는 총 5명이었으며, 선발 결과에 대해 다음과 같이 진술하였다. 이 중 1명의 진술만 거짓으로 밝혀졌다고 할 때, 항상 옳은 것은?

- 지원자 1 : 지원자 2가 A부서에 선발되었다.
- 지원자 2 : 지원자 3은 A 또는 D부서에 선발되었다.
- 지원자 3 : 지원자 4는 C부서가 아닌 다른 부서에 선발되었다.
- 지원자 4 : 지원자 5는 D부서에 선발되었다.
- 지원자 5 : 나는 D부서에 선발되었는데, 지원자 1은 선발되지 않았다.

① 지원자 1은 B부서에 선발되었다.
② 지원자 2는 A부서에 선발되었다.
③ 지원자 3은 D부서에 선발되었다.
④ 지원자 4는 B부서에 선발되었다.
⑤ 지원자 5는 C부서에 선발되었다.

04 어젯밤에 탕비실 냉장고에 보관되어 있던 행사용 케이크가 없어졌다. 어제 야근을 한 갑 ~ 무 5명을 조사했더니 다음과 같이 진술하였고, 이 중 2명만이 진실을 말하였다. 케이크를 먹은 범인이 2명이라고 할 때, 범인끼리 연결된 것은?

- 갑 : 을이나 병 중에 1명만 케이크를 먹었어요.
- 을 : 무는 확실히 케이크를 먹었어요.
- 병 : 정과 무가 모의해서 함께 케이크를 훔쳐먹는 걸 봤어요.
- 정 : 저는 절대 범인이 아니에요.
- 무 : 사실대로 말하자면 제가 범인이에요.

① 갑, 을
② 갑, 정
③ 을, 정
④ 을, 무
⑤ 정, 무

05 N은행에 근무하는 A, B, C 3명은 각각 대전지점, 강릉지점, 군산지점으로 출장을 다녀왔다. A, B, C의 출장지는 서로 다르며 3명 중 1명만 진실을 말할 때, 세 사람이 다녀온 출장지를 바르게 연결한 것은?

> • A : 나는 대전지점에 가지 않았다.
> • B : 나는 강릉지점에 가지 않았다.
> • C : 나는 대전지점에 갔다.

	대전지점	강릉지점	군산지점
①	A	B	C
②	A	C	B
③	B	A	C
④	B	C	A
⑤	C	A	B

Hard

06 N은행 직원 A ~ E 5명이 자신들의 직급에 대하여 다음과 같이 이야기하고 있다. 이들은 각각 사원, 대리, 과장, 차장, 부장이다. 1명의 말만 진실이고 나머지 사람들의 말은 모두 거짓이라고 할 때, 진실을 말한 사람은 누구인가?(단, 직급은 사원 – 대리 – 과장 – 차장 – 부장 순이다)

> • A : 나는 사원이고, D는 사원보다 직급이 높아.
> • B : E가 차장이고, 나는 차장보다 낮은 직급이지.
> • C : A는 과장이 아니고, 사원이야.
> • D : E보다 직급이 높은 사람은 없어.
> • E : C는 부장이고, B는 사원이야.

① A ② B
③ C ④ D
⑤ E

03 순서추론

| 유형분석 |

- 조건을 토대로 순서·위치 등을 추론하여 배열·배치하는 문제이다.
- 방·숙소 배정하기, 부서 찾기, 날짜 찾기, 테이블 위치 찾기 등 다양한 유형의 문제가 출제된다.

A ~ E 5명이 다음 〈조건〉과 같이 일렬로 나란히 자리에 앉는다고 할 때, 바르게 추론한 것은?(단, 자리의 순서는 왼쪽을 기준으로 첫 번째 자리로 한다)

조건

- D는 A의 바로 왼쪽에 앉는다.
- B와 D 사이에 C가 있다.
- A는 마지막 자리가 아니다.
- A와 B 사이에 C가 있다.
- B는 E의 바로 오른쪽에 앉는다.

① D는 두 번째 자리에 앉을 수 있다.
② E는 네 번째 자리에 앉을 수 있다.
③ C는 두 번째 자리에 앉을 수 있다.
④ C는 A의 왼쪽에 앉을 수 있다.
⑤ C는 E의 오른쪽에 앉을 수 있다.

정답 ②

첫 번째 조건에서 D는 A의 바로 왼쪽에 앉으며, 마지막 조건에서 B는 E의 바로 오른쪽에 앉으므로 'D－A', 'E－B'를 각각 한 묶음으로 생각할 수 있다. 두 번째 조건에서 C는 세 번째 자리에 앉아야 하며, 세 번째 조건에 의해 'D－A'는 각각 첫 번째, 두 번째 자리에 앉아야 한다. 이를 표로 정리하면 다음과 같다.

첫 번째 자리	두 번째 자리	세 번째 자리	네 번째 자리	다섯 번째 자리
D	A	C	E	B

오답분석

① D는 첫 번째 자리에 앉는다.
③ C는 세 번째 자리에 앉는다.
④ C는 A의 바로 오른쪽에 앉는다.
⑤ C는 E의 바로 왼쪽에 앉는다.

유형풀이 Tip

- 주어진 명제를 자신만의 방법으로 도식화하여 빠르게 문제를 해결한다.
- 경우의 수가 여러 개인 명제보다 1 ~ 2개인 명제를 먼저 도식화하면, 그만큼 경우의 수가 줄어들어 문제를 빠르게 해결할 수 있다.

대표기출유형 03 기출응용문제

Easy

01 다음 〈조건〉에 따를 때, A～F 6명 중 세 번째로 키가 큰 사람은 누구인가?

조건

- A는 E보다 작다.
- C는 D보다 크며 E보다 작다.
- D는 가장 작다.
- A는 C보다 크며 B보다 작다.
- B는 E보다 작다.
- F는 E보다 크다.

① A
② B
③ C
④ E
⑤ F

02 A～E 5명은 J시에서 개최하는 마라톤에 참가하였다. 다음 〈조건〉이 모두 참일 때, 항상 참이 아닌 것은?

조건

- A는 B와 C보다 앞서 달리고 있다.
- D는 A보다 뒤에 달리고 있지만, B보다는 앞서 달리고 있다.
- C는 D보다 뒤에 달리고 있지만, B보다는 앞서 달리고 있다.
- E는 C보다 뒤에 달리고 있지만, 5명 중 꼴찌는 아니다.

① 현재 1등은 A이다.
② 현재 꼴찌는 B이다.
③ E는 C와 B 사이에서 달리고 있다.
④ D는 A와 C 사이에서 달리고 있다.
⑤ 현재 순위에 변동 없이 결승점까지 달린다면 C가 4등을 할 것이다.

03 다음 〈조건〉에 따라 N은행 마케팅 부서 직원 A ~ H 8명이 원탁에 앉아서 회의를 하려고 할 때, 항상 옳은 것은?

조건

- A는 B 옆에 앉지 않는다.
- B와 G는 마주보고 있다.
- D는 H 옆에 앉는다.
- E는 F와 가장 멀리 떨어져 있다.
- C는 E 옆에 앉는다.
- 어떤 사람과 옆에 있는 사람 사이의 거리는 모두 같다.

① F 옆에는 항상 H가 있다.
② C와 D는 항상 마주 본다.
③ A의 오른쪽 옆에는 항상 C가 있다.
④ B와 E 사이에는 항상 누군가 앉아 있다.
⑤ 경우의 수는 총 네 가지이다.

04 N금융회사의 건물은 8층이며, 각 층에 있는 부서는 다음 〈조건〉에 따라 위치해 있다. 귀하가 수수료 납부와 관련하여 문의하기 위해 고객상담부에 방문하려고 한다면 몇 층으로 가야 하는가?

조건

- 건물 1층에는 로비가 있다.
- 경영지원부는 가장 높은 층에 있다.
- 마케팅부가 있는 층 바로 아래에는 회계부가 있다.
- 시스템관리부가 있는 층 바로 위에는 정보보호부가 있다.
- 회계부는 고객상담부보다 높은 층에 있다.
- HRM부는 마케팅부보다 높은 층에 있다.
- 경영지원부에서 3개층 아래에는 HRM부가 있다.

① 2층
② 3층
③ 4층
④ 5층
⑤ 6층

05 **카드게임을 하기 위해 A～F 6명이 원형 테이블에 앉고자 한다. 다음 〈조건〉에 따라 이들의 좌석을 배치하고자 할 때, F와 이웃하여 앉을 사람은?(단, 좌우 방향은 원탁을 바라보고 앉은 상태를 기준으로 한다)**

조건

- B는 C와 이웃하여 앉는다.
- A는 E와 마주보고 앉는다.
- C의 오른쪽에는 E가 앉는다.
- F는 A와 이웃하여 앉지 않는다.

① B, C
② B, D
③ C, D
④ C, E
⑤ D, E

PART 1

Hard

06 **A～H 8명은 함께 여행을 가기로 하였다. 다음 〈조건〉에 따라 호텔의 방을 배정받는다고 할 때, 옳지 않은 것은?**

조건

- A, B, C, D, E, F, G, H는 모두 하나씩 서로 다른 방을 배정받는다.
- 방이 상하로 이웃하고 있다는 것은 단면도상 방들이 위아래로 붙어있는 것을 의미한다.
- A, C, G는 호텔의 왼쪽 방을 배정받는다.
- B는 F의 위층 방을 배정받는다.
- A는 다리를 다쳐 가장 낮은 층을 배정받는다.
- F는 호텔의 오른쪽 방을 배정받는다.
- D는 G와 같은 층의 방을 배정받는다.
- 객실 번호가 적혀 있지 않은 곳은 이미 예약이 되어 방 배정이 불가능한 방이다.

〈호텔 단면도〉

	왼쪽	가운데	오른쪽
5층	501		503
4층	401		
3층			303
2층		202	203
1층	101	102	

① B와 F가 배정받은 방은 서로 상하로 이웃하고 있다.
② E는 호텔의 가운데에 위치한 방을 배정받는다.
③ C는 4층에 위치한 방을 배정받는다.
④ E는 H보다 높은 층을 배정받는다.
⑤ G는 C의 바로 위층에 있는 방을 배정받는다.

04 문제처리

| 유형분석 |

- 상황과 정보를 토대로 조건에 적절한 것을 찾는 문제이다.
- 자원관리능력 영역과 결합한 계산 문제가 출제될 가능성이 있다.

다음은 N은행에서 진행할 예정인 이벤트 포스터이다. 해당 이벤트를 고객에게 추천하기 위해 사전에 확인한 사항으로 적절하지 않은 것은?

〈N은행 가족사랑 패키지 출시 기념 이벤트〉

▲ 이벤트 기간 : 2025년 3월 3일(월) ~ 31일(월)

▲ 세부내용

구분	응모요건	경품
가족사랑 통장·적금· 대출 신규 가입고객	① 가족사랑 통장 신규 ② 가족사랑 적금 신규 ③ 가족사랑 대출 신규	가입고객 모두에게 OTP 또는 보안카드 무료 발급
가족사랑 고객	가족사랑 통장 가입 후 다음 중 1가지 이상 충족 ① 급여이체 신규 ② 가맹점 결제대금 이체 신규 ③ 신용(체크)카드 결제금액 20만 원 이상 ④ 가족사랑 대출 신규(1천만 원 이상)	• 여행상품권(200만 원, 1명) • 최신 핸드폰(3명) • 한우세트(300명) • 연극 티켓 2매(전 고객)
국민행복카드 가입고객	국민행복카드 신규+당행 결제계좌 등록 (동 카드로 임신 출산 바우처 결제 1회 이상 사용)	어쩌다 엄마(도서, 500명)

▲ 당첨자 발표 : 2025년 4월 중순, 홈페이지 공지 및 영업점 통보

– 제세공과금은 N은행이 부담하며, 본 이벤트는 당행의 사정으로 변경 또는 중단될 수 있습니다.

– 당첨고객은 추첨일 현재 대상상품 유지고객에 한하며, 당첨자 명단은 추첨일 기준 금월 중 N은행 홈페이지에서 확인하실 수 있습니다.

– 기타 자세한 내용은 인터넷 홈페이지(www.Nbank.com)를 참고하시거나 가까운 영업점, 고객센터(0000–0000)에 문의하시기 바랍니다.

※ 유의사항 : 상기 이벤트 당첨자 중 핸드폰 등 연락처 불능, 수령 거절 등의 고객 사유로 1개월 이상 경품 미수령 시 당첨이 취소될 수 있습니다.

① 가족사랑 패키지 출시 기념 이벤트는 3월 한 달 동안 진행되는구나.
② 가족사랑 대출을 신규로 가입했을 경우에 OTP나 보안카드를 무료로 발급받을 수 있구나.
③ 가족사랑 통장을 신규로 가입한 후, 급여이체를 설정하면 OTP가 무료로 발급되고 연극 티켓도 받을 수 있구나.
④ 2025년 4월에 이벤트 당첨자를 발표하는데, 별도의 통보가 없으니 영업점을 방문하시라고 설명해야겠구나.
⑤ 경품 미수령 시 당첨이 취소될 수 있으므로 가족사랑 이벤트 관련 안내 시 연락처를 정확하게 기재하라고 안내해야겠구나.

PART 1

정답 ④

당첨자 명단은 N은행 홈페이지에서 확인할 수 있다고 명시되어 있다.

오답분석

① '이벤트 기간'에서 확인할 수 있다.
② '세부내용' 내 '가족사랑 통장·적금·대출 신규 가입고객'의 '경품'란에서 확인할 수 있다.
③ '세부내용' 내 '가족사랑 고객'의 '응모요건'란에서 확인할 수 있다.
⑤ '유의사항'에서 확인할 수 있다.

유형풀이 Tip

- 문제에서 묻는 것을 파악한 후, 필요한 상황과 정보를 활용하여 문제를 풀어간다.
- 전체적으로 적용되는 공통 조건과 추가로 적용되는 조건이 동시에 제시될 수 있다. 따라서 공통 조건이 무엇인지 먼저 판단한 후 경우에 따라 추가 조건을 고려하여 풀이한다.
- 추가 조건은 표 하단에 작은 글자로 제시될 수 있으며, 문제를 해결하는 데 중요한 변수가 될 수 있으므로 유의한다.

대표기출유형 04 기출응용문제

Hard

01 다음은 N은행 퇴직금 산정 기준 및 직원 5명에 대한 정보이다. 5명의 직원 모두 미사용 연차 일수가 5일일 때, 퇴직금이 두 번째로 적은 직원은?(단, 모든 계산은 소수점 첫째 자리에서 반올림한다)

〈퇴직금 산정 기준〉

- $(\text{퇴직금})=(\text{1일 평균임금})\times 30\times \frac{(\text{근속연수})}{(\text{1년})}$
- $(\text{1일 평균임금})=(A+B+C)\div 90$
  - $A=(\text{3개월간의 임금 총액})=[(\text{기본급})+(\text{기타수당})]\times 3$
  - $B=(\text{연간 상여금})\times \frac{(\text{3개월})}{(\text{12개월})}$
  - $C=(\text{연차수당})\times(\text{미사용 연차 일수})\times \frac{(\text{3개월})}{(\text{12개월})}$

〈N은행 직원 퇴직금 관련 정보〉

구분	근속연수	기본급	기타수당	연차수당	연간 상여금
최과장	12년	3,000,000원	-	140,000원	1,800,000원
박과장	10년	2,700,000원	-	115,000원	1,500,000원
홍대리	8년	2,500,000원	450,000원	125,000원	1,350,000원
신대리	6년	2,400,000원	600,000원	97,500원	1,200,000원
양주임	3년	2,100,000원	-	85,000원	900,000원

① 최과장
② 박과장
③ 홍대리
④ 신대리
⑤ 양주임

02 S통신사, L통신사, K통신사 3사는 모두 A ~ G카드사와 제휴를 통해 전월에 일정 금액 이상 카드 사용 시 통신비를 할인해 주고 있다. 통신비 할인조건과 최대 할인금액이 다음과 같을 때, 이에 대한 내용으로 옳은 것은?

〈카드사별 통신비 할인조건〉

구분	통신사	최대 할인금액	할인조건
A카드사	S통신사	20,000원	• 전월 카드 사용 100만 원 이상 시 2만 원 할인 • 전월 카드 사용 50만 원 이상 시 1만 원 할인
	L통신사	9,000원	• 전월 카드 사용 30만 원 이상 시 할인
	K통신사	8,000원	• 전월 카드 사용 30만 원 이상 시 할인
B카드사	S통신사	20,000원	• 전월 카드 사용 100만 원 이상 시 2만 원 할인 • 전월 카드 사용 50만 원 이상 시 1만 원 할인
	L통신사	9,000원	• 전월 카드 사용 30만 원 이상 시 할인
	K통신사	9,000원	• 전월 카드 사용 50만 원 이상 시 9천 원 할인 • 전월 카드 사용 30만 원 이상 시 6천 원 할인
C카드사	S통신사	22,000원	• 전월 카드 사용 100만 원 이상 시 2.2만 원 할인 • 전월 카드 사용 50만 원 이상 시 1만 원 할인 • 전월 카드 1회 사용 시 5천 원 할인
D카드사	L통신사	9,000원	• 전월 카드 사용 30만 원 이상 시 할인
	K통신사	9,000원	• 전월 카드 사용 30만 원 이상 시 할인
E카드사	K통신사	8,000원	• 전월 카드 사용 30만 원 이상 시 할인
F카드사	K통신사	15,000원	• 전월 카드 사용 50만 원 이상 시 할인
G카드사	L통신사	15,000원	• 전월 카드 사용 70만 원 이상 시 1.5만 원 할인 • 전월 카드 사용 30만 원 이상 시 1만 원 할인

① S통신사 이용 시 가장 많은 통신비를 할인받을 수 있는 제휴카드사는 A카드사이다.
② 전월에 33만 원을 사용했을 경우 L통신사에 대한 할인금액은 G카드사보다 D카드사가 더 많다.
③ 전월에 23만 원을 사용했을 경우 K통신사에 대해 통신비를 할인할 수 있는 제휴카드사는 1곳이다.
④ S통신사의 모든 제휴카드사는 전월 실적이 50만 원 이상이어야 통신비 할인이 가능하다.
⑤ 전월 52만 원을 사용했을 경우 K통신사에 대한 할인금액이 가장 많은 제휴카드사는 F카드사이다.

03 다음은 ○○은행의 전세자금대출 관련 설명서의 일부이다. 홈페이지의 Q&A 담당인 A사원이 게시판에 올라온 질문에 잘못 답변한 것은?

◆ 대출대상자

부동산중개업소를 통해 임대차계약(임차보증금이 있는 월세계약 포함)을 체결하고 5% 이상의 계약금을 지급한 임차인으로 다음 요건을 모두 충족하는 고객[임대인이 주택사업자(법인 임대사업자 포함)인 경우에는 부동산중개업소를 통하지 않은 자체계약서 인정 가능]

- 대출신청일 현재 만 19세 이상인 고객
- 대출신청일 현재 임대차계약기간이 1년 이상 남은 고객
- 임차보증금이 수도권(서울특별시 포함) 4억 원, 그 외 지역의 경우 3억 원 이하여야 함[단, 임대인이 주택사업자(법인 임대사업자 포함)인 경우 임차보증금 제한 없음]
- 임차권의 대항력 및 우선변제권을 확보한 고객 또는 확보할 수 있는 고객
- 외국인 및 재외국민이 아닌 고객

◆ 대상주택

전 지역 소재 주택으로서 다음의 조건을 모두 갖추어야 함

- 임대인에 따라 다음 주택을 대상으로 함
  - 임대인이 개인인 경우 : 아파트(주상복합아파트 포함), 연립주택, 다세대주택, 단독주택, 다가구주택, 주거용 오피스텔
  - 임대인이 주택사업자(법인 임대사업자 포함)인 경우 : 아파트(주상복합아파트 포함), 연립주택, 주거용 오피스텔
- 소유권에 대한 권리침해 사항(경매신청, 압류, 가압류, 가처분, 가등기 등)이 없어야 함
- 전입세대열람내역 확인 시 타 세대의 전입내역이 없을 것(단, 단독주택 및 다가구주택은 여러 세대가 공동 거주하므로 다른 세대의 전입내역이 있는 경우에도 취급 가능)
- 미등기 건물 또는 건축물대장상 위반건축물이 아닌 경우
- 선순위채권이 존재하는 경우 주택가격의 60% 이내일 것
- 임대인이 외국인, 해외거주자인 경우 취급할 수 없음

① Q : 아직 계약금을 내지 않았는데, 전세자금대출을 받아 계약금을 먼저 내고 싶습니다.
A : 부동산중개업소를 통해 임대차계약(임차보증금이 있는 월세계약 포함)을 체결하고 5% 이상의 계약금을 지급하여야만 대출을 진행할 수 있습니다.

② Q : 내년에 입주 예정인 만 18세 예비 대학생입니다. 올해 대출을 받아 내년에 입주하고 싶은데, 가능한가요?
A : 대출신청일 현재 만 19세 이상이셔야 합니다.

③ Q : 다음 달이 전세계약 만기라 대출을 받고 싶습니다.
A : 대출 신청일 현재 임대차계약기간이 1년 이상 남아야 합니다.

④ Q : 최근 준공 완료한 건물이라 아직 등기부등본에 조회가 안 되는 것 같습니다. 대출부터 진행할 수 있나요?
A : 미등기 건물은 대출이 불가합니다.

⑤ Q : 필리핀에서 한국으로 귀화한 지 2년이 지났습니다. 다른 조건을 만족하면 대출이 가능한가요?
A : 외국인인 경우 대출이 불가합니다.

Easy

04 N금융회사에서는 직원들에게 다양한 혜택이 있는 복지카드를 제공한다. 복지카드의 혜택사항과 B사원의 일과가 다음과 같을 때, ㉠~㉤ 중에서 복지카드의 혜택을 받을 수 없는 것을 모두 고르면?

〈복지카드 혜택사항〉

구분	세부내용
교통	대중교통(지하철, 버스) 3~7% 할인
의료	병원 5% 할인(동물병원 포함, 약국 제외)
쇼핑	의류, 가구, 도서 구입 시 5% 할인
영화	영화관 최대 6천 원 할인

〈B사원의 일과〉

B는 오늘 친구와 백화점에서 만나 쇼핑을 하기로 약속을 했다. 집에서 ㉠ 지하철을 타고 약 20분이 걸려 백화점에 도착한 B는 어머니 생신 선물로 ㉡ 화장품과 옷을 산 후, 동생에게 이사 선물로 줄 ㉢ 침구류도 구매하였다. 쇼핑이 끝난 후 B는 ㉣ 버스를 타고 집에 돌아와 자신이 키우는 반려견의 예방접종을 위해 ㉤ 병원에 가서 진료를 받았다.

① ㉠, ㉣
② ㉡, ㉢
③ ㉢, ㉤
④ ㉠, ㉡, ㉢
⑤ ㉢, ㉣, ㉤

PART 1

05 | 환경분석

| 유형분석 |

- 상황에 대한 환경 분석을 통해 주요 과제 및 해결 방안을 도출하는 문제이다.
- SWOT 분석뿐 아니라 3C 분석을 활용하는 문제가 출제될 수 있으므로, 해당 분석 도구에 대한 사전 학습이 요구된다.

N금융그룹의 SWOT 분석 결과가 다음과 같을 때, 분석 결과에 대응하는 전략과 그 내용이 바르게 연결된 것은?

〈N금융그룹 SWOT 분석 결과〉

S(강점)	W(약점)
• 탄탄한 국내시장 지배력 • 뛰어난 위기관리 역량 • 우수한 자산건전성 지표 • 수준 높은 금융 서비스	• 은행과 이자수익에 편중된 수익구조 • 취약한 해외 비즈니스와 글로벌 경쟁력 • 낙하산식 경영진 교체와 관치금융 우려 • 외화 자금 조달 리스크
O(기회)	**T(위협)**
• 해외 금융시장 진출 확대 • 기술 발달에 따른 핀테크의 등장 • IT 인프라를 활용한 새로운 수익 창출 • 계열사 간 협업을 통한 금융 서비스	• 새로운 금융 서비스의 등장 • 은행의 영향력 약화 가속화 • 글로벌 금융사와의 경쟁 심화 • 비용 합리화에 따른 고객 신뢰 저하

① SO전략 – 해외 비즈니스TF팀 신설로 상반기 해외 금융시장 진출 대비
② ST전략 – 금융 서비스를 다방면으로 확대해 글로벌 금융사와의 경쟁에서 우위 차지
③ WO전략 – 국내의 탄탄한 시장점유율을 기반으로 핀테크 사업 진출
④ WT전략 – 국내 금융사의 우수한 자산건전성 지표를 홍보하여 고객 신뢰 회복
⑤ WT전략 – 해외 금융시장 진출을 확대하여 안정적인 외화 자금 조달을 통한 위기관리

정답 ②

수준 높은 금융 서비스를 통해 글로벌 금융사와의 경쟁에서 우위를 차지하는 것은 강점을 이용해 글로벌 금융사와의 경쟁 심화라는 위협을 극복하는 ST전략이다.

오답분석

① 해외 비즈니스TF팀을 신설해 해외 금융시장 진출을 확대하는 것은 글로벌 경쟁력이 낮다는 약점을 극복하고 해외 금융시장 진출 확대라는 기회를 활용하는 WO전략이다.
③ 탄탄한 국내 시장점유율이 국내 금융그룹의 핀테크 사업 진출의 기반이 되는 것은 강점을 통해 기회를 살리는 SO전략이다.
④ 우수한 자산건전성 지표를 홍보하여 고객 신뢰를 회복하는 것은 강점으로 위협을 극복하는 ST전략이다.
⑤ 외화 자금 조달 리스크가 약점이므로 기회를 통해 약점을 보완하는 WO전략이다.

유형풀이 Tip

SWOT 분석

기업의 내부 환경과 외부 환경을 분석하여 강점(Strength), 약점(Weakness), 기회(Opportunity), 위협(Threat) 요인을 규정하고 이를 토대로 경영전략을 수립하는 기법으로, 미국의 경영컨설턴트인 알버트 험프리(Albert Humphrey)에 의해 고안되었다. SWOT 분석의 가장 큰 장점은 기업의 내부·외부 환경 변화를 동시에 파악할 수 있다는 것이다. 기업의 내부 환경을 분석하여 강점과 약점을 찾아내며, 외부 환경 분석을 통해서는 기회와 위협을 찾아낸다. SWOT 분석은 외부로부터의 기회는 최대한 살리고 위협은 회피하는 방향으로 자신의 강점은 최대한 활용하고 약점은 보완한다는 논리에 기초를 두고 있다. SWOT 분석에 의한 경영전략은 다음과 같이 정리할 수 있다.

Strength 강점 기업 내부 환경에서의 강점	S	W	Weakness 약점 기업 내부 환경에서의 약점
Opportunity 기회 기업 외부 환경으로부터의 기회	O	T	Threat 위협 기업 외부 환경으로부터의 위협

3C 분석

고객(Customer)	경쟁사(Competitor)	자사(Company)
• 주 고객군은 누구인가? • 그들은 무엇에 열광하는가? • 그들의 정보 습득 / 교환은 어디에서 일어나는가?	• 경쟁사는 어떤 회사가 있는가? • 경쟁사의 핵심역량은 무엇인가? • 잠재적인 경쟁사는 어디인가?	• 자사의 핵심역량은 무엇인가? • 자사의 장단점은 무엇인가? • 자사의 다른 사업과 연계되는가?

대표기출유형 05 기출응용문제

01 **다음은 N사가 추진 중인 '그린수소' 사업에 대한 보도 자료와 N사에 대한 SWOT 분석 결과이다. SWOT 분석 결과를 참고할 때, '그린수소' 사업이 해당하는 전략은 무엇인가?**

N사는 전라남도 나주시와 '그린수소 사업 협력 MOU'를 체결하였다. 지난 5월 정부는 탄소 배출 없는 그린수소 생산을 위해 N사를 사업자로 선정하였고, 재생에너지 잉여전력을 활용한 수전해(P2G) 기술을 통해 그린수소를 만들어 저장하는 사업을 정부 과제로 선정하여 추진하기로 하였다.
그린(Green)수소란 이산화탄소 배출을 수반하지 않는 수소로, 주로 수전해(P2G)기술을 통해 생산된다. 현재 국내에서 생산되는 수소는 그레이(Gray)수소로, 추출·생산하는 과정에서 질소산화물, 이산화탄소 등을 배출한다.
수전해(P2G) 기술은 재생에너지 잉여전력을 활용하여 물의 전기분해를 통해 수소(H_2)를 생산 및 저장하거나, 생산된 수소와 이산화탄소(CO_2)를 결합하여 천연가스의 주성분인 메탄(CH_4)으로 전환함으로써 수송, 발전 및 도시가스 연료로 활용하는 전력 가스화(P2G, Power To Gas) 기술을 말한다.
그린수소 사업은 정부의 '재생에너지 3020 계획'에 따라 계속 증가하는 재생에너지를 활용해 수소를 생산함으로써 재생에너지 잉여전력 문제를 해결할 것으로 예상된다.
MOU 체결식에서 N사 사장은 "N사는 전라남도 나주시와 지속적으로 협력하여 정부 에너지전환 정책에 부응하고, 사업에 필요한 기술개발을 위해 더욱 노력할 것"이라고 밝혔다.

〈SWOT 분석 결과〉

장점(Strength)	약점(Weakness)
• 적극적인 기술개발 의지 • 차별화된 환경기술 보유	• 해외시장 진출에 대한 두려움 • 경험 많은 기술 인력의 부족
기회(Opportunity)	**위협(Threat)**
• 발전설비를 동반한 환경설비 수출 유리 • 세계 전력 시장의 지속적 성장	• 재생에너지의 잉여전력 증가 • 친환경 기술 경쟁 심화

① SO전략
② ST전략
③ WO전략
④ WT전략
⑤ OT전략

Easy

02 **K전력공사는 필리핀의 신재생에너지 시장에 진출하려고 한다. 전략기획팀의 M대리는 3C 분석 방법을 통해 다음과 같은 결과를 도출하였다. 다음 중 K전력공사의 필리핀 시장 진출에 대한 판단으로 가장 적절한 것은?**

〈3C 분석〉

구분	상황분석
고객(Customer)	• 아시아국가 중 전기요금이 높은 편에 속함 • 태양광, 지열 등 훌륭한 자연환경 조건 기반 • 신재생에너지 사업에 대한 정부의 적극적 추진 의지
경쟁사(Competitor)	• 필리핀 민간 기업의 투자 증가 • 중국 등 후발국의 급속한 성장 • 체계화된 기술 개발 부족
자사(Company)	• 필리핀 화력발전 사업에 진출한 이력 • 필리핀의 태양광 발전소 지분 인수 • 현재 미국, 중국 등 4개국에서 풍력과 태양광 발전소 운영 중

① 필리핀은 전기요금이 높아 국민들의 전력 사용량이 많지 않을 것으로 예상되며, 열악한 전력 인프라로 신재생에너지 시장의 발전 가능성 또한 낮을 것으로 예상되므로 자사의 필리핀 시장 진출은 바람직하지 않다.

② 필리핀은 정부의 적극적 추진 의지로 신재생에너지 시장이 급성장하고 있으나, 민간 기업의 투자와 다른 아시아국가의 급속한 성장으로 경쟁이 치열하므로 자사는 비교적 경쟁이 덜한 중국 시장으로 진출하는 것이 바람직하다.

③ 풍부한 자연환경 조건을 가진 필리핀 신재생에너지 시장의 성장 가능성은 높지만, 경쟁사에 비해 체계적이지 못한 자사의 기술 개발 역량이 필리핀 시장 진출에 걸림돌이 될 것이다.

④ 훌륭한 자연환경 조건과 사업에 대한 정부의 추진 의지를 바탕으로 한 필리핀의 신재생에너지 시장에서는 필리핀 민간 기업이나 후발국과의 치열한 경쟁이 예상되나, 자사의 진출 이력을 바탕으로 경쟁력을 확보할 수 있을 것이다.

⑤ 필리핀 시장에 대한 정보가 부족한 자사가 성장 가능성이 높은 신재생에너지 시장에 진출하기 위해서는 현재 급속한 성장을 보이고 있는 중국 등과 협력하여 함께 진출하는 것이 바람직하다.

03 다음은 인터넷전문은행인 A뱅크의 SWOT 분석 결과를 정리한 것이다. 이를 근거로 판단한 A뱅크의 경영전략 내용으로 적절한 것을 〈보기〉에서 모두 고르면?

〈A뱅크의 SWOT 분석 결과〉

구분	내용
강점 (Strength)	• 시중은행보다 낮은 대출금리와 이를 가능하게 하는 저비용 사업 구조 • 개발자 중심의 수평적이고 유연한 기업문화와 국내 최정상의 ICT 역량 • 국내 이용자 수 1위 'K톡'이라는 모기업의 막강한 브랜드 인지도 및 'K톡'과 연계한 모바일 완결형 서비스로써 시공간에 구애 없는 접근성 • 비대면 계좌개설 · 대출 프로세스를 구현해 수익원 발굴에 성공하는 등 은행업과 플랫폼 사업이 선순환을 이루는 비즈니스 모델 • 'A뱅크' 앱이 은행권 내에서 모바일 앱의 월간실사용자 수(MAU) 1위를 차지하며 리테일 시장 내 안정적인 시장 지위 확보 • 무점포 운영에 따른 고정 비용 절감 → 고객 수수료 할인 가능
약점 (Weakness)	• 오프라인 점포 부재로 인한 영업 채널상의 제약 • 시중은행보다 높은 인프라 비용(감가상각비 · 무형자산상각비 · 홍보비 등) • 가계 부문(약 98%)에 편중된 여신 구조로 가계 부문 규제 리스크에 유연한 대처가 어려움 • 중 · 저신용자 대상 신용대출 비중이 높아 대손부담이 시중은행 평균보다 높은 것에 따른 수익성 개선 둔화 우려 • 대출 포트폴리오의 차주별 · 담보별 · 업종별 다각화 수준은 기존 은행에 비해 미흡함
기회 (Opportunity)	• 인터넷 · 모바일을 통한 비대면 전자금융 거래 수요의 증가세 • 디지털 환경에 익숙하고 핀테크 수용에 적극적인 젊은 세대의 부상 • 보유 지분율 확대 등 〈인터넷전문은행법〉상의 규제 완화로 자본 확충 • 금융사 · 비금융사와의 제휴 확대에 따른 플랫폼 비즈니스의 성장 및 비이자 수익 확대 전망 • 저원가성 수신 상품의 성장에 따른 수신금리 인하, 기준금리 인상에 따른 대출금리 상승 → 순이자마진(NIM) 개선 추세
위협 (Threat)	• 후발주자의 등장 및 기존 은행의 디지털 서비스 강화 추세 • 글로벌 경제 불안, 국내의 장기적 저성장에 따른 금융 시장의 저성장성 • 금융 당국과 협의한 중신용 대출 취급 확대로 인해 연체율 · 부실채권 비율 증가 추세 가능성 • 부동산 시장 악화, 정부의 가계부채 규제 강화 및 금리 인상으로 저조한 대출채권 성장률 전망 • 〈은행법〉, 〈인터넷전문은행법〉에 따라 비은행 서비스로 사업 영역을 확장하기 어려움 등의 법적 · 제도적 규제

보기

ㄱ. 강력한 플랫폼 비즈니스 경쟁력 갖추고 MAU 1위에 오른 'A뱅크' 앱을 무기로 삼아 오프라인 무점포로 인한 영업 창구의 제약을 극복하려는 방안은 SO전략에 해당한다.

ㄴ. 후발주자인 T뱅크의 추격을 따돌리고 디지털 서비스 강화에 나선 기존 은행과의 경쟁에서 돌파구를 찾기 위해 언택트 대출 프로세스 개발로 흥행에 성공하는 등의 국내 최정상의 정보통신 기술력을 활용하려는 방안은 ST전략에 해당한다.

ㄷ. 휴대폰과 SNS로 연결되는 온라인 환경에 친숙한 MZ 세대가 주요 소비자군으로 떠오르고 있으므로 'K톡' 앱을 이용하는 MZ 세대 고객군이 보다 간편하게 대출을 받을 수 있도록 'K톡'과 'A뱅크' 앱의 연결을 강화하려는 방안은 WO전략에 해당한다.

ㄹ. 지나치게 가계 여신에 의존하고 있는 불균형을 해소하고 정부의 가계부채 규제 강화로 인한 후폭풍 가능성을 사전에 차단하기 위해 SOHO 대출과 주택담보 대출 비율을 끌어올리려는 방안은 WT전략에 해당한다.

① ㄱ, ㄴ
② ㄱ, ㄹ
③ ㄴ, ㄷ
④ ㄴ, ㄹ
⑤ ㄷ, ㄹ

Hard

04 **다음은 국내 금융기관에 대한 SWOT 분석 결과이다. 이를 통해 SWOT 전략을 세운다고 할 때, 〈보기〉 중 분석 결과에 대응하는 전략과 그 내용이 바르게 연결된 것을 모두 고르면?**

> 국내 대부분의 예금과 대출을 국내 은행이 차지하고 있을 정도로 국내 금융기관에 대한 우리나라 국민들의 충성도는 높은 편이다. 또한 국내 금융기관은 철저한 신용 리스크 관리로 해외 금융기관과 비교해 자산건전성 지표가 매우 우수한 편이다. 시장 리스크 관리도 해외 선진 금융기관 수준에 도달한 것으로 평가받는다. 국내 금융기관은 외환위기와 글로벌 금융위기 등을 거치며 꾸준히 자산건전성을 강화해 왔기 때문이다.
> 그러나 은행과 이자 이익에 수익이 편중돼 있다는 점은 국내 금융기관의 가장 큰 약점이 된다. 대부분 예금과 대출 거래 중심의 영업구조로 되어 있기 때문이다. 취약한 해외 비즈니스도 문제로 들 수 있다. 최근 동남아 시장을 중심으로 해외 진출에 박차를 가하고 있지만, 아직은 눈에 띄는 성과가 많지 않은 상황이다.
> 많은 어려움에도 불구하고 국내 금융기관의 발전 가능성은 아직 무궁무진하다. 우선 해외 시장으로 눈을 돌리면 다양한 기회가 열려있다. 전 세계 신용・단기 자금 확대, 글로벌 무역 회복세로 국내 금융기관의 해외 진출 여건은 양호한 편이다. 따라서 해외 시장 개척을 통해 어떻게 신규 수익원을 확보하느냐가 성장의 새로운 기회로 작용할 전망이다. IT 기술 발달에 따른 핀테크의 등장도 새로운 기회가 될 수 있다. 국내의 발달된 인터넷과 모바일뱅킹 서비스, IT 인프라를 활용한 새로운 수익 창출 가능성이 열려 있는 것이다.
> 역설적으로 핀테크의 등장은 오히려 국내 금융기관의 발목을 잡을 수 있다. 블록체인 기술에 기반한 암호화폐, 간편결제와 송금, 로보어드바이저, 인터넷 은행, P2P 대출 등 다양한 핀테크 분야의 새로운 서비스들이 기존 금융 서비스의 대체재로서 출현하고 있기 때문이다. 금융시장 개방에 따른 글로벌 금융기관과의 경쟁 심화도 넘어야 할 산이다. 특히 중국 은행을 비롯한 중국 금융이 급성장하고 있어 이에 대한 대비책 마련이 시급하다.

보기

ㄱ. SO전략 – 높은 국내 시장 점유율을 기반으로 국내 핀테크 사업에 진출한다.
ㄴ. WO전략 – 위기관리 역량을 강화하여 해외 금융시장에 진출한다.
ㄷ. ST전략 – 해외 금융기관과 비교해 우수한 자산건전성을 강조하여 글로벌 금융기관과의 경쟁에서 우위를 차지한다.
ㄹ. WT전략 – 해외 비즈니스 역량을 강화하여 해외 금융시장에 진출한다.

① ㄱ, ㄴ
② ㄱ, ㄷ
③ ㄴ, ㄷ
④ ㄴ, ㄹ
⑤ ㄷ, ㄹ

CHAPTER 04

자원관리능력

합격 Cheat Key

자원관리능력은 현재 NCS 기반 채용을 진행하는 많은 금융권에서 핵심영역으로 자리 잡아, 일부를 제외한 대부분의 시험에서 출제 영역으로 꼽히고 있다. 전체 문항수의 10 ~ 15% 비중으로 출제되고 있고, 난이도가 상당히 높기 때문에 NCS를 치를 수험생이라면 반드시 준비해야 할 필수 과목이다.

실제 시험 기출 키워드를 살펴보면 비용 계산, 해외파견 지원금 계산, 주문 제작 단가 계산, 일정 조율, 일정 선정, 행사 대여 장소 선정, 최단거리 구하기, 시차 계산, 소요시간 구하기, 해외파견 근무 기준에 부합한 또는 부합하지 않는 직원 고르기 등 크게 자원계산, 자원관리 문제유형이 출제된다. 대표유형을 바탕으로 응용되는 방식의 문제가 출제되고 있기 때문에 비슷한 유형을 계속해서 풀어보면서 감을 익히는 것이 중요하다.

1 시차를 먼저 계산하자!

시간자원관리문제의 대표유형 중 시차를 계산하여 일정에 맞는 항공권을 구입하거나 회의시간을 구하는 문제에서는 각각의 나라 시간을 한국 시간으로 전부 바꾸어 계산하는 것이 편리하다. 조건에 맞는 나라들의 시간을 전부 한국 시간으로 바꾸고 한국 시간과의 시차만 더하거나 빼면 시간을 단축하여 풀 수 있다.

2 선택지를 활용하자!

예산자원관리문제의 대표유형에서는 계산을 해서 값을 요구하는 문제들이 있다. 이런 문제유형에서는 문제 선택지를 먼저 본 후 자리 수가 몇 단위로 끝나는지 확인한다. 예를 들어 412,300원, 426,700원, 434,100원, 453,800원인 선택지가 있다고 할 때, 이 선택지는 100원 단위로 끝나기 때문에 제시된 조건에서 100원 단위로 나올 수 있는 항목을 찾아 그 항목만 계산하여 시간을 단축시키는 방법이 있다.
또한, 일일이 계산하는 문제가 많다. 예를 들어 640,000원, 720,000원, 810,000원 등의 수를 이용해 푸는 문제가 있다고 할 때, 만 원 단위를 절사하고 계산하여 64, 72, 81처럼 요약하여 적는 것도 시간을 단축하는 방법이다.

3 최적의 값을 구하는 문제인지 파악하자!

물적자원관리문제의 대표유형에서는 제한된 자원 내에서 최대의 만족 또는 이익을 얻을 수 있는 방법을 강구하는 문제가 출제된다. 이때, 구하고자 하는 값을 x, y로 정하고 연립방정식을 이용해 x, y 값을 구한다. 최소 비용으로 목표생산량을 달성하기 위한 업무 및 인력 할당, 정해진 시간 내에 최대 이윤을 낼 수 있는 업체 선정, 정해진 인력으로 효율적 업무 배치 등을 구하는 문제에서 사용되는 방법이다.

4 각 평가항목을 비교해 보자!

인적자원관리문제의 대표유형에서는 각 평가항목을 비교하여 기준에 적합한 인물을 고르거나, 저렴한 업체를 선정하거나, 총점이 높은 업체를 선정하는 문제가 출제된다. 이런 문제를 해결할 때는 평가항목에서 가격이나 점수 차이에 영향을 많이 미치는 항목을 찾아 지우면 $1 \sim 2$개의 선택지를 삭제하고 $3 \sim 4$개의 선택지만 계산하여 시간을 단축할 수 있다.

5 문제의 단서를 이용하자!

자원관리능력은 계산문제가 많기 때문에, 복잡한 계산은 딱 떨어지게끔 조건을 제시하는 경우가 많다. 단서를 보고 부합하지 않는 선택지를 $1 \sim 2$개 먼저 소거한 뒤 계산을 하는 것도 시간을 단축하는 방법이다.

01 시간계획

| 유형분석 |

- 시간 자원과 관련된 다양한 정보를 활용하여 풀어가는 문제이다.
- 대체로 교통편 정보나 국가별 시차 정보가 제공되며, 이를 근거로 '현지 도착시간 또는 약속된 시간 내에 도착하기 위한 방안'을 고르는 문제가 출제된다.

한국은 뉴욕보다 16시간 빠르고, 런던은 한국보다 8시간 느리다. 다음 비행기가 현지에 도착할 때의 시간(㉠, ㉡)으로 옳은 것은?

〈비행 시간표〉

구분	출발 일자	출발 시간	비행 시간	도착 시간
뉴욕행 비행기	6월 6일	22:20	13시간 40분	㉠
런던행 비행기	6월 13일	18:15	12시간 15분	㉡

	㉠	㉡
①	6월 6일 09시	6월 13일 09시 30분
②	6월 6일 20시	6월 13일 22시 30분
③	6월 7일 09시	6월 14일 09시 30분
④	6월 7일 13시	6월 14일 15시 30분
⑤	6월 7일 20시	6월 14일 20시 30분

정답 ②

㉠ 뉴욕행 비행기는 한국에서 6월 6일 22시 20분에 출발하고, 13시간 40분 동안 비행하기 때문에 6월 7일 12시에 도착한다. 한국 시간은 뉴욕보다 16시간 빠르므로 현지에 도착하는 시간은 6월 6일 20시가 된다.

㉡ 런던행 비행기는 한국에서 6월 13일 18시 15분에 출발하고, 12시간 15분 동안 비행하기 때문에 현지에 6월 14일 6시 30분에 도착한다. 한국 시간은 런던보다 8시간이 빠르므로 현지에 도착하는 시간은 6월 13일 22시 30분이 된다.

유형풀이 Tip

- 문제에서 묻는 것을 정확히 파악한 후 제시된 상황과 정보를 활용하여 문제를 풀어간다.
- 추가 조건이나 제한사항은 문제를 해결하는 데 중요한 변수가 될 수 있으므로 유의한다.

대표기출유형 01 기출응용문제

Easy

01 다음 중 A씨가 시간관리를 통해 일상에서 얻을 수 있는 효과로 적절하지 않은 것은?

A씨는 일과 생활의 균형을 유지하기 위해 항상 노력한다. 매일 아침 가족들과 함께 아침 식사를 하며 대화를 나눈 후 출근 준비를 한다. 출근길 지하철에서는 컴퓨터 자격증 공부를 틈틈이 하고 있다. 업무를 진행하는 데 있어서 컴퓨터 사용 능력이 부족하다는 것을 스스로 느꼈기 때문이다. 회사에 출근 시간보다 여유롭게 도착하면 먼저 오늘의 업무 일지를 작성하여 무슨 일을 해야 하는지 파악한다. 근무 시간에는 일정표를 바탕으로 정해진 순서대로 일을 진행한다. 퇴근 후에는 가족과 영화를 보거나 저녁 식사를 하며 시간을 보낸다. A씨는 철저한 시간관리를 통해 후회 없는 생활을 하고 있다.

① 스트레스 감소
② 균형적인 삶
③ 생산성 향상
④ 목표 성취
⑤ 사회적 인정

02 해외영업부에서 근무하는 K부장은 팀원과 함께 해외출장을 가게 되었다. 인천공항에서 대한민국 시간으로 7월 14일 09:00에 모스크바로 출발하고, 모스크바에서 일정 시간 동안 체류한 후, 영국 시간으로 7월 14일 18:30에 런던에 도착하는 일정이다. K부장이 모스크바에 체류한 시간은?

〈K부장 비행 일정〉

경로	출발	도착	비행 시간
인천 → 모스크바	7월 14일 09:00		9시간 30분
모스크바 → 런던		7월 14일 18:30	4시간

※ 시차정보(GMT 기준) : 영국 0, 러시아 +3, 대한민국 +9
※ 단, 출발 시간은 출발지 기준, 도착 시간은 도착지 기준임

① 1시간
② 2시간
③ 3시간
④ 5시간
⑤ 7시간

PART 1

03 N은행 본사에서 근무하는 A대리는 지점별로 보안관리 실무자를 만나기 위해 지점 4곳을 방문하고자 한다. A대리의 지점별 출장계획과 본사 및 지점 간 이동 소요시간이 다음과 같을 때, 이동 소요시간이 가장 적은 경로는?

〈A대리의 지점별 출장계획〉

- A대리는 본사에서 출발하여, 지점 4곳을 방문한 후 본사로 복귀한다.
- A대리가 방문할 지점은 청평지점, 무주지점, 산청지점, 예천지점이다.
- 2025년 4월 7일에 본사에서 출발하여 4월 11일에 본사로 복귀한다.
- 본사로 복귀하는 마지막 날에는 어떠한 지점도 방문하지 않는다.
- A대리는 각 지점을 한 번씩만 방문하며, 본사 및 지점 간 이동은 하루에 한 번만 한다.
- 보안관리 실무자의 사정으로 인해 산청지점은 반드시 9월 7일에 방문한다.

〈본사 및 각 지점 간 이동 소요시간〉

출발＼도착	본사	청평지점	무주지점	산청지점	예천지점
본사		55분	2시간 5분	1시간 40분	40분
청평지점	55분		45분	1시간 5분	50분
무주지점	2시간 5분	45분		1시간 20분	1시간 50분
산청지점	1시간 40분	1시간 5분	1시간 20분		35분
예천지점	40분	50분	1시간 50분	35분	

① 본사 – 청평지점 – 무주지점 – 예천지점 – 산청지점 – 본사
② 본사 – 청평지점 – 예천지점 – 무주지점 – 산청지점 – 본사
③ 본사 – 무주지점 – 예천지점 – 청평지점 – 산청지점 – 본사
④ 본사 – 무주지점 – 청평지점 – 예천지점 – 산청지점 – 본사
⑤ 본사 – 예천지점 – 청평지점 – 무주지점 – 산청지점 – 본사

04 최근 두바이에 있는 중요한 바이어가 N금융회사 본사에 들르기를 원한다고 전해왔다. 9월 중에 총 6일간 머무르며 업무현장을 먼저 방문한 후 본사에서 주요 계약사항에 대해 논의할 예정이다. 바이어의 일정에 차질이 생기지 않도록 스케줄을 잡을 때, 가장 적절한 일정은?

〈9월 달력〉

일	월	화	수	목	금	토
				1	2	3
4	5	6	7	8	9	10
11	12	13	14	15 추석	16	17
18	19	20	21	22	23	24
25	26 창립기념일	27	28	29	30	

※ 휴무일 : 본사 – 일요일, 창립기념일, 추석 당일

※ 9월 6일부터 12일까지 업무현장 시설점검 및 보수가 예정되어 있음

① 3 ~ 8일
② 12 ~ 17일
③ 17 ~ 22일
④ 19 ~ 24일
⑤ 22 ~ 27일

02 비용계산

| 유형분석 |

- 예산 자원과 관련된 다양한 정보를 활용하여 풀어가는 문제이다.
- 대체로 한정된 예산 내에서 수행할 수 있는 업무 및 예산 가격을 묻는 문제가 출제된다.

A사원은 이번 출장을 위해 KTX표를 미리 40% 할인된 가격에 구매하였으나, 출장 일정이 바뀌는 바람에 하루 전날 표를 취소하였다. 다음 환불 규정에 따라 16,800원을 돌려받았을 때, 할인되지 않은 KTX표의 가격은 얼마인가?

〈KTX 환불 규정〉

출발 2일 전	출발 1일 전~열차 출발 전	열차 출발 후
100%	70%	50%

① 40,000원
② 48,000원
③ 56,000원
④ 67,200원
⑤ 70,000원

정답 ①

할인되지 않은 KTX표의 가격을 x원이라 하면, 표를 40% 할인된 가격으로 구매하였으므로 구매 가격은 $(1-0.4)x=0.6x$원이다. 환불 규정에 따르면 하루 전에 표를 취소하는 경우 70%의 금액을 돌려받을 수 있으므로 다음 식이 성립한다.

$0.6x \times 0.7 = 16,800 \rightarrow 0.42x = 16,800$

$\therefore x = 40,000$

따라서 할인되지 않은 KTX표의 가격은 40,000원이다.

유형풀이 Tip

- 제한사항인 예산을 고려하여, 문제에 제시된 정보에서 필요한 것을 선별해 문제를 풀어간다.

대표기출유형 02 기출응용문제

Easy

01 다음은 예산관리 시스템의 유형 중 하나인 '성과주의 예산 관리'에 대한 설명이다. 성과주의 예산 관리의 특징으로 적절하지 않은 것은?

> 성과주의 예산 관리는 기능적 예산 관리라고도 하며, 개별 지출 항목들을 조직 활동과 연결시키는 것이 특징이다. 성과주의 예산은 지출을 프로그램의 실행 결과에 나타나는 '성과'에 관심을 둔다. 성과주의 예산 관리는 조직의 활동을 기능별, 프로그램별로 나누고, 다시 세부 프로그램으로 나누어 프로그램 단위 비용을 편성하는 과정 중심 예산 형식이다. 이러한 성과주의 예산은 사회복지 조직의 책임성과 관련하여 중요성이 강조되고 있다.

① 프로그램의 목표와 운영에 대한 모니터링이 가능하다.
② 프로그램의 효율성을 기할 수 있다.
③ 단위비용을 계산하여 자금배분을 합리적으로 할 수 있다.
④ 공정하게 예산 범위를 정하는 것이 쉬운 편이다.
⑤ 비용산출의 단위 설정과 단위비용을 책정하는 데 어려움이 있다.

PART 1

02 K기업은 창고업체를 통해 A ~ C 세 제품군을 보관하고 있다. 각 제품군에 대한 정보와 다음 〈조건〉을 참고할 때, K기업이 보관료로 지급해야 할 금액은 총 얼마인가?

〈K업체 제품군 보관 정보〉

구분	매출액(억 원)	용량	
		용적(CUBIC)	무게(톤)
A제품군	300	3,000	200
B제품군	200	2,000	300
C제품군	100	5,000	500

조건

- A제품군은 매출액의 1%를 보관료로 지급한다.
- B제품군은 1CUBIC당 20,000원의 보관료를 지급한다.
- C제품군은 1톤당 80,000원의 보관료를 지급한다.

① 3억 2천만 원
② 3억 4천만 원
③ 3억 6천만 원
④ 3억 8천만 원
⑤ 4억 원

03 다음은 N은행의 성과급 지급 기준에 대한 자료이다. A대리가 받은 성과평가 등급이 아래와 같다면, N은행 성과급 지급 기준에 따라 A대리가 받게 될 성과급은 얼마인가?

〈A대리 성과평가 등급〉

실적	난이도평가	중요도평가	신속성
A등급	B등급	D등급	B등급

〈N은행 성과급 지급 기준〉

■ 개인 성과평가 점수

실적	난이도평가	중요도평가	신속성	총점
30	20	30	20	100

■ 각 성과평가 항목에 대한 등급별 가중치

구분	난이도평가	중요도평가	신속성	총점
A등급(매우 우수)	1	1	1	1
B등급(우수)	0.8	0.8	0.8	0.8
C등급(보통)	0.6	0.6	0.6	0.6
D등급(미흡)	0.4	0.4	0.4	0.4

■ 성과평가 결과에 따른 성과급 지급액

구분	성과급 지급액
85점 이상	120만 원
75점 이상 85점 미만	100만 원
65점 이상 75점 미만	80만 원
55점 이상 65점 미만	60만 원
55점 미만	40만 원

① 40만 원
② 60만 원
③ 80만 원
④ 100만 원
⑤ 120만 원

04 N은행의 A사원은 지사방문 일정으로 인해 여수와 순천으로 출장을 다녀와야 한다. 다음은 KTX 운행시간 및 요금에 대한 자료이다. A사원이 용산역에서 07:30 이후에 출발해서 일정을 마친 뒤 최대한 일찍 용산역에 도착하려고 할 때, A사원이 가장 일찍 용산역에 도착할 수 있는 시각과 총요금을 바르게 연결한 것은?(단, A사원은 여수를 처음으로 방문하고, 점심식사 시간은 12:00 ~ 13:00이며, 열차 운행의 지연은 없다고 가정한다)

〈용산역 – 여수EXPO역 KTX 운행시간 및 요금〉

구분	출발 – 도착 시각	요금(원)
KTX 703	07:15 – 10:18	47,200
KTX 781	07:45 – 11:19	46,000
KTX 705	08:40 – 11:40	47,200

※ 여수 지사방문 일정에는 40분이 소요됨(이동시간 포함)

〈여수EXPO역 – 순천역 KTX 운행시간 및 요금〉

구분	출발 – 도착 시각	요금(원)
KTX 710	12:00 – 12:20	8,400
KTX 782	12:10 – 12:27	8,400
KTX 712	13:05 – 13:22	8,400
KTX 714	14:05 – 14:25	8,400
KTX 716	15:00 – 15:18	8,400

※ 순천 지사방문 일정에는 2시간이 소요됨(이동시간 포함)

〈순천역 – 용산역 KTX 운행시간 및 요금〉

구분	출발 – 도착 시각	요금(원)
KTX 716	15:20 – 17:59	44,000
KTX 718	16:57 – 19:31	44,000
KTX 720	18:21 – 21:03	44,000
KTX 784	19:10 – 22:29	43,000
KTX 724	22:10 – 00:38	44,000

	용산역 도착 시각	총요금
①	17:59	99,600원
②	19:31	98,400원
③	21:03	98,600원
④	22:29	97,400원
⑤	00:38	98,400원

03 품목확정

| 유형분석 |

- 물적 자원과 관련된 다양한 정보를 활용하여 풀어가는 문제이다.
- 주로 공정도 · 제품 · 시설 등에 대한 가격 · 특징 · 시간 정보가 제시되며, 이를 종합적으로 고려하는 문제가 출제된다.

최대리는 노트북을 사고자 N전자 홈페이지에 방문하였다. 노트북 A ~ E를 최종 후보로 선정 후 〈조건〉에 따라 점수를 부여하여 점수가 가장 높은 제품을 고를 때, 최대리가 고를 노트북은?

〈N전자 노트북별 정보〉

구분	A	B	C	D	E
저장용량 / 저장매체	512GB / HDD	128GB / SSD	1,024GB / HDD	128GB / SSD	256GB / SSD
배터리 지속시간	최장 10시간	최장 14시간	최장 8시간	최장 13시간	최장 12시간
무게	2kg	1.2kg	2.3kg	1.5kg	1.8kg
가격	120만 원	70만 원	135만 원	90만 원	85만 원

조건

- 항목별로 순위를 정하여 5 ~ 1점을 순차적으로 부여한다(단, 동일한 성능일 경우 동일한 점수를 부여한다).
- 저장용량은 클수록, 배터리 지속시간은 길수록, 무게는 가벼울수록, 가격은 저렴할수록 높은 점수를 부여한다.
- 저장매체가 SSD일 경우 3점을 추가로 부여한다.

① A　　② B

③ C　　④ D

⑤ E

정답 ②

조건에 따라 노트북별 점수를 계산하면 다음과 같다.

구분	A	B	C	D	E
저장용량	4	2+3=5	5	2+3=5	3+3=6
배터리 지속시간	2	5	1	4	3
무게	2	5	1	4	3
가격	2	5	1	3	4
합계	4+2+2+2=10점	5+5+5+5=20점	5+1+1+1=8점	5+4+4+3=16점	6+3+3+4=16점

따라서 노트북 B를 고른다.

유형풀이 Tip

- 문제에서 제시한 물적 자원의 정보를 문제의 의도에 맞게 선별하면서 풀어간다.

대표기출유형 03 기출응용문제

Easy

01 다음 글의 빈칸에 들어갈 내용으로 옳은 것은?

> 효과적인 물적자원관리 과정을 거쳐 물품을 보관할 장소까지 선정하게 되면 차례로 정리를 하게 된다. 여기서 중요한 것은 ________을 지켜야 한다는 것이다. 이는 입·출하의 빈도가 높은 품목을 출입구 가까운 곳에 보관하는 것을 말한다. 즉, 물품의 활용 빈도가 상대적으로 높은 것은 가져다 쓰기 쉬운 위치에 먼저 보관해야 한다. 이렇게 하면 물품을 활용하는 것도 편리할뿐더러 활용한 후 다시 보관하는 것 역시 편리하게 할 수 있다.

① 통로 대면의 원칙
② 중량 특성의 원칙
③ 선입선출의 원칙
④ 회전 대응 보관의 원칙
⑤ 네트워크 보관의 원칙

02 신입사원 J씨는 A ~ E과제 중 어떤 과제를 먼저 수행할지를 결정하기 위해 평가표를 작성하였다. 다음 평가표를 근거로 할 때 가장 먼저 수행할 과제는?(단, 평가 항목 최종 합산 점수가 가장 높은 과제부터 수행한다)

〈과제별 평가표〉

(단위 : 점)

구분	A과제	B과제	C과제	D과제	E과제
중요도	84	82	95	90	94
긴급도	92	90	85	83	92
적용도	96	90	91	95	83

※ 과제당 다음과 같은 가중치를 별도 부여하여 계산함
[(중요도)×0.3]+[(긴급도)×0.2]+[(적용도)×0.1]
※ 항목당 최하위 점수에 해당하는 과제는 선정하지 않음

① A과제
② B과제
③ C과제
④ D과제
⑤ E과제

03 N은행은 신규 금융상품 관련 사업을 위해 협력업체를 선정하려고 한다. 협력업체 후보 갑, 을, 병 중 총점이 가장 높은 업체를 선정할 예정이다. 다음 업체 평가 기준 및 지원업체 정보에 따라 회의를 하고 있는 N은행의 직원 중 적절하지 않은 내용을 말하고 있는 사람을 〈보기〉에서 모두 고르면?

〈업체 평가 기준〉

• 평가항목별 배점비율

구분	품질	가격	직원규모	합계
배점비율	50%	40%	10%	100%

• 가격 점수

구분	500만 원 미만	500 ~ 549 만 원	550 ~ 599 만 원	600 ~ 649 만 원	650 ~ 699 만 원	700만 원 이상
점수(점)	100	98	96	94	92	90

• 직원규모 점수

구분	100명 초과	100 ~ 91명	90 ~ 81명	80 ~ 71명	70 ~ 61명	60명 이하
점수(점)	100	97	94	91	88	85

〈지원업체 정보〉

구분	품질 점수(점)	가격(만 원)	직원규모(명)
갑	88	575	93
을	85	450	95
병	87	580	85

※ 품질 점수의 만점은 100점으로 함

보기

ㄱ. 김대리 : 총점이 가장 높은 업체는 을이고, 가장 낮은 업체는 병이네요.
ㄴ. 최부장 : 갑과 을은 직원규모가 다르지만 직원규모 점수가 같구만.
ㄷ. 박과장 : 갑이 현재보다 가격을 30만 원 더 낮게 제시한다면, 을보다 더 높은 총점을 얻을 수 있을 것 같은데.
ㄹ. 정대리 : 병이 현재보다 직원규모를 10명 더 늘린다면, 갑보다 더 높은 총점을 받을 수 있겠네요.

① ㄱ
② ㄹ
③ ㄱ, ㄹ
④ ㄴ, ㄷ
⑤ ㄷ, ㄹ

04 다음은 A～E자동차의 성능을 비교한 자료이다. K씨의 가족은 서울에서 거리가 140km 떨어진 곳으로 여행을 가려고 한다. 가족 구성원은 총 4명이며 모두가 탈 수 있는 차를 렌트하려고 할 때, 어떤 자동차를 이용하는 것이 가장 비용이 적게 드는가?(단, 비용은 일의 자리에서 반올림한다)

〈자동차 성능 현황〉

구분	종류	연료	연비
A자동차	하이브리드	일반 휘발유	25km/L
B자동차	전기	전기	6km/kW
C자동차	가솔린 자동차	고급 휘발유	19km/L
D자동차	가솔린 자동차	일반 휘발유	20km/L
E자동차	가솔린 자동차	고급 휘발유	22km/L

〈연료별 비용〉

구분	비용
전기	500원/kW
일반 휘발유	1,640원/L
고급 휘발유	1,870원/L

〈자동차 수용 인원〉

구분	인원
A자동차	5인용
B자동차	2인용
C자동차	4인용
D자동차	6인용
E자동차	4인용

① A자동차
② B자동차
③ C자동차
④ D자동차
⑤ E자동차

PART 1

04 인원선발

| 유형분석 |

- 인적 자원과 관련된 다양한 정보를 활용하여 풀어가는 문제이다.
- 주로 근무명단, 휴무일, 업무할당 등의 주제로 다양한 정보를 활용하여 종합적으로 풀어가는 문제가 출제된다.

다음 글의 내용이 참일 때, N은행의 신입사원으로 채용될 수 있는 지원자들의 최대 인원은 몇 명인가?

금년도 신입사원 채용에서 N은행이 요구하는 자질은 이해능력, 의사소통능력, 대인관계능력, 실행능력이다. N은행은 이 4가지 자질 중 적어도 3가지 자질을 지닌 사람을 채용하고자 한다. 지원자는 갑, 을, 병, 정 4명이며, 이들이 지닌 자질을 평가한 결과 다음과 같은 정보가 주어졌다.
㉠ 갑이 지닌 자질과 정이 지닌 자질 중 적어도 2가지는 일치한다.
㉡ 대인관계능력은 병만 가진 자질이다.
㉢ 만약 지원자가 의사소통능력을 지녔다면 그는 대인관계능력의 자질도 지닌다.
㉣ 의사소통능력의 자질을 지닌 지원자는 1명뿐이다.
㉤ 갑, 병, 정은 이해능력이라는 자질을 지니고 있다.

① 1명
② 2명
③ 3명
④ 4명
⑤ 없음

정답 ①

㉡, ㉢, ㉣에 의해 의사소통능력과 대인관계능력을 지닌 사람은 오직 병뿐이라는 사실을 알 수 있다. 또한 ㉤에 의해 병이 이해능력도 가지고 있음을 알 수 있다. 이처럼 병은 4가지 자질 중에 3가지를 갖추고 있으므로 N은행의 신입사원으로 채용될 수 있다. 신입사원으로 채용되기 위해서는 적어도 3가지 자질이 필요한데, 4가지 자질 중 의사소통능력과 대인관계능력은 병만 지닌 자질임이 확인되었으므로 나머지 갑, 을, 정은 채용될 수 없다. 따라서 신입사원으로 채용될 수 있는 최대 인원은 병 1명이다.

유형풀이 Tip

- 주어진 규정 혹은 규칙을 근거로 하여 선택지를 하나씩 검토하며 소거해 나간다.

대표기출유형 04 기출응용문제

Easy

01 **인적자원의 특성을 다음과 같이 나누어 살펴볼 때, 인적자원에 대한 설명으로 적절하지 않은 것은?**

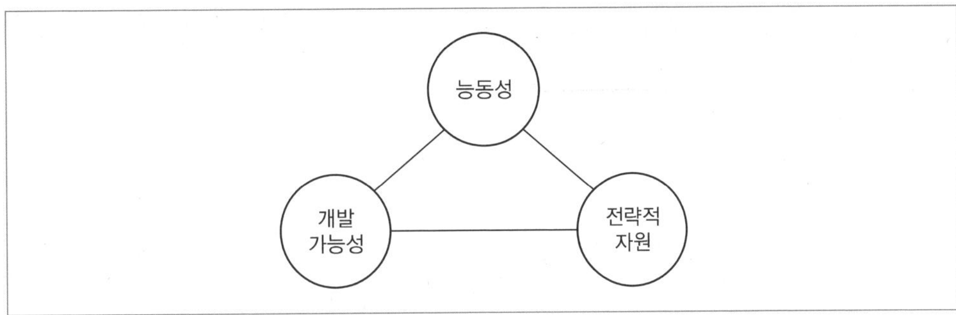

① 인적자원은 오랜 기간에 걸쳐서 개발될 수 있는 많은 잠재능력과 자질을 보유하고 있다.

② 환경변화에 따른 조직변화가 심해질수록 인적자원 개발가능성의 중요성은 점점 작아질 것이다.

③ 인적자원은 조직에 필요한 자원 활용을 담당하므로 어느 자원보다도 전략적 중요성이 강조된다.

④ 인적자원의 모든 특성을 고려할 때 인적자원에 대한 관리는 조직의 성과에 큰 영향을 미친다.

⑤ 인적자원은 능동적이고 반응적인 성격을 지니고 있으므로 이를 잘 관리하면 기업의 성과를 높일 수 있다.

PART 1

02 ○○공사에서는 약 2개월 동안 근무할 인턴사원을 선발하고자 다음과 같은 공고를 게시하였다. 이에 지원한 A～E 중에서 ○○공사의 인턴사원으로 가장 적절한 지원자는?

〈인턴 모집 공고〉

- 근무기간 : 약 2개월(7～8월)
- 자격요건
  - 1개월 이상 경력자
  - 포토샵 가능자
  - 근무시간(9～18시) 이후에도 근무가 가능한 자
- 기타사항
  - 경우에 따라서 인턴 기간이 연장될 수 있음

〈지원자 정보〉

지원자	정보
A지원자	• 경력사항 : 출판사 3개월 근무 • 컴퓨터 활용 능력 中(포토샵, 워드 프로세서) • 대학 휴학 중(9월 복학 예정)
B지원자	• 경력사항 : 없음 • 포토샵 능력 우수 • 전문대학 졸업
C지원자	• 경력사항 : 마케팅 회사 1개월 근무 • 컴퓨터 활용 능력 上(포토샵, 워드 프로세서, 파워포인트) • 4년제 대학 졸업
D지원자	• 경력사항 : 제약 회사 3개월 근무 • 포토샵 가능 • 저녁 근무 불가
E지원자	• 경력사항 : 마케팅 회사 1개월 근무 • 컴퓨터 활용 능력 中(워드 프로세서, 파워포인트) • 대학 졸업

① A지원자
② B지원자
③ C지원자
④ D지원자
⑤ E지원자

03 다음은 K학교의 성과급 기준표이다. 표에 제시된 기준들을 적용해 K학교 교사들의 성과급 배점을 계산하고자 할 때, 〈보기〉의 A ~ E교사 중 가장 높은 배점을 받는 교사는?

〈성과급 기준표〉

구분	평가 사항	배점 기준		최대 배점
수업 지도	주당 수업시간	24시간 이하	14점	20점
		25시간	16점	
		26시간	18점	
		27시간 이상	20점	
	수업 공개 유무	교사 수업 공개	10점	10점
		학부모 수업 공개	5점	
생활 지도	담임 유무	담임교사	10점	10점
		비담임교사	5점	
담당 업무	업무 곤란도	보직교사	30점	30점
		비보직교사	20점	
경력	호봉	10호봉 이하	5점	30점
		11 ~ 15호봉	10점	
		16 ~ 20호봉	15점	
		21 ~ 25호봉	20점	
		26 ~ 30호봉	25점	
		31호봉 이상	30점	

※ 수업지도 항목에서 교사 수업 공개, 학부모 수업 공개를 모두 진행했을 경우 10점으로 배점하며, 수업 공개를 하지 않았을 경우 배점은 없음

보기

구분	주당 수업시간	수업 공개 유무	담임 유무	업무 곤란도	호봉
A교사	20시간	–	담임교사	비보직교사	32호봉
B교사	29시간	–	비담임교사	비보직교사	35호봉
C교사	26시간	학부모 수업 공개	비담임교사	보직교사	22호봉
D교사	22시간	교사 수업 공개	담임교사	보직교사	17호봉
E교사	25시간	교사 수업 공개, 학부모 수업 공개	비담임교사	비보직교사	30호봉

① A교사
② B교사
③ C교사
④ D교사
⑤ E교사

CHAPTER 05

조직이해능력

합격 Cheat Key

조직이해능력은 업무를 원활하게 수행하기 위해 조직의 체제와 경영을 이해하고 국제적인 추세를 이해하는 능력이다. 현재 많은 금융권에서 출제 비중을 높이고 있는 영역이기 때문에 미리 대비하는 것이 중요하다. 실제 업무 능력에서 조직이해능력을 요구하기 때문에 중요도는 점점 높아질 것이다.

국가직무능력표준 홈페이지 자료에 따르면 조직이해능력의 세부 유형은 조직체제이해능력 · 경영이해능력 · 업무이해능력 · 국제감각으로 나눌 수 있다. 조직도를 제시하는 문제가 출제되거나 조직의 체계를 파악해 경영의 방향성을 예측하고, 업무의 우선순위를 파악하는 문제가 출제된다.

조직이해능력은 NCS 기반 채용을 진행한 금융권 중 30% 정도가 다뤘으며, 문항 수는 전체에서 평균 15% 정도로 상대적으로 적게 출제되었다.

1 문제 속에 정답이 있다!

경력이 없는 경우 조직에 대한 이해가 낮을 수밖에 없다. 그러나 문제 자체가 실무적인 내용을 담고 있어도 문제 안에는 해결의 단서가 주어진다. 부담을 갖지 않고 접근하는 것이 중요하다.

2 경영 · 경제학원론 정도의 수준은 갖추도록 하라!

지원한 직군마다 차이는 있을 수 있으나, 경영 · 경제이론을 접목시킨 문제가 꾸준히 출제되고 있다. 따라서 기본적인 경영 · 경제이론은 익혀 둘 필요가 있다.

3 지원하는 기업의 조직도를 파악하자!

출제되는 문제는 각 기업의 세부내용일 경우가 많기 때문에 지원하는 기업의 조직도를 파악해 두어야 한다. 조직이 운영되는 방법과 전략을 이해하고, 조직을 구성하는 체제를 파악하고 간다면 조직이해능력영역에서 조직도가 나올 때 단시간에 문제를 풀 수 있을 것이다.

4 실제 업무에서도 요구되므로 이론을 익혀두자!

각 기업의 직무 특성상 일부 영역에 필기시험의 중요도가 가중되는 경우가 있어서 많은 수험생들이 해당 영역에만 집중하는 경향이 있다. 그러나 실제 업무 능력에는 NCS 직업기초능력의 10개 영역이 골고루 요구되는 경우가 많으며, 필기시험에서 조직이해능력을 출제하는 기업의 비중이 늘어나고 있기 때문에 미리 이론을 익혀 둔다면 모듈형 문제에서 고득점을 노릴 수 있다.

01 농협 · 농업 상식

| 유형분석 |

- 농업과 농협에 대한 상식을 묻는 문제이다.
- 주로 농협 홈페이지에서 찾아볼 수 있는 내용이 출제된다.

다음 중 농협의 비전 2030 핵심가치로 옳지 않은 것은?

① 농업인을 위한 농협

② 국민에게 사랑받는 농협

③ 경쟁력 있는 글로벌 농협

④ 지역 농축협과 함께하는 농협

⑤ 농업인에게 풍요로운 미래를, 고객에게는 최고의 가치를 제공하는 농협

정답 ⑤

'협동과 혁신으로 농업인에게 풍요로운 미래를, 고객에게는 최고의 가치를 제공하여 국가와 지역사회 발전에 공헌한다.'는 NH농협금융의 미션이다.

유형풀이 Tip

농협 비전 2030 핵심가치

1) 국민에게 사랑받는 농협 : 지역사회와 국가경제 발전에 공헌하여 온 국민에게 신뢰받고 사랑받는 농협을 구현
2) 농업인을 위한 농협 : 농업인의 행복과 발전을 위해 노력하고, 농업인의 경제적 · 사회적 · 문화적 지위 향상을 추구
3) 지역 농축협과 함께하는 농협 : 협동조합의 원칙과 정신에 의거 협동과 상생으로 지역 농축협이 중심에 서는 농협을 구현
4) 경쟁력 있는 글로벌 농협 : 미래 지속가능한 성장을 위하여 국내를 벗어나 세계 속에서도 경쟁력을 갖춘 농협으로 도약

대표기출유형 01 기출응용문제

Easy

01 다음 〈보기〉에서 농협의 금융 부문에서 하는 일을 모두 고르면?

보기

ㄱ. 따뜻한 서민금융, 든든한 나라살림 지원
ㄴ. 소외계층 지원을 위한 사회공헌기금 조성
ㄷ. 농촌농협 – 도시농협 상생의 가교 역할 수행
ㄹ. 지역사회 중심체인 농·축협을 체계적으로 지원
ㅁ. 소비지 유통망 활성화로 농산물 판매 기반 강화

① ㄱ, ㄴ, ㄷ
② ㄱ, ㄷ, ㄹ
③ ㄱ, ㄹ, ㅁ
④ ㄴ, ㄷ, ㅁ
⑤ ㄴ, ㄹ, ㅁ

02 다음 〈보기〉에서 농협의 조직에 대한 설명으로 옳지 않은 것을 모두 고르면?

보기

ㄱ. 농협의 조직은 크게 농·축협과 농협중앙회로 구분된다.
ㄴ. 농·축협은 크게 지역농·축협과 품목농·축협으로 구분된다.
ㄷ. 품목농·축협은 일정 구역 안에 주소나 거소 또는 사업장이 있는 농업인이 조직한 법인이다.
ㄹ. 2025년 1월 기준 농·축협에서 품목농·축협의 비중은 10% 이상이다.

① ㄱ, ㄴ
② ㄱ, ㄷ
③ ㄴ, ㄷ
④ ㄴ, ㄹ
⑤ ㄷ, ㄹ

03 다음 〈보기〉에 제시된 농촌 운동을 시간 순서대로 나열한 것은?

보기

㉠ 농촌사랑 운동
㉡ 새농민 운동
㉢ 신토불이(身土不二) 운동
㉣ 새마을 운동
㉤ 농도불이(農都不二) 운동

① ㉠-㉡-㉢-㉣-㉤
② ㉠-㉣-㉤-㉡-㉢
③ ㉡-㉢-㉣-㉠-㉤
④ ㉡-㉣-㉢-㉤-㉠
⑤ ㉡-㉤-㉠-㉣-㉢

04 다음 중 국제협동조합연맹(ICA)이 선언한 협동조합 7대 원칙으로 옳지 않은 것은?

① 자발적이고 개방적인 가입
② 조합원에 의한 민주적 통제
③ 조합원의 사회적 참여
④ 협동조합 간의 협력
⑤ 지역사회 기여

05 다음 NH농협은행 조직도를 잘못 이해한 사람을 〈보기〉에서 모두 고르면?

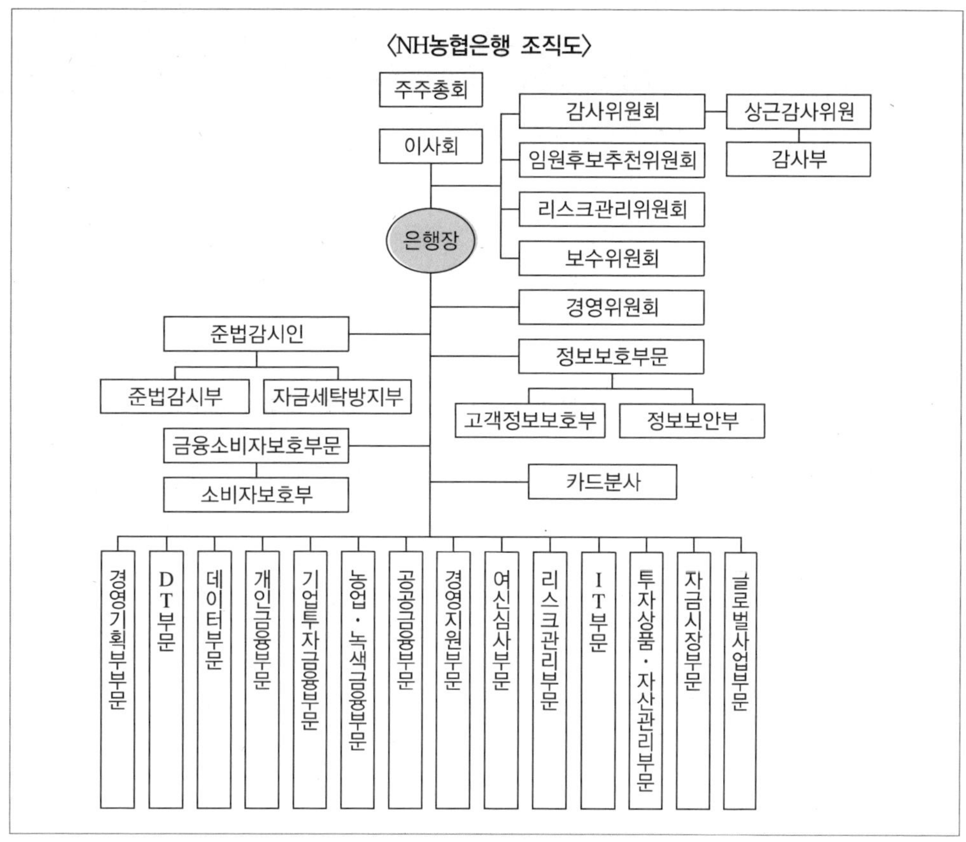

보기

A사원 : 조직도에 따르면 16개 부문, 1개 분사 등이 있습니다.
B주임 : 은행장 산하에 14개의 부문이 있고, 이 가운데 1개 부문에서는 글로벌 업무를 전담할 거예요.
C사원 : 감사부의 부서장이 내부통제와 관련한 점검 내용을 보고하는 대상은 상근감사위원일 거예요.
D대리 : 위원회의 위원장들의 직위는 이사이며, 각 부문의 책임자의 직위는 부행장입니다.

① A사원, B주임
② A사원, C사원
③ A사원, D대리
④ B주임, C사원
⑤ B주임, D대리

02 경영전략

| 유형분석 |

- 경영전략에서 대표적으로 출제되는 문제는 마이클 포터(Michael Porter)의 본원적 경쟁전략이다.

다음 사례에서 나타난 마이클 포터의 본원적 경쟁전략으로 가장 적절한 것은?

> 전자제품 시장에서 경쟁회사가 가격을 낮추는 저가 전략을 사용하여 점유율을 높이려 하자, 이에 맞서 오히려 고급 기술을 적용한 고품질 프리미엄 제품을 선보이고 서비스를 강화해 시장의 점유율을 높였다.

① 차별화 전략
② 원가우위 전략
③ 집중화 전략
④ 마케팅 전략
⑤ 비교우위 전략

정답 ①

마이클 포터의 본원적 경쟁전략

- 차별화 전략 : 조직이 생산품이나 서비스를 차별화하여 고객에게 가치 있고 독특하게 인식되도록 하는 전략으로, 이를 활용하기 위해서는 연구개발이나 광고를 통하여 기술, 품질, 서비스, 브랜드 이미지를 개선할 필요가 있다.
- 원가우위 전략 : 원가절감을 통해 해당 산업에서 우위를 점하는 전략으로, 이를 위해서는 대량생산을 통해 단위 원가를 낮추거나 새로운 생산기술을 개발할 필요가 있다.
- 집중화 전략 : 특정 시장이나 고객에게 한정된 전략으로, 특정 산업을 대상으로 한다. 즉, 경쟁 조직들이 소홀히 하고 있는 한정된 시장을 원가우위나 차별화 전략을 써서 집중 공략하는 방법이다.

유형풀이 Tip

- 대부분의 기업들은 마이클 포터의 본원적 경쟁전략을 사용하고 있다. 각 전략에 해당하는 대표적인 기업을 연결하고, 그들의 경영전략을 상기하며 문제를 풀어보도록 한다.
- 본원적 경쟁전략의 기본적인 이해와 구조를 물어보는 문제가 자주 출제되므로, 전략별 특징 및 개념에 대한 이론 학습이 요구된다.

대표기출유형 02 기출응용문제

Easy

01 다음 중 경영의 대표적인 구성요소인 4요소로 옳은 것은?

① 경영목적, 인적자원, 자금, 마케팅
② 자금, 전략, 마케팅, 회계
③ 인적자원, 마케팅, 회계, 자금
④ 경영목적, 인적자원, 자금, 전략
⑤ 마케팅, 인적자원, 자금, 전략

02 다음은 세계적 기업인 맥킨지(McKinsey)에 의해서 개발된 7－S 모형이다. 빈칸 ㉠, ㉡에 들어갈 요소가 바르게 연결된 것은?

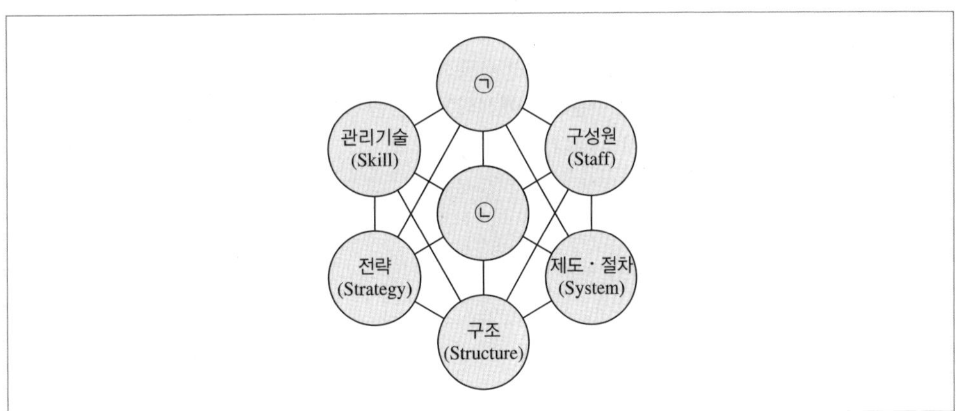

	㉠	㉡
①	스타일	공유가치
②	최고경영자	기술혁신
③	최고경영자	공유가치
④	기술혁신	스타일
⑤	공유가치	기술혁신

※ 다음은 마이클 포터(Michael E. Porter)의 본원적 경쟁전략과 관련된 사례들이다. 이어지는 질문에 답하시오. **[3~5]**

〈본원적 경쟁우위 전략〉

마이클 포터가 산업 내에서 효과적으로 경쟁할 수 있는 일반적인 형태의 전략 제시

구분	저원가	차별화
광범위한 시장	원가우위 전략	차별화 전략
좁은 시장	집중화 전략	

〈사례 1〉

N사는 자체 생산 공장이 없어 각국의 협력사에서 OEM방식으로 생산하고 공급하는 대신 과학적인 제품 개발과 디자인, 제품광고에 막대한 돈을 투자하고 있다. 상품디자인, 그래픽, 환경디자인, 영화 및 비디오 사업팀 등으로 세분화하고 특색을 가미한 디자인을 추구하며, 광고도 농구화의 마이클 조던, 골프용품의 타이거 우즈 등 스타 마케팅을 주로 한다.

〈사례 2〉

F사는 광고경쟁이나 계속적인 신제품 공급으로 타격을 받기 쉬운 일반용품을 파는 대신 몇 종류의 한정된 산업용지 생산에만 노력을 기울였으며, P사는 손수 집을 칠하는 아마추어용 페인트 대신 직업적인 페인트공을 대상으로 한 페인트나 서비스를 제공하는 데 주력했다. 서비스 형태로는 적합한 페인트 선택을 위한 전문적 조언이나 아무리 적은 양이라도 작업장까지 배달해주는 일 또는 직접 판매장에서 접대실을 갖추어 커피를 무료로 대접하는 일 등이 있다.

〈사례 3〉

T사는 재고로 쌓이는 부품량을 최소화하기 위해 1990년대 초 'JIT'라는 혁신적인 생산시스템을 도입했다. 그 결과 부품을 필요한 시기에 필요한 수량만큼 공급받아 재고비용을 대폭 줄일 수 있었다. 하지만 일본 대지진으로 위기를 겪고 이 시스템을 모든 공장에 적용하기에는 무리가 있다고 판단하여 기존 강점이라고 믿던 JIT 시스템을 개혁하여 재고를 필요에 따라 유동적으로 조절하는 방식을 채택했다. 그 결과 부품공급사슬과 관련한 정보습득 능력이 높은 수준으로 개선되어 빈번한 자연재해에도 공장의 가동에 전혀 지장을 주지 않았고, 빠른 대응이 가능하게 되었다.

03 사례 1에서 추구하는 전략에 대한 설명으로 옳지 않은 것은?

① 제품적 차별화와 광고의 차별화를 통해 브랜드 자산을 구축하고 있다.
② 좁은 시장에서 경쟁우위 요소를 차별화로 두는 전략이다.
③ 구매자 세분시장에 대한 인식을 제대로 하지 못한다면 위험요소가 될 수 있다.
④ 높은 가격에도 불구하고 구입을 유도하는 독특한 요인으로 인해 경쟁우위를 확보한다.
⑤ 저비용 대량생산보다 차별화된 제품의 생산을 중요시한다.

04 사례 2에서 알 수 있는 내용으로 가장 거리가 먼 것은?

① 특정 목표에 대해 차별화될 수 있는 결과를 얻거나 낮은 원가를 실현할 수 있다.
② 특정 지역에 집중적으로 자원을 투입하면 그 지역에 적합한 제품이나 서비스를 제공함으로써 차별화할 수 있다.
③ 특정 시장을 공략할 경우, 세분화된 시장을 잘못 선택하면 수익성이 크게 떨어져 의도와는 다른 결과가 나타날 수도 있다.
④ 대체품과의 경쟁가능성이 희박한 부문이나 경쟁기업들의 가장 취약한 부문을 선택해서 집중적인 노력을 기울여 그 산업 내에서 평균 이상의 수익을 달성할 잠재력을 지닐 수 있다.
⑤ 특화된 제품을 사용하기를 원하는 소비자에 초점을 맞춘다면 경쟁력을 갖출 수 있다.

05 다음 〈보기〉에서 사례 3과 동일한 전략을 사용한 것을 모두 고르면?

보기

ㄱ. A전자 회사는 자동화 및 전문화를 통해 제품의 생산 원가를 하락시켰다.
ㄴ. B자동차 회사는 승용차 부문은 포기하고 상용차 부문만 집중적으로 공략하고 있다.
ㄷ. C전자 회사는 저가 전략뿐만 아니라 공격적인 투자를 통해 기술적인 차별화 전략을 함께 병행하고 있다.
ㄹ. H사는 부품의 규격화와 여러 가지 형태 변화, 원자재 투입량의 감소 등을 통해 제작과 조작이 용이하게 크레인 설계를 변형했다.

① ㄱ, ㄴ
② ㄱ, ㄹ
③ ㄴ, ㄹ
④ ㄷ, ㄹ
⑤ ㄱ, ㄴ, ㄷ

03 조직구조

| 유형분석 |

- 조직구조 유형에 대한 특징을 물어보는 문제가 자주 출제된다.
- 기계적 조직과 유기적 조직의 차이점과 사례 등을 숙지하고 있어야 한다.
- 조직구조 형태에 따라 기능적 조직, 사업별 조직으로 구분하여 출제되기도 한다.

다음 〈보기〉 중 조직구조에 대한 설명으로 옳지 않은 것을 모두 고르면?

보기

ㄱ. 기계적 조직은 구성원들의 업무분장이 명확하게 이루어져 있는 편이다.
ㄴ. 기계적 조직은 조직 내 의사소통이 비공식적 경로를 통해 활발히 이루어진다.
ㄷ. 유기적 조직은 의사결정 권한이 조직 하부 구성원들에게 많이 위임되어 있으며, 업무내용이 명확히 규정되어 있는 것이 특징이다.
ㄹ. 유기적 조직은 기계적 조직에 비해 조직의 형태가 가변적이다.

① ㄱ, ㄴ
② ㄱ, ㄷ
③ ㄴ, ㄷ
④ ㄴ, ㄹ
⑤ ㄷ, ㄹ

정답 ③

ㄴ. 기계적 조직 내 의사소통은 비공식적 경로가 아닌 공식적 경로를 통해 주로 이루어진다.
ㄷ. 유기적 조직은 의사결정 권한이 조직 하부 구성원들에게 많이 위임되어 있으나, 업무내용은 기계적 조직에 비해 가변적이다.

오답분석

ㄱ. 기계적 조직은 위계질서 및 규정, 업무분장이 모두 명확하게 확립되어 있는 조직이다.
ㄹ. 유기적 조직에서는 비공식적인 상호 의사소통이 원활히 이루어지며, 규제나 통제의 정도가 낮아 변화에 따라 쉽게 변할 수 있는 특징을 가진다.

유형풀이 Tip

조직구조는 유형에 따라 기계적 조직과 유기적 조직으로 나눌 수 있다. 기계적 조직과 유기적 조직은 서로 상반된 특징을 가지고 있으며, 기계적 조직이 관료제의 특징과 비슷하다는 것을 파악하고 있다면, 이와 상반된 유기적 조직의 특징도 수월하게 파악할 수 있다.

1) 기계적 조직 : 구성원들의 업무나 권한이 분명하게 정의된 조직
2) 유기적 조직 : 의사결정권이 하부 구성원들에게 많이 위임되고 업무가 고정적이지 않은 조직

대표기출유형 03 기출응용문제

Easy

01 조직문화는 조직구성원들에게 일체감과 정체성을 부여하고 조직구성원들의 행동지침을 제공하는 등의 기능을 가지고 있다. 다음 중 조직문화의 구성요소에 대한 설명으로 적절하지 않은 것은?

① 공유가치는 가치관과 이념, 조직관, 전통가치, 기본목적 등을 포함한다.

② 조직구성원은 인력구성뿐만 아니라 그들의 가치관과 신념, 동기, 태도 등을 포함한다.

③ 관리기술은 조직경영에 적용되는 목표관리, 예산관리, 갈등관리 등을 포함한다.

④ 관리시스템으로는 리더와 부하 간 상호관계를 볼 수 있다.

⑤ 조직의 전략은 조직운영에 필요한 장기적인 틀을 제공한다.

PART 1

02 다음 중 조직구조에 대한 설명으로 적절하지 않은 것은?

① 기능별 조직은 환경이 안정적일 때 조직관리의 효율성이 높다.

② 기능별 조직은 각 기능에 대하여 규모의 경제를 얻을 수 있다.

③ 제품 조직은 사업부 내 기능 간 조정이 용이하다.

④ 제품 조직은 시장 특성에 적절히 대응하므로 소비자의 만족을 증대시킬 수 있다.

⑤ 매트릭스 조직은 다품종을 생산하는 대규모 조직에서 효율적이다.

03 다음은 특정 기준을 통해 조직문화를 4가지 문화로 구분한 자료이다. (가) ~ (라)에 대한 설명으로 적절하지 않은 것은?

	유연성, 자율성 강조 (Flexibility & Discretion)		
내부지향성, 통합 강조 (Internal Focus & Integration)	(가)	(나)	외부지향성, 차별 강조 (External Focus & Differentiation)
	(다)	(라)	
	안정, 통제 강조 (Stability & Control)		

① (가)는 조직구성원 간 인화단결, 협동, 팀워크, 공유가치, 사기, 의사결정과정에 참여 등을 중요시한다.

② (나)는 규칙과 법을 준수하고 관행과 안정, 문서와 형식, 명확한 책임소재 등을 강조하는 관리적 문화의 특징을 가진다.

③ (다)는 조직내부의 통합과 안정성을 확보하고, 현상유지 차원에서 계층화되는 조직문화이다.

④ (라)는 실적을 중시하고, 직무에 몰입하며, 미래를 위한 계획을 수립하는 것을 강조한다.

⑤ (가)는 개인의 능력개발에 대한 관심이 높고, 조직구성원에 대한 인간적 배려와 가족적인 분위기를 만들어내는 특징을 가진다.

04 **다음 (가)와 (나)의 조직구조의 형태를 이해한 내용으로 적절하지 않은 것은?**

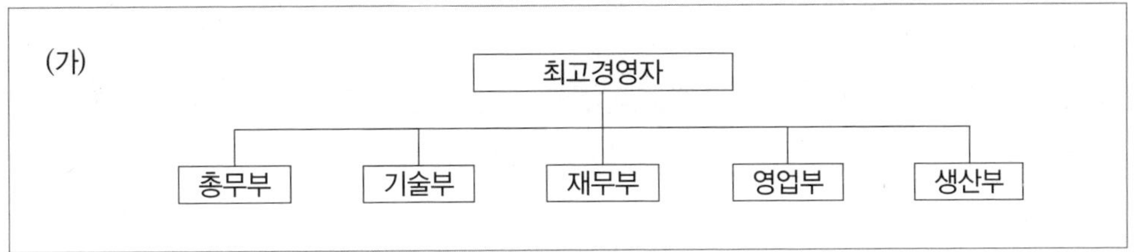

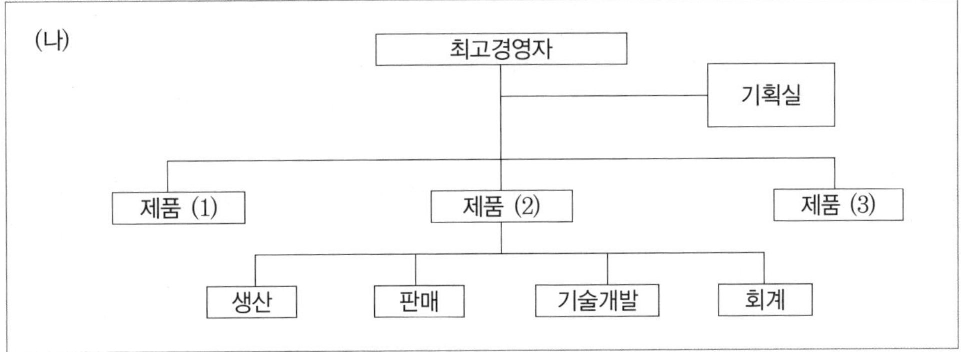

① (가)의 경우는 업무의 내용이 유사하고 관련성이 있는 것들이 결합되어 형태를 이루고 있다.
② (가)는 (나)보다 분권화된 의사결정이 가능한 사업별 조직구조이다.
③ (나)는 (가)보다 제품별 차이에 신속하게 적응하기 위한 조직구조이다.
④ (나)는 (가)보다 급변하는 환경변화에 효과적으로 대응할 수 있는 조직구조이다.
⑤ (가)와 (나) 모두 조직의 CEO가 최상층에 있음을 확인할 수 있다.

04 | 업무이해

| 유형분석 |

- 부서별 주요 업무에 대해 묻는 문제이다.
- 부서별 특징과 담당 업무에 대한 이해가 필요하다.

다음은 기업의 각 부서에서 하는 일이다. 일반적인 상황에서 부서와 그 업무를 바르게 연결한 것은?

㉠ 의전 및 비서 업무	㉡ 업무분장 및 조정
㉢ 결산 관련 업무	㉣ 임금제도
㉤ 소모품의 구입 및 관리	㉥ 법인세, 부가가치세
㉦ 판매 예산 편성	㉧ 보험 가입 및 보상 업무
㉨ 견적 및 계약	㉩ 국내외 출장 업무 협조
㉪ 외상매출금 청구	㉫ 직원수급 계획 및 관리

① 총무부 : ㉠, ㉤, ㉦
② 영업부 : ㉦, ㉨, ㉪
③ 회계부 : ㉢, ㉧, ㉪
④ 인사부 : ㉠, ㉡, ㉣
⑤ 기획부 : ㉠, ㉡, ㉫

정답 ②

영업부의 업무로는 판매 계획, 판매 예산 편성(㉦), 견적 및 계약(㉨), 외상매출금 청구 및 회수(㉪), 시장조사, 판매 원가 및 판매 가격의 조사 검토 등이 있다.

오답분석

① 총무부 : ㉠, ㉤, ㉩
③ 회계부 : ㉢, ㉥, ㉧
④ 인사부 : ㉡, ㉣, ㉫
⑤ 기획부 : 경영 또는 전략 기획, 신규 투자 및 중장기 계획 수립 등

유형풀이 Tip

- 조직은 목적을 달성하기 위해 업무를 효과적으로 분배하고 처리할 수 있는 구조를 확립하고 있으며, 조직의 목적이나 규모에 따라 업무의 종류는 다양하다.
- 대부분의 조직에서는 총무, 인사, 기획, 회계, 영업으로 부서를 나누어 업무를 담당하고 있다. 따라서 5가지 업무 종류에 대해서는 미리 숙지해야 한다.

대표기출유형 04 기출응용문제

Easy

01 다음은 한 부서의 분장 업무를 나타낸 자료이다. 이와 같은 업무를 처리하는 부서는?

분장 업무	
• 판매방침 및 계획	• 외상매출금의 청구 및 회수
• 판매예산의 편성	• 제품의 재고 조절
• 시장조사	• 견본품, 반품, 지급품, 예탁품 등의 처리
• 판로의 개척, 광고 선전	• 거래처로부터의 불만처리
• 거래처 신용조사 및 신용한도 신청	• 제품의 애프터서비스
• 견적 및 계약	• 판매원가 및 판매가격의 조사 검토

① 총무부
② 인사부
③ 기획부
④ 영업부
⑤ 자재부

02 다음 중 업무수행 절차의 업무지침 확인에 대한 설명으로 적절하지 않은 것은?

① 개인의 업무지침은 조직의 업무지침을 고려하여 작성한다.
② 개인의 업무지침은 환경의 변화에 따라 신속하게 수정한다.
③ 업무와 관련된 조직의 지침을 개인의 업무지침보다 먼저 확인한다.
④ 개인의 업무지침은 업무수행의 준거가 되고 시간을 절약하는 데 도움을 준다.
⑤ 조직의 목적에 따라 한 번 고정된 조직의 업무지침 내용은 되도록 수정하지 않는다.

03 다음은 N은행 금융상품 기획팀의 업무수행시트이다. 업무수행시트의 종류 중 무엇에 해당하는가?

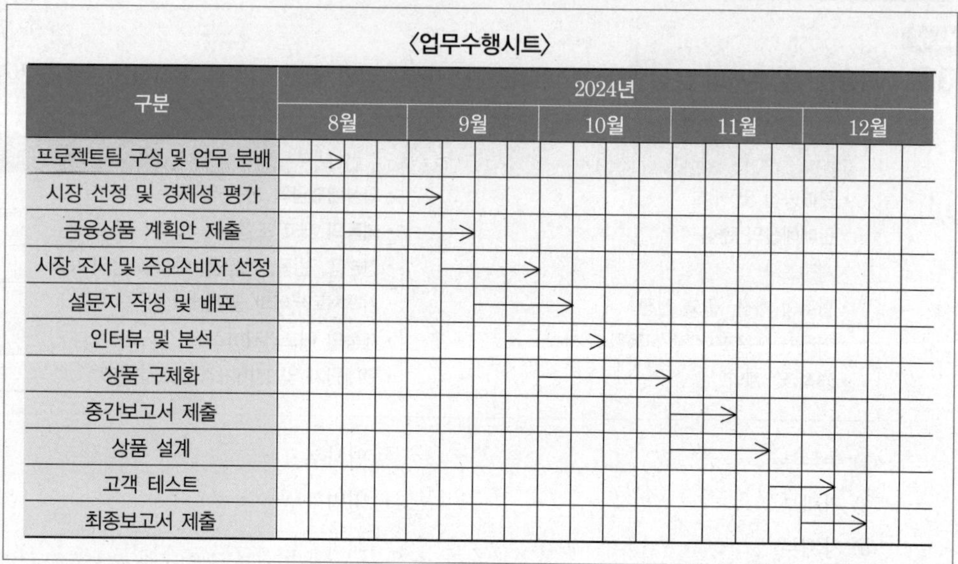

〈업무수행시트〉
구분
2024년
8월
9월
10월
11월
12월
프로젝트팀 구성 및 업무 분배
시장 선정 및 경제성 평가
금융상품 계획안 제출
시장 조사 및 주요소비자 선정
설문지 작성 및 배포
인터뷰 및 분석
상품 구체화
중간보고서 제출
상품 설계
고객 테스트
최종보고서 제출

① 업무계획표(Business Planner)
② 간트차트(Gantt Chart)
③ 체크리스트(Checklist)
④ 워크플로시트(Work Flow Sheet)
⑤ 플로차트(Flow Chart)

PART 2

최종점검 모의고사

지역농협 6급 필기시험				
회차	영역	문항 수	응시시간	비고
1 ~ 2회 (70문항 유형)	의사소통능력 수리능력 문제해결능력 자원관리능력 조직이해능력	70문항	70분	5지선다
3 ~ 4회 (60문항 유형)		60문항	60분 / 70분	4지선다

※ 응시시간이 종료되고 OMR 답안카드에 마킹하거나 이전 영역의 시험지를 넘기는 행동은 부정행위로 간주한다.

제 1 회

최종점검 모의고사

모바일 OMR

응시시간 : 70분　문항 수 : 70문항

정답 및 해설 p.042

※ 다음 중 짝지어진 단어 사이의 관계가 나머지와 다른 것을 고르시오. [1~2]

01 ① 황혼 – 여명　② 유별 – 보통　③ 낭설 – 진실　④ 유지 – 부지　⑤ 서막 – 결말

02 ① 영고 – 성쇠　② 구획 – 경계　③ 귀향 – 귀성　④ 결점 – 단점　⑤ 일반 – 특수

03 다음 제시된 단어의 대응 관계로 볼 때, 빈칸에 들어갈 단어로 알맞은 것은?

암상 : 시기심 = (　　) : 답습

① 장난　② 흉내　③ 지원　④ 소풍　⑤ 그림자

※ 다음 제시된 단어의 대응 관계로 볼 때, 빈칸에 들어갈 단어로 알맞은 것끼리 짝지어진 것을 고르시오. [4~5]

Easy

04

( ) : 차다 = 온도 : ( )

① 칼, 뜨겁다
② 공간, 빠르다
③ 수갑, 따듯하다
④ 허리, 뜨겁다
⑤ 성격, 내려가다

PART 2

05

정밀 : ( ) = ( ) : 안정

① 개선, 개량
② 동주, 찬동
③ 발췌, 요약
④ 조잡, 불안
⑤ 독려, 고취

※ 다음 제시된 단어에서 공통으로 연상할 수 있는 단어로 알맞은 것을 고르시오. [6~7]

06

희다 도자기 조선

① 공자
② 이세돌
③ 가운
④ 백자
⑤ 백제

07

맛 무게 단추

① 재다
② 달다
③ 떼다
④ 떫다
⑤ 걸다

08 **다음 밑줄 친 관용적 표현의 사용이 옳지 않은 것은?**

① 관련된 사람들의 입을 막아 그 사건이 알려지지 않도록 했다.
② 그 계약은 잘못되었다고 사람들이 입을 모아 이야기했다.
③ 입에 발린 소리를 잘하는 사람에게는 믿음이 가지 않는다.
④ 그는 자신이 겪은 일에 대해 입이 닳도록 이야기했다.
⑤ 그 사람은 입이 여물어 다른 사람의 신임을 얻기 어렵다.

※ 다음 밑줄 친 어휘와 같은 의미로 쓰인 것을 고르시오. [9~10]

09

일의 가닥을 잡다.

① 한밑천을 잡다.
② 사건의 단서를 잡다.
③ 그는 개를 잡아 개장국을 끓였다.
④ 나는 개구리를 잡아다가 닭에게 먹였다.
⑤ 심야에는 택시를 잡기가 다른 시간대보다 더 어렵다.

10

분노를 누르다.

① 자동차의 경적을 누르다.
② 그는 화를 누르지 못하고 버럭 소리를 질렀다.
③ 우리나라 축구팀이 일본 팀을 누르고 우승했다.
④ 법에서까지 우리를 이렇게 누르기만 하면 살길이 막막해진다.
⑤ 국수를 누르고 두부를 만들고 지짐질을 하느라고 부산하다.

11 다음 중 밑줄 친 어휘의 표기가 옳지 않은 것은?

① 자신의 고집만 부리다 보면 큰 분란이 일어날 수 있다.
② 그는 라이벌과의 대결을 앞두고 조용히 마음을 다잡았다.
③ 그녀는 갑작스러운 부모의 방문이 영 마뜩찮았다.
④ 군수는 회의가 끝난 후 사고 현장에 들러 관계자를 만났다.
⑤ 이웃집 개는 온순한 성격과는 달리 옹골진 체격을 가졌다.

PART 2

12 다음 밑줄 친 ㉠~㉤ 중 어법에 맞지 않게 쓰인 것은?(단, 띄어쓰기는 무시한다)

> K전력은 전력에 ㉠ 특화되고, 혁신기술로 고도화된 사람을 ㉡ 포용하는 전력서비스 제공을 지원하고 있습니다. 주요 사업으로는 전력정보시스템사업, 전력정보통신사업, 전력계통ICT사업, 미래성장동력사업이 있으며, 매출액은 6,256억 원을 ㉢ 달성하였습니다. 또한 동반성장형 R&D 사업화로는 전력 빅데이터 및 지중 전력구 상태진단, 원격검침용 차세대 DCU, 배전자동화 단말장치 및 마이크로그리드 에너지관리시스템 등 총 35과제가 있으며, 700억 원의 사업화를 달성하였습니다. ㉣ 더불어 정전예방설비 ㉤ 장애률은 전년 대비 14.5% 감소된 1.496%를 달성하였습니다.

① ㉠
② ㉡
③ ㉢
④ ㉣
⑤ ㉤

Hard

13 다음 글의 내용과 관련 있는 한자성어는?

> 부채위기를 해결하겠다고 나선 유럽 국가들의 움직임이 당장 눈앞에 닥친 위기 상황을 모면하려는 미봉책이라서 안타깝다. 이것은 유럽중앙은행(ECB)의 대차대조표에서 명백한 정황이 드러난다. ECB에 따르면 지난해 말 대차대조표가 2조 730억 유로를 기록해 사상 최고치를 기록했다. 3개월 전에 비해 5,530억 유로 늘어난 수치다. 문제는 ECB의 장부가 대폭 부풀어 오른 배경이다. 유로존 주변국의 중앙은행은 채권을 발행해 이를 담보로 ECB에서 자금을 조달한다. 이렇게 ECB의 자금을 손에 넣은 중앙은행은 정부가 발행한 국채를 사들인다. 금융시장에서 '팔기 힘든' 국채를 소화하기 위한 임기응변인 셈이다.

① 피발영관(被髮纓冠)
② 탄주지어(呑舟之魚)
③ 양상군자(梁上君子)
④ 하석상대(下石上臺)
⑤ 배반낭자(杯盤狼藉)

14 다음 밑줄 친 어휘의 한자 표기로 옳은 것은?

> 농림축산식품부는 농업협동중앙회와 함께 다문화 청소년들이 농업과 농촌의 가치를 공감하고 미래 진로를 탐색하는 기회가 되도록 매년 농촌 미래세대 캠프를 개최하고 있다.

① 多汶化
② 多汶和
③ 多聞化
④ 多文化
⑤ 多問火

15 다음 문단을 논리적 순서대로 바르게 나열한 것은?

> 최근 행동주의펀드가 적극적으로 목소리를 내면서 기업들의 주가가 급격히 변동하는 경우가 빈번해지고 있다. 특히 주주제안을 받아들이는 기업의 주가는 급등했지만, 이를 거부하는 기업의 경우 주가가 하락하고 있다. 이에 일각에서는 주주 보호를 위해 상법 개정이 필요하다는 지적이 나오고 있다.
>
> (가) 이에 대한 대표적인 사례가 S엔터이다. 그동안 S엔터는 대주주의 개인회사인 L기획에 일감을 몰아주면서 부당한 이득을 취해왔는데, 이에 대해 A자산운용이 이러한 행위는 주주가치를 훼손하는 것이라며 지적한 것이다. 이에 S엔터는 L기획과 계약종료를 검토하겠다고 밝혔고, 이처럼 A자산운용의 요구가 실현되면서 주가는 18.6% 급등하였다. 이 밖에도 K엔터와 H엔터 등이 자본시장에 영향을 미치고 있다.
>
> (나) 이러한 행동주의펀드는 배당 확대나 이사·감사 선임과 같은 기본적 사안부터 분리 상장, 이사회 정원 변경, 경영진 교체 등 핵심 경영 문제까지 지적하며 개선을 요구하고 있는 추세이다.
>
> (다) 이와 같은 A자산운용의 제안을 수락한 7개의 은행 지주는 올해 들어 주가가 8 ~ 27% 급상승하는 결과를 보였으며, 이와 반대로 해당 제안을 장기적 관점에서 기업가치와 주주가치의 실익이 적다며 거부한 K사의 주가는 동일한 기간 주가가 4.15% 하락하는 모습을 보여, 다가오는 3월 주주총회에서의 행동주의펀드 및 소액주주들과 충돌이 예상되고 있다.
>
> (라) 이처럼 시장의 주목도가 높아진 A자산운용의 영향력은 최근 은행주에도 그 영향이 미쳤는데, K금융·S지주 등 은행지주 7곳에 주주환원 정책 도입을 요구한 것이다. 특히 그중 J금융지주에는 평가 결과 주주환원 정책을 수용할 만한 수준에 미치지 못한다고 판단된다며 배당확대와 사외이사의 추가 선임의 내용을 골자로 한 주주제안을 요구하였다.

① (가) – (나) – (다) – (라)
② (나) – (가) – (라) – (다)
③ (나) – (라) – (다) – (가)
④ (다) – (나) – (라) – (가)
⑤ (다) – (라) – (나) – (가)

16 다음 (A) ~ (D)를 문맥에 따라 순서대로 바르게 나열한 것은?

(A) Mark Twain began his career writing light, humorous verse, but evolved into a chronicler of the vanities and hypocrisies of mankind.

(B) Though Twain earned a great deal of money from his writings and lectures, he lost a great deal through investments in ventures in his later life.

(C) Samuel Langhorne Clemens, better known by his pen name Mark Twain had worked as a typesetter and a riverboat pilot on the Mississippi River before he became a writer.

(D) At mid-career, with The Adventures of Huckleberry Finn, he combined rich humor, sturdy narrative and social criticism, popularizing a distinctive American literature built on American themes and language.

① (A) – (B) – (C) – (D)
② (A) – (D) – (B) – (C)
③ (B) – (D) – (C) – (A)
④ (C) – (A) – (D) – (B)
⑤ (C) – (D) – (A) – (B)

PART 2

17 다음 글의 빈칸에 들어갈 내용으로 가장 적절한 것은?

만약 어떤 사람에게 다가온 신비적 경험이 그가 살아갈 수 있는 힘으로 밝혀진다면, 그가 다른 방식으로 살아야 한다고 다수인 우리가 주장할 근거는 어디에도 없다. 사실상 신비적 경험은 우리의 모든 노력을 조롱할 뿐 아니라, 논리라는 관점에서 볼 때 우리의 관할 구역을 절대적으로 벗어나 있다. 우리 자신의 더 합리적인 신념은 신비주의자가 자신의 신념을 위해서 제시하는 증거와 그 본성에 있어서 유사한 증거에 기초해 있다. 우리의 감각이 우리의 신념에 강력한 증거가 되는 것과 마찬가지로, 신비적 경험도 그것을 겪은 사람의 신념에 강력한 증거가 된다. 우리가 지닌 합리적 신념의 증거와 유사한 증거에 해당되는 경험은, 그러한 경험을 한 사람에게 살아갈 힘을 제공해줄 것이다. 신비적 경험은 신비주의자들에게는 살아갈 힘이 되는 것이다. 따라서 ______________________________

① 신비주의가 가져다주는 긍정적인 면에 대한 심도 있는 연구가 필요하다.
② 신비주의자들의 삶의 방식이 수정되어야 할 불합리한 것이라고 주장할 수는 없다.
③ 논리적 사고와 신비주의적 사고를 상반된 개념으로 보는 견해는 수정되어야 한다.
④ 신비주의자들은 그렇지 않은 사람들보다 더 나은 삶을 살아간다고 할 수 있다.
⑤ 모든 합리적 신념의 증거는 사실상 신비적 경험에서 나오는 것이다.

Easy

18 **다음은 산지농협의 농산물 온라인 유통 전문가 육성과 관련한 자료의 일부이다. 밑줄 친 ㉠~㉤의 수정 방안으로 적절하지 않은 것은?**

> 온라인 유통이 소매 판매에서 보편적인 수단으로 정착되었으나, 산지농협이 온라인 판매의 대부분을 중간유통 업체에 의존하고 있는 것은 온라인 유통이 '기업 대 소비자(B2C)' 거래여서 산지농협이 육성해 왔던 '기업 대 기업(B2B)' 거래와는 마케팅 특성이 다르고, 디지털 기술을 능숙하게 다루는 전문가 육성에 시간이 소요되기 때문이다. 이에 농협경제지주는 '산지어시스턴트' 등을 선발해 산지농협의 온라인 유통 전문가로 양성하고 있다.
> 농협이 산지에서 농산물 유통을 위해 육성 중인 전문가는 '산지유통관리자'와 '산지어시스턴트'가 있다. 먼저 산지유통관리자 제도는 과거 농협이 자체 운영하던 '농협농산물품질관리사'의 ㉠ 명칭을 개선한 것으로, 이들은 품목별로 연구회를 운영해 전문성 제고와 품목 경쟁력 강화 방안을 도출하는 역할을 수행한다. 산지유통관리자에 대해 온라인 유통과 관련해 ㉡ 추가적인 별도의 전문 교육 프로그램은 따로 운영되지 않으나, 교육 프로그램 중 온라인 마케팅 전략 교육에 일부 시간을 할애하고 있다. 아울러 산지유통관리자들 중에 정예 인력으로 선발된 '산지유통핵심리더'는 유통과 관련한 산지농협 컨설팅, 지자체 농정 활동 등을 ㉢ 담당시키고 있다.
> 또한 농협경제지주가 ㉣ 온라인 유통에 최적화된 전문가로 육성 중인 산지어시스턴트는 원스톱 온라인 판매를 위한 온라인 사무, 사진 촬영, 영상 제작 등이 가능한 산지농협 '온라인 지역센터'의 운영 전담자이다. ㉤ 산지어시스턴트의 선발은 온라인 지역센터를 운영하는 산지농협의 추천으로 선정되는데, 이들은 농산물 판매를 담당한다는 점에서 산지유통관리자와 역할이 같기 때문에 기존의 산지유통관리자 중에서 추천되는 경우가 많다. 한편, 농협경제지주는 선발된 산지어시스턴트에게 4급 승진 시 특진 기회를 주고 있다

① ㉠－'명칭을 변경한'으로 수정한다.
② ㉡－'추가적인' 또는 '별도의'로 수정한다.
③ ㉢－'담당하게 하고 있다'로 수정한다.
④ ㉣－'온라인 유통에 특수화된'으로 수정한다.
⑤ ㉤－'산지어시스턴트는 온라인 지역센터를 운영하는 산지농협의 추천으로 선발되는데'로 수정한다.

19 다음 글의 주제로 가장 적절한 것은?

아이슬란드에는 각종 파이프와 열교환기, 화학물질 저장탱크, 압축기로 이루어져 있는 '조지 올라 재생가능 메탄올 공장'이 있다. 이곳은 이산화탄소로 메탄올을 만드는 첨단 시설로, 과거 2011년 아이슬란드 기업 '카본리사이클링인터내셔널(CRI)'이 탄소 포집·활용(CCU) 기술의 실험을 위해서 지은 곳이다.

이곳에서는 인근 지열발전소에서 발생하는 적은 양의 이산화탄소(CO_2)를 포집한 뒤 물을 분해해 조달한 수소(H_2)와 결합시켜 재생 메탄올(CH_3OH)을 제조하였으며, 이때 필요한 열과 냉각수 역시 지열발전소의 부산물을 이용했다. 이렇게 만들어진 메탄올은 자동차, 선박, 항공 연료는 물론 플라스틱 제조 원료로 활용되는 등 여러 곳에서 활용되었다.

하지만 이렇게 메탄올을 만드는 것이 미래 원료 문제의 근본적인 해결책이 될 수는 없었다. 왜냐하면 메탄올이 만드는 에너지보다 메탄올을 만드는 데 들어가는 에너지가 더 필요하다는 문제점에 더하여 액화천연가스(LNG)를 메탄올로 변환할 경우 이전보다 오히려 탄소배출량이 증가하고, 탄소배출량을 감소시키기 위해서는 태양광과 에너지 저장장치를 활용해 메탄올 제조에 필요한 에너지를 모두 조달해야만 하기 때문이다.

또한 탄소를 포집해 지하에 영구 저장하는 탄소포집 저장방식과 달리, 탄소를 포집해 만든 연료나 제품은 사용 중에 탄소를 다시 배출할 가능성이 있어 이에 대한 논의가 분분한 상황이다.

① 탄소 재활용의 득과 실

② 재생 에너지 메탄올의 다양한 활용

③ 지열발전소에서 탄생한 재활용 원료

④ 탄소 재활용을 통한 미래 원료의 개발

⑤ 미래의 에너지 원료로 주목받는 재활용 원료, 메탄올

PART 2

20 다음은 N은행의 대출거래약정서의 일부이다. 이에 대한 설명으로 가장 적절한 것은?

제2조 지연배상금(연체이자)

① 이자·분할상환금·분할상환원리금을 그 기일에 상환하지 아니한 때에는 납입해야 할 금액에 대하여 즉시 지연배상금(연체이자)을 납입하기로 합니다.

② 대출만료일에 채무를 이행하지 아니하거나, 기본약관 제7조 또는 이 약정 제7조에 의하여 기한의 이익을 상실한 때에는, 그때부터 대출 잔액에 대하여 즉시 지연배상금(연체이자)을 납입하기로 합니다.

제3조 자동이체제도 이용 등

자동이체제도 등을 이용하여 원리금을 납입할 경우 다음 각호의 사항을 준수하겠으며 이를 게을리하여 발생하는 일체의 손해는 본인이 부담하기로 합니다.

1. 원금의 일부 또는 전액상환 시에는 은행에 직접 납입하기로 합니다.
2. 자동이체를 위하여 지정계좌의 예금을 출금함에 있어 각종 예금 약관 또는 약정서의 규정에 불구하고 예금청구서 또는 수표 없이 은행의 자동이체처리 절차에 의하여 출금하여도 이의를 제기하지 않기로 합니다.
3. 납입일 현재 지정계좌의 잔액이 청구금액에 미달하여 출금이 불가능할 경우에는 즉시 은행에 직접 납입하기로 합니다.
4. 이 자동이체신청을 변경하고자 하는 경우에는 납입해당일 30일 전까지 자동이체변경신청서를 제출하기로 합니다.

제4조 인지세의 부담

① 이 약정서 작성에 따른 인지세는 각 50%씩 본인과 은행이 부담합니다.

② 제1항에 의하여 본인이 부담하기로 한 인지세를 은행이 대신 지급한 경우에는 기본약관 제4조에 준하여 곧 갚기로 합니다.

제5조 담보제공

① 본인은 본건 담보주택에 은행 또는 공사의 승인 없이 그 소유권 이전행위와 저당권, 지상권, 전세권, 가등기, 임차권 등 각종 권리의 설정행위를 하지 않겠으며, 제3자로부터 은행 또는 공사의 권리가 침해되는 일이 없도록 하며, 동 주택은 토지와 함께 은행에 담보로 제공하기로 합니다.

② 은행이 요구하는 경우 은행이 동의하는 종류와 금액의 보험에 가입하고, 그 보험금 청구권에 은행(공사)을 위하여 질권을 설정하기로 합니다.

① 인지세의 부담은 은행의 비중이 더 크다.

② 원금의 전액상환은 자동이체로 가능하다.

③ 주택담보제공 시 토지도 함께 담보로 잡힌다.

④ 이자를 기일에 상환하지 못하면 다음 기일에 지연배상금을 납입한다.

⑤ 자동이체 납입일에 통장 잔액이 부족하면 통장으로 계좌이체를 해야 한다.

21 다음 글의 내용으로 적절하지 않은 것은?

1930년대 대공황 상황에서 케인스는 당시 영국과 미국에 만연한 실업의 원인을 총수요의 부족이라고 보았다. 그는 총수요가 증가하면 기업의 생산과 고용이 촉진되고 가계의 소득이 늘어 경기를 부양할 수 있다고 주장했다. 따라서 정부의 재정정책을 통해 총수요를 증가시킬 필요성을 제기하였다.
케인스는 총수요를 늘리기 위해서 총수요 중 많은 부분을 차지하는 가계의 소비에 주목하였고, 소비는 소득과 밀접한 관련이 있다고 생각하였다. 케인스는 절대소득가설을 내세워, 소비를 결정하는 요인들 중에서 가장 중요한 것은 현재의 소득이라고 하였다. 그리고 소득이 없더라도 생존을 위해 꼭 필요한 소비인 기초소비가 존재하며, 소득이 증가함에 따라 일정 비율로 소비도 증가한다고 주장하였다. 이러한 절대소득가설은 1950년대까지 대표적인 소비결정이론으로 사용되었다.
그러나 쿠즈네츠는 절대소득가설로는 설명하기 어려운 소비 행위가 이루어지고 있음에 주목하였다. 쿠즈네츠는 미국에서 장기간에 걸쳐 일어난 각 가계의 실제 소비 행위를 분석한 결과는 절대소득가설로는 명확히 설명하기 어려운 것이었다.
이러한 현상을 설명하기 위해 프리드먼은 장기적인 기대소득으로서의 항상소득에 의존하다는 항상소득가설을 내세웠다. 프리드먼은 실제로 측정되는 소득을 실제소득이라 하고, 실제소득은 항상소득과 임시소득으로 구성된다고 보았다. 항상소득이란 평생 동안 벌어들일 것으로 기대되는 소득의 매기 평균 또는 장기적 평균 소득이다. 임시소득은 장기적으로 예견되지 않은 일시적인 소득으로서 양(+)일 수도, 음(−)일 수도 있다. 프리드먼은 소비가 임시소득과는 아무런 상관관계가 없고 오식 항상소득에만 의존한다고 보았으며, 임시소득의 대부분은 저축된다고 설명했다. 사람들은 월급과 같이 자신이 평균적으로 벌어들이는 돈을 고려하여 소비를 하지 예상치 못한 복권 당첨이나 주가 하락에 의한 손실을 고려하여 소비하지는 않는다는 것이다.
항상소득가설을 바탕으로 프리드먼은 쿠즈네츠가 발견한 현상을 단기적인 소득의 증가는 임시소득이 증가한 것에 해당하므로 소비가 늘어나지 않은 것이라고 설명하였다. 항상소득가설에 따른다면 소비를 늘리기 위해서는 단기적인 재정정책보다 장기적인 재정정책을 펴는 것이 바람직하다. 가령 정부가 일시적으로 세금을 줄여 가계의 소득을 증가시키고 그에 따른 소비 진작을 기대한다 해도 가계는 일시적인 소득의 증가를 항상소득의 증가로 받아들이지 않아 소비를 늘리지 않기 때문이다.

① 케인스는 소득이 없어도 기초소비가 발생한다고 보았다.
② 케인스는 대공황 상황에서 총수요를 늘릴 것을 제안했다.
③ 쿠즈네츠는 미국에서 실제로 일어난 소비 행위를 분석하였다.
④ 프리드먼은 쿠즈네츠의 연구 결과를 설명하는 가설을 내놓았다.
⑤ 케인스는 가계가 미래의 소득을 예측하여 소비를 결정한다고 주장했다.

Easy

22 다음 글의 내용으로 가장 적절한 것은?

'청렴(淸廉)'은 현대 사회에서 좁게는 반부패와 동의어로 사용되며 넓게는 투명성과 책임성 등을 포괄하는 통합적 개념으로 사용되고 있다. 유학자들은 청렴을 효제와 같은 인륜의 덕목보다는 하위에 두었지만 군자라면 마땅히 지켜야 할 일상의 덕목으로 중시하였다. 조선의 대표적 유학자였던 이황과 이이는 청렴을 사회 규율이자 개인 처세의 지침으로 강조하였다. 특히 공적 업무에 종사하는 사람이라면 사회 규율로서의 청렴이 개인의 처세와 직결된다는 점에 유념해야 한다고 보았다.

청렴에 대한 논의는 정약용의 『목민심서』에서 본격적으로 나타난다. 정약용은 청렴이야말로 목민관이 지켜야 할 근본적인 덕목이며 목민관의 직무는 청렴이 없이는 불가능하다고 강조하였다. 정약용은 청렴을 당위의 차원에서 주장하는 기존의 학자들과 달리 행위자 자신에게 실질적 이익이 된다는 점을 들어 설득하고자 한다. 그는 청렴은 큰 이득이 남는 장사라고 말하면서, 지혜롭고 욕심이 큰 사람은 청렴을 택하지만 지혜가 짧고 욕심이 작은 사람은 탐욕을 택한다고 설명한다. 정약용은 "지자(知者)는 인(仁)을 이롭게 여긴다."라는 공자의 말을 빌려 "지혜로운 자는 청렴함을 이롭게 여긴다."라고 하였다. 비록 재물을 얻는 데 뜻이 있더라도 청렴함을 택하는 것이 결과적으로는 지혜로운 선택이라고 정약용은 말한다. 목민관의 작은 탐욕은 단기적으로 보면 눈앞의 재물을 취하여 이익을 얻을 수 있겠지만 궁극에는 개인의 몰락과 가문의 불명예를 가져올 수 있기 때문이다.

정약용은 청렴을 지키는 것은 두 가지 효과가 있다고 보았다. 첫째, 청렴은 다른 사람에게 긍정적 효과를 미친다. 목민관이 청렴할 경우 백성을 비롯한 공동체 구성원에게 좋은 혜택이 돌아갈 것이다. 둘째, 청렴한 행위를 하는 것은 목민관 자신에게도 좋은 결과를 가져다준다. 청렴은 그 자신의 덕을 높이는 것일 뿐 아니라 자신의 가문에 빛나는 명성과 영광을 가져다줄 것이다.

① 정약용은 청렴이 목민관이 반드시 지켜야 할 덕목임을 당위론 차원에서 정당화하였다.
② 정약용은 탐욕을 택하는 것보다 청렴을 택하는 것이 이롭다는 공자의 뜻을 계승하였다.
③ 정약용은 청렴한 사람은 욕심이 작기 때문에 재물에 대한 탐욕에 빠지지 않는다고 보았다.
④ 정약용은 청렴이 백성에게 이로움을 줄 뿐 아니라 목민관 자신에게도 이로운 행위라고 보았다.
⑤ 이황과 이이는 청렴을 개인의 처세에 있어 주요 지침으로 여겼으나 사회 규율로는 보지 않았다.

23 다음 글에 대한 반론으로 가장 적절한 것은?

최근 들어 도시의 경쟁력 향상을 위한 새로운 전략의 하나로 창조 도시에 대한 논의가 활발하게 진행되고 있다. 창조 도시는 창조적 인재들이 창의성을 발휘할 수 있는 환경을 갖춘 도시이다. 즉 창조 도시는 인재들을 위한 문화 및 거주 환경의 창조성이 풍부하며, 혁신적이고도 유연한 경제 시스템을 구비하고 있는 도시인 것이다.

창조 도시의 주된 동력을 창조 산업으로 볼 것인가 창조 계층으로 볼 것인가에 대해서는 견해가 다소 엇갈리고 있다. 창조 산업을 중시하는 관점에서는, 창조 산업이 도시에 인적·사회적·문화적·경제적 다양성을 불어넣음으로써 도시의 재구조화를 가져오고 나아가 부가가치와 고용을 창출한다고 주장한다. 창의적 기술과 재능을 소득과 고용의 원천으로 삼는 창조 산업의 예로는 광고, 디자인, 출판, 공연 예술, 컴퓨터 게임 등이 있다.

창조 계층을 중시하는 관점에서는, 개인의 창의력으로 부가가치를 창출하는 창조 계층이 모여서 인재 네트워크인 창조 자본을 형성하고, 이를 통해 도시는 경제적 부를 축적할 수 있는 자생력을 갖게 된다고 본다. 따라서 창조 계층을 끌어들이고 유지하는 것이 도시의 경쟁력을 제고하는 관건이 된다. 창조 계층에는 과학자, 기술자, 예술가, 건축가, 프로그래머, 영화 제작자 등이 포함된다.

① 창조 산업을 통해 도시를 새롭게 구조화할 수 있다.
② 창조 도시를 통해 효과적으로 인재를 육성할 수 있다.
③ 광고 등의 산업을 중심으로 부가가치를 창출해 낼 수 있다.
④ 인재 네트워크 형성 역시 부가가치를 창출할 수 있는 방법 중 하나이다.
⑤ 창조 산업의 산출물은 그것에 대한 소비자의 수요와 가치 평가를 예측하기 어렵다.

Hard

24 다음을 읽고 공공재·공공자원의 실패에 대한 해결책으로 적절하지 않은 것은?

재화와 서비스는 소비를 막을 수 있는지에 따라 배제성이 있는 재화와 배제성이 없는 재화로 분류한다. 또 어떤 사람이 소비하면 다른 사람이 소비할 기회가 줄어드는지에 따라 경합성이 있는 재화와 경합성이 없는 재화로 구분한다. 공공재는 배제성과 경합성이 없는 재화이며, 공공자원은 배제성이 없으면서 경합성이 있는 재화이다.

공공재는 수많은 사람에게 일정한 혜택을 주는 것으로 사회적으로 반드시 생산돼야 하는 재화이다. 하지만 공공재는 '무임승차' 문제를 낳는다. 무임승차 문제란 사람들이 어떤 재화와 서비스의 소비로 일정한 혜택을 보지만, 어떤 비용도 지불하지 않는 것을 말한다. 이런 공공재가 가진 무임승차 문제 때문에 공공재는 사회 전체가 필요로 하는 수준보다 부족하게 생산되거나 아예 생산되지 않을 수 있다. 어떤 사람이 막대한 비용을 들여 누구나 공짜로 소비할 수 있는 국방 서비스, 치안 서비스 같은 공공재를 제공하려고 하겠는가.

공공재와 마찬가지로 공공자원 역시 원하는 사람이면 누구나 공짜로 사용할 수 있다. 그러나 어떤 사람이 공공자원을 사용하면 다른 사람은 사용에 제한을 받는다. 배제성은 없으나 재화의 경합성만이 존재하는 이러한 특성 때문에 공공자원은 '공공자원의 비극'이라는 새로운 형태의 문제를 낳는다. 공공자원의 비극이란 모두가 함께 사용할 수 있는 공공자원을 아무도 아껴 쓰려고 노력하지 않기 때문에 머지않아 황폐해지고 마는 현상이다.

바닷속의 물고기는 어느 특정한 사람의 소유가 아니기 때문에 누구나 잡을 수 있다. 먼저 잡는 사람이 임자인 셈이다. 하지만 물고기의 수량이 한정돼 있다면 나중에 잡는 사람은 잡을 물고기가 없을 수도 있다. 이런 생각에 너도 나도 앞다투어 물고기를 잡게 되면 얼마 가지 않아 물고기는 사라지고 말 것이다. 이른바 공공자원의 비극이 발생하는 것이다. 공공자원은 사회 전체가 필요로 하는 수준보다 지나치게 많이 자원을 낭비하는 결과를 초래한다.

이와 같은 공공재와 공공자원이 가지는 문제를 해결하는 방안은 무엇일까? 공공재는 사회적으로 매우 필요한 재화와 서비스인데도 시장에서 생산되지 않는다. 정부는 공공재의 특성을 가지는 재화와 서비스를 직접 생산해 공급한다. 예를 들어 정부는 국방, 치안 서비스 등을 비롯해 철도, 도로, 항만, 댐 등 원활한 경제 활동을 간접적으로 뒷받침해 주는 사회간접자본을 생산한다. 이때 사회간접자본의 생산량은 일반적인 상품의 생산량보다 예측이 까다로울 수 있는데, 이용하는 사람이 국민 전체이기 때문에 그 수가 절대적으로 많을 뿐만 아니라 배제성과 경합성이 없는 공공재로서의 성격을 띄기 때문에 그러한 면도 있다. 이러한 문제를 해결하기 위해서 국가는 공공투자사업 전 사회적 편익과 비용을 분석하여 적절한 사업의 투자 규모 및 진행 여부를 결정한다.

공공자원은 어느 누구의 소유도 아니다. 너도 나도 공공자원을 사용하면 금세 고갈되고 말 것이다. 정부는 각종 규제로 공공자원을 보호한다. 공공자원을 보호하기 위한 규제는 크게 사용 제한과 사용 할당으로 구분할 수 있다. 사용 제한은 공공자원을 민간이 이용할 수 없도록 막아두는 것이다. 예를 들면 주인이 없는 산을 개발 제한 구역으로 설정하여 벌목을 하거나 개발하여 수익을 창출하는 행위를 할 수 없도록 하는 것이다. 사용 할당은 모두가 사용하는 것이 아닌, 일정 기간에 일정한 사람만 사용할 수 있도록 이용 설정을 해두는 것을 말한다. 예를 들어 어부가 포획할 수 있는 수산물의 수량과 시기를 정해 놓는 법이 있다. 이렇게 되면 무분별하게 공공자원이 사용되는 것을 피하고 사회적으로 필요한 수준에서 공공자원을 사용할 수 있다.

① 항상 붐비는 공용 주차장을 요일별로 이용 가능한 자동차를 정하여 사용한다.
② 주인 없는 목초지에서 풀을 먹일 수 있는 소의 마릿수를 제한한다.
③ 치안 불안 해소를 위해 지역마다 CCTV를 설치한다.
④ 가로수의 은행을 따는 사람들에게 벌금을 부과한다.
⑤ 국립공원에 사는 야생동물을 사냥하지 못하도록 하는 법을 제정한다.

25 다음 글에서 〈보기〉의 문장이 들어갈 위치로 가장 적절한 곳은?

원유를 열처리하게 되면 원유에 포함되어 있는 미생물의 개체 수가 줄어드는데, 일반적으로 가열 온도가 높을수록 가열 시간이 길수록 그 수는 더 많이 감소한다. (가) 이때 D값과 Z값을 이용한다. D값은 어떤 미생물을 특정 온도에서 열처리할 때 그 개체 수를 10분의 1로 줄이는 데 걸리는 시간을 말한다. 만약 같은 온도에서 개체 수를 100분의 1로 줄이고자 한다면 D값의 2배의 시간으로 처리하면 된다. Z값은 특정 D값의 10분의 1만의 시간에 개체 수를 10분의 1로 줄이는 데 추가적으로 높여야 하는 온도를 말한다. 그렇기 때문에 열에 대한 저항성이 큰 미생물일수록 특정 온도에서의 D값과 Z값이 크다. (나) 예를 들어, 어떤 미생물 100개를 63℃에서 열처리한다고 하자. 이때 360초 후에 남아 있는 개체 수가 10개라면 D값은 360초가 된다. 만약 이 D값의 10분의 1인 36초 만에 미생물의 개체 수를 100개에서 10개로 줄이고자 할 때의 온도가 65℃라면 Z값은 2℃가 된다.
이러한 D값과 Z값의 원리에 기초하여 원유를 열처리하는 여러 가지 방법이 개발되었다. 먼저, 원유를 63℃에서 30분 동안 열처리하여 그 안에 포함된 미생물을 99.999% 이상 제거하는 '저온 살균법'이 있다. 저온 살균법은 미생물을 제거하는 데는 효과적이나 시간이 오래 걸린다는 단점이 있다. (다) 저온 순간 살균법은 원유를 75℃에서 15초 동안 열처리하는 방법이다. 이 방법은 미생물 제거 효과가 저온 살균법과 동일하지만 우유의 대량 생산을 위해 열처리 온도를 높여서 열처리 시간을 줄인 것이다. (라)
저온 살균법이나 저온 순간 살균법으로 처리한 우유의 유통 기간은 냉장 상태에서 5일 정도이다. 만약 우유의 유통 기간을 늘리려면, 저온 살균법이나 저온 순간 살균법으로 처리해도 죽지 않는 미생물까지도 제거해야 한다. (마) 열에 대한 저항성이 큰 종류의 미생물까지 제거하기 위해서는 134℃에서 2～3초간 열처리하는 '초고온 처리법'을 사용한다. 이렇게 처리된 우유를 멸균 포장하면 상온에서 1개월 이상의 장기 유통이 가능하다.

보기

㉠ 이를 보완하기 위해 개발된 방법이 '저온 순간 살균법'이다.
㉡ 그런데 미생물의 종류에 따라 미생물을 제거하는 데 필요한 시간과 온도가 다르기 때문에 적절한 열처리 조건을 알아야 한다.

	㉠	㉡
①	(다)	(가)
②	(다)	(나)
③	(다)	(마)
④	(라)	(마)
⑤	(마)	(가)

26 다음 글의 전개 방식으로 가장 적절한 것은?

인간 사회의 주요한 자원 분배 체계로 '시장(市場)', '재분배(再分配)', '호혜(互惠)'를 들 수 있다. 시장에서 이루어지는 교환은 물질적 이익을 증진시키기 위해 재화나 용역을 거래하는 행위이며, 재분배는 국가와 같은 지배 기구가 잉여 물자나 노동력 등을 집중시키거나 분배하는 것을 말한다. 실업 대책, 노인 복지 등과 같은 것이 재분배의 대표적인 예이다. 그리고 호혜는 공동체 내에서 혈연 및 동료 간의 의무로서 행해지는 증여 관계이다. 명절 때의 선물 교환 같은 것이 이에 속한다.
이 세 분배 체계는 각각 인류사의 한 부분을 담당해 왔다. 고대 부족 국가에서는 호혜를 중심으로, 전근대 국가 체제에서는 재분배를 중심으로 분배 체계가 형성되었다. 근대에 와서는 시장이라는 효율적인 자원 분배 체계가 활발하게 그 기능을 수행하고 있다. 그러나 이 세 분배 체계는 인류사 대부분의 시기에 공존했다고 말할 수 있다. 고대 사회에서도 시장은 미미하게나마 존재했었고, 오늘날에도 호혜와 재분배는 시장의 결함을 보완하는 경제적 기능을 수행하고 있기 때문이다.
효율성의 측면에서 보았을 때, 인류는 아직 시장만한 자원 분배 체계를 발견하지 못하고 있다. 그러나 시장은 소득 분배의 형평(衡平)을 보장하지 못할 뿐만 아니라, 자원의 효율적 분배에도 실패하는 경우가 종종 있다. 그래서 때로는 국가가 직접 개입한 재분배 활동으로 소득 불평등을 개선하고 시장의 실패를 시정하기도 한다. 우리나라의 경우 IMF 경제 위기 상황에서 실업자를 구제하기 위한 정부 정책들이 그 예라 할 수 있다.
그러나 호혜는 시장뿐 아니라 국가가 대신하기 어려운 소중한 기능을 담당하고 있다. 부모가 자식을 보살피는 관행이나, 친척들이나 친구들이 서로 길흉사(吉凶事)가 생겼을 때 도움을 주는 행위, 아무런 연고가 없는 불우 이웃에 대한 기부와 봉사 등은 시장이나 국가가 대신하기 어려운 부분이다. 호혜는 다른 분배 체계와는 달리, 물질적으로는 이득을 볼 수 없을 뿐만 아니라 때로는 손해까지도 감수해야 하는 행위이다. 그러면서도 호혜가 이루어지는 이유는 무엇인가? 이는 그 행위의 목적이 인간적 유대 관계를 유지하고 증진시키는 데 있기 때문이다. 인간은 사회적 존재이므로 사회적으로 고립된 개인은 결코 행복할 수 없다. 따라서 인간적 유대 관계는 물질적 풍요 못지않게 중요한 행복의 기본 조건이다. 그렇기에 사람들은 소득 증진을 위해 투입해야 할 시간과 재화를 인간적 유대를 위해 기꺼이 할당하게 되는 것이다.
우리는 물질적으로 풍요로울 뿐 아니라, 정신적으로도 풍족한 사회에서 행복하게 살기를 바란다. 그러나 우리가 지향하는 이러한 사회는 효율적인 시장과 공정한 국가만으로는 이루어질 수 없다. 건강한 가정·친척·동료가 서로 지원하면서 조화를 이룰 때, 그 꿈은 실현될 수 있을 것이다. 이처럼 호혜는 건전한 시민 사회를 이루기 위해서 반드시 필요한 것이라고 할 수 있다. 그래서 사회를 따뜻하게 만드는 시민들의 기부와 봉사의 관행이 정착되기를 기대하는 것이다.

① 구체적 현상을 분석하여 일반적 원리를 추출하고 있다.
② 시간적 순서에 따라 개념이 형성되어 가는 과정을 밝히고 있다.
③ 대상에 대한 여러 가지 견해를 소개하고 이를 비교, 평가하고 있다.
④ 다른 대상과의 비교를 통해 대상이 지닌 특성과 가치를 설명하고 있다.
⑤ 문답 형식으로 화제에 대해 구체적으로 설명하면서 평가하고 있다.

Easy

27 다음 식을 계산한 값으로 옳은 것은?

$$0.8213+1.8124-2.4424$$

① 0.1913
② 0.1923
③ 0.1933
④ 0.1943
⑤ 0.1953

PART 2

※ 일정한 규칙으로 수 또는 문자를 나열할 때, 빈칸에 들어갈 알맞은 수 또는 문자를 고르시오. [28~30]

28

$$64 \quad 16 \quad 12 \quad 3 \quad \frac{11}{2} \quad (\quad) \quad \frac{75}{16}$$

① $\frac{5}{4}$
② $\frac{11}{4}$
③ $\frac{7}{8}$
④ $\frac{11}{8}$
⑤ $\frac{17}{8}$

29

$$\underline{3 \quad 7 \quad 18} \quad \underline{2 \quad 3 \quad 7} \quad \underline{5 \quad 2 \quad (\quad)}$$

① 1
② 3
③ 16
④ 20
⑤ 25

30

b e n o ( ) a

① p
② q
③ r
④ s
⑤ t

31 비행기가 순항 중일 때에는 860km/h의 속력으로 날아가고, 기상이 악화되면 40km/h의 속력이 줄어든다. 어떤 비행기가 3시간 30분 동안 비행하는데 15분 동안 기상이 악화되었다면 날아간 거리는 총 몇 km인가?

① 2,850km
② 2,900km
③ 2,950km
④ 3,000km
⑤ 3,050km

32 농도 12%의 소금물 600g에 물을 넣어 농도 4% 이하의 소금물을 만들고자 할 때, 부어야 하는 물의 양은 최소 몇 g인가?

① 1,150g
② 1,200g
③ 1,250g
④ 1,300g
⑤ 1,350g

Easy

33 어느 공장에서 완성품 1개를 만드는 데 A기계로는 20일, B기계로는 30일이 걸린다. A기계와 B기계를 함께 사용하면 완성품 1개를 며칠 만에 만들 수 있는가?

① 5일
② 9일
③ 12일
④ 15일
⑤ 18일

34 남자 5명과 여자 4명이 함께 있는 모임이 있다. 이 모임에서 성별마다 대표, 부대표를 1명씩 선출하려고 할 때, 선출 가능한 경우의 수는 총 몇 가지인가?

① 240가지
② 120가지
③ 80가지
④ 40가지
⑤ 20가지

35 N은행에 100만 원을 맡기면 다음 달에 104만 원을 받을 수 있다. 이번 달에 50만 원을 입금하여 다음 달에 30만 원을 출금했다면 그다음 달에 찾을 수 있는 최대 금액은?

① 218,800원
② 228,800원
③ 238,800원
④ 248,800원
⑤ 258,800원

36 서진이와 민진이를 포함한 5명이 일렬로 놓인 영화관의 좌석에 앉으려고 한다. 서진이와 민진이 사이에 적어도 1명이 앉게 될 확률은?

① $\frac{1}{5}$
② $\frac{3}{5}$
③ $\frac{7}{15}$
④ $\frac{8}{15}$
⑤ $\frac{13}{17}$

37 A씨는 출국하기 전 인천국제공항의 N은행에서 달러 및 유로 환전 신청을 하였다. 다음을 참고할 때, A씨가 내야 할 환전 수수료는 총 얼마인가?

- 신청 금액 : 미화 660달러, EUR 550유로
- 환전 우대율 : 미화 70%, EUR 50%
- 신청 날짜 : 2025. 01. 02.
- 장소 : N은행 인천국제공항지점
- 환율 고시표

구분	현금	
	매수	매도
원/달러	1,300	1,100
원/100엔	1,120	1,080
원/유로	1,520	1,450

- (환전 수수료)=(매수 매도 차액)×[1−(우대율)]×(환전금액)

① 56,650원
② 57,250원
③ 58,150원
④ 58,850원
⑤ 61,350원

PART 2

Easy

38 다음은 N정기예금의 적용금리와 H정기예금의 적용금리에 대한 자료이다. 두 예금의 예치기간에 따른 만기 시 최종 적용금리의 차이가 바르게 연결되지 않은 것은?(단, H정기예금의 최종 적용금리는 누적 평균으로 가정한다)

〈N정기예금 적용금리〉

(단위 : %)

구분	기본금리	고객 적용금리
1개월 이상 3개월 미만	연 0.75	연 2.84
3개월 이상 6개월 미만	연 0.85	연 3.51
6개월 이상 12개월 미만	연 0.95	연 3.65
12개월 이상 24개월 미만	연 0.95	연 3.68
24개월 이상 36개월 미만	연 1.05	연 3.15
36개월	연 1.15	연 3.16

※ N정기예금은 고객 적용금리를 최종 적용금리로 적용함

〈H정기예금 적용금리〉

(단위 : %)

구분	1개월	1개월 초과 2개월 이하	2개월 초과 3개월 이하	3개월 초과 4개월 이하	4개월 초과 5개월 이하	5개월 초과 6개월 이하
기본금리	연 1.85	연 1.85	연 1.85	연 2.35	연 2.35	연 2.35
누적 평균	연 1.85	연 1.85	연 1.85	연 1.97	연 2.05	연 2.10
구분	6개월 초과 7개월 이하	7개월 초과 8개월 이하	8개월 초과 9개월 이하	9개월 초과 10개월 이하	10개월 초과 11개월 이하	11개월 초과 12개월 이하
기본금리	연 2.65	연 2.65	연 2.65	연 2.65	연 2.65	연 2.90
누적 평균	연 2.19	연 2.25	연 2.30	연 2.34	연 2.37	연 2.42

	예치기간	최종 적용금리 차이
①	1개월	0.99%p
②	3개월	1.66%p
③	6개월	1.55%p
④	9개월	1.35%p
⑤	12개월	1.23%p

39 다음은 외국인 직접투자의 투자 건수 비율과 투자 금액 비율을 투자 규모별로 나타낸 자료이다. 투자 규모 100만 달러 이상인 투자 금액 비율과 투자 규모 50만 달러 미만인 투자 건수 비율을 각각 구하면?

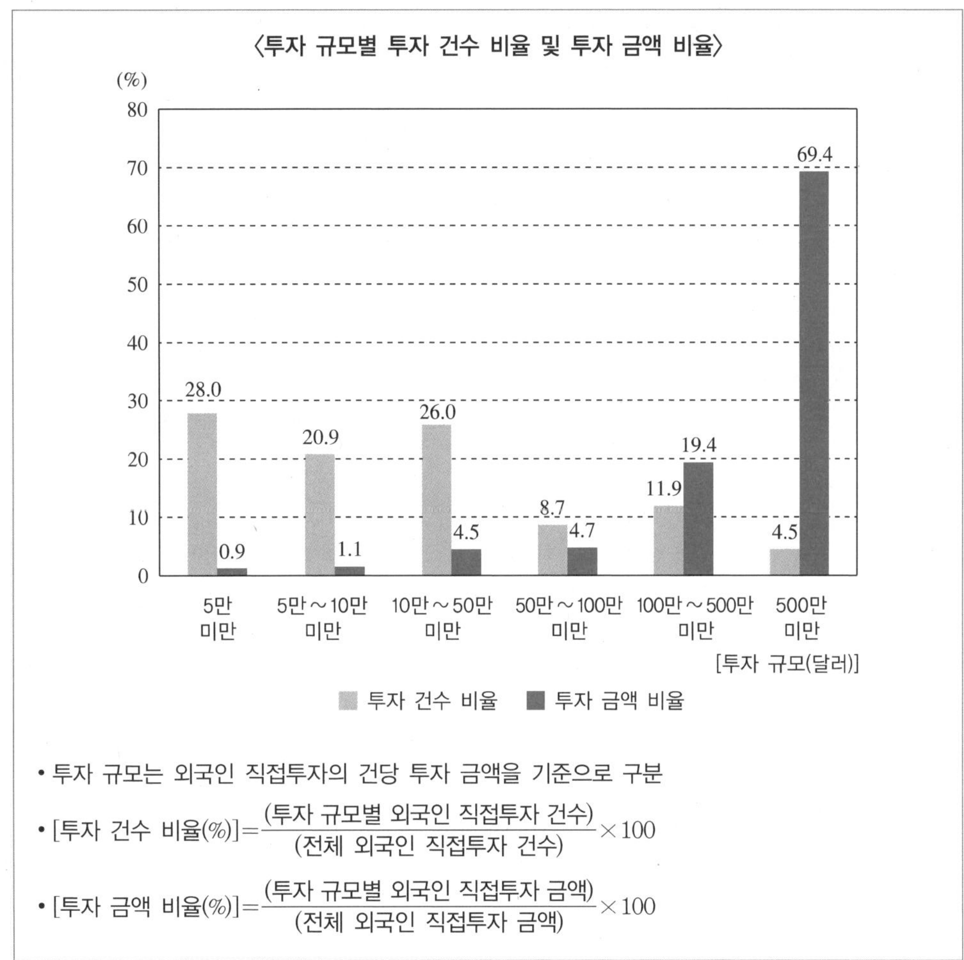

- 투자 규모는 외국인 직접투자의 건당 투자 금액을 기준으로 구분
- $[\text{투자 건수 비율(\%)}]=\dfrac{(\text{투자 규모별 외국인 직접투자 건수})}{(\text{전체 외국인 직접투자 건수})}\times 100$
- $[\text{투자 금액 비율(\%)}]=\dfrac{(\text{투자 규모별 외국인 직접투자 금액})}{(\text{전체 외국인 직접투자 금액})}\times 100$

① 66.6%, 62.8%
② 77.7%, 68.6%
③ 88.8%, 74.9%
④ 88.8%, 76.2%
⑤ 92.2%, 76.2%

40 다음은 1인 1일 스팸 수신량을 나타낸 그래프이다. 이에 대한 설명으로 옳지 않은 것은?

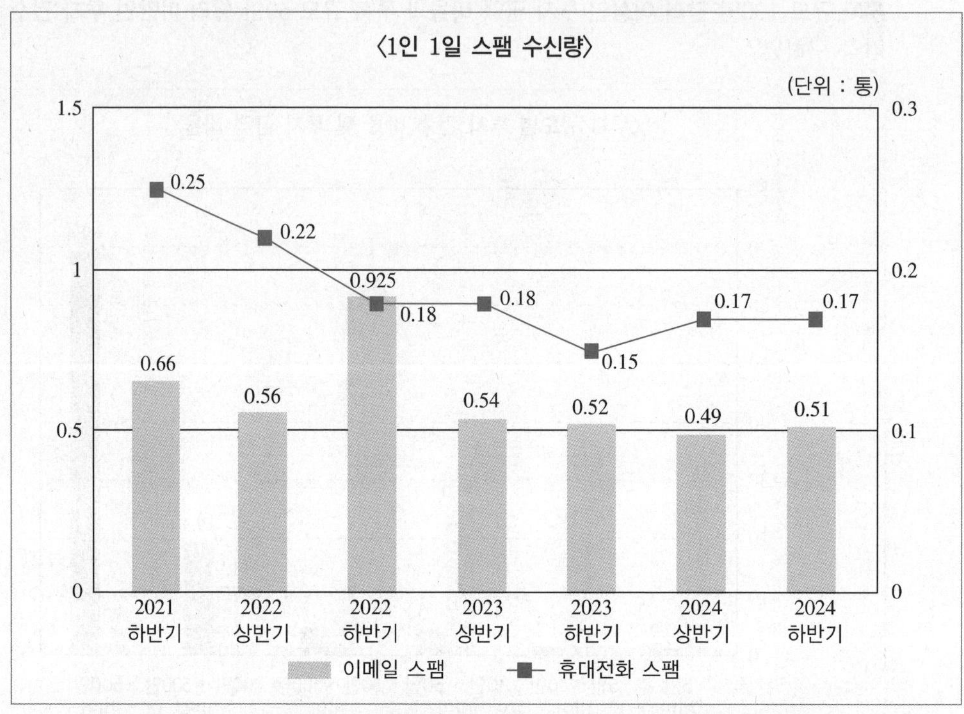

① 이메일과 휴대전화 모두 스팸 수신량이 가장 높은 시기는 2022년 하반기이다.

② 이메일 스팸 수신량이 휴대전화 스팸 수신량보다 항상 많다.

③ 이메일과 휴대전화 스팸 수신량 사이에 밀접한 관련이 있다고 보기 어렵다.

④ 이메일 스팸 총수신량의 평균은 휴대전화 스팸 총수신량 평균의 3배 이상이다.

⑤ 컴퓨터 사용량과 이메일 스팸 수신량이 정비례 관계에 있다고 한다면, 2022년 하반기 우리나라 국민의 평균 컴퓨터 사용량이 제일 높았을 것이다.

Hard

41 다음은 연도별 국채, 지방채, 특수채, 금융채의 평균 금리를 나타낸 자료와 용어에 대한 자료이다. 이에 대한 설명으로 옳지 않은 것은?(단, 소수점 셋째 자리에서 반올림한다)

〈연도별 평균 금리 현황〉

(단위 : %)

구분	2020년	2021년	2022년	2023년	2024년
국채 1년	2.89	2.91	3.01	3.32	3.38
국채 3년	3.01	3.22	3.89	4.02	4.41
국채 10년	3.88	3.91	4.29	4.11	4.24
인천지역개발채 5년	3.58	3.52	3.29	3.41	3.56
경기지역개발채 3년	5.1	5.02	4.21	4.22	4.81
강원지역개발채 6년	3.99	4.31	4.38	4.02	4.39
산업금융채 5년	3.2	3.5	3.8	4.5	4.4
한국전력채 10년	5.12	5.22	5.39	4.87	4.92
가스공사채 5년	4.8	6.3	5.7	7.2	6.6

- 국채 : 국가가 재정정책의 일환으로 발행하는 채권으로 정부가 원리금의 지급을 보증한다. 국채에는 일반재정적자를 보전하거나 재정자금의 수급조절을 위하여 발행되는 일반국채, 특정 사업의 재원조달을 위한 사업국채, 국가의 보상재원을 마련하기 위한 보상채권 등이 있다.
- 지방채 : 지방정부 및 지방공공기관 등이 지방재정법의 규정에 의거하여 특수목적 달성에 필요한 자금을 조달하기 위해 발행하는 채권이다.
- 특수채 : 특별한 법률에 의해서 설립된 기관이 특별법에 의하여 발행하는 채권으로서 정부가 원리금의 지급을 보증하는 것이 일반적이다.
- 금융채 : 특별법에 의하여 설립된 금융회사가 발행하는 채권으로서 금융채의 발행은 특정한 금융회사의 중요한 자금조달수단의 하나이고, 이렇게 조달된 자금은 주로 장기 산업자금에 사용된다.
- 단기채 : 통상적으로 상환기간이 1년 이하의 채권을 말한다.
- 중기채 : 상환기간이 1년 초과 5년 이하의 채권을 말한다.
- 장기채 : 상환기간이 5년 초과인 채권을 말한다.

① 2021 ~ 2024년 동안 장기채 평균 금리의 전년 대비 증감 방향은 같다.

② 2021 ~ 2024년 동안 국채의 경우 단기채, 중기채, 장기채가 모두 발행되었고, 상환기간이 길어질수록 평균 금리도 높아졌다.

③ 2021년 지방채의 평균 금리는 2024년 지방채의 평균 금리보다 높다.

④ 상환기간이 동일한 특수채와 금융채의 평균 금리는 특수채가 금융채보다 매년 1.5배 이상이다.

⑤ 장기 특수채의 2022년 평균 금리의 전년 대비 증가율은 3%를 초과한다.

PART 2

42 제시된 명제가 참일 때, 빈칸에 들어갈 명제로 가장 적절한 것은?

- 채소를 좋아하는 사람은 해산물을 싫어한다.
- ______________________________
- 디저트를 좋아하는 사람은 채소를 싫어한다.

① 채소를 싫어하는 사람은 해산물을 좋아한다.
② 디저트를 좋아하는 사람은 해산물을 싫어한다.
③ 채소를 싫어하는 사람은 디저트를 싫어한다.
④ 디저트를 좋아하는 사람은 해산물을 좋아한다.
⑤ 디저트를 싫어하는 사람은 해산물을 싫어한다.

Easy

43 제시된 명제가 모두 참일 때, 반드시 참인 명제는?

- 신혜와 유민이 앞에 사과, 포도, 딸기가 놓여있다.
- 사과, 포도, 딸기 중에는 각자 좋아하는 과일이 반드시 있다.
- 신혜는 사과와 포도를 싫어한다.
- 유민이가 좋아하는 과일은 신혜가 싫어하는 과일이다.

① 신혜는 좋아하는 과일이 없다.
② 유민이가 딸기를 좋아하는지 알 수 없다.
③ 신혜는 딸기를 좋아한다.
④ 유민이와 신혜가 같이 좋아하는 과일이 있다.
⑤ 포도를 좋아하는 사람은 없다.

44 무게가 서로 다른 6개의 돌 A~F의 무게가 다음 〈조건〉과 같을 때, 추론할 수 없는 것은?

조건

- B는 A보다 무겁고, F보다 무겁다.
- C는 B보다 무겁고, D보다 가볍다.
- E는 C보다 가볍다.

① A는 F보다 무겁다.
② C는 두 번째로 무겁다.
③ E는 D보다 가볍다.
④ C와 D는 B보다 무겁다.
⑤ B는 A와 F보다 무겁다.

45 **대학생 N봉사단 소속 A～E 5명의 학생들이 주말을 포함하여 일주일 동안 각자 하루를 골라 봉사활동을 간다. 다음 〈조건〉에 따라 봉사활동을 간다고 할 때, 항상 참이 아닌 것은?**

조건

- A, B, C, D, E 5명은 일주일 동안 정해진 요일에 혼자서 봉사활동을 간다.
- A는 B보다 빠른 요일에 봉사활동을 간다.
- E는 C가 봉사활동을 다녀오고 이틀 후에 봉사활동을 간다.
- B와 D는 평일에 봉사활동을 간다.
- C는 목요일에 봉사활동을 가지 않는다.
- A는 월요일, 화요일 중에 봉사활동을 간다.

① B가 화요일에 봉사활동을 간다면 토요일에 봉사활동을 가는 사람은 없다.
② D가 금요일에 봉사활동을 간다면 5명은 모두 평일에 봉사활동을 간다.
③ D가 A보다 빨리 봉사활동을 간다면 B는 금요일에 봉사활동을 가지 않는다.
④ E가 수요일에 봉사활동을 간다면 토요일에 봉사활동을 가는 사람이 있다.
⑤ C가 A보다 빨리 봉사활동을 간다면 D는 목요일에 봉사활동을 갈 수 있다.

46 **N은행에 근무하는 직원 4명은 함께 5인승 택시를 타고 A지점으로 가고자 한다. 다음 〈조건〉에 따라 택시에 탑승할 때, 항상 참인 것은?**

조건

- 직원은 각각 부장, 과장, 대리, 사원의 직책을 갖고 있다.
- 직원은 각각 흰색, 검은색, 노란색, 연두색 신발을 신었다.
- 직원은 각각 기획팀, 연구팀, 디자인팀, 홍보팀 소속이다.
- 대리와 사원은 옆으로 붙어 앉지 않는다.
- 과장 옆에는 직원이 앉지 않는다.
- 부장은 홍보팀이고 검은색 신발을 신었다.
- 디자인팀 직원은 조수석에 앉았고 노란색 신발을 신었다.
- 사원은 기획팀 소속이다.

① 택시 운전기사 바로 뒤에는 사원이 앉는다.
② 부장은 조수석에 앉는다.
③ 과장은 노란색 신발을 신었다.
④ 부장 옆에는 과장이 앉는다.
⑤ 사원은 흰색 신발을 신었다.

47 H자동차 회사에 근무하는 D씨는 올해 새로 출시될 예정인 수소전기차 '럭스'에 대해 SWOT 분석을 진행하기로 하였다. '럭스'의 분석 내용이 다음과 같을 때, 〈보기〉의 (가) ~ (마) 중 SWOT 분석에 들어갈 내용으로 옳지 않은 것은?

〈수소전기차 '럭스' 분석 내용〉

▶ 럭스는 서울에서 부산을 달리고도 절반 가까이 남는 609km에 달하는 긴 주행거리와 5분에 불과한 짧은 충전시간을 강점으로 볼 수 있다.
▶ 수소전기차의 정부 보조금 지급 대상은 총 240대로, 생산량에 비해 보조금이 부족한 실정이다.
▶ 전기차의 경우 전기의 가격은 약 10 ~ 30원/km이며, 수소차의 경우 수소의 가격은 약 72.8원/km이다.
▶ 럭스의 가격은 정부와 지자체의 보조금을 통해 3천여 만 원에 구입이 가능하며, 이는 첨단 기술이 집약된 친환경차를 중형 SUV 가격에 구매한다는 점에서 매력적이지 않을 수 없다.
▶ 화석연료로 만든 전기를 충전해서 움직이는 전기차보다 물로 전기를 만들어서 움직이는 수소전기차가 더 친환경적이다.
▶ 수소를 충전할 수 있는 충전소는 전국 12개소에 불과하며, H자동차 회사는 올해 안에 10개소를 더 설치한다고 발표하였으나 모두 완공될지는 미지수이다.
▶ 현재 전세계에서 친환경차의 인기는 뜨거우며, 저유가와 레저 문화의 확산으로 앞으로도 인기가 지속될 전망이다.

보기

강점(Strength)	약점(Weakness)
• (가) 보조금 지원으로 상대적으로 저렴한 가격 • 일반 전기차보다 깨끗한 수소전기차 • 짧은 충전시간과 긴 주행거리	• (나) 충전 인프라 부족 • (다) 전기보다 비싼 수소 가격
기회(Opportunity)	**위협(Threat)**
• (라) 친환경차에 대한 인기 • 레저 문화의 확산	• (마) 생산량에 비해 부족한 보조금

① (가) ② (나)
③ (다) ④ (라)
⑤ (마)

Easy

48 다음은 A주임이 2024년 1월 초일부터 6월 말일까지 N카드사의 카드인 H1카드와 H2카드를 이용한 내역이다. 카드사의 포인트 적립 기준과 포인트별 수령 가능한 사은품에 대한 정보에 따라 A주임이 2024년 2분기까지의 적립 포인트로 받을 수 있는 사은품은?

〈A주임의 카드 승인금액〉

(단위 : 원)

구분	2024.01	2024.02	2024.03	2024.04	2024.05	2024.06
H1카드	114.4만	91.9만	91.2만	120.1만	117.5만	112.2만
H2카드	89.2만	90.5만	118.1만	83.5만	87.1만	80.9만

〈N카드사 분기별 포인트 적립 기준〉

각 회원의 분기별 포인트는 직전 분기 동안의 N카드사 카드별 승인금액 합계의 구간에 따라 다음과 같이 적립된다.

(단위 : p)

구분	300만 원 미만	300만 원 이상 500만 원 미만	500만 원 이상 1,000만 원 미만	1,000만 원 이상
승인금액 10만 원당 적립 포인트	650	800	950	1,100

※ 분기별 적립 포인트는 해당 분기 말일 자정에 0p로 초기화됨

〈N카드사 사은품 지급 정보〉

각 회원이 분기별 적립 포인트에 따라 받을 수 있는 사은품은 다음과 같다.

구분	3만p 이상	5만p 이상	8만p 이상	10만p 이상	15만p 이상
사은품	스피커	청소기	공기청정기	에어컨	냉장고

※ 각 회원은 하나의 사은품만 수령할 수 있음

※ 각 회원은 해당되는 가장 높은 포인트 구간의 사은품만 수령할 수 있음

① 스피커　② 청소기
③ 공기청정기　④ 에어컨
⑤ 냉장고

PART 2

49 올해 2월에 퇴직한 A씨는 올해 8월 11일에 N은행 골든라이프 연금우대통장에 가입하고자 한다. 우대이율 조건 및 A씨의 최근 입금 내역이 다음과 같을 때, A씨에게 적용되는 우대이율은?(단, 결산일은 2, 5, 8, 11월 둘째 주 금요일이고, 올해 8월 11일은 둘째 주 금요일이다)

〈N은행 골든라이프 연금우대통장〉

• 우대이율
  최저 연 0.5%p ~ 최고 연 1.5%p
• 적용대상
  결산일 전월 말일 기준 직전 3개월[1)]간 이 통장으로 대상연금[2)]의 입금 건수에 따라 차등 적용

결산일 전월 말일 기준 직전 3개월간 입금 건수	우대이율 (기본이율 포함)
9건 이상	연 1.5%p
6건 이상 8건 이하	연 1.0%p
1건 이상 5건 이하	연 0.5%p

주1) 결산일 전월 말일 기준 직전 3개월은 결산일이 포함된 월을 제외하고 앞선 3개월이다.
  ※ 예시 : 결산일이 11월 13일이면 직전 3개월은 11월을 제외한 8, 9, 10월임
주2) 대상연금 : 아래 항목에 해당하는 경우(입금건수 산정은 종류 구분 없음)
  ① 4대 연금(국민연금, 공무원연금, 사립학교교직원연금, 군인연금)공단에서 입금된 금액
  ② 기타 연금 : 고객이 지정한 연금수령일(전후 1영업일 포함 3영업일)에 타행으로부터 건별 50만 원 이상 입금된 금액으로, 이 통장 적요란에 '연금'이라는 문구가 인쇄되는 경우에만 월 최대 1회 인정
  ③ 국가보훈처에서 입금된 금액
  ④ 「골든라이프 공사주택연금론」 및 「골든라이프 주택연금론」의 월지급금
  ⑤ 당행 연금신탁에서 입금되는 연금
  ⑥ 당행 퇴직연금에서 입금되는 연금
  ⑦ 「골든라이프 연금우대예금(Hi!Story 정기예금 및 골든라이프 예금 포함)」의 월 균등분할 원금[또는 원리금(원금과 이자)]
  ※ 예시 : '당행 연금신탁에서 입금되는 연금'이 기간 중 9건 입금 시 9회로 인정
• 적용금액
  이 통장의 결산기 평균잔액 중 1백만 원 이하의 금액까지는 우대이율 적용
  ※ 1백만 원을 초과하는 금액에 대하여는 기본이율 적용

〈A씨 최근 입금 내역〉

거래일	내용	입금액(원)
	⋮	
6/10	국가보훈처에서 국가유공자 사망위로금 지급	300,000
6/15	일반 입금 예금주 : 장○○	1,000,000
7/8	N은행 퇴직연금 입금	550,000
	타행 X은행으로부터 퇴직연금 입금 예금주 : X은행 퇴직연금	500,000
	타행 Y은행으로부터 퇴직연금 입금 예금주 : Y은행 퇴직연금	500,000
7/10	국가보훈처에서 국가유공자 사망위로금 지급	300,000
7/20	복권 당첨금 수령	2,276,369
8/8	N은행 퇴직연금 입금	550,000
	타행 X은행으로부터 퇴직연금 입금 예금주 : X은행 퇴직연금	500,000
	타행 Y은행으로부터 퇴직연금 입금 예금주 : Y은행 퇴직연금	500,000
8/10	국가보훈처에서 국가유공자 사망위로금 지급	300,000
	⋮	

※ A씨는 올해 3월부터 퇴직연금 입금 내역이 매월 일정한 금액으로 3건씩 있음

※ A씨는 올해 6월 10일부터 국가유공자 사망위로금을 수령했음

① 0.1%p
② 0.5%p
③ 1.0%p
④ 1.5%p
⑤ 2.0%p

※ 다음은 N사 신용카드 3종에 대한 설명이다. 이어지는 질문에 답하시오. [50~51]

〈N사 신용카드 3종〉

<table>
<tr><th>구분</th><th>연회비</th><th>기본혜택</th><th>실적에 따른 혜택</th></tr>
<tr><td>Air One</td><td>49,000원</td><td>• 국내 일시불·할부, 해외 일시불 이용금액 1천 원당 1항공마일리지 적립
• 국내 항공/면세업종 이용금액 1천 원당 1항공마일리지 추가 적립</td><td>• 전월 이용금액이 50만 원 미만인 경우, 항공마일리지 적립 서비스 미제공</td></tr>
<tr><td>#Pay</td><td>30,000원</td><td>• 7개 간편결제(Pay)로 국내 이용 시, 5% 포인트 적립</td><td>• 전월 실적(일시불+할부) 기준
<table><tr><th>구분</th><th>통합 월 적립한도</th></tr><tr><td>30만 원 이상 50만 원 미만</td><td>1만 포인트</td></tr><tr><td>50만 원 이상 90만 원 미만</td><td>2만 포인트</td></tr><tr><td>90만 원 이상</td><td>3만 포인트</td></tr></table></td></tr>
<tr><td>Mr. Life</td><td>18,000원</td><td>• 월납(공과금)할인
– 전기요금, 도시가스요금, 통신요금
• TIME할인
– 365일 24시간 10% 할인서비스(편의점, 병원/약국, 세탁소 업종)
– 오후 9시~오전 9시 10% 할인서비스(온라인 쇼핑, 택시, 식음료 업종)
• 주말할인
– 3대 마트 10% 할인
– 4대 정유사 리터당 60원 할인</td><td>• 전월 실적(일시불+할부) 기준
<table><tr><th>구분</th><th>공과금 할인한도</th><th>TIME 할인한도</th><th>주말할인 한도</th></tr><tr><td>30만 원 이상 50만 원 미만</td><td>3천 원</td><td>1만 원</td><td>3천 원</td></tr><tr><td>50만 원 이상 90만 원 미만</td><td>7천 원</td><td>2만 원</td><td>7천 원</td></tr><tr><td>90만 원 이상</td><td>1만 원</td><td>3만 원</td><td>1만 원</td></tr></table></td></tr>
</table>

50 Air One 카드를 보유한 고객이 국내와 해외에서 각각 일시불과 할부로 50만 원씩 100만 원을 사용하여 총 200만 원을 결제했을 때, 적립되는 항공마일리지는 최소 얼마인가?(단, 전월 이용금액은 50만 원 이상이라고 가정한다)

① 1,000마일리지
② 1,500마일리지
③ 2,000마일리지
④ 2,500마일리지
⑤ 3,000마일리지

51 다음 A씨와 B씨의 조건을 보고, 두 사람에게 적합한 카드를 고르면?(단, 두 사람에게 각각 다른 카드를 추천하였다)

- 대학생 A씨
  - 간편결제를 활용한 인터넷 쇼핑을 자주 이용
  - 기숙사 생활을 하고 있으며 휴대폰 요금 외 월납 공과금 지출은 없음
  - 월평균 지출은 40만 원
  - 차량 미보유
  - 주말에는 지방에 있는 본가에서 지내며 별도의 지출 없음
- 직장인 B씨
  - 연회비 3만 원 이하의 카드를 원함
  - 주말시간을 이용하여 세차와 주유 등 차량 관리
  - 배달음식보다는 요리를 해먹거나 외식하는 것을 선호

	A씨	B씨
①	Air One	#Pay
②	#Pay	Air One
③	#Pay	Mr. Life
④	Mr. Life	Air One
⑤	Mr. Life	#Pay

52 다음은 K주임의 7월 급여내역서이다. 8월에는 기존 지급내역 합계에서 3.3%가 공제되던 건강보험료의 보험료율이 5%로 증가하였다. 또한 전월인 7월에 비해 기본급과 직무수당이 각각 15만 원, 연장근로수당이 20만 원 더 지급되었을 때, K주임의 8월 지급액에서 공제 후 받게 될 실수령액은?(단, 주어진 변동 내역 외에 다른 내역은 7월과 8월이 같다)

〈7월 급여내역서〉

(단위 : 원)

지급내역	기본급	1,200,000	공제내역	갑근세	900,000
	직책수당	400,000		주민세	9,000
	직무수당	300,000		건강보험	99,000
	연장근로	150,000		국민연금	135,000
	심야근로	250,000		고용보험	24,000
	휴일근로	300,000		근태공제	–
	월차수당	400,000		기타	–
	합계	3,000,000		합계	1,167,000

① 1,580,000원
② 1,890,500원
③ 2,045,000원
④ 2,257,000원
⑤ 2,340,000원

53 N기업은 가전전시회에서 자사의 제품을 출품하기로 하였다. 자사의 제품을 보다 효과적으로 홍보하기 위하여 다음과 같이 행사장의 A ~ G 중 세 곳에서 홍보판촉물을 배부하기로 하였다. 가장 많은 사람들에게 홍보판촉물을 나눠줄 수 있는 위치는 어디인가?

- 전시관은 제1전시관 → 제2전시관 → 제3전시관 → 제4전시관 순서로 배정되어 있다.
- 행사장 출입구는 한 곳이며, 다른 곳으로는 출입이 불가능하다.
- 방문객은 행사장 출입구로 들어와서 시계 반대 방향으로 돌며, 4개의 전시관 중 2개의 전시관만을 골라 관람한다.
- 방문객은 자신이 원하는 2개의 전시관을 모두 관람하면 행사장 출입구를 통해 나가기 때문에 한 바퀴를 초과해서 도는 방문객은 없다.
- 방문객은 전시관 입구로 들어가면 출구로 나오기 때문에 전시관의 입구와 출구 사이에 있는 외부 통로를 동시에 지나치지 않는다.
- 행사장에는 시간당 평균 400명이 방문하며, 각 전시관의 시간당 평균 방문객 수는 다음과 같다.

제1전시관	제2전시관	제3전시관	제4전시관
100명	250명	150명	300명

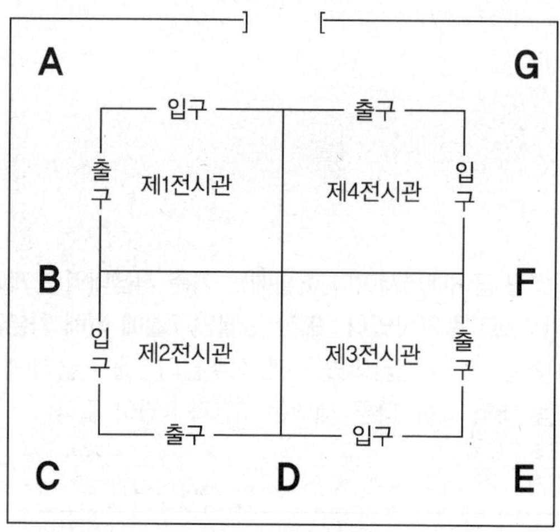

① A, B, C
② A, D, G
③ B, C, E
④ B, D, F
⑤ C, D, G

54 다음은 국민연금법의 일부 내용이다. 이에 따라 〈보기〉에서 연금을 받을 수 있는 사람과 받는 연금의 종류가 바르게 연결된 것은?(단, 가입자의 나이는 2024년 5월 2일을 기준일로 하여 만 나이로 계산하며, 유족연금의 경우 가입자의 유족이 받는다)

제6조(가입 대상)
국내에 거주하는 국민으로서 18세 이상 60세 미만인 자는 국민연금 가입 대상이 된다. 다만, 「공무원연금법」, 「군인연금법」, 「사립학교교직원 연금법」 및 「별정우체국법」을 적용받는 공무원, 군인, 교직원 및 별정우체국 직원, 그 밖에 대통령령으로 정하는 자는 제외한다.

제61조(노령연금 수급권자)
① 가입기간이 10년 이상인 가입자 또는 가입자였던 자에 대하여는 60세(특수직종근로자는 55세)가 된 때부터 그가 생존하는 동안 노령연금을 지급한다.
② 가입기간이 10년 이상인 가입자 또는 가입자였던 자로서 55세 이상인 자가 대통령령으로 정하는 소득이 있는 업무에 종사하지 아니하는 경우 본인이 희망하면 제1항에도 불구하고 60세가 되기 전이라도 본인이 청구한 때부터 그가 생존하는 동안 일정한 금액의 연금(이하 "조기노령연금"이라 한다)을 받을 수 있다.

제72조(유족연금의 수급권자)
① 다음 각호의 어느 하나에 해당하는 사람이 사망하면 그 유족에게 유족연금을 지급한다.
1. 노령연금 수급권자
2. 가입기간이 10년 이상인 가입자 또는 가입자였던 자
3. 연금보험료를 낸 기간이 가입대상기간의 3분의 1 이상인 가입자 또는 가입자였던 자
4. 사망일 5년 전부터 사망일까지의 기간 중 연금보험료를 낸 기간이 3년 이상인 가입자 또는 가입자였던 자. 단, 가입대상기간 중 체납기간이 3년 이상인 사람은 제외한다.
5. 장애등급이 2급 이상인 장애연금 수급권자

② 제1항에도 불구하고 같은 항 제3호 또는 제4호에 해당하는 사람이 다음 각호의 기간 중 사망하는 경우에는 유족연금을 지급하지 아니한다.
1. 제6조 단서에 따라 가입 대상에서 제외되는 기간
2. 국외이주·국적상실 기간

보기

구분	생년월일	국민연금 가입기간	비고
김갑돌	1964.03.02	2010.03 ~ 2022.08	-
이을석	1980.10.03	2013.02 ~ 2023.05	2023.09 캐나다 이주 후 캐나다에서 사망
정병문	1969.04.21	2012.07 ~ 2022.02	현재 소득이 없음
박정환	1969.02.15	2009.06 ~ 2023.12	특수직종근로자
김무혁	1974.05.29	2019.08 ~ 2022.12	2024.03 사망

※ 가입자 모두 가입기간 동안 연금보험료를 납부함

① 김갑돌 – 유족연금
② 이을석 – 유족연금
③ 정병문 – 조기노령연금
④ 박정환 – 노령연금
⑤ 김무혁 – 노령연금

※ 다음은 N사에서 직원 10명을 대상으로 지방에 발령을 위해 근태 및 성과를 평가한 자료이다. 이어지는 질문에 답하시오. **[55~56]**

〈N사 직원 근태 및 성과 현황〉

구분	근태	성과	1지망	2지망
A	A	B	서울	부산
B	B	B	서울	대전
C	A	C	광주	대전
D	B	A	대구	부산
E	A	A	서울	광주
F	A	B	울산	부산
G	A	A	대전	서울
H	C	B	광주	울산
I	B	C	대구	대전
J	A	A	울산	부산

※ A : 100점, B : 60점, C : 20점

55 근태 기록으로만 평가하여 점수가 높은 직원을 원하는 지역에 발령하고자 한다. 직원과 발령한 지부가 바르게 연결되지 않은 것은?(단, 각 지방은 최대 2명을 발령할 수 있으며, 모든 지부에 적어도 1명은 발령해야 한다)

	직원	발령지부
①	A	서울
②	C	광주
③	D	대구
④	H	울산
⑤	I	대구

Hard

56 근태 기록 30%, 성과 70%의 가중치를 두어 다시 평가 후 발령하고자 한다. 근태 기록으로만 평가한 것과 비교하여 발령 지방의 변동이 발생한 직원은?(단, 각 지방은 최대 2명을 발령할 수 있으며, 모든 지부에 적어도 1명은 발령해야 한다)

① A, H
② C, J
③ E, J
④ F, I
⑤ H, I

※ N은행은 워크숍 진행을 위해 대관할 홀을 찾고 있으며 홀에 대한 정보는 다음과 같다. 이어지는 질문에 답하시오. **[57~58]**

〈A ~ E홀의 대관 정보〉

구분	A홀	B홀	C홀	D홀	E홀
거리	30km	20km	60km	45km	20km
수용인원	215명	180명	125명	100명	130명
대관료(일 단위)	200만 원	150만 원	100만 원	120만 원	180만 원

PART 2

57 N은행 직원들이 홀 예약을 위한 회의를 진행하며 다음과 같은 대화를 나누었다고 할 때, 적절하지 않은 의견을 제시한 사람은?

H과장 : 워크숍 참여 인원이 143명이니 수용인원이 가장 적은 D홀은 후보에서 제외해야겠어요.
C과장 : 예산이 175만 원으로 넉넉지 않으니 가장 비싼 A홀도 후보에서 제외해야겠어요.
T과장 : 그렇다면 가장 저렴한 C홀은 어떤가요?
L과장 : C홀은 이곳에서 가장 멀리 있어 불편해할 거예요. 가까운 B홀은 어때요?
I과장 : 그곳이 좋겠어요. 거리도 멀지 않고, 수용인원도 충분하고, 가격도 예산 범위 안이고요.

① H과장
② C과장
③ T과장
④ L과장
⑤ I과장

Easy

58 위 57번에 주어진 대화에 따라 선정한 홀의 대관료는?

① 100만 원
② 120만 원
③ 150만 원
④ 180만 원
⑤ 200만 원

59 N금융은 투자대안을 마련하기 위해 투자대상을 검토할 때, 기대수익률(Expected Profit Rate)과 표준편차(Standard Deviation)를 이용한다. 특히, 표준편차는 투자대안의 위험수준을 평가하는 데 활용된다. 바람직한 투자대안을 평가하는 데 있어 지배원리를 적용하며, 위험 한 단위당 기대수익률이 높은 투자대안을 선호한다. 제시된 A ~ G 7개의 투자대안에 대한 설명으로 옳은 것은?

〈투자대안별 기대수익률 및 표준편차〉

(단위 : %)

구분	A	B	C	D	E	F	G
기대수익률	8	10	6	5	8	6	12
표준편차	5	5	4	2	4	3	7

※ 지배원리란 동일한 기대수익률이면 최소의 위험을, 동일한 위험이면 최대의 수익률을 가지는 포트폴리오를 선택하는 원리를 말함

① 투자대안 A와 E, C와 F는 동일한 기대수익률이 예상되기 때문에 서로 우열을 가릴 수 없다.
② 투자대안 A, B, C, D 중에서 어느 것이 낫다고 평가할 수는 없다.
③ 투자대안 G가 기대수익률이 가장 높기 때문에 가장 바람직한 대안이다.
④ 위험 한 단위당 기대수익률이 같은 투자대안은 E와 F이다.
⑤ 투자대안 E는 B와 G에 비해 우월하다.

60 다음은 N은행 직원 인사규정 중 벌점 규정에 대한 자료이다. 팀원들의 올해 업무평정 내역이 다음과 같을 때, 올해 업무평정 최종점수에서 가장 낮은 점수를 받은 팀원은?

제25조 벌점
1. 일반사고는 회당 올해 업무평정에서 20점을 차감한다.
2. 중대사고는 회당 올해 업무평정에서 40점을 차감한다.
3. 수상경력이 있는 경우 올해 업무평정에서 100점을 더한다.

〈평정 내역〉

구분	올해 업무평정	일반사고	중대사고	수상경력
A사원	420점	4회	2회	0회
B사원	380점	9회	0회	1회
C대리	550점	11회	1회	0회
D대리	290점	0회	3회	2회
E과장	440점	5회	3회	0회

① A사원
② B사원
③ C대리
④ D대리
⑤ E과장

61 N금융에서 근무하고 있는 김대리는 A지점으로 감사를 나가고자 한다. 다음 〈조건〉에 따라 감사일을 결정할 때, 김대리가 A지점 감사를 진행할 수 있는 기간은?

〈8월 달력〉

일	월	화	수	목	금	토
				1	2	3
4	5	6	7	8	9	10
11	12	13	14	15	16	17
18	19	20	21	22	23	24
25	26	27	28	29	30	31

조건

- 김대리는 8월 중에 A지점으로 감사를 나간다.
- 감사는 2일 동안 진행되며, 이틀 동안 연이어 진행하여야 한다.
- 감사는 주중에만 진행된다.
- 김대리는 8월 1일부터 7일까지 연수에 참석하므로 해당 기간에는 감사를 진행할 수 없다.
- 김대리는 8월 27일부터 부서이동을 하므로, 27일부터는 감사를 포함한 모든 담당 업무를 후임자에게 인계하여야 한다.
- 김대리는 목요일마다 K지점으로 출장을 가며, 출장일에는 감사 업무를 수행할 수 없다.

① 6 ~ 7일
② 11 ~ 12일
③ 14 ~ 15일
④ 20 ~ 21일
⑤ 27 ~ 28일

PART 2

62 N은행은 H마트와 함께 가정의 달을 맞이하여 5월 한 달간 이웃사랑 나눔 행사를 개최하고자 한다. 한 달 동안 H마트에서 상품을 구매한 모든 고객들에게 경품 응모권을 증정한 후 추첨을 통해 고객들에게 소정의 사은품을 나누어 주는 행사이다. 행사에 필요한 예산을 요청하기 위해 다음과 같이 기획안을 작성하였다면, 필요한 예산 금액은 총 얼마인가?(단, 행사에 꽝은 없으며 참여한 모든 고객들은 경품에 당첨된다)

〈행사 기획안〉

- 행사제목 : N은행·H마트 5월 이웃사랑 나눔 행사
- 행사기간 : 2024년 5월 1일(수) ~ 31일(금)
- 참여대상 : H마트에서 상품을 구매한 모든 고객
- 추첨방법 : 경품 응모권 추첨
  ※ 6월 3일(월) 당첨자 H마트 게시판 안내
- 예상 참여인원 : 200명(전년도 동월 방문고객 수 참고)
- 경품내역

구분	경품내역
1등(2명)	H마트 상품권(10만 원권)
2등(5명)	쌀(20kg)
3등(10명)	김치(5kg)
4등(15명)	라면(1박스)
5등(26명)	김(묶음)
6등(42명)	밀폐용기(세트)
7등(100명)	주방세제(세트)

- 구매상품별 단가

(단위 : 원)

구분	상품권 (1장)	쌀 (20kg)	김치 (5kg)	라면 (1박스)	김 (묶음)	밀폐용기 (세트)	주방세제 (세트)
단가	100,000	30,000	20,000	20,000	15,000	10,000	10,000

① 2,250,000원
② 2,300,000원
③ 2,660,000원
④ 3,200,000원
⑤ 3,250,000원

63 N기업은 2024년 하반기 인사이동을 통해 품질안전본부의 승진 대상자 중 승진할 직원 2명을 선정하고자 한다. 승진자 결정방식 및 승진 대상자 정보에 따라, 다음 중 승진하게 되는 직원들로만 바르게 짝지어진 것은?

〈승진자 결정방식〉

- 품질안전본부의 승진 대상자인 갑～무 5명 중 승진 점수가 가장 높은 직원 2명이 승진하게 된다.
- 승진 점수는 업무 실적 점수(20점), 사고 점수(10점), 근무태도 점수(10점), 가점 및 벌점(최대 5점)을 합산하여 산정한다.
- 업무 실적 점수 산정 기준(20점 만점)

등급	A	B	C	D
점수	20	17	13	10

- 사고점수 산정 기준(10점 만점)
  - 만점인 10점에서 사고유형 및 건수에 따라 차감하여 계산한다.

구분	1건당 벌점
경미 / 과실	1점
중대 / 고의	3점

- 근무태도 전수 산정 기준(10점 만점)

등급	우수	보통	미흡
점수	10	7	4

- 가점 및 벌점 부여 기준(최대 5점)
  - 무사고(모든 유형의 사고 건수 0건) : 가점 2점
  - 수상실적 : 1회당 가점 2점
  - 사고유형 중 중대/고의 사고 건수 2건 이상 : 벌점 4점

〈승진 대상자 정보〉

구분	업무실적등급	사고 건수		근무태도등급	수상실적
		경미 / 과실	중대 / 고의		
갑	A	–	1	보통	1회
을	B	1	–	우수	2회
병	C	2	–	보통	–
정	A	1	1	미흡	–
무	D	–	–	우수	1회

① 갑, 을
② 갑, 정
③ 병, 정
④ 을, 무
⑤ 병, 무

64 다음 내용이 설명하는 농협이 하는 일은 무엇인가?

> • 농업인의 권익을 대변하고 농업 발전과 농가 소득 증대를 통해 농업인 삶의 질 향상에 도움을 준다.
> • '또 하나의 마을 만들기 운동' 등을 통해 농업·농촌에 활력을 불어넣고 농업인과 도시민이 동반자 관계로 함께 성장·발전하는 데 기여한다.

① 교육지원사업
② 농업경제사업
③ 축산경제사업
④ 상호금융사업
⑤ 농협금융지주

65 농협은 신뢰받는 조직으로 발돋움하기 위하여 다음 〈보기〉와 같이 인재상을 정립하였다. 각 인재상과 그에 대한 내용이 바르게 연결되지 않은 것은?

> 보기
>
> ㉠ 시너지 창출가
> ㉡ 행복의 파트너
> ㉢ 최고의 전문가
> ㉣ 정직과 도덕성을 갖춘 인재
> ㉤ 진취적 도전가

① ㉠ – 프로다운 서비스 정신을 바탕으로 농업인과 고객을 가족처럼 여기는 인재
② ㉡ – 농업인과 고객의 최상의 행복 가치를 위해 최선을 다하는 인재
③ ㉢ – 유통·금융 등 맡은 분야에서 최고의 전문가가 되기 위해 지속적으로 노력하는 인재
④ ㉣ – 매사에 혁신적인 자세로 모든 업무를 투명하고 정직하게 처리하는 인재
⑤ ㉤ – 끊임없이 변화와 혁신을 추구하는 역동적이고 열정적인 인재

※ 다음은 N기업 연구소의 주요 사업별 연락처이다. 이어지는 질문에 답하시오. [66~67]

〈주요 사업별 연락처〉

구분	담당부서	연락처
고객지원	고객지원팀	012-410-7001
감사, 부패방지 및 지도점검	감사실	012-410-7011
국제협력, 경영평가, 예산기획, 규정, 이사회	전략기획팀	012-410-7023
인재개발, 성과평가, 교육, 인사, ODA사업	인재개발팀	012-410-7031
복무노무, 회계관리, 계약 및 시설	경영지원팀	012-410-7048
품질평가 관리, 품질평가 관련 민원	평가관리팀	012-410-7062
가공품 유통 전반(실태조사, 유통정보), 컨설팅	유통정보팀	012-410-7072
기관 마케팅, 홍보관리, CS, 브랜드인증	고객홍보팀	012-410-7082
이력관리, 역학조사지원	이력관리팀	012-410-7102
유전자분석, 동일성검사	유전자분석팀	012-410-7111
연구사업 관리, 기준개발 및 보완, 시장조사	연구개발팀	012-410-7133
홈페이지 운영, 대외자료제공, 정보보호	정보사업팀	012-410-7000

PART 2

66 N기업 연구소의 주요 사업별 연락처를 본 직원의 반응으로 옳지 않은 것은?

① N기업 연구소는 1개 실과 11개 팀으로 이루어져 있구나.
② 예산기획과 경영평가는 같은 팀에서 종합적으로 관리하는구나.
③ 평가업무라 하더라도 평가 특성에 따라 담당하는 팀이 달라지는구나.
④ 홈페이지 운영은 고객홍보팀에서 마케팅과 함께 하는구나.
⑤ 부패방지를 위해 부서를 따로 두었구나.

67 다음 민원인의 요청을 듣고 난 후 민원을 해결하기 위해 연결해야 할 부서를 바르게 안내한 것은?

> 민원인 : 얼마 전 신제품 관련 평가 신청을 했습니다. 신제품 품질에 대한 등급에 대해 이의가 있습니다. 관련 건으로 담당자분과 통화하고 싶습니다.
> 상담원 : 불편을 드려서 죄송합니다. ______________________ 연결해드리겠습니다. 잠시만 기다려 주십시오.

① 지도 점검 업무를 담당하고 있는 감사실로
② 연구사업을 관리하고 있는 연구개발팀으로
③ 기관의 홈페이지 운영을 전담하고 있는 정보사업팀으로
④ 이력관리 업무를 담당하고 있는 이력관리팀으로
⑤ 품질평가를 관리하는 평가관리팀으로

68 다음은 N금융의 기획예산위원회 운영현황에 대한 자료이다. 이에 대한 설명으로 옳지 않은 것은?

〈기획예산위원회 운영현황〉

• 기획예산위원회 개요

구분	내용
위원회 구성	- 위원장 : 신이사 - 위원 : 비상임 이사 2인(최이사, 김이사) 및 부사장(박부사장)
개최주기	- 분기별 1회 시행(필요시 수시 개최 가능)
심의·의결 대상	- 예산(안), 예산 운영계획(안) 심사 - 분기별 예산 및 주요 사업 집행실적 심사 - 중장기 재무관리계획 심사 등
의결방법	- 참석 위원 전원 합의

• 2025년 운영현황

구분	일시	참석인원	안건
25 – 1	2025. 01. 03(금)	(위원장) 신이사 (위원) 최이사, 김이사, 박부사장	(25 – 1호) 2025년 예산 운영계획안 (25 – 2호) 2024년 예산 및 주요 사업 집행실적
25 – 2	2025. 01. 24(금)	(위원장) 신이사 (위원) 최이사, 김이사, 박부사장	(25 – 3호) 2025년 1분기 예산 및 주요 사업 집행계획

① 위원회는 총 4인으로 구성되어 있다.

② 위원장은 위원들의 투표를 통해 선출된다.

③ 참석 위원이 전원 합의해야 예산안이 의결될 수 있다.

④ 1월에 열린 위원회에는 위원회 전원이 참석하였다.

⑤ 위원회는 분기별로 1회 시행되며, 필요할 경우 수시로 개최할 수 있다.

Easy

69 **다음 중 일반적인 조직에서 인사부의 업무로 가장 적절한 것은?**

① 주주총회 및 이사회 개최 관련 업무
② 중장기 사업계획의 종합 및 조정 업무
③ 재무상태 및 경영실적 보고
④ 조직기구의 개편 및 조정 업무
⑤ 판매원가 및 판매가격의 조사 검토

Hard

70 **다음 중 BCG 매트릭스와 GE&맥킨지 매트릭스에 대한 〈보기〉의 설명 중 옳은 것을 모두 고르면?**

보기

ㄱ. BCG 매트릭스는 미국의 컨설팅업체인 맥킨지에서 개발한 사업포트폴리오 분석 기법이다.
ㄴ. BCG 매트릭스는 시장성장율과 상대적 시장점유율을 고려하여 사업의 형태를 4개 영역으로 나타낸다.
ㄷ. GE&맥킨지 매트릭스는 산업매력도와 사업경쟁력을 고려하여 사업의 형태를 6개 영역으로 나타낸다.
ㄹ. GE&맥킨지 매트릭스에서의 산업매력도는 시장규모, 경쟁구조, 시장 잠재력 등의 요인에 의해 결정된다.
ㅁ. GE&맥킨지 매트릭스는 BCG 매트릭스의 단점을 보완해준다.

① ㄱ, ㄴ
② ㄱ, ㄴ, ㄷ
③ ㄴ, ㄷ, ㅁ
④ ㄴ, ㄹ, ㅁ
⑤ ㄷ, ㄹ, ㅁ

모바일 OMR

제 2 회 최종점검 모의고사

응시시간 : 70분 문항 수 : 70문항

정답 및 해설 p.058

※ 다음 중 짝지어진 단어 사이의 관계가 나머지와 다른 것을 고르시오. [1~2]

Easy

01 ① 가위 – 절단 ② 연필 – 필기
③ 물감 – 채색 ④ 줄자 – 측정
⑤ 칫솔 – 치약

02 ① 신랄 – 가혹 ② 토로 – 피력
③ 괴리 – 괴격 ④ 해태 – 나태
⑤ 눌변 – 능변

03 **다음 제시된 단어의 대응 관계로 볼 때, 빈칸에 들어갈 단어로 알맞은 것은?**

개선 : 수정 = 긴요 : (　　)

① 긴밀　　② 중요
③ 경중　　④ 사소
⑤ 친밀

PART 2

※ 다음 제시된 단어의 대응 관계로 볼 때, 빈칸에 들어갈 단어로 알맞은 것끼리 짝지어진 것을 고르시오. [4~5]

04

(　　) : 추출하다 = (　　) : 올리다

① 용질, 물　　② 고체, 공기
③ 액체, 공간　　④ 용매, 물건
⑤ 기체, 수증기

05

시간 : (　　) = 차례 : (　　)

① 보내다, 지내다　　② 맞다, 비우다
③ 시각, 추석　　④ 시계, 순서
⑤ 웃다, 맞추다

※ 다음 제시된 단어에서 공통으로 연상할 수 있는 단어를 고르시오. [6~8]

06

한산도　행주　진주성

① 병자호란　② 이순신
③ 정묘호란　④ 권율
⑤ 임진왜란

07

연필　한약　머리

① 달다　② 걸다
③ 쓰다　④ 닫다
⑤ 깎다

08

이름표　떼다　매

① 오지랖　② 시치미
③ 밴댕이　④ 야단법석
⑤ 사냥

09 **다음 중 밑줄 친 어휘의 표기가 옳은 것은?**

① 신년도에는 계획을 꼼꼼히 세워야겠다.
② 그가 공직에 있으면서 수년간 은익한 재산이 드러났다.
③ 현대사회에도 남존녀비 사상이 완전히 사라지지 않았다.
④ 허 생원은 자신을 위해서는 엽전 한 잎 허투루 쓰지 않았다.
⑤ 그 후부터는 년도 표기를 생략하는 바람에 문서 정리가 더 힘들었다.

PART 2

10 **다음 중 밑줄 친 부분의 맞춤법이 옳은 것은?**

① 나는 보약을 먹어서 기운이 뻗쳤다.
② 한약을 다릴 때는 불 조절이 중요하다.
③ 가을이 되어 찬바람이 부니 몸이 으시시 추워진다.
④ 밤을 새우다시피 하며 시험을 치루고 나니 몸살이 났다.
⑤ 그는 항상 퇴근하기 전에는 자물쇠로 서랍을 단단히 잠궜다.

Hard

11 다음은 회사의 급여규정 중 일부이다. 이 중 잘못 쓰인 글자의 개수는?(단, 띄어쓰기는 무시한다)

〈제3장 퇴직금 중간정산〉

제13조(정산요청)

① 대상자의 명시적 반대의사가 없는 한 연봉제 적용대상자의 퇴직금은 연봉 개정 시 중간정산함을 원칙으로 한다.

② 퇴직금 중간정산의 대상이 되는 직원은 연봉 개정 전 소적 신청양식에 의거, 퇴직금 중간정산 신청서를 제출하여야 한다.

제14조(정산결정)

① 회사는 연봉제 적용대상자의 정산요청에 대하여 중간정산 심의회의의 심의를 거쳐 그 지금을 결정한다.

② 이때 퇴직금 중간정산의 수요 여부는 회사의 고유권으로 한다.

① 0개 ② 1개
③ 2개 ④ 3개
⑤ 4개

12 다음 글의 빈칸 (가) ~ (라)에 들어갈 단어를 〈보기〉에서 골라 바르게 연결한 것은?

낭만 발레는 19세기 초 프랑스에서 __(가)__ 이/가 잡혔는데, 목가적 분위기의 무대를 배경으로 요정을 사랑한 인간, 시골 처녀의 비극적인 사랑 등의 낭만적인 줄거리가 __(나)__ 된다. 낭만 발레는 어스름한 조명 아래 창백하고 가녀린 요정들이 공중을 떠다니듯이 춤추는 환상적이고 신비로운 장면으로 __(다)__ 되어, 정교한 구성보다는 주인공인 여성 무용수를 돋보이게 하는 안무가 우선시되었다. 이 시기 발레의 __(라)__ 은/는 여성 무용수들이었고, 남성 무용수들은 대개 여성 무용수를 들어 올렸다가 내리거나 회전의 지지대 역할을 하는 보조자에 불과했다.

보기

㉠ 전개 ㉡ 기틀
㉢ 조연 ㉣ 상연
㉤ 터전 ㉥ 주역
㉦ 전환 ㉧ 연출

	(가)	(나)	(다)	(라)
①	㉡	㉠	㉧	㉥
②	㉡	㉣	㉦	㉥
③	㉡	㉣	㉧	㉢
④	㉤	㉠	㉦	㉥
⑤	㉤	㉠	㉧	㉥

13 다음 중 밑줄 친 부분과 같은 의미로 쓰인 것은?

> 걱정이 돼서 수업이 머리에 들어오지 않았다.

① 잠을 설쳤더니 머리가 아프다.
② 골절상은 입었지만 머리를 다치지 않아서 다행입니다.
③ 사실상 그 사람이 그 집단의 머리격이다.
④ 그는 보기와는 달리 머리가 둔한 모양이다.
⑤ 냇물에 머리를 감았다.

14 다음 글의 제목으로 가장 적절한 것은?

> According to one sociologist, Theodore Caplow, the accident of birth often plays a large role in determining what occupation people choose. Children follow their parents' occupations : farmers are recruited from farmers' offspring, teachers from the children of teachers. The parent "passes" an occupation on to the child. Furthermore, such factors as time and place of birth, race, nationality, social class and the expectations of parents are all accidental, that is, not planned or controlled. They all influence choice of occupation.

① 부모의 직업에 따른 자녀의 가치관 차이
② 자녀의 출생 시기와 장소에 따른 차이
③ 부모의 기대감이 자녀에게 미치는 영향
④ 부모의 직업이 자녀에게 미치는 영향
⑤ 자녀의 직업 선택에 영향을 미치는 요소

Easy

15 다음 글의 밑줄 친 ㉠~㉤의 수정 방안으로 적절하지 않은 것은?

동양의 산수화에는 자연의 다양한 모습을 대하는 화가의 개성 혹은 태도가 ㉠ 드러나 있는데, 이를 표현하는 기법 중의 하나가 준법이다. 준법(皴法)이란 점과 선의 특성을 활용하여 산, 바위, 토파(土坡) 등의 입체감, 양감, 질감, 명암 등을 나타내는 기법으로 산수화 중 특히 수묵화에서 발달하였다. 수묵화는 선의 예술이다. 수묵화에서는 먹(墨)만을 사용하기 때문에 대상의 다양한 모습이나 질감을 ㉡ 표현하는데 한계가 있다. ㉢ 거친 선, 부드러운 선, 곧은 선, 꺾은 선 등 다양한 선을 활용하여 대상에 대한 느낌, 분위기를 표현한다. 이 과정에서 선들이 지닌 특성과 효과 등이 점차 유형화되어 발전된 것이 준법이다.

준법 가운데 보편적으로 쓰이는 것에는 피마준, 수직준, 절대준, 미점준 등이 있다. 일정한 방향과 간격으로 선을 여러 개 그어 산의 등선을 표현하여 부드럽고 차분한 느낌을 주는 것이 피마준이다. 반면 수직준은 선을 위에서 아래로 죽죽 내려 그어 강하고 힘찬 느낌을 주어 뾰족한 바위산을 표현할 때 주로 사용한다. 절대준은 수평으로 선을 긋다가 수직으로 꺾어 내리는 것을 반복하여 마치 'ㄱ'자 모양이 겹쳐진 듯 표현한 것이다. 이는 주로 모나고 거친 느낌을 주는 지층이나 바위산을 표현할 때 쓰인다. 미점준은 쌀알 같은 타원형의 작은 점을 연속적으로 ㉣ 찍혀 주로 비 온 뒤의 습한 느낌이나 수풀을 표현할 때 사용한다.

㉤ 준법은 화가가 자연에 대해 인식하고 표현하는 수단이다. 화가는 준법을 통해 단순히 대상의 외양뿐만 아니라 대상에 대한 자신의 느낌, 인식의 깊이까지 화폭에 그려내는 것이다.

① ㉠ – 문맥의 흐름을 고려하여 '들어나'로 고친다.
② ㉡ – 띄어쓰기가 올바르지 않으므로 '표현하는 데'로 고친다.
③ ㉢ – 문장을 자연스럽게 연결하기 위해 문장 앞에 '그래서'를 추가한다.
④ ㉣ – 목적어와 서술어의 호응 관계를 고려하여 '찍어'로 고친다.
⑤ ㉤ – 필요한 문장 성분이 생략되었으므로 '표현하는' 앞에 '인식의 결과를'을 추가한다.

16 다음 글의 밑줄 친 내용을 설명할 수 있는 속담이 아닌 것은?

아이를 낳으면 엄마는 정신이 없어지고 지적 능력이 감퇴한다는 것이 통념이었다. 그러나 이것에 반기를 드는 실험 결과가 발표되었다.
최근 보스턴 글로브지에 보도된 바에 의하면 킹슬리 박사팀은 몇 개의 실험을 통하여 흥미로운 결과를 발표하였다. 그들의 실험에 따르면 엄마 쥐는 처녀 쥐보다 후각능력과 시각능력이 급증하고 먹잇감을 처녀 쥐보다 세 배나 빨리 찾았다. 엄마 쥐가 되면 엄마의 두뇌는 에스트로겐, 코르티솔 등에 의해 마치 목욕을 한 것처럼 된다. 그런데 주목할 것은 엄마 쥐 혼자 내적으로 두뇌의 변화가 오는 것이 아니라 새끼와 상호작용하는 것이 두뇌 변화에 큰 영향을 준다는 것이다. 새끼를 젖먹이고 다루는 과정에서 감각적 민감화와 긍정적 변화가 일어나고 인지적 능력이 향상된다.
그러면 인간에게서는 어떨까. 대개 엄마가 되면 너무 힘들고 일에 부대껴서 결국은 지적 능력도 떨어진다고 생각한다. 그러나 이런 현상은 상당 부분 사회공동체적 자기암시로부터 온 것이라고 봐야 한다. 오하이오 신경심리학자 줄리에 수어는 임신한 여성들을 두 집단으로 나누어, A집단에게는 "임신이 기억과 과제 수행에 어떤 영향을 주는가를 알아보기 위해서 검사를 한다."고 하고, B집단에게는 설명 없이 그 과제를 주었다. 그 결과 A집단의 여성들이 B집단보다 과제 수행점수가 현저히 낮았다. <u>A집단은 임신하면 머리가 나빠진다는 부정적 고정관념의 영향을 받은 것이다.</u>
연구결과들에 의하면 엄마가 된다는 것은 감각·인지 능력 및 용감성 등을 높여준다. 지금껏 연구는 주로 쥐를 중심으로 이루어졌지만, 인간에게도 같은 원리가 적용될 가능성은 크다.

① 암탉이 울면 집안이 망한다
② 미꾸라지 한 마리가 온 물을 흐린다
③ 계집이 늙으면 여우가 된다
④ 여편네 팔자는 뒤웅박 팔자라
⑤ 여자는 제 고을 장날을 몰라야 팔자가 좋다

17 다음 문단을 논리적 순서대로 바르게 나열한 것은?

(가) 세종대왕은 백성들이 어려운 한자를 익히지 못해 글을 읽고 쓰지 못하는 것을 안타깝게 여겼다. 당시에는 오직 사대부들만 한자를 배워 지식을 독점했기 때문에 권력 역시 이들의 것이었다. 세종대왕은 이를 가엾게 여기다가, 온 국민이 쉽게 깨우칠 수 있는 문자를 만들었다.
(나) 훈민정음을 세상에 설명하기 위해 1446년(세종 28년) 정인지 등의 학자가 세종대왕의 명령을 받고 한문으로 편찬한 해설서인 『훈민정음 해례본』을 편찬하고, 정인지·안지·권제 등을 명해 조선 왕조 창업을 노래한 『용비어천가』를 펴냈다.
(다) 이러한 반대를 물리치고, 세종대왕은 1446년 훈민정음을 세상에 알리게 된다. 실제로 '백성을 가르치는 바른 소리'라는 뜻의 훈민정음의 서문을 보면 평생 글을 모른 채 살아가는 사람들에 대한 애민정신이 명확히 드러난다.
(라) 각고의 노력 끝에 훈민정음이 만들었지만, 대신들은 물론 집현전 학자들까지도 한글 창제에 대해 거세게 반발했다. 최만리, 정찬손 등의 학자들이 반대 상소를 올리자 세종대왕이 "이두를 제작한 뜻이 백성을 편리하게 하려 함이라면, 지금의 언문(한글)도 백성을 편리하게 하려 하는 것이다."라고 질타한 일화가 『세종실록』에 남아 있을 정도다.

① (가) – (나) – (라) – (다)
② (가) – (라) – (다) – (나)
③ (나) – (다) – (라) – (가)
④ (나) – (라) – (다) – (가)
⑤ (다) – (나) – (라) – (가)

※ 다음 글을 읽고 이어지는 질문에 답하시오. **[18~19]**

〈농협 도농협동연수원, "정월 대보름맞이 와인 동호회와 함께하는 도농 공감" 과정 실시〉

농협중앙회 도농협동연수원은 경북 문경의 6차 산업 현장인 "○○나라"에서 온라인 ㉠ 와인(Wine) 동호회 회원 40여 명 및 농업인 10여 명이 참석한 가운데 "정월 대보름 맞이 와인 동호회와 함께하는 도농 공감" 과정을 실시했다.

이날 연수는 문경새재 옛길 등 지역 문화 탐방 → 아리랑 다법(茶法) 시연 → 6차 산업 현장 "○○나라" ㉡ 와이너리(Winery) 견학 → 나만의 와인 만들기 체험 → 이○○ 명인의 '전통주와 와인' 강연 → 귀밝이술 오미자 와인 ㉢ 시음(試飮) → 문화 공연 순서로 진행되었다.

지난해 새롭게 출범한 도농협동연수원에서는 도시 소비자들에게 우리 농산물의 우수성과 우리 농업·농촌의 소중한 가치 전파를 통해 국민과 함께하는 농협 구현을 위해 다양한 '도농 공감' 프로그램을 실시하고 있다.

이번 연수 과정은 정월 대보름을 맞이하여 온라인 와인 동호회 회원을 대상으로 지역의 6차 산업 현장에서 우리 농산물인 오미자로 만든 오미자 와인으로 세시 풍속의 하나인 귀밝이술 시음과 더불어 문화 공연, 지역의 전통 문화를 접목한 연수 과정이다.

도농협동연수원 원장은 인사말을 통해 "와인 동호회 회원들이 오미자 와인 와이너리를 찾아 와인 만들기와 와인 시음을 통해 6차 산업의 의미를 확인하는 좋은 계기가 될 것으로 기대한다."고 하였다.

"○○나라"의 전통주 명인 이○○ 씨는 강연을 통해 "우리 농산물로 세계적인 와인을 만들어 농산물 소비를 촉진하는 데 1차적인 목적이 있으며, 오미자 와인은 오미자가 지닌 다섯 가지 오묘한 맛을 와인에 담아낸 명품으로 프랑스에서도 호평을 받아 그 가능성을 확인했다."면서 "동호회 회원에게도 좋은 체험 기회가 되기를 바란다."고 말했다.

〈농협, 설 명절 앞두고 무·배추 40～50% 할인 판매〉

농협은 농림축산식품부와 협력하여 설 명절 주요 성수품인 무와 배추에 대해 특별 할인 판매는 물론 도매시장 출하 물량 확대 공급을 추진한다. ㉣ 소비자 가격안정을 위해 정부가 수매하여 보유하고 있는 무 1,300톤과 배추 500톤을 긴급 조달하여 전국 농협하나로마트에서 설 명절 특판 기간 동안 무는 개당 1,250원, 배추는 포기당 2,400원으로 시세보다 40～50% 저렴한 가격으로 판매한다.

또한 도매시장에 농협의 무·배추 계약재배 물량을 평시의 2배 수준인 1일 600톤으로 확대 공급하여 도매가격 안정을 유도하는 한편, ㉤ 얼갈이배추·알타리무·열무 등 대체 품목 1,000톤도 추가로 출하한다.

18 윗글을 대한 〈보기〉의 설명 중 적절한 것을 모두 고르면?

보기

(가) 농협동연수원에서는 농촌의 가치를 널리 알릴 수 있도록 도시의 소비자들과 농촌의 생산자들이 함께하는 사업을 벌이고 있다.
(나) "○○나라"라는 지역 주류업체는 지역 농산물인 오미자로 술을 만들어 농산물 소비를 촉진하는 것을 목적으로 한다.
(다) 6차 산업은 농촌에서 농산물을 직접 가공하고 소비자가 농촌을 방문해 체험하는 것을 융합함으로써 부가가치를 최대로 높일 수 있는 형태의 산업이다.
(라) 농산물에 대한 수요증가로 가격이 폭등하기 쉬운 설 명절 기간 동안 농협에서 농산물 공급 물량을 늘리는 이유는 보다 높은 가격에 판매함으로써 이윤을 극대화할 수 있기 때문이다.

① (가), (나)
② (가), (다)
③ (가), (나), (다)
④ (가), (다), (라)
⑤ (나), (다), (라)

19 다음 중 윗글에서 밑줄 친 ㉠~㉤을 우리말로 순화하고 어법에 맞게 수정하려고 할 때, 옳지 않은 것은?

① ㉠ – 와인(Wine) → 포도주
② ㉡ – 와이너리(Winery) → 양조장(釀造場)
③ ㉢ – 시음(試飮) → 맛보기
④ ㉣ – 소비자 가격안정 → 소비자가격 안정
⑤ ㉤ – 얼갈이배추 · 알타리무 → 얼가리배추 · 알타리무우

※ 다음 글을 읽고 이어지는 질문에 답하시오. [20~21]

『조선왕조실록』에 기록된 지진만 1,900여 건, 가뭄과 홍수는 이루 헤아릴 수 없을 정도다. 농경 사회였던 조선 시대 백성의 삶을 더욱 힘들게 했던 재난·재해, 특히 목조 건물과 초가가 대부분이던 당시에 화재는 즉각적인 재앙이었고 공포였다. 우리 조상은 화재를 귀신이 장난치거나, 땅에 불의 기운이 넘쳐서라 여겨 화재 예방을 위해 벽사(僻邪)를 상징하는 조형물을 세우며 안녕을 기원했다.
고대 건축에서 안전관리를 상징하는 대표적인 예로 지붕 용마루 끝에 장식 기와로 사용하는 '치미(鴟尾)'를 들 수 있다. 전설에 따르면 불이 나자 큰 새가 꼬리로 거센 물결을 일으키며 비를 내려 불을 껐다는 기록이 남아있다. 약 1,700년 전에 중국에서 처음 시작돼 화재 예방을 위한 주술적 의미로 쓰였고, 우리나라에선 황룡사 '치미'가 대표적이다.
조선 건국 초기, 관악산의 화기를 잠재우기 위해 '해치(해태)'를 광화문에 세웠다. '해치'는 물의 기운을 지닌 수호신으로 현재 서울의 상징이기도 한 상상 속 동물이다. 또한 궁정이나 관아의 안전을 수호하는 상징물로 '잡상(雜像)'을 세웠다. 궁궐 관련 건물에만 등장하는 '잡상'은 건물의 지붕 내림마루에 『서유기』에 등장하는 기린, 용, 원숭이 등 다양한 종류의 신화적 형상으로 장식한 기와이다.
그밖에 경복궁 화재를 막기 위해 경회루에 오조룡(발톱이 다섯인 전설의 용) 두 마리를 넣었다는 기록이 전해진다. 실제 1997년 경회루 공사 중 오조룡이 발견되면서 화제가 됐었다. 불을 상징하는 구리 재질의 오조룡을 물속에 가둬놓고 불이 나지 않기를 기원했던 것이다.
조선 시대에는 도성 내 화재 예방에 각별히 신경 썼다. 궁궐을 지을 때 불이 번지는 것을 막기 위해 건물 간 10m 이상 떨어져 지었고, 창고는 더 큰 피해를 입기에 30m 이상 간격을 뒀다. 민간에선 다섯 집마다 물독을 비치해 방화수로 활용했고, 행랑이나 관청에 우물을 파게 해 화재 진압용수로 사용했다.
지붕 화재에 대비해 사다리를 비치하거나 지붕에 쇠고리를 박고, 타고 올라갈 수 있도록 쇠줄을 늘여놓기도 했다. 오늘날 소화기나 완강기 등과 같은 이치다. 특히 세종대왕은 '금화도감'이라는 소방기구를 설치해 인접 가옥 간에 '방화장(防火墻)'을 쌓고, 방화범을 엄히 다루는 등 화재 예방에 만전을 기했다.

20 다음 중 윗글의 제목으로 가장 적절한 것은?

① 불귀신을 호령하기 위한 조상들의 노력
② 화재 예방을 위해 지켜야 할 법칙들
③ 미신에 대한 과학적 증거들
④ 자연재해에 어떻게 대처해야 하는가?
⑤ 옛 건축 장식물들의 상징적 의미

21 다음 중 윗글에 대한 설명으로 적절하지 않은 것은?

① 조선 시대의 재난·재해 중 특히 화재는 백성들을 더욱 힘들게 했다.
② 해치는 화재 예방을 위한 주술적 의미로 쓰인 '치미'의 예이다.
③ 잡상은 『서유기』에 등장하는 다양한 종류의 신화적 형상을 장식한 기와를 말한다.
④ 오조룡은 실제 경회루 공사 중에 발견되었다.
⑤ 세종대왕은 '금화도감'이라는 소방기구를 설치하여 화재를 예방하였다.

22 다음 글을 읽고 추론한 내용으로 적절하지 않은 것은?

헌법의 개정이 어느 정도까지 가능한가에 대해서는 학자들마다 입장이 다른데, 이는 대체로 개정 무한계설과 개정 한계설로 나뉜다. 개정 무한계설은 헌법에 규정된 개정 절차를 밟으면 어떠한 조항이나 사항이더라도 개정할 수 있다는 입장이다. 개정 무한계설에서는 헌법 규범과 헌법 현실 사이의 틈을 해소할 수 있는 유일한 방법은 헌법 개정을 무제한 허용하는 것이라고 주장한다. 또한 헌법 제정 권력과 헌법 개정 권력의 구별을 부인하여 헌법 최고의 법적 권력은 헌법 개정 권력이라고 주장한다. 그리고 현재의 헌법 규범이나 가치에 의해 장래의 세대를 구속하는 것은 부당하다는 점을 밝힌다. 그러나 개정 무한계설은 법 규범이 가지는 실질적인 규범력의 차이는 외면한 채 헌법 개정에 있어서 형식적 합법성만을 절대시한다는 비판을 받는다.

개정 한계설은 헌법에 규정된 개정 절차를 따를지라도 특정한 조항이나 사항은 개정할 수 없다는 입장이다. 개정 한계설에서는 헌법 제정 권력과 헌법 개정 권력을 다른 것으로 구별하여 헌법 개정 권력은 헌법 제정 권력의 소재(所在)를 변경하거나 헌법 제정 당시의 국민적 합의인 헌법의 기본적 가치 질서를 변경할 수 없다고 주장한다. 또 헌법 제정자가 내린 근본적 결단으로서의 헌법은 개정 대상이 될 수 없다거나, 헌법 위에 존재하는 자연법*의 원리에 어긋나는 헌법 개정은 허용되지 않는다고 본다. 예를 들어 대한민국 헌법의 국민 주권 원리, 인간으로서의 존엄과 가치 보장은 헌법 개정 절차에 의해서도 개정할 수 없다는 것이다.

* 자연법 : 인간 이성을 통하여 발견한 자연적 정의 또는 자연적 질서를 사회 질서의 근본 원리로 생각하는 보편타당한 법

① 개정 한계설은 제정 권력과 개정 권력을 구별한다.

② 개정 무한계설은 절차를 지킬 경우 국민 주권 원리도 개정 가능하다고 본다.

③ 개정 무한계설은 형식적인 절차는 무시한 채 실질적인 규범력의 차이만 강조한다.

④ 개정 무한계설은 헌법 개정을 통해 규범과 현실 사이의 격차를 줄일 수 있다고 본다.

⑤ 개정 한계설은 인간으로서의 존엄과 가치 보장을 개정하는 것은 자연법의 원리에 어긋난다고 본다.

PART 2

※ 다음은 '블라인드 채용'에 대한 글이다. 이어지는 질문에 답하시오. [23~25]

인사 담당자 또는 면접관이 지원자의 학벌, 출신 지역, 스펙 등을 평가하는 기존 채용 방식에서는 기업 성과에 필요한 직무능력 외 기타 요인에 의한 불공정한 채용이 만연했다. 한 설문조사에서 구직자의 77%가 불공정한 채용 평가를 경험한 적이 있다고 답했으며, 그에 따라 대다수의 구직자들은 기업의 채용 공정성을 신뢰하지 않는다고 응답했다. 이러한 스펙 위주의 채용으로 기업, 취업 준비생 모두에게 시간적·금전적 비용이 과잉 발생하게 되었고, 직무에 적합한 인성·역량을 보여줄 수 있는 채용 제도인 블라인드 채용이 대두되기 시작했다.
블라인드 채용이란 입사지원서, 면접 등의 채용 과정에서 편견이 개입돼 불합리한 차별을 초래할 수 있는 출신지, 가족관계, 학력, 외모 등의 항목을 걷어내고 실력, 즉 직무 능력만으로 인재를 평가해 채용하는 방식이다. 서류 전형은 없애거나 블라인드 지원서로 대체하고, 면접 전형은 블라인드 오디션 또는 면접으로 진행함으로써 실제 지원자가 가진 직무 능력을 가릴 수 있는 요소들을 배제하고 직무에 적합한 지식, 기술, 태도 등을 종합적으로 평가한다. 서류 전형에서는 모든 지원자에게 공정한 기회를 제공하고, 필기 및 면접 전형에서는 기존에 열심히 쌓아온 실력을 검증한다. 또한 지원자가 쌓은 경험과 능력, 학교생활을 하며 양성한 지식, 경험, 능력 등이 모두 평가 요소이기에 그간의 노력이 저평가되거나 역차별 요소로 작용하지 않는다.
블라인드 채용의 서류 전형은 무서류 전형과 블라인드 지원서 전형으로 구분된다. 무서류 전형은 채용 절차 진행을 위한 최소한의 정보만을 포함한 입사지원서를 접수하되 이를 선발 기준으로 활용하지 않는 방식이다. 블라인드 지원서 전형에는 입사지원서에 최소한의 정보만 수집하여 선발 기준으로 활용하는 방식과 블라인드 처리되어야 할 정보까지 수집하되 온라인 지원서상 개인정보를 암호화하거나 서면 이력서상 마스킹 처리를 하는 등 채용담당자는 볼 수 없도록 기술적으로 처리하는 방식이 있다. 면접 전형의 블라인드 면접에는 입사지원서, 인·적성검사 결과 등의 자료 없이 면접을 진행하는 무자료 면접 방식과 면접관의 인지적 편향을 유발할 수 있는 항목을 제거한 자료를 기반으로 면접을 진행하는 방식이 있다. 이와 달리 블라인드 오디션은 오디션으로 작업 표본, 시뮬레이션 등을 수행하도록 함으로써 지원자의 능력과 기술을 평가하는 방식이다.
한편 ㉠ <u>기존 채용</u>, ㉡ <u>국가직무능력표준(NCS) 기반 채용</u>, ㉢ <u>블라인드 채용</u>의 3가지 채용 모두 채용 공고, 서류 전형, 필기 전형, 면접 전형 등으로 채용 프로세스는 같지만 전형별 세부 사항과 취지에 차이가 있다. 기존의 채용은 기업이 지원자에게 자신이 인재임을 스스로 증명하도록 요구해 무분별한 스펙 경쟁을 유발했던 반면, NCS 기반 채용은 기업이 직무별로 원하는 요건을 제시하고 지원자가 자신의 준비 정도를 증명해 목표 지향적인 능력·역량 개발을 촉진한다. 블라인드 채용은 선입견을 품을 수 있는 요소들을 전면 배제해 실력과 인성만으로 평가받도록 구성한 것이다.

23 다음 중 '블라인드 채용'의 등장 배경으로 적절하지 않은 것은?

① 대다수의 구직자들은 기존 채용 방식의 공정성을 신뢰하지 못했다.
② 기존 채용 방식으로는 지원자의 직무에 적합한 인성·역량 등을 제대로 평가할 수 없었다.
③ 구직자의 77%가 불공정한 채용 평가를 경험했을 만큼 불공정한 채용이 만연했다.
④ 스펙 위주의 채용으로 인해 취업 준비생에게 시간적·금전적 비용이 과도하게 발생하였다.
⑤ 지원자의 직무 능력을 가릴 수 있는 요소들을 배제하는 기존의 방식이 불합리한 차별을 초래했다.

PART 2

24 다음 중 '블라인드 채용'을 이해한 내용으로 가장 적절한 것은?

① 무서류 전형에서는 입사지원서를 제출할 필요가 없다.
② 블라인드 온라인 지원서의 암호화된 지원자의 개인정보는 채용담당자만 볼 수 있다.
③ 별다른 자료 없이 진행되는 무자료 면접의 경우에도 인·적성검사 결과는 필요하다.
④ 블라인드 면접관은 선입견을 유발하는 항목이 제거된 자료를 기반으로 면접을 진행하기도 한다.
⑤ 서류 전형을 없애면 기존에 쌓아온 능력·지식·경험 등은 아무런 쓸모가 없어 진다.

25 다음 중 밑줄 친 ㉠～㉢에 대한 설명으로 적절하지 않은 것은?

① ㉠의 경우 기업은 지원자에게 자신이 적합한 인재임을 스스로 증명하도록 요구한다.
② ㉠～㉢은 모두 채용 공고, 서류 전형, 필기 전형, 면접 전형 등의 동일한 채용 프로세스로 진행된다.
③ ㉡은 ㉠과 달리 기업이 직무별로 필요한 조건을 제시하면 지원자는 이에 맞춰 자신의 준비 정도를 증명해야 한다.
④ ㉢은 선입견 요소들을 모두 배제하여 지원자의 실력과 인성만을 평가한다.
⑤ ㉠과 ㉡은 지원자가 자신의 능력을 증명해야 하므로 지원자들의 무분별한 스펙 경쟁을 유발한다.

Easy

26 다음 식을 계산한 값으로 옳은 것은?

$$0.901+5.468-2.166$$

① 2.194
② 4.203
③ 6.206
④ 8.535
⑤ 8.642

※ 일정한 규칙으로 수 또는 문자를 나열할 때, 빈칸에 들어갈 알맞은 수 또는 문자를 고르시오. [27~29]

27

$$\frac{7}{11} \quad \frac{2}{22} \quad -\frac{4}{44} \quad -\frac{11}{77} \quad -\frac{19}{121} \quad (\quad)$$

① $-\frac{20}{150}$
② $-\frac{22}{154}$
③ $-\frac{26}{176}$
④ $-\frac{28}{176}$
⑤ $-\frac{20}{181}$

28

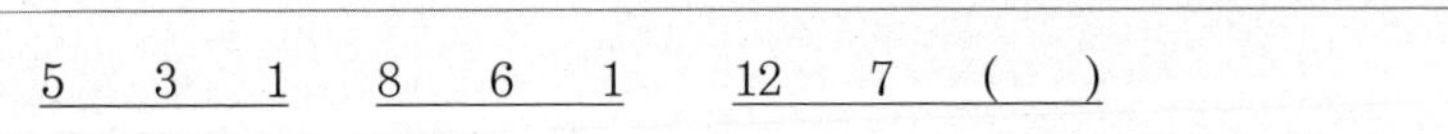

① 3
② 4
③ 5
④ 6
⑤ 7

29

ㄹ ㄷ ㅁ ㄴ ㅂ ( )

① ㄱ
② ㄴ
③ ㄷ
④ ㄹ
⑤ ㅁ

30 석훈이와 소영이는 운동장에 있는 달리기 트랙에서 같은 지점에서 출발해 반대 방향으로 달리기 시작했다. 석훈이는 평균 6m/s의 속력으로, 소영이는 평균 4m/s의 속력으로 달렸는데 출발할 때를 제외하고 두 번째 만날 때까지 걸린 시간이 1분 15초였다고 할 때, 운동장 트랙의 길이는?

① 315m
② 325m
③ 355m
④ 375m
⑤ 395m

31 농도 15% 설탕물 xg과 농도 6% 설탕물 yg을 섞은 후 물을 더 넣어 농도 8%의 설탕물 600g을 만들었다. 농도 6% 설탕물의 양과 더 넣은 물의 양의 비가 3 : 1일 때 농도가 15% 설탕물의 양은?

① 190g
② 200g
③ 210g
④ 220g
⑤ 230g

32 갑, 을, 병은 2명의 대표자를 뽑는 선거의 후보자들이다. 선거 결과 총투표수는 3,270표, 무효표는 20표였고, 갑과 을이 당선되었다. 을의 득표수는 병의 득표수보다 50표 많았다. 만일 갑 득표수의 4%가 병의 지지표로 바뀌었다면 을은 병보다 10표 적어서 낙선했을 것이다. 이때, 갑과 을의 득표수의 차이는?

① 450표
② 500표
③ 550표
④ 600표
⑤ 650표

33 A회사에서 A사원이 프로젝트를 맡아 혼자 하면 4시간이 걸린다고 한다. 하지만 B사원이 도와주기로 하여 A, B사원이 함께 2시간 일한 후, B사원에게 급한 업무가 생겨 A사원 혼자 40분을 일하여 마무리 지었다. B사원이 A사원 대신 프로젝트를 맡았다고 할 때, B사원이 혼자 프로젝트를 마무리 할 때까지 걸리는 시간은?

① 4시간
② 5시간
③ 6시간
④ 7시간
⑤ 8시간

34 민희, 설희, 은희는 저금통에 각각 640원, 760원, 1,100원을 가지고 있다. 매주 민희는 240원, 설희는 300원, 은희는 220원씩 저금한다고 하면, 민희와 설희의 금액의 합이 은희의 금액의 2배가 되는 것은 몇 주 후인가?

① 7주 후 ② 8주 후
③ 9주 후 ④ 10주 후
⑤ 11주 후

35 N회사의 마케팅부, 영업부, 영업지원부에서 2명씩 대표로 회의에 참석하기로 하였다. 자리배치는 원탁 테이블에 같은 부서 사람끼리 옆자리에 앉는다고 할 때, 6명이 앉을 수 있는 경우의 수는?

① 15가지 ② 16가지
③ 17가지 ④ 18가지
⑤ 19가지

※ 다음은 미국 달러 1달러를 기준으로 한 국가별 화폐 환율에 대한 자료이다. 이어지는 질문에 답하시오 (단, 모든 환율 계산에서 환전 수수료는 고려하지 않고, 소수점 둘째 자리에서 반올림한다). **[36~37]**

〈국가별 화폐 환율〉

구분	미국	한국	일본	중국
환율	1달러	1,320원	145엔	7.5위안
구분	독일	호주	베트남	사우디아라비아
환율	0.95유로	1.55AUD	24,180동	3.75리얄

Easy

36 한국 10,000원을 일본 화폐로 교환하면 얼마인가?

① 1,023.7엔 ② 1,059.3엔
③ 1,077.1엔 ④ 1,098.5엔
⑤ 1,099.5엔

37 독일 3유로를 사우디아라비아 화폐로 교환하면 얼마인가?

① 11.8리얄 ② 12.2리얄
③ 12.6리얄 ④ 13리얄
⑤ 13.2리얄

38 다음은 방송통신위원회가 발표한 2024년 지상파방송의 프로그램 수출입 현황이다. 프로그램 수입에서 영국이 차지하는 비율은?(단, 비율은 소수점 둘째 자리에서 반올림한다)

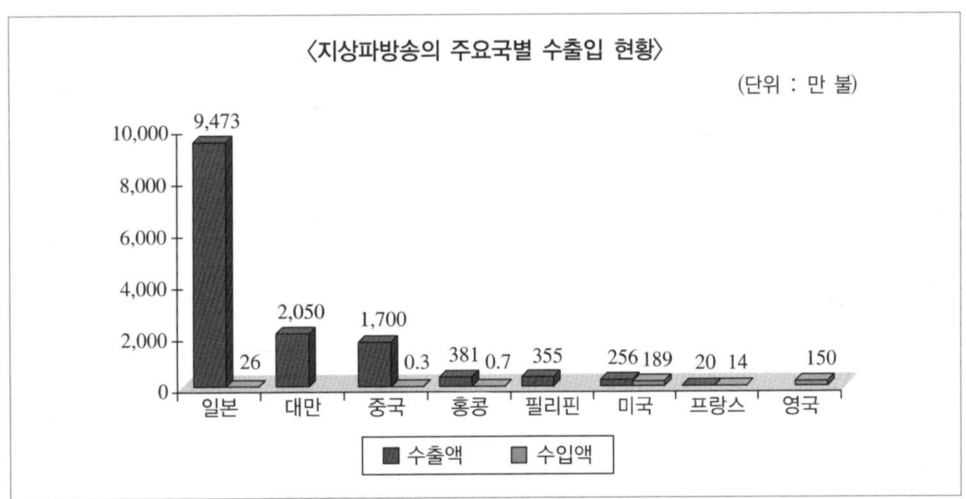

① 45.2%
② 43.8%
③ 41.1%
④ 39.5%
⑤ 37.7%

39 다음은 2023년과 2024년 디지털 콘텐츠 제작 분야의 영역별 매출 현황에 대한 자료이다. 이에 대한 설명으로 옳지 않은 것은?

〈제작 분야의 영역별 매출 현황〉

(단위 : 억 원, %)

구분	정보	출판	영상	음악	캐릭터	애니메이션	게임	기타	합계
2023년	227 (10.8)	143 (6.8)	109 (5.2)	101 (4.8)	61 (2.9)	264 (12.6)	1,177 (56.0)	18 (0.9)	2,100 (100.0)
2024년	364 (13.0)	213 (7.6)	269 (9.6)	129 (4.6)	95 (3.4)	272 (9.7)	1,441 (51.5)	17 (0.6)	2,800 (100.0)

※ ( )는 총 매출액에 대한 비율임

① 2024년 총 매출액은 2023년 총 매출액보다 700억 원 더 많다.
② 2023년과 2024년 모두 게임 영역이 차지하는 비율이 50% 이상이다.
③ 기타 영역을 제외한 모든 영역에서 2023년보다 2024년이 매출액이 더 많다.
④ 2023년과 2024년 총 매출액에 대한 비율의 차이가 가장 적은 것은 기타 영역이다.
⑤ 음악, 애니메이션, 게임, 기타 영역은 2023년에 비해 2024년에 매출액 비율이 감소하였다.

※ 다음은 어느 나라의 국내 여행객 수에 대한 자료이다(예를 들어 2014년 남부지역을 여행한 동부지역 출신은 모두 8만 명이다). 이어지는 질문에 답하시오. **[40~41]**

〈2014년 관광객 유동 인구수〉

(단위 : 천 명)

출신지 \ 여행지	동부지역	남부지역	서부지역	북부지역	합계
동부지역	550	80	250	300	1,180
남부지역	200	400	510	200	1,310
서부지역	390	300	830	180	1,700
북부지역	80	200	80	420	780
합계	1,220	980	1,670	1,100	4,970

〈2024년 관광객 유동 인구수〉

(단위 : 천 명)

출신지 \ 여행지	동부지역	남부지역	서부지역	북부지역	합계
동부지역	500	200	400	200	1,300
남부지역	200	300	500	300	1,300
서부지역	400	400	800	200	1,800
북부지역	100	300	100	300	800
합계	1,200	1,200	1,800	1,000	5,200

40 2024년 동부지역을 여행한 서부지역 출신 대비 2014년 서부지역을 여행한 남부지역 출신의 비율은?(단, 소수점 첫째 자리에서 반올림한다)

① 116%
② 119%
③ 122%
④ 125%
⑤ 128%

Hard

41 다음 중 위 자료에 대한 설명으로 옳은 것은?

① 10년 사이에 전체적으로 관광업이 성장하였고, 지역별로도 모든 지역에서 관광객이 늘었다.
② 남부지역을 관광한 사람들 중에서 서부지역 출신이 차지하는 비중은 10년 사이에 늘었다.
③ 자기 지역 내 관광이 차지하는 비중은 2014년에 비해 2024년에 증가하였다.
④ 모든 관광객이 동일한 지출을 한다고 가정했을 때, 2014년에 관광수지가 적자인 곳은 2곳이었지만, 2024년에는 1곳이다.
⑤ 2024년에 자신의 출생지를 여행한 관광객이 가장 많은 곳은 동부지역이다.

※ 다음은 어린이집 이용 영유아 현황에 대한 자료이다. 이어지는 질문에 답하시오. [42~43]

〈연령별 어린이집 이용 영유아 현황〉

(단위 : 명)

구분		국·공립 어린이집	법인 어린이집	민간 어린이집	가정 어린이집	부모협동 어린이집	직장 어린이집	합계
2021년	0~2세	36,530	35,502	229,414	193,412	463	6,517	501,838
	3~4세	56,342	50,497	293,086	13,587	705	7,875	422,092
	5세 이상	30,533	27,895	146,965	3,388	323	2,417	211,521
2022년	0~2세	42,331	38,648	262,728	222,332	540	7,815	574,394
	3~4세	59,947	49,969	290,620	12,091	755	8,518	421,900
	5세 이상	27,378	23,721	122,415	2,420	360	2,461	178,755
2023년	0~2세	47,081	42,445	317,489	269,243	639	9,359	686,256
	3~4세	61,609	48,543	292,599	10,603	881	9,571	423,806
	5세 이상	28,914	23,066	112,929	1,590	378	2,971	169,848
2024년	0~2세	49,892	41,685	337,573	298,470	817	10,895	739,332
	3~4세	64,696	49,527	319,903	8,869	1,046	10,992	455,033
	5세 이상	28,447	21,476	99,847	1,071	423	3,100	154,364

42 다음 중 위 자료에 대한 설명으로 옳지 않은 것은?

① 2021~2024년 0~2세와 3~4세 국·공립 어린이집 영유아 수는 계속 증가하고 있다.
② 부모협동 어린이집과 직장 어린이집의 나이별 영유아 수의 증감 양상은 동일하다.
③ 전년 대비 가정 어린이집의 0~2세 영유아 수는 2024년에 가장 큰 폭으로 증가했다.
④ 법인 어린이집의 5세 이상 영유아 수는 매년 감소하고 있다.
⑤ 매년 3~4세 영유아 수가 가장 많은 곳을 순서대로 나열하면 상위 3곳의 순서가 같다.

43 다음 중 위 자료에서 2021년과 2024년 어린이집 전체 영유아 수의 차는?

① 146,829명
② 169,386명
③ 195,298명
④ 213,278명
⑤ 237,536명

Easy

44 **제시된 명제가 모두 참일 때, 빈칸에 들어갈 명제로 가장 적절한 것은?**

- 아는 것이 적으면 인생에 나쁜 영향이 생긴다.
- ______________________________
- 지식을 함양하지 않으면 아는 것이 적다.
- 따라서 공부를 열심히 하지 않으면 인생에 나쁜 영향이 생긴다.

① 공부를 열심히 한다고 해서 지식이 생기지는 않는다.
② 지식을 함양했다는 것은 공부를 열심히 했다는 뜻이다.
③ 아는 것이 많으면 인생에 나쁜 영향이 생긴다.
④ 아는 것이 많으면 지식이 많다는 뜻이다.
⑤ 아는 것이 적으면 지식을 함양하지 않았다는 것이다.

45 **N은행에서는 A～F직원 중 임의로 선발하여 출장을 보내려고 한다. 다음 〈조건〉에 따라 출장을 갈 인원을 결정할 때, A가 출장을 간다면 출장을 가는 최소 인원은 몇 명인가?**

조건

- A가 출장을 가면 B와 C 둘 중 한 명은 출장을 가지 않는다.
- C가 출장을 가면 D와 E 둘 중 적어도 한 명은 출장을 가지 않는다.
- B가 출장을 가지 않으면 F는 출장을 간다.

① 1명
② 2명
③ 3명
④ 4명
⑤ 5명

46 **N회사의 영업팀과 홍보팀에서 근무 중인 A～I 9명의 사원은 워크숍을 가려고 한다. 한 층당 4개의 객실로 이루어져 있는 호텔을 1층부터 3층까지 사용한다고 할 때, 다음 〈조건〉에 따라 항상 참인 것은?(단, 직원 1명당 하나의 객실을 사용하며, 2층 이상인 객실의 경우 반드시 엘리베이터를 이용해야 한다)**

조건

- 202호는 현재 공사 중이라 사용할 수 없다.
- 영업팀 A사원은 홍보팀 B, E사원과 같은 층에 묵는다.
- 3층에는 영업팀 C, D, F사원이 묵는다.
- 홍보팀 G사원은 같은 팀 H사원의 바로 아래층 객실에 묵는다.
- I사원은 101호에 배정받았다.

① 영업팀은 총 5명의 사원이 워크숍에 참석했다.
② 홍보팀 G사원은 2층에 묵는다.
③ 영업팀 C사원의 객실 바로 아래층은 빈 객실이다.
④ 엘리베이터를 이용해야 하는 사원의 수는 영업팀보다 홍보팀이 더 많다.
⑤ 홍보팀 H사원은 1층에 묵는다.

47 N회사 근처에는 A ~ E 5개의 약국이 있으며, 공휴일에는 A ~ E약국 중 단 2곳만 영업을 한다. 다음 〈조건〉을 참고할 때, 반드시 참인 것은?(단, 한 달간 약국의 공휴일 영업일수는 서로 같다)

조건

- 이번 달의 공휴일은 총 5일이다.
- 오늘은 세 번째 공휴일이며, 현재 A와 C약국이 영업하고 있다.
- D약국은 오늘을 포함하여 이번 달 남은 공휴일에 더 영업하지 않는다.
- E약국은 마지막 공휴일에 영업한다.
- A와 E약국은 오늘 이전 이번 달 공휴일에 한 번씩 영업하였다.

① A약국은 이번 달 두 번의 공휴일에 연속으로 영업한다.
② 이번 달 B와 E약국이 함께 영업하는 공휴일은 없다.
③ B약국은 두 번째, 네 번째 공휴일에 영업한다.
④ 네 번째 공휴일에 영업하는 약국은 B와 C이다.
⑤ E약국은 첫 번째, 다섯 번째 공휴일에 영업한다.

48 다음은 국내 신재생에너지 산업에 대한 SWOT 분석 결과에 대한 자료이다. 이에 따라 SWOT 전략과 경영전략이 바르게 연결되지 않은 것을 〈보기〉에서 모두 고르면?

〈국내 신재생에너지 산업에 대한 SWOT 분석 결과〉

구분	분석 결과
강점(Strength)	• 해외 기관과의 협업을 통한 풍부한 신재생에너지 개발 경험 • 에너지 분야의 우수한 연구개발 인재 확보
약점(Weakness)	• 아직까지 화석연료 대비 낮은 전력 효율성 • 도입 필요성에 대한 국민적 인식 저조
기회(Opportunity)	• 신재생에너지에 대한 연구가 세계적으로 활발히 추진 • 관련 정부부처로부터 충분한 예산 확보
위협(Threat)	• 신재생에너지 특성상 설비 도입 시의 높은 초기 비용

보기

ㄱ. SO전략 – 개발 경험을 통해 쌓은 기술력을 바탕으로 향후 효과적인 신재생에너지 산업 개발 가능
ㄴ. ST전략 – 우수한 연구개발 인재들을 활용하여 초기비용 감축방안 연구 추진
ㄷ. WO전략 – 확보한 예산을 토대로 우수한 연구원 채용
ㄹ. WT전략 – 세계의 신재생에너지 연구를 활용한 전력 효율성 개선

① ㄱ, ㄴ ② ㄱ, ㄷ
③ ㄴ, ㄷ ④ ㄴ, ㄹ
⑤ ㄷ, ㄹ

Hard

49 N금융회사에서는 소비자에게 어필할 수 있는 마케팅 전략을 수립하기 위해 다음과 같은 자료를 참고하여 회의를 진행하고자 한다. 회의에 참여한 A ~ E 중 주장에 대한 근거가 옳지 않은 사람은?

〈금융 소비자의 유형별 비중 및 구성비〉

구분	내용	비중	소득 하위 17% / 상위 17% 구성비	저연령층 / 고연령층 구성비
Digital Lifestyles	IT 기기의 선호도가 높음	7%	18% / 15%	51% / 12%
Trust	정직, 신뢰에 높은 가치를 둠	37%	18% / 15%	33% / 27%
Convenience	자신에게 적합한 시간, 원하는 방식을 선택하는 것을 선호	13%	19% / 15%	46% / 18%
Exclusivity	평균 이상의 높은 품질의 상품 및 서비스를 소비	5%	17% / 21%	48% / 12%
Individualism	특성 분류로 규정하기 어려움	4%	18% / 19%	39% / 23%
Responsibility	스스로가 선택하고 의사 결정하는 것을 중요시함	23%	18% / 16%	37% / 22%
Fear	제반 여건을 모두 검토한 후에 행동	6%	19% / 15%	42% / 17%
Evolving Landscapes	새로운 상품과 서비스를 즐김	5%	18% / 21%	52% / 10%

※ 저연령층 : 18 ~ 34세 / 고연령층 : 55세 이상

① A : 가장 큰 비중을 차지하는 Trust 유형에서는 신뢰도를 높이기 위해 단순한 교차판매보다 서비스 품질 향상을 위해 집중하는 것이 좋겠습니다.

② B : Exclusivity, Evolving Landscapes 유형에서는 고소득자의 구성비가 높았는데, 평균 이상의 특별한 서비스와 혁신적인 상품으로 접근하면 효과적일 것으로 판단됩니다.

③ C : Fear, Convenience 유형에서는 저소득자의 구성비가 가장 높게 나타나긴 했으나 타 유형이 17 ~ 18%인 것을 감안하면 유의미한 차이로 보기 어렵습니다.

④ D : 저연령층은 Digital Lifestyles, Responsibility, Convenience 등의 유형에서 구성비가 높게 나타났는데, 이들은 IT 기기에 친숙하고 새로운 것을 좋아하므로 최신 트렌드의 반영, 온라인 및 모바일 채널 확대 등을 고려할 필요가 있습니다.

⑤ E : 고연령층은 Trust, Responsibility, Individualism 등의 유형에서 구성비가 높게 나타났기 때문에 신뢰도를 높이고 고객 스스로 상품을 설계 하게 하거나 맞춤형 금융상품을 제공하는 것이 효과적이겠습니다.

Easy

50 A ~ G 7명은 다음 주 당직근무 순서를 정하기 위해 모였다. 다음 〈조건〉에 따라 순서를 정할 때, D가 근무하는 전날과 다음 날 당직근무자는?(단, 한 주의 시작은 월요일이다)

조건

- A가 가장 먼저 근무한다.
- G는 A와 연이어 근무한다.
- C가 B보다 먼저 근무한다.
- E는 목요일에 근무한다.
- F는 E보다 먼저 근무한다.
- F가 근무하고 3일 뒤에 C가 근무한다.

① C, F
② E, C
③ F, B
④ A, G
⑤ G, C

PART 2

51 남성 정장 제조 전문회사에서 20대를 위한 캐주얼 SPA 브랜드에 신규 진출하려고 한다. 귀하는 3C 분석 방법을 취하여 다양한 자료를 조사했으며, 다음과 같은 분석 내용을 도출하였다. 자사에서 추진하려는 신규 사업 계획의 타당성에 대해서 바르게 설명한 것은?

〈3C 분석 결과〉

구분	상황 분석
고객(Customer)	• 40대 중년 남성을 대상으로 한 정장 시장은 정체 및 감소 추세 • 20대 캐주얼 및 SPA 시장은 매년 급성장
경쟁사(Competitor)	• 20대 캐주얼 SPA 시장에 진출할 경우 경쟁사는 글로벌 및 토종 SPA 기업, 캐주얼 전문 기업 외에도 비즈니스 캐주얼, 아웃도어 의류 기업도 포함 • 경쟁사들은 브랜드 인지도, 유통망, 생산 등에서 차별화된 경쟁력을 가짐 • 경쟁사 중 상위업체는 하위업체와의 격차 확대를 위해 파격적 가격 정책과 20대 지향 디지털마케팅 전략을 구사
자사(Company)	• 신규 시장 진출 시 막대한 마케팅 비용 발생 • 낮은 브랜드 인지도 • 기존 신사 정장 이미지 고착 • 유통과 생산 노하우 부족 • 디지털마케팅 역량 미흡

① 20대 SPA 시장이 급성장하고 경쟁이 치열해지고 있지만, 자사의 유통 및 생산 노하우로 가격경쟁력을 확보할 수 있으므로 신규 사업을 추진하는 것이 바람직하다.
② 40대 중년 정장 시장은 감소 추세에 있으므로 새로운 수요발굴이 필요하며, 기존의 신사 정장 이미지를 벗어나 20대 지향 디지털마케팅 전략을 구사하면 신규 시장의 진입이 가능하므로 신규 사업을 진행하는 것이 바람직하다.
③ 20대 SPA 시장이 급성장하고 있지만, 하위업체의 파격적인 가격정책을 이겨 내기에 막대한 비용이 발생하므로 신규 사업 진출은 적절하지 못하다.
④ 20대 SPA 시장은 계속해서 성장하고 매력적이지만, 경쟁이 치열하고 경쟁자의 전략이 막강하다. 이에 비해 자사의 자원과 역량은 부족하여 신규 사업 진출은 하지 않는 것이 바람직하다.
⑤ 브랜드 경쟁력을 유지하기 위해서는 20대 SPA 시장 진출이 필요하며, 파격적 가격정책을 도입하면 자사의 높은 브랜드 이미지와 시너지 효과를 낼 수 있기에 신규 사업을 진행하는 것이 바람직하다.

52 농식품공무원인 A씨는 5월을 맞이하여 공무원 및 유관기관 임직원들을 대상으로 하는 교육을 들으려고 한다. 교육과정과 A씨의 한 달 일정이 다음과 같을 때, A씨가 이수할 수 있는 교육의 수는? (단, 결석 없이 모두 참석해야 이수로 인정받을 수 있다)

〈농식품공무원교육원 5월 교육과정 안내〉

구분	교육일정	계획인원(명)	교육내용
세계농업유산의 이해	5. 10 ~ 5. 12	35	국가농업유산의 정책방향, 농업유산의 제도 및 규정, 농업유산 등재 사례 등
벌과 꿀의 세계	5. 15 ~ 5. 17	35	양봉산업 현황과 방향, 꿀벌의 생태, 관리 방법, 양봉견학 및 현장실습 등
농촌관광상품 개발 및 활성화	5. 15 ~ 5. 19	35	농촌관광 정책방향 및 지역관광자원 연계방안 이해, 운영사례 및 현장체험 등
디지털 사진촬영 및 편집	5. 15 ~ 5. 19	30	주제별 사진촬영기법 실습, 스마트폰 촬영방법 실습 등
미디어 홍보역량 강화	5. 17 ~ 5. 19	20	보도자료 작성법, 어문 규정에 따른 보도자료 작성법, 우수 미흡 사례
농업의 6차 산업화	5. 22 ~ 5. 24	30	농업의 6차 산업화 개념 및 정책 방향, 마케팅 전략, 해외 성공 사례, 우수업체 현장방문 등
첨단과수·시설 원예산업육성	5. 22 ~ 5. 24	30	과수·시설원예 정책방향, 기술 수준, 한국형 스마트팜, 통합 마케팅 사례 및 유통 현장견학
엑셀중급(데이터분석)	5. 22 ~ 5. 26	30	엑셀2010의 데이터 관리기법, 피벗 활용 및 함수 활용실습
외식산업과 농업 연계전략	5. 29 ~ 6. 1	30	식품·외식산업 정책방향, 외식산업과 농업 연계전략, 외식콘텐츠 개발 계획 등
종자·생명 산업	5. 29 ~ 6. 2	30	종자·생명 산업 정책방향, 농식품바이오 기술 융복합, 식물·동물 자원 유전체 기술 및 글로벌 트렌드 등
귀농·귀촌 길잡이	5. 29 ~ 6. 2	35	귀농·귀촌 현황과 전망, 주민과 갈등해소 및 소통방법, 농지이용 가이드, 주택 구입방법, 창업아이템 분석 등
농지관리제도 실무	5. 29 ~ 6. 2	30	농지정책방향, 농지법, 농지은행제도, 농지민원사례, 농지정보시스템, 농지제도 발전방향 등

〈A씨의 한 달 일정〉

- 5월 3 ~ 5일 : 농식품부 관련 세종시 출장
- 5월 9일 : 출장 관련 보고서 작성 및 발표
- 5월 15일 : 학회 세미나 출석
- 5월 24 ~ 25일 : 취미 활동인 기타 동아리 정기 공연 참가
- 6월 1일 : 여름 장마철 예방 대책 회의 참석

① 1개
② 2개
③ 3개
④ 4개
⑤ 5개

※ N은행에서는 지역농가로부터 농산물을 수매하여 일정 비율의 이윤을 붙여 판매하고 있다. 다음은 N은행에서 지역농가로부터 농산물을 수매한 가격을 기록한 자료이다. 이어지는 질문에 답하시오. **[53~55]**

〈농산물별 수매 가격〉

(단위 : 원)

구분	2022년 9월	2023년 9월	2024년 9월
쌀(20kg)	54,200	58,400	62,600
콩(1kg)	15,000	17,200	19,400
배추(10kg)	10,200	13,700	17,100
무(20kg)	12,100	16,600	20,000
감자(20kg)	16,300	18,700	22,700

PART 2

53 N은행은 매년 농산물의 수매가에서 15%를 가산하여 판매하고 있다. 2023년 판매가 대비 2024년 판매가 비율이 가장 높은 농산물을 중점으로 판매하려고 할 때, 판매할 농산물은?

① 쌀 ② 콩
③ 배추 ④ 무
⑤ 감자

Hard

54 N은행은 2023년 수매가 대비 2024년 수매가의 비율에서 2022년 수매가 대비 2023년 수매가의 비율을 뺀 값이 가장 작은 농산물의 수매는 줄이기로 하였다. 수매량을 줄일 농산물은?(단, 비율은 소수점 셋째 자리에서 반올림한다)

① 쌀 ② 콩
③ 배추 ④ 무
⑤ 감자

55 N은행은 2022년 판매가와 2023년 판매가의 차이가 2023년 판매가와 2024년 판매가의 차이보다 작거나 같을 때 이에 해당하는 농산물을 2배로 수매하기로 하였다. 2배로 수매할 농산물의 가짓수는?(단, 판매가는 수매가에 15%를 가산한다)

① 1가지 ② 2가지
③ 3가지 ④ 4가지
⑤ 5가지

※ 다음 자료를 보고 이어지는 질문에 답하시오. **[56~57]**

보증회사의 회계팀 B사원은 신용보증과 관련된 온라인 고객상담 게시판을 담당하여, 고객들의 문의사항들을 해결하는 업무를 하고 있다.

■ 보증심사등급 기준표

CCRS 기반	SBSS 기반	보증료율
K5	-	1.1%
K6	SB1	1.2%
K7		1.3%
K8	SB2	1.4%
K9	SB3	1.5%
K11	SB5	1.7%

■ 보증료율 운용체계

구분		내용
① 보증심사등급별 보증료율		• CCRS 적용 기업(K5 ~ K11) • SBSS 적용 기업(SB1 ~ SB5)
② 가산요율	보증비율 미충족	0.2%p
	일부 해지 기준 미충족	0.4%p
	장기분할해지보증 해지 미이행	0.5%p
	기타	0.1 ~ 0.6%p
③ 차감요율	0.3%p	• 장애인기업(장애인 고용 비율이 5% 이상인 기업) • 창업초기기업(창업한 지 만 1년이 되지 않은 기업)
	0.2%p	녹색성장산업 영위기업, 혁신형 중소기업 중 혁신역량 공유 및 전파기업, 고용창출기업, 물가 안정 모범업소로 선정된 기업
	0.1%p	혁신형 중소기업, 창업 5년 이내 여성기업, 전시 대비 중점관리업체, 회계투명성 제고기업
	기타	경쟁력 향상, 창업지원 프로그램 대상 각종 협약 보증
④ 조정요율	차감	최대 0.3%p

• 가산요율과 차감요율은 중복 적용이 가능하며 조정요율은 상한선 및 하한선을 넘는 경우에 대해 적용
• 최종 적용 보증료율=①+②−③±④=0.5%(하한선) ~ 2.0%(상한선)
(단, 대기업의 상한선은 2.3%로 함)

※ 보증료 계산 : (보증금액)×(최종 적용 보증료율)×[보증기간(일)]÷365

56 B사원은 온라인 상담 게시판에 올라와 있는 어느 고객의 상담 요청을 확인하였다. 요청한 내용에 따라 보증료를 계산한다면 해당 회사의 보증료는 얼마인가?(단, 1백만 원 미만은 절사한다)

〈고객 상담 게시판〉

[1 : 1 상담 요청]
제목 : 보증료 관련 문의 드립니다.

안녕하십니까.
수도권에서 소기업을 운영하고 있는 사업자입니다.
보증료를 계산하는 데 어려움이 있어 문의를 남깁니다.
현재 우리 회사의 보증심사등급은 SBSS 기준 SB3 등급에 해당합니다.
그리고 보증비율은 일부 해지 기준 미충족 상태이며, 작년에 혁신형 중소기업으로 지정되었습니다.
보증금액은 100억 원이고, 보증기간은 3개월(90일)로 요청드립니다.

① 3,800만 원
② 4,000만 원
③ 4,200만 원
④ 4,400만 원
⑤ 4,600만 원

57 B사원은 다음 자료를 토대로 가 ~ 다 3개 회사의 보증료를 검토하게 되었다. 이 회사들의 보증료를 계산하였을 때, 보증료가 높은 순서대로 나열한 것은?(단, 주어진 내용 이외의 것은 고려하지 않는다)

구분	대기업 여부	심사등급	가산요율	특이사항	보증금액	보증기간
가	○	SB5	• 보증비율 미충족 • 장비분할해지 보증 해지 미이행	-	150억	365일
나	○	K11	• 일부 해지 기준 미충족	• 녹색성장산업 영위 기업	150억	365일
다	×	K7	-	• 장애인기업 • 고용창출기업	100억	219일

① 가 – 나 – 다
② 가 – 다 – 나
③ 나 – 가 – 다
④ 나 – 다 – 가
⑤ 다 – 가 – 나

※ 다음은 N은행에서 지역농산물 홍보를 위해 지역농산물 구매자를 대상으로 진행하기로 한 경품행사에 대한 자료이다. 이어지는 질문에 답하시오. **[58~60]**

〈경품행사 내용〉

- 지역농산물 1건당 30,000원 이상 구매 고객에 해당
- 지역농산물 30,000원 이상 구매 시 영화티켓 1매, 50,000원 이상 구매 시 영화티켓 2매 전원 증정
- 추첨상품으로 ㅁㅁ청소기, △△냉장고, N상품권 80만 원 중 1가지 준비
- 추첨을 통한 당첨자는 총 3명임

〈경품 구매업체〉

구분	A영화관	B영화관	C영화관	ㅁㅁ청소기	△△냉장고
가격	8,000원/장	8,500원/장	9,000원/장	90만 원	110만 원
기타	300장 이상 구매 시 2% 할인, 500장 이상 구매 시 5% 할인	400장 이상 구매 시 8% 할인, 500장 이상 구매 시 10% 할인	300장 이상 구매 시 12% 할인, 500장 이상 구매 시 15% 할인	3대 이상 구매 시 10% 할인	2대 이상 구매 시 20% 할인

58 N은행에서는 영화표 400장과 동일한 제품 또는 상품권으로 추첨상품 3개를 준비하려고 한다. 가장 저렴한 비용으로 준비한다고 할 때, N은행이 준비할 영화관과 추첨상품은?

① A영화관, □□청소기
② A영화관, △△냉장고
③ B영화관, □□청소기
④ B영화관, N상품권
⑤ C영화관, N상품권

Hard

59 ㅁㅁ청소기 회사와 △△냉장고 회사에서 자사 상품으로 3개의 추첨상품을 준비한다면, 영화티켓 금액을 지원해주기로 하였다. 영화관 A, B, C에 대해 ㅁㅁ청소기는 각각 2%, 3%, 3%, △△냉장고는 5%씩 기존에 할인된 금액에서 추가할인을 해준다고 한다. 가장 저렴한 비용으로 준비할 때, N은행이 준비할 영화관과 추첨상품은?(단, 영화표는 500장을 준비하고, 티켓 총금액이 동일하다면 원가가 높은 상품으로 한다)

① A영화관, □□청소기
② B영화관, □□청소기
③ B영화관, △△냉장고
④ C영화관, □□청소기
⑤ C영화관, N상품권

60 **홍보효과를 높이기 위해 추첨상품 중 1개는 N상품권으로 하고 나머지 2개는 업체제품을 준비하였다. 영화표는 400장을 준비했지만, 참여율이 저조하여 영화표 100장이 남았다. A, B, C영화관이 티켓 환불 시 각각 원가의 60%, 65%, 70%를 돌려주는 정책을 취하고 있다고 할 때, 가장 손해를 줄일 수 있는 영화관과 제품은?(단, 영화표 환불 시 기존 영화표 할인가에는 영향을 미치지 않는다)**

① A영화관, □□청소기
② B영화관, □□청소기
③ B영화관, △△냉장고
④ C영화관, □□청소기
⑤ C영화관, △△냉장고

PART 2

61 **다음 내용이 설명하는 자원관리의 기본 과정은?**

> 업무나 활동의 우선순위를 고려하여 자원을 업무에 할당하는 단계로, 확부한 자원이 실제 활동 추진에 비해 부족할 경우 우선순위가 높은 것에 중심을 두고 계획하는 것이 바람직하다.

① 필요한 자원의 종류와 양 확인
② 이용 가능한 자원 수집하기
③ 자원 활용 계획 세우기
④ 계획대로 수행하기
⑤ 결과를 기록하기

62 **시간관리의 중요성을 고려할 때, 다음 빈칸에 들어갈 내용으로 가장 적절한 것은?**

> 시간의 어원으로는 '크로노스(Chronos)'와 '카이로스(Kairos)'가 있다. 크로노스가 그냥 흘러가는 양으로 규정되는 계량적 시간이라면 카이로스는 내용으로 규정되는 질적 시간이다. 진정한 승리자는 ____________________하는 자들이다.

① 크로노스의 시간과 카이로스의 시간을 통제
② 크로노스의 시간과 카이로스의 시간을 통합
③ 크로노스의 시간을 카이로스의 시간으로 관리
④ 카이로스의 시간을 크로노스의 시간으로 관리
⑤ 카이로스의 시간을 크로노스의 시간으로 배분

63 다음은 6개 광종의 위험도와 경제성 점수에 대한 자료이다. 분류기준을 이용하여 광종을 분류할 때, 〈보기〉 중 이에 대한 설명으로 옳은 것을 모두 고르면?

〈6개 광종의 위험도와 경제성 점수〉

(단위 : 점)

구분	금광	은광	동광	연광	아연광	철광
위험도	2.5	4.0	2.5	2.7	3.0	3.5
경제성	3.0	3.5	2.5	2.7	3.5	4.0

〈분류기준〉

위험도와 경제성 점수가 모두 3.0점을 초과하면 비축필요광종으로 분류하고, 위험도와 경제성 점수 중 하나는 3.0점 초과, 다른 하나는 2.5점 초과 3.0점 이하인 경우에는 주시광종으로 분류하며, 그 외는 비축제외광종으로 분류한다.

보기

ㄱ. 주시광종으로 분류되는 광종은 1종류이다.
ㄴ. 비축필요광종으로 분류되는 광종은 은광, 아연광, 철광이다.
ㄷ. 모든 광종의 위험도와 경제성 점수가 현재보다 각각 20% 증가하면, 비축필요광종으로 분류되는 광종은 4종류가 된다.
ㄹ. 주시광종 분류기준을 위험도와 경제성 점수 중 하나는 3.0점 초과, 다른 하나는 2.5점 이상 3.0 이하로 변경한다면, 금광과 아연광은 주시광종으로 분류된다.

① ㄱ, ㄷ
② ㄱ, ㄹ
③ ㄷ, ㄹ
④ ㄱ, ㄴ, ㄷ
⑤ ㄴ, ㄷ, ㄹ

Easy

64 다음 〈보기〉 중 시간계획에 대한 설명으로 옳지 않은 것을 모두 고르면?

보기

ㄱ. 시간계획을 너무 자세하게 세우거나, 너무 간략하게 세우는 것은 좋지 않다.
ㄴ. 실현가능한 시간계획을 세우는 것이 중요하다.
ㄷ. 시간계획을 따르는 것이 가장 중요하므로 무슨 일이 있어도 계획에 따라 실천해야 한다.
ㄹ. 시간계획을 효과적으로 세운다면 실제 행동할 때와 차이가 거의 발생하지 않는다.
ㅁ. 자유로운 여유시간은 시간계획에 포함되지 않는다.

① ㄱ, ㄷ
② ㄴ, ㄷ
③ ㄷ, ㄹ
④ ㄷ, ㅁ
⑤ ㄷ, ㄹ, ㅁ

65 다음 중 밑줄 친 ㉠, ㉡에 대한 설명으로 옳은 것은?

> 조직구조는 조직마다 다양하게 이루어지며, 조직목표의 효과적 달성에 영향을 미친다. 조직구조에 대한 많은 연구를 통해 조직구조에 영향을 미치는 요인으로는 조직의 전략, 규모, 기술, 환경 등이 있음을 확인할 수 있으며, 이에 따라 ㉠ 기계적 조직 혹은 ㉡ 유기적 조직으로 설계된다.

① ㉠은 의사결정 권한이 조직의 하부구성원들에게 많이 위임되어 있다.
② ㉡은 상하 간의 의사소통이 공식적인 경로를 통해 이루어진다.
③ ㉠은 규제나 통제의 정도가 낮아, 의사소통 결정이 쉽게 변할 수 있다.
④ ㉡은 구성원들의 업무가 분명하게 정의된다.
⑤ 안정적이고 확실한 환경에서는 ㉠이, 급변하는 환경에서는 ㉡이 적합하다.

PART 2

66 다음 글의 밑줄 친 '마케팅 기법'에 대한 〈보기〉의 설명 중 옳은 것을 모두 고르면?

> 기업들이 신제품을 출시하면서 한정된 수량만 제작 판매하는 한정판 제품을 잇따라 내놓고 있다. 이번 기회가 아니면 더 이상 구입할 수 없다는 메시지를 끊임없이 던지며 소비자의 호기심을 자극하는 마케팅 기법이다. ○○자동차 회사는 가죽 시트와 일부 외형을 기존 제품과 다르게 한 모델을 8,000대 한정 판매하였는데, 단기간에 매진을 기록하였다.

보기

ㄱ. 소비자의 충동 구매를 유발하기 쉽다.
ㄴ. 이윤 증대를 위한 경영 혁신의 한 사례이다.
ㄷ. 의도적으로 공급의 가격탄력성을 크게 하는 방법이다.
ㄹ. 소장 가치가 높은 상품을 대상으로 하면 더 효과적이다.

① ㄱ, ㄴ
② ㄱ, ㄷ
③ ㄴ, ㄹ
④ ㄱ, ㄴ, ㄹ
⑤ ㄴ, ㄷ, ㄹ

Easy

67 **기업의 해외 진출을 위해서는 국제적으로 다른 국가들이 어떤 방향성을 가졌는지 파악해야 하는데, 이를 국제동향이라고 한다. 다음 중 국제동향을 파악하는 방법으로 옳지 않은 것은?**

① 신문, 인터넷 등 각종 매체를 통해 국제적 동향을 파악한다.
② 업무와 관련된 국제적 법규나 규정을 숙지한다.
③ 특정 국가의 관련 업무에 대한 동향을 점검한다.
④ 국제적인 상황변화에 관심 두도록 한다.
⑤ 현지인의 의견보다는 국내 전문가의 의견에 따른다.

68 **다음 글을 읽고 C사원이 해야 할 업무 순서를 바르게 나열한 것은?**

> 상사 : 벌써 2시 50분이네, 3시에 팀장회의가 있어서 지금 업무지시를 할게요. 업무보고는 내일 9시 30분에 받을게요. 업무보고 전 아침에 회의실과 마이크 체크를 한 내용을 업무보고에 반영해 주세요. 내일 있을 3시 팀장회의도 차질 없이 준비해야 합니다. 아, 그리고 오늘 P사원이 아파서 조퇴했으니 P사원 업무도 부탁할게요. 간단한 겁니다. 사업 브로슈어에 사장님의 개회사를 추가하는 건데, 브로슈어 인쇄는 2시간밖에 걸리지 않지만 인쇄소가 오전 10시부터 6시까지 하니 비서실에 방문해 파일을 미리 받아 늦지 않게 인쇄소에 넘겨주세요. 비서실은 본관 15층에 있으니 가는 데 15분 정도 걸릴 거예요. 브로슈어는 다음 날 오전 10시까지 준비되어야 하는 거 알죠? 팀장회의에 사용할 케이터링 서비스는 매번 시키는 D업체로 예약해 주세요. 24시간 전에는 예약해야 하니 서둘러 주세요.

> 보기
>
> ㉠ 비서실 방문　　㉡ 회의실, 마이크 체크
> ㉢ 케이터링 서비스 예약　　㉣ 인쇄소 방문
> ㉤ 업무보고

① ㉠-㉢-㉣-㉡-㉤　　② ㉡-㉠-㉣-㉤-㉢
③ ㉢-㉠-㉣-㉡-㉤　　④ ㉢-㉡-㉠-㉣-㉤
⑤ ㉢-㉡-㉣-㉠-㉤

69 농협중앙회는 이사회를 열어 2020년부터 농협의 창립일이 7월 1일로 바뀐 지 20년 만에 제자리로 돌아오는 '창립기념일 변경 추진계획(안)'을 확정했다. 다음 중 돌아온 농협의 창립기념일은?

① 4월 5일
② 5월 5일
③ 6월 6일
④ 8월 15일
⑤ 10월 3일

Hard

70 다음 중 농협이 하는 부문별 업무가 잘못 분류된 항목을 모두 고르면?

〈농협 부문별 분류 및 세부사업〉

구분	사업분류	세부사업
교육지원부문	교육지원사업	농축협 육성 및 발전지도사업
		㉠ 또 하나의 마을 만들기 운동
경제부문	농업경제사업	영농자재 공급
		산지 유통 혁신
	㉡ 축산경제사업	㉢ 축산 기자재 공급 및 판매
		㉣ 지원 및 개량 사업
금융부문	상호금융사업	㉤ 축산 지도 및 컨설팅
	농협금융지주	종합금융그룹의 금융상품(은행, 보험, 증권, 선물 등)

① ㉠, ㉡
② ㉠, ㉣
③ ㉢, ㉤
④ ㉠, ㉡, ㉢
⑤ ㉡, ㉢, ㉤

모바일 OMR

제 3 회 최종점검 모의고사

응시시간 : 60분 / 70분　문항 수 : 60문항

정답 및 해설 p.073

01 다음 중 짝지어진 단어 사이의 관계가 나머지와 다른 것은?

① 반제 – 차용　② 등귀 – 하락
③ 도야 – 수련　④ 미숙 – 성숙

02 다음 제시된 단어의 대응 관계로 볼 때, 빈칸에 들어갈 알맞은 단어는?

( ) : 혼절 = 감사 : 사례

① 나태　② 소멸
③ 곡해　④ 충격

03 다음 제시된 단어의 대응 관계로 볼 때, 빈칸에 들어갈 알맞은 단어끼리 짝지어진 것은?

농부 : ( ) = ( ) : 채굴

① 경작, 돌　② 광부, 광산
③ 수확, 광부　④ 작물, 광부

04 다음 제시된 단어에서 공통으로 연상할 수 있는 단어로 가장 적절한 것은?

누각　　앙부일구　　자격루

① 시계
② 장영실
③ 해
④ 물

05 다음 글의 내용을 가장 잘 설명하는 속담은?

> 최근 러시아에서는 공무원들의 근무 태만을 감시하기 위해 공무원들에게 감지기를 부착시켜 놓고 인공위성 추적시스템을 도입하는 방안을 둘러싸고 논란이 일고 있다. 전자감시 기술은 인간의 신체 속에까지 파고 들어갈 만반의 준비를 하고 있다. 어린아이의 몸에 감시장치를 내장하면 아이의 안전을 염려할 필요는 없겠지만 그게 과연 좋기만 한 것인지, 또 그 기술이 다른 좋지 않은 목적에 사용될 위험은 없는 것인지 따져볼 일이다. 감시를 위한 것이 아니라 하더라도 전자기술에 의한 정보의 집적은 언제든 개인의 프라이버시를 위협할 수 있다.

① 사공이 많으면 배가 산으로 간다
② 새가 오래 머물면 반드시 화살을 맞는다
③ 쇠뿔은 단김에 빼랬다
④ 일곱 번 재고 천을 째라

06 다음 밑줄 친 어휘의 의미와 유사한 것은?

> 흑사병은 페스트균에 의해 발생하는 급성 열성 감염병으로, 쥐에 기생하는 벼룩에 의해 사람에게 전파된다. 국가위생건강위원회의 자료에 따르면 중국에서는 최근에도 <u>간헐적</u>으로 흑사병 확진 판정이 나온 바 있다. 지난 2014년에는 중국 북서부에서 38살의 남성이 흑사병으로 목숨을 잃었으며, 2016년과 2017년에도 각각 1건씩 발병 사례가 확인됐다.

① 근근이
② 자못
③ 이따금
④ 빈번히

07 **다음 중 띄어쓰기가 옳지 않은 문장은?**

① 애들은 놔두면 알아서 잘 큰다.
② 너도 할만큼 했다.
③ 먹지 못하고, 달리지 못한다.
④ 엄마 새끼손가락은 유난히 작다.

08 **다음 중 밑줄 친 ㉠~㉣의 맞춤법 수정 방안으로 옳지 않은 것은?**

> 옛것을 ㉠ 본받는 사람은 옛 자취에 ㉡ 얽메이는 것이 문제다. 새것을 만드는 사람은 이치에 ㉢ 합당지 않은 것이 걱정이다. 진실로 능히 옛것을 ㉣ 변화할줄 알고, 새것을 만들면서 법도에 맞을 수만 있다면 지금 글도 옛글만큼 훌륭하게 쓸 수 있을 것이다.

① ㉠ : 본받는 → 본 받는
② ㉡ : 얽메이는 → 얽매이는
③ ㉢ : 합당지 → 합당치
④ ㉣ : 변화할줄 → 변화할 줄

09 **다음 밑줄 친 부분에 해당하는 한자성어는?**

> ○○전자는 신제품 개발에 앞서 국내 및 세계 경쟁사 제품을 모두 모아 각각의 특성 및 장단점을 꼼꼼히 살펴봤다. 매출이 훨씬 앞서 나간 제품은 물론, 같은 제품군에 해당하는 국내외 모든 제품을 한데 모아 객관적이고 냉철하게 비교했다. 이는 경쟁사 제품을 보면서 새로운 아이디어를 창출해 내고, 동시에 신제품에 대한 감각을 익혀 실제 제품 개발은 물론 앞으로의 시장에 대비할 전략을 세우고자 함이다. 즉, '상대방을 알고, 나를 파악함'으로써 미래 시장 대비 매출 증가의 전력을 위한 토대를 다지고자 하는 사업 전략의 일부이다.

① 知彼知己
② 指鹿爲馬
③ 百戰百勝
④ 朋友有信

10 다음 글의 주제로 가장 적절한 것은?

Science is all about trying ideas, abandoning those that don't work, and building on those that do. It never stops. Those people in the past who had wrong ideas weren't fools. They were doing the best they could, given the knowledge of their times. We do the same thing today. And you can be sure that people in the future will look back and wonder why we believe some of the things we do. Does that make science unimportant? If some of our scientific theories are going to be proved false, why bother studying them? If you believe something is an absolute truth, you can just memorize it and get on with your life. After all, there is always something to explore in the world.

① 과학의 절대적 진리와 중요성
② 과학자에게 요구되는 윤리 의식
③ 지속적인 과학 탐구의 당위성
④ 과학이 산업 발전에 미치는 영향

11 다음 글의 빈칸에 들어갈 내용으로 가장 적절한 것은?

상품을 만들어 파는 사람이 그 수고의 대가를 받고 이익을 누리는 것은 당연하다. 하지만 그 이익이 다른 사람의 고통을 무시하고 얻어진 경우에는 정당하지 않을 수 있다. 제3세계에 사는 많은 환자가 신약 가격을 개발국인 선진국의 수준으로 유지하는 거대 제약회사의 정책 때문에 고통 속에서 죽어 가고 있다. 그 약값을 감당할 수 있는 선진국이 보기에도 이는 이익이란 명분 아래 발생하는 끔찍한 사례이다. 이러한 비난의 목소리가 높아지자 제약회사의 대규모 투자자 중 일부는 자신들의 행동이 윤리적인지 고민하기 시작했다. 사람들이 약값 때문에 약을 구할 수 없다는 것은 분명히 잘못된 일이다. 하지만 그렇다고 해서 국가가 제약회사들에게 손해를 감수하라는 요구를 할 수는 없다는 데 사태의 복잡성이 있다.
신약을 개발하는 일에는 막대한 비용과 시간이 들며, 그 안전성 검사가 법으로 정해져 있어서 추가 비용이 발생한다. 이를 상쇄하기 위해 제약회사들은 시장에서 최대한 이익을 뽑아내려 한다. 얼마나 많은 환자가 신약을 통해 고통에서 벗어나는가에 대한 관심을 이들에게 기대하긴 어렵다. 그러나 만약 제약회사들이 존재하지 않는다면 신약 개발도 없을 것이다.
그렇다면 상업적 고려와 인간의 건강 사이에 존재하는 긴장을 어떻게 해소해야 할까? 제3세계의 환자를 치료하는 일은 응급사항이며, 제약회사들이 자선하리라고 기대하는 것은 비현실적이다. 그렇다면 그 대안은 명백하다. ______________________________ 물론 여기에도 문제는 있다. 이 대안이 왜 실현되기 어려운 걸까? 그 이유가 무엇인지는 우리가 자신의 주머니에 손을 넣어 거기에 필요한 돈을 꺼내는 순간 분명해질 것이다.

① 제3세계에 제공되는 신약 가격을 선진국과 같게 해야 한다.
② 제3세계 국민에게 필요한 신약을 선진국 국민이 구매하여 전달해야 한다.
③ 선진국들은 자국의 제약회사가 제3세계에 신약을 저렴하게 공급하도록 강제해야 한다.
④ 각국 정부는 거대 제약회사의 신약 가격 결정에 자율권을 주어 개발 비용을 보상받을 수 있게 해야 한다.

12 다음 글의 필자가 주장하는 바로 가장 적절한 것은?

인간과 자연환경의 운명이 순전히 시장 메커니즘 하나에 좌우된다면, 결국 사회는 폐허가 될 것이다. 구매력의 양과 사용을 시장 메커니즘에 따라 결정하는 것도 같은 결과를 낳는다. 이런 체제 아래에서 인간의 노동력을 소유자가 마음대로 처리하다 보면, 노동력이라는 꼬리표를 달고 있는 '인간'이라는 육체적 · 심리적 · 도덕적 실체마저 소유자가 마음대로 처리하게 된다. 인간들은 갖가지 문화적 제도라는 보호막이 모두 벗겨진 채 사회에 알몸으로 노출되고 결국 쇠락해 간다. 그들은 악덕, 범죄, 굶주림 등을 거치면서 격동하는 사회적 혼란의 희생물이 된다. 자연은 그 구성 원소들로 환원되어 버리고, 주거지와 경관은 더럽혀진다. 또 강이 오염되며, 군사적 안보는 위협당하고, 식량과 원자재를 생산하는 능력도 파괴된다.
마지막으로 구매력의 공급을 시장 기구의 관리에 맡기게 되면 영리 기업들은 주기적으로 파산하게 될 것이다. 원시 사회가 홍수나 가뭄으로 인해 피해를 보았던 것처럼 화폐 부족이나 과잉은 경기에 엄청난 재난을 가져올 수 있기 때문이다.
노동 시장, 토지 시장, 화폐 시장이 시장 경제에 필수적이라는 점은 의심할 여지가 없다. 하지만 인간과 자연이라는 사회의 실패와 경제 조직이 보호받지 못한 채 그 '악마의 맷돌'에 노출된다면, 어떤 사회도 무지막지한 상품 허구의 경제 체제가 몰고 올 결과를 한순간도 견뎌내지 못할 것이다.

① 무분별한 환경 파괴를 막기 위해 국가가 시장을 통제해야 한다.
② 구매력의 공급은 시장 기구의 관리에 맡기는 것이 합리적이다.
③ 시장 메커니즘은 인간의 존엄성을 파괴하는 제도이므로 철폐되어야 한다.
④ 시장 메커니즘을 맹신하기보다는 적절한 제도적 보호 장치를 마련하는 것이 바람직하다.

※ 다음 문단을 논리적 순서대로 바르게 나열한 것을 고르시오. [13~14]

13

(가) 국어의 단어들은 어근과 어근이 결합해 만들어지기도 하고 어근과 파생 접사가 결합해 만들어지기도 한다. 어근과 파생 접사가 결합한 단어는 파생 접사가 어근의 앞에 결합한 것도 있고, 파생 접사가 어근의 뒤에 결합한 것도 있다. 어근이 용언 어간이나 체언일 때, 그 뒤에 결합한 파생 접사는 어미나 조사와 혼동될 수도 있다.

(나) 이러한 일반적인 단어 형성과 달리, 용언 어간에 어미가 결합한 형태나, 체언에 조사가 결합한 형태가 시간이 지나면서 새로운 단어가 된 경우도 있다. 먼저 용언의 활용형이 역사적으로 굳어져 새로운 단어가 된 경우가 있다. 부사 '하지만'은 '하다'의 어간에 어미 '–지만'이 결합했던 것이었는데, 시간이 지나면서 굳어져 새로운 단어가 되었다.

(다) 다음으로 체언에 조사가 결합한 형태가 역사적으로 굳어져 새로운 단어가 된 것도 있다. 명사 '아기'에 호격 조사 '아'가 결합했던 형태인 '아가'가 시간이 지나면서 새로운 단어가 되었다.

(라) 그러나 파생 접사는 주로 새로운 단어를 만든다는 점에서 차이가 있다. 이에 비해 어미는 용언 어간과 결합해 용언이 문장 성분이 될 수 있도록 해 주고, 조사는 체언과 결합해 체언이 문장 성분임을 나타내 줄 뿐 새로운 단어를 만들지는 않는다. 이 점에서 어미와 조사는 파생 접사와 분명하게 구별된다.

① (가) – (나) – (다) – (라)
② (가) – (다) – (나) – (라)
③ (가) – (라) – (나) – (다)
④ (가) – (라) – (다) – (나)

14

(가) 공공재원 효율적 활용을 지향하기 위해 사회 생산성 기여를 위한 공간정책이 마련되어야 함과 동시에 주민복지의 거점으로서 기능을 해야 한다. 또한 도시체계에서 다양한 목적의 흐름을 발생, 집중시키는 노드로서 다기능·복합화를 실현하여 범위의 경제를 창출하여 이용자 편의성을 증대시키고, 공공재원의 효율적 활용에도 기여해야 한다.

(나) 우리나라도 인구 감소 시대에 본격적으로 진입할 가능성이 높아지고 있다. 이미 비수도권의 대다수 시·군에서는 인구가 급속하게 줄어왔으며, 수도권 내 상당수의 시·군에서도 인구정체가 나타나고 있다. 인구 감소 시대에 접어들게 되면, 줄어드는 인구로 인해 고령화 및 과소화가 급속하게 진전된 상태가 될 것이고, 그 결과 취약계층, 교통약자 등 주민의 복지 수요가 늘어날 것이다.

(다) 앞으로 공공재원의 효율적 활용, 주민복지의 최소 보장, 자원배분의 정의, 공유재의 사회적 가치 및 생산에 대해 관심을 기울여야 할 것이다. 또한 인구 감소 시대에 대비하여 창조적 축소, 거점 간 또는 거점과 주변 간 네트워크화 등에 대한 논의, 그와 관련되는 국가와 지자체의 역할 분담 그리고 이해관계 주체의 연대, 참여, 결속에 관한 논의가 계속적으로 다루어져야 할 것이다.

(라) 이러한 상황에서는 공공재원을 확보, 확충하기가 어렵게 되므로 재원의 효율적 활용 요구가 높아질 것이다. 실제로 현재 인구 감소에 따른 과소화, 고령화가 빠르게 전개되어 온 지역에서 공공서비스 공급에 제약을 받고 있으며, 비용 효율성을 높여야 한다는 과제에 직면해 있다.

① (가) – (다) – (나) – (라)
② (가) – (라) – (나) – (다)
③ (나) – (가) – (라) – (다)
④ (나) – (라) – (가) – (다)

15 다음은 어느 신용평가 기관에서 작성한 '농협은행 평가 리포트'의 일부이다. 〈보기〉에서 이를 이해한 내용으로 적절하지 않은 것을 모두 고르면?

1. **업체 개요**

농협은행(이하 '동행'이라 한다)은 농업협동조합중앙회(이하 '농협중앙회')에서 물적 분할되어 2012년 3월에 신설됐으며, 농협금융지주(주)가 지분을 100% 보유하고 있다.

2. **주요 등급 논리**

동행은 국내에서 가장 방대한 영업망을 토대로 사업 기반이 안정적이다. 국내 은행 중 대출금 점유율 12%, 예수금 점유율 15%를 차지하는 상위권의 특수은행이다. 규모가 시중은행과 대등하여 금융 시스템 내 중요도가 높으며, 농업 정책적 역할을 수행한다는 점에서 대체 가능성은 높지 않다. 특히, 국내 은행 중 최대 규모의 영업 네트워크를 바탕으로 수도권 이외의 지방에서 우월적인 사업 지위를 점유하고 있다. 동행의 이자마진 강점은 이러한 지방 영업 경쟁력을 반영한다. 시금고 예치금 등을 통해 저금리 수신 기반을 갖추고 있으며, 평균 대출금리가 비교적 높게 형성되어 있기 때문이다. 농업 정책적 역할과 전국적 영업 범위를 감안하면 사업 기반을 안정적으로 지속할 가능성이 매우 높다.

동행은 금융체계상 중요 은행(D-SIB) 중 하나로 최근 몇 년 동안 자산건전성 지표가 안정화되며 수익 구조가 개선되었다. 2023년 6월 말 고정이하여신 대비 충당금커버리지비율 286.6%, 고정이하여신비율 0.3%로 자산건전성 지표가 양호하다. 이는 금융규제 유연화 방안 시행에 따른 원금 만기 연장 및 이자상환 유예 조치와 풍부한 유동성 공급 효과 등의 영향으로 분석된다. 또한 BIS자기자본비율 18.7%로 자본적정성 또한 양호하다(2023년 6월 말). 이는 2022년 2월 1.2조원의 유상증자, 2023년 1월부터 바젤 Ⅲ 시장리스크 및 운영리스크 최종안 적용으로 위험가중자산 성장 완화, 우수한 수익성을 바탕으로 이익잉여금 증가 등이 반영되었기 때문이다. 다만, 2022년 하반기 이후 급상승한 금리·인플레이션, 경기둔화로 차주의 상환 부담이 커짐에 따라 2023년 이후 일정 수준의 부실여신비율 상승을 피할 수 없을 것으로 예상된다. 요컨대, 재무건전성이 우수하지만 금리 및 물가 상승의 영향으로 자산건전성 저하 가능성이 있다고 분석된다.
〈농업협동조합법〉에 규정된 동행의 설립 목적, 동행이 간접적으로 수행하는 정책 기능, 정부의 농업금융채권 보증 가능성, 농협중앙회와 연계된 정부정책 수행과 선도적인 시장지위, 국내 금융체계 상에서의 중요성 등을 고려하면 유사시 동행에 대한 정부의 지원 가능성은 매우 높다.

3. **사업 및 재무 전망**

고금리 지속, 주택시장 침체 등으로 가계여신 수요가 감소할 것으로 보이며, 경기침체와 투자심리 위축으로 기업여신 대출 수요 확대 또한 제한적일 것으로 예상되기에 당행의 대출 성장률은 둔화될 것으로 보인다. 아울러 경기침체가 지속될 경우 차주들의 채무 상환능력 저하로 일정 수준의 부실여신비율 상승을 피하기 어려울 것으로 분석된다. 다만 선제적 충당금 적립, 금융당국의 연착륙 유도 등을 고려하면 부실로 인한 재무건전성의 급격한 훼손 가능성은 높지 않다.

4. **평가 의견**

(가)

보기

ㄱ. 농협은행을 직접적으로 지배하고 있는 주체는 농업협동조합중앙회이다.
ㄴ. 농협은행의 재무구조는 대체적으로 우량하며, 금리의 영향으로 인해 자산건전성이 악화될 가능성은 없다.
ㄷ. 농협은행에 경영의 위기가 발생한 경우에 정부가 나서서 지원할 가능성이 그렇지 않을 가능성보다 높다.
ㄹ. (가)에는 '안정적인 영업 기반, 우수한 재무건전성 및 공적 기능 수행 역할 등 감안할 때 농협은행의 등급 전망은 안정적이다.'라는 내용이 들어갈 수 있다.

① ㄱ, ㄴ
② ㄱ, ㄷ
③ ㄴ, ㄷ
④ ㄴ, ㄹ

PART 2

※ 다음 글의 내용으로 적절하지 않은 것을 고르시오. [16~17]

16

영산강의 발원지인 전라남도 담양군 용추봉은 용과 관련된 지명이다, 합류하는 지류 가운데 황룡강도 있으니, 용과 남다른 인연을 지녔다. 용은 깊은 산 맑은 물에서 터를 잡고 있다가 때가 되면 승천한다고 한다. 영산강은 본디 그렇게 맑은 물줄기로, 광주광역시와 나주시를 거쳐 서해로 흘러든다. 영산강은 강이 구불구불하고 바닥이 얕아 홍수가 잦고, 바닷물이 나주까지 밀려와 기름진 평야에 피해를 주는 등 일찍부터 치수가 중요했던 곳이다. 물을 쓰고 관리하는 데 급급한 시기는 지났고, 이제는 차원이 높은 문제를 장기적으로 해결해 나갈 때이다. 영산강은 수질개선이 가장 시급하다는 평을 들을 정도로 상태가 악화되었다. 바닷물을 막는 하굿둑, 무더위로 인한 남조류의 확산, 지류의 오염 등 다양한 문제점이 원인으로 지목되고 있다. 이미 발생한 수질 문제를 개선하지 못한 행정상의 비효율을 영산강의 수질을 악화시킨 가장 큰 원인으로 보는 목소리도 있다. 영산강은 수질을 개선할 수 있는 능력이 있는 다목적댐이 없으며 이를 대신할 보, 호수, 저수지 등의 운영을 서로 다른 기관이 가지고 있어 이를 통합·운영하기 어렵다는 점이 그 배경이다.
영산강 수계는 수질을 빠르게 개선하고 앞으로도 계속 맑은 물이 흐를 수 있도록 하는 것이 통합물관리를 통해 이루고자 하는 목표이다. 물이 건강해지려면 의사의 진단, 트레이너의 관리, 가족의 응원이 필요하다. 영산강이 건강해질 수 있도록 관계기관, 전문가, 지자체와 주민들이 뜻을 모았다. 하루빨리 영산강이 맑은 물을 되찾게 되어 호쾌하게 내달리는 강의 흐름에서 용의 기운을 느낄 수 있기를 고대한다.

① 영산강은 용이 터를 잡은 물처럼 맑은 물줄기를 가지고 있다.
② 영산강은 강이 구불구불하고 바닥이 얕아 가뭄이 잦았던 곳이다.
③ 영산강은 다목적댐이 없어 수질을 개선하기가 힘들었다.
④ 영산강의 수질을 개선하기 위해 통합물관리를 시행할 것이다.

17

최근 국내 건설업계에서는 3D 프린팅 기술을 건설 분야와 접목하고자 노력하고 있다. 해외 건설사들도 3D 프린팅 기술을 이용한 건축 시장을 선점하기 위한 경쟁이 활발히 이루어지고 있으며 이미 미국 텍사스 지역에서 3D 프린팅 기술을 이용하여 주택 4채를 1주일 만에 완공한 바 있다. 또한 우리나라에서도 인공 조경 벽 등 건설 현장에서 3D 프린팅 건축물을 차차 도입해 가고 있다.
왜 건설업계에서는 3D 프린팅 기술을 주목하게 되었을까? 3D 프린팅 건축 방식은 전통 건축 방식과 비교하여 비용을 절감할 수 있고 공사 기간이 단축되는 점을 장점으로 꼽을 수 있다. 특히 공사 기간이 짧은 점은 천재지변으로 인한 이재민 등을 위한 주거시설을 빠르게 준비할 수 있다는 점에서 호평받고 있다. 또한 전통 건축 방식으로는 구현하기 힘든 다양한 디자인을 구현할 수 있는 점과 건축 폐기물 감소 및 CO_2 배출량 감소 등 환경보호 면에서도 긍정적인 평가를 받고 있으며 각 국가 간 이해관계 충돌로 인한 직·간접적 자재 수급난을 해결할 수 있는 점도 긍정적 평가를 받는 요인이다.
어떻게 3D 프린터로 건축물을 세우는 것일까? 먼저 일반적인 3D 프린팅의 과정을 알아야 한다. 일반적인 3D 프린팅은 컴퓨터로 물체를 3D 형태로 모델링한 후 용융성 플라스틱이나 금속 등을 3D 프린터 노즐을 통해 분사하여 아래부터 층별로 겹겹이 쌓는 과정을 거친다.
3D 프린팅 건축 방식도 마찬가지이다. 컴퓨터를 통해 건축물을 모델링 후 모델링한 정보에 따라 콘크리트, 금속, 폴리머 등의 건축자재를 노즐을 통해 분사시켜 층층이 쌓아 올리면서 컴퓨터로 설계한 대로 건축물을 만든다. 기계가 대신 건축물을 만든다는 점에서 사람의 힘으로 한계가 있는 기존 건축 방식의 해결은 물론 코로나19 사태로 인한 인건비 상승 및 전문인력 수급난을 해결할 수 있다는 점 또한 호평받고 있다.
하지만 아쉽게도 우리나라에서의 3D 프린팅 건설 사업은 관련 인증 및 안전 규정 미비 등의 제도적 한계와 기술적 한계가 있어 상용화 단계가 이루어지기는 힘들다. 특히 3D 프린터로 구조물을 적층하여 구조물을 쌓아 올리는 데에는 로봇 팔이 필요한데 아직은 5층 이하의 저층 주택 준공이 한계이고 현 대한민국 주택시장은 고층 아파트 등 고층 건물이 주력이므로 3D 프린터 고층 건축물 제작 기술을 개발해야 한다는 주장도 더러 나오고 있다.

① 이미 해외에서는 3D 프린팅를 이용하여 주택을 시공한 바 있다.
② 3D 프린팅 건축 기술은 전통 건축 기술과는 달리 환경에 영향을 덜 끼친다.
③ 3D 프린팅 건축 기술은 인력난을 해소할 수 있는 새로운 기술이다.
④ 3D 프린팅 건축 기술로 인해 대량의 실업자가 발생할 것이다.

18 다음 글에서 〈보기〉의 문장이 들어갈 위치로 가장 적절한 곳은?

그럼 이제부터 제형에 따른 특징과 복용 시 주의점을 알아보겠습니다. 먼저 산제나 액제는 복용해야 하는 용량에 맞게 미세하게 조절이 가능합니다. 그리고 정제나 캡슐제에 비해 노인이나 소아가 약을 삼키기 쉽고 약효도 빠르게 나타납니다. (가) 캡슐제는 캡슐로 약물을 감싸서 자극이 강한 약물을 복용할 때 생기는 불편을 줄일 수 있고, 정제로 만들면 약효가 떨어질 수 있는 경우에 사용되어 약효를 유지할 수 있습니다. 하지만 캡슐제는 캡슐이 목구멍이나 식도에 달라붙을 수 있기 때문에 충분한 양의 물과 함께 복용해야 합니다. (나)

그리고 정제는 일정한 형태로 압축되어 있어 산제나 액제에 비해 보관이 간편하고 정량을 복용하기 쉽습니다. 이러한 정제는 약물의 성분이 빠르게 방출되는 속방정과 서서히 지속적으로 방출되는 서방정으로 구분할 수 있습니다. (다) 서방정은 오랜 시간 일정하게 약의 효과를 유지할 수 있어 복용 횟수를 줄일 수 있습니다. 그런데 서방정은 함부로 쪼개거나 씹어서 먹으면 안 됩니다. 왜냐하면 약물의 방출 속도가 달라져 부작용의 위험이 커질 수 있기 때문입니다.

오늘 강연 내용은 유익하셨나요? 이번 강연이 약에 대한 이해를 높일 수 있는 계기가 되었으면 합니다. 또한 약과 관련해 더 궁금한 내용이 있다면 '의약품 안전나라'를 통해 찾아보실 수 있습니다. (라) 마지막으로 상세한 복약 정보는 꼭 의사나 약사에게 확인하시기 바랍니다. 경청해 주셔서 감사합니다.

보기

하지만 이 둘은 정제에 비해 변질되기 쉬우므로 특히 보관에 주의해야 하고 복용 전 변질 여부를 잘 확인해야 합니다.

① (가) ② (나)
③ (다) ④ (라)

Hard

19 **다음 글의 주장에 대한 반박으로 가장 적절한 것은?**

> 우리 마을 사람들의 대부분은 산에 있는 밭이나 과수원에서 일한다. 그런데 마을 사람들이 밭이나 과수원에 갈 때 주로 이용하는 도로의 통행을 가로막은 울타리가 설치되었다. 그 도로는 산의 밭이나 과수원까지 차량이 통행할 수 있는 유일한 길이었다. 이러한 도로가 사유지 보호라는 명목으로 막혀서 땅 주인과 마을 사람들 간의 갈등이 심해지고 있다.
> 마을 사람들의 항의에 대해서 땅 주인은 자신의 사유 재산이 더 이상 훼손되는 것을 간과할 수 없어 통행을 막았다고 주장한다. 그 도로가 사유 재산이므로 독점적이고 배타적인 사용 권리가 있어서 도로 통행을 막은 것이 정당하다는 것이다.
> 마을 사람들은 그 도로가 10년 가까이 공공으로 사용되어 왔는데 사유 재산이라는 이유로 갑자기 통행을 금지하는 것은 부당하다고 주장하고 있다. 도로가 막히면 밭이나 과수원에서 농사를 짓는 데 불편함이 크고 수확물을 차에 싣고 내려올 수도 없는 등의 피해를 입게 되는데, 개인의 권리 행사 때문에 이러한 피해를 입는 것은 부당하다는 것이다.
> 사유 재산에 대한 개인의 권리가 보장받는 것도 중요하지만, 그로 인해 다수가 피해를 입게 된다면 사익보다 공익을 우선시하여 개인의 권리가 제한되어야 한다고 생각한다. 만일 개인의 권리가 공익을 위해 제한되지 않으면 이번 일처럼 개인과 다수 간의 갈등이 발생할 수밖에 없다.
> 땅 주인은 사유 재산의 독점적이고 배타적인 사용을 주장하기에 앞서 마을 사람들이 생업의 곤란으로 겪는 어려움을 염두에 두어야 한다. 공익을 우선시하는 태도로 조속히 문제 해결을 위해 노력해야 할 것이다.

① 공익으로 인해 침해된 땅 주인의 사익은 적절한 보상을 통해 해결될 수 있다.
② 마을 사람들과 땅 주인의 갈등은 민주주의의 다수결의 원칙에 따라 해결해야 한다.
③ 땅 주인은 개인의 권리 추구에 앞서 마을 사람들과 함께 더불어 살아가는 법을 배워야 한다.
④ 땅 주인의 권리 행사로 발생하는 피해가 법적으로 증명되어야만 땅 주인의 권리를 제한할 수 있다.

Hard

20 다음 글의 글쓴이가 설명하는 핵심 내용에 대한 질문으로 가장 적절한 것은?

지구상에서는 매년 약 10만 명 중 한 명이 목에 걸린 음식물 때문에 질식사하고 있다. 이러한 현상은 인간의 호흡 기관(기도)과 소화 기관(식도)이 목구멍 부위에서 교차하는 구조로 되어있기 때문에 발생한다. 인간과 달리, 곤충이나 연체동물 같은 무척추동물은 교차 구조가 아니어서 음식물로 인한 질식의 위험이 없다. 인간의 호흡 기관이 이렇게 불합리한 구조를 갖게 된 원인은 무엇일까?

바닷속에 서식했던 척추동물의 조상형 동물들은 체와 같은 구조를 이용하여 물속의 미생물을 걸러 먹었다. 이들은 몸집이 아주 작아서 물속에 녹아있는 산소가 몸 깊숙한 곳까지 자유로이 넘나들 수 있었기 때문에 별도의 호흡계가 필요하지 않았다. 그런데 몸집이 커지면서 먹이를 거르던 체와 같은 구조가 호흡 기능까지 갖게 되어 마침내 아가미 형태로 변형되었다. 즉, 소화계의 일부가 호흡 기능을 담당하게 된 것이다. 그 후 호흡계의 일부가 변형되어 허파로 발달하고, 그 허파는 위장으로 이어지는 식도 아래쪽으로 뻗어나갔다. 한편, 공기가 드나드는 통로는 콧구멍에서 입천장을 뚫고 들어가 입과 아가미 사이에 자리 잡게 되었다. 이러한 진화 과정을 보여주는 것이 폐어(肺魚) 단계의 호흡계 구조이다.

이후 진화 과정이 거듭되면서 호흡계와 소화계가 접하는 지점이 콧구멍 바로 아래로부터 목 깊숙한 곳으로 이동하였다. 그 결과 머리와 목구멍의 구조가 변형되지 않는 범위 내에서 호흡계와 소화계가 섬차 분리되었다. 즉, 처음에는 길게 이어져 있던 호흡계와 소화계의 겹친 부위가 점차 짧아졌고, 마침내 하나의 교차점으로만 남게 된 것이다.

이것이 인간을 포함한 고등 척추동물에서 볼 수 있는 호흡계의 기본 구조이다. 따라서 음식물로 인한 인간의 질식 현상은 척추동물 조상형 단계를 지나 자리 잡게 된 허파의 위치(당시에는 최선의 선택이었을) 때문에 생겨난 진화의 결과라 할 수 있다.

이처럼 진화는 반드시 이상적이고 완벽한 구조를 창출해 내는 방향으로만 이루어지는 것은 아니다. 진화 과정에서는 새로운 환경에 적응하기 위한 최선의 구조가 선택되지만, 그 구조는 기존의 구조를 허물고 처음부터 다시 만들어낸 최상의 구조와는 차이가 있다. 그래서 진화는 불가피하게 타협적인 구조를 선택하는 방향으로 이루어지며, 순간순간의 필요에 대응한 결과가 축적되는 과정이라고 할 수 있다. 질식의 원인이 되는 교차된 기도와 식도의 경우처럼, 진화의 산물이 우리가 보기에는 납득할 수 없는 불합리한 구조를 지니게 되는 이유가 바로 여기에 있다.

① 인간이 진화 과정을 통하여 얻은 이익과 손해는 무엇인가?
② 무척추동물과 척추동물의 호흡계 구조에는 어떤 차이가 있는가?
③ 인간의 호흡계와 소화계가 지니고 있는 근본적인 결함은 무엇인가?
④ 진화 과정에서 인간의 호흡계와 같은 불합리한 구조가 발생하는 이유는 무엇인가?

※ 다음 식을 계산한 값으로 옳은 것을 고르시오. [21~22]

Easy

21

$$(78{,}201+76{,}104)\div 405$$

① 271　　② 298

③ 381　　④ 397

22

$$4\times 9\times 16\times 25\times 36\div 100$$

① 5,165　　② 5,184

③ 5,299　　④ 5,972

※ 일정한 규칙으로 수 또는 문자를 나열할 때, 빈칸에 들어갈 알맞은 수 또는 문자를 고르시오. **[23~25]**

23

−8 −10 −14 −22 −38 −70 ( )

① 64
② −128
③ 256
④ −134

24

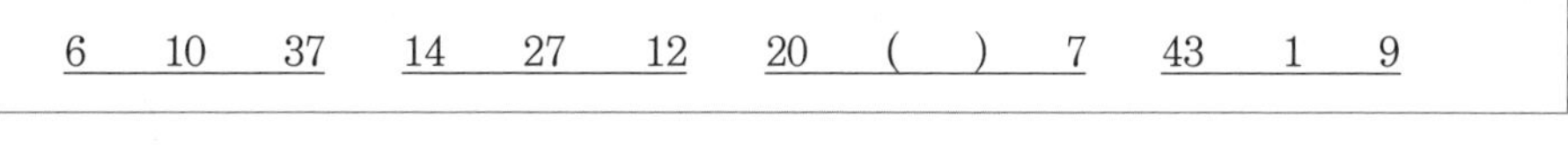

6 10 37 | 14 27 12 | 20 ( ) 7 | 43 1 9

① 20
② 23
③ 26
④ 29

25

( ) X U R O L

① A
② C
③ D
④ E

26 10km를 달리는 시합에서 출발 후 1시간 이내에 결승선을 통과해야 기념품을 받을 수 있다. 출발 후 처음 12분을 8km/h의 속력으로 달렸다면, 남은 거리를 최소 얼마의 평균 속력으로 달려야 기념품을 받을 수 있는가?

① 10.5km/h
② 11km/h
③ 11.5km/h
④ 12km/h

27 농도 6%의 소금물과 농도 8%의 소금물을 섞은 소금물에 물을 더 넣어 농도 4%의 소금물 500g을 만들었다. 더 넣은 물의 양과 농도 6% 소금물의 양이 같을 때, 더 넣은 물의 양과 농도 8% 소금물의 양의 합은?

① 195g
② 300g
③ 405g
④ 510g

28 환경 미화 봉사활동을 간 유진이와 상민이가 계곡에 있는 쓰레기를 모두 줍고자 한다. 유진이 혼자서 주울 때 80분이 걸리고, 같은 양을 상민이가 혼자서 주울 때 120분이 걸린다면 같은 양의 쓰레기를 둘이 함께 주울 때 걸리는 시간은?

① 45분
② 48분
③ 50분
④ 52분

29 N사에서 워크숍을 위해 강당의 대여 요금을 알아보고 있다. 기본 요금의 경우 30분까지 같으며, 그 후에는 1분마다 추가 요금이 발생한다. 1시간 대여료는 50,000원, 2시간 동안 대여할 경우 110,000원이 대여료일 때, 3시간 동안 대여 시 요금은?

① 170,000원
② 180,000원
③ 190,000원
④ 200,000원

30 주사위와 100원짜리 동전을 동시에 던졌을 때, 주사위는 4보다 큰 수가 나오고 동전은 앞면이 나올 확률은?

① $\frac{1}{2}$
② $\frac{1}{3}$
③ $\frac{1}{5}$
④ $\frac{1}{6}$

31 남자 5명과 여자 3명 중에서 4명의 대표를 선출할 때, 적어도 1명의 여자가 포함되도록 선출하는 경우의 수는?

① 55가지
② 60가지
③ 65가지
④ 70가지

Hard

32 O씨는 구매대행사인 N사에서 신용카드를 사용하여 청소기와 영양제를 직구하려고 한다. 이 직구 사이트에서 청소기와 영양제의 가격은 각각 540달러, 52달러이고, 각각 따로 주문하였다고 할 때 원화로 낼 총금액은?

> • 200달러 초과 시 20% 관세 부과
> • 배송비 : 30,000원
> • 구매 당일 환율(신용카드 사용 시 매매기준율을 적용) : 1,128원/달러

① 845,600원
② 846,400원
③ 848,200원
④ 849,600원

33 다음은 N은행의 자동화기기 이용수수료를 나타낸 자료이다. 이에 대한 설명으로 옳은 것은?

〈N은행 자동화기기 이용수수료〉

<table>
<tr><th colspan="3" rowspan="2">구분</th><th colspan="3">영업시간 내</th><th colspan="3">영업시간 외</th></tr>
<tr><th>3만 원 이하</th><th>10만 원 이하</th><th>10만 원 초과</th><th>3만 원 이하</th><th>10만 원 이하</th><th>10만 원 초과</th></tr>
<tr><td rowspan="4">N은행 자동화기기 이용 시</td><td colspan="2">출금</td><td colspan="3">면제</td><td>250원</td><td colspan="2">500원</td></tr>
<tr><td rowspan="2">이체</td><td>N은행계좌</td><td colspan="3">면제</td><td colspan="3">면제</td></tr>
<tr><td>타행계좌</td><td>400원</td><td>500원</td><td>900원</td><td>700원</td><td>800원</td><td>1,000원</td></tr>
<tr><td colspan="2">타행카드 입금</td><td colspan="3">500원</td><td colspan="3">1,000원</td></tr>
<tr><td rowspan="2">타행 자동화기기 이용 시</td><td colspan="2">출금</td><td colspan="3">800원</td><td colspan="3">1,000원</td></tr>
<tr><td colspan="2">이체</td><td colspan="2">500원</td><td>900원</td><td colspan="2">800원</td><td>1,000원</td></tr>
</table>

① 평일 오후 8시에 N은행 자동화기기로 8만 원 출금 시 수수료는 면제된다.
② 평일 오후 3시에 N은행 자동화기기로 13만 원을 N은행계좌로 이체할 경우 900원의 수수료가 적용된다.
③ 토요일 오전 8시에 타행 자동화기기로 5만 원 출금 시 1,000원의 수수료가 적용된다.
④ 일요일 오후 1시에 타행 자동화기기로 12만 원을 이체할 경우 900원의 수수료가 적용된다.

34 다음은 N중학교 재학생의 2014년과 2024년의 평균 신장 변화에 대한 자료이다. 2014년 대비 2024년 신장 증가율이 큰 순서대로 학년을 나열한 것은?(단, 소수점 셋째 자리에서 반올림한다)

〈N중학교 재학생 평균 신장 변화〉

(단위 : cm)

구분	2014년	2024년
1학년	160.2	162.5
2학년	163.5	168.7
3학년	168.7	171.5

① 1학년 – 2학년 – 3학년
② 1학년 – 3학년 – 2학년
③ 2학년 – 1학년 – 3학년
④ 2학년 – 3학년 – 1학년

35 다음은 최근 5년 동안 아동의 비만율을 나타낸 자료이다. 이에 대한 〈보기〉의 설명 중 옳은 것을 모두 고르면?

〈연도별 아동 비만율〉

(단위 : %)

구분	2020년	2021년	2022년	2023년	2024년
유아 (만 6세 미만)	11	10.8	10.2	7.4	5.8
어린이 (만 6세 ~ 13세 미만)	9.8	11.9	14.5	18.2	19.7
청소년 (만 13세 ~ 19세 미만)	18	19.2	21.5	24.7	26.1

보기

ㄱ. 모든 아동의 비만율은 전년 대비 증가하고 있다.
ㄴ. 어린이 비만율은 유아 비만율보다 크고, 청소년 비만율보다 작다.
ㄷ. 2020년 대비 2024년 청소년 비만율의 증가율은 45%이다.
ㄹ. 2024년과 2022년의 비만율 차이가 가장 큰 아동은 어린이이다.

① ㄱ, ㄷ
② ㄱ, ㄹ
③ ㄴ, ㄷ
④ ㄷ, ㄹ

※ 제시된 명제가 모두 참일 때, 빈칸에 들어갈 명제로 가장 적절한 것을 고르시오. [36~37]

36

- 창의적인 문제해결을 하기 위해서는 브레인스토밍을 해야 한다.
- 브레인스토밍을 하기 위해서는 상대방의 아이디어를 비판해서는 안 된다.
- 그러므로 ______________________________

① 상대방의 아이디어를 비판하지 않으면 창의적인 문제해결이 가능하다.

② 상대방의 아이디어를 비판하지 않으면 브레인스토밍을 할 수 있다.

③ 브레인스토밍을 하면 창의적인 문제해결이 가능하다.

④ 창의적인 문제해결을 하기 위해서는 상대방의 아이디어를 비판해서는 안 된다.

37

- 커피를 많이 마시면 카페인을 많이 섭취한다.
- 커피를 많이 마시지 않으면 불면증이 생기지 않는다.
- 그러므로 ______________________________

① 카페인을 많이 섭취하면 커피를 많이 마신 것이다.

② 커피를 많이 마시면 불면증이 생긴다.

③ 카페인을 많이 섭취하면 불면증이 생긴다.

④ 불면증이 생기면 카페인을 많이 섭취한 것이다.

Easy

38 제시된 명제가 모두 참일 때, 바르게 유추한 것은?

- 국어를 좋아하는 학생은 영어를 좋아한다.
- 수학을 싫어하는 학생은 국어를 좋아한다.
- 수학을 좋아하는 학생은 영어를 싫어한다.
- 영어를 좋아하는 학생은 사회를 좋아한다.

① 영어를 싫어하는 학생은 국어를 좋아한다.

② 국어를 싫어하는 학생은 영어도 싫어한다.

③ 영어를 좋아하는 학생은 수학도 좋아한다.

④ 사회를 좋아하는 학생은 수학도 좋아한다.

39 현수, 주현, 지연, 재현, 형호 5명은 모두 서로 다른 열의 좌석의 공연 표를 예매했을 때, 다음을 읽고 바르게 추론한 것은?(단, 앞 열일수록 무대와 가깝다)

- 현수의 좌석은 지연이와 주현이의 좌석보다 무대와 가깝다.
- 재현이의 좌석은 지연이의 좌석보다 앞이고, 형호의 좌석보다는 뒤이다.
- 무대와 형호의 좌석 간 거리는 무대와 현수의 좌석 간 거리보다 길다.
- 주현이의 좌석이 무대와 가장 멀리 떨어져 있다.

① 형호는 현수와 재현 사이의 좌석을 예매했다.

② 형호는 현수 바로 뒤의 좌석을 예매했다.

③ 형호는 재현이와 지연 사이의 좌석을 예매했다.

④ 현수는 5명 중 가장 뒤쪽 열의 좌석을 예매했다.

40 N은행의 기획팀에서 근무하고 있는 직원 A ~ D 4명은 서로의 프로젝트 참여 여부에 대하여 다음과 같이 진술하였다. 이들 중 단 1명만이 진실을 말한다고 할 때, 반드시 프로젝트에 참여하는 사람은?

- A : 나는 프로젝트에 참여하고, B는 프로젝트에 참여하지 않는다.
- B : A와 C 중 적어도 1명은 프로젝트에 참여한다.
- C : 나와 B 중 적어도 1명은 프로젝트에 참여하지 않는다.
- D : B와 C 중 1명이라도 프로젝트에 참여한다면, 나도 프로젝트에 참여한다.

① A　　② B
③ C　　④ D

41 사내 시설 예약을 담당하는 A사원은 N서포터즈 발대식 안내문을 받고 다음 〈조건〉에 따라 시설을 예약하려고 한다. A사원이 예약할 시설로 가장 적절한 것은?

〈N서포터즈 발대식 안내〉

– 일시 : 4월 17 ~ 18일(1박 2일)
– 대상인원 : 서포터즈 선발인원 117명, 아나운서 6명

… (하략) …

〈사내 시설 현황〉

구분	최대수용 인원	시설 예약완료 현황			부대시설	
		4월 16일	4월 17일	4월 18일	마이크	프로젝터
한빛관	166명	–	–	09:00 ~ 11:00	○	×
비전홀	158명	15:00 ~ 17:00	–	–	○	○
대회의실 1	148명	09:00 ~ 10:00	–	–	○	○
대회의실 2	136명	–	–	15:00 ~ 17:00	○	○

조건

- 운영 인원 10명을 포함한 전체 참여 인원을 수용할 수 있어야 한다.
- 전체 참여 인원의 10%를 수용할 수 있는 여유 공간이 있어야 한다.
- 마이크와 프로젝터가 모두 있어야 한다.
- 발대식 전날 정오부터 대여가 가능해야 한다.

① 한빛관　　② 비전홀
③ 대회의실 1　　④ 대회의실 2

Hard

42 다음은 국내 최대 규모로 평가받는 N은행의 마케팅 전략을 수립하기 위해 SWOT 분석 결과를 정리한 것이다. 빈칸 ㉠~㉣에 들어갈 내용으로 적절하지 않은 것은?

〈SWOT 분석 결과〉

구분	내용
강점 (Strength)	• 전통적인 리테일(소매금융)의 강자로서 3,600만 명 이상의 고객 • 국내 최대의 규모와 높은 고객 만족도·충성도에서 비롯되는 확고한 시장 지배력, 우수한 수익성과 재무 건전성 • 양호한 총자산순이익률(ROA)과 시중은행 평균을 상회하는 순이자마진(NIM)을 유지하는 등 견고한 이익창출 능력 • 국내 최상위권의 시장 지위(예수금 및 대출금 기준 국내 1위)와 다각화된 포트폴리오를 토대로 하는 안정적인 영업 기반 유지 • 사업 기반 및 수익의 다각화를 위한 적극적인 해외 진출로 장기적인 성장 동력 확보 • ㉠
약점 (Weakness)	• 서민층·저소득층 위주의 개인고객 • 노조와 사용자 사이의 해묵은 갈등 • 이자수익에 비해 상대적으로 저조한 비이자수익 • 조직의 비대화에 따른 비효율(점포당 수익 저조, 고정 비용 부담 증가) • ㉡
기회 (Opportunity)	• 빠르게 성장 중인 퇴직연금시상에 의한 자금 유입 증기세 • 유동성 지원 등 유사시 정부의 정책적인 지원 가능성이 높음 • 고령화에 따른 역모기지, 보험 상품 판매 증가로 인한 수익 개선 • ㉢ • 금융 규제 유연화 방안, 금융 시장 안정화 방안 등에 따른 정부 당국의 유동성 규제 완화 조치
위협 (Threat)	• 금융 개방, 국제화의 심화에 따른 경쟁자 증대 • 포화 상태에 도달한 국내 금융 시장의 저성장성 • 사이버 테러의 증가에 따른 고객 정보의 유출 위험 • 중앙은행의 기준금리 인상으로 인한 연체율의 급증과 건전성 악화 가능성 • 글로벌 금융위기 이후 경제 불안 심리의 확산에 따른 금융 시장의 성장성 둔화 지속 • ㉣

① ㉠ : 인공지능, 클라우드, 블록체인 등 첨단 ICT 기술을 적극 활용한 디지털 전환(DT)의 안정적인 진행

② ㉡ : 연착륙을 유도하는 금융 당국의 보수적인 정책으로 인한 부실여신 비율 상승

③ ㉢ : 핀테크 기업과의 제휴를 통한 디지털 혁신에 따른 업무 효율성 향상

④ ㉣ : 인터넷전문은행의 영업 확대, 핀테크 활성화, ISA(개인종합자산관리계좌) 등의 등장으로 인한 경쟁 심화

PART 2

※ 다음은 N은행 전세금안심대출에 대한 자료이다. 이어지는 질문에 답하시오. **[43~45]**

〈전세금안심대출〉

<table>
<tr><th>구분</th><th>내용</th></tr>
<tr><td>상품특징</td><td>전세계약 만료 시 임차보증금을 안전하게 보장받고 대출금 지원도 가능한 전세자금대출 상품</td></tr>
<tr><td>신청자격</td><td>• 부동산 중개업소를 통하여 임차보증금의 5% 이상을 계약금으로 지급하고 주택임대차계약을 체결한 민법상 성년인 세대주
• 본인과 배우자(결혼예정자 포함)가 합산한 주택보유수가 무주택 또는 1주택(부부합산소득 1억 원 이하) 이내인 고객(주택보유수가 1주택인 경우 보유주택가액이 9억 원 초과하는 주택이거나 2020.7.10. 이후 투기지역 또는 투기과열지구 내 취득시점 시가 3억 원 초과 아파트를 구입한 경우는 제외)</td></tr>
<tr><td>대출금액</td><td>• 최소 5백만 원 이상 최대 4억 원 이하로 아래 세 가지 조건 중 적은 금액 기준
– 임차보증금액의 80% 이내
– 전세반환금 반환 보증금액의 80%
– 부부합산(결혼예정자 포함) 1주택인 경우 최대 2억 원</td></tr>
<tr><td>대출기간</td><td>10개월 이상 25개월 이내(대출만기일은 임대차계약만기일 후 1개월 경과 해당일)</td></tr>
<tr><td>상환방법</td><td>만기일시상환</td></tr>
<tr><td>대상주택</td><td>아파트(주상복합 포함), 연립, 다세대, 주거용 오피스텔, 단독주택, 다가구주택</td></tr>
<tr><td>신청시기</td><td>• 임대차계약서상 입주일 또는 주민등록전입일로부터 3개월 이내
• 갱신계약 체결일로부터 3개월 이내</td></tr>
<tr><td>대출금리</td><td>• 신용등급 3등급 기준
(단위 : %)
<table>
<tr><th colspan="2">구분</th><th>가산금리</th><th>우대금리</th><th>최종금리</th></tr>
<tr><td>당행기준금리(12개월 이내)</td><td>0.90</td><td>2.95</td><td>1.20</td><td>2.65 ~ 3.85</td></tr>
<tr><td>당행기준금리(24개월 이상)</td><td>0.90</td><td>2.70</td><td>1.20</td><td>2.40 ~ 3.60</td></tr>
</table></td></tr>
<tr><td>우대금리
(최고 연 1.2%p)</td><td>• 실적연동 우대금리 : 최고 연 0.9%p
– 당행 신용카드 이용실적 우대 : 연 0.1 ~ 0.3%p
(결제계좌를 당행으로 지정하고, 최근 3개월간 30 / 60 / 90만 원 이상 이용실적이 있는 경우)
– 급여이체 실적 우대 : 최고 연 0.1 ~ 0.3%p
– 자동이체 거래실적 우대(3건 이상) : 연 0.1%p
– 당행 뱅킹 이용실적 우대 : 연 0.1%p
– 적립식예금 30만 원 이상 계좌 보유 우대 : 연 0.1%p
※ 실적연동 우대금리는 각 항목의 우대조건 충족 여부에 따라 대출신규 3개월 이후 매월 재산정되어 적용됨
• 부동산 전자계약 우대(연 0.2%p), 주택자금대출에 대한 장애인 고객 우대(연 0.1%p)
※ 대출신규 시에만 적용 가능하며, 적용된 우대금리는 대출기간 만료일까지 적용됨</td></tr>
</table>

43 다음 중 고객 문의에 대한 행원의 대답으로 적절하지 않은 것은?

고객 : 안녕하세요. 제가 전세자금을 대출받으려고 하는데요. 혹시 전세금안심대출 상품과 일반 대출 상품의 다른 점이 무엇인지 알 수 있을까요?
행원 : ① 네, 고객님. 해당 상품을 통해서 전세자금 대출뿐만 아니라 전세계약 만료 시에 임차보증금을 안전하게 보장받으실 수 있습니다.
고객 : 아, 그러면 제가 이번에 단독주택으로 이사를 하는데 이 상품으로 대출을 받을 수 있을까요?
행원 : ② 해당 상품은 아파트가 아니더라도 주거용 오피스텔이나 단독주택 등 다양한 주택을 대상으로 대출이 가능한 상품입니다.
고객 : 음. 그런데 사실 제 명의로 된 아파트가 한 채 있는데, 현재 부모님이 거주하고 있습니다. 혹시 대출받는 데 문제가 없을까요?
행원 : ③ 네, 고객님. 보유 주택과 관계없이 임차보증금액이나 전세반환금 반환 보증금액의 80% 이내에서 최고 4억 원까지 대출 가능합니다.
고객 : 아, 정말 다행이네요. 그러면 언제까지 대출 신청을 완료해야 하나요?
행원 : ④ 계약서상의 입주일이나 전입일로부터 3개월 이내 또는 계약 체결일로부터 3개월 이내에 신청해 주셔야 합니다.
고객 : 네, 잘 알겠습니다.

PART 2

Hard

44 위 상품을 통해 24개월간 대출을 받으려는 고객의 정보가 다음과 같을 때, 고객의 최대 대출 가능 금액에 대한 적용 금리와 그에 따른 첫 달의 지불 금액으로 옳은 것은?

〈고객 정보〉

- 신용등급 : 3등급
- 임차보증금액 : 4억 8천만 원
- 일반 지역 내 5억 원 상당의 1주택 보유
- 부부합산소득 : 8천만 원
- 급여이체 실적을 통한 최고 우대금리
- 가입 기간 중 50만 원의 적립식예금 계좌 보유 예정
- 전자계약을 통한 부동산 계약

	적용 금리	지불 금액		적용 금리	지불 금액
①	연 3.6%	1,152,000원	②	연 3.6%	600,000원
③	연 3.0%	500,000원	④	연 3.0%	960,000원

45 44번의 고객이 대출 가능한 최대 금액을 대출받는다면 납부해야 할 인지세는 얼마인가?

〈인지세〉

인지세법에 의해 대출약정 체결을 할 때 납부하는 세금으로, 대출금액에 따라 세액이 차등 적용되며, 50%씩 고객과 은행이 부담합니다.

구분	5천만 원 이하	5천만 원 초과 1억 원 이하	1억 원 초과 10억 원 이하	10억 원 초과
인지세	비과세	7만 원	15만 원	35만 원

① 비과세
② 3만 5천 원
③ 7만 원
④ 7만 5천 원

Easy

46 다음은 철도운임료 공공할인제도에 대한 내용이다. 심하지 않은 장애를 가진 N씨가 보호자 1명과 함께 열차를 이용하여 주말여행을 다녀왔다. 두 사람은 전체 왕복 운임의 몇 %를 할인받았는가? (단, 열차의 종류와 노선 길이가 동일한 경우 요일에 따른 요금 차이는 없다고 가정한다)

〈철도운임료 공공할인제도〉

- N씨와 보호자의 여행일정
  - 2024년 3월 11일(토) 서울 → 부산 : KTX
  - 2024년 3월 13일(월) 부산 → 서울 : KTX
- 장애인 공공할인제도(장애의 정도가 심한 장애인은 보호자 포함)

구분	KTX	새마을호	무궁화호 이하
장애의 정도가 심한 장애인	50%	50%	50%
장애의 정도가 심하지 않은 장애인	30% (토 · 일 · 공휴일 제외)	30% (토 · 일 · 공휴일 제외)	

① 7.5%
② 12.5%
③ 15%
④ 25%

47 N병원은 다음과 같은 내용으로 저소득층 지원 사업을 시행하려고 한다. 이 사업을 지원받을 수 있는 사람을 〈보기〉에서 모두 고르면?

〈저소득층 지원 사업〉

▣ 사업 개요

이 사업은 저소득층을 대상으로 N병원에서 자체적으로 시행하는 의료 지원 사업입니다.

▣ 지원 내역

- 진료비 전액 지원(입원비 제외)
- 출장 진료 가능
- 약, 수술 등의 비용은 제외

▣ 지원 대상

- A지역 거주민만 해당
- 차상위계층
- 장애인
- 기초생활수급자
- 한부모가정
- 청소년 가장

▣ 유의점

- 한 가구에 한 명만 지원받을 수 있습니다.
- 지원 대상의 부양가족도 지원받을 수 있습니다.

보기

가 : 저는 A지역에서 살다가 B지역으로 이사한 고등학생입니다. 이번에 몸이 아파서 진찰을 받으려고 합니다.

나 : A지역에 홀로 할아버지를 모시고 사는 청년입니다. 차상위계층에 속하는데 할아버지 거동이 불편하셔서 출장 진료를 부탁하려 합니다.

다 : 혼자 아이를 기르고 있는 사람으로 A지역에 거주합니다. 아기가 열이 많이 나서 입원시키려고 합니다.

라 : 기초생활수급을 받고 있는 A지역의 4인 가족입니다. 단체로 진료를 받고 가장 진료비가 많은 가족의 비용을 지원받고 싶습니다.

① 가, 나
② 가, 다
③ 나, 다
④ 나, 라

48 A기업에서는 2월 셋째 주에 연속 이틀에 걸쳐 본사에 있는 B강당에서 인문학 특강을 진행하려고 한다. 강당을 이용할 수 있는 날과 강사의 스케줄을 고려할 때 섭외 가능한 강사가 바르게 짝지어진 것은?

〈B강당 이용 가능 날짜〉

구분	월요일	화요일	수요일	목요일	금요일
오전(9 ~ 12시)	×	○	×	○	○
오후(13 ~ 14시)	×	×	○	○	×

※ 가능 : ○, 불가능 : ×

〈섭외 강사 후보 스케줄〉

A강사	매주 수 ~ 목요일 10 ~ 14시 문화센터 강의
B강사	첫째 · 셋째 주 화요일, 목요일 10 ~ 14시 대학교 강의
C강사	매월 첫째 주 ~ 셋째 주 월요일, 수요일 오후 12 ~ 14시 면접 강의
D강사	매주 수요일 오후 13 ~ 16시, 금요일 오전 9 ~ 12시 도서관 강좌
E강사	매월 첫째 · 셋째 주 화 ~ 목요일 오전 9 ~ 11시 강의

※ A기업 본사까지의 이동거리와 시간은 고려하지 않음

※ 강의는 연속 이틀로 진행되며 강사는 동일해야 함

① A, B강사 ② B, C강사

③ C, D강사 ④ C, E강사

49 다음은 N보험공단의 재난적 의료비 지원사업에 대한 자료이다. 이를 바르게 해석한 사람을 〈보기〉에서 모두 고르면?

〈재난적 의료비 지원사업〉

• 개요
질병 · 부상 등으로 인한 치료 · 재활 과정에서 소득 · 재산 수준 등에 비추어 과도한 의료비가 발생해 경제적 어려움을 겪게 되는 상황으로 의료비 지원이 필요하다고 인정된 사람에게 지원합니다.

• 대상질환
1. 모든 질환으로 인한 입원환자
2. 중증질환으로 외래진료를 받은 환자
※ 중증질환 : 암, 뇌혈관, 심장, 희귀, 중증난치, 중증화상질환

• 소득 기준
– 기준 중위소득 100% 이하 : 지원 원칙(건보료 기준)
– 기준 중위소득 100% 초과 200% 이하 : 연소득 대비 의료비부담비율을 고려해 개별심사 후 지원
※ 재산 과표 5.4억 원 초과 고액재산보유자는 지원 제외

• 의료비 기준
1회 입원에 따른 가구의 연소득 대비 의료비 발생액[비급여 및 예비(선별)급여 본인부담]이 기준금액 초과 시 지원
– 기초생활수급자, 차상위계층 : 80만 원 초과 시 지원
– 기준 중위소득 50% 이하 : 160만 원 초과 시 지원
– 기준 중위소득 100% 이하 : 연소득의 15% 초과 시 지원

보기

가 : 18세로 뇌혈관 치료 때문에 외래진료를 받은 학생에게 이 사업에 대해 알려주었어. 학생의 집은 기준 중위소득 100%에 해당하기 때문에 지원을 받을 수 있는 거야.

나 : 이번에 개인 질환으로 입원했는데, 200만 원이 나왔어. 기준 중위소득 50%에 해당하는데 지원금을 받을 수 있어 다행이야.

다 : 어머니가 심장이 안 좋으셔서 외래진료를 받고 있는데 돈이 많이 들어. 기준 중위소득 200%에 속하는데 현금은 없지만 재산이 5.4억 원이어서 심사에 지원도 못하고 요즘 힘드네.

라 : 요즘 열이 많이 나서 근처 병원으로 통원 치료하고 있어. 기초생활수급자인 내 형편으로 볼 때, 지원금을 받는 데 문제없겠지?

① 가, 나　　② 가, 다
③ 나, 다　　④ 다, 라

50 **다음 〈조건〉에 따라 A ~ G 7명은 호텔에서 방을 배정받아 숙박을 한다. 호텔에는 층마다 세 개의 방이 있을 때, 옳지 않은 것은?**

조건

- A의 옆방은 아무도 배정받지 않는다.
- B는 1층 객실을 배정받는다.
- G는 E와 바로 아래에 인접한 방을 배정받는다.
- D와 우측에 인접한 방은 C가 배정받는다.

	좌	중앙	우
3층		D	
2층	A		
1층			

① D가 배정받은 객실과 B가 배정받을 객실은 2개 층이 차이난다.
② C는 G와 같은 방향의 객실에 배정받는다.
③ B와 G는 동일한 층의 객실을 배정받는다.
④ F는 3층의 객실을 배정받는다.

51 **N은행 직원인 귀하는 다음 주에 방문하는 고객사 임직원들의 숙소를 예약하려고 한다. 다음 자료를 참고할 때 예약할 호텔과 비용이 바르게 연결된 것은?**

〈호텔별 숙박 요금표〉

(단위 : 원)

구분	스위트룸(1박)	디럭스룸(1박)	싱글룸(1박)	조식요금	참고
A호텔	1,000,000	250,000	180,000	35,000	스위트룸, 디럭스룸 숙박료에 조식 포함
B호텔	950,000	300,000	150,000	45,000	전체 5실 이상 예약 시 숙박료 10% 할인
C호텔	1,000,000	300,000	120,000	40,000	스위트룸 2박 이상 연박 시 숙박료 10% 할인

〈예약 준비사항〉

- 예약비용을 최소화하면서 모든 임직원이 동일한 호텔에 묵을 수 있도록 한다.
- 모든 임직원이 매일 아침 조식을 먹을 수 있도록 준비한다.
- 각 객실에는 1명이 묵으며, 스위트룸 1실, 디럭스룸 2실, 싱글룸 4실이 필요하다.
- 임직원들의 체류일정은 2박 3일이다.

① A, 455만 원
② B, 450만 원
③ B, 452만 원
④ C, 450만 원

52 N은행에 재직 중인 A사원은 3박 4일 동안 대전으로 출장을 다녀오려고 한다. 출장 과정에서의 비용이 다음과 같을 때, A사원의 출장 경비 총액은?(단, A사원의 출장 세부내역 이외의 지출은 없다고 가정한다)

〈출장 경비〉

• 출장일부터 귀가할 때까지 소요되는 모든 교통비, 식비, 숙박비를 합산한 비용을 출장 경비로 지급한다.

• 교통비(서울 → 대전 / 대전 → 서울)

구분	기차	비행기	버스
비용(편도)	39,500원	43,250원	38,150원

※ 서울 및 대전 내에서의 시내이동에 소요되는 비용은 출장경비로 인정하지 않음

• 식비

구분	P식당	S식당	Y식당
식비(끼니당)	8,500원	8,700원	9,100원

• 숙박비

구분	가	나	다
숙박비(1박)	75,200원	81,100원	67,000원
비고	연박 시 1박당 5% 할인	연박 시 1박당 10% 할인	–

〈A사원의 출장 세부내역〉

• A사원은 대전행은 기차를, 서울행은 버스를 이용하였다.

• A사원은 2일간 P식당을, 나머지 기간은 Y식당을 이용하였으며 출장을 시작한 날부터 마지막 날까지 하루 3끼를 먹었다.

• A사원은 출장기간 동안 숙소는 할인을 포함하여 가장 저렴한 숙소를 이용한다.

① 359,100원 ② 374,620원

③ 384,250원 ④ 396,500원

PART 2

53 K산업인력공단에서 외국국적동포를 대상으로 외국인 취업교육을 실시하기 위한 지역을 조사하고 있다. 다음은 공단에서 조사한 A ~ E지역에 대한 평가점수와 적합점수 가중치이다. 가중치를 적용한 총점이 가장 높은 지역을 선정한다고 할 때, 취업교육을 실시하기 위한 가장 적절한 지역은?

〈지역별 조사 현황〉

구분	외국인 인구	지역 지원예산	선호도
A지역	20명	200만 원	48점
B지역	35명	220만 원	40점
C지역	16명	190만 원	45점
D지역	29명	300만 원	50점
E지역	44명	280만 원	32점

〈외국인 인구 범위별 점수〉

구분	10명 미만	20명 미만	30명 미만	30명 이상
점수	20점	30점	40점	50점

〈지역 지원예산 금액별 점수〉

구분	150만 원 이하	200만 원 이하	250만 원 이하	250만 원 초과
점수	20점	30점	40점	50점

〈항목별 가중치〉

구분	외국인 인구	지역 지원예산	선호도
가중치	50%	30%	20%

① B지역 ② C지역
③ D지역 ④ E지역

54 A대리는 다가오는 9월에 결혼을 앞두고 있다. 다음 〈조건〉을 참고할 때, A대리의 결혼날짜로 가능한 날은?

조건

- 9월은 1일부터 30일까지이며, 9월 1일은 금요일이다.
- 9월 30일부터 추석연휴가 시작되고 추석연휴 이틀 전엔 A대리가 주관하는 회의가 있다.
- A대리는 결혼식을 한 다음 날 8박 9일간 신혼여행을 간다.
- 회사에서 신혼여행으로 주는 휴가는 5일이다.
- A대리는 신혼여행과 겹치지 않도록 수요일 3주 연속 치과 진료가 예약되어 있다.
- 신혼여행에서 돌아오는 날 부모님 댁에서 하루 자고, 그다음 날 출근할 예정이다.

① 1일 ② 2일
③ 22일 ④ 23일

55 N농수산물센터는 동절기에 인력을 감축하여 운영한다. 다음 〈조건〉에 따를 때, 동절기 업무시간 단축 대상자는?

〈동절기 업무시간 단축 대상자 현황〉

구분	업무성과 평가	통근거리	자녀 유무
최나래	C	3km	×
박희영	B	5km	○
이지규	B	52km	×
박슬기	A	55km	○
황보연	D	30km	○
김성배	B	75km	×
이상윤	C	60km	○
이준서	B	70km	○
김태란	A	68km	○
한지혜	C	50km	×

조건

- N농수산물센터의 동절기 업무시간 단축 대상자는 총 2명이다.
- 업무성과 평가에서 상위 40% 이내에 드는 경우 동절기 업무시간 단축 대상 후보자가 된다.
  ※ 단, A>B>C>D 순서로 매기고, 동순위자 발생 시 동순위자를 모두 고려함
- 통근거리가 50km 이상인 경우에만 동절기 업무시간 단축 대상자가 될 수 있다.
- 동순위자 발생 시 자녀가 있는 경우에는 동절기 업무시간 단축 대상 우선순위를 준다.
- 위 조건에서 대상자가 정해지지 않은 경우, 통근거리가 가장 먼 직원부터 대상자로 선정한다.

① 황보연, 이상윤 ② 박슬기, 김태란
③ 이준서, 김태란 ④ 이준서, 김성배

56 다음 〈보기〉에서 농협의 윤리시스템 중 윤리규범에 해당하는 것을 모두 고르면?

보기

ㄱ. 농협중앙회 임직원 윤리헌장
ㄴ. 농협중앙회 임직원 윤리강령
ㄷ. 농협중앙회 임직원 청렴헌장
ㄹ. 농협중앙회 임직원 행동강령

① ㄱ, ㄴ
② ㄴ, ㄷ
③ ㄷ, ㄹ
④ ㄱ, ㄴ, ㄹ

Hard

57 다음 〈보기〉에서 범농협 계열사 현황에 대한 내용으로 옳은 것을 모두 고르면?(단, 2025년 1월을 기준으로 한다)

보기

ㄱ. 범농협은 중앙회 1개, 지주회사 2개, 자회사·손자회사 30개 체계를 이루고 있다.
ㄴ. 친환경 농자재 제조 기업인 상림은 농협경제지주의 제조 부문 계열사인 농우바이오의 자회사이다.
ㄷ. 농협금융지주는 은행, 보험, 증권, 기타 금융 부문의 11개 회사를 자회사·손자회사로 지배하고 있다.
ㄹ. 농협경제지주의 유통 부문 자회사 중에는 농협부산경남유통, 농협충북유통이 있어 해당 지역에서 물류 사업을 전담한다.

① ㄱ, ㄴ
② ㄱ, ㄷ
③ ㄴ, ㄷ
④ ㄴ, ㄹ

58 **다음 중 조직의 유형에 대한 설명으로 옳은 것은?**

① 소규모 조직으로는 가족 소유의 상점 등이 있다.
② 영리조직으로는 정부조직, 법원, 대학 등이 있다.
③ 공식조직은 인간관계에 따라 형성된 자발적 조직이다.
④ 공식화 정도에 따라 소규모 조직, 대규모 조직으로 나눌 수 있다.

PART 2

Easy

59 **다음 제시된 협상 대화에 들어갈 대답으로 가장 적절한 말을 한 사람을 〈보기〉에서 고르면?**

N사 : 안녕하세요. 다름이 아니라 현재 단가로는 더 이상 귀사에 납품하는 것이 어려울 것 같아 자재의 단가를 조금 올려야 할 것 같아서요. 이에 대해 어떻게 생각하시나요?
대답 : ____________________

보기

A : 지난달 자재의 불량률이 너무 높은데 단가를 더 낮춰야 할 것 같습니다.
B : 저희도 이 정도 가격은 꼭 받아야 해서요, 단가를 지금 이상 드리는 것은 불가능합니다.
C : 불량률을 3% 아래로 낮춰서 납품해 주시면 단가를 조금 올리도록 하겠습니다.
D : 단가를 올리면 저희 쪽에서 주문하는 수량이 줄어들 텐데, 귀사에서 괜찮을까요?

① A
② B
③ C
④ D

60 다음은 N공단의 보안업무취급 규칙에 따른 보안업무 책임자 및 담당자와 이들의 임무에 대한 자료이다. 이를 이해한 내용으로 적절하지 않은 것은?

〈보안업무 책임자 및 담당자〉

구분	이사장	총무국장	비서실장	팀장
보안책임관	○			
보안담당관		○		
비밀보관책임자				○
시설방호책임자	○			
시설방호부책임자		○		
보호구역관리책임자			○ (이사장실)	○ (지정보호구역)

〈보안업무 책임자 및 담당자의 임무〉

구분	수행임무
보안책임관	• 공단의 보안업무 전반에 대한 지휘, 감독총괄
보안담당관	• 자체 보안업무 수행에 대한 계획, 조정 및 감독 • 보안교육 및 비밀관리, 서약서 집행 • 통신보안에 관한 사항 • 비밀의 복제, 복사 및 발간에 대한 통제 및 승인 • 기타 보안업무 수행에 필요하다고 인정하는 사항 • 비밀취급인가
비밀보관책임자	• 비밀의 보관 및 안전관리 • 비밀관계부철의 기록 유지
시설방호책임자	• 자체 시설 방호계획 수립 및 안전관리 • 자위소방대 편성, 운영 • 시설방호부책임자에 대한 지휘, 감독
시설방호부책임자	• 시설방호책임자의 보좌 • 자체 시설 방호계획 및 안전관리에 대한 실무처리 • 자위소방대 편성, 운영
보호구역관리책임자	• 지정된 보호구역의 시설안전관리 및 보안유지 • 보호구역 내의 출입자 통제

① 비밀문서를 복제하고자 할 때에는 총무국장의 승인을 받아야 한다.
② 비밀관리기록부를 갱신할 때에는 담당부서 팀장의 확인을 받아야 한다.
③ 비서실장은 이사장실을 수시로 관리하고, 외부인의 출입을 통제해야 한다.
④ 비밀취급인가를 신청할 때 필요한 서약서는 이사장에게 제출해야 한다.

제 4 회

최종점검 모의고사

모바일 OMR

응시시간 : 60분 / 70분 문항 수 : 60문항

정답 및 해설 p.086

Easy

01 다음 중 짝지어진 단어 사이의 관계가 나머지와 다른 것은?

① 우량 – 열악
② 과부 – 미망인
③ 우연 – 필연
④ 문어 – 구어

02 다음 제시된 단어의 대응 관계로 볼 때, 빈칸에 들어갈 알맞은 단어는?

가공 : 사실 = ( ) : 은폐

① 진리
② 허위
③ 토로
④ 공개

03 다음 제시된 단어의 대응 관계로 볼 때, 빈칸에 들어갈 알맞은 단어끼리 짝지어진 것은?

우두망찰 : ( ) = 오명 : ( )

① 의료, 완쾌
② 선박, 나룻배
③ 하물며, 더구나
④ 초롱초롱, 명성

04 다음 제시된 단어에서 공통으로 연상할 수 있는 단어로 가장 적절한 것은?

서유럽 예루살렘 탈환

① 로마
② 바티칸
③ 십자군
④ 여행

05 다음 중 밑줄 친 관용적 표현의 사용으로 옳지 않은 것은?

① 눈 가리고 아웅해도 네 잔꾀에는 속아 넘어가지 않는다.
② 눈에 쌍심지를 켠 얼굴을 보니 슬픔이 충분히 짐작된다.
③ 눈에 헛거미가 잡혀서 누나의 진정한 사랑을 알지 못했다.
④ 눈에 흙이 들어가기 전까지는 너를 용서하지 않으리라.

06 다음 중 밑줄 친 단어의 쓰임으로 옳지 않은 것은?

① 너의 성공을 바란다.
② 대가를 바라고 도운 것이 아니다.
③ 우리는 명동을 바라고 뛰었다.
④ 너의 성공에 대한 나의 바램은 한 치의 거짓도 없다.

07 다음 중 띄어쓰기가 옳지 않은 것은?

① 나는 책을 읽어도 보고 했으나 머릿속에 들어오지 않았다.
② "어디, 나한테 덤벼들어 봐라!"
③ 신발이 그만 물에 떠내려가 버렸다.
④ 하늘을 보니 비가 올듯도 하다.

08 다음 글의 내용으로 적절하지 않은 것은?

> Our after-school programs will run from March 19th to June 29th. Courses including English, Biology, and Korean History will be offered. You can register on the school homepage by March 16th.

① 운영 기간을 알 수 있다.
② 개설 과목을 알 수 있다.
③ 신청 방법을 알 수 있다.
④ 폐강 조건을 알 수 있다.

PART 2

09 다음 내용과 관련된 속담으로 옳은 것은?

> 얼마 전 반장 민수는 실수로 칠판을 늦게 지운 주번 상우에게 벌점을 부과하였고, 이로 인해 벌점이 초과된 상우는 방과 후 학교에 남아 반성문을 쓰게 되었다. 이처럼 민수는 사소한 잘못을 저지른 학급 친구에게도 가차 없이 벌점을 부여하여 학급 친구들의 원망을 샀고, 결국에는 민수를 반장으로 추천했던 친구들 모두 민수에게 등을 돌렸다.

① 원님 덕에 나팔 분다
② 듣기 좋은 꽃노래도 한두 번이지
③ 집 태우고 바늘 줍는다
④ 맑은 물에 고기 안 논다

10 다음 밑줄 친 단어의 한자 표기로 옳은 것은?

> 인간 존엄성은 민주주의의 궁극적인 <u>가치</u>이다.

① 價値
② 家計
③ 事實
④ 實在

11 다음 문단을 논리적 순서대로 바르게 나열한 것은?

(가) 개념사를 역사학의 한 분과로 발전시킨 독일의 역사학자 코젤렉은 '개념은 실재의 지표이자 요소'라고 하였다. 이 말은 실타래처럼 얽혀 있는 개념과 정치 · 사회적 실재, 개념과 역사적 실재의 관계를 정리하기 위한 중요한 지침으로 작용한다. 그에 의하면 개념은 정치적 사건이나 사회적 변화 등의 실재를 반영하는 거울인 동시에 정치 · 사회적 사건과 변화의 실제적 요소이다.

(나) 개념은 정치적 사건과 사회적 변화 등에 직접 관련되어 있거나 그것을 기록, 해석하는 다양한 주체들에 의해 사용된다. 이러한 주체들, 즉 '역사 행위자'들이 사용하는 개념은 여러 의미가 포개어진 층을 이룬다. 개념사에서는 사회 · 역사적 현실과 관련하여 이러한 층들을 파헤치면서 개념이 어떻게 사용되어 왔는가, 이 과정에서 그 의미가 어떻게 변화했는가, 어떤 함의들이 거기에 투영되었는가, 그 개념이 어떠한 방식으로 작동했는가 등에 대해 탐구한다.

(다) 이상에서 보듯이 개념사에서는 개념과 실재를 대조하고 과거와 현재의 개념을 대조함으로써, 그 개념이 대응하는 실재를 정확히 드러내고 있는가, 아니면 실재의 이해를 방해하고 더 나아가 왜곡하는가를 탐구한다. 이를 통해 코젤렉은 과거에 대한 '단 하나의 올바른 묘사'를 주장하는 근대 역사학의 방법을 비판하고, 과거의 역사 행위자가 구성한 역사적 실재와 현재 역사가가 만든 역사적 실재를 의미있게 소통시키고자 했다.

(라) 사람들이 '자유', '민주', '평화' 등과 같은 개념들을 사용할 때, 그 개념이 서로 같은 의미를 갖는 것은 아니다. '자유'의 경우, '구속받지 않는 상태'를 강조하는 개념으로 쓰이는가 하면, '자발성'이나 '적극적인 참여'를 강조하는 개념으로 쓰이기도 한다. 이러한 정의와 해석의 차이로 인해 개념에 대한 논란과 논쟁이 늘 있어 왔다. 바로 이러한 현상에 주목하여 출현한 것이 코젤렉의 '개념사'이다.

(마) 또한 개념사에서는 '무엇을 이야기 하는가.'보다는 '어떤 개념을 사용하면서 그것을 이야기하는가.'에 관심을 갖는다. 개념사에서는 과거의 역사 행위자가 자신이 경험한 '현재'를 서술할 때 사용한 개념과 오늘날의 입장에서 '과거'의 역사 서술을 이해하기 위해 사용한 개념의 차이를 밝힌다. 그리고 과거의 역사를 현재의 역사로 번역하면서 양자가 어떻게 수렴될 수 있는가를 밝히는 절차를 밟는다.

① (가) – (나) – (다) – (라) – (마)
② (라) – (가) – (나) – (마) – (다)
③ (라) – (나) – (가) – (다) – (마)
④ (마) – (나) – (가) – (다) – (라)

Easy

12 다음 글의 중심 내용으로 가장 적절한 것은?

표준화된 언어는 의사소통을 효과적으로 하기 위하여 의도적으로 선택해야 할 공용어로서의 가치가 있다. 반면에 방언은 지역이나 계층의 언어와 문화를 보존하고 드러냄으로써 국가 전체의 언어와 문화를 다양하게 발전시키는 토대로서의 가치가 있다. 이러한 의미에서 표준화된 언어와 방언은 상호 보완적인 관계에 있다. 표준화된 언어가 있기에 정확한 의사소통이 가능하며, 방언이 있기에 개인의 언어생활에서나 언어 예술 활동에서 자유롭고 창의적인 표현이 가능하다. 결국 우리는 표준화된 언어와 방언 둘 다의 가치를 인정해야 하며, 발화(發話) 상황(狀況)을 잘 고려해서 표준화된 언어와 방언을 잘 가려서 사용할 줄 아는 능력을 길러야 한다.

① 창의적인 예술 활동에서는 방언의 기능이 중요하다.
② 표준화된 언어와 방언에는 각각 독자적인 가치와 역할이 있다.
③ 정확한 의사소통을 위해서는 표준화된 언어가 꼭 필요하다.
④ 표준화된 언어와 방언을 구분할 줄 아는 능력을 길러야 한다.

13 다음 글의 빈칸에 들어갈 내용으로 가장 적절한 것은?

동물들은 홍채에 있는 근육의 수축과 이완을 통해 눈동자를 크게 혹은 작게 만들어 눈으로 들어오는 빛의 양을 조절하므로 눈동자 모양이 원형인 것이 가장 무난하다. 그런데 고양이와 늑대와 같은 육식동물은 세로로, 양이나 염소와 같은 초식동물은 가로로 눈동자 모양이 길쭉하다. 특별한 이유가 있는 것일까?
육상동물 중 모든 육식동물의 눈동자가 세로로 길쭉한 것은 아니다. 주로 매복형 육식동물의 눈동자가 세로로 길쭉하다. 이는 숨어서 기습을 하는 사냥 방식과 밀접한 관련이 있는데, 세로로 길쭉한 눈동자가 ______________________________
일반적으로 매복형 육식동물은 양쪽 눈으로 초점을 맞춰 대상을 보는 양안시로, 각 눈으로부터 얻는 영상의 차이인 양안시차를 하나의 입체 영상으로 재구성하면서 물체와의 거리를 파악한다. 그런데 이러한 양안시차뿐만 아니라 거리지각에 대한 정보를 주는 요소로 심도 역시 중요하다. 심도란 초점이 맞는 공간의 범위를 말하며, 심도는 눈동자의 크기에 따라 결정된다. 즉, 눈동자의 크기가 커져 빛이 많이 들어오게 되면, 커지기 전보다 초점이 맞는 범위가 좁아진다. 이렇게 초점의 범위가 좁아진 경우를 '심도가 얕다.'고 하며, 반대인 경우를 '심도가 깊다.'고 한다.

① 사냥감의 주변 동태를 정확히 파악하는 데 효과적이기 때문이다.
② 사냥감의 움직임을 정확히 파악하는 데 효과적이기 때문이다.
③ 사냥감의 위치를 정확히 파악하는 데 효과적이기 때문이다.
④ 사냥감과의 거리를 정확히 파악하는 데 효과적이기 때문이다.

※ 다음 글을 읽고 이어지는 질문에 답하시오. [14~15]

4차 산업혁명 열풍은 제조업을 넘어 농축산업, 식품, 유통, 의료 서비스 등 업종에 관계없이 모든 곳으로 퍼져나가고 있다. 에너지 분야도 4차 산업혁명을 통해 기술의 진보와 새로운 비즈니스 영역을 개척할 수 있을 것으로 기대하고 있다.
사실 에너지는 모든 벨류체인에서 4차 산업혁명에 가장 근접해 있다. 자원개발에선 초음파 등을 이용한 탐지기술과 지리정보 빅데이터를 이용한 분석, 설비 건설에서는 다양한 설계 및 시뮬레이션 툴이 동원된다. 자원 채광 설비와 발전소, 석유화학 플랜트에 들어가는 수만 개의 장비들은 센서를 부착하고 산업용 네트워크를 통해 중앙제어실과 실시간으로 소통한다.
원자력 발전소를 사례로 들어보면 원자력 발전소에는 수백km에 달하는 배관과 수만 개의 밸브, 계량기, 펌프, 전기기기들이 있다. 그리고 그 어느 시설보다 안전이 중요한 만큼 기기 및 인명 안전 관련 센서들도 셀 수 없다. 이를 사람이 모두 관리하고 제어하는 것은 사실상 불가능하다. 원전 종사자들이 매일 현장 순찰을 돌고 이상이 있을 시 정지 등 조치를 취하지만, 대다수의 경우 설비에 이상신호가 발생하면 기기들은 스스로 판단해 작동을 멈춘다.
원전 사례에서 볼 수 있듯이 에너지 설비 운영 부문은 이미 다양한 4차 산업혁명 기술이 사용되고 있다. 그런데도 에너지 4차 산업혁명이 계속 언급되고 있는 것은 그 분야를 설비관리를 넘어 새로운 서비스 창출로까지 확대하기 위함이다.
지난 6월 나주 에너지밸리에서는 드론을 활용해 전신주 전선을 점검하는 모습이 시연됐다. 이 드론은 정부사업인 '시장 창출형 로봇보급사업'으로 만들어진 것으로 드론과 광학기술을 접목해 산이나 하천 등 사람이 접근하기 힘든 곳의 전선 상태를 확인하기 위해 만들어졌다. 드론은 GPS 경로를 따라 전선 위를 자율비행하면서 고장 부위를 찾는다.
전선 점검 이외에도 드론은 에너지 분야에서 매우 광범위하게 사용되는 아이템이다. 발전소의 굴뚝과 같은 고소설비와 위험지역, 사각지대 등 사람이 쉽게 접근할 수 없는 곳을 직접 확인하고, 고성능·열화상 카메라를 달아 고장 및 화재 위험을 미리 파악하는 등 다양한 활용사례가 개발되고 있다.
가상현실은 엔지니어 교육 분야에서 각광받는 기술이다. 에너지 분야는 중장비와 전기설비 및 화학약품 등을 가까이 하다 보니 항상 사상사고의 위험을 안고 있다. 때문에 현장 작업자 교육에선 첫째도 둘째도 안전을 강조한다. 최근에는 현장 작업 시뮬레이션을 3D 가상현실 기술로 수행하려는 시도가 진행되고 있다. 발전소, 변전소 등 현장의 모습을 그대로 3D 모델링한 가상현실 체험으로 복잡한 도면을 해석하거나 숙지할 필요가 없어 훨씬 직관적으로 업무를 할 수 있다. 작업자들은 작업에 앞서 실제 현장에서 수행해야 할 일들을 미리 점검해 볼 수 있다.
에너지 4차 산업혁명은 큰 변화를 몰고 올 것으로 예상하고 있지만, 그 시작은 매우 사소한 일상생활의 아이디어에서 나올 수 있다. 지금 우리가 전기와 가스를 쓰면서 느끼는 불편함을 개선하려는 시도가 곧 4차 산업혁명의 시작이다.

14 **A대리는 사보에 실릴 4차 산업혁명에 대한 원고를 청탁받았다. 해당 원고를 작성한 후 검수 과정을 거치는 중 내용에 대한 피드백으로 사보담당자가 한 말로 적절하지 않은 것은?**

① 소제목을 이용해 문단을 구분해 줘도 좋을 것 같아요.

② 4차 산업혁명이 어떤 것인지 간단한 정의를 앞부분에 추가해주세요.

③ 서비스 등 에너지와 엔지니어 분야를 제외한 업종에 대한 사례만 언급하고 있으니 관련된 사례를 주제에 맞게 추가해주세요.

④ 4차 산업혁명에 대한 긍정적인 입장만 있으니 반대로 이로 인해 야기되는 문제점도 언급해 주는 게 어떨까요?

PART 2

15 **해당 기사는 사보 1면을 장식하고 회사 블로그에도 게재되었다. 이를 읽고 독자가 할 말로 적절하지 않은 것은?**

① 지금은 에너지 설비 운영 부문에 본격적인 4차 산업혁명 기술이 도입되기 전 단계군요.

② 드론을 이용해 사람이 접근하기 힘든 곳을 점검하는 등 많은 활용을 할 수 있겠어요.

③ 엔지니어 교육 분야에 4차 산업혁명을 적용하면 안전사고를 줄일 수 있겠어요.

④ 4차 산업혁명이 현장에 적용되면 직관적으로 업무 진행이 가능하겠어요.

※ 다음 글을 읽고 이어지는 질문에 답하시오. [16~18]

(가) 농협재단, 농업인 복지 효율적으로 지원키로

농협재단은 농업인 행복을 위해 농업·농촌 복지사업을 보다 실질적이고 효율적으로 추진하는 데 역량을 집중키로 했다. 우선, 재단은 올해부터 농촌 정착 예정인 농업 계열 전공 대학생을 대상으로 '농업인 후계자 육성 장학생' 41명을 신규로 선발하여 지난 2월 13일 발표했다. '농업인 후계자 육성 장학생'은 농업인 및 농업인 자녀로서 농업 계열 전공 대학 2~4학년 재학생 중 졸업 후 농촌 정착 예정인 학생을 대상으로 학과장 추천을 받아 선발하였다. 이는 ㉠ 젊은 청년 세대의 유입을 통해 농업과 농촌에 활력을 불어넣기 위해서이다.

선발된 장학생에게는 농협중앙회 창조농업지원센터의 창농(創農) 및 농업 6차 산업화 교육 기회를 제공하고, 선도 농가와의 연계를 통해 성공 사례를 전수하여 미래 농업 인재로 육성하는 등 ㉡ 농촌 정착의 성공을 지원할 계획이다.

농협재단은 장학생 선발을 기존의 성적 위주에서 가정 형편을 반영한 선발로 개선하여 어려운 농업인에게 실질적인 ㉢ 혜택을 줄 수 있도록 했으며, 2017년도 대학교 입학생 중 농업인과 농업인 자녀를 대상으로 159명의 장학생을 선발하였다. 올해 장학생으로 선발된 총 200명의 대학생은 학기당 최고 300만 원 이내에서 실제 납입한 등록금 전액을 졸업할 때까지 계속하여 지원받을 수 있으며, 재단은 2016년도 27억 원의 장학금을 포함해 2002년부터 15년간 총 15,413명의 대학생에게 351억 원의 장학금을 지원했다.

또한 재단은 올해 장학 사업의 범위를 농업 계열 고등학생까지 확대하여 2~3학년 재학생을 대상으로 총 200명을 선발하고, 1인당 연간 100만 원의 학업 장려금을 지원하여 선발된 학생들이 농업과 농촌의 주역인 미래 농업인으로 성장할 수 있도록 할 계획이다.

한편, '농촌 다문화 가정 모국 방문 지원'은 지원 시기를 예년의 4월에서 1월로 3개월여 앞당겨 농한기에 마음 편히 다녀올 수 있도록 하였으며, 2007년부터 10년간 총 1,796가정의 6,917명에게 모국 방문 혜택을 주었다.

(나) 농협, 가축 질병 확산에 대응한 축산물 가격 및 수급 안정에 총력

농협경제지주는 지난 2월 6일부터 '비상 방역 대책 상황실'과 병행하여 '축산물 수급 대책 상황반'을 운영한다. 이는 작년 11월 AI 발생과 지난 2월 5일 구제역 발생 등 가축 질병 확산에 대응하여 축산물 가격 및 수급 안정에 총력을 기울이기 위한 조치로 풀이된다. 이번에 설치된 축산물 수급 대책 상황반은 AI 발생 이후 변동폭이 커진 계란의 수급 및 가격 동향 감시, 구제역 발생에 따른 한우·돼지 수급 및 가격 동향 모니터링, 변동성 확대 시 비상 물량 확보, 소비 부진 시 소비 촉진 방안 마련 등의 역할을 통해 축산물의 안정적 수급에 기여할 예정이다.

작년 11월 16일 AI 발생 이후 산란계 살처분으로 인한 계란 부족 사태로 계란 값은 설 성수기와 겹쳐 금년 1월 12일 1판에 9,543원까지 상승했으나, 농협 계통 매장의 비축란 추가 공급 등으로 2월 13일 현재 계란 소비자 가격은 1판에 7,945원으로 완만한 하락 안정 추세를 보이고 있다.

• 계란 소매가 추이
5,684원/판(AI 발생, 2016년 11월 16일) → 9,543원/판(최고점, 2017년 1월 12일) → 7,945원/판(하락세, 2017년 2월 13일)

한편, 구제역 발생 이후 한우 도매가는 1kg에 16,000원 내외, 돼지 도매가는 1kg에 4,300원 내외로 ㉣ 보합세(保合勢)를 유지하고 있다.

• 한우 도매가 추이
16,111원/kg(구제역 발생 전, 2017년 2월 1일) → 17,277원/kg(구제역 발생 후, 2017년 2월 6일) → 15,963원/kg(2017년 2월 13일)

• 돼지 도매가 추이
4,452원/kg(구제역 발생 전, 2017년 2월 1일) → 4,517원/kg(구제역 발생 후, 2017년 2월 6일) → 4,276원/kg(2017년 2월 13일)

구제역 백신 접종으로 과거 2010년 구제역 발병 시 348만 마리가 살처분되었던 상황과는 달리 사육 두수 및 출하 물량의 대폭 감소는 발생하지 않아 한우·돼지 가격 급등 현상은 발생하지 않을 것으로 전망된다. 오히려 경기 불황과 청탁금지법 여파로 인한 소비 부진으로 가격 하락을 우려해야 할 상황이다.

Hard

16 **다음 〈보기〉 중 (가)에 대한 설명으로 적절하지 않은 것을 모두 고르면?**

보기

ⓐ 2002 ~ 2016년의 연평균 장학금은 2016년도의 장학금 27억 원보다 많다.
ⓑ 올해 장학생으로 선발된 대학생 200명은 2002 ~ 2016년 장학금을 받은 대학생 수 평균의 20%를 넘는다.
ⓒ 대학생뿐만 아니라 농업 계열 고교생까지 확대하여 장학금을 주는 올해 장학 사업에 소요되는 자금은 최대 14억 원이다.
ⓓ 2007년부터 10년 동안 '농촌 나문화 가징 모국 방문 지원'으로 모국을 방문한 사람은 한 가정당 평균 3.85명이다.

① ⓐ, ⓑ
② ⓐ, ⓒ
③ ⓑ, ⓒ
④ ⓒ, ⓓ

Hard

17 **다음 중 (나)의 내용으로 적절하지 않은 것은?**

① 가축 질병의 확산 때문에 계란, 한우, 돼지 등의 가격 변동폭이 크다.
② AI 발생 이후 공급 부족 때문에 계란 소매가는 약 2개월 만에 70% 넘게 폭등하였다.
③ 계란 소매가가 최고점을 기록한 이후 계란 공급량이 늘어 2017년 2월 13일에는 가격이 16.8% 정도 하락했다.
④ 같은 기간 동안 질병으로 인한 가격 인상률을 분석하면 한우 도매가가 돼지 도매가보다 구제역에 민감하게 반응함을 알 수 있다.

18 **윗글의 밑줄 친 ㉠ ~ ㉣을 우리말 어법에 맞게 수정하려고 할 때, 다음 중 옳지 않은 것은?**

① ㉠ : 젊은 청년 세대의 → '젊은 세대의' 또는 '청년 세대의'
② ㉡ : 농촌 정착의 성공을 → 농촌 정착에 성공하도록
③ ㉢ : 혜택을 → 도움을
④ ㉣ : 보합세(保合勢) → 호조세(好調勢)

Easy

19 다음 식을 계산한 값으로 옳은 것은?

$$12^2+13^2-6^2-5^2$$

① 222　② 232
③ 242　④ 252

20 다음 식의 계산 결과가 가장 큰 값이 나오는 것은?

① $\frac{5}{9}$의 $\frac{9}{11}$　② $\frac{7}{11}$의 $\frac{6}{5}$
③ $\frac{6}{9}$의 $\frac{8}{7}$　④ $\frac{8}{9}$의 $\frac{11}{8}$

※ 일정한 규칙으로 수 또는 문자를 나열할 때, 빈칸에 들어갈 알맞은 수 또는 문자를 고르시오. [21~22]

21

ㅁ ㅅ ㅅ ㅊ ㅈ ㅍ ㅋ ( )

① ㄴ　② ㅂ
③ ㅈ　④ ㅌ

22

6 3 45　10 ( ) 60　8 4 60

① 2　② 3
③ 4　④ 5

Easy

23 A사원이 혼자서 작업을 하면 24일이 걸리는 업무가 있다. 반면 해당 업무를 B사원이 혼자서 작업을 진행하면 120일이 걸리며, C사원이 혼자서 작업을 진행하면 20일이 걸린다. 세 사람이 함께 업무를 진행할 때 작업에 소요되는 기간은?

① 6일
② 10일
③ 12일
④ 20일

PART 2

24 고등학생들을 대상으로 가장 좋아하는 색깔을 조사하니 빨강, 파랑, 검정이 차지하는 비율이 2 : 3 : 5라면 학생 2명을 임의로 선택할 때, 좋아하는 색이 다를 확률은?(단, 조사 인원은 충분히 많다)

① $\frac{27}{50}$
② $\frac{29}{50}$
③ $\frac{31}{50}$
④ $\frac{33}{50}$

25 N은행에서 근무하는 김사원은 고객 P에게 적금만기를 통보하고자 한다. P의 적금상품 가입정보가 다음과 같을 때, 김사원이 P에게 안내할 만기환급금은?

〈P의 적금상품 가입정보〉

- 상품명 : N은행 튼튼준비적금
- 가입자 : P－본인(개인)
- 가입기간 : 24개월
- 가입금액 : 매월 1일 120,000원 납입
- 적용금리 : 연 2.5%
- 저축방법 : 정기적립식
- 이자지급방식 : 만기일시지급, 단리식

① 2,718,000원
② 2,750,400원
③ 2,925,500원
④ 2,955,000원

26 다음은 은행별 확정급여형 퇴직연금에 대한 적립금 운용금액 및 적립금 운용수익률을 공시한 자료이다. 이에 대한 설명으로 옳지 않은 것은?

〈은행별 확정급여형 퇴직연금 현황〉

(단위 : 억 원, %)

은행	구분	2024년 1분기		2023년		수익률(2023년 기준)			
		적립금	수익률	적립금	수익률	지난 3년간	지난 5년간	지난 7년간	지난 9년간
A은행	원리금 보장형	63,693	1.09	63,940	1.11	1.40	1.89	2.38	2.74
	원리금 비보장형	1,442	2.79	1,315	4.42	2.47	2.31	2.51	5.79
B은행	원리금 보장형	55,537	1.27	58,232	1.26	1.50	2.01	2.56	2.93
	원리금 비보장형	1,176	4.93	1,109	7.32	3.36	3.42	3.66	7.04
C은행	원리금 보장형	46,790	1.27	48,480	1.30	1.58	2.13	2.68	3.02
	원리금 비보장형	1,017	3.77	673	6.99	2.93	2.55	2.48	5.28
D은행	원리금 보장형	63,610	1.24	65,372	1.24	1.56	2.08	2.67	3.11
	원리금 비보장형	2,416	2.82	2,096	3.79	2.69	2.35	2.57	5.40
E은행	원리금 보장형	52,475	1.17	51,640	1.18	1.53	2.07	2.61	2.94
	원리금 비보장형	391	4.22	403	6.76	3.61	2.82	2.44	5.77
F은행	원리금 보장형	69,992	1.24	73,206	1.26	1.53	2.08	2.64	3.11
	원리금 비보장형	12,362	3.35	11,809	3.86	2.90	2.32	2.24	6.14
G은행	원리금 보장형	59,462	1.22	62,627	1.27	1.52	2.00	2.56	3.01
	원리금 비보장형	3,692	2.14	2,670	4.26	2.52	2.18	2.00	5.22

① 2023년 원리금 비보장형 퇴직연금의 수익률이 가장 높은 은행은 B은행이다.

② 2024년 1분기 기준 원리금 보장형 퇴직연금의 수익률이 가장 낮은 곳은 E은행이다.

③ 2023년 기준으로 지난 3·5·7년간 원리금 보장형 퇴직연금의 수익률 중 가장 높은 수익률 보여주는 은행은 C은행이다.

④ 2023년 기준으로 지난 3·5·7·9년간 원리금 보장형 퇴직연금의 수익률 중 가장 낮은 수익률을 보여주는 은행은 모두 A은행이다.

※ 다음은 한라산 이용객 현황에 대한 자료이다. 이어지는 질문에 답하시오. [27~28]

〈한라산 이용객 현황〉

(단위 : 명, %)

구분	2021년		2022년		2023년		2024년	
	이용객	증감률	이용객	증감률	이용객	증감률	이용객	증감률
1월	73,932	−36.7	114,183	54.4	123,558	8.2	136,178	10.2
2월	72,716	26.2	88,505	21.7	71,900	−18.8	97,261	35.3
3월	72,079	11.8	67,343	−6.6	72,193	7.2	74,497	3.2
4월	94,476	−7.1	95,951	1.6	101,604	5.9	96,976	−4.6
5월	122,921	−16.9	140,080	14.0	135,758	−3.1	105,826	−22.0
6월	93,475	−0.4	98,905	5.8	105,521	6.7	93,486	−11.4
7월	68,851	−1.3	66,119	−4.0	80,365	21.5	67,778	−15.7
8월	76,940	−2.9	74,704	−2.9	88,995	19.1	77,866	−12.5
9월	84,810	4.9	69,778	−17.7	91,364	30.9	95,064	4.0
10월	165,086	14.9	149,825	−9.2	148,960	−0.6	133,509	−10.4
11월	94,203	−27.8	95,442	1.3	113,726	19.2	105,697	−7.1
12월	69,894	26.5	73,481	5.1	73,717	0.3	82,064	11.3
합계	1,089,383	−4.6	1,134,316	4.1	1,207,661	6.5	1,166,202	−3.4

※ 증감률은 전년 대비 증감률이며, 소수점 둘째 자리에서 반올림함

27 2021년부터 2024년까지 이용객 현황을 분석했을 때, 다음 중 옳은 것은?

① 2024년 한라산 이용객 수는 전년 대비 증가하였다.

② 2021 ~ 2024년 매 10월에 이용객이 한라산을 연중 가장 많이 이용하고 있으며, 그 수가 지속적으로 상승하고 있다.

③ 전년 대비 한라산 이용객 증가율이 가장 높은 시기는 2024년 2월이다.

④ 2022년 대비 2024년 중 한라산 이용객 수가 가장 큰 비율로 변한 시기는 9월이다.

Hard

28 2025년 한라산 이용객 수가 2024년 월별 한라산 이용객 수를 기준으로 2022 ~ 2024년 월별 한라산 이용객 수 증감률의 평균만큼 변화한다고 할 때, 2025년 4분기 한라산 예상 이용객 수는 몇 명이겠는가?(단, 증감률은 소수점 둘째 자리에서 반올림하고, 이용객 수 1명 미만은 절사한다)

① 281,984명 ② 289,541명

③ 301,589명 ④ 321,675명

※ 다음은 국내 연간 취수량에 대한 자료이다. 이어지는 질문에 답하시오. [29~30]

〈국내 연간 취수량〉

(단위 : 백만 m^3)

구분		2017년	2018년	2019년	2020년	2021년	2022년	2023년	2024년
지하수		89	90	93	96	98	102	163	170
지표수	하천표류수	3,207	3,154	3,267	3,253	3,270	3,256	3,235	2,599
	하천복류수	433	417	463	474	(가)	434	437	451
	댐	3,148	3,121	3,281	3,194	3,311	3,431	3,404	3,270
	기타 저수지	51	46	58	56	55	58	61	64
총취수량		6,928	6,828	7,162	7,073	7,176	7,281	7,300	(나)

29 다음 중 빈칸 (가)+(나)의 값은?

① 6,554
② 6,702
③ 6,804
④ 6,996

30 다음 중 위 자료에 대한 설명으로 옳은 것은?

① 총취수량은 2021년 이후 계속 증가했다.
② 2018~2024년 중 모든 항목의 취수량이 전년보다 증가한 해는 2019년뿐이다.
③ 하천표류수의 양이 가장 많았던 해에 댐의 취수량도 가장 많았다.
④ 지표수의 양은 항상 총취수량의 98% 이상을 차지한다.

31 어느 편의점에서 도난 사건이 발생했다. CCTV 확인을 통해 그 시각 편의점을 들렀던 A～F용의자가 검거됐다. 이들 중 범인인 두 사람이 거짓말을 하고 있다면, 거짓말을 한 사람은?

- A : F가 성급한 모습으로 편의점을 나가는 것을 봤어요.
- B : C가 가방 속에 무언가 넣는 모습을 봤어요.
- C : 나는 범인이 아닙니다.
- D : B 혹은 A가 훔치는 것을 봤어요.
- E : F가 범인인 게 확실해요. CCTV를 자꾸 신경 쓰고 있었거든요.
- F : 얼핏 봤는데, 제가 본 도둑은 C 아니면 E예요.

① A, C　② B, C
③ B, F　④ D, E

32 갑은 효율적인 월급 관리를 위해 A～D펀드 중에 하나를 골라 가입하려고 하는데, 안정적이고 우수한 펀드에 가입하기 위해 〈조건〉에 따라 비교하여 다음과 같은 결과를 얻었다. 〈보기〉에서 옳은 것을 모두 고르면?

조건

- 둘을 비교하여 우수한 쪽에는 5점, 아닌 쪽에는 2점을 부여한다.
- 각 펀드는 서로 다른 펀드 중 두 개를 골라 총 4번의 비교를 했다.
- 총합의 점수로는 우열을 가릴 수 없으며 각 펀드와의 비교를 통해서만 우열을 가릴 수 있다.

〈결과〉

A펀드	B펀드	C펀드	D펀드
7점	7점	4점	10점

보기

ㄱ. D펀드는 C펀드보다 우수하다.
ㄴ. B펀드가 D펀드보다 우수하다고 말할 수 없다.
ㄷ. A펀드와 B펀드의 우열을 가릴 수 있으면 A～D까지의 우열순위를 확실히 알 수 있다.

① ㄱ　② ㄱ, ㄴ
③ ㄱ, ㄷ　④ ㄱ, ㄴ, ㄷ

※ A～C농협은 농가 ㉠～㉤ 다섯 곳 중 한 농가와 계약을 맺는다고 한다. 다음은 농협별로 선호하는 농가 유형과 각 농가에 대한 자료이다. 이어지는 질문에 답하시오. **[33~34]**

〈농협별 선호하는 농가 유형〉

구분	품목	중요도
A농협	쌀, 채소	품질>가격>생산량
B농협	쌀, 과일	품질>생산량>가격
C농협	쌀, 과일, 채소	가격>품질>생산량

〈농가별 세부사항〉

구분	재배 품목	가격	품질	생산량
㉠농가	쌀, 채소, 과일	★★★	★★★☆	★★★★☆
㉡농가	쌀, 채소, 과일	★★★☆	★★★	★★★★
㉢농가	쌀, 채소	★★★★☆	★★★★	★★★☆
㉣농가	쌀, 과일	★★★★	★★★★☆	★★★☆
㉤농가	쌀, 채소, 과일	★★★	★★★☆	★★★★★

※ 농가의 재배품목에 농협이 요구하는 품목이 있어야 함

〈점수계산 방법〉

- ★(3점), ☆(1점)으로 계산한다.
- 중요도에 따라 가중치를 적용하여 계산한다.

1순위	2순위	3순위
3	2	1

33 다음 중 각 농협과 계약할 농가를 연결한 것으로 가장 적절한 것은?

	A농협	B농협	C농협		A농협	B농협	C농협
①	㉢	㉣	㉢	②	㉢	㉣	㉤
③	㉣	㉣	㉢	④	㉤	㉢	㉢

Hard

34 다섯 농가 모두 가격을 통일하기로 했을 때, A～C농협이 계약할 농가를 바르게 연결한 것은?(단, 가격 점수는 제외하고 두 항목은 순위 그대로 가중치를 적용하여 점수를 계산한다)

	A농협	B농협	C농협		A농협	B농협	C농협
①	㉡	㉤	㉣	②	㉡	㉤	㉤
③	㉢	㉣	㉣	④	㉢	㉤	㉤

※ N기업은 음악회 주최를 위해 초대가수를 섭외하려고 한다. 이어지는 질문에 답하시오. [35~36]

〈음악회 초대가수 후보〉

• 음악회 초대가수 후보 : A, B, C, D, E
• 음악회 예정일 : 9월 20일 ~ 9월 21일

구분	A	B	C	D	E
섭외가능 기간	9월 18일 ~ 9월 20일	9월 19일 ~ 9월 23일	9월 20일 ~ 9월 22일	9월 21일 ~ 9월 23일	9월 18일 ~ 9월 21일
인지도	★★★★☆	★★★★☆	★★★☆☆	★★★★☆	★★★★★
섭외비용	155만 원/일	140만 원/일	135만 원/일	140만 원/일	160만 원/일

PART 2

35 다음 〈조건〉에 부합하는 섭외 가수가 바르게 짝지어진 것은?

조건

• 일정 중 9월 20일이 취소될 가능성이 있어, 9월 21일에 가능한 가수로 섭외한다.
• 예산 300만 원 내에서 2팀을 초대하고, 인지도 높은 가수부터 우선 섭외한다.
• 인지도가 같을 경우, 음악회 예정일에서 섭외가능 날짜가 많은 후보를 섭외한다.
• 초대가수는 이틀 중 하루에 2팀 모두 공연한다.

① A, E　② B, D
③ B, E　④ D, E

36 조합장의 지시로 다음 〈조건〉만 고려해 2팀을 섭외하기로 했을 때, 섭외 가수 2팀을 고르면?

조건

• 인지도는 ★★★★☆ 이상이다.
• 9월 20일에 섭외가 가능하다.
• 섭외비용을 최소로 한다.

① A, B　② B, C
③ B, D　④ C, E

※ N은행은 지역농가 살리기의 일환으로 농가를 대상으로 노후주택 보수 지원 사업을 추진하려고 한다. 이어지는 질문에 답하시오. **[37~38]**

〈N은행 지역 농가 지원 사업 – 노후주택 보수 지원〉

- ○○시 입주일로부터 본 사업 신청일까지 기간이 5년 이상인 농가를 대상으로 한다. (신청일 2024.04.01. ~ 2024.12.31.)
- 신청일로부터 3년 이내 N은행에서 지원하는 사업을 받지 않은 농가여야 한다.
- 신청일로부터 3년 이내 2회 이상 N은행과 거래한 내역이 있는 농가여야 한다.
- 농가 연소득이 4,000만 원 미만이어야 한다.
- 노후주택 보수비의 70%를 지원한다.
- 노후주택 보수 지원 사업 예산은 2,500만 원이다.

〈N은행 노후주택 보수 지원 사업 신청농가〉

구분	A농가	B농가	C농가	D농가	E농가
입주일	2019.02.03.	2017.12.30.	2019.06.04.	2019.05.06.	2015.10.31.
신청일	2024.08.30.	2024.11.28.	2024.10.30.	2024.04.30.	2024.06.05.
연소득	3,800만 원	2,800만 원	4,000만 원	3,900만 원	3,100만 원
노후주택 보수비	800만 원	1,200만 원	500만 원	1,100만 원	900만 원
N은행과의 거래내역	2023.07.08. 2024.07.02. 농산물거래	2021.04.08. 2023.10.02. 농산물거래	2019.04.08. 2021.11.28. 2023.09.02. 농산물거래	2024.02.12. 2024.03.08. 농산물거래	2023.03.04. 2024.05.08. 농산물거래
비고	2022.01.20. N은행 팜스테이지원을 받음	2022.12.08. N은행 농촌일손지원사업 을 받음	–	2023.05.26. N은행 팜스테이지원 (선정 안 됨)	–

37 다음 중 노후주택 보수 지원 사업에 선정되는 농가로 가장 적절한 곳은?

① A농가
② B농가
③ D농가
④ E농가

38 N은행은 회의 끝에 노후주택 보수 지원 사업 신청농가 모두 지원해 주기로 결정하고, 예산은 2,500만 원으로 유지하되 지원하는 금액을 줄이기로 하였다. 예산 내에서 최대한 많은 금액을 지원해 준다고 할 때, 노후주택 보수비의 몇 %가 가장 적절한가?

① 50%
② 60%
③ 70%
④ 80%

39 다음 중 예산 집행 관리에 대한 설명으로 옳은 것은?

① 예산 집행 과정에서의 관리 및 통제는 사업과 같은 큰 단위에서만 필요하므로 직장인의 월급이나 용돈 등에는 필요하지 않다.

② 예산에 대한 계획을 제대로 세워놓았다면, 실제 예산 집행 과정에서 관리가 필요하지 않다.

③ 예산을 관리하기 위해서는 예산 사용을 얼마만큼 했는지를 알아볼 수 있도록 수시로 정리해야 한다.

④ 예산 사용 내역에서 계획된 지출보다 계획되지 않은 지출이 더 많은 경우 비교적 예산 집행에 대한 관리를 잘하고 있다고 할 수 있다.

40 다음 자료를 보고 하루 동안 고용할 수 있는 최대 인원을 구하면?

구분	항목	금액
총예산	본예산	500,000원
	예비비	100,000원
고용비	1인당 수당	50,000원
	산재보험료	(수당)×0.504%
	고용보험료	(수당)×1.3%

※ (하루에 고용할 수 있는 인원수)$=\dfrac{(\text{총예산})}{(\text{하루 1인당 고용비})}$

① 10명　　② 11명

③ 12명　　④ 13명

Easy

41 예산을 직접비용과 간접비용으로 구분한다고 할 때, 다음 〈보기〉에서 직접비용과 간접비용에 해당하는 것을 바르게 구분한 것은?

보기

ㄱ. 재료비 / ㄴ. 원료와 장비 구입비
ㄷ. 광고비 / ㄹ. 보험료
ㅁ. 인건비 / ㅂ. 출장비

	직접비용	간접비용
①	ㄱ, ㄴ, ㅁ	ㄷ, ㄹ, ㅂ
②	ㄱ, ㄴ, ㅂ	ㄷ, ㄹ, ㅁ
③	ㄱ, ㄴ, ㄷ, ㄹ	ㅁ, ㅂ
④	ㄱ, ㄴ, ㅁ, ㅂ	ㄷ, ㄹ

42 A과장은 월요일에 사천연수원에서 진행될 세미나에 참석해야 한다. 세미나는 월요일 낮 12시부터 시작이며, 수요일 오후 6시까지 진행된다. 갈 때는 세미나에 늦지 않게만 도착하면 되지만, 올 때는 목요일 회의 준비를 위해 최대한 일찍 서울로 올라와야 한다. 교통비는 회사에 청구하지만 가능한 적은 비용으로 세미나 참석을 원할 때, 소요되는 교통비는 얼마인가?

〈KTX〉

구분	월요일		수요일		가격
서울 – 사천	08:00 ~ 11:00	09:00 ~ 12:00	08:00 ~ 11:00	09:00 ~ 12:00	65,200원
사천 – 서울	16:00 ~ 19:00	20:00 ~ 23:00	16:00 ~ 19:00	20:00 ~ 23:00	66,200원 (10% 할인 가능)

※ 사천역에서 사천연수원까지 택시비는 22,200원이며, 30분이 걸림(사천연수원에서 사천역까지의 비용과 시간도 동일하다)

〈비행기〉

구분	월요일		수요일		가격
서울 – 사천	08:00 ~ 09:00	09:00 ~ 10:00	08:00 ~ 09:00	09:00 ~ 10:00	105,200원
사천 – 서울	19:00 ~ 20:00	20:00 ~ 21:00	19:00 ~ 20:00	20:00 ~ 21:00	93,200원 (10% 할인 가능)

※ 사천공항에서 사천연수원까지 택시비는 21,500원이며, 30분이 걸림(사천연수원에서 사천공항까지의 비용과 시간도 동일하다)

① 168,280원
② 178,580원
③ 192,780원
④ 215,380원

43 N사는 천안에 위치한 제빵 회사로 밀가루를 공급해줄 거래처와의 계약 만료를 앞두고 있다. 동일한 양의 밀가루에 대하여 1회 구입 시 기존의 거래처와 새로운 후보들의 지역과 밀가루 가격, 운송료가 다음과 같을 때, 어느 회사와 계약을 하는 것이 가장 적은 비용이 들겠는가?(단, 운송 비용은 최종 거리에 해당하는 가격으로 일괄 적용한다)

〈거래처별 정보〉

구분	A사(기존 거래처)	B사	C사	D사
위치	충주	청주	대전	안성
거리	90km	60km	75km	35km
밀가루 구입가	89만 원	149만 원	115만 원	186만 원

〈거리당 운송료〉

구분	20km 이하	20km 초과 40km 이하	40km 초과 60km 이하	60km 초과 80km 이하	80km 초과 100km 이하
km당 운송료	1만 원	1.1만 원	1.2만 원	1.4만 원	1.5만 원

① A사 ② B사
③ C사 ④ D사

44 ○○회사의 생산공정 현황이 다음과 같다. 한 공정을 마무리하기 위해서는 A～G단계를 모두 거쳐야 된다고 할 때, 공정이 모두 마무리되려면 최소 며칠이 걸리는가?

〈생산공정 현황〉

구분	소요기간	선행단계
A단계	2일	–
B단계	5일	A
C단계	3일	–
D단계	8일	–
E단계	3일	–
F단계	3일	D
G단계	5일	B

※ 모든 단계는 동시에 시작할 수 있지만, 선행단계가 있는 경우 선행단계가 모두 마무리되어야 다음 단계를 시작할 수 있음

① 7일 ② 8일
③ 10일 ④ 12일

※ 다음은 N은행의 직원 복지정책 및 대출제도에 대한 자료이다. 이어지는 질문에 답하시오. **[45~47]**

〈직원 복지정책 및 대출제도〉

구분	내용	혜택	세부사항
복지	경조사	• 생일 : 10만 원	–
		• 결혼 : 50만 원	• 입사 후 만 1년 이상, 본인이나 배우자 모두 N은행 직원일 경우, 1.5배씩 지원
		• 출산(등본상 기준) – 첫째 100만 원 – 둘째 150만 원 – 셋째 이상 200만 원	• 입사 후 만 2년 이상, 본인, 배우자 중 한 사람 이상 결혼 축하금 받았을 경우, 20만 원씩 추가 지원 • 다태아일 경우, 등본상 순서로 지원
		• 부모님 경조사 : 20만 원	–
	학자금	• 본인 대학교 학자금	• 입사 후 만 1년 이상, 잔여 대출원금의 50%지원
		• 본인 대학원 학자금	• 입사 후 만 2년 이상, 잔여 대출원금의 80% 지원
		• 초·중학생 자녀 학자금	• 입사 후 만 2년 이상, 자녀 1인당 연 50만 원 지원
		• 고등학생 자녀 학자금	• 입사 후 만 3년 이상, 자녀 1인당 연 100만 원 지원(3년 차 미만일 경우 50만 원)
		• 대학생 자녀 학자금	• 입사 후 만 4년 이상, 자녀 1인당 연 200만 원 지원(4년 차 미만일 경우 100만 원)
대출	주택	• 저금리 주택 지원 대출	• 입사 후 만 1년 이상, 최대 2,000만 원, 연이율 2.7% • 입사 후 만 2년 이상, 최대 3,000만 원, 연이율 2.3% • 입사 후 만 3년 이상, 최대 5,000만 원, 연이율 2.1% • 입사 후 만 5년 이상, 최대 10,000만 원, 연이율 1.8%

※ 별도의 사항이 명시되지 않은 경우, 입사 연차 제한이 없음

※ 현재 날짜는 2024년 9월 1일임

45 N은행에 재직 중인 A대리가 복지부서에 문의한 내용이 다음과 같을 때, A대리가 받을 수 있는 사내 복지 혜택 총 금액은?

〈문의 내용〉

안녕하세요, 영업부서에 근무 중인 A대리입니다. 올해 직원 복지 지원금을 신청하고 싶은데요, 얼마나 받을 수 있는지 몰라서 문의 드려요. 저는 2021년 11월에 입사해, 올해 1월 ㅁㅁ사에서 일하는 아내와 결혼을 했고요, 아내는 현재 중학생인 딸아이가 한 명 있어요. 제 등본으로 들어와서 이제 제 딸아이이기도 하고요. 그리고 저번 달 말 제 생일에 저희 아이가 태어났어요. 올해 들어와서는 지원금 신청을 아직 못했는데, 총 얼마를 받을 수 있을까요?

① 160만 원　　② 180만 원

③ 210만 원　　④ 280만 원

46 다음은 B직원과 복지부서 담당자가 대화한 내용이다. B직원이 지원받을 총금액은?

B직원	:	안녕하세요. 사내 학자금 지원금과 주택 지원 대출을 받고 싶어서요.
복지팀	:	안녕하세요. 입사 연차에 따라 지원받을 수 있는 내용이 달라 혹시 입사일이 언제인가요?
B직원	:	작년 3월 초에 입사했어요.
복지팀	:	아 그러시면, 입사하신 지 2년이 좀 안되신 거군요. 일단, 만 1년 이상이므로 학자금 지원금은 경우에 따라서 신청이 가능할 것 같고요, 주택 지원 대출은 한도 내에서 연이율 2.7%로 가능해요.
B직원	:	대학교 학자금은 다 상환했는데, 대학원 학자금이 1,500만 원 남아있어요. 농어촌 학자금이라 무이자이고요. 주택은 지금 전세를 알아봤는데 5,000만 원이라 절반만 대출받으면 될 것 같아요.

① 1,500만 원
② 2,000만 원
③ 2,500만 원
④ 4,000만 원

Hard

47 46번의 B직원이 재작년 3월 초에 입사했다면, B직원이 지원받을 총금액은?

① 3,700만 원
② 4,000만 원
③ 4,200만 원
④ 4,500만 원

48 다음은 조직의 체제를 구성하는 요소들에 대한 ○ / × 퀴즈이다. ○의 개수는 총 몇 개인가?

- 조직목표는 조직이 달성하려는 장래의 상태이다. (   )
- 조직의 구조는 조직 내의 부문 사이에 형성된 관계로 조직 구성원들의 공유된 생활양식이나 가치이다. (   )
- 조직도는 조직 구성원들의 임무, 수행과업, 일하는 장소들을 알아보는 데 유용하다. (   )
- 조직의 규칙과 규정은 조직 구성원들의 행동범위를 정하고 일관성을 부여하는 역할을 한다. (   )

① 1개
② 2개
③ 3개
④ 4개

※ 다음은 N은행에서 판매하는 적금 상품의 정보를 정리한 자료이다. 이어지는 질문에 답하시오. **[49~50]**

〈적금 상품별 정보〉

구분	월 적금금액	가입기간	만기원금	만기지급액	연이율
A상품	50만 원	60개월	3,000만 원	1,000만 원	6.5%
B상품	45만 원	70개월	3,150만 원	850만 원	5.5%
C상품	40만 원	80개월	3,200만 원	800만 원	4.7%
D상품	35만 원	90개월	3,150만 원	850만 원	4.2%

※ (만기 수령 금액)=(만기원금)+(만기지급액)+[(만기원금)×(연이율)×(가입연수)]
※ 만기지급액은 원금과 이자를 제외한 따로 지급되는 금액임
※ 월 적금금액·가입기간이 낮을수록, 연이율이 높을수록 높은 순위임
※ 월 적금금액·가입기간·연이율별로 순위를 매겨 5점부터 1점까지 점수를 부여함
※ 만기지급액은 1,000만 원 이상은 5점, 800만 원 초과 1,000만 원 미만 3점, 800만 원 이하는 1점을 부여함

49 다음 중 총점이 가장 높은 상품을 선택할 때 가입할 적금 상품은?

① A상품 ② B상품
③ C상품 ④ D상품

Hard

50 다음과 같은 조건을 요구할 때, 고객에게 추천해 줄 수 있는 상품으로 옳은 것은?(단, 만 원 미만에서 버림한다)

고객 : 저는 만기 시 수령 금액이 높은 상품에 가입하고 싶어요. 어느 상품이 좋을까요?

① A상품 ② B상품
③ C상품 ④ D상품

51 다음 중 농협에서 강조하는 윤리경영의 궁극적 필요이유로 옳은 것은?

① 사회적 책임 수행
② 가치를 추구하는 주주 고객의 요구에 대응
③ 지속적 기업경영 영위
④ 국제적인 윤리경영 노력 강화

PART 2

52 다음 조직도를 보고 바르게 이해한 사람을 〈보기〉에서 모두 고르면?

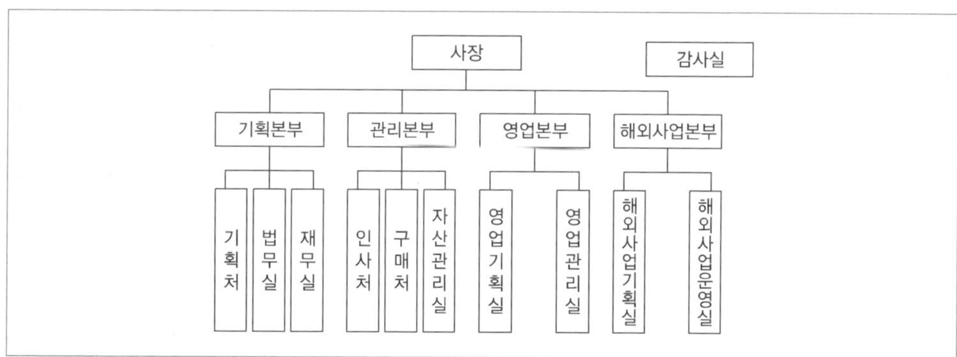

보기

A : 조직도를 보면 4개 본부, 3개의 처, 8개의 실로 구성돼 있어.
B : 사장 직속으로 4개의 본부가 있고, 그중 한 본부에서는 인사만 전담하고 있네.
C : 감사실은 사장 직속이지만 별도로 분리되어 있구나.
D : 해외사업기획실과 해외사업운영실은 둘 다 해외사업과 관련이 있으니까 해외사업본부에 소속되어 있는 것이 맞아.

① A, B
② A, C
③ A, D
④ B, C

53 다음 중 농협의 윤리시스템과 관련하여 조직별 기능이 바르게 연결되지 않은 것은?

① 윤리경영위원회 – 윤리경영 추진방향 설정
② 범농협 윤리경영협의회 – 정보공유 및 협력강화
③ 준법지원부 – 윤리경영 실무 총괄
④ 상호금융기획부 – 윤리경영 주요 방침 결정

Easy

54 **다음 중 영희의 하루 일과를 통해 알 수 있는 사실로 가장 적절한 것은?**

> 영희는 아침 9시까지 학교에 가서 오후 3시에 하교한다.
> 하교 후에는 용돈을 벌기 위해 엄마가 운영하는 편의점에서 아르바이트를 2시간 동안 한다.
> 아르바이트를 마친 후 NCS 공부를 하기 위해 스터디를 3시간 동안 한다.
> 스터디 후에는 전국적으로 운영되는 시민단체에 참여하여 봉사활동을 1시간 동안 한다.

① 비공식적이면서 소규모조직에서 2시간 있었다.
② 하루 중 공식조직에서 9시간 있었다.
③ 비영리조직이며 대규모조직에서 7시간 있었다.
④ 영리조직에서 3시간 있었다.

55 **다음 회의록을 참고할 때, 고객지원팀의 강대리가 해야 할 일로 옳지 않은 것은?**

〈회의록〉

회의일시	2025년 ○○월 ○○일	부서	기획팀, 시스템개발팀, 고객지원팀
참석자	기획팀 김팀장, 박대리 / 시스템개발팀 이팀장, 김대리 / 고객지원팀 유팀장, 강대리		
회의안건	홈페이지 내 이벤트 신청 시 발생하는 오류로 인한 고객 불만에 따른 대처방안		
회의내용	• 홈페이지 고객센터 게시판 내 이벤트 신청 오류 관련 불만 글 확인 • 이벤트 페이지 내 오류 발생 원인에 대한 확인 필요 • 상담원의 미숙한 대응으로 고객들의 불만 증가(대응 매뉴얼 부재) • 홈페이지 고객센터 게시판에 사과문 게시 • 고객 불만 대응 매뉴얼 작성 및 이벤트 신청 시스템 개선 • 추후 유사한 이벤트 기획 시 기획안 공유 필요		

① 민원 처리 및 대응 매뉴얼 작성
② 상담원 대상으로 CS 교육 실시
③ 홈페이지 내 사과문 게시
④ 오류 발생 원인 확인 및 신청 시스템 개선

56 **다음은 경쟁사의 매출이 나날이 오르는 것에 경각심을 느낀 N사의 신제품 개발 회의의 일부이다. 효과적인 회의의 5가지 원칙에 기반을 두어 가장 효과적으로 회의에 임한 사람은?**

〈효과적인 회의의 5가지 원칙〉

1. 긍정적인 어법으로 말하라.
2. 창의적인 사고를 할 수 있게 분위기를 조성하라.
3. 목표를 공유하라.
4. 적극적으로 참여하라.
5. 주제를 벗어나지 마라.

팀장 : 매운맛 하면 역시 우리 회사 라면이 가장 잘 팔렸는데, 최근 너도나도 매운맛을 만들다 보니 우리 회사 제품의 매출이 상대적으로 줄어든 것 같아서 신제품 개발을 위해 오늘 회의를 진행하게 되었습니다. 아주 중요한 회의이니만큼 각자 좋은 의견을 내주시기 바랍니다.

A : 저는 사실 저희 라면이 그렇게 매출이 좋았던 것도 아닌데 괜한 걱정을 하는 것이라고 생각해요. 그냥 전이랑 비슷한 라면에 이름만 바꿔서 출시하면 안 됩니까?

B : 하지만 그렇게 했다간 입소문이 안 좋아져서 회사가 문을 닫게 될지도 모릅니다.

C : 그나저나 이번에 타사에서 출시된 까불면이 아주 맛있던데요?

D : 까불면도 물론 맛있긴 하지만, 팀장님 말씀대로 매운맛 하면 저희 회사 제품이 가장 잘 팔린 것으로 알고 있습니다. 더 다양한 소비자층을 끌기 위해 조금 더 매운맛과 덜 매운맛까지 3가지 맛을 출시하면 매출성장에 도움이 될 것 같습니다.

① A　　② B
③ C　　④ D

57 **다음 상황에서 팀장의 지시를 바르게 수행하기 위하여 오대리가 거쳐야 할 부서명을 순서대로 나열한 것은?**

오대리, 내가 내일 출장 준비 때문에 무척 바빠서 그러는데 자네가 좀 도와줘야 할 것 같군. 우선 박비서한테 가서 오후 사장님 회의 자료를 좀 가져다주게나. 오는 길에 지난주 기자단 간담회 자료 정리가 되었는지 확인해보고 완료됐으면 한 부 챙겨오고. 다음 주에 승진자 발표가 있을 것 같은데 우리 팀 승진 대상자 서류가 잘 전달되었는지 그것도 확인 좀 해줘야겠어. 참, 오후에 바이어가 내방하기로 되어 있는데 공항 픽업 준비는 잘해 두었지? 배차 예약 상황도 다시 점검해 봐야 할 거야. 그럼 수고 좀 해주게.

① 기획팀 – 홍보팀 – 총무팀 – 경영관리팀
② 비서실 – 홍보팀 – 인사팀 – 총무팀
③ 인사팀 – 법무팀 – 총무팀 – 기획팀
④ 경영관리팀 – 법무팀 – 총무팀 – 인사팀

58 N씨는 취업스터디에서 기업 분석을 하다가 〈보기〉에서 제시하고 있는 기업의 경영전략을 정리하였다. 다음 중 카테고리에 맞도록 배치한 것은?

- 차별화 전략 : 가격 이상의 가치로 브랜드 충성심을 이끌어 내는 전략
- 원가우위 전략 : 업계에서 가장 낮은 원가로 우위를 확보하는 전략
- 집중화 전략 : 특정 세분시장만 집중공략하는 전략

보기

ㄱ. I기업은 S/W에 집중하기 위해 H/W의 한글전용 PC분야를 한국계기업과 전략적으로 제휴하고 회사를 설립해 조직체에 위양하였으며 이후 고유분야였던 S/W에 자원을 집중하였다.

ㄴ. B마트는 재고 네트워크를 전산화해 원가를 절감하고 양질의 제품을 최저가격에 판매하고 있다.

ㄷ. A호텔은 5성급 호텔로 하루 숙박비용이 상당히 비싸지만, 환상적인 풍경과 더불어 친절한 서비스를 제공하고 객실 내 제품이 모두 최고급으로 비치되어 있어 이용객들에게 높은 만족도를 준다.

	차별화 전략	원가우위 전략	집중화 전략
①	ㄱ	ㄴ	ㄷ
②	ㄱ	ㄷ	ㄴ
③	ㄷ	ㄴ	ㄱ
④	ㄷ	ㄱ	ㄴ

※ 다음은 시기별로 N사에서 진행하는 데이행사 중 '국산 딸기 특판전' 행사 이후의 피드백 회의이다. 이어지는 질문에 답하시오. [59~60]

회의일시	2024.12.16.	부서	영업팀, 마케팅팀, 홍보팀	작성자	마케팅팀 박○○
참석자	마케팅팀 팀장, 차장 / 영업팀 팀장, 차장 / 홍보팀 팀장, 차장				
회의안건	12월 15일 진행된 '국산 딸기 특판전' 행사 피드백 및 2월 데이행사(발렌타인데이) 개선 방안				
회의내용	[시식회 및 판매전 피드백 및 개정사항] 1. '소비 촉진'을 위한 특판전이었지만, 무료 시식회, 레시피 관련 행사의 참여가 높았음에도, 정작 딸기 구매율은 높지 않았음. 시식의 연장을 통해 국산 딸기의 소비 확대로 연결할 필요가 있음 2. '레시피'를 통해 제품을 직접 체험하는 방안은 좋았으나, '레시피'에만 국한된 점이 아쉬웠으며 참여 연령대를 분석·파악하여 연령대별 다양한 체험행사가 필요함 [행사 관련 홍보 피드백] 보도자료 이외의 추가 홍보 자료들이 필요함 → 브로슈어 제작 방안 검토 필요				
결정사항	[홍보팀] N사의 시기별 '데이행사'를 알릴 수 있는 브로슈어 제작 예정(관련 외주 업체 탐색과 동시에 외주 업체 대상 디자인 공모 예정) [마케팅팀] 다양한 체험 행사 시장 조사 및 연령대별 체험 활동 선호도 조사 [영업팀] 제품 소비 촉진 방안 검토(체험 활동과 연계한 소비 촉진 방안 검토) 및 2월 행사에 반영 예정				

59 다음 중 회의록을 이해한 내용으로 옳지 않은 것은?

① 회의의 목적은 전날 진행된 행사 관련 피드백 및 개선 방안 마련이다.

② 회의 참석자는 팀별 2명으로 총 6명이다.

③ 홍보팀에서는 브로슈어 제작을 위해 사내 디자인 공모전을 개최할 예정이다.

④ 영업팀에서는 체험 활동과 연계한 소비 촉진 방안을 검토한 후 2월 행사에 개선 사항을 반영할 예정이다.

60 회의 결과를 바탕으로 할 때, 다음 중 〈보기〉에서 가장 먼저 처리해야 하는 업무 순서로 바르게 나열한 것은?

보기

㉠ 12월 행사 보완 사항 정리 후 보고서 작성
㉡ '2월 데이행사' 기획안 작성 및 보고
㉢ 브로슈어 외주 업체 탐색 및 디자인 공모
㉣ 팀별 개선 방안 및 업무 진행 방향 체크

① ㉠－㉡－㉢－㉣
② ㉠－㉣－㉢－㉡
③ ㉡－㉠－㉢－㉣
④ ㉢－㉠－㉡－㉣

PART 2

미래는 자신이 가진 꿈의 아름다움을 믿는 사람들의 것이다.

- 엘리노어 루즈벨트 -

PART 3

인 · 적성평가

PART

3 인 · 적성평가

01 개요

1. 인 · 적성평가의 의의

인 · 적성평가는 1943년 미국 미네소타 대학교의 임상심리학자 Hathaway 박사와 정신과 의사 Mckinley 박사가 제작한 MMPI(Minnesota Multiphasic Personality Inventory)를 원형으로 한 다면적 인 · 적성평가를 말한다.

다면적이라 불리는 것은 여러 가지 정신적인 증상들을 동시에 측정할 수 있도록 고안되어 있기 때문이다. 풀이하자면, 개인이 가지고 있는 다면적인 성격을 많은 문항 수의 질문을 통해 수치로 나타내는 것이다. 그렇다면 성격이란 무엇인가?

성격은 일반적으로 개인 내부에 있는 특징적인 행동과 생각을 결정해 주는 정신적 · 신체적 체제의 역동적 조직이라고 말할 수 있으며, 환경에 적응하게 하는 개인적인 여러 가지 특징과 행동양식의 잣대라고 정의할 수 있다.

다시 말하면, 성격이란 한 개인이 환경적 변화에 적응하는 특징적인 행동 및 사고유형이라고 할 수 있으며, 인 · 적성평가란 그 개인의 행동 및 사고유형을 서면을 통해 수치적 · 언어적으로 기술하거나 예언해 주는 도구라 할 수 있다.

신규채용 또는 평가에 활용하는 인 · 적성평가로 MMPI 원형을 그대로 사용하는 기업도 있지만, 대부분의 기업에서는 MMPI 원형을 기준으로 연구, 조사, 정보수집, 개정 등의 과정을 통해서 자체 개발한 유형을 사용하고 있다.

인 · 적성평가의 구성은 여러 가지 하위 척도로 구성되어 있는데, MMPI 다면적 인 · 적성평가의 척도를 살펴보면 기본 척도가 8개 문항으로 구성되어 있고, 2개의 임상 척도와 4개의 타당성 척도를 포함, 총 14개 척도로 구성되어 있다.

캘리포니아 심리검사(CPI; California Psychological Inventory)의 경우는 48개 문항, 18개의 척도로 구성되어 있다.

2. 인 · 적성평가의 해석단계

해석단계는 첫 번째, 각 타당성 및 임상 척도에 대한 피검사자의 점수를 검토하는 방법으로 각 척도마다 피검사자의 점수가 정해진 범위에 속하는지 여부를 검토하게 된다.
두 번째, 척도별 연관성에 대한 분석으로 각 척도에서의 점수범위가 의미하는 것과 그것들이 나타낼 가설들을 종합하고, 어느 특정 척도의 점수를 근거로 하여 다른 척도들에 대한 예측을 시도하게 된다.
세 번째, 척도 간의 응집 또는 분산을 찾아보고 그에 따른 해석적 가설을 형성하는 과정으로 두 개 척도 간의 관계만을 가지고 해석하게 된다.
네 번째, 매우 낮은 임상 척도에 대한 검토로서, 일부 척도에서 낮은 점수가 특별히 의미 있는 경우가 있기 때문에 신중히 다뤄지게 된다.
다섯 번째, 타당성 및 임상 척도에 대한 형태적 분석으로서, 타당성 척도들과 임상 척도들 전체의 형태적 분석이다. 주로 척도들의 상승도와 기울기 및 굴곡을 해석해서 피검사자에 대한 종합적이고 총체적인 추론적 해석을 하게 된다.

PART 3

02 척도구성

1. MMPI 척도구성

(1) 타당성 척도

타당성 척도는 피검사자가 검사에 올바른 태도를 보였는지, 또 피검사자가 응답한 검사문항들의 결론이 신뢰할 수 있는 결론인가를 알아보는 라이스케일(허위척도)이라 할 수 있다. 타당성 4개 척도는 잘못된 검사태도를 탐지하게 할 뿐만 아니라, 임상 척도와 더불어 검사 이외의 행동에 대하여 유추할 수 있는 자료를 제공해 줌으로써, 의미있는 인성요인을 밝혀주기도 한다.

〈타당성 4개 척도구성〉

척도	내용
무응답 척도 (?)	무응답 척도는 피검사자가 응답하지 않은 문항과 '그렇다'와 '아니다'에 모두 답한 문항들의 총합이다. 척도점수의 크기는 다른 척도점수에 영향을 미치게 되므로, 빠뜨린 문항의 수를 최소로 줄이는 것이 중요하다.
허구 척도 (L)	L척도는 피검사자가 자신을 좋은 인상으로 나타내 보이기 위해 하는 고의적이고 부정직하며 세련되지 못한 시도를 측정하는 허구 척도이다. L척도의 문항들은 정직하지 못하거나 결점들을 고의적으로 감춰 자신을 좋게 보이려는 사람들의 장점마저도 부인하게 된다.
신뢰성 척도 (F)	F척도는 검사문항에 빗나간 방식의 답변을 응답하는 경향을 평가하기 위한 척도로 정상적인 집단의 10% 이하가 응답한 내용을 기준으로 일반 대중의 생각이나 경험과 다른 정도를 측정한다.
교정 척도 (K)	K척도는 분명한 정신적인 장애를 지니면서도 정상적인 프로파일을 보이는 사람들을 식별하기 위한 것이다. K척도는 L척도와 유사하게 거짓답안을 확인하지만 L척도보다 더 미세하고 효과적으로 측정한다.

(2) 임상 척도

임상 척도는 검사의 주된 내용으로써 비정상 행동의 종류를 측정하는 10가지 척도로 되어 있다. 임상 척도의 수치는 높은 것이 좋다고 해석하는 경우도 있지만, 개별 척도별로 해석을 참고하는 경우가 대부분이다.

척도	내용
건강염려증(Hs) Hypochondriasis	개인이 말하는 신체적 증상과 이러한 증상들이 다른 사람을 조정하는 데 사용되고 있지는 않은지 여부를 측정하는 척도로서, 측정내용은 신체의 기능에 대한 과도한 집착 및 이와 관련된 질환이나 비정상적인 상태에 대한 불안감 등이다.
우울증(D) Depression	개인의 비관 및 슬픔의 정도를 나타내는 기분상태의 척도로서, 자신에 대한 태도와 타인과의 관계에 대한 태도, 절망감, 희망의 상실, 무력감 등을 원인으로 나타나는 활동에 대한 흥미의 결여, 불면증과 같은 신체적 증상 및 과도한 민감성 등을 표현한다.
히스테리(Hy) Hysteria	현실에 직면한 어려움이나 갈등을 회피하는 방법인 부인기제를 사용하는 경향 정도를 진단하려는 것으로서 특정한 신체적 증상을 나타내는 문항들과 아무런 심리적·정서적 장애도 가지고 있지 않다고 주장하는 것을 나타내는 문항들의 두 가지 다른 유형으로 구성되어 있다.
반사회성(Pd) Psychopathic Deviate	가정이나 일반사회에 대한 불만, 자신 및 사회와의 격리, 권태 등을 주로 측정하는 것으로서 반사회적 성격, 비도덕적인 성격 경향 정도를 알아보기 위한 척도이다.
남성-여성특성(Mf) Masculinity-Femininity	직업에 관한 관심, 취미, 종교적 취향, 능동·수동성, 대인감수성 등의 내용을 담고 있으며, 흥미형태의 남성특성과 여성특성을 측정하고 진단하는 검사이다.
편집증(Pa) Paranoia	편집증을 평가하기 위한 것으로서 정신병적인 행동과 과대의심, 관계망상, 피해망상, 과대망상, 과민함, 비사교적 행동, 타인에 대한 불만감 같은 내용의 문항들로 구성되어 있다.
강박증(Pt) Psychasthenia	병적인 공포, 불안감, 과대근심, 강박관념, 자기 비판적 행동, 집중력 곤란, 죄책감 등을 검사하는 내용으로 구성되어 있으며, 주로 오랫동안 지속된 만성적인 불안을 측정한다.
정신분열증(Sc) Schizophrenia	정신적 혼란을 측정하는 척도로서 가장 많은 문항에 내포하고 있다. 이 척도는 별난 사고방식이나 행동양식을 지닌 사람을 판별하는 것으로서 사회적 고립, 가족관계의 문제, 성적 관심, 충동억제불능, 두려움, 불만족 등의 내용으로 구성되어 있다.
경조증(Ma) Hypomania	정신적 에너지를 측정하는 것으로서, 사고의 다양성과 과장성, 행동영역의 불안정성, 흥분성, 민감성 등을 나타낸다. 이 척도가 높으면 무엇인가를 하지 않고는 못 견디는 정력적인 사람이다.
내향성(Si) Social Introversion	피검사자의 내향성과 외향성을 측정하기 위한 척도로서, 개인의 사회적 접촉 회피, 대인관계의 기피, 비사회성 등의 인성요인을 측정한다. 이 척도의 내향성과 외향성은 어느 하나가 좋고 나쁨을 나타내는 것이 아니라, 피검사자가 어떤 성향의 사람인가를 알아내는 것이다.

2. CPI 척도구성

〈18 척도〉

지배성 척도 (Do)	강력하고 지배적이며, 리더십이 강하고 대인관계에서 주도권을 잡는 지배적인 사람을 변별하고자 하는 척도이다.
지위능력 척도 (Cs)	현재의 개인 자신의 지위를 측정하는 것이 아니라, 개인의 내부에 잠재되어 있어 어떤 지위에 도달하게끔 하는 자기 확신, 야심, 자신감 등을 평가하기 위한 척도이다.
사교성 척도 (Sy)	사교적이고 활달하며 참여기질이 좋은 사람과, 사회적으로 자신을 나타내기 싫어하고 참여기질이 좋지 않은 사람을 변별하고자 하는 척도이다.
사회적 태도 척도 (Sp)	사회생활에서의 안정감, 활력, 자발성, 자신감 등을 평가하기 위한 척도로서, 사교성과 밀접한 관계가 있다. 고득점자는 타인 앞에 나서기를 좋아하고, 타인의 방어기제를 공격하여 즐거움을 얻고자 하는 성격을 가지고 있다.
자기수용 척도 (Sa)	자신에 대한 믿음, 자신의 생각을 수용하는 자기확신감을 가지고 있는 사람을 변별하기 위한 척도이다.
행복감 척도 (Wb)	근본 목적은 행복감을 느끼는 사람과 그렇지 않은 사람을 변별해 내는 척도 검사이지만, 긍정적인 성격으로 가장하기 위해서 반응한 사람을 변별해 내는 타당성 척도로서의 목적도 가지고 있다.
책임감 척도 (Re)	법과 질서에 대해서 철저하고 양심적이며 책임감이 강해 신뢰할 수 있는 사람과 인생은 이성에 의해서 지배되어야 한다고 믿는 사람을 변별하기 위한 척도이다.
사회성 척도 (So)	사회생활에서 이탈된 행동이나 범죄의 가능성이 있는 사람을 변별하기 위한 척도로서 범죄자 유형의 사람은 정상인보다 매우 낮은 점수를 나타낸다.
자기통제 척도 (Sc)	자기통제의 유무, 충동, 자기중심에서 벗어날 수 있는 통제의 적절성, 규율과 규칙에 동의하는 정도를 측정하는 척도로서, 점수가 높은 사람은 지나치게 자신을 통제하려 하며, 낮은 사람은 자기 통제가 잘 안되므로 충동적이 된다.
관용성 척도 (To)	침묵을 지키고 어떤 사실에 대하여 성급하게 판단하기를 삼가고 다양한 관점을 수용하려는 사회적 신념과 태도를 재려는 척도이다.
좋은 인상 척도 (Gi)	타인이 자신에 대해 어떻게 반응하는가, 타인에게 좋은 인상을 주었는가에 흥미를 느끼는 사람을 변별하고, 자신을 긍정적으로 보이기 위해 솔직하지 못한 반응을 하는 사람을 찾아내기 위한 타당성 척도이다.
추종성 척도 (Cm)	사회에 대한 보수적인 태도와 생각을 측정하는 척도검사이다. 아무렇게나 적당히 반응한 피검사자를 찾아내는 타당성 척도로서의 목적도 있다.
순응을 위한 성취 척도 (Ac)	강한 성취욕구를 측정하기 위한 척도로서 학업성취에 관련된 동기요인과 성격요인을 측정하기 위해서 만들어졌다.
독립성을 통한 성취 척도 (Ai)	독립적인 사고, 창조력, 자기실현을 위한 성취능력의 정도를 측정하는 척도이다.
지적 능률 척도 (Ie)	지적 능률성을 측정하기 위한 척도이며, 지능과 의미 있는 상관관계를 가지고 있는 성격특성을 나타내는 항목을 제공한다.
심리적 예민성 척도 (Py)	동기, 내적 욕구, 타인의 경험에 공명하고 흥미를 느끼는 정도를 재는 척도이다.
유연성 척도 (Fx)	개인의 사고와 사회적 행동에 대한 유연성, 순응성 정도를 나타내는 척도이다.
여향성 척도 (Fe)	흥미의 남향성과 여향성을 측정하기 위한 척도이다.

03 인 · 적성평가 시 유의사항

(1) 충분한 휴식으로 불안을 없애고 정서적인 안정을 취한다. 심신이 안정되어야 자신의 마음을 표현할 수 있다.

(2) 생각나는 대로 솔직하게 응답한다. 자신을 너무 과대포장하지도, 너무 비하하지 않도록 한다. 답변을 꾸며서 하면 앞뒤가 맞지 않게끔 구성돼 있어 불리한 평가를 받게 되므로 솔직하게 답하도록 한다.

(3) 검사문항에 대해 지나치게 골똘히 생각해서는 안 된다. 지나치게 몰두하면 엉뚱한 답변이 나올 수 있으므로 불필요한 생각은 삼간다.

(4) 인 · 적성평가는 대개 문항 수가 많기에 자칫 건너뛰는 경우가 있는데, 가능한 모든 문항에 답해야 한다. 응답하지 않은 문항이 많을 경우 평가자가 정확한 평가를 내리지 못해 불리한 평가를 받을 수 있기 때문이다.

04 인 · 적성평가 모의연습

1. 1단계 검사

※ 다음 질문내용을 읽고 본인에 해당하는 응답의 '예', '아니오'에 ○표 하시오. [1~140]

번호	질문	응답	
1	조심스러운 성격이라고 생각한다.	예	아니오
2	사물을 신중하게 생각하는 편이라고 생각한다.	예	아니오
3	동작이 기민한 편이다.	예	아니오
4	포기하지 않고 노력하는 것이 중요하다.	예	아니오
5	일주일의 예정을 만드는 것을 좋아한다.	예	아니오
6	노력의 여하보다 결과가 중요하다.	예	아니오
7	자기주장이 강하다.	예	아니오
8	장래의 일을 생각하면 불안해질 때가 있다.	예	아니오
9	소외감을 느낄 때가 있다.	예	아니오
10	훌쩍 여행을 떠나고 싶을 때가 자주 있다.	예	아니오
11	대인관계가 귀찮다고 느낄 때가 있다.	예	아니오
12	자신의 권리를 주장하는 편이다.	예	아니오
13	낙천가라고 생각한다.	예	아니오
14	싸움을 한 적이 없다.	예	아니오
15	자신의 의견을 상대에게 잘 주장하지 못한다.	예	아니오
16	좀처럼 결단하지 못하는 경우가 있다.	예	아니오
17	하나의 취미를 오래 지속하는 편이다.	예	아니오
18	한 번 시작한 일은 끝을 맺는다.	예	아니오

번호	질문	응답	
19	행동으로 옮기기까지 시간이 걸린다.	예	아니오
20	다른 사람들이 하지 못하는 일을 하고 싶다.	예	아니오
21	해야 할 일은 신속하게 처리한다.	예	아니오
22	병이 아닌지 걱정이 들 때가 있다.	예	아니오
23	다른 사람의 충고를 기분 좋게 듣는 편이다.	예	아니오
24	다른 사람에게 의존적이 될 때가 많다.	예	아니오
25	타인에게 간섭받는 것은 싫다.	예	아니오
26	의식 과잉이라는 생각이 들 때가 있다.	예	아니오
27	수다를 좋아한다.	예	아니오
28	잘못된 일을 한 적이 한 번도 없다.	예	아니오
29	모르는 사람과 이야기하는 것은 용기가 필요하다.	예	아니오
30	끙끙거리며 생각할 때가 있다.	예	아니오
31	다른 사람에게 항상 움직이고 있다는 말을 듣는다.	예	아니오
32	매사에 얽매인다.	예	아니오
33	잘하지 못하는 게임은 하지 않으려고 한다.	예	아니오
34	어떠한 일이 있어도 출세하고 싶다.	예	아니오
35	막무가내라는 말을 들을 때가 많다.	예	아니오
36	신경이 예민한 편이라고 생각한다.	예	아니오
37	쉽게 침울해한다.	예	아니오
38	쉽게 싫증을 내는 편이다.	예	아니오
39	옆에 사람이 있으면 싫다.	예	아니오
40	토론에서 이길 자신이 있다.	예	아니오
41	친구들과 남의 이야기를 하는 것을 좋아한다.	예	아니오
42	푸념을 한 적이 없다.	예	아니오
43	남과 친해지려면 용기가 필요하다.	예	아니오
44	통찰력이 있다고 생각한다.	예	아니오
45	집에서 가만히 있으면 기분이 우울해진다.	예	아니오
46	매사에 느긋하고 차분하게 매달린다.	예	아니오
47	좋은 생각이 떠올라도 실행하기 전에 여러모로 검토한다.	예	아니오
48	누구나 권력자를 동경하고 있다고 생각한다.	예	아니오
49	몸으로 부딪혀 도전하는 편이다.	예	아니오
50	당황하면 갑자기 땀이 나서 신경 쓰일 때가 있다.	예	아니오
51	친구들이 진지한 사람으로 생각하고 있다.	예	아니오
52	감정적으로 될 때가 많다.	예	아니오
53	다른 사람의 일에 관심이 없다.	예	아니오

번호	질문	응답	
54	다른 사람으로부터 지적받는 것은 싫다.	예	아니오
55	지루하면 마구 떠들고 싶어진다.	예	아니오
56	부모에게 불평을 한 적이 한 번도 없다.	예	아니오
57	내성적이라고 생각한다.	예	아니오
58	돌다리도 두들기고 건너는 타입이라고 생각한다.	예	아니오
59	굳이 말하자면 시원시원하다.	예	아니오
60	나는 끈기가 강하다.	예	아니오
61	전망을 세우고 행동할 때가 많다.	예	아니오
62	일에는 결과가 중요하다고 생각한다.	예	아니오
63	활력이 있다.	예	아니오
64	항상 천재지변을 당하지는 않을까 걱정하고 있다.	예	아니오
65	때로는 후회할 때도 있다.	예	아니오
66	다른 사람에게 위해를 가할 것 같은 기분이 든 때가 있다.	예	아니오
67	진정으로 마음을 허락할 수 있는 사람은 없다.	예	아니오
68	기다리는 것에 짜증내는 편이다.	예	아니오
69	친구들로부터 줏대 없는 사람이라는 말을 듣는다.	예	아니오
70	사물을 과장해서 말한 적은 없다.	예	아니오
71	인간관계가 폐쇄적이라는 말을 듣는다.	예	아니오
72	매사에 신중한 편이라고 생각한다.	예	아니오
73	눈을 뜨면 바로 일어난다.	예	아니오
74	난관에 봉착해도 포기하지 않고 열심히 해본다.	예	아니오
75	실행하기 전에 재확인할 때가 많다.	예	아니오
76	리더로서 인정을 받고 싶다.	예	아니오
77	어떤 일이 있어도 의욕을 가지고 열심히 하는 편이다.	예	아니오
78	다른 사람의 감정에 민감하다.	예	아니오
79	다른 사람들이 남을 배려하는 마음씨가 있다는 말을 한다.	예	아니오
80	사소한 일로 우는 일이 많다.	예	아니오
81	반대에 부딪혀도 자신의 의견을 바꾸는 일은 없다.	예	아니오
82	누구와도 편하게 이야기할 수 있다.	예	아니오
83	가만히 있지 못할 정도로 침착하지 못할 때가 있다.	예	아니오
84	다른 사람을 싫어한 적은 한 번도 없다.	예	아니오
85	그룹 내에서는 누군가의 주도하에 따라가는 경우가 많다.	예	아니오
86	차분하다는 말을 듣는다.	예	아니오
87	스포츠 선수가 되고 싶다고 생각한 적이 있다.	예	아니오
88	모두가 싫증을 내는 일에도 혼자서 열심히 한다.	예	아니오

번호	질문	응답	
89	휴일은 세부적인 예정을 세우고 보낸다.	예	아니오
90	완성된 것보다 미완성인 것에 흥미가 있다.	예	아니오
91	잘하지 못하는 것이라도 자진해서 한다.	예	아니오
92	가만히 있지 못할 정도로 불안해질 때가 많다.	예	아니오
93	자주 깊은 생각에 잠긴다.	예	아니오
94	이유도 없이 다른 사람과 부딪힐 때가 있다.	예	아니오
95	타인의 일에는 별로 관여하고 싶지 않다고 생각한다.	예	아니오
96	무슨 일이든 자신을 가지고 행동한다.	예	아니오
97	유명인과 서로 아는 사람이 되고 싶다.	예	아니오
98	지금까지 후회를 한 적이 없다.	예	아니오
99	의견이 다른 사람과는 어울리지 않는다.	예	아니오
100	무슨 일이든 생각해 보지 않으면 만족하지 못한다.	예	아니오
101	다소 무리를 하더라도 피로해지지 않는다.	예	아니오
102	굳이 말하자면 장거리 주자에 어울린다고 생각한다.	예	아니오
103	여행을 가기 전에는 세세한 계획을 세운다.	예	아니오
104	능력을 살릴 수 있는 일을 하고 싶다.	예	아니오
105	성격이 시원시원하다고 생각한다.	예	아니오
106	굳이 말하자면 자의식 과잉이다.	예	아니오
107	자신을 쓸모없는 인간이라고 생각할 때가 있다.	예	아니오
108	주위의 영향을 받기 쉽다.	예	아니오
109	지인을 발견해도 만나고 싶지 않을 때가 많다.	예	아니오
110	다수의 반대가 있더라도 자신의 생각대로 행동한다.	예	아니오
111	번화한 곳에 외출하는 것을 좋아한다.	예	아니오
112	지금까지 다른 사람의 마음에 상처준 일이 없다.	예	아니오
113	다른 사람에게 자신이 소개되는 것을 좋아한다.	예	아니오
114	실행하기 전에 재고하는 경우가 많다.	예	아니오
115	몸을 움직이는 것을 좋아한다.	예	아니오
116	나는 완고한 편이라고 생각한다.	예	아니오
117	신중하게 생각하는 편이다.	예	아니오
118	커다란 일을 해보고 싶다.	예	아니오
119	계획을 생각하기보다 빨리 실행하고 싶어한다.	예	아니오
120	작은 소리도 신경 쓰인다.	예	아니오
121	나는 자질구레한 걱정이 많다.	예	아니오
122	이유도 없이 화가 치밀 때가 있다.	예	아니오
123	융통성이 없는 편이다.	예	아니오

번호	질문	응답	
124	나는 다른 사람보다 기가 세다.	예	아니오
125	다른 사람보다 쉽게 우쭐해진다.	예	아니오
126	다른 사람을 의심한 적이 한 번도 없다.	예	아니오
127	어색해지면 입을 다무는 경우가 많다.	예	아니오
128	하루의 행동을 반성하는 경우가 많다.	예	아니오
129	격렬한 운동도 그다지 힘들어하지 않는다.	예	아니오
130	새로운 일에 처음 한 발을 좀처럼 떼지 못한다.	예	아니오
131	앞으로의 일을 생각하지 않으면 진정이 되지 않는다.	예	아니오
132	인생에서 중요한 것은 높은 목표를 갖는 것이다.	예	아니오
133	무슨 일이든 선수를 쳐야 이긴다고 생각한다.	예	아니오
134	다른 사람이 나를 어떻게 생각하는지 궁금할 때가 많다.	예	아니오
135	침울해지면서 아무 것도 손에 잡히지 않을 때가 있다.	예	아니오
136	어린 시절로 돌아가고 싶을 때가 있다.	예	아니오
137	아는 사람을 발견해도 피해버릴 때가 있다.	예	아니오
138	굳이 말하자면 기가 센 편이다.	예	아니오
139	성격이 밝다는 말을 듣는다.	예	아니오
140	다른 사람이 부럽다고 생각한 적이 한 번도 없다.	예	아니오

2. 2단계 검사

※ 다음 질문내용을 읽고 A, B 중 해당되는 곳에 ○표 하시오. [1~36]

번호	질문	응답	
1	A 사람들 앞에서 잘 이야기하지 못한다.	A	B
	B 사람들 앞에서 이야기하는 것을 좋아한다.		
2	A 엉뚱한 생각을 잘한다.	A	B
	B 비현실적인 것을 싫어한다.		
3	A 친절한 사람이라는 말을 듣고 싶다.	A	B
	B 냉정한 사람이라는 말을 듣고 싶다.		
4	A 예정에 얽매이는 것을 싫어한다.	A	B
	B 예정이 없는 상태를 싫어한다.		
5	A 혼자 생각하는 것을 좋아한다.	A	B
	B 다른 사람과 이야기하는 것을 좋아한다.		
6	A 정해진 절차에 따르는 것을 싫어한다.	A	B
	B 정해진 절차가 바뀌는 것을 싫어한다.		

번호	질문	응답	
7	A 친절한 사람 밑에서 일하고 싶다.	A	B
	B 이성적인 사람 밑에서 일하고 싶다.		
8	A 그때그때의 기분으로 행동하는 경우가 많다.	A	B
	B 미리 행동을 정해두는 경우가 많다.		
9	A 다른 사람과 만났을 때 화제로 고생한다.	A	B
	B 다른 사람과 만났을 때 화제에 부족함이 없다.		
10	A 학구적이라는 인상을 주고 싶다.	A	B
	B 실무적이라는 인상을 주고 싶다.		
11	A 친구가 돈을 빌려달라고 하면 거절하지 못한다.	A	B
	B 본인에게 도움이 되지 않는 차금은 거절한다.		
12	A 조직 안에서는 독자적으로 움직이는 타입이라고 생각한다.	A	B
	B 조직 안에서는 우등생 타입이라고 생각한다.		
13	A 문장을 쓰는 것을 좋아한다.	A	B
	B 이야기하는 것을 좋아한다.		
14	A 직감으로 판단한다.	A	B
	B 경험으로 판단한다.		
15	A 다른 사람이 어떻게 생각하는지 신경 쓰인다.	A	B
	B 다른 사람이 어떻게 생각하든 신경 쓰지 않는다.		
16	A 틀에 박힌 일은 싫다.	A	B
	B 절차가 정해진 일을 좋아한다.		
17	A 처음 사람을 만날 때는 노력이 필요하다.	A	B
	B 처음 사람을 만나는 것이 아무렇지도 않다.		
18	A 꿈을 가진 사람에게 끌린다.	A	B
	B 현실적인 사람에게 끌린다.		
19	A 어려움에 처한 사람을 보면 동정한다.	A	B
	B 어려움에 처한 사람을 보면 원인을 생각한다.		
20	A 느긋한 편이다.	A	B
	B 시간을 정확히 지키는 편이다.		
21	A 회합에서는 소개를 받는 편이다.	A	B
	B 회합에서는 소개를 하는 편이다.		
22	A 굳이 말하자면 혁신적이라고 생각한다.	A	B
	B 굳이 말하자면 보수적이라고 생각한다.		
23	A 지나치게 합리적으로 결론짓는 것은 좋지 않다.	A	B
	B 지나치게 온정을 표시하는 것은 좋지 않다.		

PART 3

번호	질문	응답	
24	A 융통성이 있다. B 자신의 페이스를 잃지 않는다.	A	B
25	A 사람들 앞에 잘 나서지 못한다. B 사람들 앞에 나서는 데 어려움이 없다.	A	B
26	A 상상력이 있다는 말을 듣는다. B 현실적이라는 이야기를 듣는다.	A	B
27	A 다른 사람의 의견에 귀를 기울인다. B 자신의 의견을 밀어붙인다.	A	B
28	A 틀에 박힌 일은 너무 딱딱해서 싫다. B 방법이 정해진 일은 안심할 수 있다.	A	B
29	A 튀는 것을 싫어한다. B 튀는 것을 좋아한다.	A	B
30	A 굳이 말하자면 이상주의자이다. B 굳이 말하자면 현실주의자이다.	A	B
31	A 일을 선택할 때에는 인간관계를 중시하고 싶다. B 일을 선택할 때에는 일의 보람을 중시하고 싶다.	A	B
32	A 임기응변에 능하다. B 계획적인 행동을 중요하게 여긴다.	A	B
33	A 혼자 꾸준히 하는 것을 좋아한다. B 변화가 있는 것을 좋아한다.	A	B
34	A 가능성에 눈을 돌린다. B 현실성에 눈을 돌린다.	A	B
35	A 매사에 감정적으로 생각한다. B 매사에 이론적으로 생각한다.	A	B
36	A 스케줄을 짜지 않고 행동하는 편이다. B 스케줄을 짜고 행동하는 편이다.	A	B

3. 답안지

(1) 1단계 검사

1	15	29	43	57	71	85	99	113	127
예 아니오	예 아니오	예 아니오	예 아니오	예 아니오	예 아니오	예 아니오	예 아니오	예 아니오	예 아니오
2	16	30	44	58	72	86	100	114	128
예 아니오	예 아니오	예 아니오	예 아니오	예 아니오	예 아니오	예 아니오	예 아니오	예 아니오	예 아니오
3	17	31	45	59	73	87	101	115	129
예 아니오	예 아니오	예 아니오	예 아니오	예 아니오	예 아니오	예 아니오	예 아니오	예 아니오	예 아니오
4	18	32	46	60	74	88	102	116	130
예 아니오	예 아니오	예 아니오	예 아니오	예 아니오	예 아니오	예 아니오	예 아니오	예 아니오	예 아니오
5	19	33	47	61	75	89	103	117	131
예 아니오	예 아니오	예 아니오	예 아니오	예 아니오	예 아니오	예 아니오	예 아니오	예 아니오	예 아니오
6	20	34	48	62	76	90	104	118	132
예 아니오	예 아니오	예 아니오	예 아니오	예 아니오	예 아니오	예 아니오	예 아니오	예 아니오	예 아니오
7	21	35	49	63	77	91	105	119	133
예 아니오	예 아니오	예 아니오	예 아니오	예 아니오	예 아니오	예 아니오	예 아니오	예 아니오	예 아니오
8	22	36	50	64	78	92	106	120	134
예 아니오	예 아니오	예 아니오	예 아니오	예 아니오	예 아니오	예 아니오	예 아니오	예 아니오	예 아니오
9	23	37	51	65	79	93	107	121	135
예 아니오	예 아니오	예 아니오	예 아니오	예 아니오	예 아니오	예 아니오	예 아니오	예 아니오	예 아니오
10	24	38	52	66	80	94	108	122	136
예 아니오	예 아니오	예 아니오	예 아니오	예 아니오	예 아니오	예 아니오	예 아니오	예 아니오	예 아니오
11	25	39	53	67	81	95	109	123	137
예 아니오	예 아니오	예 아니오	예 아니오	예 아니오	예 아니오	예 아니오	예 아니오	예 아니오	예 아니오
12	26	40	54	68	82	96	110	124	138
예 아니오	예 아니오	예 아니오	예 아니오	예 아니오	예 아니오	예 아니오	예 아니오	예 아니오	예 아니오
13	27	41	55	69	83	97	111	125	139
예 아니오	예 아니오	예 아니오	예 아니오	예 아니오	예 아니오	예 아니오	예 아니오	예 아니오	예 아니오
14	28	42	56	70	84	98	112	126	140
예 아니오	예 아니오	예 아니오	예 아니오	예 아니오	예 아니오	예 아니오	예 아니오	예 아니오	예 아니오

(2) 2단계 검사

1	5	9	13	17	21	25	29	33
A B	A B	A B	A B	A B	A B	A B	A B	A B
2	6	10	14	18	22	26	30	34
A B	A B	A B	A B	A B	A B	A B	A B	A B
3	7	11	15	19	23	27	31	35
A B	A B	A B	A B	A B	A B	A B	A B	A B
4	8	12	16	20	24	28	32	36
A B	A B	A B	A B	A B	A B	A B	A B	A B

4. 분석표

(1) 1단계 검사

	척도		0	1	2	3	4	5	6	7	8	9	10
합계 1	행동적 측면	사회적 내향성 (합계 1)											
합계 2		내성성 (합계 2)											
합계 3		신체활동성 (합계 3)											
합계 4		지속성 (합계 4)											
합계 5		신중성 (합계 5)											
합계 6	의욕적 측면	달성의욕 (합계 6)											
합계 7		활동의욕 (합계 7)											
합계 8	정서적 측면	민감성 (합계 8)											
합계 9		자책성 (합계 9)											
합계 10		기분성 (합계 10)											
합계 11		독자성 (합계 11)											
합계 12		자신감 (합계 12)											
합계 13		고양성 (합계 13)											
합계 14	타당성	신뢰도 (합계 14)											

(2) 2단계 검사

합계
합계 15
합계 16
합계 17
합계 18

척도		0	1	2	3	4	5	6	7	8	9	
성격 유형	흥미관심 방향 (합계 15)											외향
	사물에 대한 견해 (합계 16)											감각
	판단의 방법 (합계 17)											사고
	사회에 대한 접근 방법 (합계 18)											판단

5. 채점방식

(1) 1단계 검사

① 답안지에 '예', '아니오'를 체크한다.

② 답안지의 문제번호 줄 1, 15, 29, 43, 57, 71, 85, 99, 113, 127 중 '예'에 체크한 개수의 합계를 '합계 1'란에 숫자로 기입한다.

③ 위와 같이 문제번호 줄 2, 16, 30, 44, 58, 72, 86, 100, 114, 128 중 '예'에 체크한 개수의 합계를 '합계 2'란에 기입한다.

④ 마찬가지로 문제번호 줄 14까지 이렇게 '예'에 체크한 개수의 합계를 차례대로 '합계 14'란까지 숫자로 기입한다.

⑤ 집계는 각각 10문제씩 한다.

⑥ 집계가 끝나면 집계결과를 분석표에 옮겨 적는다.

(2) 2단계 검사

① 답안지의 문제번호 줄 1, 5, 9, 13, 17, 21, 25, 29, 33의 'B'에 ○표 체크한 개수의 합계를 '합계 15'란에 숫자로 기입한다.

② 마찬가지로 문제번호 줄 4까지 이렇게 'B'에 ○표 체크한 개수의 합계를 차례대로 '합계 18'란까지 숫자로 기입한다.

③ 집계는 각각 옆으로 9문제씩 한다.

④ 집계가 끝나면 집계결과를 분석표에 옮겨 적는다.

6. 결과 분석

(1) 1단계 검사

① '합계 1'에서부터 '합계 5'까지는 성격 특성을 나타내는 어떠한 행동적 특징이 있는지 나타낸다. 즉, 행동적 측면은 행동으로 나타내기 쉬운 경향을 나타내는 것이다. 행동적인 경향은 겉모습으로도 금방 알 수 있기 때문에 면접에서 다루어지기 쉬운 부분이다.

② '합계 6'과 '합계 7'은 의욕적인 측면을 나타낸다. 의욕적 측면은 의욕이나 활력을 나타내는 것이다. 인재를 채용하는 조직에 있어 의욕적인 사람은 열심히 일할 가능성이 높기 때문에 중요한 측면이라고 할 수 있다.

③ '합계 8'에서부터 '합계 13'까지는 정서적인 측면을 나타내는데, 이는 사회에서의 적응력이나 감정의 안정도를 나타내고 있다. 조직 내에서의 업무나 인간관계에 원활하게 적응할 수 있는지 등을 측정하는 것이다.

④ '합계 14'는 라이스케일, 즉 타당성 척도로서 허위성을 나타낸다. 업무상의 과실을 얼버무리거나 자신을 잘 보이게 하기 위해 거짓말을 하는 정도를 측정하는 것이다.

⑤ '합계 1'에서 '합계 13'까지는 평가치가 높을수록 측정된 특성 경향이 강하다는 것을 나타낸다. '합계 14'는 평가치가 높을수록 응답에 대한 신뢰성이 낮고, 평가치가 낮을수록 응답에 대한 신뢰성이 높다는 의미이다.

(2) 2단계 검사

① 2단계 검사는 성격유형에 관한 부분으로, 개인의 성향을 분류하기 위한 요소이다. 성격유형이 채용여부에 직접 영향을 주는 일은 다소 적지만, 장래에 이동이나 승진 시 자료로 이용될 가능성이 있는 항목이다.

② 평가치는 높고 낮음을 나타내는 것이 아니라, 피검사자의 성향이 어느 방면에 치우쳐 있는가를 판단하는 것이다. 예를 들어, '흥미관심'의 평가치가 9인 경우 외향적인 경향이 강하고, 2인 경우에는 내향적인 경향이 강하다고 할 수 있다. 평가치가 4 또는 5일 경우에는 어느 한 성향으로 치우쳐 있지 않고 중립적인 성향을 가지고 있다고 볼 수 있다.

05 인성검사 결과로 알아보는 예상 면접 질문

인성검사는 특히 면접 질문과 관련성이 높은 부분이다. 면접관은 지원자의 인성검사 결과를 토대로 질문을 하게 된다. 그렇다고 해서 자신의 성격을 꾸미는 것은 바람직하지 않다. 실제 시험은 매우 복잡하여 전문가라 해도 일정 성격을 유지하면서 답변을 하는 것이 불가능하기 때문이다. 따라서 인성검사는 솔직하게 임하되 인성검사 모의연습으로 자신의 성향을 정확히 파악하고 아래 예상 면접질문을 참고하여, 자신의 단점은 보완하면서 강점은 어필할 수 있는 답변을 준비하도록 하자.

1. 사회적 내향성 척도

(1) 득점이 낮은 사람

- 자기가 선택한 직업에 대해 어떤 인상을 가지고 있습니까?
- 부모님을 객관적으로 봤을 때 어떻게 생각합니까?
- 당사의 사장님 성함을 알고 있습니까?

수다스럽기 때문에 내용이 없다는 인상을 주기 쉽다. 질문의 요지를 파악하여 논리적인 발언을 하도록 유의하자. 한 번에 많은 것을 이야기하려 하면 요점이 흐려지게 되므로 내용을 정리하여 간결하게 발언한다.

(2) 득점이 높은 사람

- 친구들에게 있어 당신은 어떤 사람입니까?
- 특별히 무언가 묻고 싶은 것이 있습니까?
- 친구들의 상담을 받는 쪽입니까?

높은 득점은 마이너스 요인이다. 면접에서 보완해야 하므로 자신감을 가지고 끝까지 또박또박 주위에도 들릴 정도의 큰 소리로 말하도록 하자. 절대 얼버무리거나 기어들어가는 목소리는 안 된다.

2. 내성성 척도

(1) 득점이 낮은 사람

- 학생시절에 후회되는 일은 없습니까?
- 학생과 사회인의 차이는 무엇이라고 생각합니까?
- 당신이 가장 흥미를 가지고 있는 것에 대해 이야기해 주십시오.

답변 내용을 떠나 일단 평소보다 천천히 말하자. 생각나는 대로 말해버리면 이야기가 누서없이 이곳저곳으로 빠져 부주의하고 경솔하다는 인식을 줄 수 있으므로 머릿속에서 내용을 정리하고 이야기하도록 유의하자. 응답은 가능한 간결하게 한다.

(2) 득점이 높은 사람

- 인생에는 무엇이 중요하다고 생각합니까?
- 좀 더 큰소리로 이야기해 주십시오.

과도하게 긴장할 경우 불필요한 생각을 하게 되어 반응이 늦어버리면 곤란하다. 특히 새로운 질문을 받았는데도 했던 대답을 재차 하거나 하면 전체 흐름을 저해하게 되므로 평소부터 이러한 습관을 의식하면서 적절한 타이밍의 대화를 하도록 하자.

3. 신체활동성 척도

(1) 득점이 낮은 사람

- 휴일은 어떻게 보냅니까?
- 학창시절에 무엇에 열중했습니까?

졸업논문이나 영어회화, 컴퓨터 등 학생다움이나 사회인으로서 도움이 되는 것에 관심을 가지고 있는 것을 적극 어필한다. 이미 면접담당자는 소극적이라고 생각하고 있기 때문에 말로 적극적이라고 말해도 성격프로필의 결과와 모순되므로 일부러 꾸며 말하지 않는다.

(2) 득점이 높은 사람

- 제대로 질문을 듣고 있습니까?
- 희망하는 직종으로 배속되지 않으면 어떻게 하겠습니까?

일부러 긴장시키고 반응을 살피는 경우가 있다. 활동적이지만 침착함이 없다는 인상을 줄 수 있으므로 머릿속에 생각을 정리하는 습관을 들이자. 행동할 때도 마찬가지로, 편하게 행동하는 것은 플러스 요인이지만, 반사적인 언동이 많으면 마이너스가 되므로 주의한다.

4. 지속성 척도

(1) 득점이 낮은 사람

- 일에 활용할 수 있을 만한 자격이나 특기, 취미는 있습니까?
- 오랫동안 배운 것에 대해 들려주십시오.

금방 싫증내서 오래 지속하지 못하는 것은 마이너스다. 쉽게 포기하고 내팽개치는 사람은 어느 곳에서도 필요로 하지 않는다는 것을 상기한다. 면접을 보는 동안과 마찬가지로, 대기 시간에도 주의하여 차분하지 못한 동작을 하지 않도록 한다.

(2) 득점이 높은 사람

- 이런 것도 모릅니까?
- 이 직업에 맞지 않는 것은 아닙니까?

짓궂은 질문을 받으면 감정적이 되거나 옹고집을 부릴 가능성이 있다. 냉정하고 침착하게 받아넘겨야 한다. 비슷한 경험을 쌓으면 차분하게 응답할 수 있게 되므로 모의면접 등의 기회를 활용한다.

5. 신중성 척도

(1) 득점이 낮은 사람

- 당신에게 부족한 것은 어떤 점입니까?
- 결점을 극복하기 위해 어떻게 노력하고 있습니까?

질문의 요지를 잘못 받아들이거나, 불필요한 이야기까지 하는 등 대답에 일관성이 없으면 마이너스다. 직감적인 언동을 하지 않도록 평소부터 논리적으로 생각하는 습관을 키우자.

(2) 득점이 높은 사람

- 주위 사람에게 욕을 들으면 어떻게 하겠습니까?
- 출세하고 싶습니까?

• 제 질문에 대한 답이 아닙니다.

예상외의 질문에 답이 궁해지거나 깊이 생각하게 되면 역시나 신중이 지나쳐 결단이 늦다는 인상을 주게 된다. 주위의 상황을 파악하고 발언하려는 나머지 반응이 늦어지고, 집단면접 등에서 시간이 걸리게 되면 행동이 느리다는 인식을 주게 되므로 주의한다.

6. 달성의욕 척도

(1) 득점이 낮은 사람

• 인생의 목표를 들려주십시오.
• 입사하면 무엇을 하고 싶습니까?
• 지금까지 목표를 향해 노력하여 달성한 적이 있습니까?

결과에 대한 책임감이 낮다, 지시에 따르기만 할 뿐 주체성이 없다는 인상을 준다면 매우 곤란하다. 목표의식이나 의욕의 유무, 주위 상황에 휩쓸리는 경향 등에 대해 물어오면 의욕이 낮다는 인식을 주지 않도록 목표를 향해 견실하게 노력하려는 자세를 강조하자.

(2) 득점이 높은 사람

• 도박을 좋아합니까?
• 다른 사람에게 지지 않는다고 말할 수 있는 것이 있습니까?

행동이 따르지 않고 말만 앞선다면 평가가 나빠진다. 목표나 이상을 바라보고 노력하지 않는 것은 한 번의 도박으로 일확천금을 노리는 것과 같다는 것을 명심하고 자신이 어떤 목표를 이루기 위해 노력한 경험이 있는지 미리 생각해서 행동적인 부분을 어필하는 답변을 하도록 하자.

7. 활동의욕 척도

(1) 득점이 낮은 사람

• 어떤 일을 할 때 주도적으로 이끄는 편입니까?
• 신념이나 신조에 대해 말해 주십시오.
• 질문의 답이 다른 사람과 똑같습니다.

의표를 찌르는 질문을 받더라도 당황하지 말고 수비에 강한 면을 어필하면서 무모한 공격을 하기보다는 신중하게 매진하는 성격이라는 점을 강조할 수 있는 답을 준비해 두자.

(2) 득점이 높은 사람

• 친구들로부터 어떤 성격이라는 이야기를 듣습니까?
• 협동성이 있다고 생각합니까?

사고과정을 전달하지 않으면 너무 막무가내이거나, 경박하고 생각 없이 발언한다는 인식을 줄 수 있으므로 갑자기 결론을 내리거나 단숨에 본인이 하고 싶은 말만 하는 것은 피하자.

8. 민감성 척도

(1) 득점이 낮은 사람

- 좌절한 경험에 대해 이야기해 주십시오.
- 당신이 약하다고 느낄 때는 어떤 때입니까?

구체적으로 대답하기 어려운 질문이나 의도를 알기 어려운 질문을 통해 감수성을 시험하게 된다. 냉정하게 자기분석을 하여 독선적이지 않은 응답을 하자.

(2) 득점이 높은 사람

- 지금까지 신경이 예민하다는 이야기를 들은 적이 있습니까?
- 채용되지 못하면 어떻게 하시겠습니까?
- 당신의 성격에서 고치고 싶은 부분이 있습니까?

예민한 성격이라는 부분을 마음에 두고 있으면 직접적인 질문을 받았을 때 당황하게 된다. 신경이 예민하다기보다 세세한 부분도 눈에 잘 들어오는 성격이라고 어필하자.

9. 자책성 척도

(1) 득점이 낮은 사람

- 학생시절을 통해 얻은 것은 무엇이라고 생각합니까?
- 자기 자신을 분석했을 때 좋아하는 면은 무엇입니까?

낙관적인 것은 면접관이 이미 알고 있으므로 솔직한 부분이나 신념을 가지고 의의가 있는 삶을 살고 있다는 점을 어필하자.

(2) 득점이 높은 사람

- 곤란한 상황에 어떻게 대처하겠습니까?
- 실수한 경험과 그 실수에서 얻은 교훈을 들려주십시오.

좋지 않은 쪽으로 생각해서 불필요하게 긴장하면 더욱 사태가 악화된다. 쉽게 비관하는 성격이므로, 면접을 받는 동안은 면접담당자의 눈을 보며 밝게 응답하고, 말끝을 흐리지 않고 또박또박 말하도록 유의하자. 또한 '할 수 없다.', '자신이 없다.' 등의 발언이 많으면 평가가 떨어지므로 평소부터 부정적인 말을 사용하지 않도록 긍정적으로 사고하는 습관을 들여야 한다.

PART 4

면접

PART

4 면접

01 지역농협 6급 면접

지역농협 6급 면접은 블라인드로 진행되어 자신의 이름이나 출신학교, 스펙 등의 공개가 불가능하다. 다대다 면접으로 진행되며 조별로 나눠서 제비뽑기로 순서를 정한다. 크게 인성 면접, 주장 면접, 상식 면접으로 나눠서 진행된다.

1. 인성 면접

인성 면접은 4 ~ 5개의 질문을 지원자들에게 돌아가면서 질문한다. 관심이 가는 지원자에게 편중된 질문을 하기보다, 모든 지원자에게 골고루 질문을 하는 편이므로 기회를 잡을 수 있도록 노력한다. 최근에는 1분 자기소개나 지원 동기 등과 같은 일반화된 질문은 생략하는 추세에 있다.

2. 주장 면접

출제되는 여러 주제 중에 하나를 골라 이를 읽고 약 3분간 자신의 주장을 전개하는 면접이다. 이를 대비하기 위해서는 최근 농협이 추진하고 있는 사업에 대한 깊이 있는 이해가 필요하며 농민신문 등을 통해 최근 농촌 이슈에 대한 관심을 가지고 있어야 한다.

3. 상식 면접

농협관련 상식이나 은행 업무, 금융관련 상식에 대한 내용이 주로 출제된다. 또한, 경제나 금융, 농업과 관련된 용어의 정의를 물어보기도 하므로 이에 대한 철저한 준비가 필요하다.

02 면접 기출 질문

1. 서울농협

(1) 상식 면접

- DTI란?
- 사모펀드의 장단점은?
- 미국의 금리 인상이 농협은행에 미치는 영향은?
- 지급유예제도란?
- 레임덕이란?
- 모태펀드란?
- 순이자수익이란?
- 임금피크제란?
- 퇴직연금이란?
- 옐로칩과 블루칩이란?

(2) 인성 면접

- 최근에 칭찬받은 경험이 있는가?
- 팀원을 설득해서 좋은 평가를 받아본 경험이 있는가?
- 편견을 가지고 상대방을 대해서 실수한 경험이 있는가?
- 국내 부동산 현황에 대해 어떻게 생각하는가?
- 본인의 매력 포인트는 무엇이라고 생각하는가?
- 최근 본 영화 중 인상 깊었던 것과 그 이유는?
- 생활신조는 무엇인가?
- 본인의 가치관에 대해 말해 보시오.
- 본인을 상품화한다면 어떨지 말해 보시오.
- 농협의 인재상은 무엇인가?
- 본인의 주량은 얼마인가?
- 감명 깊게 읽은 책은 무엇인가?
- 신용 직무가 아닌 유통에 배치될 수도 있는데, 어떻게 생각하는가?
- 연봉은 어느 정도 생각하는가? 얼마면 괜찮다고 생각하는가?
- 입사하면 어디까지 올라가고 싶은가?
- 수출을 위해서 해외농산물 수입이 바람직한가?
- 수도권 집중화 현상에 대해 말해 보시오.
- 농협의 사회적 위치에 대해 말해 보시오.
- 여행을 어디로 떠나고 싶은가?
- 애플의 스티브 잡스에 대해 어떻게 생각하는가?
- 삼성과 농협 두 곳에 합격하면 어디로 가겠는가?
- 평소 스트레스를 어떤 식으로 해소하는가?
- 갈등을 해결해본 경험이 있는가?

- 목표를 설정하고 달성하기 위해 노력했던 경험이 있는가?
- 농민에게 농협은 어떠한 이미지가 되어야 하는가?
- 주말에 농촌 봉사활동을 할 수도 있는데 괜찮은가?
- 최근 농협 CF를 보았는가? 누가 출연하는가? 출연자에 대해 어떻게 생각하는가?
- 농협에 대해서 아는 대로 말해 보시오.
- 농협에서 일할 때 가장 필요한 것이 무엇인지 말해 보시오.
- 팀 프로젝트를 했던 경험이 있다면 말해 보시오.

(3) 주장 면접

- 친환경 농산물의 소비 연령층을 넓힐 수 있는 방안
- 최저임금 인상에 대한 찬반
- 전자제품 수출과 농산물 수입에 대한 찬반
- 오디션 프로그램에 대한 찬반
- 자립형 사립고 폐지에 대한 의견
- 한·중 FTA에 대한 찬반
- 기초선거구 정당공천제 폐지에 대한 의견
- 식품 산업에서 농협의 역할에 대한 의견
- 저금리시대에 농협이 나아갈 방안
- 농협의 비대면 금융서비스 제안

2. 부산농협

(1) 상식 면접

- 구상권이란?
- 비교우위란?
- 토빈의 Q는 무엇인가?
- DTI와 LTV의 차이는?
- SSM이란?
- 잡셰어링이란?
- 공동화현상이란?

(2) 인성 면접

- 주위 사람들은 본인을 어떤 사람이라고 말하는가?
- 야근에 대해서 어떻게 생각하는가?
- TV를 볼 때 어떤 프로그램을 먼저 보는가?
- 신문을 읽을 때 순서는?
- 배우자를 선택하는 기준에 대해 말해 보시오.

- 로또 해봤는가? 당첨되면 직장을 그만둘 것인가?
- 농협은행을 놔두고 지역농협을 선택한 이유는 무엇인가?
- 입사 후 직장상사와 잘 지내기 위해 어떻게 할 것인가?
- 경험한 봉사활동 중 가장 기억에 남는 것과 느낀 점은?

(3) 주장 면접

- 협동조합기본법에 대해 설명하고, 농협과의 상관관계에 대한 의견을 말해 보시오.
- 밀양 송전탑에 대한 본인의 의견을 말해 보시오.
- 사람들이 도시보다 농촌에서 살기를 꺼리는 이유와 그 대책에 대한 본인의 의견을 말해 보시오.
- 농촌 인력난 문제 해결 방안을 말해 보시오.

3. 인천농협

(1) 상식 면접

- 기후변화에 어떻게 대응해야 할지 의견을 말해 보시오.
- 농협이 더 힘써야 할 분야는 무엇인지 의견을 말해 보시오.
- 농협이 다른 기업들과 비교해 더 성장할 수 있는 방향을 제시해 보시오.
- 쌀 직불금이란?
- 일사일촌운동이란? 이것이 미치는 영향에 관해 설명해 보시오.
- 경제위기의 원인과 해결방안은?

(2) 인성 면접

- 농협을 준비하면서 가장 도움이 되었던 것은 무엇인가?
- 평소 자신의 가치관은 무엇인가?
- 농협 입사 후 각오가 있다면 무엇인가?
- 최근 새롭게 공부하고 있는 것이 있다면 무엇인가?
- 편견을 가지고 봤는데 아니었던 경험이 있는가?
- 교양을 쌓는 자신만의 방법은 무엇인가?
- 인생의 가치관과 가치관대로 행동한 사례가 있다면?
- 지역농협에서 일할 때, 가장 중요하다고 생각하는 역량은?
- 최근 관심을 갖고 봤던 농업, 농촌에 관한 이슈가 있는가?
- 내가 주장하여 다른 이들을 설득했던 경험이 있는가?
- 직접 제안한 전략으로 성과를 낸 경험이 있는가?
- 본인이 생각하는 성실함이란?
- 상사가 부당한 것을 강요할 때 해결방안은?
- 도전적이거나 창의적으로 무엇을 이뤄낸 성과가 있는가?
- 농협지점에 방문해 본 적이 있는가? 직원들의 친절도는 타 은행에 비해 어떠하며, 개선할 점은 없는가?

(3) 주장 면접

- 농촌의 디지털화를 위한 금융기관의 역할에 대해 말해 보시오.
- 고령화 인구 대상 기능식품의 활성화가 갖는 의미를 설명하시오.
- 특정 지역을 선택 후 그 지역에서 나오는 특산품과 관광객을 유치하기 위한 전략을 설명하시오.
- 하나로 마트에서 수입 바나나를 판매하는 행위에 대한 찬반
- 초·중·고등학교 9시 등교에 대한 찬반

4. 경기농협

(1) 상식 면접

- 6차 산업이란?
- 평창 올림픽이 열리는 날짜는?
- 브렉시트란?
- 로하스란?
- 미소금융이란?
- 임금피크제란?
- 블랙스완이란?

(2) 인성 면접

- 농협에 필요한 인재상에 대해 말해 보시오.
- 목표를 달성하는 데 겪은 어려움이나 목표 달성에서 중요하다고 생각하는 것을 말해 보시오.
- 농협 직원으로서 어떤 자세가 가장 중요한가?
- 농협에 입사한다면 어떤 업무를 맡고 싶은가?
- 농협의 장단점을 설명해 보시오.
- 농협에 입사한다면 언제까지 다니고 싶은가?
- 나만의 사회 현상을 바라보는 기준은?
- 일상 속에서 행복을 느끼는 것이 무엇인지?
- 농협에서 얼마나 일하고 싶으며 떨어지면 다시 지원할 것인가?
- 마을의 영농 발전 방행에 대해 설명해 보시오.
- 조직 내 첨예한 갈등이 생겼을 때가 언제이며, 그 상황에서 어떻게 해결했는가?
- 오늘 옆 지원자와 대화한 적이 있는가? 그렇다면 본인은 사교적이라고 생각하는가?
- 일하는 도중 술에 취한 사람이 들어온다면 어떻게 행동할 것인가?
- 농협에 입사하기 위해 준비한 역량에 대해 말해 보시오.
- 마지막으로 하고 싶은 말을 해 보시오.

(3) 주장 면접

- 워라밸에 대한 본인의 의견을 말해 보시오.
- K-푸드 수출 전략에 대해 본인의 의견을 말해 보시오.
- 스마트팜에 대해 설명해 보시오.
- 종자산업에 대해 말해 보시오.
- 생물의 다양성에 대해 설명해 보시오.
- 농산물 유통전략에 대한 생각을 이야기해 보시오.
- 지속가능한 농업에 대해 설명해 보시오.
- 핀테크로 인해 변화된 환경과 그에 대한 금융권(은행)의 방안을 말해 보시오.
- 우버택시에 대한 본인의 의견을 말해 보시오.
- 푸드트럭에 대한 본인의 의견을 말해 보시오.
- 초·중·고등학교 9시 등교에 대한 찬반
- 단통법에 대한 찬반
- 원전발전소 폐지에 대한 찬반
- 학교 체벌금지에 대한 찬반
- 아베노믹스에 대한 본인의 의견을 말해 보시오.
- 정년연장에 대한 본인의 의견을 말해 보시오.

PART 4

5. 강원농협

(1) 상식 면접

- 그린메일이란?
- 콜금리란?
- 유리천장효과란?
- 베블런효과란?
- 뱅크런이란?
- 센카쿠 열도에 대해 말해 보시오.
- 대기업의 경영전략은 무엇인가?
- 워킹푸어란?
- 람사르협약이란?

(2) 인성 면접

- 본인의 인생관은 무엇인가?
- 상사가 부당한 업무지시를 한다면 어떻게 할 것인가?
- 본인이 편견을 가졌던 상황에 대해 말해 보시오.
- 최근 관심 있게 본 뉴스나 이슈에 대해 생각을 말해 보시오.
- 농협은 뭐라고 생각하는지 한 단어로 말해 보시오.

- 본인에게 지역농협의 이미지는 어떠한가?
- 본인의 인생관은 무엇인가?
- 상사가 부당한 업무지시를 한다면 어떻게 할 것인가?
- 본인이 편견을 가졌던 상황에 대해 말해 보시오.
- 최근 관심 있게 본 뉴스나 이슈에 대해 생각을 말해 보시오.
- 농협은 뭐라고 생각하는지 한 단어로 말해 보시오.

(3) 주장 면접

- 청소년의 식습관 개선에 대한 의견
- 농촌이 도시민에게 주는 영향에 대한 의견
- 범죄자 수사 시 휴대전화 감청에 대한 의견
- 공인인증서 폐지
- 원자력발전소 건립에 대한 찬반
- 개인회생제도에 대한 찬반
- 전·월세 상한제에 대한 의견

6. 대전농협

(1) 상식 면접

- 스미싱이란?
- 공무원 연금 개혁이란?
- FTA에 대한 자신의 의견은?
- 버핏세란?
- 6-시그마란?
- 사이드카란?

(2) 인성 면접

- 자기소개를 해 보시오.
- 제일 중요시하는 가치관은 무엇인가?
- 여러 업무 중 자신이 싫어하는 업무에 배정된다면 어떻게 할 것인가?
- 추곡수매 시기에 남자 사원은 나가서 일하고, 여자 사원은 사무실에서 책을 보는데, 진급은 같이한다. 이를 어떻게 생각하는가?
- 취미생활은 무엇인가?
- 농협에 노동조합이 필요한가?

(3) 주장 면접

- 재배지 북상에 따른 농협의 대처 방안에 대한 본인의 의견을 말해 보시오.
- 범죄자 수사 시 휴대전화 감청에 대한 본인의 의견을 말해 보시오.
- 공인인증서 폐지에 대한 본인의 의견을 말해 보시오.
- 군 가산점에 대한 본인의 의견을 말해 보시오.
- 담뱃값 인상에 대한 본인의 의견을 말해 보시오.
- 원자력발전소 건립에 대한 찬반
- 무상보육과 무상급식에 대한 찬반
- 개인회생제도에 대한 찬반
- 전·월세 상한제에 대한 본인의 의견을 말해 보시오.

7. 충남농협

(1) 상식 면접

- 디마케팅이란?
- 8 : 2 법칙이란?
- 사물인터넷에 대해 말해 보시오.
- 헤지펀드에 대해 말해 보시오.
- 지역농협이 타 시중은행과 다른 점은?
- 추심이란 무엇인가?
- 체리피커란?

(2) 인성 면접

- 자신의 가치관에 대해 말해 보시오.
- 농협과 관련하여 알고 있는 것과 그에 대해 내가 할 수 있는 노력에 대해 말해 보시오.
- 코로나19가 농협 / 농업에 미치는 영향과 의견에 대해 말해 보시오.
- 설득한 경험이나, 설득했으나 거절당한 경험을 말해 보시오.
- 멘토가 누구고, 그 사람이 농협을 지원하는데 어떤 동기를 줬는지 말해 보시오.
- 사회생활을 하면서 필요한 매너와 지식 등을 어디서 얻었는가?
- 농협에 입사한다면 어떠한 태도로 임할 것인가?
- 자신이 친구에게 영향력을 끼친 경험은 무엇인가?
- 많이 알려진 사람 중에 자신과 성격이 유사한 사람을 소개해 보시오.
- 입사한 후에 어떤 업무를 맡고 싶은가?
- 존경하는 사람에 대해 말해 보시오.
- 집단이나 조직에서 갈등이 발생했을 때 어떻게 해야 하는가?
- 입사 후의 계획은?
- 농협, 농촌, 농업과 관련하여 쌓은 경험은?
- 본인의 장점을 어떻게 농협에 접목할 수 있는지 말해 보시오.

(3) 주장 면접

- 수입과일에 대한 국산과일의 경쟁력 제고방안에 대해 설명하시오.
- 농협이 청소년 금융교실을 운영하고 있다. 자신이라면 어떠한 전략으로 추진할 것인가?
- 요새 다양한 채널을 통해 홍보가 이루어지고 있는데, 자신이라면 어떠한 채널을 이용할 것인가?
- 현재 농식품의 트렌드는 무엇이고, 어떻게 홍보할 것인가?
- 추석 이후로 농가들의 실적이 나빠지고 있는데, 홈쇼핑에서 어떤 제품을 팔면 좋을지 말해 보시오.
- 도농교류의 일환으로 특성화 도시 조성과 여러 가지 사업을 펼치고 있는데, 정작 관광객들은 해외로 나간다. 이에 대한 대처 방안은?

8. 충북농협

(1) 상식 면접

- 한국은행에서 통화량 증가를 위해 사용하는 3가지 수단은 무엇인가?
- 엔저현상에 대한 우리나라의 대응책은 무엇인가?
- GCF(녹색기후기금)란?
- 워킹푸어란?
- PF(프로젝트 파이낸싱)란?

(2) 인성 면접

- 지금까지 자신의 견해를 지지받은 경험이 있는가?
- 자신의 주장이 좋은 평가를 받았던 경험을 말해 보시오.
- 본인의 장점을 말해 보시오.
- 맞벌이 부부의 역할분담은 어떻게 해야 하는가?
- 주말에 무엇을 할 것인지 말해 보시오.
- 농협의 사회적 공헌에 대해 말해 보시오.
- 대인관계에서 중요하게 생각하는 것은 무엇인가?
- 배춧값 폭락으로 농민이 배추를 들고 와 팔아 달라고 요구하면 어떻게 할 것인가?
- 남녀의 성차별에 대해 어떻게 생각하는가?
- 고객을 응대하는 본인만의 노하우는?
- 최근 본 영화는 무엇인가?
- 자기개발을 위해 무엇을 하는가?
- 원하는 배우자상에 대해 말해 보시오.

(3) 주장 면접

- 어린이보호구역 내 호텔설립에 대한 본인의 의견을 말해 보시오.
- 범죄자 수사 시 휴대전화 감청에 대한 본인의 의견을 말해 보시오.
- 공무원 개혁안에 대한 본인의 의견을 말해 보시오.
- 현 상황에서 우리나라는 성장이 우선인가, 복지가 우선인가?

9. 광주농협

(1) 상식 면접

- 농협과 시중은행을 비교할 때 무엇이 다른가?
- 알뜰주유소란?
- 한우와 국내산 쇠고기의 차이는?
- 잡셰어링이란?
- 지연인출제도란?

PART 4

(2) 인성 면접

- 본인에게 농협 직원들의 의미는 무엇인가?
- 본인의 가치를 돈으로 평가한다면?
- 동료와 갈등이 생겼을 경우 어떻게 할 것인가?
- 입사하게 되면 본인이 오르고 싶은 최고 위치는?
- 공무원의 공금횡령을 보고 무슨 생각을 했는가?
- 본인이 생각하는 회식이란 무엇인가?
- 첫 월급을 받으면 어떻게 쓰고 싶은가?
- 뉴스에서 본 최근 이슈에 대한 본인의 생각을 말해 보시오.

(3) 주장 면접

- 양심적 병역거부에 대한 찬반
- 대형마트 주말 강제휴무에 대한 찬반
- 무상급식과 무상보육에 대한 찬반

10. 전남농협

(1) 상식 면접

- 규모의 경제란?
- 변액보험이란?
- 유동성의 함정이란?
- 노동협동조합법이란?
- 출구전략이란?
- 배드뱅크란?
- 콜금리란?
- 모라토리엄이란?

(2) 인성 면접

- 농협의 인재상은 무엇이며 그중 전문가를 무엇이라고 생각하는가?
- 자신의 장단점은 무엇인가?
- 농업과 관련한 경험이 있는가?
- 인간관계가 잘 안되었을 때 해결했던 경험이 있는가?
- 상사와의 갈등을 어떻게 해결할 것인가?
- 본인과의 약속을 잘 지키는가?
- 동아리 활동을 해봤는가?
- 농협의 강점은 무엇이라고 생각하는가? 강점을 살리기 위해서 어떻게 해야 하는가?
- 고객이 불편사항을 토로한다면 어떻게 할 것인가?
- 자기 자신을 어느 정도 신뢰하는가?
- 별명이 무엇인가?
- 당신이 면접관이라면 지원자의 어떤 점을 중점적으로 평가할 것인가?
- 존경하는 인물과 그 이유는?
- 희망 연봉은 얼마인가?

(3) 주장 면접

- 탄소중립 실천방안에 대해 말해 보시오.
- 지역별 농산물 활성화 방안에 대해 말해 보시오.
- 사내 유보금 과세 문제에 대한 자신의 의견을 말해 보시오.
- 선행학습금지 법안에 대한 자신의 의견을 말해 보시오.
- 광역버스 입석 금지에 대한 자신의 의견을 말해 보시오.
- 공무원 연금 개혁에 대한 자신의 의견을 말해 보시오.
- 안락사에 대한 자신의 의견을 말해 보시오.
- 대형마트의 골목상권 규제에 대한 자신의 의견을 말해 보시오.

11. 전북농협

(1) 상식 면접

- 프리터족이란?
- 미세플라스틱이 어떤 영향을 미치는가?
- 순환출자란?
- 쌀 직불금이란?
- 경제민주화란?
- 승자의 법칙이란?
- 유리천장 효과란?

(2) 인성 면접

- 최근에 가장 도움이 됐던 학습은 무엇인가?
- 농협에 입사한다면 어떤 자세로 근무할 것인가?
- 농협의 이미지는 어떠한가?
- 행복하기 위해 필요한 5가지는 무엇인가?
- 입사하게 되면 상사, 동료, 후배 집단이 생기게 되는데, 우선순위대로 나열하고 그 이유를 말해 보시오.
- 농협을 찾은 고객에게 어떻게 인사하겠는가? 한번 해 보시오.
- 농협에 입사해서 이루고 싶은 꿈은 무엇인가?

(3) 주장 면접

- 농촌 촌캉스 만족도 제고 방안
- 지하철 여성 전용칸에 대한 찬반
- 일본의 우경화에 대한 본인의 의견을 말해 보시오.
- 여성 군복무에 대한 본인의 의견을 말해 보시오.
- 원자력발전소 설치에 대한 찬반

12. 대구농협

(1) 상식 면접

- RFID란?
- 출구전략이란?
- 소고기 이력제란?

(2) 인성 면접

- 협동해서 했던 일 중 가장 큰 성과를 거뒀던 경험을 말해 보시오.
- 본인이 크게 성공했던 일에 대해 말해 보시오.
- 존경하는 인물은 누구인가?
- 어떤 책을 주로 읽는가?
- 본인의 어떤 장점으로 농협에 기여할 수 있겠는가?
- 노조에 가입하겠는가?
- 이 지역에서 생산되는 특산물이 무엇인가?
- 인생의 멘토가 있는가?

(3) 주장 면접

- 한의사의 현대 의료기기 사용에 대한 의견을 말해 보시오.
- 농업 커뮤니케이션을 활성화할 방법에 대해 말해 보시오.
- 고교 졸업생 취업에 대한 찬반
- 제주 해군기지 건설에 대한 찬반

13. 경북농협

(1) 상식 면접

- 노인보호구역에 대한 자신의 생각을 말해 보시오.
- 비대면 의료서비스의 장단점은 무엇인가?
- 농협의 핵심가치는 무엇인가?
- 구황작물이란?
- 치킨게임이란?
- GMO란?
- 지니계수란?
- 자동차나 반도체를 수출하고, 쌀을 수입하는 것에 대해 어떻게 생각하는가?

(2) 인성 면접

- 협동 경험에 대해 말해 보시오.
- 본인이 경험한 어려웠던 경험에 대해 말해 보시오.
- 본인의 인생관이 무엇이며, 이와 관련된 경험을 말해 보시오.
- 이전에 가졌던 편견에 대해서 말하고, 편견을 극복했던 경험을 말해 보시오.
- 타인을 설득했던 경험을 말해 보시오.
- 100년 농협에서 앞으로 농협이 나아가야 할 방향은?
- 직장생활 중 가장 필요한 것은 무엇이라고 생각하는가?
- 농협에 입사하여 농협의 비전에 맞게 어떻게 일할 것인가?
- 농협이 농산물을 수입하는 것에 대해 어떻게 생각하는가?
- 농협이 잘하는 일은 무엇이라고 생각하는가?
- 농협에 대해서 주변에서 비판하는 내용은?
- 뉴스에서 노인 폭행 사건이 있었다. 그 자리에 있었다면 어떻게 하겠는가?
- 힘든 일이 있을 수 있는데 할 수 있는가?
- 봉사활동 경험에서 무엇을 느꼈는가?
- 농협 입사 후의 각오에 대해 말해 보시오.

(3) 주장 면접

- 수입산 과일 수입 증가에 대한 의견을 말해 보시오.
- 외국인 계절 근로자 문제에 대한 해결방안을 말해 보시오.
- 6차 산업시대에 지역농협의 역할은?
- 앞으로 농민과 도시민이 함께 어울려 살기 위해 농협이 해야 할 일은 무엇인가?
- 블록체인을 농협이 어떻게 이용하면 좋은지 설명해보시오.
- 농촌과 도시의 가치가 함께 상승할 수 있는 방안에 대해 설명하시오.
- 관광 상품을 개발한다면 무엇을 할 것인가?
- 원자력발전소 증설에 대한 찬반
- 범죄자 신원 공개에 대한 의견을 말해 보시오.
- SNS 개인 신상정보 유출에 대한 의견을 말해 보시오.
- 아동 성폭력 문제에 대한 의견을 말해 보시오.
- 쌀값 목표제에 대한 의견을 말해 보시오.
- 농촌의 문제점과 해결책에 대한 생각을 말해 보시오.

14. 경남농협

(1) 상식 면접

- 빅플랫폼 규제에 대한 본인의 생각을 말해 보시오.
- 폭염 지속의 영향과 대책에 대해 말해 보시오.
- 농촌 빈집 활용방안에 대해 말해 보시오.
- 자유학기제에 대해 어떻게 생각하는가?
- 황의 법칙이란?
- 무의 법칙이란?
- 역모기지론이란?
- Safe Guard란?

(2) 인성 면접

- 본인의 인생에서 가장 중요하게 생각하는 가치는 무엇인가?
- 본인 성격의 강점은?
- 남을 위해서 희생한 경험을 말해 보시오.
- 직장생활을 하는 데 있어서 가장 중요한 덕목은?
- 본인보다 나이가 많은 분을 설득해본 경험이 있는가?
- 농협에 지원한 동기는?
- 유명인 중에 농협인의 인재상과 부합하는 사람을 말해 보시오.
- 공제 상품을 팔아야 하는데 누구한테 가장 먼저 팔 것인가?
- 지점 서비스에 대해 불만사항 대처방법에 대해 말해 보시오.
- 행복하기 위해 하루에 한 가지씩 행하는 것은?
- 본인의 성장과정에서 가장 큰 영향을 미친 사람과 그 이유는?
- 노조에 대한 본인의 생각은?
- 지역농협 고객이 금리가 높은 시중은행으로 예금을 옮기려고 하는데, 이를 어떻게 설득할 것인가?
- 협동조합 기본법에 대해 아는가?
- 고객이 터무니없는 요구를 한다면 어떻게 대응할 것인가?
- 최근에 읽은 책은 무엇인가?
- 보람찬 일을 한 경험을 말해 보시오.

(3) 주장 면접

- 부동산 양극화에 대한 해결방안을 말해 보시오.
- 쌀값 하락에 대한 해결방안을 말해 보시오.
- 쌀 소비량 부진의 주된 이유와 해결방안은?
- 농민 월급제에 대한 의견은?
- 농촌 고령화의 이유와 해결방안은?
- 국내외 박람회에 참가하여 우리 농산물의 우수성을 홍보해 보시오.
- 농민과 고객들의 소통의 장을 마련해 보시오.
- 농축산물위축방지법에 관해 설명하시오.
- 홈쇼핑에서 상품을 판매할 때 농산물 판매 촉진을 위한 방법을 말해 보시오.
- 설악산 케이블카 찬반
- 어린이집 CCTV 찬반
- 길고양이 급식소 찬반
- 국제중학교 폐지 찬반
- 편의점 새벽영업 금지 찬반
- 전자 건강보험증 찬반
- 내국인 카지노 허용 찬반

15. 제주농협

(1) 상식 면접

- 기저효과란?
- 더블딥이란?
- 시너지 효과란?
- 베블런 효과란?
- 다운계약서란?
- 애그플레이션이란?
- 순환출자란?
- 남북관계와 NLL에 대해 말해 보시오.
- 저출산 문제 해결을 위해 기업이 해야 할 일은 무엇인가?

(2) 인성 면접

- 구독하는 신문은 있는가?
- 자신에게 점수를 준다면 몇 점을 주겠는가? 이유와 함께 말해 보시오.
- 자기소개를 해 보시오.
- 농협에 지원하게 된 동기를 말해 보시오.
- 외곽지역으로 발령 나면 어떻게 할 것인가?
- 농협에 들어오기 위해 준비한 것은 무엇인가?
- 농협에 합격한다면 무슨 일을 하고 싶은가?
- 마지막으로 하고 싶은 말을 해 보시오.

(3) 주장 면접

- 초·중·고등학교 9시 등교에 대한 찬반
- 단통법에 대한 자신의 의견을 말해 보시오.
- 영어권 국가의 조기유학에 대한 찬반
- 취업과 결혼을 위해서 성형을 하는 것에 대한 찬반
- 죄질이 좋지 않은 범죄자의 사형집행에 대한 찬반
- 대학생들의 무분별한 스펙 쌓기에 대한 찬반

PART 5

지역농협 기초 상식

CHAPTER

01 경영 · 경제 · 금융 상식

빈출키워드 1 기업의 형태

01 다음 중 회사법상 분류한 회사에 대한 설명으로 옳지 않은 것은?

① 모든 손실에 대해 책임을 지는 사원을 유한책임사원이라고 한다.
② 회사의 경영은 무한책임사원이 하고 유한책임사원은 자본을 제공하여 사업이익의 분배에 참여하는 회사형태를 합자회사라고 한다.
③ 유한회사, 유한책임회사는 모두 유한책임사원으로만 구성되므로 자금조달이 편리하다.
④ 변호사나 회계사들이 모여 설립한 법무법인, 회계법인은 합명회사라 볼 수 있다.
⑤ 현대사회의 가장 대표적인 기업형태로, 주주가 직접 주주총회를 통해 의결권을 행사할 수 있는 회사형태를 주식회사라고 한다.

02 다음에서 설명하는 우리나라 상법상의 회사는?

- 유한책임사원으로만 구성
- 청년 벤처 창업에 유리
- 사적 영역을 폭넓게 인정

① 합명회사 ② 합자회사
③ 유한책임회사 ④ 유한회사
⑤ 주식회사

01

정답 ①

①은 무한책임사원에 대한 설명이다. 유한책임사원은 회사의 채무에 대하여 회사채권자에게 출자가액 한도에서만 책임을 지는 사원이다.

02

정답 ③

유한책임회사는 2011년 개정된 상법에 도입된 회사의 형태이다. 내부관계에 관하여는 정관이나 상법에 다른 규정이 없으면 합명회사에 관한 규정을 준용한다. 신속하고 유연하며 탄력적인 지배구조를 가지고 있고, 출자자가 직접 경영에 참여할 수 있다. 또한 각 사원이 출자금액만을 한도로 책임지므로 초기 상용화에 어려움을 겪는 청년 벤처 창업에 적합하다.

이론 더하기

기업의 형태

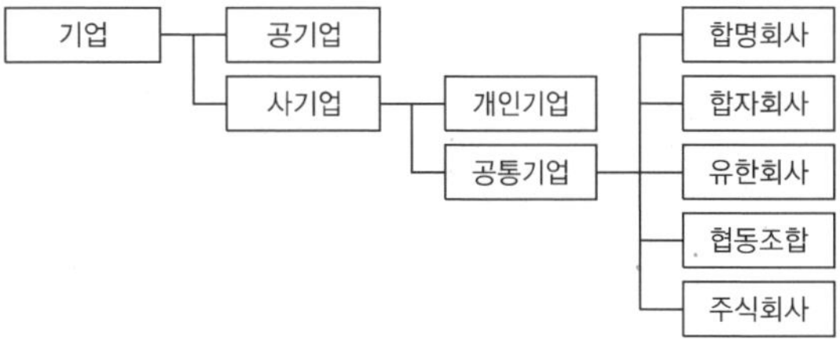

① 개인기업

- 가장 간단한 기업 형태로서 개인이 출자하고 직접 경영하며 이를 무한책임지는 형태이다.
- 장점 : 설립 및 폐쇄가 쉽고 의사결정이 신속하며, 비밀유지에 용이하다.
- 단점 : 자본규모가 약소하며, 개인의 지배관리능력에 쉽게 영향을 받는다.

기업
- 공기업
- 사기업
  - 개인기업
  - 공통기업
    - 합명회사
    - 합자회사
    - 유한회사
    - 협동조합
    - 주식회사

② 합명회사

- 2인 이상의 사원이 공동으로 출자해서 회사의 경영에 대해 무한책임을 지며, 직접 경영에 참여하는 방식이다.
- 무한책임 형태로 구성되어 있어서 출자자를 폭넓게 모집할 수 없다.
- 가족 내 혹은 친척 간, 또는 이해관계가 깊은 사람의 회사 설립이 많다.
- 지분 양도 시에는 사원총회의 승인을 받아야 한다.

③ 합자회사

- 무한책임사원 및 유한책임사원으로 구성되어 있다.
- 합명회사의 단점을 보완한 형태이다.
- 지분 양도 시에는 무한책임사원 전원의 동의를 필요로 한다.
- 무한책임사원의 경우에는 회사의 경영 및 채무에 대해서 무한책임을 지고, 유한책임사원의 경우에는 출자한 금액에 대해서만 책임을 지며 경영에는 참여하지 않는다.

④ 유한회사

- 유한책임사원들이 회사를 차려 경영하는 회사의 형태이다.
- 자본결합이 상당히 폐쇄적인 관계로 중소규모의 기업형태로 적절하다.
- 기관으로는 이사, 사원총회, 감사로 이루어져 있지만, 분리가 잘되어 있지 않고, 모든 사항을 공개해야 하는 의무도 지지 않는다.
- 유한회사는 인적회사 및 물적회사의 중간 형태를 지니는 회사이다.
- 사원의 수가 제한되어 있으며, 지분의 증권화가 불가능하다.

⑤ 주식회사

- 주주가 회사의 주인인 현대사회의 가장 대표적인 기업형태이다.
- 지분의 양도와 매입이 자유로우며 주주총회를 통해 의결권을 행사할 수 있다.
- 주식회사의 기관

주주총회	• 주식회사의 최고의사결정기관으로 주주로 이루어짐 • 회사 기업에서 영업활동의 신속성 및 업무내용의 복잡성으로 인해 그 결의사항을 법령 및 정관에서 정하는 사항만으로 제한하고 있음 • 주주의 결의권은 1주 1결의권을 원칙으로 하고 의결은 다수결에 의함 • 주주총회의 주요 결의사항으로는 자본의 증감, 정관의 변경, 이사 · 감사인 및 청산인 등의 선임 · 해임에 관한 사항, 영업의 양도 · 양수 및 합병 등에 관한 사항, 주식배당, 신주인수권 및 계산 서류의 승인에 관한 사항 등이 있음
감사	• 이사의 업무집행을 감시하게 되는 필요 상설기관 • 주주총회에서 선임되고, 이러한 선임결의는 보통 결의의 방법에 따름 • 이사회는 이사 전원으로 구성되는 합의체로 회사의 업무진행상 의사결정 기관 • 이사는 주주총회에서 선임되고, 그 수는 3인 이상이어야 하며, 임기는 3년을 초과할 수 없음 • 대표이사는 이사회의 결의사항을 집행하고 통상적인 업무에 대한 결정 및 집행을 맡음과 동시에 회사를 대표함 • 이사와 회사 간 거래의 승인, 채권의 발행 등이 있음
검사인	• 회사의 계산의 정부, 업무의 적법 여부 등을 조사하는 권한을 지니는 임시기관 • 법원에서 선임하거나 주주총회 및 창립총회에서 선임하기도 함 • 법정 검사인의 경우 임시로 선임됨

빈출키워드 2 경영전략

01 **다음 중 마이클 포터(Michael E. Porter)가 제시한 산업구조 분석의 요소로 옳지 않은 것은?**

① 가치사슬 활동
② 대체재의 위협
③ 공급자의 교섭력
④ 구매자의 교섭력
⑤ 기존기업 간 경쟁

02 **다음은 N사가 해당 사업에서 차지하고 있는 시장점유율 및 시장성장률에 대한 자료이다. 2024년 현재 BCG 매트릭스상에서 N사의 사업이 속하는 영역은?**

구분	N사	K사	S사	H사	기타
시장점유율 (2024년 기준)	45%	20%	15%	10%	10%

구분	2019년	2020년	2021년	2022년	2023년
시장성장률	4%	3%	2%	2%	1%

① 별(Star) 영역
② 자금젖소(Cash Cow) 영역
③ 물음표(Question mark) 영역
④ 개(Dog) 영역
⑤ 없음

01

정답 ①

마이클 포터(Michael E. Porter)는 산업과 경쟁을 결정짓는 5 Forces Model을 제시하였다. 이는 궁극적으로 산업의 수익 잠재력에 영향을 주는 주요 경제·기술적 세력을 분석한 것으로 신규 진입자(잠재적 경쟁자)의 위협, 공급자의 교섭력, 구매자의 교섭력, 대체재의 위협 및 기존기업 간의 경쟁이다. 5가지 요소의 힘이 강할 때는 위협(Threat)이 되고, 약하면 기회(Opportunity)가 된다.

02

정답 ②

BCG 매트릭스는 1970년대 미국의 보스턴 전략컨설팅회사(Boston Consulting Group)에 의해 개발된 사업 / 제품 포트폴리오 분석 차트이다. 이는 크게 네 단계의 영역으로 나뉘는데 시장성장률이 높고 시장점유율이 높은 산업은 별 영역, 시장성장률이 높고 시장점유율이 낮은 산업은 물음표 영역 혹은 문제아 영역, 시장성장률이 낮고 시장점유율이 높은 산업은 자금젖소 영역, 시장성장률이 낮고 시장점유율이 낮은 산업은 개 영역으로 분류된다.
제시된 N사의 경우는 시장점유율은 높으나 시장성장률이 높지 않으므로 자금젖소 영역인 것을 알 수 있다.

이론 더하기

SWOT 분석

기업의 내부 환경과 외부 환경을 분석하여 강점(Strength), 약점(Weakness), 기회(Opportunity), 위협(Threat) 요인을 규정하고 이를 토대로 경영전략을 수립하는 기법으로, 미국의 경영컨설턴트인 알버트 험프리(Albert Humphrey)가 고안하였다.

Strength 강점 기업 내부 환경에서의 강점	S	W	Weakness 약점 기업 내부 환경에서의 약점
Opportunity 기회 기업 외부 환경으로부터의 기회	O	T	Threat 위협 기업 외부 환경으로부터의 위협

VRIO 분석

기업이 보유한 유·무형 자산에 대해 네 가지 기준으로 평가하여 기업의 경쟁력을 분석하는 도구이다. 기업이 자원을 잘 활용할 수 있는가를 보여주는 것이 목적이다.

- 가치 있는(Valuable) : 경제적 가치가 있는가?
- 희소성 있는(Rarity) : 가지고 있는 자원이 희소성 있는가?
- 모방 가능성이 있는(Inimitability) : 모방의 가능성이 있는가?
- 조직이 있는(Organization) : 관련 조직이 있는가?

마이클 포터의 경쟁전략

① 경쟁세력모형 – 5 Force Model 분석

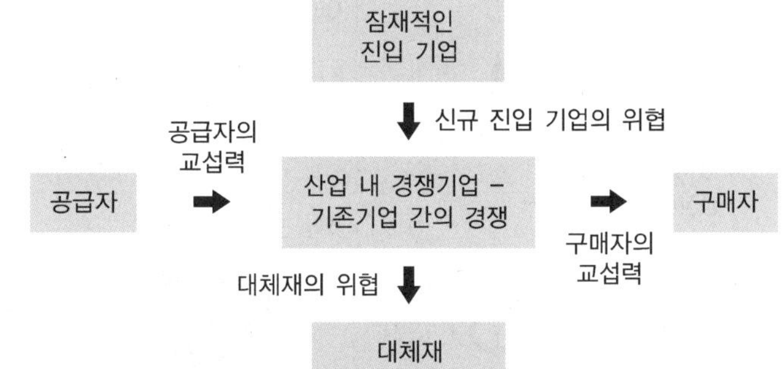

- 기존기업 간의 경쟁 : 해당 시장에서 기존기업 간의 경쟁이 얼마나 치열한가를 나타낸다.
- 공급자의 교섭력 : 공급자의 규모 및 숫자와 공급자 제품의 희소성을 나타낸다.
- 대체재의 위협 : 대체가 가능한 상품의 수와 구매자의 대체하려는 성향, 대체상품의 상대적 가격 등이 있다.
- 구매자의 교섭력 : 고객의 수, 각 고객의 주문수량, 가격의 민감도, 구매자의 정보 능력이 있다.
- 신규 진입 기업의 위협 : 진입장벽, 규모의 경제, 브랜드의 충성도 등이 있다.

PART 5

② 경쟁우위 전략

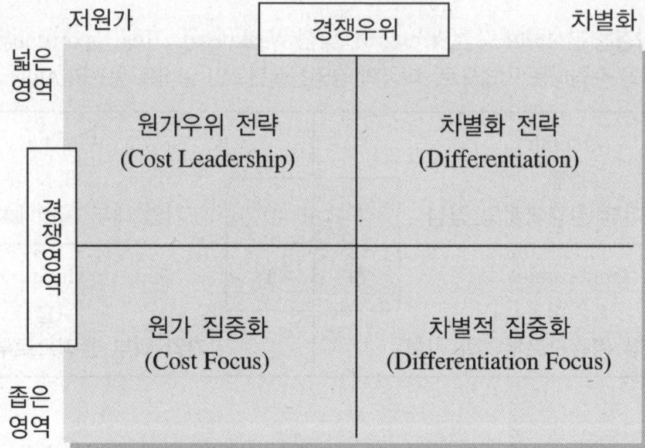

- 원가우위 전략 : 비용요소를 철저하게 통제하고, 기업조직의 가치사슬을 최대한 효율적으로 구사하는 전략
- 차별화 전략 : 소비자들이 가치가 있다고 판단하는 요소를 제품 및 서비스 등에 반영해서 경쟁사의 제품과 차별화한 후 소비자들의 충성도를 확보하고 이를 통해 매출증대를 꾀하는 전략
- 집중화 전략 : 메인 시작과는 다른 특성을 지니는 틈새시장을 대상으로 소비자들의 니즈를 원가우위 또는 차별화 전략을 통해 충족시켜 나가는 전략

BCG 매트릭스 모형

시장성장률 \ 상대적 시장점유율	High	Low
High	Star ★	Question Mark ?
Low	Cash Cow $	Dog

① 별(Star) 사업부

- 시장성장률도 높고 상대적 시장점유율도 높은 경우에 해당하는 사업이다.
- 이 사업부의 제품들은 제품수명주기상에서 성장기에 속한다.
- 선도기업의 지위를 유지하고 성장해가는 시장의 수용에 대처하고, 여러 경쟁기업들의 도전에 극복하기 위해 역시 자금의 투하가 필요하다.
- 별 사업부에 속한 기업들이 효율적으로 잘 운영된다면 이들은 향후 Cash Cow가 된다.

② 자금젖소(Cash Cow) 사업부

- 시장성장률은 낮지만 높은 상대적 시장점유율을 유지하고 있다. 이 사업부는 제품수명주기상에서 성숙기에 속하는 사업부이다.
- 이에 속한 사업은 많은 이익을 시장으로부터 창출해낸다. 그 이유는 시장의 성장률이 둔화되었기 때문에 그만큼 새로운 설비투자 등과 같은 신규 자금의 투입이 필요 없고, 시장 내에 선도기업에 해당되므로 규모의 경제와 높은 생산성을 누리기 때문이다.
- Cash Cow에서 산출되는 이익은 전체 기업의 차원에서 상대적으로 많은 현금을 필요로 하는 Star나 Question Mark, Dog 영역에 속한 사업으로 자원이 배분된다.

③ 물음표(Question Mark) 사업부
- '문제아'라고도 한다.
- 시장성장률은 높으나 상대적 시장점유율이 낮은 사업이다.
- 이 사업에 속한 제품들은 제품수명주기상에서 도입기에 속하는 사업부이다.
- 시장에 처음으로 제품을 출시한 기업 이외의 대부분의 사업부들이 출발하는 지점이 물음표이며, 신규로 시작하는 사업이기 때문에 기존의 선도 기업을 비롯한 여러 경쟁기업에 대항하기 위해 새로운 자금의 투하를 상당량 필요로 한다.
- 기업이 자금을 투입할 것인가 또는 사업부를 철수해야 할 것인가를 결정해야 하기 때문에 Question Mark라고 불리고 있다.
- 한 기업에게 물음표에 해당하는 사업부가 여러 개이면, 그에 해당되는 모든 사업부에 자금을 지원하는 것보다 전략적으로 소수의 사업부에 집중적인 투자를 하는 것이 효과적이라 할 수 있다.

④ 개(Dog) 사업부
- 시장성장률도 낮고 시장점유율도 낮은 사업부이다.
- 제품수명주기상에서 쇠퇴기에 속하는 사업이다.
- 낮은 시장성장률 때문에 그다지 많은 자금의 소요를 필요로 하지는 않지만, 사업활동에 있어서 얻는 이익도 매우 적은 사업이다.
- 이 사업에 속한 시장의 성장률이 향후 다시 고성장을 할 가능성이 있는지 또는 시장 내에서 자사의 지위나 점유율이 높아질 가능성은 없는지 검토해 보고 이 영역에 속한 사업들을 계속 유지할 것인가 아니면 축소 내지 철수할 것인가를 결정해야 한다.

빈출키워드 3 동기부여

01 다음 〈보기〉 중 허즈버그(F. Herzberg)의 2요인 이론에서 동기요인을 모두 고르면?

보기

ㄱ. 상사와의 관계
ㄴ. 성취
ㄷ. 회사 정책 및 관리방침
ㄹ. 작업 조건
ㅁ. 인정

① ㄱ, ㄴ
② ㄱ, ㄷ
③ ㄴ, ㄹ
④ ㄴ, ㅁ
⑤ ㄹ, ㅁ

02 다음 중 맥그리거(D. McGregor)의 X－Y이론에 대한 설명으로 옳은 것은?

① 조직의 감시, 감독 및 통제가 필요하다는 주장은 Y이론이다.
② 자기통제가 많은 것은 X이론이다.
③ 쌍방향 의사결정은 X이론에서 주로 발생한다.
④ 개인의 목적과 조직의 목적이 부합하는 조직에서는 Y이론에 근거해서 운영된다.
⑤ 인간을 경제적 욕구보다 사회·심리적 영향을 더 많이 받는 존재로 보는 이론은 X이론이다.

01

정답 ④

허즈버그의 2요인 이론은 직원들의 직무만족도를 증감시키는 요인을 2가지로 구분한 것이다.

- 동기요인 : 성취, 인정, 책임소재, 업무의 질 등
- 위생요인 : 회사의 정책, 작업 조건, 동료직원과의 관계, 임금, 직위 등

02

정답 ④

오답분석

① 조직의 감시, 감독 및 통제가 필요하다는 주장은 X이론이다.
② 자기통제가 많은 것은 Y이론이다.
③ 쌍방향 의사결정은 Y이론에서 주로 발생한다.
⑤ 인간을 사회적인 존재로 바라보는 것은 Y이론이다.

이론 더하기

매슬로(Maslow)의 욕구단계이론

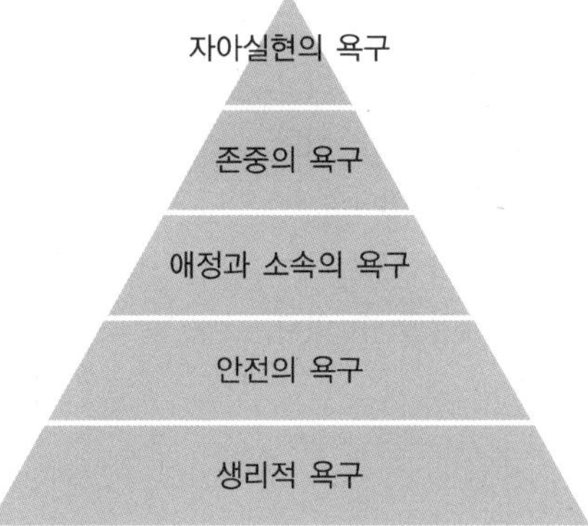

① 개념 : 인간의 욕구는 위계적으로 조직되어 있으며 하위 단계의 욕구 충족이 상위 계층의 욕구 발현의 조건이라고 설명한 이론이다.

② 특징

- 생리적 욕구 : 가장 기본적이면서도 강력한 욕구로 음식, 물, 수면 등 인간의 생존에 가장 필요한 본능적인 욕구이다.
- 안전의 욕구 : 두려움이나 혼란스러움이 아닌 평상심과 질서를 유지하고자 하는 욕구이다.
- 애정과 소속의 욕구 : 사회적으로 조직을 이루고 그곳에 소속되려는 성향이다.
- 존중의 욕구 : 타인으로부터 수용되고, 가치 있는 존재가 되고자 하는 욕구이다.
- 자아실현의 욕구 : 개인의 타고난 능력 혹은 성장 잠재력을 실행하려는 욕구이다.

맥그리거(McGregor)의 X-Y이론

① 개념 : 인간본성에 대한 가정을 X, Y 2가지로 구분하여 특성에 따른 관리전략을 정리한 이론으로 X이론은 인간에 대한 부정적인 면을 설명하고, Y이론은 긍정적인 면을 설명한다.

② 특징

X이론 (전통적이고 전체적인 경영자의 인간관)	Y이론 (진취적이고 협동적인 인간관)
• 인간은 철저하게 이기적이고 자기중심적이다. • 인간은 천성적으로 게으르고 일을 싫어하기 때문에 엄격한 통제와 감독이 필요하다. • 조직 구성원이 원하는 수준의 임금체계가 확립되어야 하고, 엄격한 통제와 처벌이 필요하다.	• 인간의 행위는 경제적 욕구보다 사회·심리에 더 영향을 받는다. • 인간은 사회적인 존재이다. • 노동에서 휴식과 복지는 자연스러운 것이다. • 민주적 리더십의 확립과 분권, 권한의 위임이 중요하다.

허즈버그(Herzberg)의 동기-위생이론

① 개념 : 허즈버그가 2개의 요인(동기요인, 위생요인)으로 나눠 동기유발에 대해 정리한 이론으로 동기요인과 위생요인은 반대의 개념이 아닌 별개의 개념이다.

② 특징

동기요인(만족요인)	위생요인(불만족요인)
• 직무에 만족을 느끼게 하는 요인 • 충족되면 만족감을 느끼게 되지만, 불충족되는 경우에도 불만이 발생하지는 않음 • 동기요인 충족 → 높은 직무성과	• 직무에 대해 불만족을 느끼게 하는 요인 • 불충족 시에는 불만이 증가 • 충족 시에도 만족감이 증가하는 것은 아님

빈출키워드 4 조직구조

01 다음 중 매트릭스 조직구조의 장점으로 옳지 않은 것은?

① 의사결정의 책임소재를 명확히 할 수 있다.
② 조직의 인력을 신축적으로 활용할 수 있다.
③ 전문적 지식과 기술의 활용을 극대화할 수 있다.
④ 조직 내의 협력과 팀 활동을 촉진시킨다.
⑤ 조직 내 정보 단절 문제를 해결할 수 있다.

02 다음에서 설명하고 있는 조직구조는?

- 수평적 분화에 중점을 두고 있다.
- 각자의 전문분야에서 작업능률을 증대시킬 수 있다.
- 생산, 회계, 인사, 영업, 총무 등의 기능을 나누고 각 기능을 담당할 부서단위로 조직된 구조이다.

① 기능 조직 ② 사업부 조직
③ 매트릭스 조직 ④ 수평적 조직
⑤ 네트워크 조직

01

정답 ①

매트릭스 조직구조는 명령일원화의 원칙이 적용되지 않으므로 의사결정의 책임소재가 불명확할 수도 있다.

02

정답 ①

기능 조직(Functional Structure)은 기능별 전문화의 원칙에 따라 공통의 전문지식과 기능을 지닌 부서단위로 묶는 조직구조를 의미한다.

이론 더하기

기능 조직

① 개념 : 관리자가 담당하는 일을 전문화해 업무내용이 유사하고 관련성이 있는 기능을 분류하여 업무를 전문적으로 진행할 수 있도록 하는 형태이다.

② 장점 및 단점

- 조직원의 전문적인 업무 발전이 가능하다.
- 조직의 내부 효율성이 증대된다.
- 조직 전체의 목표보다는 직능별 목표를 중시하고 성과에 대한 책임이 불분명하다.

사업부 조직

① 개념 : 사업체에서 여러 제품을 생산하는 경우에 제품에 따라 사업부를 구분하여 사업부마다 하위조직을 구성하는 형태이다.

② 장점 및 단점

- 사업부 내 관리자와 종업원의 밀접한 상호작용이 가능하다.
- 사업부는 이익 및 책임 중심점이 되어 경영성과가 향상된다.
- 제품의 제조와 판매에 대한 전문화와 분업이 촉진된다.
- 특정 분야에 대한 지식과 능력의 전문화가 약화될 수 있다.

매트릭스 조직

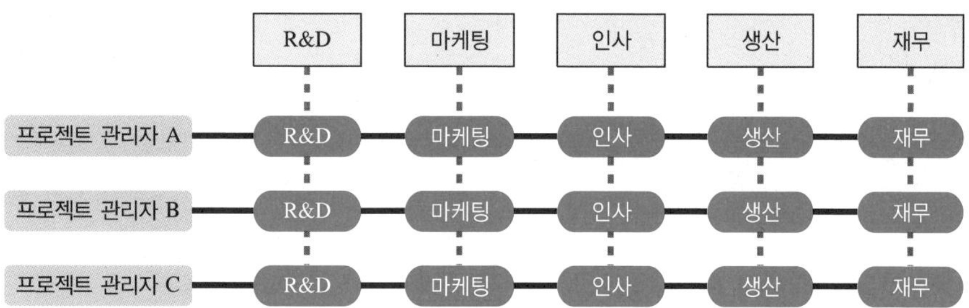

① 개념 : 조직구성원들이 원래 소속되어 있는 기능부서에도 배치되는 동시에 맡은 업무에 따라 나누어진 팀에도 배치되어 있어 두 개의 단위조직에 속하여 두 명의 상급자를 두고 있는 형태이다.

② 장점 및 단점

- 조직에서의 정보 단절 문제를 해결할 수 있다.
- 일을 유연하게 대처할 수 있다.
- 조직원의 역량을 좀 더 폭넓게 향상시킬 수 있다.
- 두 개의 조직에서 두 명의 상급자가 존재하기 때문에 성과에 대한 목표나 보고가 느릴 수 있다.

네트워크 조직

① 개념 : 독립된 각 사업 부서가 자신의 고유 기능을 수행하면서 제품 생산이나 프로젝트의 수행을 위해서는 상호 협력적인 네트워크를 지닌 조직구조이다.

② 장점 및 단점

- 조직원 사이의 수평적인 의사소통이 가능하다.
- 조직 간의 정보교류가 활발하므로 조직 내 자산으로 축적가능하다.
- 시장에 유연한 대응이 가능하다.
- 관리자가 직원을 관리하는 것이 쉽지 않다.
- 갈등이 발생하는 경우 해결에 오랜 시간이 필요하다.

빈출키워드 5 수요와 공급의 법칙, 탄력성

다음 중 수요의 탄력성에 대한 설명으로 옳은 것은?

① 수요곡선의 기울기가 −1인 직선일 경우 수요곡선상의 어느 점에서나 가격탄력성은 동일하다.
② 수요의 가격탄력성이 탄력적이라면 가격인하는 총수입을 증가시키는 좋은 전략이다.
③ 가격이 올랐을 때 시간이 경과될수록 적응이 되기 때문에 수요의 가격탄력성은 작아진다.
④ 수요의 소득탄력성이 비탄력적인 재화는 열등재이다.
⑤ X재의 가격이 5% 인상되자 Y재 수요가 10% 상승했다면 수요의 교차탄력성은 $\frac{1}{2}$이고, 두 재화는 보완재이다.

정답 ②

수요의 가격탄력성이 1보다 크다면 가격이 1% 하락할 때 판매량은 1%보다 크게 증가하므로 판매자의 총수입은 증가한다. 따라서 수요의 가격탄력성이 1보다 크다면 가격이 1% 하락할 때 판매량이 1%보다 크게 증가하므로 판매자의 총수입은 증가한다. 그러므로 수요의 가격탄력성이 탄력적이라면 가격인하는 총수입을 증가시키는 좋은 전략이다.

오답분석

① 수요곡선이 우하향하는 직선이면 수요곡선상에서 우하방으로 이동할수록 수요의 가격탄력성이 점점 작아진다.
③ 장기가 될수록 대체재가 생겨날 가능성이 크기 때문에 수요의 가격탄력성이 커진다.
④ 열등재는 수요의 소득탄력성이 1보다 작은 재화가 아니라 수요의 소득탄력성이 음수(−)인 재화이다.
⑤ 두 재화 수요의 교차탄력성은 $\varepsilon_{AB}=\frac{\frac{\Delta Q_Y}{Q_Y}}{\frac{\Delta P_X}{P_X}}=\frac{10\%}{5\%}=2$이고, 두 재화는 대체재이다.

이론 더하기

수요의 법칙

수요의 법칙이란 가격이 상승하면 수요량이 감소하는 것을 말한다. 수요의 법칙이 성립하는 경우 수요곡선은 우하향한다. 단, 기펜재의 경우와 베블런 효과가 존재하는 경우는 성립하지 않는다.

수요량의 변화와 수요의 변화

① 수요량의 변화 : 당해 재화가격의 변화로 인한 수요곡선상의 이동을 의미한다.

② 수요의 변화 : 당해 재화가격 이외의 다른 요인의 변화로 수요곡선 자체가 이동하는 것을 의미한다. 수요가 증가하면 수요곡선이 우측으로 이동하고, 수요가 감소하면 수요곡선이 좌측으로 이동한다.

공급의 법칙

다른 조건이 일정할 때 가격이 상승하면 공급량이 증가하는 것을 말한다.

공급량의 변화와 공급의 변화

① 공급량의 변화 : 당해 재화가격의 변화로 인한 공급곡선상의 이동을 의미한다.

② 공급의 변화 : 당해 재화가격 이외의 다른 요인의 변화로 공급곡선 자체가 이동하는 것을 의미한다. 공급이 증가하면 공급곡선이 우측으로 이동하고, 공급이 감소하면 공급곡선이 좌측으로 이동한다.

수요의 가격탄력성

① 의의 : 수요량이 가격에 얼마나 민감하게 반응하는지를 나타낸다.

② 가격탄력성의 도출

$$\varepsilon_P = \frac{\text{수요량의 변화율}}{\text{가격의 변화율}} = \frac{\frac{\Delta Q}{Q}}{\frac{\Delta P}{P}} = \left(\frac{\Delta Q}{\Delta P}\right)\left(\frac{P}{Q}\right)$$ (단, △은 변화율, Q는 수요량, P는 가격)

③ 가격탄력성과 판매수입

구분	$\varepsilon_P > 1$ (탄력적)	$\varepsilon_P = 1$ (단위탄력적)	$0 < \varepsilon_P < 1$ (비탄력적)	$\varepsilon_P = 0$ (완전 비탄력적)
가격 상승	판매수입 감소	판매수입 변동 없음	판매수입 증가	판매수입 증가
가격 하락	판매수입 증가	판매수입 변동 없음	판매수입 감소	판매수입 감소

공급의 가격탄력성

① 의의 : 공급량이 가격에 얼마나 민감하게 반응하는지를 나타낸다.

② 가격탄력성의 도출

$$\varepsilon_P = \frac{\text{공급량의 변화율}}{\text{가격의 변화율}} = \frac{\frac{\Delta Q}{Q}}{\frac{\Delta P}{P}} = \left(\frac{\Delta Q}{\Delta P}\right)\left(\frac{P}{Q}\right)$$ (단, △은 변화율, Q는 공급량, P는 가격)

③ 공급의 가격탄력성 결정요인 : 생산량 증가에 따른 한계비용 상승이 완만할수록, 기술수준 향상이 빠를수록, 유휴설비가 많을수록, 측정시간이 길어질수록 공급의 가격탄력성은 커진다.

빈출키워드 6 기회비용

01 밀턴 프리드만은 '공짜 점심은 없다(There is no such thing as a free lunch).'라는 말을 즐겨했다고 한다. 이 말을 설명할 수 있는 경제 원리는?

① 규모의 경제　　② 긍정적 외부성
③ 기회비용　　④ 수요공급의 원리
⑤ 매몰비용

02 다음 〈보기〉에서 ㉠~㉢에 대한 설명으로 옳은 것을 모두 고르면?

> 우리나라에 거주 중인 광성이는 ㉠ 여름휴가를 앞두고 휴가 동안 발리로 서핑을 갈지, 빈 필하모닉 오케스트라의 3년 만의 내한 협주를 들으러 갈지 고민하다가 ㉡ 발리로 서핑을 갔다. 그러나 화산폭발의 위험이 있어 안전의 위협을 느끼고 ㉢ 환불이 불가능한 숙박비를 포기한 채 우리나라로 돌아왔다.

> 보기
> 가. ㉠의 고민은 광성이의 주관적 희소성 때문이다.
> 나. ㉠의 고민을 할 때는 기회비용을 고려한다.
> 다. ㉡의 기회비용은 빈 필하모닉 오케스트라 내한 협주이다.
> 라. ㉡은 경제재이다.
> 마. ㉢은 비합리적 선택 행위의 일면이다.

① 가, 나, 마　　② 가, 다, 라
③ 나, 다, 마　　④ 가, 나, 다, 라
⑤ 나, 다, 라, 마

01

 ③

'공짜 점심은 없다.'라는 의미는 무엇을 얻고자 하면 보통 그 대가로 무엇인가를 포기해야 한다는 뜻으로 해석할 수 있다. 즉, 어떠한 선택에는 반드시 포기하게 되는 다른 가치가 존재한다는 의미이다. 시간이나 자금의 사용은 다른 활동에의 시간 사용, 다른 서비스나 재화의 구매를 불가능하게 만들어 기회비용을 유발한다. 정부의 예산배정, 여러 투자상품 중 특정 상품의 선택, 경기활성화와 물가안정 사이의 상충관계 등이 기회비용의 사례가 될 수 있다.

02

 ④

오답분석

마. 환불 불가한 숙박비는 회수 불가능한 매몰비용이므로 선택 시 고려하지 않은 ㉢의 행위는 합리적 선택 행위의 일면이다.

이론 더하기

경제재와 자유재

경제재(Economic Goods)	자유재(Free Goods)
• 경제재란 희소성을 가지고 있는 자원으로, 합리적인 의사결정으로 선택을 해야 하는 재화를 말한다. • 우리가 일상생활에서 돈을 지불하고 구입하는 일련의 재화 또는 서비스를 모두 포함한다.	• 자유재란 희소성을 가지고 있지 않아 값을 지불하지 않고도 누구나 마음대로 쓸 수 있는 물건을 말한다. • 공기나 햇빛같이 우리의 욕구에 비해 자원의 양이 풍부해서 경제적 판단을 요구하지 않는 재화를 모두 포함한다.

기회비용(Opportunity Cost)

① 개념

- 여러 선택 대안들 중 한 가지를 선택함으로써 포기해야 하는 다른 선택 대안 중에서 가장 가치가 큰 것을 의미한다.
- 경제학에서 사용하는 비용은 전부 기회비용 개념이며, 합리적인 선택을 위해서는 항상 기회비용의 관점에서 의사결정을 내려야 한다.
- 기회비용은 객관적으로 나타난 비용(명시적 비용) 외에 포기한 대안 중 가장 큰 순이익(암묵적 비용)까지 포함한다.
- 편익(매출액)에서 기회비용을 차감한 이윤을 경제적 이윤이라고 하는데, 이는 기업 회계에서 일반적으로 말하는 회계적 이윤과 다르다. 즉, 회계적 이윤은 매출액에서 명시적 비용(회계적 비용)만 차감하고 암묵적 비용(잠재적 비용)은 차감하지 않는다.

경제적 비용 (기회비용)	명시적 비용 (회계적 비용)	기업이 생산을 위해 타인에게 실제적으로 지불한 비용 예 임금, 이자, 지대
	암묵적 비용 (잠재적 비용)	기업 자신의 생산 요소에 대한 기회비용 예 귀속 임금, 귀속 이자, 귀속 지대

② 경제적 이윤과 회계적 이윤

경제적 이윤	회계적 이윤
• 매출액에서 기회비용을 차감한 이윤을 말한다. • 사업주가 자원배분이 합리적인지 판단하기 위한 지표이다. • 경제적 이윤은 경제적 부가가치(EVA)로 나타내기도 한다. • 경제학에서 장기적으로 기업의 퇴출 여부 판단의 기준이 된다.	• 매출액에서 명시적 비용만 차감한 이윤을 말한다. • 사업주가 외부 이해관계자(채권자, 주주, 금융기관 등)에게 사업성과를 보여주기 위한 지표이다. • 회계적 이윤에는 객관적으로 측정 가능한 명시적 비용만을 반영한다.

매몰비용(Sunk Cost)

이미 투입된 비용으로, 사업을 중단하더라도 회수할 수 없는 비용이다. 사업을 중단하더라도 회수할 수 없기 때문에 사업 중단에 따른 기회비용은 0이다. 그러므로 합리적인 선택을 위해서는 이미 지출되었으나 회수가 불가능한 매몰비용은 고려하지 않는다.

빈출키워드 7 최고가격제 · 최저가격제

01 다음 〈보기〉 중 최고가격제에 대한 설명으로 옳은 것을 모두 고르면?

보기

ㄱ. 암시장을 출현시킬 가능성이 있다.
ㄴ. 초과수요를 야기한다.
ㄷ. 사회적 후생을 증대시킨다.
ㄹ. 최고가격은 시장의 균형가격보다 높은 수준에서 설정되어야 한다.

① ㄱ, ㄴ
② ㄱ, ㄷ
③ ㄴ, ㄷ
④ ㄴ, ㄹ
⑤ ㄷ, ㄹ

02 가격이 10% 상승할 때 수요량이 12% 감소하는 재화에 최저가격제가 적용되어 가격이 10% 상승하였다. 매출의 변화가 바르게 짝지어진 것은?

① 매출량 증가, 매출액 증가
② 매출량 증가, 매출액 감소
③ 매출량 감소, 매출액 증가
④ 매출량 감소, 매출액 감소
⑤ 매출량 불변, 매출액 불변

01

정답 ①

오답분석

ㄷ · ㄹ. 최고가격은 시장의 균형가격보다 낮은 수준에서 설정되어야 하며, 최고가격제가 실시되면 사회적 후생손실이 발생한다.

02

정답 ④

수요의 가격탄력성은 가격의 변화율에 대한 수요량의 변화율이므로 1.2이다. 이는 탄력적이라는 것을 암시하며, 최저가격제는 가격의 상승을 가져오므로 매출량과 판매수입이 감소한다.

이론 더하기

최고가격제(가격상한제)

① 개념 : 물가를 안정시키고, 소비자를 보호하기 위해 시장가격보다 낮은 수준에서 최고가격을 설정하는 규제이다.

[예] 아파트 분양가격, 금리, 공공요금

② 특징

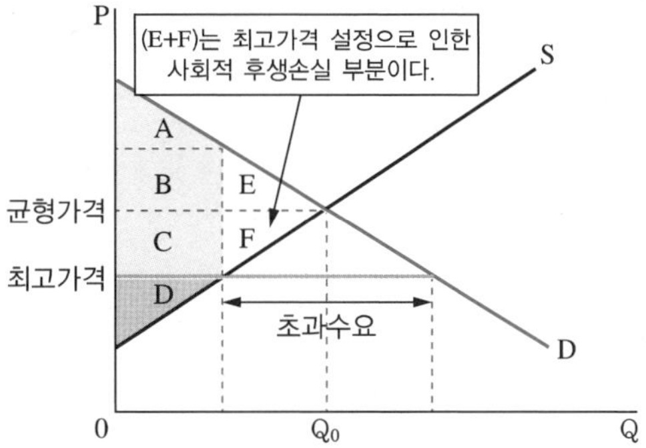

- 소비자들은 시장가격보다 낮은 가격으로 재화를 구입할 수 있다.
- 초과수요가 발생하기 때문에 암시장이 형성되어 균형가격보다 높은 가격으로 거래될 위험이 있다.
- 재화의 품질이 저하될 수 있다.
- 그래프에서 소비자 잉여는 A+B+C, 생산자 잉여는 D, 사회적 후생손실은 E+F만큼 발생한다.
- 공급의 가격탄력성이 탄력적일수록 사회적 후생손실이 커진다.

최저가격제(최저임금제)

① 개념 : 최저가격제란 공급자를 보호하기 위하여 시장가격보다 높은 수준에서 최저가격을 설정하는 규제를 말한다.

[예] 최저임금제

② 특징

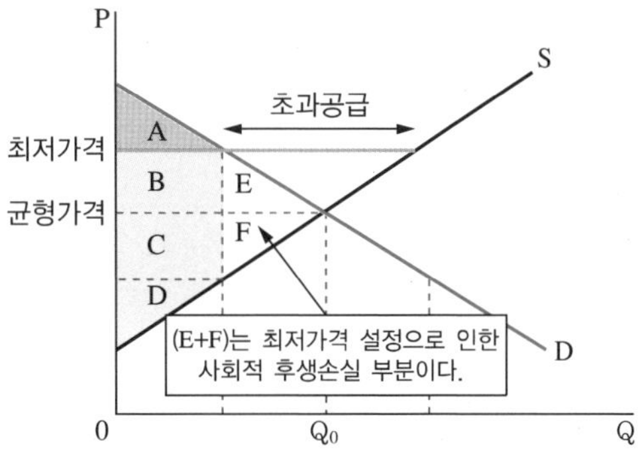

- 최저가격제를 실시하면 생산자는 균형가격보다 높은 가격을 받을 수 있다.
- 소비자의 지불가격이 높아져 소비자의 소비량을 감소시키기 때문에 초과공급이 발생하고, 실업, 재고 누적 등의 부작용이 발생한다.
- 그래프에서 소비자 잉여는 A, 생산자 잉여는 B+C+D, 사회적 후생손실은 E+F만큼 발생한다.
- 수요의 가격탄력성이 탄력적일수록 사회적 후생손실이 커진다.

PART 5

빈출키워드 8 무차별곡선

01 **두 재화 X와 Y를 소비하여 효용을 극대화하는 소비자 A의 효용함수는 U=X+2Y이고, X재 가격이 2, Y재 가격이 1이다. X재 가격이 1로 하락할 때 소비량의 변화는?**

① X재, Y재 소비량 모두 불변
② X재, Y재 소비량 모두 증가
③ X재 소비량 감소, Y재 소비량 증가
④ X재 소비량 증가, Y재 소비량 감소
⑤ X재, Y재 소비량 모두 감소

02 **다음 중 재화의 성질 및 무차별곡선에 대한 설명으로 옳지 않은 것은?**

① 모든 기펜재(Giffen Goods)는 열등재이다.
② 두 재화가 대체재인 경우 두 재화 간 교차탄력성은 양(+)의 값을 가진다.
③ X축에는 홍수를, Y축에는 쌀을 나타내는 경우 무차별곡선은 우하향한다.
④ 두 재화가 완전보완재인 경우 무차별곡선은 L자 모형이다.
⑤ 두 재화가 완전대체재인 경우 두 재화의 한계대체율은 일정하다.

01

정답 ①

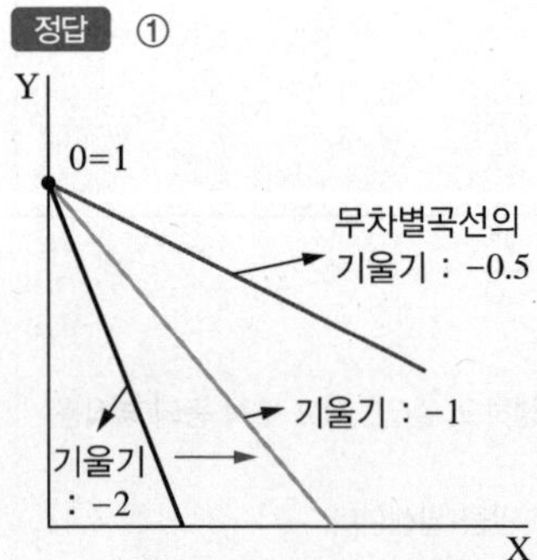

가격이 변하기 전 예산선의 기울기는 −2, 무차별곡선의 기울기는 −0.5이므로 소비자 A는 자신의 소득 전부를 Y재를 구매하는 데에 사용한다. 그런데 X재 가격이 1로 하락하더라도 예산선의 기울기는 −1이므로 여전히 Y재만을 소비하는 것이 효용을 극대화한다. 따라서 가격이 변하더라도 X재와 Y재의 소비량은 변화가 없다.

02

정답 ③

X재가 한계효용이 0보다 작은 비재화이고 Y재가 정상재인 경우 X재의 소비가 증가할 때 효용이 동일한 수준으로 유지되기 위해서는 Y재의 소비가 증가하여야 한다. 따라서 무차별곡선은 우상향의 형태로 도출된다.

이론 더하기

효용함수(Utility Function)

재화소비량과 효용 간의 관계를 함수형태로 나타낸 것을 의미한다.

무차별곡선(Indifference Curve)

① 개념 : 동일한 수준의 효용을 가져다주는 모든 상품의 묶음을 연결한 궤적을 말한다.

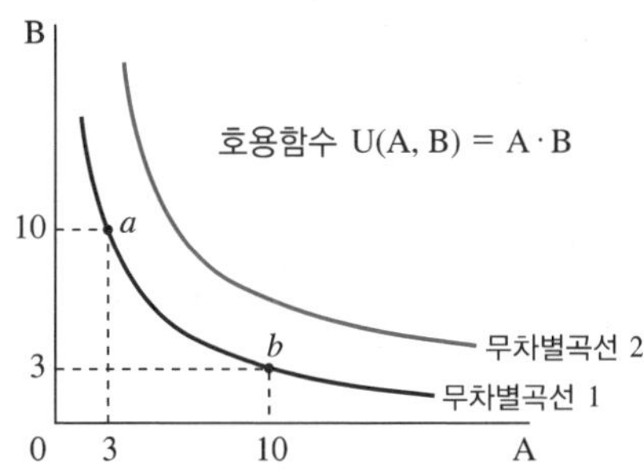

② 무차별곡선의 성질

- A재와 B재 모두 재화라면 무차별곡선은 우하향하는 모양을 갖는다(대체가능성).
- 원점에서 멀어질수록 높은 효용수준을 나타낸다(강단조성).
- 두 무차별곡선은 서로 교차하지 않는다(이행성).
- 모든 점은 그 점을 지나는 하나의 무차별곡선을 갖는다(완비성).
- 원점에 대하여 볼록하다(볼록성).

③ 예외적인 무차별곡선

구분	두 재화가 완전 대체재인 경우	두 재화가 완전 보완재인 경우	두 재화가 모두 비재화인 경우
그래프	Y, 효용의 크기, 0, IC_0, IC_1, IC_2, X	Y, 효용의 크기, IC_2, IC_1, IC_0, 0, X	Y, IC_0, IC_1, 효용의 크기, IC_2, 0, X
효용함수	$U(X,\ Y)=aX+bY$	$U(X,\ Y)=\min\left(\frac{X}{a},\ \frac{Y}{b}\right)$	$U(X,\ Y)=\frac{1}{X^2+Y^2}$
특징	한계대체율(MRS)이 일정하다.	두 재화의 소비비율이 $\frac{b}{a}$로 일정하다.	X재와 Y재 모두 한계효용이 0보다 작다. ($MU_X<0,\ MU_Y<0$)
사례	(X, Y) =(10원짜리 동전, 50원짜리 동전)	(X, Y)=(왼쪽 양말, 오른쪽 양말)	(X, Y)=(매연, 소음)

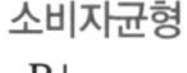

소비자균형

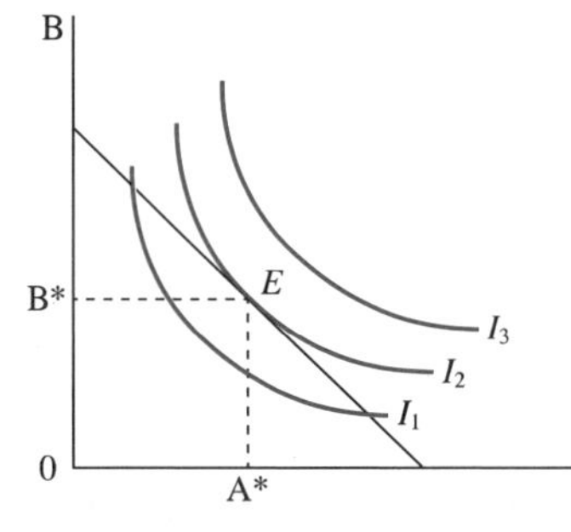

무차별곡선 기울기의 절댓값인 MRS_{AB}, 즉 소비자의 A재와 B재의 주관적인 교환비율과 시장에서 결정된 A재와 B재의 객관적인 교환비율인 상대가격 $\frac{P_A}{P_B}$가 일치하는 점에서 소비자균형이 달성된다(E).

빈출키워드 9 역선택과 도덕적 해이

다음 〈보기〉의 사례를 역선택(Adverse Selection)과 도덕적 해이(Moral Hazard)의 개념에 따라 바르게 구분한 것은?

보기

ㄱ. 자동차 보험 가입 후 더 난폭하게 운전한다.
ㄴ. 건강이 좋지 않은 사람이 민간 의료보험에 더 많이 가입한다.
ㄷ. 실업급여를 받게 되자 구직 활동을 성실히 하지 않는다.
ㄹ. 사망 확률이 낮은 건강한 사람이 주로 종신연금에 가입한다.
ㅁ. 의료보험제도가 실시된 이후 사람들의 의료수요가 현저하게 증가하였다.

	역선택	도덕적 해이
①	ㄱ, ㄴ	ㄷ, ㄹ, ㅁ
②	ㄴ, ㄹ	ㄱ, ㄷ, ㅁ
③	ㄷ, ㅁ	ㄱ, ㄴ, ㄹ
④	ㄴ, ㄷ, ㄹ	ㄱ, ㅁ
⑤	ㄴ, ㄷ, ㅁ	ㄱ, ㄹ

정답 ②

역선택이란 감추어진 특성의 상황에서 정보 수준이 낮은 측이 사전적으로 바람직하지 않은 상대방을 만날 가능성이 높아지는 현상을 의미한다. 반면, 도덕적 해이는 감추어진 행동의 상황에서 어떤 거래 이후에 정보를 가진 측이 바람직하지 않은 행동을 하는 현상을 의미한다.

이론 더하기

역선택(Adverse Selection)

① 개념 : 거래 전에 감추어진 특정한 상황에서 정보가 부족한 구매자가 바람직하지 못한 상대방과 품질이 낮은 상품을 거래하게 되는 가격왜곡현상을 의미한다.

② 사례

- 중고차를 판매하는 사람은 그 차량의 결점에 대해 알지만 구매자는 잘 모르기 때문에 성능이 나쁜 중고차만 거래된다. 즉, 정보의 비대칭성으로 인해 비효율적인 자원 배분 현상이 나타나며, 이로 인해 사회적인 후생손실이 발생한다.
- 보험사에서 평균적인 사고확률을 근거로 보험료를 산정하면 사고 발생 확률이 높은 사람이 보험에 가입할 가능성이 큰 것을 의미한다. 이로 인해 평균적인 위험을 기초로 보험금과 보험료를 산정하는 보험회사는 손실을 보게 된다.

③ 해결방안

- 선별(Screening) : 정보를 갖지 못한 사람이 상대방의 정보를 알기 위해 노력하는 것이다.
- 신호 발송(Signaling) : 정보를 가진 측에서 정보가 없는 상대방에게 자신을 알림으로써 정보의 비대칭을 해결하는 것이다.
- 정부의 역할 : 모든 당사자가 의무적으로 수행하게 하는 강제집행과 정보흐름을 촉진할 수 있는 정보정책 수립 등이 있다.

도덕적 해이(Moral Hazard)

① 개념 : 어떤 계약 거래 이후에 대리인의 감추어진 행동으로 인해 정보격차가 존재하여 상대방의 향후 행동을 예측할 수 없거나 본인이 최선을 다한다 해도 자신에게 돌아오는 혜택이 별로 없는 경우에 발생한다.

② 사례

- 화재보험에 가입하고 나면 화재예방노력에 따른 편익이 감소하므로 노력을 소홀히 하는 현상이 발생한다.
- 의료보험에 가입하면 병원 이용에 따른 한계비용이 낮아지므로 그 전보다 병원을 더 자주 찾는 현상이 발생한다.
- 금융기관에서 자금을 차입한 이후에 보다 위험이 높은 투자 상품에 투자하는 현상이 발생한다.

③ 해결방안

- 보험회사가 보험자 손실의 일부만을 보상해 주는 공동보험제도를 채택한다.
- 금융기관이 기업의 행동을 주기적으로 감시한다(예 사회이사제도, 감사제도).
- 금융기관은 대출 시 담보를 설정하여 위험이 높은 투자를 자제하도록 한다.

역선택과 도덕적 해이 비교

구분	역선택	도덕적 해이
정보의 비대칭 발생시점	계약 이전	계약 이후
정보의 비대칭 유형	숨겨진 특성	숨겨진 행동
해결 방안	선별, 신호 발송, 신용할당, 효율성임금, 평판, 표준화, 정보정책, 강제집행 등	유인설계(공동보험, 기초공제제도, 성과급 지급 등), 효율성 임금, 평판, 담보설정 등

PART 5

빈출키워드 10 공공재

다음 중 밑줄 친 ㉠, ㉡이 나타내는 용어가 바르게 연결된 것은?

> 국방은 한 국가가 현존하는 적국이나 가상의 적국 또는 내부의 침략에 대응하기 위하여 강구하는 다양한 방위활동을 말하는데, 이러한 국방은 ㉠ 많은 사람들이 누리더라도 다른 사람이 이용할 수 있는 몫이 줄어들지 않는다. 또한 국방비에 대해 ㉡ 가격을 지급하지 않는 사람들이 이용하지 못하게 막기가 어렵다. 따라서 국방은 정부가 담당하게 된다.

	㉠	㉡
①	공공재	외부효과
②	배제성	경합성
③	무임승차	비배제성
④	비경합성	비배제성
⑤	경합성	배제성

정답 ④

㉠ 경합성이란 재화나 용역을 한 사람이 사용하게 되면 다른 사람의 몫은 그만큼 줄어든다는 것으로 희소성의 가치에 의해 발생하는 경제적인 성격의 문제이다. 일반적으로 접하는 모든 재화나 용역이 경합성이 있으며, 반대로 한 사람이 재화나 용역을 소비해도 다른 사람의 소비를 방해하지 않는다면 비경합성에 해당한다.

㉡ 배제성이란 어떤 특정한 사람이 재화나 용역을 사용하는 것을 막을 수 있는 가능성을 말한다. 반대의 경우는 비배제성이 있다고 한다.

비경합성과 비배제성 모두 동시에 가지고 있는 재화나 용역은 제시문의 국방, 치안 등의 공공재가 있다.

이론 더하기

재화의 종류

구분	배제성	비배제성
경합성	사유재 예 음식, 옷, 자동차	공유자원 예 산에서 나는 나물, 바닷속의 물고기
비경합성	클럽재(자연 독점 재화) 예 케이블 TV방송, 전력, 수도	공공재 예 국방, 치안

공공재

① 개념 : 모든 사람들이 공동으로 이용할 수 있는 재화 또는 서비스로 비경합성과 비배제성이라는 특징을 갖는다.

② 성격

- 비경합성 : 소비하는 사람의 수에 관계없이 모든 사람이 동일한 양을 소비한다. 비경합성에 기인하여 1인 추가 소비에 따른 한계비용은 0이다. 공공재의 경우 양의 가격을 매기는 것은 바람직하지 않음을 의미한다.
- 비배제성 : 재화 생산에 대한 기여 여부에 관계없이 소비가 가능한 특성을 의미한다.

③ 종류

- 순수 공공재 : 국방, 치안 서비스 등
- 비순수 공공재 : 불완전한 비경합성을 가진 클럽재(혼합재), 지방공공재

무임승차자 문제

① 공공재는 배제성이 없으므로 효율적인 자원 분배가 이루어지지 않는 현상이 발생할 수 있다. 이로 인해 시장실패가 발생하게 되는데 구체적으로 두 가지 문제를 야기시킨다.

- 무임승차자의 소비로 인한 공공재나 공공 서비스의 공급부족 현상
- 공유자원의 남용으로 인한 사회문제 발생으로 공공시설물 파괴, 환경 오염

② 기부금을 통해 공공재를 구입하거나, 공공재를 이용하는 사람에게 일정의 요금을 부담시키는 방법, 국가가 강제로 조세를 거두어 무상으로 공급하는 방법 등으로 해결 가능하다.

공유자원

① 개념 : 소유권이 어느 개인에게 있지 않고, 사회 전체에 속하는 자원이다.

② 종류

- 자연자본 : 공기, 하천, 국가 소유의 땅
- 사회간접자본 : 공공의 목적으로 축조된 항만, 도로

공유지의 비극(Tragedy of Commons)

경합성은 있지만 비배제성은 없는 공유자원의 경우, 공동체 구성원이 자신의 이익에만 따라 행동하여 결국 공동체 전체가 파국을 맞이하게 된다는 이론이다.

빈출키워드 11 GDP, GNP, GNI

01 다음 〈보기〉 중 국내총생산(GDP)에 대한 설명으로 옳은 것을 모두 고르면?

> 보기
>
> ㄱ. 여가가 주는 만족은 삶의 질에 매우 중요한 영향을 미치므로 GDP에 반영된다.
> ㄴ. 환경오염으로 파괴된 자연을 치유하기 위해 소요된 지출은 GDP에 포함된다.
> ㄷ. 우리나라의 지하경제 규모는 엄청나기 때문에 한국은행은 이를 포함하여 GDP를 측정한다.
> ㄹ. 가정주부의 가사노동은 GDP에 불포함되지만, 가사도우미의 가사노동은 GDP에 포함된다.

① ㄱ, ㄷ
② ㄱ, ㄹ
③ ㄴ, ㄷ
④ ㄴ, ㄹ
⑤ ㄷ, ㄹ

02 다음 중 국민총소득(GNI), 국내총생산(GDP), 국민총생산(GNP)에 대한 설명으로 옳지 않은 것은?

① GNI는 한 나라 국민이 국내외 생산활동에 참여한 대가로 받은 소득의 합계이다.
② 명목GNI는 명목GNP와 명목 국외순수취요소소득의 합이다.
③ 원화표시 GNI에 아무런 변동이 없더라도 환율변동에 따라 달러화표시 GNI는 변동될 수 있다.
④ 국외수취 요소소득이 국외지급 요소소득보다 크면 명목GNI가 명목GDP보다 크다.
⑤ 실질GDP는 생산활동의 수준을 측정하는 생산지표인 반면, 실질GNI는 생산활동을 통하여 획득한 소득의 실질 구매력을 나타내는 소득지표이다.

01

 ④

오답분석

ㄱ. 여가, 자원봉사 등의 활동은 생산활동이 아니므로 GDP에 포함되지 않는다.
ㄷ. GDP는 마약밀수 등의 지하경제를 반영하지 못한다는 한계점이 있다.

02

정답 ②

과거에는 국민총생산(GNP)이 소득지표로 사용되었으나 수출품과 수입품의 가격변화에 따른 실질소득의 변화를 제대로 반영하지 못했기 때문에 현재는 국민총소득(GNI)을 소득지표로 사용한다.
반면, 명목GNP는 명목GDP에 국외순수취요소소득을 더하여 계산하는데, 명목GDP는 당해 연도 생산량에 당해 연도의 가격을 곱하여 계산하므로 수출품과 수입품의 가격변화에 따른 실질소득 변화가 모두 반영된다. 즉, 명목으로 GDP를 집계하면 교역조건 변화에 따른 실질무역손익이 0이 된다. 따라서 명목GNP는 명목GNI와 동일하다.

이론 더하기

GDP(국내총생산)

① 정의 : GDP(국내총생산)란 일정기간 한 나라의 국경 안에서 생산된 모든 최종 재화와 서비스의 시장가치를 시장가격으로 평가하여 합산한 것이다.

② GDP의 계산 : 가계소비(C)+기업투자(I)+정부지출(G)+순수출(NX)

※ 순수출(NX) : 수출−수입

③ 명목GDP와 실질GDP

명목GDP	• 당해의 생산량에 당해 연도 가격을 곱하여 계산한 GDP이다. • 명목GDP는 물가가 상승하면 상승한다. • 당해 연도의 경제활동 규모와 산업구조를 파악하는 데 유용하다.
실질GDP	• 당해의 생산량에 기준연도 가격을 곱하여 계산한 GDP이다. • 실질GDP는 물가의 영향을 받지 않는다. • 경제성장과 경기변동 등을 파악하는 데 유용하다.

④ GDP디플레이터 : $\frac{\text{명목GDP}}{\text{실질GDP}} \times 100$

⑤ 실재GDP와 잠재GDP

실재GDP	한 나라의 국경 안에서 실제로 생산된 모든 최종 생산물의 시장가치를 의미한다.
잠재GDP	• 한 나라에 존재하는 노동과 자본 등 모든 생산요소를 정상적으로 사용할 경우 달성할 수 있는 최대 GDP를 의미한다. • 잠재GDP=자연산출량=완전고용산출량

GNP(국민총생산)

① 개념 : GNP(국민총생산)란 일정기간 동안 한 나라의 국민이 소유하는 노동과 자본으로 생산된 모든 최종 생산물의 시장가치를 의미한다.

② GNP의 계산 : GDP+대외순수취요소소득=GDP+(대외수취요소소득−대외지급요소소득)

※ 대외수취요소소득 : 우리나라 기업이나 근로자가 외국에서 일한 대가

※ 대외지급요소소득 : 외국의 기업이나 근로자가 우리나라에서 일한 대가

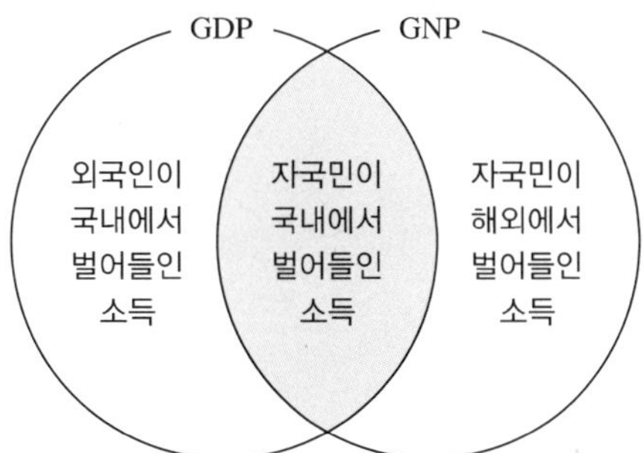

GNI(국민총소득)

① 개념 : 한 나라의 국민이 국내외 생산 활동에 참가하거나 생산에 필요한 자산을 제공한 대가로 받은 소득의 합계이다.

② GNI의 계산 : GDP+교역조건 변화에 따른 실질무역손익+대외순수취요소소득

=GDP+교역조건 변화에 따른 실질무역손익+(대외수취요소소득−대외지급요소소득)

빈출키워드 12 비교우위

다음은 A국과 B국의 2016년과 2024년 자동차와 TV 생산에 대한 생산가능곡선을 나타낸 것이다. 이에 대한 설명으로 옳은 것은?

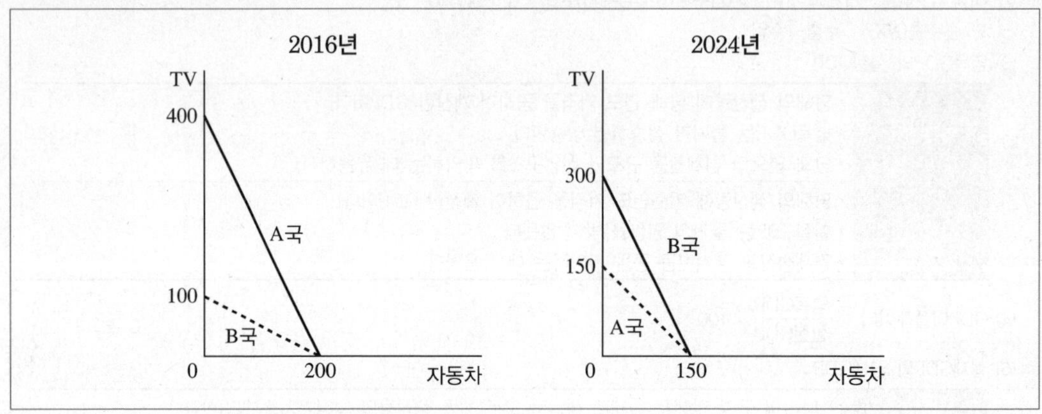

① 2016년도 자동차 수출국은 A국이다.
② B국의 자동차 1대 생산 기회비용은 감소하였다.
③ 두 시점의 생산가능곡선 변화 원인은 생산성 향상 때문이다.
④ 2024년에 자동차 1대가 TV 2대와 교환된다면 무역의 이익은 B국만 갖게 된다.
⑤ 2016년도 A국이 생산 가능한 총생산량은 TV 400대와 자동차 200대이다.

정답 ③

오답분석

① 2016년도에 A국이 자동차 1대를 생산하기 위한 기회비용은 TV 2대이며, B국이 자동차 1대를 생산하기 위한 기회비용은 TV $\frac{1}{2}$대이므로 상대적으로 자동차 생산에 대한 기회비용이 적은 B국에서 자동차를 수출해야 한다.
② 2016년 B국의 자동차 1대 생산에 대한 기회비용은 TV $\frac{1}{2}$대인 반면, 2024년 B국의 자동차 1대 생산에 대한 기회비용은 TV 2대이므로 기회비용은 증가하였다.
④ 2024년도에 A국은 비교우위가 있는 자동차 생산에 특화하고, B국은 비교우위가 있는 TV 생산에 특화하여 교환한다. 이 경우 교환 비율이 자동차 1대당 TV 2대이면, B국은 아무런 무역의 이익을 가지지 못하고, A국만 무역의 이익을 갖는다.
⑤ 2016년도에 A국의 생산 가능한 총생산량은 TV 400대 또는 자동차 200대이다.

이론 더하기

애덤스미스의 절대우위론
절대우위론이란 각국이 절대적으로 생산비가 낮은 재화생산에 특화하여 그 일부를 교환함으로써 상호이익을 얻을 수 있다는 이론이다.

리카도의 비교우위론
① 개념
- 비교우위란 교역 상대국보다 낮은 기회비용으로 생산할 수 있는 능력으로 정의된다.
- 비교우위론이란 한 나라가 두 재화생산에 있어서 모두 절대우위에 있더라도 양국이 상대적으로 생산비가 낮은 재화생산에 특화하여 무역을 할 경우 양국 모두 무역으로부터 이익을 얻을 수 있다는 이론을 말한다.
- 비교우위론은 절대우위론의 내용을 포함하고 있는 이론이다.

② 비교우위론의 사례

구분	A국	B국
X재	4명	5명
Y재	2명	5명

→ A국이 X재와 Y재 생산에서 모두 절대우위를 갖는다.

구분	A국	B국
X재 1단위 생산의 기회비용	Y재 2단위	Y재 1단위
Y재 1단위의 기회비용	X재 $\frac{1}{2}$ 단위	X재 1단위

→ A국은 Y재에, B국은 X재에 비교우위가 있다.

헥셔 – 오린 정리모형(Heckscher – Ohlin Model, H – O Model)
① 개념
- 각국의 생산함수가 동일하더라도 각 국가에서 상품 생산에 투입된 자본과 노동의 비율이 차이가 있으면 생산비의 차이가 발생하게 되고, 각국은 생산비가 적은 재화에 비교우위를 갖게 된다는 정리이다.
- 노동풍부국은 노동집약재, 자본풍부국은 자본집약재 생산에 비교우위가 있다.

② 내용
- A국은 B국에 비해 노동풍부국이고, X재는 Y재에 비해 노동집약재라고 가정할 때 A국과 B국의 생산가능곡선은 다음과 같이 도출된다.

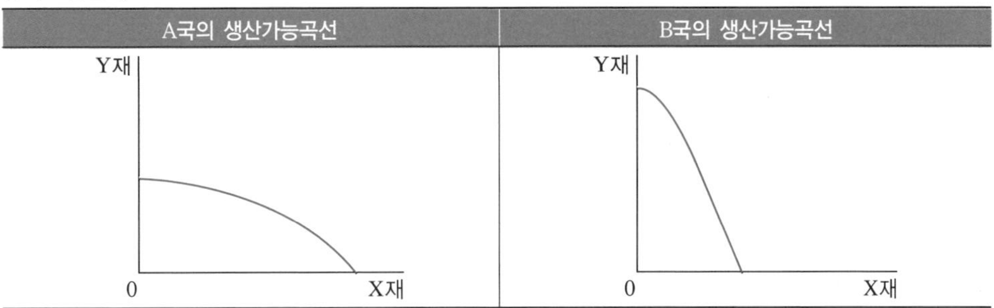

- 헥셔 – 오린 정리에 따르면 A국은 노동이 B국에 비해 상대적으로 풍부하기 때문에 노동집약재인 X재에 비교우위를 가지고 X재를 생산하여 B국에 수출하고 Y재를 수입한다.
- 마찬가지로 B국은 자본이 A국에 비해 상대적으로 풍부하기 때문에 자본집약재인 Y재에 비교우위를 가지고 Y재를 생산하여 A국에 수출하고 X재를 수입한다.

PART 5

빈출키워드 13 로렌츠 곡선과 지니계수

01 **다음 중 소득격차를 나타내는 지표가 아닌 것은?**

① 십분위분배율 ② 로렌츠 곡선
③ 지니계수 ④ 엥겔지수
⑤ 앳킨슨지수

02 **어느 나라 국민의 50%는 소득이 전혀 없고, 나머지 50%는 모두 소득 100을 균등하게 가지고 있다면 지니계수의 값은 얼마인가?**

① 0 ② 1
③ $\frac{1}{2}$ ④ $\frac{1}{4}$
⑤ $\frac{1}{5}$

01

정답 ④

엥겔지수는 전체 소비지출 중에서 식료품비가 차지하는 비중을 표시하는 지표로, 특정 계층의 생활 수준만을 알 수 있다.

02

정답 ③

국민의 50%가 소득이 전혀 없고, 나머지 50%에 해당하는 사람들의 소득은 완전히 균등하게 100씩 가지고 있으므로 로렌츠 곡선은 아래 그림과 같으며 지니계수는 다음과 같이 계산한다.

지니계수$=\frac{A}{A+B}=\frac{1}{2}$

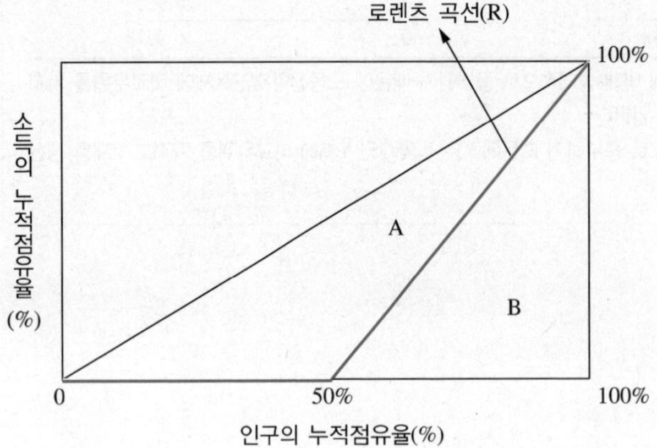

이론 더하기

로렌츠 곡선(Lorenz Curve)

① 개념 및 측정방법

- 인구의 누적점유율과 소득의 누적점유율 간의 관계를 나타내는 곡선이다.
- 로렌츠 곡선은 소득분배가 균등할수록 대각선에 가까워진다. 즉, 로렌츠 곡선이 대각선에 가까울수록 평등한 분배상태이며, 직각에 가까울수록 불평등한 분배상태이다.
- 로렌츠 곡선과 대각선 사이의 면적의 크기가 불평등도를 나타내는 지표가 된다.

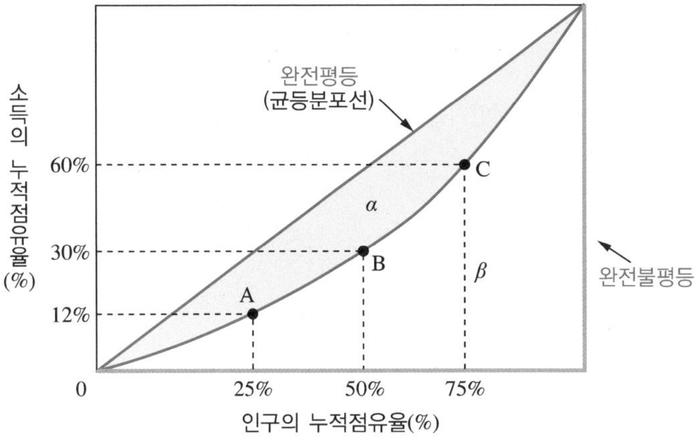

- 로렌츠 곡선 상의 점 A는 소득액 하위 25% 인구가 전체 소득의 12%를, 점 B는 소득액 하위 50% 인구가 전체 소득의 30%를, 점 C는 소득액 하위 75% 인구가 전체 소득의 60%를 점유하고 있음을 의미한다.

② 평가

- 로렌츠 곡선이 서로 교차하는 경우에는 소득분배상태를 비교할 수 없다.
- 소득별 분배상태를 한눈에 볼 수 있으나, 비교하고자 하는 수만큼 그려야 하는 단점이 있다.

지니계수

① 개념 및 측정방법

- 지니계수란 로렌츠 곡선이 나타내는 소득분배상태를 하나의 숫자로 나타낸 것을 말한다.
- 지니계수는 완전균등분포선과 로렌츠 곡선 사이에 해당하는 면적(α)을 완전균등분포선 아래의 삼각형 면적($\alpha+\beta$)으로 나눈 값이다.
- 지니계수는 0 ~ 1 사이의 값을 나타내며, 그 값이 작을수록 소득분배가 균등함을 의미한다.
- 즉, 소득분배가 완전히 균등하면 $\alpha=0$이므로 지니계수는 0이 되고, 소득분배가 완전히 불균등하면 $\beta=0$이므로 지니계수는 1이 된다.

② 평가

- 지니계수는 전 계층의 소득분배를 하나의 숫자로 나타내므로 특정 소득계층의 소득분배상태를 나타내지 못한다는 한계가 있다.
- 또한 특정 두 국가의 지니계수가 동일하더라도 각 소득구간별 소득격차의 차이가 모두 동일한 것은 아니며, 전반적인 소득분배의 상황만을 짐작하게 하는 한계가 있다.

빈출키워드 14 파레토 효율성

상품시장을 가정할 때, 다음 중 완전경쟁시장의 균형점이 파레토 효율적인 이유로 옳지 않은 것은?

① 완전경쟁시장 균형점에서 가장 사회적 잉여가 크기 때문이다.
② 완전경쟁시장 균형점에서 사회적 형평성이 극대화되기 때문이다.
③ 완전경쟁시장 균형점에서 소비자는 효용 극대화, 생산자는 이윤 극대화를 달성하기 때문이다.
④ 완전경쟁시장 균형점에서 재화 한 단위 생산에 따른 사회적 한계편익과 사회적 한계비용이 같기 때문이다.
⑤ 시장 수요곡선의 높이는 사회적 한계편익을 반영하고, 시장 공급곡선의 높이는 사회적 한계비용을 완전하게 반영하기 때문이다.

정답 ②

파레토 효율성이란 하나의 자원배분 상태에서 다른 사람에게 손해가 가지 않고서는 어떤 한 사람에게 이득이 되는 변화를 만들어내는 것이 불가능한 배분 상태를 의미한다. 즉, 파레토 효율성은 현재보다 더 효율적인 배분이 불가능한 상태를 의미한다. 완전경쟁시장의 균형점에서는 사회적 효율이 극대화되지만, 파레토 효율적이라고 하여 사회 구성원 간에 경제적 후생을 균등하게 분배하는 것은 아니기 때문에 사회적 형평성이 극대화되지는 않는다.

이론 더하기

파레토 효율성

파레토 효율(=파레토 최적)이란 하나의 자원배분 상태에서 다른 어떤 사람에게 손해가 가도록 하지 않고서는 어떤 한 사람에게 이득이 되는 변화를 만들어내는 것이 불가능한 상태, 즉 더 이상의 파레토 개선이 불가능한 자원배분 상태를 말한다.

소비에서의 파레토 효율성

① 생산물시장이 완전경쟁시장이면 개별소비자들은 가격수용자이므로 두 소비자가 직면하는 예산선의 기울기$\left(-\frac{P_X}{P_Y}\right)$는 동일하다.

② 예산선의 기울기가 동일하므로 두 개인의 무차별곡선 기울기도 동일하다.

$MRS^A_{XY}=MRS^B_{XY}$

③ 그러므로 생산물시장이 완전경쟁이면 소비에서의 파레토 효율성 조건이 충족된다.

④ 계약곡선상의 모든 점에서 파레토 효율이 성립하고, 효용곡선상의 모든 점에서 파레토 효율이 성립한다.

생산에서의 파레토 효율성

① 생산요소시장이 완전경쟁이면 개별생산자는 가격수용자이므로 두 재화가 직면하는 등비용선의 기울기$\left(-\frac{w}{r}\right)$가 동일하다.

② 등비용선의 기울기가 동일하므로 두 재화의 등량곡선의 기울기도 동일하다.

$MRS^X_{LK}=MRS^Y_{LK}$

③ 그러므로 생산요소시장이 완전경쟁이면 생산에서의 파레토 효율성 조건이 충족된다.

④ 생산가능곡선이란 계약곡선을 재화공간으로 옮겨 놓은 것으로 생산가능곡선상의 모든 점에서 파레토 효율이 이루어진다.

⑤ 한계변환율은 X재의 생산량을 1단위 증가시키기 위하여 감소시켜야 하는 Y재의 수량으로, 생산가능곡선 접선의 기울기이다.

종합적인 파레토 효율성

시장구조가 완전경쟁이면 소비자의 효용극대화와 생산자의 이윤극대화 원리에 의해 종합적인 파레토 효율성 조건이 성립한다.

$$MRS_{xy}=\frac{M_X}{M_Y}=\frac{P_X}{P_Y}=\frac{MC_X}{MC_Y}=MRT_{xy}$$

파레토 효율성의 한계

① 파레토 효율성 조건을 충족하는 점은 무수히 존재하기 때문에 그중 어떤 점이 사회적으로 가장 바람직한지 판단하기 어렵다.

② 파레토 효율성은 소득분배의 공평성에 대한 기준을 제시하지 못한다.

PART 5

빈출키워드 15 실업

01 **다음 대화에서 밑줄 친 부분에 해당하는 사례로 가장 적절한 것은?**

> 선생님 : 실업에는 어떤 종류가 있는지 한 번 말해볼까?
> 학생 : 네, 선생님. 실업은 발생하는 원인에 따라 <u>경기적 실업</u>과 계절적 실업, 그리고 구조적 실업과 마찰적 실업으로 분류할 수 있습니다.

① 총수요의 부족으로 발생하는 실업이 발생했다.
② 더 나은 직업을 탐색하기 위해 기존에 다니던 직장을 그만두었다.
③ 남해바다 해수욕장의 수영 강사들이 겨울에 일자리가 없어서 쉬고 있다.
④ 산업구조가 제조업에서 바이오기술산업으로 재편되면서 대량실업이 발생하였다.
⑤ 디지털 카메라의 대중화로 필름회사 직원들이 일자리를 잃었다.

02 **다음 빈칸 ㉠~㉣에 들어갈 용어가 바르게 연결된 것은?**

> • ___㉠___ : 구직활동 과정에서 일시적으로 실업 상태에 놓이는 것을 의미한다.
> • ___㉡___ : 한 나라의 산출량과 실업 사이에서 관찰되는 안정적인 음(−)의 상관관계가 존재한다는 것을 의미한다.
> • ___㉢___ : 실업이 높은 수준으로 올라가고 나면 경기확장정책을 실시하더라도 다시 실업률이 감소하지 않는 경향을 의미한다.
> • ___㉣___ : 경기침체로 인한 총수요의 부족으로 발생하는 실업이다.

	㉠	㉡	㉢	㉣
①	마찰적 실업	오쿤의 법칙	이력현상	경기적 실업
②	마찰적 실업	경기적 실업	오쿤의 법칙	구조적 실업
③	구조적 실업	이력현상	경기적 실업	마찰적 실업
④	구조적 실업	이력현상	오쿤의 법칙	경기적 실업
⑤	경기적 실업	오쿤의 법칙	이력현상	구조적 실업

01

정답 ①

경기적 실업이란 경기침체로 인한 총수요의 부족으로 발생하는 실업이다. 따라서 경기적 실업을 감소시키기 위해서는 총수요를 확장시켜 경기를 활성화시키는 경제안정화정책이 필요하다.

오답분석

② 마찰적 실업에 해당한다.
③ 계절적 실업에 해당한다.
④·⑤ 구조적 실업에 해당한다.

02

정답 ①

㉠ 마찰적 실업 : 직장을 옮기는 과정에서 일시적으로 실업 상태에 놓이는 것을 의미하며, 자발적 실업으로서 완전고용상태에서도 발생한다.
㉡ 오쿤의 법칙 : 한 나라의 산출량과 실업 간에 경험적으로 관찰되는 안정적인 음(−)의 상관관계가 존재한다는 것을 의미한다.
㉢ 이력현상 : 경기침체로 인해 높아진 실업률이 일정 기간이 지난 이후에 경기가 회복되더라도 낮아지지 않고 계속 일정한 수준을 유지하는 현상을 의미한다.
㉣ 경기적 실업 : 경기침체로 유효수요가 부족하여 발생하는 실업을 의미한다.

이론 더하기

실업
① 실업이란 일할 의사와 능력을 가진 사람이 일자리를 갖지 못한 상태를 의미한다.
② 실업은 자발적 실업과 비자발적 실업으로 구분된다.
③ 자발적 실업에는 마찰적 실업이 포함되고, 비자발적 실업에는 구조적·경기적 실업이 포함된다.

마찰적 실업(Frictional Unemployment)
① 노동시장의 정보불완전성으로 노동자들이 구직하는 과정에서 발생하는 자발적 실업을 말한다.
② 마찰적 실업의 기간은 대체로 단기이므로 실업에 따르는 고통은 크지 않다.
③ 마찰적 실업을 감소시키기 위해서는 구인 및 구직 정보를 적은 비용으로 찾을 수 있는 제도적 장치를 마련하여 경제적·시간적 비용을 줄여주어야 한다.

구조적 실업(Structural Unemployment)
① 경제가 발전하면서 산업구조가 변화하고 이에 따라 노동수요 구조가 변함에 따라 발생하는 실업을 말한다.
② 기술발전과 지식정보화 사회 등에 의한 산업구조 재편이 수반되면서 넓은 지역에서 동시에 발생하는 실업이다.
③ 구조적 실업을 감소시키기 위해서는 직업훈련, 재취업교육 등 인력정책이 필요하다.

경기적 실업(Cyclical Unemployment)
① 경기침체로 인한 총수요의 부족으로 발생하는 실업이다.
② 경기적 실업을 감소시키기 위해서는 총수요를 확장시켜 경기를 활성화시키는 경제안정화정책이 필요하다.
③ 한편, 실업보험제도나 고용보험제도도 경기적 실업을 해소하기 위한 좋은 대책이다.

실업관련지표
① 경제활동참가율
- 생산가능인구 중에서 경제활동인구가 차지하는 비율을 나타낸다.
- $\text{경제활동참가율}=\frac{\text{경제활동인구}}{\text{생산가능인구}}\times100=\frac{\text{경제활동인구}}{\text{경제활동인구}+\text{비경제활동인구}}\times100$

② 실업률
- 경제활동인구 중에서 실업자가 차지하는 비율을 나타낸다.
- $\text{실업률}=\frac{\text{실업자 수}}{\text{경제활동인구}}\times100=\frac{\text{실업자 수}}{\text{취업자 수}+\text{실업자 수}}\times100$
- 정규직의 구분 없이 모두 취업자로 간주하므로 고용의 질을 반영하지 못한다.

③ 고용률
- 생산가능인구 중에서 취업자가 차지하는 비율로 한 경제의 실질적인 고용창출능력을 나타낸다.
- $\text{고용률}=\frac{\text{취업자 수}}{\text{생산가능인구}}\times100=\frac{\text{취업자 수}}{\text{경제활동인구}+\text{비경제활동인구}}\times100$

PART 5

빈출키워드 16 인플레이션

01 **다음 중 인플레이션에 의해 나타날 수 있는 현상으로 보기 어려운 것은?**

① 구두창비용의 발생
② 메뉴비용의 발생
③ 통화가치 하락
④ 단기적인 실업률 하락
⑤ 총요소생산성의 상승

02 **다음과 같은 현상에 대한 설명으로 옳지 않은 것은?**

> 베네수엘라의 중앙은행은 지난해 물가가 무려 9,586% 치솟았다고 발표했다. 그야말로 살인적인 물가 폭등이다. 베네수엘라는 한때 1위 산유국으로 부유했던 국가 중 하나였다. 이를 바탕으로 베네수엘라의 대통령이었던 니콜라스 마두로 대통령은 국민들에게 무상 혜택을 강화하겠다는 정책을 발표하고, 부족한 부분은 국가의 돈을 찍어 국민 생활의 많은 부분을 무상으로 전환했다. 그러나 2010년 원유의 가격이 바닥을 치면서 무상복지로 제공하던 것들을 유상으로 전환했고, 이에 따라 급격히 물가가 폭등하여 현재 돈의 가치가 없어지는 상황까지 왔다. 베네수엘라에서 1,000원짜리 커피를 한 잔 마시려면 150만 원을 지불해야 하며, 한 달 월급으로 계란 한 판을 사기 어려운 수준에 도달했다. 이를 견디지 못한 베네수엘라 국민들은 자신의 나라를 탈출하고 있으며, 정부는 화폐개혁을 예고했다.

① 상품의 퇴장 현상이 나타나며 경제는 물물교환에 의해 유지된다.
② 화폐 액면 단위를 변경시키는 디노미네이션으로 쉽게 해소된다.
③ 정부가 재정 확대 정책을 장기간 지속했을 때도 이런 현상이 나타난다.
④ 전쟁이나 혁명 등 사회가 크게 혼란한 상황에서 나타난다.
⑤ 물가상승이 통제를 벗어난 상태로 수백%의 인플레이션율을 기록하는 상황을 말한다.

01

정답 ⑤

인플레이션은 구두창비용, 메뉴비용, 자원배분의 왜곡, 조세왜곡 등의 사회적 비용을 발생시켜 경제에 비효율성을 초래한다. 특히 예상하지 못한 인플레이션은 소득의 자의적인 재분배를 가져와 채무자와 실물자산소유자가 채권자와 화폐자산소유자에 비해 유리하게 만든다. 인플레이션으로 인한 사회적 비용 중 구두창비용이란 인플레이션으로 인해 화폐가치가 하락한 상황에서 화폐보유의 기회비용이 상승하는 것을 나타내는 용어이다. 이는 사람들이 화폐보유를 줄이게 되면 금융기관을 자주 방문해야 하므로 거래비용이 증가하게 되는 것을 의미한다. 메뉴비용이란 물가가 상승할 때 물가 상승에 맞추어 기업들이 생산하는 재화나 서비스의 판매가격을 조정하는 데 지출되는 비용을 의미한다. 또한 예상하지 못한 인플레이션이 발생하면 기업들은 노동의 수요를 증가시키고, 노동의 수요가 증가하게 되면 일시적으로 생산량과 고용량이 증가하게 된다. 하지만 인플레이션으로 총요소생산성이 상승하는 것은 어려운 일이다.

02

정답 ②

제시문은 하이퍼인플레이션에 대한 설명으로, 하이퍼인플레이션은 대부분 전쟁이나 혁명 등 사회가 크게 혼란한 상황 또는 정부가 재정을 지나치게 방만하게 운용해 통화량을 대규모로 공급할 때 발생한다. 디노미네이션은 화폐의 가치를 유지하면서 액면 단위만 줄이는 화폐개혁의 방법으로 화폐를 바꾸는 데 많은 비용이 소요되고, 시스템이나 사람들이 적응하는 데 많은 시간이 필요하기 때문에 효과는 서서히 발생한다.

이론 더하기

물가지수

① 개념 : 물가의 움직임을 구체적으로 측정한 지표로서 일정 시점을 기준으로 그 이후의 물가변동을 백분율(%)로 표시한다.

② 물가지수의 계산 : $\frac{\text{비교시의 물가수준}}{\text{기준시의 물가수준}} \times 100$

③ 물가지수의 종류

- 소비자물가지수(CPI) : 가계의 소비생활에 필요한 재화와 서비스의 소매가격을 기준으로 환산한 물가지수로서 라스파이레스 방식으로 통계청에서 작성한다.
- 생산자물가지수(PPI) : 국내시장의 제1차 거래단계에서 기업 상호 간에 거래되는 모든 재화와 서비스의 평균적인 가격변동을 측정한 물가지수로서 라스파이레스 방식으로 한국은행에서 작성한다.
- GDP디플레이터 : 명목GNP를 실질가치로 환산할 때 사용하는 물가지수로서 GNP를 추계하는 과정에서 산출된다. 가장 포괄적인 물가지수로서 사후적으로 계산되며 파셰 방식으로 한국은행에서 작성한다.

인플레이션

① 개념 : 물가수준이 지속적으로 상승하여 화폐가치가 하락하는 현상을 말한다.

② 인플레이션의 발생원인

학파	수요견인 인플레이션	비용인상 인플레이션
고전학파	통화공급(M) 증가	통화주의는 물가수준에 대한 적응적 기대를 하는 과정에서 생긴 현상으로 파악
통화주의학파		
케인스학파	정부지출 증가, 투자 증가 등 유효수요 증가와 통화량 증가	임금인상 등의 부정적 공급충격

③ 인플레이션의 경제적 효과

- 예상치 못한 인플레이션은 채권자에서 채무자에게로 소득을 재분배하며, 고정소득자와 금융자산을 많이 보유한 사람에게 불리하게 작용한다.
- 인플레이션은 물가수준의 상승을 의미하므로 수출재의 가격이 상승하여 경상수지를 악화시킨다.
- 인플레이션은 실물자산에 대한 선호를 증가시켜 저축이 감소하여 자본축적을 저해하고 결국 경제의 장기적인 성장가능성을 저하시킨다.

④ 인플레이션의 종류

- 하이퍼인플레이션 : 인플레이션의 범위를 초과하여 경제학적 통제를 벗어난 인플레이션이다.
- 스태그플레이션 : 경기침체기에서의 인플레이션으로, 저성장 고물가의 상태이다.
- 애그플레이션 : 농산물 상품의 가격 급등으로 일반 물가도 덩달아 상승하는 현상이다.
- 보틀넥인플레이션 : 생산요소의 일부가 부족하여, 생산의 증가속도가 수요의 증가속도를 따르지 못해 발생하는 물가상승 현상이다.
- 디맨드풀인플레이션 : 초과수요로 인하여 일어나는 인플레이션이다.
- 디스인플레이션 : 인플레이션을 극복하기 위해 통화증발을 억제하고 재정·금융긴축을 주축으로 하는 경제조정정책이다.

빈출키워드 17 게임이론

01 **다음 중 게임이론에 대한 설명으로 옳지 않은 것은?**

① 순수전략들로만 구성된 내쉬균형이 존재하지 않는 게임도 있다.
② 우월전략이란 상대 경기자들이 어떤 전략들을 사용하든지 상관없이 자신의 전략들 중에서 항상 가장 낮은 보수를 가져다주는 전략을 말한다.
③ 죄수의 딜레마 게임에서 두 용의자 모두가 자백하는 것은 우월전략균형이면서 동시에 내쉬균형이다.
④ 참여자 모두에게 상대방이 어떤 전략을 선택하는가에 관계없이 자신에게 더 유리한 결과를 주는 전략이 존재할 때 그 전략을 참여자 모두가 선택하면 내쉬균형이 달성된다.
⑤ 커플이 각자 선호하는 취미활동을 따로 하는 것보다 동일한 취미를 함께 할 때 더 큰 만족을 줄 수 있는 상황에서는 복수의 내쉬균형이 존재할 수 있다.

02 **양씨네 가족은 주말에 여가 생활을 하기로 했다. 양씨 부부는 영화 관람을 원하고, 양씨 자녀들은 놀이동산에 가고 싶어 한다. 하지만 부부와 자녀들은 모두 따로 여가 생활을 하는 것보다는 함께 여가 생활을 하는 것을 더 선호한다. 〈보기〉 중 내쉬균형이 달성되는 경우를 모두 고르면?(단, 내쉬전략이란 상대방의 전략이 정해져 있을 때 자신의 이익을 극대화시키는 전략을 말하며, 내쉬균형이란 어느 누구도 이러한 전략을 변경할 유인이 없는 상태를 말한다)**

> 보기
>
> ㄱ. 가족 모두 영화를 관람한다.
> ㄴ. 가족 모두 놀이동산에 놀러간다.
> ㄷ. 부부는 영화를 관람하고, 자녀들은 놀이동산에 놀러간다.
> ㄹ. 부부는 놀이동산에 놀러가고, 자녀들은 영화를 관람한다.

① ㄱ
② ㄷ
③ ㄱ, ㄴ
④ ㄷ, ㄹ
⑤ ㄱ, ㄴ, ㄹ

01

정답 ②

우월전략은 상대방의 전략에 관계없이 항상 자신의 보수가 가장 크게 되는 전략을 말한다.

02

정답 ③

부모가 영화를 관람한다고 가정할 때 자녀들이 놀이동산에 놀러가기로 결정하는 경우 따로 여가 생활을 해야 하므로 자녀들의 이익은 극대화되지 않는다. 마찬가지로 자녀들이 놀이동산에 놀러가기로 결정할 때 부부가 영화를 관람하기로 결정한다면 부부의 이익도 역시 극대화되지 않는다. 따라서 가족 모두가 영화를 관람하거나 놀이동산에 놀러갈 때 내쉬균형이 달성된다.

이론 더하기

게임이론

한 사람이 어떤 행동을 취하기 위해서 상대방이 그 행동에 어떻게 대응할지 미리 생각해야 하는 전략적인 상황(Strategic Situation)하에서 자기의 이익을 효과적으로 달성하는 의사결정과정을 분석하는 이론을 말한다.

우월전략균형

① 개념
- 우월전략이란 상대방의 전략에 상관없이 자신의 전략 중 자신의 보수를 극대화하는 전략이다.
- 우월전략균형은 경기자들의 우월전략의 배합을 말한다.
  예 A의 우월전략(자백), B의 우월전략(자백) → 우월전략균형(자백, 자백)

② 평가
- 각 경기자의 우월전략은 비협조전략이다.
- 각 경기자의 우월전략배합이 열위전략의 배합보다 파레토 열위상태이다.
- 자신만이 비협조전략(이기적인 전략)을 선택하는 경우 보수가 증가한다.
- 효율적 자원배분은 협조전략하에 나타난다.
- 각 경기자가 자신의 이익을 극대화하는 행동이 사회적으로 바람직한 자원배분을 실현하는 것은 아니다(개인적 합리성이 집단적 합리성을 보장하지 못한다).

내쉬균형(Nash Equilibrium)

① 개념 및 특징
- 내쉬균형이란 상대방의 전략을 주어진 것으로 보고 자신의 이익을 극대화하는 전략을 선택할 때 이 최적전략의 짝을 내쉬균형이라 한다. 내쉬균형은 존재하지 않을 수도, 복수로 존재할 수도 있다.
- '유한한 경기자'와 '유한한 전략'의 틀을 가진 게임에서 혼합전략을 허용할 때 최소한 하나 이상의 내쉬균형이 존재한다.
- 우월전략균형은 반드시 내쉬균형이나, 내쉬균형은 우월전략균형이 아닐 수 있다.

② 사례
- 내쉬균형이 존재하지 않는 경우

A \ B	T	H
T	3, 2	1, 3
H	1, 1	3, −1

- 내쉬균형이 1개 존재하는 경우(자백, 자백)

A \ B	자백	부인
자백	−5, −5	−1, −10
부인	−10, −1	−2, −2

- 내쉬균형이 2개 존재하는 경우(야구, 야구) (영화, 영화)

A \ B	야구	영화
야구	3, 2	1, 1
영화	1, 1	2, 3

③ 한계점
- 경기자 모두 소극적 추종자로 행동, 적극적으로 행동할 때의 균형을 설명하지 못한다.
- 순차게임을 설명하지 못한다.
- 협력의 가능성이 없으며 협력의 가능성이 있는 게임을 설명하지 못한다.

빈출키워드 18 통화정책

01 A국의 통화량은 현금통화 150, 예금통화 450이며, 지급준비금이 90이라고 할 때 통화승수는? (단, 현금통화비율과 지급준비율은 일정하다)

① 2.5
② 3
③ 4.5
④ 5
⑤ 5.5

02 다음 정책에 대한 설명으로 옳지 않은 것은?

> 중앙은행의 정책으로 금리 인하를 통한 경기부양 효과가 한계에 다다랐을 때 중앙은행이 국채매입 등을 통해 유동성을 시중에 직접 푸는 정책을 뜻한다.

① 경기후퇴를 막음으로써 시장의 자신감을 향상시킨다.
② 디플레이션을 초래할 수 있다.
③ 수출 증대의 효과가 있다.
④ 유동성을 무제한으로 공급하는 것이다.
⑤ 중앙은행은 이율을 낮추지 않고 돈의 흐름을 늘릴 수 있다.

01

정답 ①

현금통화비율(c), 지급준비율(γ), 본원통화(B), 통화량(M)

$$M=\frac{1}{c+\gamma(1-c)}B$$

여기서 $c=\frac{150}{600}=0.25$, $\gamma=\frac{90}{450}=0.2$이므로, 통화승수는 $\frac{1}{c+\gamma(1-c)}=\frac{1}{0.25+0.2(1-0.25)}=2.5$이다.

한편, 통화량=현금통화+예금통화=150+450=600, 본원통화=현금통화+지급준비금=150+90=240이다.

따라서 통화승수$=\frac{\text{통화량}}{\text{본원통화}}=\frac{600}{240}=2.5$이다.

02

정답 ②

양적완화

- 금리중시 통화정책을 시행하는 중앙은행이 정책금리가 0%에 근접하거나, 혹은 다른 이유로 시장경제의 흐름을 정책금리로 제어할 수 없는 이른바 유동성 저하 상황하에서 유동성을 충분히 공급함으로써 중앙은행의 거래량을 확대하는 정책이다.
- 수출 증대의 효과가 있는 반면, 인플레이션을 초래할 수도 있다.
- 자국의 경제에는 소기의 목적을 달성하더라도 타국의 경제에 영향을 미쳐 자산 가격을 급등시킬 수도 있다.

이론 더하기

중앙은행

① 중앙은행의 역할

- 화폐를 발행하는 발권은행으로서의 기능을 한다.
- 은행의 은행으로서의 기능을 한다.
- 통화가치의 안정과 국민경제의 발전을 위한 통화금융정책을 집행하는 기능을 한다.
- 국제수지 불균형의 조정, 환율의 안정을 위하여 외환관리업무를 한다.
- 국고금 관리 등의 업무를 수행하며 정부의 은행으로서의 기능을 한다.

② 중앙은행의 통화정책 운영체계

한국은행은 통화정책 운영체계로서 물가안정목표제(Inflation Targeting)를 채택하고 있다.

③ 물가안정목표제란 '통화량' 또는 '환율' 등 중간목표를 정하고 이에 영향을 미쳐 최종목표인 물가안정을 달성하는 것이 아니라, 최종목표인 '물가' 자체에 목표치를 정하고 중기적 시기에 이를 달성하려는 방식이다.

금융정책

정책수단	→	운용목표	→	중간목표	→	최종목표
공개시장조작 지급준비율		콜금리 본원통화 재할인율		통화량 이자율		완전고용 물가안정 국제수지균형

① 공개시장조작정책

- 중앙은행이 직접 채권시장에 참여하여 금융기관을 상대로 채권을 매입하거나 매각하여 통화량을 조절하는 통화정책수단을 의미한다.
- 중앙은행이 시중의 금융기관을 상대로 채권을 매입하는 경우 경제 전체의 통화량은 증가하게 되고, 이는 실질이자율을 낮춰 총수요를 증가시킨다.
- 중앙은행이 시중의 금융기관을 상대로 채권을 매각하는 경우 경제 전체의 통화량은 감소하게 되고, 이는 실질이자율을 상승과 투자의 감소로 이어져 총수요가 감소하게 된다.

② 지급준비율정책

- 법정지급준비율이란 중앙은행이 예금은행으로 하여금 예금자 예금인출요구에 대비하여 총예금액의 일정 비율 이상을 대출할 수 없도록 규정한 것을 말한다.
- 지급준비율정책이란 법정지급준비율을 변경시킴으로써 통화량을 조절하는 것을 말한다.
- 지급준비율이 인상되면 통화량이 감소하고 실질이자율을 높여 총수요를 억제한다.

③ 재할인율정책

- 재할인율정책이란 일반은행이 중앙은행으로부터 자금을 차입할 때 차입규모를 조절하여 통화량을 조절하는 통화정책수단을 말한다.
- 재할인율 상승은 실질이자율을 높여 경제 전체의 통화량을 줄이고자 할 때 사용하는 통화정책의 수단이다.
- 재할인율 인하는 실질이자율을 낮춰 경제 전체의 통화량을 늘리고자 할 때 사용하는 통화정책의 수단이다.

빈출키워드 19 금융지표(금리 · 환율 · 주가)

다음 그래프는 경제 지표의 추이를 나타낸 것이다. 이와 같은 추이가 계속된다고 할 때, 나타날 수 있는 현상으로 적절한 것을 〈보기〉에서 모두 고르면?(단, 지표 외 다른 요인은 고려하지 않는다)

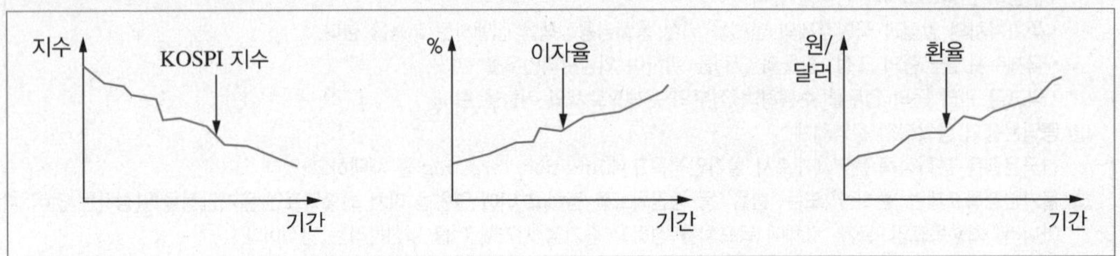

보기

ㄱ. KOSPI 지수 추이를 볼 때, 기업은 주식시장을 통한 자본 조달이 어려워질 것이다.
ㄴ. 이자율 추이를 볼 때, 은행을 통한 기업의 대출 수요가 증가할 것이다.
ㄷ. 환율 추이를 볼 때, 수출제품의 가격 경쟁력이 강화될 것이다.

① ㄱ
② ㄴ
③ ㄷ
④ ㄱ, ㄷ
⑤ ㄴ, ㄷ

정답 ④

ㄱ. KOSPI 지수가 지속적으로 하락하고 있기 때문에 주식시장이 매우 침체되어 있다고 볼 수 있다. 이 경우 주식에 대한 수요와 증권시장의 약세 장세 때문에 주식 발행을 통한 자본 조달은 매우 어려워진다.
ㄷ. 원/달러 환율이 지속적으로 상승하게 되면 원화의 약세로 수출제품의 외국에서의 가격은 달러화에 비해 훨씬 저렴하게 된다. 따라서 상대적으로 외국제품에 비하여 가격 경쟁력이 강화되는 효과가 발생한다.

오답분석

ㄴ. 이자율이 지속적으로 상승하면 대출 금리도 따라 상승하게 되어 기업의 부담이 커지게 되고 이에 따라 기업의 대출 수요는 감소하게 된다.

이론 더하기

금리

① 개념 : 원금에 지급되는 이자를 비율로 나타낸 것으로 '이자율'이라는 표현을 사용하기도 한다.

② 특징

- 자금에 대한 수요와 공급이 변하면 금리가 변동한다. 즉, 자금의 수요가 증가하면 금리가 올라가고, 자금의 공급이 증가하면 금리는 하락한다.
- 중앙은행이 금리를 낮추겠다는 정책목표를 설정하면 금융시장의 국채를 매입하게 되고 금리에 영향을 준다.
- 가계 : 금리가 상승하면 소비보다는 저축이 증가하고, 금리가 하락하면 저축보다는 소비가 증가한다.
- 기업 : 금리가 상승하면 투자비용이 증가하므로 투자가 줄어들고, 금리가 하락하면 투자가 증가한다.
- 국가 간 자본의 이동 : 본국과 외국의 금리 차이를 보고 상대적으로 외국의 금리가 높다고 판단되면 자금은 해외로 이동하고, 그 반대의 경우 국내로 이동한다.

③ 금리의 종류

- 기준금리 : 중앙은행이 경제활동 상황을 판단하여 정책적으로 결정하는 금리로, 경제가 과열되거나 물가상승이 예상되면 기준금리를 올리고, 경제가 침체되고 있다고 판단되면 기준금리를 하락시킨다.
- 시장금리 : 개인의 신용도나 기간에 따라 달라지는 금리이다.

1년 미만 단기 금리	콜금리	영업활동 과정에서 남거나 모자라는 초단기자금(콜)에 대한 금리이다.
	환매조건부채권(RP)	일정 기간이 지난 후에 다시 매입하는 조건으로 채권을 매도함으로써 수요자가 단기자금을 조달하는 금융거래방식의 하나이다.
	양도성예금증서(CD)	은행이 발행하고 금융시장에서 자유로운 매매가 가능한 무기명의 정기예금증서이다.
1년 이상 장기 금리	국채, 회사채, 금융채	

환율

국가 간 화폐의 교환비율로, 우리나라에서 환율을 표시할 때에는 외국화폐 1단위당 원화의 금액으로 나타낸다.

예 1,193.80원/$, 170.76원/¥

주식과 주가

① 주식 : 주식회사의 자본을 이루는 단위로서 금액 및 이를 전제한 주주의 권리와 의무단위이다.

② 주가 : 주식의 시장가격으로, 주식시장의 수요와 공급에 의해 결정된다.

빈출키워드 20 환율

01 **다음 중 변동환율제도에 대한 설명으로 옳지 않은 것은?**

① 원화 환율이 오르면 물가가 상승하기 쉽다.
② 원화 환율이 오르면 수출업자가 유리해진다.
③ 원화 환율이 오르면 외국인의 국내 여행이 많아진다.
④ 국가 간 자본거래가 활발하게 이루어진다면 독자적인 통화정책을 운용할 수 없다.
⑤ 환율의 변동이 심한 경우에는 통화 당국이 시장에 개입하기도 한다.

02 **다음 빈칸 ㉠~㉢에 들어갈 경제 용어가 바르게 연결된 것은?**

구매력평가 이론(Purchasing Power Parity Theory)은 모든 나라의 통화 한 단위의 구매력이 같도록 환율이 결정되어야 한다는 것이다. 구매력평가 이론에 따르면 양국통화의 ㉠ 은 양국의 ㉡ 에 의해 결정되며, 구매력평가 이론이 성립하면 ㉢ 은 불변이다.

	㉠	㉡	㉢
①	실질환율	물가수준	명목환율
②	실질환율	자본수지	명목환율
③	실질환율	경상수지	명목환율
④	명목환율	물가수준	실질환율
⑤	명목환율	경상수지	실질환율

01

정답 ④

변동환율제도에서는 중앙은행이 외환시장에 개입하여 환율을 유지할 필요가 없고, 외환시장의 수급 상황이 국내 통화량에 영향을 미치지 않으므로 독자적인 통화정책의 운용이 가능하다.

02

정답 ④

일물일가의 법칙을 가정하는 구매력평가설에 따르면 두 나라에서 생산된 재화의 가격이 동일하므로 명목환율은 두 나라의 물가수준의 비율로 나타낼 수 있다. 한편, 구매력평가설이 성립하면 실질환율은 불변한다.

이론 더하기

환율

① 개념 : 국내화폐와 외국화폐가 교환되는 시장을 외환시장(Foreign Exchange Market)이라고 한다. 그리고 여기서 결정되는 두 나라 화폐의 교환비율을 환율이라고 한다. 즉, 환율이란 자국화폐단위로 표시한 외국화폐 1단위의 가격이다.

② 환율의 변화

환율의 상승을 환율 인상(Depreciation), 환율의 하락을 환율 인하(Appreciation)라고 한다. 환율이 인상되는 경우 자국화폐의 가치가 하락하는 것을 의미하며, 환율이 인하되는 경우는 자국화폐가치가 상승하는 것을 의미한다.

평가절상 (=환율 인하, 자국화폐 가치 상승)	평가절하 (=환율 인상, 자국화폐 가치 하락)
• 수출 감소 • 수입 증가 • 경상수지 악화 • 외채부담 감소	• 수출 증가 • 수입 감소 • 경상수지 개선 • 외채부담 증가

③ 환율제도

구분	고정환율제도	변동환율제도
국제수지 불균형의 조정	정부개입에 의한 해결(평가절하, 평가절상)과 역외국에 대해서는 독자관세 유지	시장에서 환율의 변화에 따라 자동적으로 조정
환위험	적음	환율의 변동성에 기인하여 환위험에 크게 노출되어 있음
환투기의 위험	적음	높음(이에 대해 프리드먼은 환투기는 환율을 오히려 안정시키는 효과가 존재한다고 주장)
해외교란요인의 파급 여부	국내로 쉽게 전파됨	환율의 변화가 해외교란요인의 전파를 차단(차단효과)
금융정책의 자율성 여부	자율성 상실(불가능성 정리)	자율성 유지
정책의 유효성	금융정책 무력	재정정책 무력

빈출키워드 21 주식과 주가지수

01 **다음 중 서킷 브레이커(Circuit Breakers)에 대한 설명으로 옳지 않은 것은?**

① 1단계 서킷 브레이커는 종합주가지수가 전 거래일보다 8% 이상 하락하여 1분 이상 지속되는 경우에 발동된다.

② 2단계 서킷 브레이커는 1일 1회 주식시장 개장 5분 후부터 장이 끝나기 40분 전까지 발동할 수 있다.

③ 거래를 중단한 지 20분이 지나면 10분간 호가를 접수해서 매매를 재개시킨다.

④ 주식시장에서 주가가 급등 또는 급락하는 경우 주식매매를 일시 정지하는 제도이다.

⑤ 1 ~ 3단계별로 2번씩 발동할 수 있다.

02 **다음 중 주가가 떨어질 것을 예측해 주식을 빌려 파는 공매도를 했으나, 반등이 예상되면서 빌린 주식을 되갚자 주가가 오르는 현상은?**

① 사이드카　　② 디노미네이션

③ 서킷브레이커　　④ 숏커버링

⑤ 공매도

01

정답 ⑤

서킷 브레이커

- 원래 전기 회로에 과부하가 걸렸을 때 자동으로 회로를 차단하는 장치를 말하는데, 주식시장에서 주가가 급등 또는 급락하는 경우 주식매매를 일시 정지하는 제도이다. 서킷 브레이커가 발동되면 매매가 20분간 정지되고, 20분이 지나면 10분간 동시호가, 단일가매매 전환이 이루어진다.
- 서킷 브레이커 발동조건
  - 1단계 : 종합주가지수가 전 거래일보다 8% 이상 하락하여 1분 이상 지속되는 경우
  - 2단계 : 종합주가지수가 전 거래일보다 15% 이상 하락하여 1분 이상 지속되는 경우
  - 3단계 : 종합주가지수가 전 거래일보다 20% 이상 하락하여 1분 이상 지속되는 경우
- 서킷 브레이커 유의사항
  - 총 3단계로 이루어진 서킷 브레이커의 각 단계는 하루에 한 번만 발동할 수 있다.
  - 1 ~ 2단계는 주식시장 개장 5분 후부터 장 종료 40분 전까지만 발동한다. 단, 3단계 서킷 브레이커는 장 종료 40분 전 이후에도 발동될 수 있고, 3단계 서킷 브레이커가 발동하면 장이 종료된다.

02

정답 ④

없는 주식이나 채권을 판 후 보다 싼 값으로 주식이나 그 채권을 구해 매입자에게 넘기는데, 예상을 깨고 강세장이 되어 해당 주식이 오를 것 같으면 손해를 보기 전에 빌린 주식을 되갚게 된다. 이때 주가가 오르는 현상을 숏커버링이라 한다.

이론 더하기

주가지수

① 개념 : 주식가격의 상승과 하락을 판단하기 위한 지표(Index)가 필요하므로 특정 종목의 주식을 대상으로 평균적으로 가격이 상승했는지 하락했는지를 판단한다. 때문에 주가지수의 변동은 경제상황을 판단하게 해주는 지표가 될 수 있다.

② 주가지수 계산 : $\frac{\text{비교시점의 시가총액}}{\text{기준시점의 시가총액}} \times 100$

③ 주요국의 종합주가지수

국가	지수명	기준시점	기준지수
한국	코스피	1980년	100
	코스닥	1996년	1,000
미국	다우존스 산업평균지수	1896년	100
	나스닥	1971년	100
	S&P 500	1941년	10
일본	니케이 225	1949년	50
중국	상하이종합	1990년	100
홍콩	항셍지수	1964년	100
영국	FTSE 100지수	1984년	1,000
프랑스	CAC 40지수	1987년	1,000

주가와 경기 변동

① 주식의 가격은 장기적으로 기업의 가치에 따라 변동한다.

② 주가는 경제성장률이나 이자율, 통화량과 같은 경제변수에 영향을 받는다.

③ 통화공급의 증가와 이자율이 하락하면 소비와 투자가 늘어나서 기업의 이익이 커지므로 주가는 상승한다.

주식관련 용어

① 서킷 브레이커(CB) : 주식시장에서 주가가 급등 또는 급락하는 경우 주식매매를 일시 정지하는 제도이다.

② 사이드카 : 선물가격이 전일 종가 대비 5%(코스피), 6%(코스닥) 이상 급등 또는 급락 상태가 1분간 지속될 경우 주식시장의 프로그램 매매 호가를 5분간 정지시키는 것을 의미한다.

③ 네 마녀의 날 : 주가지수 선물과 옵션, 개별 주식 선물과 옵션 등 네 가지 파생상품 만기일이 겹치는 날이다. '쿼드러플위칭데이'라고도 한다.

④ 레드칩 : 중국 정부와 국영기업이 최대주주로 참여해 홍콩에 설립한 우량 중국 기업들의 주식을 일컫는 말이다.

⑤ 블루칩 : 오랜 시간 동안 안정적인 이익을 창출하고 배당을 지급해온 수익성과 재무구조가 건전한 기업의 주식으로 대형 우량주를 의미한다.

⑥ 숏커버링 : 외국인 등이 공매도한 주식을 되갚기 위해 시장에서 주식을 다시 사들이는 것으로, 주가 상승 요인으로 작용한다.

⑦ 공매도 : 주식을 가지고 있지 않은 상태에서 매도 주문을 내는 것이다. 3일 안에 해당 주식이나 채권을 구해 매입자에게 돌려주면 되기 때문에, 약세장이 예상되는 경우 시세차익을 노리는 투자자가 주로 활용한다.

빈출키워드 22 채권

다음 중 유로채와 외국채에 대한 설명으로 옳지 않은 것은?

① 유로채는 채권의 표시통화 국가에서 발행되는 채권이다.

② 유로채는 이자소득세를 내지 않는다.

③ 외국채는 감독 당국의 규제를 받는다.

④ 외국채는 신용 평가가 필요하다.

⑤ 아리랑본드는 외국채, 김치본드는 유로채이다.

정답 ①

외국채는 채권의 표시통화 국가에서 발행되는 채권이고, 유로채는 채권의 표시통화 국가 이외의 국가에서 발행되는 채권이다.

오답분석

② 외국채는 이자소득세를 내야 하지만, 유로채는 세금을 매기지 않는다.

③ 외국채는 감독 당국의 규제를 받지만, 유로채는 규제를 받지 않는다.

④ 외국채는 신용 평가가 필요하지만, 유로채는 필요하지 않다.

⑤ 한국에서 한국 원화로 발행된 채권은 아리랑본드이며, 한국에서 외화로 발행된 채권은 김치본드이다.

이론 더하기

채권

정부, 공공기관, 특수법인과 주식회사 형태를 갖춘 사기업이 일반 대중 투자자들로부터 비교적 장기의 자금을 조달하기 위해 발행하는 일종의 차용증서로, 채권을 발행한 기관은 채무자, 채권의 소유자는 채권자가 된다.

발행주체에 따른 채권의 분류

구분	내용
국채	• 국가가 발행하는 채권으로 세금과 함께 국가의 중요한 재원 중 하나이다. • 국고채, 국민주택채권, 국채관리기금채권, 외국환평형기금채권 등이 있다.
지방채	• 지방자치단체가 지방재정의 건전한 운영과 공공의 목적을 위해 재정상의 필요에 따라 발행하는 채권이다. • 지하철공채, 상수도공채, 도로공채 등이 있다.
특수채	• 공사와 같이 특별법에 따라 설립된 법인이 자금조달을 목적으로 발행하는 채권으로 공채와 사채의 성격을 모두 가지고 있다. • 예금보험공사 채권, 한국전력공사 채권, 리스회사의 무보증 리스채, 신용카드회사의 카드채 등이 있다.
금융채	• 금융회사가 발행하는 채권으로 발생은 특정한 금융회사의 중요한 자금조달수단 중 하나이다. • 산업금융채, 장기신용채, 중소기업금융채 등이 있다.
회사채	• 상법상의 주식회사가 발행하는 채권으로 채권자는 주주들의 배당에 우선하여 이자를 지급받게 되며 기업이 도산하는 경우에도 주주들을 우선하여 기업자산에 대한 청구권을 갖는다. • 전환사채(CB), 신주인수권부사채(BW), 교환사채(EB) 등이 있다.

이자지급방법에 따른 채권의 분류

구분	내용
이표채	액면가로 채권을 발행하고, 이자지급일이 되면 발행할 때 약정한 대로 이자를 지급하는 채권이다.
할인채	이자가 붙지는 않지만, 이자 상당액을 미리 액면가격에서 차감하여 발행가격이 상환가격보다 낮은 채권이다.
복리채(단리채)	정기적으로 이자가 지급되는 대신에 복리(단리) 이자로 재투자되어 만기상환 시에 원금과 이자를 지급하는 채권이다.
거치채	이자가 발생한 이후에 일정 기간이 지난 후부터 지급되는 채권이다.

상환기간에 따른 채권의 분류

구분	내용
단기채	통상적으로 상환기간이 1년 미만인 채권으로, 통화안정증권, 양곡기금증권 등이 있다.
중기채	상환기간이 1 ~ 5년인 채권으로 우리나라의 대부분의 회사채 및 금융채가 만기 3년으로 발행된다.
장기채	상환기간이 5년 초과인 채권으로 국채가 이에 해당한다.

특수한 형태의 채권

일반사채와 달리 계약 조건이 다양하게 변형된 특수한 형태의 채권으로 다양한 목적에 따라 발행된 채권이다.

구분	내용
전환사채 (CB: Convertible Bond)	발행을 할 때에는 순수한 회사채로 발행되지만, 일정 기간이 경과한 후에는 보유자의 청구에 의해 발행회사의 주식으로 전환될 수 있는 사채이다.
신주인수권부사채 (BW: Bond with Warrant)	발행 이후에 일정 기간 내에 미리 약정된 가격으로 발행회사에 일정한 금액에 해당하는 주식을 매입할 수 있는 권리가 부여된 사채이다.
교환사채 (EB: Exchangeable Bond)	투자자가 보유한 채권을 일정 기간이 지난 후 발행회사가 보유 중인 다른 회사 유가증권으로 교환할 수 있는 권리가 있는 사채이다.
옵션부사채	• 콜옵션과 풋옵션이 부여되는 사채이다. • 콜옵션은 발행회사가 만기 전 조기상환을 할 수 있는 권리이고, 풋옵션은 사채권자가 만기중도상환을 청구할 수 있는 권리이다.
변동금리부채권 (FRN: Floating Rate Note)	• 채권 지급 이자율이 변동되는 금리에 따라 달라지는 채권이다. • 변동금리부채권의 지급이자율은 기준금리에 가산금리를 합하여 산정한다.
자산유동화증권 (ABS: Asset Backed Security)	유동성이 없는 자산을 증권으로 전환하여 자본시장에서 현금화하는 일련의 행위를 자산유동화라고 하는데, 기업 등이 보유하고 있는 대출채권이나 매출채권, 부동산 자산을 담보로 발행하여 제3자에게 매각하는 증권이다.

빈출키워드 23 ELS / ELF / ELW

01 **다음 중 주가지수 상승률이 미리 정해놓은 수준에 단 한 번이라도 도달하면 만기 수익률이 미리 정한 수준으로 확정되는 ELS 상품은?**

① 녹아웃형(Knock-out)
② 불스프레드형(Bull-spread)
③ 리버스컨버터블형(Reverse Convertible)
④ 디지털형(Digital)
⑤ 데이터형(Data)

02 **주식이나 ELW를 매매할 때 보유시간을 통상적으로 2～3분 단위로 짧게 잡아 하루에 수십 번 또는 수백 번씩 거래를 하며 박리다매식으로 매매차익을 얻는 초단기매매자들이 있다. 이들을 가르키는 용어는?**

① 스캘퍼(Scalper)
② 데이트레이더(Day Trader)
③ 스윙트레이더(Swing Trader)
④ 포지션트레이더(Position Trader)
⑤ 나이트트레이더

01

정답 ①

주가연계증권(ELS)의 유형

- 녹아웃형(Knock-out) : 주가지수 상승률이 미리 정해놓은 수준에 단 한 번이라도 도달하면 만기 수익률이 미리 정한 수준으로 확정되는 상품
- 불스프레드형(Bull-spread) : 만기 때 주가지수 상승률에 따라 수익률이 결정되는 상품
- 리버스컨버터블형(Reverse Convertible) : 미리 정해 놓은 하락폭 밑으로만 빠지지 않는다면 주가지수가 일정부분 하락해도 약속한 수익률을 지급하는 상품
- 디지털형(Digital) : 만기일의 주가지수가 사전에 약정한 수준 이상 또는 이하에 도달하면 확정 수익을 지급하고 그렇지 못하면 원금만 지급하는 상품

02

정답 ①

스캘퍼(Scalper)는 ELW시장 등에서 거액의 자금을 갖고 몇 분 이내의 초단타 매매인 스캘핑(Scalping)을 구사하는 초단타 매매자를 말한다. 속칭 '슈퍼 메뚜기'로 불린다.

오답분석

② 데이트레이더 : 주가의 움직임만 보고 차익을 노리는 주식투자자
③ 스윙트레이더 : 선물시장에서 통상 2～3일 간격으로 매매 포지션을 바꾸는 투자자
④ 포지션트레이더 : 몇 주간 또는 몇 개월 동안 지속될 가격 변동에 관심을 갖고 거래하는 자로서 비회원거래자

이론 더하기

ELS(주가연계증권) / ELF(주가연계펀드)

① 개념 : 파생상품 펀드의 일종으로 국공채 등과 같은 안전자산에 투자하여 안전성을 추구하면서 확정금리 상품 대비 고수익을 추구하는 상품이다.

② 특징

ELS (주가연계증권)	• 개별 주식의 가격이나 주가지수에 연계되어 투자수익이 결정되는 유가증권이다. • 사전에 정한 2 ~ 3개 기초자산 가격이 만기 때까지 계약 시점보다 40 ~ 50% 가량 떨어지지 않으면 약속된 수익을 지급하는 형식이 일반적이다. • 다른 채권과 마찬가지로 증권사가 부도나거나 파산하면 투자자는 원금을 제대로 건질 수 없다. • 상품마다 상환조건이 다양하지만 만기 3년에 6개월마다 조기상환 기회가 있는 게 일반적이다. 수익이 발생해서 조기상환 또는 만기상환되거나, 손실을 본채로 만기상환된다. • 녹아웃형, 불스프레드형, 리버스컨버터블형, 디지털형 등이 있다.
ELF (주가연계펀드)	• 투자신탁회사들이 ELS 상품을 펀드에 편입하거나 자체적으로 원금보존 추구형 펀드를 구성해 판매하는 형태의 상품이다. • ELF는 펀드의 수익률이 주가나 주가지수 움직임에 의해 결정되는 구조화된 수익구조를 갖는다. • 베리어형, 디지털형, 조기상환형 등이 있다.

ELW(주식워런트증권)

① 개념 : 자산을 미리 정한 만기에 미리 정해진 가격에 사거나(콜) 팔 수 있는 권리(풋)를 나타내는 증권이다.

② 특징

- 주식워런트증권은 상품특성이 주식옵션과 유사하나 법적 구조, 시장구조, 발행주체와 발행조건 등에 차이가 있다.
- 주식처럼 거래가 이루어지며, 만기 시 최종보유자가 권리를 행사하게 된다.
- ELW 시장에서는 투자자의 환금성을 보장할 수 있도록 호가를 의무적으로 제시하는 유동성공급자(LP; Liquidity Provider) 제도가 운영된다.

CHAPTER

02 지역농협 상식

01 협동조합

1. 협동조합의 개념

(1) 개념 : 국제협동조합연맹은 협동조합을 '공동으로 소유하고 민주적으로 운영되는 사업체를 통해 공동의 경제・사회・문화적 필요와 욕구를 충족시키고자 하는 사람들이 자발적으로 결성한 자율적인 인적 결합체'라고 정의한다.

(2) 원칙

① 사업의 목적이 영리에 있지 않고 조합원 간의 상호부조에 있다.
② 조합원의 가입과 탈퇴가 자유로워야 한다.
③ 조합원은 출자액과 상관없이 1인 1표의 평등한 의결권을 갖는다.
④ 잉여금을 조합원에게 분배할 때에는 출자액의 크기와 상관없이 조합사업의 이용 분량에 따라 나눈다.

(3) 세계의 협동조합

① 프랑스의 협동조합은 전 세계 협동조합 매출의 28%를 차지한다.
② 미국의 AP통신과 선키스트, 스페인의 축구클럽 FC바르셀로나 등이 대표적인 협동조합이다.

2. 협동조합의 역사

(1) 로치데일 협동조합 : 세계 최초의 협동조합으로 1844년에 설립되었다. 산업혁명과 함께 영국의 자본주의가 급속하게 발달하면서 자본가들의 횡포에 노동자들이 생활에 어려움을 겪자 이를 해결하기 위해 만들어진 협동조합이다. 공업도시인 로치데일 직물공장의 노동자 27명이 1년에 1파운드씩을 출자하여 생필품인 밀이나 버터 등을 공동으로 구입하기 위한 점포를 만들기 위해 설립되었다. 이들은 운영원칙도 만들었는데, 1인 1표제, 정치 및 종교상의 중립, 조합에 의한 교육, 이자의 제한 및 신용거래 금지, 구매액에 따른 배당, 시가 판매 등이었다. 현재는 4,500개의 도매점과 700만 명이 넘는 회원을 가진 세계 최대의 소비자협동조합이다.

(2) 사회적 협동조합 : 1974년 이탈리아 볼로냐에서 처음 생긴 형태의 협동조합이다. 사회경제적 약자인 조합원들이 힘을 모아 공동의 이익을 추구하는 방향에서 사회경제적 약자들의 문제점을 해결해 나가는 공익을 추구하려는 방향으로 확대되었다. 이를 사회적 협동조합이라고 하는데, CADIAI는 최초의 사회적 협동조합이었다. 가사도우미나 병간호일을 하던 27명의 여성들의 비정규 노동 문제를 해결하기 위해 만들어진 CADIAI는, 이탈리아의 사회적협동조합법이 만들어지고 공적 기관과 계약을 체결하며 사업영역이 확대되었다.

(3) **새로운 협동조합** : 1945년 이후로 금융자본주의가 세계시장의 경제질서로 자리 잡으면서 작은 협동조합들은 합병을 통해 규모의 경제를 추구하기도 하고, 필요한 자본금을 확보하기 위해 자회사를 만들기도 했다. 이에 따라 신세대협동조합이나 생활협동조합 등의 새로운 협동조합이 생겨나고 있다.

3. 협동조합의 유형

(1) **소비자협동조합** : 주로 조합원이 직접 사용하거나 혹은 그들에게 재판매하기 위한 재화나 서비스를 구매하기 위하여 조직된 최종소비자 조합으로 영국의 로치데일 협동조합이 대표적이다.

(2) **신용협동조합** : 19세기 독일에서 농민의 고리채 자본을 해결하기 위해 시작한 라이파이젠 협동조합을 시초로 지역이나 종교 등의 상호유대를 가진 개인이나 단체 간의 협동조직을 기반으로 하여 자금의 조성과 이용을 도모하는 비영리 금융기관이다.

(3) **생산자협동조합(농업협동조합)** : 생산자들이 모여서 조직한 조합으로 농민이 자신의 권익을 위하여 조직한 농업협동조합(농협)이 대표적이다. 시장에서의 교섭력을 강화해, 상품의 제값을 받고 팔기 위해 노력하고, 각종 부자재의 공동구매를 통해 원재료의 단가와 마케팅 비용을 낮추기 위한 노력을 한다.

(4) **노동자협동조합** : 노동자가 주체가 되어 근로조건을 유지, 개선을 목적으로 하는 조직이다.

(5) **생활협동조합** : 생산자와 소비자의 직거래를 통해 중간마진을 없앤 것이 특징으로, 생활협동조합이 직접 생산자를 찾아 공급량과 가격을 사전에 결정하여 판매가격이 비교적 안정적이다.

(6) **사회적협동조합** : 정부 지원만으로 사회복지를 수행하는 데 한계를 느낀 비영리 단체들이 시장에서 경제활동을 병행하는 협동조합으로 사회적기업에 해당한다.

(7) **신세대협동조합** : 1970년 이후 미국에서 일어난 새로운 형태의 협동조합으로 1인 1표의 의결권 대신, 사업 이용 규모에 비례한 의결권을 부여하거나 출자증권의 부분적인 거래를 허용하는 등의 변화를 주도하는 운동이다. 이는 외부자본 조달의 어려움을 해소하고, 의사결정 과정의 왜곡을 해소하고자 하는 시도이다. 대표적으로 선키스트가 있다.

4. 국제협동조합연맹(ICA; International Cooperative Alliance)

(1) **개념** : 전 세계의 10억 명의 협동조합인들이 단합과 결속을 다지고 있는 세계 최대의 비정부기구(NGO)로 1895년 협동조합의 국제적 연합체로 발족하였다. ICA의 목적은 자본주의의 폐해를 극복하고 보다 나은 공동체 사회를 지향하는 데 있다.

(2) **특징**

① 자본에 대응하여 상대적 약자인 조합원의 경제적·사회적 권익을 보호하고, 동종·이종·지역의 협동조합 간의 협력체계 구축, 협동조합 발전을 위한 국제적인 활동 등이 있다.

② 우리나라는 1963년에 농협중앙회가 가입했으며, 1972년에 정회원으로 승격되었다. 현재 신용협동조합, 새마을금고, 농협, 산림조합, 수산업협동조합, ICOOP생협이 회원으로 가입되어 있다.

5. 농업협동조합법

제19조(조합원의 자격)

① 조합원은 지역농협의 구역에 주소, 거소(居所)나 사업장이 있는 농업인이어야 하며, 둘 이상의 지역농협에 가입할 수 없다.

② 「농어업경영체 육성 및 지원에 관한 법률」에 따른 영농조합법인과 농업회사법인으로서 그 주된 사무소를 지역농협의 구역에 두고 농업을 경영하는 법인은 지역농협의 조합원이 될 수 있다.

③ 특별시 또는 광역시의 자치구를 구역의 전부 또는 일부로 하는 품목조합은 해당 자치구를 구역으로 하는 지역농협의 조합원이 될 수 있다.

④ 제1항에 따른 농업인의 범위는 대통령령으로 정한다.

⑤ 지역농협이 정관으로 구역을 변경하는 경우 기존의 조합원은 변경된 구역에 주소, 거소나 사업장, 주된 사무소가 없더라도 조합원의 자격을 계속하여 유지한다. 다만, 정관으로 구역을 변경하기 이전의 구역 외로 주소, 거소나 사업장, 주된 사무소가 이전된 경우에는 그러하지 아니하다.

제20조(준조합원)

① 지역농협은 정관으로 정하는 바에 따라 지역농협의 구역에 주소나 거소를 둔 자로서 그 지역농협의 사업을 이용함이 적당하다고 인정되는 자를 준조합원으로 할 수 있다.

② 지역농협은 준조합원에 대하여 정관으로 정하는 바에 따라 가입금과 경비를 부담하게 할 수 있다.

③ 준조합원은 정관으로 정하는 바에 따라 지역농협의 사업을 이용할 권리를 가진다.

④ 지역농협이 정관으로 구역을 변경하는 경우 기존의 준조합원은 변경된 구역에 주소나 거소가 없더라도 준조합원의 자격을 계속하여 유지한다. 다만, 정관으로 구역을 변경하기 이전의 구역 외로 주소나 거소가 이전된 경우에는 그러하지 아니하다.

제24조(조합원의 책임)

① 조합원의 책임은 그 출자액을 한도로 한다.

② 조합원은 지역농협의 운영과정에 성실히 참여하여야 하며, 생산한 농산물을 지역농협을 통하여 출하(出荷)하는 등 그 사업을 성실히 이용하여야 한다.

제28조(가입)

① 지역농협은 정당한 사유 없이 조합원 자격을 갖추고 있는 자의 가입을 거절하거나 다른 조합원보다 불리한 가입 조건을 달 수 없다. 다만, 제30조 제1항 각 호의 어느 하나에 해당되어 제명된 후 2년이 지나지 아니한 자에 대하여는 가입을 거절할 수 있다.

② 조합원은 해당 지역농협에 가입한 지 1년 6개월 이내에는 같은 구역에 설립된 다른 지역농협에 가입할 수 없다.

③ 새로 조합원이 되려는 자는 정관으로 정하는 바에 따라 출자하여야 한다.

④ 지역농협은 조합원 수를 제한할 수 없다.

⑤ 사망으로 인하여 탈퇴하게 된 조합원의 상속인(공동상속인 경우에는 공동상속인이 선정한 1명의 상속인을 말한다)이 조합원 자격이 있는 경우에는 피상속인의 출자를 승계하여 조합원이 될 수 있다.

⑥ 제5항에 따라 출자를 승계한 상속인에 관하여는 제1항을 준용한다.

6. 농지법 시행령

제3조(농업인의 범위)

"대통령령으로 정하는 자"란 다음 각 호의 어느 하나에 해당하는 자를 말한다.

1. 1,000m^2 이상의 농지에서 농작물 또는 다년생식물을 경작 또는 재배하거나 1년 중 90일 이상 농업에 종사하는 자
2. 농지에 330m^2 이상의 고정식온실 · 버섯재배사 · 비닐하우스, 그 밖의 농림축산식품부령으로 정하는 농업생산에 필요한 시설을 설치하여 농작물 또는 다년생식물을 경작 또는 재배하는 자
3. 대가축 2두, 중가축 10두, 소가축 100두, 가금(家禽, 집에서 기르는 날짐승) 1천 수 또는 꿀벌 10군 이상을 사육하거나 1년 중 120일 이상 축산업에 종사하는 자
4. 농업경영을 통한 농산물의 연간 판매액이 120만 원 이상인 자

02 나눔경영과 윤리경영

1. 나눔경영

(1) 소개 : '나누는 기쁨 행복한 동행'이라는 슬로건하에 농협은 1961년 창립 이후 농업인의 복지 증진과 지역사회 발전을 위해 '나눔경영'을 지속적으로 실천하고 있다.

(2) 내용

① 농협의 교육지원 사업은 농업인 복지 증진, 농촌 공동체 발전 등 '사회적 책임' 이행에 근간을 이루고 있으며, 농촌은 물론 지역사회를 위한 나눔경영활동을 한다.

② '농촌사랑운동'을 통해 도시와 농촌의 상생을 도모하고, '농협재단'을 설립하여 농업인과 지역주민이 피부로 느낄 수 있는 나눔경영활동을 전개하고 있고, 다문화 가정의 사회적응과 고충해결을 위해서도 노력하고 있다.

2. 윤리경영

(1) 소개 : 기업윤리는 일반적으로 CEO나 임직원이 기업활동에서 갖추어야 할 윤리를 말하는 것으로 농협의 모든 이해관계자인 고객, 농민조합원, 협력업체, 지역농(축)협, 직원 등 모두가 함께 성장 발전하여 청렴한 농협, 투명한 농협, 깨끗한 농협을 구현하여 함께 성장하는 글로벌 협동조합을 만든다.

(2) 청렴계약제도

① 농협은 2002년 9월부터 '청렴계약제'를 도입하여, 협력업체와의 거래 시 각종 뇌물이나 선물, 향응접대, 편의제공 등을 요구하거나, 받거나, 받기로 약속하거나 결탁하여 일방에게 유리한 또는 불리한 판단을 내리지 않도록 서약하는 제도를 시행하고 있다. 이는 거래 업무 계약 시, 협력업체와 거래부서 간에 청렴한 거래를 할 것을 다짐하는 절차로서 입찰 전에 청렴계약제 안내문을 작성하여 충분히 이해할 수 있도록 공고하고, 계약담당자와 계약업체가 청렴계약이행각서를 각각 작성하여 계약서에 첨부해야 한다. 농협은 협력업체가 청렴계약을 위반한 경우, 입찰제한, 계약해지, 거래중단 등의 조치를 취하게 된다.

② '클린신고센터'를 운영하여 농협임직원이 업무와 관련하여 금품, 향응 등을 요구하거나 직위를 이용하여 부당한 이득을 얻거나 손실을 끼친 경우 신고할 수 있게 하고 있다.

③ 농협은 계약사무 처리과정에서 계약상대방의 위법 · 부당 행위 발생 여부에 대하여 DM발송, 클린콜 등의 방법으로 주기적인 모니터링을 실시한다.

03 농협의 사업

1. 안전한 농축산물

(1) 농산물우수관리인증제도(GAP; Good Agricultural Practices)

생산부터 수확 후 포장단계까지 농약·중금속·병원성미생물 등 농식품 위해요소를 종합적으로 관리하는 제도로서 식품안전성 확보를 위한 관리체계 중 생산단계 관리가 GAP의 핵심이다. 우리나라는 2006년부터 GAP를 본격 시행(농산물품질관리법)하였고, 국립농산물품질관리원이 지정한 전문인증기관이 인증하는 체계이며, 농협중앙회는 2006년 3월 7일에 GAP인증기관 제1호로 지정되었다.

(2) 친환경농산물 인증제도

① 친환경농축산물 인증제도

소비자에게 보다 안전한 친환경농축산물을 전문인증기관이 엄격한 기준으로 선별·검사하여 정부가 그 안전성을 인증해주는 제도이다.

② 친환경농축산물이란?

환경을 보전하고 소비자에게 보다 안전한 농축산물을 공급하기 위해 유기합성 농약과 화학비료 및 사료첨가제 등 화학자재를 전혀 사용하지 아니하거나, 최소량만 사용하여 생산한 농축산물을 말한다. 친환경농축산물 관리 토양과 물은 물론 생육과 수확 등 생산 및 출하 단계에서 인증기준을 준수했는지의 엄격한 품질 검사와 시중 유통품에 대해서도 허위표시를 하거나 규정을 지키지 않는 인증품이 없도록 철저한 사후관리를 하고 있다.

③ 친환경농축산물의 종류 및 기준

- 친환경농산물 인증 종류(2종류) – 유기농산물, 무농약농산물
- 친환경축산물 인증 종류(2종류) – 유기축산물, 무항생제축산물

구분	기준
유기농산물 / 유기축산물	• 유기농산물 유기합성농약과 화학비료를 전혀 사용하지 않고 재배(전환기간 : 다년생 작물은 최초 수확 전 3년, 그 외 작물은 파종 재식 전 2년) • 유기축산물 유기농산물의 재배·생산 기준에 맞게 생산된 유기사료를 급여하면서 인증기준을 지켜 생산한 축산물 유기농산물 (ORGANIC) 농림축산식품부 / 유기농 (ORGANIC) 농림축산식품부 유기농산물 유기축산물

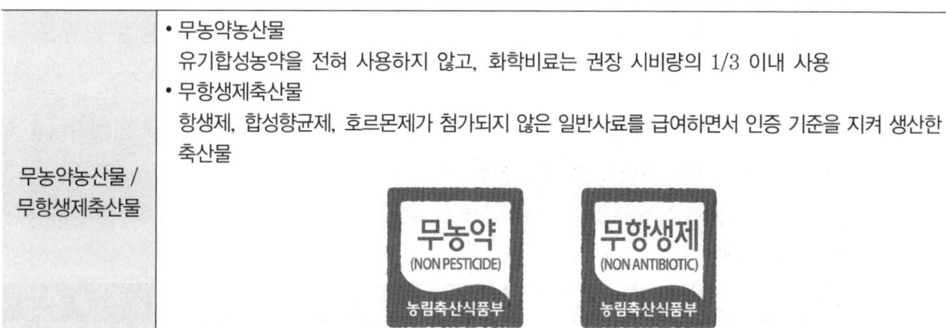

무농약농산물 / 무항생제축산물	• 무농약농산물 유기합성농약을 전혀 사용하지 않고, 화학비료는 권장 시비량의 1/3 이내 사용 • 무항생제축산물 항생제, 합성항균제, 호르몬제가 첨가되지 않은 일반사료를 급여하면서 인증 기준을 지켜 생산한 축산물 무농약 (NON PESTICIDE) 농림축산식품부 — 무농약농산물 무항생제 (NON ANTIBIOTIC) 농림축산식품부 — 무항생제축산물

(3) 농산물이력추적관리제도

'농산물 이력추적관리'라 함은 농산물을 생산단계부터 판매단계까지 각 단계의 정보를 기록·관리하여 농산물의 안전성 등에 문제가 발생할 경우 해당 농산물을 추적하여 원인규명 및 필요한 조치를 할 수 있도록 관리하는 것을 말한다.

(4) 축산물위해요소중점관리제도(HACCP)

HACCP(해썹)시스템은 위해 요소 중점관리기준으로 작업공정에 대한 체계적이고 과학적인 사전 예방적 위생관리기법이며, 소비자에게 위생적이고 안전한 축산물을 공급할 수 있는 기본적인 시스템이다. HACCP는 기존 위생관리체계와는 달리 위해를 사전 예방하고 전제품의 안전성을 확보하는 것을 목적으로 한다. 최종 제품뿐만 아니라 중요 관리점마다 위생 관리하며, 규정이 아닌 원인 분석에 따라 위해요소를 관리하고 문제 발생 시 즉각적으로 조치한다.

2. 팜스테이(Farm Stay)

(1) 팜스테이 : 농가에서 숙식하면서 농사·생활·문화체험과 마을축제에 참여할 수 있는 농촌·문화·관광이 결합된 농촌체험 관광상품이다.

(2) 이용방법

팜스테이 마을 고르기 → 마을 예약하기 → 마을 찾아가기 → 계산하기 → 마을 체험하기

3. 농협 농촌인력중개센터

(1) 농협 농촌인력중개센터 안내

농촌에 유·무상인력을 종합하여 중개해 주는 제도로 일자리 참여자에게는 맞춤형 일자리를 공급하고, 농업인에게는 꼭 필요한 일손을 찾아서 제공한다.

(2) 참여 대상 및 혜택

일자리 참여자	자원봉사자	농가	일자리 참여자 혜택
농작업이 가능한 사람은 누구나 참여 가능	농촌봉사활동을 희망하는 개인 또는 단체(대학생, 기업 등)	일손이 필요한 농업인 (조합원이 아니어도 가능)	교통비, 숙박비, 단체 상해보험 가입 등업

4. 법률구조사업

(1) 법률구조 사업안내

농업인 무료법률구조사업은 농협과 대한법률구조공단이 공동으로 농업인의 법률적 피해에 대한 구조와 예방활동을 전개함으로써 농업인의 경제적 / 사회적 지위향상을 도모하는 농업인 무료법률복지사업이다.

(2) 법률구조 절차

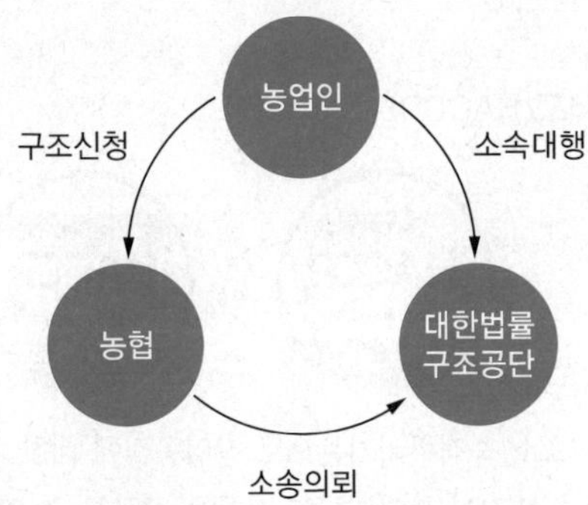

① **농협** : 소송에 필요한 비용을 대한법률구조공단에 출연 법률구조에 필요한 증거수집 등의 활동을 한다.

② **공단** : 법률상담 및 소송 등 법률구조 활동을 펼치며, 농협과 공동으로 농촌 현지 법률상담 등 피해 예방 활동을 한다.

③ **농업인 무료법률구조 대상자** : 기준 중위소득 150% 이하인 농업인 및 별도의 소득이 없는 농업인의 배우자, 미성년 직계비속, 주민등록상 동일 세대를 구성하는 직계존속 및 성년의 직계비속

④ **신청방법**
- 직접신청 : 대한법률구조공단 앞으로 법률구조신청서를 제출한다.
- 대리신청 : 농협을 통해 법률구조신청서를 제출한다.
- 제출서류 : 법률구조신청서(공단양식), 신분증, 세대주 및 세대원이 포함된 주민등록표등본, 농업인임을 증명할 수 있는 서류(농협 조합원 증명서, 행정기관 발행증서 등), 건강보험자격(득실)확인서 또는 건강보험증, 중위소득 확인서류(건강보험료 납부확인서, 소득금액증명서 등)

※ 관련서식 : 대한법률구조공단 홈페이지 내 등재(https://www.klac.or.kr)

⑤ 구조내용

- 소송사건 대리 : 민사·가사사건, 행정심판사건, 행정소송사건, 헌법소원사건 등 형사사건을 제외한 사건
- 형사사건 변호 : 법률구조 신청사건 중 형사사건, 가정·소년·인신 등 각종 보호사건, 성폭력·아동학대 등 각종 피해자 변호사건

5. 외국인근로자 고용허가제도

(1) 고용허가제 개념

① 고용허가제도는 「외국인근로자의 고용 등에 관한 법률」에 따라 기업체가 외국인근로자를 고용할 수 있게 하는 제도이다.

② 사업주(농가)는 고용허가 절차를 직접 수행하거나 농협에 대행을 신청할 수 있다.

③ 농협은 정부가 지정한 고용허가제 대행기관으로서 농가가 편리하게 외국인근로자를 고용할 수 있도록 업무를 대행하고, 취업교육기관으로서 외국인근로자에 대한 취업교육을 실시한다.

구분(구간신설)	내용
젖소 900 ~ 1,400m^2 미만	고용허용인원 2명, 신규 고용한도는 1명 인정
한육우 1,500 ~ 3,000m^2 미만	고용허용인원 2명, 신규 고용한도는 1명 인정
시설원예, 특작 2,000 ~ 4,000m^2 미만	고용허용인원 및 신규 고용한도 모두 2명 인정

PART 5

(2) 근거법령 : 외국인근로자 고용 등에 관한 법률, 출입국관리법, 노동관계법(근로기준법 등)

(3) 고용허가조건(외국인근로자 신청요건)

① 공통요건

- 14일 이상 내국인 구인노력을 하였음에도 구인 신청한 내국인근로자의 전부 또는 일부를 채용하지 못한 경우
- 내국인 신청일 전 2월부터 고용허가 신청일까지 고용조정으로 내국인근로자를 이직시키지 않은 경우
- 내국인 구인신청을 한 날 전 5월부터 고용허가 신청일까지 임금 체불사실이 없는 경우
- 고용보험 및 산재보험 가입 사업장(단, 미적용 사업장 제외)

② 농협 대행업무 개요

농가에 불편이 없도록 신청 대행·교육·관리 지원(업무 그룹별로 대행 신청하며 소정의 수수료 부담)

내국인 구인 노력		고용허가 신청		근로계약 체결
• 14일	→	• 고용지원센터에 신청 • 외국인 근로자 선정 • 고용허가서 발급	→	• 근로조건 합의 (한국산업인력공단)
				↓
인계 및 사후관리		**입국 및 취업교육**		**사증인정서 발급**
• 상담 • 편의 제공 • 출입국행정 대행 • 사용자 측 고용·체류 지원	←	• 입국심사 • 취업교육(농업 분야) • 건강검진 • 보험계약	←	• 출입국관리 사무소

04 농업정책

애그테크(Agtech)

① **개념** : '농업'을 뜻하는 'Agriculture'와 'Technology'의 조합어로, 생산성의 획기적인 향상을 위해 첨단 기술을 농업 현장에 적용하는 것을 뜻한다. 이를 위해 적용되고 있는 기술 분야로는 인공지능(AI), 사물인터넷(IoT), 빅데이터, 드론・로봇 등이 있다.

② **등장 배경** : 전 세계적으로 기후변화, 농촌 노동력 부족, 소비자 기호 변화 등과 같은 농업 환경 변화의 효과적 대응 수단으로 애그테크가 급부상하며 관련 애그테크 시장도 급성장 추세에 있다.

③ **지원 법률** : 농업과 첨단 정보통신기술 등의 융합을 통하여 농업의 자동화・정밀화・무인화 등을 촉진함으로써 농업인의 소득증대와 농업・농촌의 성장・발전에 이바지함을 목적으로 하는 〈스마트 농업 육성 및 지원에 관한 법률(약칭 '스마트농업법')〉이 2023년 7월 25일 제정(2024년 7월 26일 시행)됨에 따라 체계적인 애그테크 산업 육성을 위한 법적 근거가 마련되었다. 한편 이에 앞서 농협은 2022년 10월에 애그테크 상생혁신펀드 출범식을 개최한 바 있다.

④ **정부의 대응** : 애그테크 시장의 급성장에 대응해 농림축산식품부는 2018년부터 스마트팜 확산을 위한 노력을 지속적으로 강화하고 있으며, 2022년 10월 발표한 "스마트농업 확산을 통한 농업혁신 방안"에서 '스마트농업 민간 혁신 주체 육성, 품목별 스마트농업 도입 확산, 스마트농업 성장 기반 강화' 등의 3대 추진 전략과 함께 농업 생산의 30% 스마트농업 전환, 유니콘 기업 5개 육성 등을 목표로 제시했다. 스마트농업 육성 대책에는 AI 예측, AI 온실관리, 온실용 로봇, 축산 IoT, AI 축사관리, 가변관수・관비기술(VRT), 자율주행, 노지수확 로봇 등과 같은 국내 애그테크 산업 경쟁력 강화 방안이 상당수 포함되어 있다.

농식품바우처

① **도입 배경** : 소득 불평등 심화, 고령화 등으로 경제적 취약계층이 확대되고, 영양 섭취 수준과 식습관 악화로 건강 위협이 심화됨에 따라 미래에 부담해야 하는 의료비 등 사회적 비용 감소를 위해 경제적 취약계층 대상 영양 보충 지원 정책의 일환으로 정부는 2017년에 농식품바우처 시범사업을 100대 국정과제로 지정했다. 이후 2020년 9월부터 시범사업을 시행하였고, 매년 시범지역을 확대하였다. 2025년 본 사업을 시행할 예정이다. 주무기관은 농림축산식품부, 전담기관은 한국농수산식품유통공사(aT)이다.

② **지원 대상** : 소득기준과 가구원 특성 기준을 모두 충족하는 가구(2024년 기준 대상 지역인 지자체에 거주하는 기준 중위소득 50% 이하 가구로, 기초생활수급자 및 차상위계층)

③ **지급액** : 가구당 구성원에 따른 지급액은 영양 보충적 차액 지원(4만 원)에 OECD 균등화지수를 적용하여 차등 지원[지급액=40,000원× $\sqrt{\text{가구원수}}$ (백 원 단위에서 반올림)](2024년 기준임)

구원 수	1인	2인	3인	4인	5인
지급액	40,000원	57,000원	69,000원	80,000원	89,000원

구원 수	6인	7인	8인	9인	10인 이상
지급액	98,000원	106,000원	113,000원	120,000원	126,000원

④ **지급 방식** : 전자바우처(카드방식) 및 온라인 주문, 꾸러미 배송

⑤ **지원 품목 결정 기준**

㉠ 취약계층의 부족한 영양소, 식품소비 패턴, 취약계층의 선호도, 국내산 공급 여력 등을 고려해 지원대상 품목의 적합성을 판단

㉡ 농산물 수요·공급조절 유지와 소비촉진 등 농업과의 연계를 강화할 수 있도록 지속 가능한 선순환 체계 구축 검토

⑥ **지원 품목 목록** : 국내산 채소, 과일, 흰우유, 신선계란, 육류, 잡곡, 꿀, 두부류, 단순가공채소류(깐채소·삶은채소·건조채소), 산양유(이외 품목 구매 불가)

⑦ **대상 지역** : 전국 24곳의 시·군·구 지자체(2024년 기준이며, 2025년에는 전국으로 확대 예정)

⑧ **신청 방법** : 방문 신청(농식품바우처 카드 신청 및 설문조사)

⑨ **사용 기간** : 매월 1일(3월은 2일)부터 카드금액이 재충전되어 당월 말일까지 사용 가능함. 단, 매월 2,000원 이상의 잔액은 이월 불가(2,000원 미만은 이월 가능)

⑩ **바우처 사용 가능처**

㉠ 오프라인 : 대상 지역인 지자체에 위치한 농협하나로마트, 로컬푸드직매장, GS편의점, GS더프레시

㉡ 온라인 : 농협몰, 남도장터

㉢ 꾸러미 배송 : 농식품바우처 사업 신청 시 꾸러미 신청 여부를 표기, 신청된 수혜자에 한해 매월 꾸러미로 구성하여 배송(지자체마다 다름)

≫ 종자산업 기술 혁신으로 고부가 종자 수출산업 육성(제3차 종자산업육성 5개년 계획)

농림축산식품부는 "제3차(2023 ~ 2027) 종자산업 육성 종합계획"을 발표하면서 종자산업 규모를 1.2조 원으로 키우고, 종자 수출액을 1.2억 달러까지 확대하기 위한 5대 전략을 제시했다. 이에 따라 농림축산식품부는 2023년부터 5년 동안 1조 9,410억 원을 투자할 계획이다.

① **전략 1(디지털 육종 등 신육종 기술 상용화)** : 작물별 디지털 육종 기술 개발 및 상용화, 신육종 기술 및 육종 소재 개발

② **전략 2(경쟁력 있는 핵심 종자 개발 집중)** : 세계 시장 겨냥 10대 종자 개발 강화, 국내 수요 맞춤형 우량 종자 개발

③ **전략 3(3대 핵심 기반 구축 강화)** : 육종 – 디지털 융합 전문인력 양성, 공공 육종데이터 민간 활용성 강화, '종자산업혁신단지(K-Seed Vally)' 구축 및 국내 채종 확대

④ **전략 4(기업 성장·발전에 맞춘 정책 지원)** : 정부 주도 연구개발(R&D) 방식에서 기업 주도로 개편, 기업수요에 맞춘 장비·서비스 제공, 제도 개선 및 민·관 협력(거버넌스) 개편

⑤ **전략 5(식량종자 공급 개선 및 육묘산업 육성)** : 식량안보용 종자 생산·보급 체계 개선, 식량종자·무병묘 민간시장 활성화, 육묘업을 신성장 산업화

≫ 농민수당 지급 사업

① **개념** : 농업인의 소득안정을 도모함으로써 농업인의 삶의 질을 향상시키고 농업·농촌의 지속 가능한 발전, 공익적 기능 증진, 지역경제 활성화 등을 위해 농업인에게 지원하는 수당이다. 이는 농촌인구 감소 최소화 및 농가소득 보장이라는 취지에서 지자체마다 해당 지역의 농가에게 경영면적 등에 상관없이 일정 금액을 주는 제도로, 지자체의 인구 구조와 재정 여건 등을 감안해 지자체마다 자체적으로 추진하고 있다.

② **지급 대상** : 농민수당의 지급 대상은 사업 연도 1월 1일을 기준으로 3년 이상 계속 해당 지자체에 주소를 두고 실제 거주하며, 2년 이상 계속 농업경영정보를 등록하고 실제 농업에 종사하는 전업농(경영주와 공동경영주)이다. 다만, 농업 외의 종합소득 금액이 3,700만 원 이상인 자, 신청일 현재 〈국민건강보험법〉상 건강보험 직장가입자 또는 지방세 체납자, 보조금(중앙정부 직불금 등) 부정 수급자, 〈농지법〉 등 농어업 관련 법령 위반자, 경영주와 실거주 중이면서 세대만 분리한 자, 농업 분야에 고용된 농업노동자 등은 지급 대상에서 제외된다.

③ 농민수당 지급 사업은 각 지자체의 조례에 따라 시행되기 때문에 지급액(연간 30 ~ 120만 원), 지급 방법(현금 / 지역화폐), 지급 대상 단위(개인 / 가구) 등이 지자체마다 다르다. 또한 보통 사업 연도 12월 31일까지 농민수당을 사용할 수 있으며, 기한 종료 후 잔액은 자동 소멸된다.

≫ 농업인 법률구조

① 농업인 무료법률구조사업은 농협과 대한법률구조공단이 공동으로 농업인의 법률적 피해에 대한 구조와 예방활동을 전개함으로써 농업인의 경제적 · 사회적 지위 향상을 도모하는 농업인 무료법률복지사업이다.

② 농협은 소송에 필요한 비용을 대한법률구조공단에 출연하여 법률구조에 필요한 증거 수집 등 중계활동을 진행하고, 공단은 법률 상담 및 소송 등 법률구조 활동을 농협과 공동으로 진행하여 농촌 현지 법률상담 등의 피해예방 활동을 한다.

③ 농업인 무료법률구조 대상자는 기준 중위소득 150% 이하인 농업인 및 별도의 소득이 없는 농업인의 배우자, 미성년 직계비속, 주민등록상 동일 세대를 구성하는 직계존속 및 성년의 직계비속으로 한다.

≫ 국가중요농업유산 지정 제도(NIAHS)

① 국가중요농업유산은 보전할 가치가 있다고 인정하여 국가가 지정한 농업유산으로, 농업유산이란 농업인이 해당 지역에서 환경과 사회, 풍습 등에 적응하며 오랜 기간 형성시켜 온 유형과 무형의 농업자원을 말한다.

② 국제연합식량농업기구(FAO)는 2002년부터 세계 각지의 전통적 농업활동 등을 보전하고 계승하고자 하는 취지로 세계중요농업유산 제도를 실시하고 있다. 국가중요농업유산 지정 대상은 농업 · 농촌의 다원적 자원 중 100년 이상의 전통성을 가진 농업유산으로, 보전하고 전승할 만한 가치가 있는 것 또는 특별한 생물다양성 지역이다.

③ **지정 기준** : 역사성과 지속성, 생계 유지, 고유한 농업기술, 전통 농업문화, 특별한 경관, 생물다양성, 주민 참여 등 7가지 기준이 있다.

≫ 청년 창업농 선발 및 영농정착 지원사업

① 기술 · 경영 교육과 컨설팅, 농지은행의 매입비축 농지 임대 및 농지 매매를 연계 지원하여 건실한 경영체로 성장을 유도하고, 이를 통해 젊고 유능한 인재의 농업 분야 진출을 촉진하는 선순환 체계 구축, 농가 경영주의 고령화 추세 완화 등 농업 인력 구조를 개선하기 위한 사업이다.

② 사업 시행연도 기준 만 18세 이상 만 40세 미만인 사람, 영농경력이 3년 이하, 사업 신청을 하는 시 · 군 · 광역시에 실제 거주하는 사람만 신청할 수 있다(단, 독립경영 예정자는 영농기반 마련 예정 시 · 군 · 광역시에서 신청 가능). 독립경영 1년 차에는 월 110만 원, 2년 차는 월 100만 원, 3년 차는 월 90만 원을 지원받을 수 있다.

농촌공동체 회사 우수사업 지원 제도(농촌자원복합산업화 지원)

① 농촌 지역주민이 주도하는 농촌공동체 회사 사업을 지원해 농가 소득 증대 및 일자리 창출, 농촌에 필요한 각종 서비스 제공 등 농촌 지역사회 활성화에 기여하기 위한 제도이다. 농촌공동체 회사 활성화에 필요한 기획, 개발, 마케팅, 홍보 비용을 지원받을 수 있으며, 개소당 최대 5,000만 원, 사업 유형에 따라 3 ~ 5년까지 지원받을 수 있다.

② 농촌 지역주민 5인 이상이 자발적으로 결성한 조직으로, 지역주민 비율이 50% 이상 구성되어 있고, 〈민법〉상 법인·조합, 〈상법〉상 회사, 농업법인, 〈협동조합기본법〉상 협동조합 등이 지원 대상이다.

저탄소 농축산물 인증제 사업

저탄소 농업기술을 활용하여 생산 전 과정에서 온실가스 배출을 줄인 농축산물에 저탄소 인증을 부여하는 제도로, 농업인의 온실가스 감축을 유도하고 소비자에게 윤리적 소비선택권을 제공하는 사업이다. 농업인을 대상으로 인증 교육, 온실가스 산정보고서 작성을 위한 컨설팅 및 인증취득 지원, 그린카드 연계 및 인증 농산물 유통지원 등의 사업을 진행한다.

도시농업 활성화

도시민과 농업인이 함께하는 행복한 삶을 구현하는 것을 목표로 2022년까지 융·복합 서비스 창출을 통한 도농상생 사업기반을 구축하는 것이 목표이다. 도시농업의 개념을 농작물 경작에서 수목, 화초, 곤충, 양봉까지 확장하고 환경, 문화, 복지 등과 접목한 융·복합 서비스를 창출한다.

농업경영체 등록제

농업 문제의 핵심인 구조 개선과 농가 소득 문제를 해결하기 위해서 마련된 제도로, 평준화된 지원정책에서 탈피하여 맞춤형 농정을 추진하기 위해 도입되었다. 농업경영체 등록제를 통해 경영체 단위의 개별 정보를 통합·관리하고 정책사업과 재정 집행의 효율성을 제고하게 되었다.

농촌현장 창업보육 사업

농산업·농식품·바이오기술(BT) 분야 예비창업자 및 창업 초기 기업을 대상으로 기술·경영 컨설팅을 통해 벤처기업으로의 성장을 지원하는 제도이다. 농업·식품 분야에 6개월 이내로 창업 가능한 예비창업자 및 5년 미만의 창업 초기 기업이 신청할 수 있으며, 지식재산권 출원, 디자인 개발, 시제품 제작, 전시회 참가 등을 지원받을 수 있다.

고향사랑기부제

지방재정 보완, 지역경제 활성화, 지방소멸 우려 완화, 국가 균형발전 도모 등을 위해 2021년 10월 제정된 〈고향사랑 기부금에 관한 법률(약칭 '고향사랑기부금법')〉에 의거해 2023년 1월부터 전격 시행된 제도로, 개인이 고향 또는 원하는 지방자치단체에 금전을 기부하면 지자체는 주민 복리 등에 사용하고 기부자에게는 세제 공제 등의 혜택과 기부액의 일정액을 답례품(지역 농특산품, 지역 상품권 등)으로 제공할 수 있다. 다만, 기부자는 자신의 주소지 관할 자치단체에는 기부가 불가능하다. 이는 해당 지자체와 주민 사이에 업무, 재산상의 권리와 이익 등의 이해관계 등으로 강제 모금이 이루어질 가능성을 막기 위한 조치이다. 기부 주체를 개인으로 한정한 것도 지자체가 개발 등에 따른 인허가권을 빌미로 기업에 모금을 강요하는 것을 방지하기 위함이다. 고향사랑 기부금은 정부가 운영하는 종합 정보 시스템(고향사랑e음)을 비롯해 전국 농·축협, 농협은행 등의 창구를 통해 납부할 수 있다.

농업직불제 개편

윤석열 정부는 중소농 지원 강화 및 농업·농촌의 지속 가능성을 높이기 위해 농업직불금 예산 5조 원의 단계적 확대를 국정 과제에 포함하였다. 기본직불금의 농지 요건을 완화하였으며, 선택형 직불제 및 청년·은퇴농 지원 직불제 로드맵을 수립하였다. 이에 따라 56.2만 명의 농업인이 새롭게 직불금을 받을 수 있을 것으로 전망된다. 2023년 시행되는 전략작물직불제 활성화를 위해 대상 작물 확대 및 단가 인상 필요성이 제기될 것으로 보이며, 탄소중립직불제, 친환경직불제, 경관보전직불제, 청년농직불제, 고령농은퇴직불제 도입 및 개선 방안이 마련될 것으로 예상된다.

도농상생기금

도농상생기금은 도시와 농촌 간 균형 발전을 위해 2012년부터 도시 농·축협이 신용사업 수익의 일부를 출연하여 조성하는 기금으로, 조성된 기금을 농촌 지역 농·축협에 무이자로 지원하게 된다. 도농상생기금은 농축산물 수급 불안, 가격 등락 등에 따른 경제사업의 손실을 보전함으로써 농축산물 판매·유통사업을 활성화하고 경쟁력을 강화하는 것을 목표로 한다. 이와 함께 전국의 도시 농·축협은 도농간 균형 발전을 위해 무이자 출하선급금을 산지농협에 지원해 안정적으로 농산물을 수매할 수 있도록 돕고 있으며, 매년 도농상생한마음 전달식을 통해 영농 자재를 지원하고 있다.

농·축협 RPA 확산모델

RPA(Robotic Process Automation)는 소프트웨어 로봇을 이용하여 반복적인 업무를 자동화하는 것을 의미한다. 농협은 2019년 중앙회 공통업무 적용을 시작으로 계열사로 적용 범위를 확대하고 있으며, 2022년 2월부터는 전국 1,115개 농·축협을 대상으로 업무 자동화 서비스를 제공하고 있다. 특히, 농협중앙회는 2022년 2월 농·축협 RPA포털을 오픈한 이후 44개 자동화 과제를 적용하고, 사용자 친화적인 인터페이스를 도입하여 현장의 업무 효율성을 높이고 있으며, RPA 서비스 개발 및 운영 거버넌스에 대하여 2022년 9월에 ISO9001 인증을 획득하는 등 디지털 혁신과 관련한 많은 성과를 거두고 있다.

'전기차·수소차 충전 사업' 승인 취득

농협경제지주는 농림축산식품부로부터 2023년 1월에 전기차·수소차 충전소 사업 승인을 취득했으며, 이에 따라 본격적으로 농촌에 친환경차 충전 인프라를 확충할 계획이다. 이전에는 주유소 내 부대시설로만 충전소를 설치할 수 있었으나, 사업 승인을 취득함에 따라 독자적으로 '친환경 자동차 충전 시설과 수소연료 공급 시설 설치' 사업을 수행할 수 있게 된 것이다. 현재 전기차 보급의 증가로 인해 전기 화물차·농기계를 이용하는 농업인들이 증가하고 있으며, 농촌을 찾는 전기차 이용자들을 위한 인프라 확대가 절실한 상황이다. 향후 농협주유소뿐만 아니라 하나로마트, 자재센터 등으로 전기자·수소차 충전소를 확충해 나갈 방침이다.

'한국형 농협체인본부' 구축 추진

농협이 유통 혁신의 핵심 추진 동력으로 제시한 '한국형 농협체인본부'는 경제 사업과 관련한 범농협 조직의 시설 · 조직 · 인력 운영을 효율화하여 농협 경제 사업의 경제적 · 농업적 가치를 극대화하는 밸류 체인 시스템으로, 산지 중심의 생산 · 유통 인프라를 강화하는 한편 도소매 조직 간 유기적인 연계를 도모해 농업인에게는 농산물의 안정적인 판로를 보장하고, 소비자에게는 믿을 수 있는 먹거리를 공급하려는 계획이다. 이에 앞서 농협은 2020년부터 농축산물 유통 혁신을 100년 농협 구현을 위한 핵심 전략으로 삼고, 올바른 유통 구조 확립과 농업인 · 소비자 실익 증진에 매진한 결과 조직 통합(김치 가공공장 전국 단위 통합, 농산물 도매 조직 통합, 4개의 유통 자회사 통합), 스마트화(스마트 APC · RPC 구축, 보급형 스마트팜 개발 · 적용), 온라인 도소매 사업 추진(상품 소싱 오픈플랫폼 구축 및 온라인 지역센터 80개소 설치, 온라인 농산물거래소 · 식자재몰 사업 개시), 농업인 · 소비자 부담 완화[무기질 비료 가격 상승분의 80%(3,304억 원) 농가 지원, 살맛나는 가격 행사] 등을 이루었고, 더 나아가 '한국형 농협체인본부' 구축을 통해 산지와 소비자가 상생하는 유통 체계 구현이 가능할 것으로 기대하고 있다.

농업 일자리 활성화를 위한 범정부 협업

농업 인력 수요가 증가하는 추세이지만 농촌 지역 인구 감소와 고령화 등으로 인하여 농촌 일손이 충분하지 않은 상황이다. 통계청에 따르면 2022년 11월 현재 농림어업 분야의 65세 이상 고령자 비율은 52.9%로, 전 산업 평균 11.7%의 4.5배가 넘는다. 또한 농업 일자리 사업은 정부기관 간, 지자체 간 연계 없이 단절되어 시행됨에 따라 구인난 해결에 한계가 있었고, 농업 근무 여건 · 환경 등도 농촌 일손 부족 문제를 심화시켰다. 이에 2023년 1월 농림축산식품부와 고용노동부는 농업 일자리 활성화를 위한 범정부 사업 업무협약을 체결하였다. 부처별로 시행됐던 농업 일자리 사업을 연계해 '국가기관 간 협업, 도농 상생, 일자리 구조 개선'을 기본 체계로 하여 범정부 협업 사업을 시행하기로 한 것이다. 이를 위해 2023년에 농림축산식품부 34억 원, 고용노동부 40억 원, 경북 · 전북(지방비) 44억 원 등 모두 118억 원의 사업비가 투입된다(잠정). 또한 대상 지역도 경북 · 전북에서 향후 전국으로 확대할 방침이다. 정부는 농업 일자리가 활성화되어 농촌 인구가 증가하고 농촌이 발전하는 선순환의 구조가 만들어져 지역소멸 위기 극복에 이바지할 것으로 기대하고 있다.

〈농업 일자리 활성화를 위한 범정부 사업 개요〉

구분	내용
주체	농림축산식품부, 고용노동부, 지방자치단체 등 농업 일자리와 관련된 모든 국가기관이 '농업 일자리 지원 협의체'를 구성해 이를 중심으로 공동으로 사업 추진
운영	• 농촌에 더해 도시 지역까지 광범위하게 취업자를 발굴 • 도시 비경제활동인구를 집중적으로 구인, 이들의 노동시장 유입 또한 촉진 • 내국인의 농업 일자리 취업 및 농촌 정착도 확대될 것으로 기대
지원	• 취업자에게 교통 편의 · 숙박비 · 식비 · 작업교육 등 지원 • 취업자에게 안전교육, 상해보험료 및 보호 장비를 제공하여 안전관리 강화 • 전자근로계약서 서비스를 도입, 취업자 권익 보호 강화
관리	• 농업 일자리 온라인 시스템을 구축, 농작업, 구인 · 구직 정보 등을 공유 • 취업 알선 및 근로계약 체결 지원
지역	• 2023년 : 경상북도 · 전라북도를 대상으로 추진 • 2024년 이후 : 전국으로 확대 실시

※ 출처 : 2023년 1월, 관계부처합동 보도자료

PART 5

≫ 지방소멸대응기금

① **도입 배경** : 저출산·고령화로 인한 인구 구조 악화, 수도권·대도시로의 인구 집중 등으로 인해 지방소멸에 대한 위기감이 고조됨에 따라 2021년 정부(행정안전부)는 인구감소지역(89곳)을 지정하고 지방소멸대응기금을 투입하기로 결정했다.

② **목적** : 지역 주도의 지방소멸 대응 사업 추진을 위한 재정 지원

③ **운영 기본 방향**

㉠ 목적성 강화 : 지방소멸 대응이라는 목적 달성을 위한 사업 발굴(지역의 인구·재정 여건이 열악한 인구감소지역에 집중 지원)

㉡ 자율성 제고 : 지자체가 여건에 맞는 투자계획을 자율적으로 수립

㉢ 성과 지향 : 투자계획을 평가하여 우수한 지역에 과감하게 투자

④ **기간·규모** : 2022년부터 2031년까지 매년 1조 원씩 총 10조 원 투입(광역자치단체 25%, 기초자치단체 75%)

⑤ **지원 대상(지자체 122곳)**

㉠ 광역자치단체 : 서울시·세종시를 제외한 15곳

㉡ 기초자치단체 : 인구감소지역 89곳+관심지역 18곳=107곳

⑥ **배분 방법**

㉠ 광역자치단체 : 인구감소지수, 재정·인구 여건 등을 고려하여 배분

㉡ 기초자치단체 : 지자체가 제출한 투자계획을 기금관리조합의 투자계획 평가단이 평가한 결과에 따라 차등 배분

⑦ **운용 방법**

㉠ 기금관리조합(17개 시·도로 구성)이 관리·운용하되, 전문성 제고를 위해 한국지방재정공제회에 위탁하여 업무 수행

㉡ 기금 배분에 필요한 세부 사항은 행정안전부장관이 정해 고시함

〈지방소멸대응기금 운영 과정〉

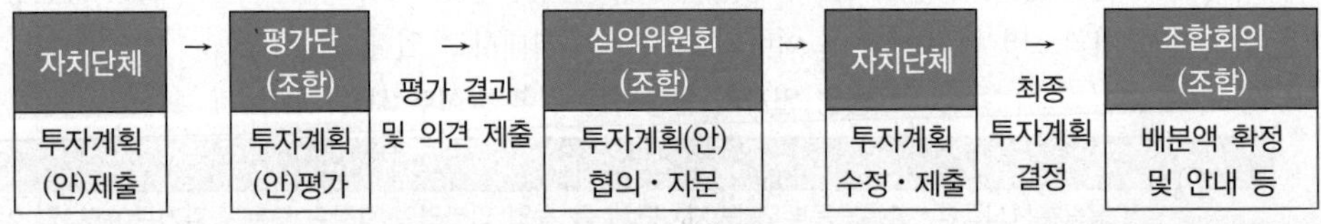

⑧ **지방소멸 위기에 대한 농협의 대응** : 농협중앙회는 농촌 소멸이라는 국가적 위기 해결에 동참하고 활기찬 농촌을 만들기 위한 농협 역할 강화 방안으로 '활기찬 농촌, 튼튼한 농업, 잘사는 농민, 신뢰받는 농협 구현' 등 4대 목표 실현을 위한 실천 과제를 수립해 2022년 7월에 발표했다. 이를 위해 농·축협과 기업 간 상호교류 사업인 도농사(社)랑운동, 고향사랑기부제 정착을 견인해 농산물 수요 확대에도 노력할 방침이다.

05 농업상식

GMO(유전자변형 농산물)

유전자 재조합기술(Biotechnology)로 생산된 농산물로 미국 몬산토사가 1995년 유전자변형 콩을 상품화하면서 대중에게 알려지기 시작했다. 공식적인 용어는 LGMO(Living Genetically Modified Organisms)이다. 유전자 변형은 작물에 없는 유전자를 인위적으로 결합시켜 새로운 특성의 품종을 개발하는 유전공학적 기술을 말한다. 어떤 생물의 유전자 중 추위, 병충해, 살충제, 제초제 등에 강한 성질 등 유용한 유전자만을 취하여 새로운 품종을 만드는 방식이다.

아프리카돼지열병(ASF)

동물 감염의 비율이 높고, 고병원성 바이러스에 전염될 경우 치사율이 거의 100%에 이르는 바이러스성 돼지 전염병으로 '돼지 흑사병'이라고도 불린다. 아프리카 지역에서 빈번하게 발생하여 아프리카돼지열병이라는 이름으로 불린다. 우리나라에서는 이 질병을 〈가축전염병 예방법〉상 제1종 가축전염병으로 지정하여 관리하고 있다.
주로 감염된 돼지의 분비물 등에 의해 직접 전파되며, 잠복 기간은 약 4 ~ 19일이다. 인체와 다른 동물에게는 영향을 주지 않으며, 오직 돼지과의 동물에만 감염된다. 이 병이 걸린 돼지는 보통 10일 이내에 폐사한다.

애그리비즈니스

농업과 관련된 전후방 산업을 일컫는다. 최근 생겨난 '농기업'이란 새로운 개념은 '농업'을 가축이나 농작물의 생산에 한정하는 것이 아니라 농산물 생산을 포함하여 생산된 농산물의 가공과 유통, 수출입은 물론 비료, 농약, 농기계, 사료, 종자 등 농자재산업까지 포함한 농업관련 산업(Agribusiness)으로 사업영역을 확장한다는 의미를 포함하고 있다.

스마트팜

ICT를 농업 기술에 접목하여 자동 원격으로 농작물・과일・가축 따위를 키울 수 있도록 조성한 농장을 말한다. 스마트폰이나 PC를 이용해 생육 조건에 부합하는 온습도, 일사량, 냉난방 따위를 조절하고 물을 공급한다.

국제연합식량농업기구(FAO)

국제연합 전문기구의 하나로 식량과 농산물의 생산 및 분배능률 증진, 농민의 생활수준 향상 등을 목적으로 한다. 1945년 10월 캐나다 퀘벡에서 개최된 제1회 식량농업회의에서 채택된 FAO헌장에 의거해 설립됐다. 농업・임업・수산업 분야의 유엔 기구 중 최대 규모다. 본부에 3,500명, 세계 각지에 2,000여 명의 직원이 있다. 세계식량계획(WFP)과 함께 식량원조와 긴급구호 활동을 전개하며 국제연합개발계획(UNDP)과 함께 기술원조를 확대하고 있다.

조류인플루엔자

닭이나 오리와 같은 가금류 또는 야생조류에서 생기는 바이러스의 하나로서, 일종의 동물전염병이다. 일반적으로 인플루엔자 바이러스는 A, B, C형으로 구분되는데, A형과 B형은 인체감염의 우려가 있으며, 그중 A형이 대유행을 일으킨다. 바이러스에 감염된 조류의 콧물, 호흡기 분비물, 대변에 접촉한 조류들이 다시 감염되는 형태로 전파되고, 특히 인플루엔자에 오염된 대변이 구강을 통해 감염을 일으키는 경우가 많다.

수경재배

흙을 사용하지 않고 물과 수용성 영양분으로 만든 배양액 속에서 식물을 키우는 방법을 일컫는 말로, 물재배 또는 물가꾸기라고 한다. 수경재배를 할 수 있는 식물은 대부분 수염뿌리로 되어 있는 외떡잎식물이다. 식물이 정상적으로 위를 향해 자라도록 지지해주거나 용액에 공기를 공급해주어야 하는 어려움 때문에 수경재배는 자갈재배로 대체되었는데, 이때 자갈은 물이 가득한 묘판에서 식물이 넘어지지 않도록 지지해준다.

수경재배는 뿌리의 상태와 성장 모습을 직접 관찰할 수 있고, 오염되지 않은 깨끗한 채소나 작물을 생산해낼 수 있으며 집안에서 손쉽게 재배가 가능하다는 장점이 있다.

친환경농업

지속 가능한 농업 또는 지속 농업(Sustainable Agriculture)으로 농업과 환경을 조화시켜 농업의 생산을 지속 가능하게 하는 농업형태로서 농업생산의 경제성 확보, 환경보존 및 농산물의 안전성을 동시 추구하는 농업이다. 유기합성농약과 화학비료를 일체 사용하지 않고 재배하거나 유기합성농약은 일체 사용하지 않고, 화학비료는 권장 시비량의 1/3 이내를 사용하거나, 화학비료는 권장시비량의 1/2 이내를 사용하고, 농약 살포 횟수는 '농약안전사용기준'의 1/2 이하를 사용해야 한다.

생산 농가가 희망하는 경우에 인증기준적합 여부를 심사하며, 인증 여부를 통보해 주고, 인증받은 농산물에 한해 인증표시 후 출하한다.

석회비료

칼슘을 주성분으로 하는 비료로 토양의 성질을 개선하여 작물에 대한 양분의 공급력을 높힌다. 직접적으로 양분의 역할을 하지는 못하기 때문에 '간접 비료'로 불린다.

윤작

돌려짓기라고도 하며, 같은 땅에서 일정한 순서에 따라 종류가 다른 작물을 재배하는 경작방식으로 형태에 따라 곡초식, 삼포식, 개량삼포식, 윤재식 등으로 나눈다. 식용작물을 재배하는 곳이면 어느 곳에서나 어떤 형태로든지 윤작이 행해지고 있으며, 윤작의 장점은 토지이용도를 높일 수 있고, 반복된 재배에도 균형 잡힌 토질을 유지할 수 있으며, 누적된 재배로 인한 특정질병재해를 사전에 방지할 수 있다는 것이다.

≫ 콜드체인 시스템

콜드체인(Cold Chain) 시스템이란 농산물을 수확한 후 선별포장하여 예냉하고 저온 저장하거나 냉장차로 저온수송하여 도매시장에서 저온상태로 경매되어 시장이나 슈퍼에서 냉장고에 보관하면서 판매하는 시스템이다. 전 유통 과정을 제품의 신선도 유지에 적합한 온도로 관리하여 농산물을 생산 또는 수확 직후의 신선한 상태 그대로 소비자에게 공급하는 유통체계로 신선도 유지, 출하 조절, 안전성 확보 등을 위해서 중요한 시스템이다.

≫ 유전자 변형 생물체(LMO; Living Modified Organisms)

생식과 번식을 할 수 있는 유전자 변형생물체를 지칭한다. 생산량 증대나 새로운 부가가치 창출, 유통 및 가공상의 편의를 위해 유전공학기술을 이용해 기존의 육종방법으로는 나타날 수 없는 형질이나 유전자를 지니도록 개발된 유기물을 일컫는다. 전세계적으로 인체에 대한 유해성 여부로 논란이 일고 있는 유전자변형 콩이나 옥수수 등이 여기에 포함된다. 이밖에 농산물 종자나 미생물 농약, 환경정화용 미생물 등 LMO의 활용 영역이 날로 넓어지고 있다. LMO의 안전성 논란이 커지자 국제기구, 선진국 정부기관, 민간단체 등에서는 LMO와 관련된 정보들을 수집 분석하여 일반인에게 공개하고 있으며, 나아가 세계 각국들은 2000년 1월 '바이오 안전성에 관한 카르타헤나 의정서(The Cartagena Protocol on Biosafety)'를 채택하고, 이에 따라 LMO의 국가 간 이동에 관련된 법률을 제정하여 LMO를 관리하고 있다.

≫ 스팁소비

상품이나 서비스를 공유하는 공유형(Sharing) 소비, 건강을 고려하는 웰빙형(Toward the Health) 소비, 기능성 상품을 선호하는 실속형(Cost – Effective) 소비, 직접 체험할 수 있는 경험형(Experience) 소비, 삶의 질을 높이는 현재형(Present) 소비의 앞 글자를 딴 신조어다.

≫ 이베리코

스페인의 돼지 품종으로, 스페인 이베리아 반도에서 생산된 돼지라는 뜻이다. 긴 머리와 긴 코, 길고 좁은 귀, 검은색 가죽과 검은색 발톱이 특징이다. 이베리코는 사육 기간과 방식, 먹이에 따라 최고 등급인 '베요타(Bellota)'부터 중간 등급인 '세보 데 캄포(Cebo de campo)', 하위 등급인 '세보(Cebo)'로 나뉜다. 이 중 베요타의 경우 '데헤사(Dehesa)'라 불리는 목초지에서 자연 방목으로 사육하는데, 방목 기간 동안 풀과 도토리 등 자연 산물을 먹여 키운다.

≫ 귀농인의 집

'귀농인의 집'은 귀농·귀촌 희망자의 안정적 농촌 정착을 위해 이뤄지고 있는 주거 공간 지원 사업으로, '농업·농촌 및 식품산업 기본법'을 근거로 한다. 이는 귀농·귀촌 희망자가 일정 기간 동안 영농기술을 배우고 농촌체험 후 귀농할 수 있도록 임시 거처인 '귀농인의 집'을 제공하는 것이다. 귀농인의 집 입지는 지역 내 제반 여건을 감안해 귀농인의 집 운영을 희망하는 마을과 시·군이 협의하여 자율 선정한다. 재원은 국고보조(농특회계) 50%와 지방비 50%로 구성되며, 세대당 3,000만 원 이내로 지원이 이뤄진다. 그리고 입주자는 월 10 ~ 20만 원 또는 일 1 ~ 2만 원의 임차비용을 지급하게 된다. 이용은 1년 범위 내, 이용을 원칙으로 하고, 추가 이용자가 없고 기존 귀농인이 희망하는 경우에는 1년 이용기간 종료 후 3개월 이내의 범위에서 추가 이용이 가능하다.

특산식물

고유식물이라고도 하며, 특정한 지역에서만 생육(生育)하는 고유한 식물을 말한다. 생육되는 환경에 스스로 적응하면서 다른 곳에서는 볼 수 없는 독특한 특징으로 진화하는 특산식물은, 결과적으로 해당 지역의 고유식물로 존재하게 된다. 그러므로 고유식물이 지니는 정보는 그 지역에 분포하는 해당 식물의 기원과 진화 과정을 밝히는 중요한 요인이 된다. 특산식물은 작은 환경 변화에도 민감하게 반응하며 세계적으로 가치 있고 희귀한 식물이 대부분이므로 적극적으로 보호하지 않으면 멸종되기 쉽다.

녹색혁명

녹색혁명은 20세기 후반, 전통적 농법이 아닌 새로운 기술인 품종개량, 수자원 공급시설 개발, 화학비료 및 살충제 사용 등의 새로운 기술을 적용하여 농업생산량이 크게 증대된 일련의 과정 및 그 결과를 의미한다. 녹색혁명의 핵심은 새로운 기술의 적용으로 생산성을 크게 증대시키는 것에 있기 때문에, 유전학, 분자생물학, 식물생리학 등의 과학기술 발전을 통해 작물의 생산성을 증대시키는 것을 2차 녹색혁명이라고도 부른다.

식물공장

최첨단 고효율 에너지 기술을 결합해 실내에서 다양한 고부가가치의 농산물을 대량 생산할 수 있는 농업 시스템이다. 식물공장은 빛, 온·습도, 이산화탄소 농도 및 배양액 등의 환경을 인위적으로 조절해 농작물을 계획 생산한다. 계절, 장소 등과 관계없이 자동화를 통한 공장식 생산이 가능하다. 식물공장은 주로 LED와 분무장치에 의한 실내 식물재배 시스템을 이용한 전형적인 저탄소 녹색 사업을 가능하게 하는 곳이다.

로컬푸드

로컬푸드 운동은 생산자와 소비자 사이의 이동거리를 단축시켜 식품의 신선도를 극대화시키자는 취지로 출발했다. 즉, 먹을거리에 대한 생산자와 소비자 사이의 이동거리를 최대한 줄임으로써 농민과 소비자에게 이익이 돌아가도록 하는 것이다. 예컨대 북미의 100마일 다이어트 운동, 일본의 지산지소(地産地消) 운동 등이 대표적인 예다. 국내의 경우 전북 완주군이 2008년 국내 최초로 로컬푸드 운동을 정책으로 도입한 바 있다.

로컬푸드지수

지역에서 이루어지고 있는 로컬푸드 소비체계 구축활동에 대한 노력과 성과를 평가하기 위한 지표이다. 2021년부터 본격적으로 시행되는 로컬푸드 평가기준으로, 미국의 '로커보어지수(Locavore Index)'에 필적할 만한 지수이다. 계량적 수치 위주의 로커보어지수와 달리 로컬푸드지수는 지역에 미치는 사회적·경제적 가치까지도 반영하고 있다.

농가소득

경상소득과 비경상소득을 합한 총액을 말한다. 농가의 경상소득은 농업소득, 농외소득, 이전소득을 합산한 총액을 말하며, 농가의 비경상소득은 정기적이지 않고 우발적인 사건에 의해 발생한 소득을 말한다.

할랄

과일 · 야채 · 곡류 등 모든 식물성 음식과 어류 · 어패류 등의 모든 해산물과 같이 이슬람 율법 아래에서 무슬림이 먹고 쓸 수 있도록 허용된 제품을 총칭하는 용어이다. 육류 중에서는 이슬람식 알라의 이름으로 도살된 고기(주로 염소고기, 닭고기, 쇠고기 등), 이를 원료로 한 화장품 등이 할랄 제품에 해당한다. 반면 술과 마약류처럼 정신을 흐리게 하는 것, 돼지 · 개 · 고양이 등의 동물, 자연사했거나 인간에 의해 도살된 짐승의 고기 등과 같이 무슬림에게 금지된 음식의 경우는 '하람(Haram)' 푸드라고 한다.

작목반

강원도 삼척 지역 농촌에서 작목별이나 지역별 공동 생산, 공동 출하로 소득을 높이기 위하여 조직한 농민단체로, 채소, 원예, 축산, 과일 등 작목에서 많이 운영된다. 작목반별로 다소 차이는 있지만 작목반 또는 조합 단위로 영농에 필요한 비료나 농약 시설 자재 등을 공동으로 저렴하게 구입하여 공급하는 영농 자재의 공동 구매, 작목반 단위의 영농 계획에 의한 공동 작업 실시로 작업 능률을 향상시키기 위한 공동 작업, 농산물의 등급별 선별을 통한 규격화와 표준화를 통한 상품성 제고 활동, 공동출하 · 공동이용시설의 설치와 운영, 공동 기금 조성 등의 활동을 한다. 대부분의 작목반은 지역의 단위농업협동조합과 연계되어 있다.

CHAPTER

03 은행업무 일반

01 예금거래

1. 예금계약의 이해

(1) 소비임치계약

예금은 금융회사가 개인이나 법인 등의 예금주(고객)가 위탁한 금전을 보관하거나 운용함으로써 발생하는 금융회사의 채무로, 예금주의 입장에서는 금융회사에 대한 청구권이라고 할 수 있으며, 법적으로는 금전으로 이루어지는 소비임치계약으로 본다.

(2) 낙성계약과 요물계약

예금계약을 낙성계약 또는 요물계약으로 보는 것은 명확하지 않다. 대법원의 판례와 예금계약 후 예금자의 이행강제를 할 수 없다는 점에서 요물계약으로 볼 수 있으나, 반드시 일정한 금액을 금융회사에 인도하지 않아도 계약신규가 가능한 점을 고려하면 낙성계약으로 볼 수 있다.

이론 더하기

- 낙성계약(諾成契約) : 계약 당사자 간의 합의만으로 성립하는 계약
- 요물계약(要物契約) : 계약 당사자 간의 합의 이외에 물건의 인도 등 기타 급부를 하여야만 성립되는 계약

(3) 무상(無償)계약

예금주는 예금계약이 이루어진 후 그 기간에 따른 대가를 지급하지 않고 오히려 상당 기간에 해당하는 이자를 받으므로 무상계약으로 본다.

(4) 편무(片務)계약

예금계약은 예금을 입금하는 것을 조건으로 금융회사가 일방적으로 원리금의 지급의무를 부담하므로 편무계약으로 본다.

2. 예금거래의 종류

(1) 수시입출식 예금 : 입금과 출금이 자유로운 예금

(2) 적립식 예금 : 일정한 기간 동안 정기적 또는 비정기적으로 금전을 적립하고 일정 기간 이후 만기금액과 이자를 지급받는 예금

(3) 거치식 예금 : 일정한 금액을 예치한 후 정해진 기간이 지난 뒤에 예치원금과 이자를 지급받는 예금

3. 예금거래의 대상

(1) 개인(개인사업자 포함) : 자연인이나 법인 모두 가능함(개인사업자의 경우 사업자등록증 소지 여부 등에 따라 결정됨)

(2) 법인 : 스스로 거래 행위를 할 수 없기 때문에 대표자 또는 대리인이 법인을 대신하여 예금 신규 거래가 가능함

(3) 미성년자 : 원칙적으로 법정대리인의 동의가 있거나 법정대리인이 대리하여 신규 거래가 가능함. 단, 신분증(주민등록등본 등)이 있는 만 14세 이상의 미성년자는 저축 관련 통장 개설이 단독으로 가능함

PART 5

(4) 비거주자 : 예금거래에 제한이 있으며, 자금의 국내 사용을 목적으로 예치하는 '비거주자원화계정'과 대외 지급을 자유롭게 하기 위해 자금을 예치하는 '비거주자자유원계정'으로 함(국민인 비거주자 또는 외국인 비거주자 중 주한 외교관 등은 예금 종류에 제한이 없음)

(5) 공동명의 : 모든 명의인이 예금 신규 거래 자격을 갖추어야 함

4. 금융실명제

(1) 실명확인의 원칙

① 신규 거래 시마다 실명확인증표 원본을 이용하여 실명확인
② 원장, 거래신청서, 계약서 등에 "실명확인필"을 표시하고 확인자가 날인 또는 서명
③ 전산인자로 실명거래의 확인자가 식별되는 경우에는 확인자 날인 또는 서명 생략 가능

(2) 실명확인 방법

① 성명과 주민등록번호, 실명확인증표에 첨부된 사진 등을 통해 거래신청자의 본인 여부를 확인
② 제시된 실명확인증표의 사진으로 본인 여부를 파악하기 어려운 경우에는 다른 실명확인증표를 보완적으로 사용 가능

(3) **실명확인자** : 실제로 고객의 실명을 확인한 직원으로 금융회사 본부의 영업부서를 포함한 영업점의 직원

(4) 실명확인증표(개인)

구분	실명확인증표
일반인	주민등록증(주민등록증 발급신청확인서 포함), 운전면허증, 청소년증(청소년증 발급신청확인서 포함), 노인복지카드(경로우대증), 장애인복지카드(장애인등록증 포함), 여권, 선원수첩, 국가유공자증(유족 포함), 새터민임시신분증(여권번호와 같이 조립)
학생	학생증(사진과 주민등록번호가 있는 경우에 한함) ※ 주민등록번호가 없는 학생증은 주민등록등(초)본 또는 건강보험증 또는 가족관계증명서를 함께 제시
군인	군운전면허증
소년소녀가장	주민등록등본(세대주가 본인인 것), 학교장이 확인한 서류
외국인	외국인등록증, 여권, 여행증명서, 국내 발급 운전면허증
재외동포(재외국민, 외국 국적 동포)	재외국민(외국 국적 동포) 국내거소신고증, 여권
기타	국가기관 또는 지방자치단체가 발급한 신분증 및 자격증

※ 실명확인증표의 사본, 금융거래 시점에 유효하지 않은 실명확인증표, 사원증, 전역증, 휴가증, 상공회의소나 산업인력공단이 발급한 자격증 등은 실명확인을 위한 증표로 사용할 수 없다.

5. 예금신규 거래 절차

(1) 예금신규거래신청서 작성 방법을 안내하고 작성된 신청서를 받아 확인한다.

(2) 고객 유형을 파악하여 유형별 실명확인 방법에 따라 실명을 확인한다.

(3) 신규 거래 시 필요한 서류를 징구하여 확인한다.

(4) 고객정보를 전산에 등록하거나 이미 등록되어 있는 경우 변경 사항에 대해 등록한다.

(5) 신규 거래되는 예금의 통장이나 증서를 작성한다.

(6) 작성한 통장이나 증서에 고객의 인감 또는 서명날인을 받는다.

(7) 책임자의 결재를 받는다.

(8) 고객의 인감 또는 서명날인 부분과 책임자의 결재받은 부분이 덮히도록 스티커를 붙인다.

(9) 고객에게 신규발급된 통장을 전달한다.

(10) 거래신청서와 신규 관련 서류 일체를 정리하여 신규일로부터 영업일 3일 이내에 금고에 보관한다.

6. 예금해지 거래 절차

(1) 해지 신청인에게 예금통장을 징구한다.

※ 예금통장을 분실한 경우 제사고신고 절차에 따라 예금주 본인을 확인하고 계좌인감(서명)을 확인하여 사고신고 등록 처리 후 재발급 절차 없이 해지처리를 진행함

(2) 해지 신청인에게 예금청구서를 작성하도록 하며, 작성 완료된 청구서를 징구한다.

(3) 해지 신청인이 예금주 본인인지 확인한다.

① 예금청구서에 찍힌 인감이 이미 신고된 인감과 일치하는지 여부 확인

② 서명에 의한 거래인 경우 본인확인증표에 의해 본인을 확인한 후 처리

③ 예금주 본인이 의심스러울 경우 개설 서류가 보관된 개설점에서 개설 서류에 첨부된 실명증표를 받아 사진 및 필적을 대조하여 확인

(4) 통장 또는 증서의 위・변조 여부를 확인한다.

(5) 기타 사항을 다음과 같이 처리한다.

① 사고신고 또는 압류 등 법적 지급제한 유무의 여부를 확인

② 자동이체가 등록되어 있는 경우 그 내역을 고객에게 확인하고 고객의 의사를 확인하여 해제

PART 5

(6) 해지금액을 고객에게 확인시키고 수령할 방법을 확인한다.

(7) 해지 거래통장의 M / S(Magnetic Stripe)를 제거한 후 지급필(Paid)을 철인한다.

(8) 통장과 청구서를 책임자에게 인도하여 결재를 받는다.

(9) 해지 후 고객이 수령하는 금액을 확인하고, 해지된 예금통장과 지급한 금액에 대한 확인서를 고객에게 교부한다.

02 입출금거래

1. 입금거래

(1) 입금거래의 종류

① **창구입금** : 예금주가 금융회사에 금전을 전달함으로써 금전의 소유권을 금융회사에 이전하는 것으로 입금 완료 시기는 담당 직원이 고객이 인도한 금액을 수령하고 그 금액을 확인한 때이다.

② 현금자동입출금기에 의한 입금 : 고객이 현금자동입출금기에 현금을 넣고 기계 조작을 한 후, 현금자동입출금기가 나타낸 합계 금액에 대해 고객이 확인 버튼을 누른 때에 예금계약이 성립된 것으로 본다.

③ 계좌송금에 의한 입금 : 송금을 의뢰한 고객이 은행에 입금처리함으로써 계좌송금 및 계좌이체 계약이 종료되는데, 이는 예금주의 거래 은행이 이체금액을 확인하는 절차가 없기 때문에 고객이 송금하고 입금 기장을 마친 때에 입금계약이 성립한 것으로 본다.

(2) 고객주의의무제도(Know-Your-Customer)

① 금융사가 자신이 제공하는 금융 서비스가 자금세탁과 같은 불법적인 행위에 이용되지 않도록 하기 위해 금융 거래 시 고객의 신분, 계좌 및 거래의 성격 등에 대해 적절한 주의를 기울여야 하는 의무이다.

② 주요 내용

㉠ 고객이 계좌를 신규로 개설하거나 일정 금액 이상으로 일회성 금융 거래를 하는 경우 : 거래 당사자의 신원에 관한 사항으로서 실명확인을 하여야 한다.

㉡ 실제 거래 당사자 여부가 의심되는 경우 : 고객이 자금세탁 행위 등 실제 거래 당사자 여부가 의심되는 경우에는 본인 실명확인과 금융거래목적확인서를 징구하여 확인하여야 한다.

2. 출금거래

(1) 출금거래의 종류

① 기계에 의하지 않은 지급

㉠ 창구지급 : 창구의 지급 담당자(텔러)가 예금주로부터 통장(증서) 등과 지급청구서 또는 어음(수표)에 의한 청구를 받고 지급하는 방법

㉡ 교환지급 : 어음교환소를 통한 지급청구가 있을 때 이에 응하여 지급하는 것으로 당좌계정의 어음(수표)지급 방법

㉢ 대체지급 : 예금주에게 현금을 지급하고 그 현금을 다시 받아 별도의 예금계좌에 입금하거나 대출이자 등에 충당하는 대신, 현금의 지급과 다른 계좌로의 입금이라는 절차를 생략하고 금융회사의 내부 장부 조작만으로 계정을 이동시키는 지급 방법

② 기계에 의한 지급

㉠ 현금자동지급기(CD) 또는 현금자동입출금기(ATM)

㉡ 텔레뱅킹 또는 모바일(스마트)뱅킹

㉢ 인터넷뱅킹 또는 펌뱅킹

(2) 예금지급 시 주의사항

① 인감 및 비밀번호의 확인

② 통장이나 증서 또는 지급청구서의 위·변조 여부 확인

③ 사고신고 유무 확인

④ 각종 지급제한 유무 확인

(3) 예금지급 오류

① 예금의 과다지급
직원이 예금의 과다지급을 하였다면 과다지급한 금액에 대해서 예금주에게 부당이득반환청구권을 행사하여 잘못 지급한 금액의 반환을 청구할 수 있다. 다만, 과다지급했다는 사실을 금융회사에서 입증해야 하므로 금액의 일치 여부를 항상 확인해야 한다.

② 예금의 과소지급
과소지급한 그 차액에 대한 예금지급은 금융회사에서 이행한 것이 아니므로, 예금주의 예금채권은 그대로 존속하며 은행의 예금채무는 그대로 남게 된다. 예금의 과소지급에 대한 입증 책임은 예금주가 부담하게 된다.

③ 예금의 과오지급
예금지급청구에 따라 은행이 예금을 지급할 때 권한이 없는 자에게 예금을 지급하는 경우로 예금지급을 청구하는 자에 대해 본인 여부와 대리인 여부를 철저하게 확인하여야 한다.

㉠ 금융회사의 면책이 인정되는 경우 : 권리자 확인을 위해 상당한 노력을 하였음에도 불구하고 무권리자임을 알 수 없어 예금을 지급했다면 금융회사는 과오지급에 대한 책임을 지지 않는다. 단, 진정한 예금주는 무권리자를 상대로 부당이득반환청구권 등을 행사하여 반환받을 수 있다.

㉡ 금융회사의 면책이 인정되지 않는 경우 : 무권리자에 대한 예금지급 책임이 금융회사에 있는 경우 진정한 예금주가 지급청구를 하면 금융회사는 이중으로 지급해야 한다. 이 경우 금융회사는 무권리자에 대해 부당이득반환청구권을 행사할 수 있다.

03 수표 발행 및 지급

1. 수표의 이해

(1) 수표의 정의

발행인이 증권상에 적혀 있는 지급을 받을 자(수취인) 또는 증권의 소지인에게 조건없이 일정한 금액을 지급할 것을 제3자(지급인)에게 위탁하는 유가증권이다.

(2) 수표의 법적 성격

① **요식증권성** : 수표법이 정하는 일정한 사항을 하나라도 구비하지 않으면 수표로서의 효과가 없다.

② **제시증권성** : 수표를 소지한 사람이 증권에 적힌 금액에 대항하는 권리를 행사하기 위해서는 해당 수표를 적법하게 제시하여야 한다.

③ **상환증권성** : 수표를 소지한 사람은 수표의 채무자에 대하여 당해 수표와 상환함으로써만 수표에 적힌 금액의 지급청구를 할 수 있다.

④ **채권증권** : 수표는 특정인이 다른 특정인에게 일정한 의무의 이행을 청구할 수 있는 권리로서 금전지급청구권을 표시하는 채권증권이다.

⑤ **지시증권** : 수표는 증권에 특정인이 권리자로 기재되어 있지만 그가 지시하는 자도 권리자가 되는 유가증권으로 증권상에 특정인만이 권리자로 기재되어 있을 뿐 그 특정인이 지정하는 자가 권리자로 기재되어 있지 않더라도 그 특정인이 지정하는 자도 법률상 당연히 권리자가 되는 법률상 당연한 지시증권이다.

⑥ **설권증권** : 증권의 작성이 있어야만 비로소 권리가 발생하는 유가증권으로, 수표가 작성되어야 비로소 권리가 생긴다는 점에서 설권증권의 성격을 지닌다.
⑦ **무인증권** : 수표는 매매나 금전소비대차 등이 처음부터 존재하지 않거나 무효 또는 취소, 기타의 사유로 인한 실효가 되더라도 그에 의하여 영향을 받지 않고 존재한다는 점에서 무인증권에 속한다.
⑧ **완전유가증권** : 수표는 권리의 발생과 이전 및 행사 모두에 증권을 소지할 것을 전제로 하는 완전유가증권이다.
⑨ **문언증권** : 수표상에 적혀 있는 문언에 따라 수표의 권리가 정해지므로 문언증권의 성격을 갖는다.

2. 수표의 종류

(1) **당좌수표** : 은행 이외의 자가 은행과 당좌계정 거래약정을 체결하고 은행에 있는 지급자금의 범위 내에서 은행을 지급인으로 하여 발행한 수표

(2) **자기앞수표** : 은행이 자신을 지급인으로 하여 발행한 수표

(3) **선일자수표** : 발행일자를 실제로 발행한 일자가 아닌 장래의 일자로 적어 발행한 수표

(4) **후일자수표** : 발행일자를 실제로 발행된 날 이전의 일자로 적은 수표

(5) **횡선수표** : 수표의 표면에 두줄을 그어 그 수표의 취득과 지급에 제한을 가한 수표

(6) **송금수표** : 송금의 목적으로 발행되는 수표

(7) **국고수표** : 국고금의 지출 원인 행위에 따라 지출관이 한국은행을 지급인으로 하여 발행한 수표

(8) **여행자수표** : 은행이 발행인이 되고 여행자를 수취인으로 하여 발행하는 수표

이론 더하기

• 당좌수표 • 자기앞수표

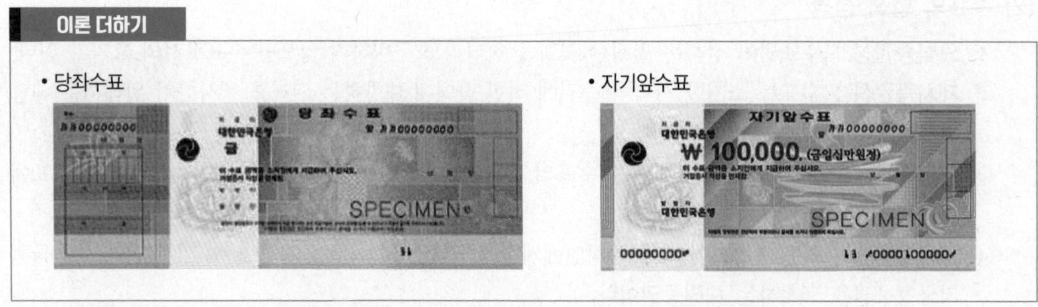

3. 수표 발행의 요건(수표법 명시사항)

(1) **수표임을 표시하는 글자** : 국어로 수표임을 표시하는 글자를 적어야 한다.

(2) **조건 없이 일정한 금액을 지급할 것을 위탁하는 뜻** : 일반적으로 금액 아래에 "이 수표의 금액을 소지인에게 지급하여 주십시오."라고 적는다.

(3) **지급인의 명칭** : 수표를 제시한 때에 발행인이 처분할 수 있는 자금이 있는 은행과 수표법의 적용에 있어서 은행과 동시되는 사람이나 시설을 적어야 한다.

(4) **수표에는 만기를 적을 수 없음** : 수표는 신용증권이 아니므로 특성상 만기가 없다.

(5) **지급지** : 수표금이 지급될 지역으로 독립한 최소 행정 구역(특별시, 광역시, 시, 읍·면 단위)으로 적는 것이 원칙이다.

(6) **발행일과 발행지** : 발행일은 수표를 발행한 날로 수표상에 적혀 있는 일자를 의미하고, 발행지는 수표를 발행한 장소로 수표상에 적혀 있는 장소를 의미한다.

PART 5

4. 수표 지급 거래 절차

(1) **수표를 받은 경우 다음과 같은 내용을 확인한다.**
① 정당한 수표인지 여부를 확인한다.
② 수표를 지급할 때에는 절대적 요건이 빠짐없이 기재되어 있는지 확인해야 한다.

(2) **수표 뒷면에 배서 안내를 한다.**

(3) **사고신고 또는 압류 등 법적 지급제한의 유무를 확인한다.**

(4) **출납인 날인 및 책임자 결재를 받는다.**

(5) **고객으로부터 현금, 계좌입금 요청 등 필요한 자원을 확인한다.**

(6) **금액을 확인하고 지급 대전을 고객에게 교부한다.**

(7) **타행 정액 자기앞수표의 지급은 절차에 따라 지급 거래를 수행한다.**

04 시재관리

1. 출납업무

(1) 출납업무의 정의

통화 및 이와 동일시되는 수표·어음 등 모든 증권류의 수납 및 지급업무, 그리고 이에 부수적으로 발생하는 현금의 정리 및 보관, 시재금 관리, 어음교환 등을 행하는 업무이다.

이론 더하기

- 시재금 : 출납업무를 수행하는 직원이 현재 보유하고 있는 통화의 합계를 말한다.
- 어음 : 발행하는 사람이 미래의 일정한 금액을 일정한 시기와 장소에서 무조건 지급할 것을 약속하거나(약속어음) 또는 제3자에게 그 지급을 위탁하는(환어음) 유가증권이다.

(2) 현금보관 및 검사

① 현금의 보관

현금보관은 현금을 보관할 수 있는 금고에 보관하여야 한다. 금고에는 통화를 권종별(예 1만 원권, 5만 원권)로 정리하여 보관하고, 다음 영업일에는 꼭 필요한 최소의 자금만을 출고하며 불필요한 통화는 금고에 보관하여야 한다. 또한 출납 담당자는 영업시간 중에도 수시로 통화를 인도받아 현금보관 시설인 금고에 보관하도록 하여야 한다.

② 통화의 보유한도

각 은행은 영업점별로 통화 보유한도를 기준으로 적정액을 보유하여야 하며, 배정된 통화 보유한도 이내로 유지되도록 관리하여야 한다. 이때 통화 보유한도는 본부에서 점포의 특성 및 특수 요인을 반영하여 직접 배정한다.

③ 업무 마감 및 현금검사

출납 담당 책임자는 매일, 부점장은 매월 1회 이상 불특정일에 현금을 검사하여 출납일계표상의 시재금명세표와 부합 여부(맞는지)를 확인한다. 시재금은 10원 단위까지만 부합 여부를 확인할 수 있다.

④ 현금의 과잉·부족 시 처리

구분	현금 과잉 시	현금 부족 시
처리 방법	• 원인을 파악하여 당일 내 정당한 고객을 찾아 입금 • 원인 파악이 불가능한 경우 : 가수금 출납과 입금 항목으로 입금처리 • 정당한 고객을 찾을 수 없을 때는 3개월 경과 후 해당월 말일에 전산으로 자동 이익금 처리 • 과잉금은 가수금 계정에 5년간 별도로 구분하여 입금하고, 5년이 경과하여도 원인을 규명하지 못한 경우에는 해당월 말일에 이익금 처리 • 이익금으로 처리한 후 원인이 규명되어 고객에게 돌려주어야 할 경우에는 그 고객이 정확한 소유자인지를 확인하고, 손실금으로 출금하여 고객에게 지급	• 당일 업무 마감 후 부족금이 발생한 원인을 찾아 정당 업무 처리 • 당일 중 찾는 것이 어려울 경우 직무전결 규정에 따라 가지급금 처리하고 원인을 조사 • 개월이 경과하여도 그 내용이 밝혀지지 않을 경우에는 취급자가 즉시 변상 조치 • 거액의 현금이 없어졌을 경우에는 취급자가 사건보고서를 검사부장에게 전산 보고하여 조사 • 출납사고가 발생되었다면 금액에 관계없이 각 은행의 「사고금 처리규정」에 따르며, 보고한 과부족금의 원인이 규명되거나 정리된 후에도 보고

2. 수납업무

(1) 수납업무의 정의

현금계정에 현금을 받는 업무이며, 수납할 수 있는 범위는 통화와 자(당)점권 및 어음교환이 가능한 은행에서 발행한 어음·수표·우편환증서이다.

(2) 수납업무의 절차

① 수납자금의 접수 및 확인

- 고객으로부터 수납금과 입금표를 접수하고 입금전표 등 관련 서류 확인
- 텔러는 반드시 고객이 보는 앞에서 수납금의 금액과 종류 및 위조지폐 또는 손상권(파손된 지폐)의 유무를 확인한 후 권종별로 분류하여 돈 보관함에 정돈·보관
- 자(당)점권이 자기앞수표인 경우에는 지급처리 절차를 취하고, 당좌수표나 약속어음은 담당자에게 인감, 사고신고 유무를 확인하고 지급처리하여 현금화한 후에 입금
- 타점권은 오른쪽 상단에 특정 횡선을 날인한다. 이때 특정 횡선이 인감 등 중요한 기재사항에 겹쳐 찍히지 않도록 주의
- 자(당)점권이나 타점권의 이면에는 입금계좌번호 기록
- 수납현금은 수시로 모출납 담당자(출납관리 최종 책임자)에게 인도
- 수납한 타점권은 어음교환 담당 직원에게 인도하고, 업무 마감 시 전산으로 어음교환 담당자에게 전산등록

② 단말기 조작

- 수납금은 통화, 자(당)점권, 타점권으로 구분하고 타점권은 그 종류별로 구분하여 입금처리
- 지급절차를 마친 자(당)점권은 현금 또는 대체로 입금

③ 취급자 및 책임자 날인

- 창구직원 전결사항인 경우에는 담당자가 날인. 다만, 전산으로 취급자를 확인할 수 있는 경우에는 날인 생략 가능
- 창구직원의 전결 범위를 초과하는 입금거래 시에는 담당책임자의 결재

PART 5

3. 지급업무

(1) 지급업무의 정의

통화를 고객에게 지급하는 업무로서 대차대조표상으로는 채권(자산)의 발생, 채무(부채)의 소멸이 발생하는 업무라고 볼 수 있다. 지급업무는 정당한 고객에게 정당한 금액을 지급하는 것이다.

(2) 지급업무의 처리 절차

① 청구서의 접수 및 확인

㉠ 청구서, 수표, 증서, 기타 지급증표를 고객으로부터 접수하여 이상 유무를 확인

㉡ 실명확인이 필요한 경우에는 실명확인 절차를 취함

㉢ 사고신고 접수 여부 및 인감 또는 서명 일치 여부를 확인

② 단말기 조작 : 접수된 예금 및 수표 지급 시에는 유의 사항을 검토한 후 단말기를 조작하여 지급처리

③ 지급

㉠ 지급금액이 창구전결인 경우에는 창구직원 책임하에 지급하고, 창구직원 전결 범위를 초과하는 경우에는 책임자의 검인을 받아 지급

㉡ 해당 금액을 지급할 때는 지급전표의 정당 여부를 확인하고 지급하기 전에 반드시 수령인에게 금액을 물어 당해 전표의 금액과 일치하는가를 확인

④ 출납인, 취급자의 날인 : 지급전표에는 출납인과 출납원의 취급인을 날인

(3) 지급업무 처리 시 유의 사항

① 모텔러(텔러의 총책임자)는 영업 개시 전 당일 영업자금을 현금금고에서 출고하여 영업 준비를 하고, 현금 부족이 예상되는 경우에는 절차를 거쳐 현금을 청구한다.

② 자텔러(모텔러로부터 자금을 받아 처리하는 직원)는 영업 개시 전 모텔러로부터 영업에 필요한 자금을 인수받아 영업 준비를 갖추고, 고객의 지급전표 중 평소의 거래 상태에 비추어 청구금액이 과다한 경우에는 언어, 행동 등 기타 의심스러운 점이 없는지 확인한 후 지급업무 처리 절차에 따라 지급에 응해야 한다.

4. 금고시재 마감절차

(1) 시재금을 수수한다.

① 출납 담당자는 수시 현금 인수・인도를 통하여 최소한의 영업자금만 창구에 보유하도록 하고, 여타 현금은 금고실 내 현금금고에 보관한다.

② 출납 담당자 간의 자금 수수는 인도・인수자가 날인 또는 서명한 '통화인도인수표'를 사용하여 책임 관계를 명확히 한다.

③ '통화인도인수표'는 영업점 계수 확정 시까지 보관한다.

(2) 시재금을 마감한다.

① 시재금은 영업 마감 후 권종별로 구분・정리하여야 한다. 다만, 현금자동입출금기(ATM 및 CD기 등)는 별도로 정한 바에 따른다.

② 텔러별 시재금 보유한도는 700만 원 이하로 하되, 지폐는 권종별로 100장 미만으로 보유하여야 한다.

(3) 현금을 검사한다.

출납 담당 책임자는 매일, 부점장은 매월 1회 이상 불특정일에 현금(마감 후 취급분 포함)을 검사하여 출납일계표상의 시재금명세표와 부합 여부를 확인 후 검인한다.

※ 시재금은 10원 단위까지만 부합 여부를 확인한다.

(4) 시재 박스를 보관한다.

① 각 텔러는 업무 종료 후 마감현금을 시재 박스(각 텔러가 당일 출납업무 수행 후 현금을 보관하는 시건장치가 있는 소형 금고)에 보관한다.

② 모텔러는 시재 박스를 금고실 내 현금금고에 보관한다.

5. 자동화기기 관리

(1) 자동화기기(CD / ATM)의 정의

고객이 금융회사 창구에 방문하지 않고도 카드, 통장 또는 핸드폰을 이용하여 현금입금, 출금, 계좌송금, 통장정리, 현금서비스, 대출금 납부, 지로·공과금 납부 등의 각종 금융 거래를 편리하게 이용할 수 있는 기기이다.

(2) 자동화기기(CD / ATM) 이용고객

① 은행 현금카드(IC 카드 포함) 및 통장 또는 제휴카드, 타행 카드를 소지한 고객
② 자동화기기를 사용할 수 있는 매체가 없는 경우 고객이 은행에 사용 신청 후 이용

(3) 자동화기기(CD / ATM) 제공 서비스

① 현금입출금

현금입출금업무는 고객이 은행의 자동화기기(CD / ATM)를 이용하여 예금잔액 범위 내에서 현금을 인출하거나 자신의 계좌에 입금하는 서비스이다. 현재 1회 인출한도(100만 원 이내) 및 1일 인출한도(600만 원 이내)는 금융위원회의 전자금융감독규정에서 정한 한도금액 내에서 예금계좌 개설 은행이 정하여 운영하고 있다. 다만, 자동화기기(CD / ATM)의 계좌이체 기능을 이용한 전화금융사기 사건의 증가로 인한 피해를 최소화하기 위하여 2009년 6월부터 1년 이상 자동화기기를 통한 계좌이체 실적이 없는 고객에 한하여 1일 및 1회 이체한도를 각각 70만 원으로 축소하였다.

② 현금서비스

현금서비스 업무는 고객이 자동화기기(CD / ATM)를 이용하여 신용카드 현금서비스를 받을 수 있는 제도로, 1993년 9월부터 서비스가 시작되었으며, 현금서비스 한도는 각 신용카드 발급사가 개별 고객의 신용도에 따라 정하고 있다.

③ 계좌이체

계좌이체는 이용 고객이 자동화기기(CD / ATM)를 이용하여 동일 은행 내 계좌이체를 하거나 다른 은행의 본인 또는 타인 계좌로 자금을 이체할 수 있는 서비스이다. 현재 1회 이체 가능 금액(600만 원 이내) 및 1일 이체 가능 금액(3,000만 원 이내)은 금융위원회의 전자금융감독규정에서 정한 한도금액 내에서 각 은행이 정하여 운영하고 있다. 다만, 보이스피싱 피해 방지를 위해 2012년 6월부터 수취 계좌 기준 1회 300만 원 이상 이체금액에 대해 자동화기기(CD / ATM)에서 인출 시 입금된 시점부터 10분 후 인출이 가능하도록 하는 지연인출제도가 시행되고 있다.

(4) 자동화기기(CD / ATM) 이용 수수료

자동화기기(CD / ATM) 이용 수수료는 금융결제원 전산위원회에서 참가 은행들이 공동으로 단일 수수료로 책정하였으나, 1994년 5월부터는 은행공동망 이용 서비스 수수료 자율화 조치에 따라 각 금융회사가 이를 자율적으로 책정하고 있다. 한편 다른 은행 자동화기기(CD / ATM)을 이용한 현금인출 및 계좌이체 업무에 있어서의 은행 간 수수료는 참가 은행 간 협의에 의해 결정되고 있다.

05 외국환거래

1. 외국환의 이해

(1) 외국환의 정의

외국환은 나라와 나라 사이의 거래에서 채권이나 채무 관계를 결제하고 자금이 이동되는 수단을 말한다.

(2) 외국환의 특징

① 외국환은 서로 다른 나라 사이의 거래에서 지급을 하는 수단이기 때문에 상이한 통화 수단 간의 교환이 이루어져 그 통화 수단 간 교환 비율인 환율이 존재한다. 또한 환율의 변동에 따른 환리스크가 존재하기 때문에 이에 대한 위험 관리가 필요하다.

② 서로 다른 나라 간의 거래는 시간상 차이가 발생하게 되므로 시간상 차이를 보상하기 위한 이자가 개입된다.

③ 외국환거래의 지급 절차는 각 나라의 은행 시스템에 따라 해당 국가의 환거래 은행을 거치게 되므로 결제의 절차가 일반 결제와 비교해 복잡하고 오래 걸릴 수 있다.

(3) 외국환의 형태

① 대외지급 수단, 외화증권, 외화채권으로 구분

대외지급 수단으로서의 외국환은 외국통화, 외국통화로 표시되었거나 외국에서 사용할 수 있는 정부지폐, 은행권, 주화, 우편환, 신용장, 환어음, 약속어음을 포함한다. 외화증권은 외국에서 지급받을 수 있도록 외화로 표시된 증권을 말하며, 외화채권은 외화증권과 마찬가지로 외국에서 지급받을 수 있도록 외화로 표시된 채권을 말한다.

② 거래의 형태에 따른 구분

구분	내용
송금환	자금을 외국으로 보내는 것
추심환	자금을 청구하는 것
당발환	환거래의 시발점이 되는 은행에서 발행하는 외국환
타발환	거래가 종결되는 은행의 입장에서 처리하게 되는 외국환
매도환	원화를 수납하거나 대금을 지급하기 위하여 외국환을 매각하는 것
매입환	은행의 입장에서 원화의 지급을 목적으로 외국환을 받아들이는 것
보통환	외국환의 결제가 우편으로 이루어지는 것
전신환	자금의 이동이 전신으로 이루어지는 것

(4) 외국환거래 규정

① 외국환의 매입 규정(외국환거래 규정 제2장 제1절, 제2 – 2조)

㉠ 외국환은행이 외국환을 매입하는 경우 매각하고자 하는 사람이 취득한 외국환이 신고 대상인지를 확인해야 한다.

㉡ 특별한 경우를 제외하고 동일한 사람이 같은 날 미화 1만 달러를 초과하여 외국환을 매각하게 되면 매입하는 외국환은행은 이를 월별로 다음 월 10일 이내에 이 사실을 국세청장 및 관세청장에게 통보해야 한다.

㉢ 외국환은행이 외국인거주자 또는 비거주자로부터 취득경위를 입증하는 서류를 제출하지 않는 대외지급수단을 매입하는 경우에는 대외지급수단매매신고서에 의하여 한국은행총재에게 신고해야 한다.

㉣ 외국환은행은 외국인거주자 또는 비거주자로부터 외국환을 매입하는 경우에는 1회에 한하여 외국환매입증명서, 영수증, 계산서 등 외국환의 매입을 증명할 수 있는 서류를 발행・교부해야 한다.

② 외국환의 매도 규정(외국환거래 규정 제2장 제1절, 제2－3조)

㉠ 외국환은행은 다음과 같이 규정에 정한 경우에 한하여 내국지급수단을 대가로 외국환을 매각할 수 있다.

- 거주자에 대한 매각

  외국환을 매입하고자 하는 자가 당해 외국환을 인정된 거래 또는 지급에 사용하기 위한 경우, 외국인거주자에게 매각하는 때에는 외국환의 매각금액이 최근 입국일 이후 미화 1만 달러 이내 또는 규정에 의한 금액 범위 이내인 경우, 외국인거주자를 제외한 거주자가 외국통화・여행자수표 및 여행자카드를 소지할 목적으로 매입하는 경우, 거주자계정 및 거주자외화신탁계정에 예치를 위하여 매각하는 경우, 다른 외국환은행으로 이체하기 위하여 외국환을 매각하는 경우. 다만 대외계정 및 비거주자외화신탁계정으로 이체하는 경우에는 인정된 거래에 한한다.

- 비거주자에 대한 매각

  비거주자가 최근 입국일 이후 당해 체류기간 중 외국환업무취급기관 또는 환전영업자에게 내국통화 및 원화표시여행자수표를 대가로 외국환을 매각한 실적 범위 내, 비거주자가 외국환은행 해외지점・현지법인금융기관 및 규정에서 정한 외국금융기관에 내국 통화 및 원화표시여행자수표를 대가로 외국환을 매각한 실적 범위 내, 외국에서 발행된 신용카드 또는 직불카드를 소지한 비거주자가 국내에서 원화현금서비스를 받거나 직불카드로 원화를 인출한 경우에는 그 금액 범위 내, 실적이 없는 경우에는 미화 1만 달러 이내, 인정된 거래에 따른 대외지급을 위한 경우에는 규정에서 정한 금액 내에 한한다.

- 별지의 서식 대외지급수단매매신고서에 의하여 한국은행에게 신고하는 경우 규정에 의한 국내원화예금・신탁계정 관련 원리금의 지급, 외국인거주자의 국내부동산 매각대금의 지급, 교포 등에 대한 여신과 관련하여 담보 제공 또는 보증에 따른 대지급을 제외하고 비거주자 간의 거래와 관련하여 비거주자가 담보・보증 제공 후 국내 재산처분 대금의 지급, 범위를 초과하여 내국지급수단을 대가로 지급하고자 하는 경우에 한한다.

㉡ 외국환은행의 장은 외국인거주자에게 미화 1만 달러 이내를 매각하는 경우 그 거래자의 여권에 매각금액을 표시해야 한다.

㉢ 외국환은행은 거주자 또는 비거주자에게 취득 또는 보유가 인정된 외국환을 대가로 다른 외국통화 표시 외국환을 매각할 수 있다.

㉣ 외국환은행은 국내 거주기간이 5년 미만인 외국인거주자 또는 비거주자에게 외국환을 매각하는 경우 매각 실적 등을 증빙하는 서류를 제출받아 당해 외국환의 매각일자, 금액, 기타 필요한 사항을 기재해야 한다.

㉤ 외국환은행은 거주자에게 동일자, 동일인 기준 미화 1만 달러를 초과하는 외국통화, 여행자카드 및 여행자수표를 매각한 경우에는 동 사실을 매월 익월 10일 이내에 국세청장 및 관세청장에게 통보해야 한다.

(5) 거주성 확인

① 거주자

거주자는 국민인 거주자, 외국인거주자, 법인·단체·기관으로 구분된다. 국민인 거주자는 국민인 비거주자가 입국하여 3개월 이상 체재하고 있거나 대한민국 재외공관에 근무할 목적으로 외국에 파견하여 체재하고 있는 자를 포함한다. 외국인거주자는 국내에서 영업활동에 종사하는 자와 6개월 이상 국내에 체재하고 있는 자를 말한다. 법인·단체·기관은 대한민국 재외공관과 국내에 주된 사무소가 있는 단체나 조직 및 기타 이에 준하는 조직체를 말한다.

② 비거주자

비거주자는 국민인 비거주자, 외국인 비거주자, 법인·단체·기관으로 구분된다. 국민인 비거주자는 외국에서 영업활동에 종사하고 있거나, 외국에 있는 국제기구에서 근무하고 있는 자, 2년 이상 외국에 체재하고 있는 자를 뜻한다. 외국인 비거주자는 국내에 있는 외국정부의 공관 또는 국제기구에서 근무할 목적으로 국내에 파견되어 체재하고 있는 외교관·영사 또는 그 수행원이나 사용인, 국내주둔 미합중국군대 등의 외국군인 및 군속 그리고 초청계약자와 동거가족, 외국 정부 또는 국제기구의 공무로 입국하는 자, 거주자였던 외국인으로서 출국하여 외국에서 3개월 이상 체재 중인 자를 뜻한다. 법인·단체·기관 중에서는 국내에 있는 외국정부의 공관과 국제기구, 대한민국과 아메리카합중국 간의 상호방위조약 제4조에 의한 시설과 구역 및 대한민국에서의 미합중국 군대의 지위에 관한 협정에 의한 미합중국 군대 및 이에 준하는 국제연합군, 미합중국군대 등의 비세출자금기관, 군사우편국 및 군용은행시설, 외국에 있는 영업소, 기타의 사무소, 외국에 주된 사무소가 있는 단체와 기관 및 기타 이에 준하는 조직체를 말한다.

2. 환율의 이해

(1) 환율

① 환율은 자국의 통화가치를 다른 나라의 통화가치로 나타내는 것으로 서로 다른 통화 간의 교환 비율(Exchange Rate)을 뜻한다.

② 환율의 표시는 자국통화표시방법과 외국통화표시방법이 있는데 우리나라의 금융기관에서는 주로 자국통화표시방법을 사용한다. 자국통화표시방법은 외국통화 1단위와 교환되는 자국통화의 가치를 나타내는 것으로, 예를 들면 1달러당 원화의 가치로 표시하는 것을 뜻한다(1USD=1,100KRW). 외국통화표시방법은 자국통화 1단위와 교환되는 외국통화의 가치를 나타내는 것으로, 예를 들면 1원당 달러의 가치로 표시하는 것을 뜻한다(1KRW=1/1,100USD).

③ 환율은 분류 방법에 따라 다양한 종류로 나뉜다. 각국의 통화에 대한 환율에서 기본이 되는 환율인지 혹은 간접적으로 산정된 환율인지에 따라 기준환율(재정환율, 기본이 되는 환율인 기준환율로 직접 산정)과 크로스환율(간접적으로 산정)로 나뉘고, 거래의 상대방에 따라 은행 간 환율(거래의 상대방이 외국환은행)과 대고객환율(거래의 상대방이 일반 고객)로 나뉘며, 외국환은행의 입장에서 매입하고자 하는 가격에 대한 환율인가 혹은 매도하고자 하는 희망가격에 대한 환율인가에 따라 매입환율과 매도환율로 나뉘기도 하며, 외국환의 인수도 시기가 현재(통상 매매계약 후 2영업일 이내)인가 혹은 특정 기일 이후인가에 따라 현물환율과 선물환율로 나뉜다.

이론 더하기

- 기준환율 : 환율의 기준이 되는 환율로 우리나라의 경우 한국은행기준율이 있음
- 크로스환율 : 기준환율을 중심으로 간접적인 방법에 의해서 결정되는 환율
- 은행 간 환율 : 외환시장에서 은행 간의 거래에 따라 형성되는 환율
- 대고객환율 : 은행간 환율을 기초로 고객을 대상으로 하는 거래에 적용하기 위한 환율
- 매입환율 : 거래 당사자의 입장에서 매입하고자 하는 통화의 가격에 대한 환율
- 매도환율 : 거래 당사자의 입장에서 매도하고자 하는 통화의 가격에 대한 환율
- 현물환율 : 외국환의 인수도 시기가 현재(계약 후 2영업일 이내)일 때 적용되는 환율
- 선물환율 : 외국환의 인수도 시기가 미래의 일정 시점(계약 후 2영업일 이후)일 때 적용되는 환율

(2) 우리나라 환율 구조

① 매매기준율

전날 외국환중개회사를 통해 거래된 외환의 거래량과 가격을 가중평균하여 산출한 시장평균환율로 익일에 공시된다. 한국은행기준율을 제외한 모든 환율 산정의 기준이 되는 환율이다.

② 재정환율

미화 이외의 통화와 미화와의 매매중간율을 시장평균환율로 재정한 환율을 말한다.

③ 대고객매매율

대고객매매율에는 전신환(T / T)매매율, 현찰매매율, 여행자수표(T / C) 매도율이 있다. 전신환매매율은 환의 결제를 전신으로 하는 경우 적용되며 전신환매입률[고객으로부터 전신환(외화)을 매입하고 원화를 지급]과 전신환매도율[고객으로부터 원화를 받고 외화(전신환)를 매도]이 있다. 외국환은행의 수수료와 환리스크에 대한 보험료 등의 요인으로 인하여 전신환매입율은 고시기준율보다 낮고 전신환매도율은 고시기준율보다 높다. 현찰을 매매할 때에는 현찰매매율이 적용되며 전신환매매율과 마찬가지로 현찰매입률(고객으로부터 외화현찰을 매입하고 원화를 지급)과 현찰매도율(고객으로부터 원화를 받고 외화현찰을 매도)이 있다. 여행자수표를 판매할 때에는 매입률은 별도로 없으며 여행자수표를 판매할 때 적용하는 여행자수표 매도율이 존재한다.

PART 5

3. 외국통화 교부 절차

(1) 원칙적으로 적용되는 대고객매매율을 안내한다.

외국환을 현찰로 매도할 때 적용되는 원칙적인 환율은 전산상 매도시점의 외화현찰매도율임을 안내한다.

(2) 환율우대를 적용한다.

① 전상상에 수기로 우대환율을 입력하거나 우대율을 적용한다.

전산상 매도시점의 대고객 '외화현찰매도율'이 적용되므로, 환율우대 적용을 하는 경우 우대환율을 수기로 입력하거나 우대환율을 우대율(%) 개념으로 우대해 줄 수 있다.

② 환율우대율 입력 시 다음의 사항을 유의해야 한다.

㉠ 고시기준율(Middle Rate)과 현찰매도율(Cash Selling Rate)의 환율 차이에 대해 일정비율로 우대하고자 하는 경우 해당 우대율(%)을 입력한다.

㉡ 최소 외환매매이익률을 고려한다.

(3) 환율우대 내용에 대하여 기록한다.

고시율과 다르게 예외환율을 적용한 경우에는 해당 내용을 기록·유지하여야 하는데, 전산화면에서 우대환율을 적용한 건을 출력하여 영업점장의 일괄 승인을 득한 후 보관한다.

(4) 외국통화를 교부한다.

출력된 전표 내용에 따라 외국통화 매도대금을 고객으로부터 받고 책임자 검인을 받은 후 매도 신청한 외국통화와 계산서 및 여권 등을 고객에게 교부한다.

06 전자금융 서비스

1. 전자금융 거래의 개념

(1) 전자금융 거래

① 전자금융이란 금융업무에 정보통신기술(Information & Communication Technology)을 적용하여 금융업무과정의 자동화 및 전산화를 실현하는 것이다. 넓은 의미로는 전자기술을 이용한 금융회사의 기계화 및 컴퓨터화를 뜻하며, 좁게는 고객 자신이 개인의 정보통신기기를 직접 조작함으로써 이루어지는 금융회사와의 관계를 의미한다.

② 전자금융거래법의 정의에 따르면, '전자금융 거래'는 금융회사 또는 전자금융업자가 전자적 장치를 통하여 금융상품 및 서비스를 제공하고, 이용자가 금융회사 또는 전자금융업자의 종사자와 직접 대면하거나 의사소통을 하지 아니하고 자동화된 방식으로 이를 이용하는 거래를 말한다.

(2) 금융정보망

금융회사의 컴퓨터를 연결하여 금융업무를 전자적으로 처리하는 네트워크 시스템을 금융정보망이라고 한다. 금융정보망은 망구축 범위와 이용 주체에 따라 자체전산망, 공동전산망, 대고객전산망으로 구분된다.

자체전산망은 개별 금융회사가 자체 업무를 처리하기 위하여 구축·운영하는 전자 네트워크 시스템이다. 공동전산망은 금융회사 간의 공동 업무를 처리하기 위해 각 금융회사의 자체전산망을 상호 연결하여 구축·운영하는 전산망이다. 그리고 금융회사의 자체전산망 또는 공동전산망을 고객과 전자적인 방법으로 연결하여 전자금융 서비스를 제공하기 위해 구축된 네트워크를 대고객전산망이라고 한다. 이들 각 망은 상호 연결되어 포괄적인 네트워크 시스템으로 운영되기 때문에 이들 망 전체를 하나의 금융정보망으로 부르기도 한다.

2. 인터넷뱅킹

(1) 인터넷뱅킹의 효용

① 인터넷뱅킹이란 인터넷이 가능한 PC를 통해 은행 방문 없이 직접 인터넷에서 조회, 이체, 신규 가입 등 각종 금융업무를 처리할 수 있는 전자금융 서비스이다. 개인 및 개인사업자이면 누구나 이용이 가능하며, 만 14세 미만의 고객은 법정대리인의 동의를 얻어 인터넷뱅킹 서비스에 가입할 수 있다.

② 인터넷뱅킹은 지역적 · 시간적 제약을 받지 않고 금융 거래를 할 수 있으며, 금융 거래 비용이 절감된다는 장점이 있다. 또한 신규 · 해지, 공과금 납부, 금리우대 등 다양한 금융서비스와 맞춤형 상품정보 제공을 통해 서비스 품질의 질적 제고에 기여하고 있다.

(2) 인터넷뱅킹의 위험 요소

인터넷뱅킹은 개방형 네트워크를 이용하고 있기 때문에 시스템과 보안 측면에서 위험 요소가 존재한다. 외부 침입으로 인해 통신망 · 시스템 및 데이터베이스 등이 손상될 수 있는 보안위험(Security Risk)이 있으며, 구조적으로 시스템 운용상에 문제가 발생할 수도 있고, 잘못된 유지 · 보수 등으로 금융회사가 경제적 손실을 입을 수도 있다. 또한 개인정보 관리, 계좌번호 및 비밀번호 관리 부실로 인해 문제가 발생할 수도 있으며, 거래의 특성상 거래 당사자 간에 권리와 의무가 명확하게 구분되지 않는 경우의 위험도 존재한다.

(3) 인터넷뱅킹 서비스 내용

구분	서비스 내용
조회	• 예금계좌, 입출금 내역, 통장 미정리 내역, 상세거래내역, 이체내역 조회 • 잔액, 해지 예상 금액, 자동이체, 가상계좌조회 • 외화예금, 외화수표, 환율, 신탁상품 배당률 조회 • 계좌이체 결과 및 예약이체 결과 확인 조회 • 신용카드 결제대금, 이용한도, 청구내역, 이용대금 승인 내역 조회 • 연체금액, 세금우대한도, 보험 기본계약사항, 해약환급금 조회 • 대출금이자 및 원리금 조회, 외국환은행 지정 조회, 선물환 조회 • 자기앞수표 · 당좌수표 · 어음번호별 조회
자금이체	• 자행 및 타행 계좌이체, 신탁이체, 대량이체 • 자행 및 타행 예약이체 및 취소, 증권계좌로 이체, 자동이체, 급여이체 • 대출금이자 및 원리금 납부 • 수익증권 입금, CMS 계좌이체, 연계 계좌이체 • 적금 · 부금, 펀드, 신탁 등 납입
예금 · 신탁	• 적립식 · 거치식 예금신규, 신탁신규 • 계좌해지 환매, 예금상품 안내, 예금금리, 예금가이드, 수수료 안내 등
대출	• 대출원금상환, 이자 납부 • 예금담보대출, 신용대출, 카드론 신청 등
외환	• 환전, 외화송금, 외화예금 간 이체 • 외화예금 신규 · 해지 등
신용카드	• 카드 보유 현황, 결제내역 및 사용한도 등 조회 • 현금서비스, 현금카드 등록, 카드발급 신청, 선결제, 회원정보 변경 등
보험	• 연금보험, 저축성보험, 보장성보험 가입 등
공과금 납부	• 지로요금, 생활요금, 아파트관리비, 통합징수보험료 등 납부 • 국세, 지방세, 벌과금, 기금 및 기타 국고, 대학등록금 등 납부
사고신고	• 통장 및 인감, 직불카드, 현금카드, 신용카드 분실신고 • 자기앞수표, 보안카드 분실신고 등
사용자 관리	• 고객정보, 비밀번호, 이체한도, 출금 가능 계좌 변경 등
부가 서비스	• 상담, 고객불만사항 접수, 이메일, SMS 통지 서비스 • 무통장무카드출금, 연말정산증명서, 전자화폐업무, 영업점 안내 서비스 등

(4) 보안 관련 접근매체

① 보안카드

㉠ 계좌이체 시에 기존의 비밀번호 외에 보안용 비밀번호를 추가로 입력할 때 사용하는 카드이다.

㉡ 보안카드에는 30개 또는 50개의 코드번호와 해당 비밀번호가 수록되어 있어 이체할 때마다 무작위로 임의의 코드번호에 해당하는 비밀번호를 입력함으로써 사고를 예방한다.

② OTP(One Time Password)

㉠ 전자금융 거래의 인증을 위하여 이용 고객에게 제공되는 일회용 비밀번호 생성 보안매체이다.

㉡ OTP 발생기의 비밀번호 생성은 6자리 숫자가 1분 단위로 자동 변경되어 보여주며, 고객은 전자금융 이용 시 해당 숫자를 입력하도록 하는 서비스이다.

㉢ 고객이 보유하고 있는 OTP 1개로 「OTP통합인증센터」에 참여하고 있는 은행, 증권, 보험사 등 58개(25. 1. 기준) 금융회사의 전자금융 서비스 이용이 가능하며, 다른 금융회사가 발급한 범용 OTP를 소지한 고객은 인터넷뱅킹에서 추가 본인확인 절차를 수행한 후 직접 이용 등록할 수 있다.

③ IC칩이 부착된 보안카드

㉠ IC칩이 부착된 보안카드는 NFC(Near Field Communication : 10cm 이내의 가까운 거리에서 다양한 무선 데이터를 주고받는 통신) 제어기술 특허를 보유한 보안카드로 공인인증서나 보안카드 비밀번호가 유출되더라도 보안카드 실물 없이는 이체 등의 거래가 불가능하도록 설계되어 있다.

㉡ 거래 시에 카드를 스마트폰에 직접 접촉해야만 본인인증이 가능하도록 해 안전성이 향상되었다.

④ 공인인증서

㉠ 공인인증서는 정부에서 인정한 공인인증기관이 발행하는 인증서로, 전자서명법에 의하여 법적인 효력과 증거력을 갖추고 있어 인터넷에서 일어나는 각종 계약·신청 등에 사용하는 인증서이다. 즉, 공인인증서를 사용하면 거래 사실을 법적으로 증빙할 수 있으므로 인감을 날인한 것과 같은 효력이 생긴다.

㉡ 공인인증서의 종류와 용도

<table>
<tr><th colspan="2">구분</th><th>대상</th><th>용도</th><th>수수료</th></tr>
<tr><td rowspan="2">개인
인증서</td><td>은행·보험용</td><td rowspan="2">개인,
개인사업자</td><td>인터넷뱅킹, 온라인 보험 거래, 전자민원 서비스, 온라인 신용카드 결제</td><td>무료</td></tr>
<tr><td>전자거래범용</td><td>인증서가 필요한 모든 거래
• 인터넷뱅킹
• 온라인 주식 거래
• 전자상거래, 온라인 신용카드 결제
• 전자민원 서비스 등</td><td>4,400원/년</td></tr>
<tr><td rowspan="3">기업
인증서</td><td>은행·보험용</td><td rowspan="3">법인, 단체,
개인사업자</td><td>인터넷뱅킹, 온라인 보험 거래, 전자민원 서비스, 온라인 신용카드 결제</td><td>4,400원/년</td></tr>
<tr><td>전자세금용</td><td>전자세금계선서 관련 업무
• 국세청 e세로 사이트
• 전자세금계산서 ASP 전체 사이트
• ERP 사이트
• 국세청 제공 민원업무(홈택스 등)</td><td>4,400원/년
(금융 거래 불가)</td></tr>
<tr><td>전자거래범용</td><td>인증서가 필요한 모든 거래
• 인터넷뱅킹
• 온라인 주식 거래
• 전자상거래, 온라인 신용카드 결제
• 전자민원 서비스 등</td><td>11만 원/년</td></tr>
</table>

3. 모바일뱅킹

(1) 모바일뱅킹의 의의

① 모바일뱅킹은 무선 인터넷 접속이 가능한 휴대폰·PDA 등을 이용하여 시간과 장소에 구애받지 않고 인터넷뱅킹 시스템에 접속하여 각종 잔액조회, 거래내역 조회는 물론 당행·타행 간 계좌이체, 현금서비스 이체 등의 뱅킹 거래를 이용할 수 있는 서비스를 말한다.

② 모바일뱅킹 서비스는 이동성을 보장받고자 하는 고객의 수요와 이동통신사의 새로운 수익원 창출 노력이 결합되면서 제공되기 시작하였다. 또한 금융과 통신이 상호 보완의 기능을 하고, 전자상거래·모바일기기 보급률 증가 등 모바일뱅킹의 인프라와 새로운 비즈니스 모델을 마련할 수 있는 여건이 마련되면서 그 활용이 증가하고 있다.

(2) 모바일뱅킹 서비스 내용

구분	서비스 내용
조회	예금, 신탁, 펀드, 대출, 신용카드 거래 등 각종 계좌정보 및 거래 내역 조회, 금리, 환율, 수표조회 등
이세	이체(당행·타행), 예약이체(당행·타행), 적금·부금, 펀드, 신탁 등 납입, 자동이체 등록·조회·해지 등
대출	조회, 이자 납입, 원리금상환 등
외환	환율조회, 해외송금, 해외송금, 외화예금 간 이체, 계좌 간 환전 등
신용카드	카드 보유 현황, 결제내역 및 사용한도 등 조회 등
공과금 납부	지로요금, 생활요금·부담금, 지방세, 국세, 관세, 벌과금 등
사용자 관리	고객정보, 비밀번호 변경 등
부가 서비스	SMS 통지 서비스, 사고·분실신고 등

(3) 핀테크의 이해

① 핀테크(Fintech)는 금융(Finance)과 기술(Technology)의 합성어로, 금융과 IT의 융합을 통한 금융서비스 및 산업의 변화를 통칭한다. 금융 서비스 측면에서는 모바일, SNS, 빅데이터 등 새로운 IT 기술 등을 활용하여 기존 금융기법과 차별화된 금융 서비스를 제공하는 것을 말한다. 모바일 결제와 송금·앱카드가 대표적이며, 온라인 개인 자산관리, 크라우드 펀딩 등 전통적인 금융 서비스와 정보통신기술이 결합된 형태의 금융 서비스를 의미한다. 광범위하게 보급된 스마트폰 등 정보통신망을 이용하여 간편하고 다양한 형태의 금융기법 내지는 금융상품의 활용이 급증하고 있다.

② 오늘날 대부분의 금융업무가 인터넷 통신망을 기반으로 신속하게 이루어지기 때문에, 초기 투자비용이 적고 인건비 절감 등의 장점이 있어, 전통적인 금융회사가 아니더라도 다수의 기업이 이에 참여하고 있다. 비금융기업이 보유 기술을 활용하여 지급결제와 같은 금융 서비스를 이용자에게 직접 제공하고 있으며, 애플페이·알리페이·페이팔 등이 대표적이다. 애플페이와 삼성페이 같은 하드웨어 기반 모바일 간편결제 서비스부터 카카오페이와 라인페이 같은 앱 기반 간편결제 서비스까지 다양한 서비스가 제공되고 있다.

③ 핀테크산업을 주도하는 국내외의 운영 형태를 보면, 소액 지급결제는 물론 P2P(Peer to Peer) 대출 업무까지 확대되고, 인터넷 전문 은행이 설립될 가능성이 높아지고 있는 등 다양한 형태의 금융 서비스가 확산될 것으로 보인다.

4. 텔레뱅킹

(1) 텔레뱅킹의 이해

① 텔레뱅킹은 고객이 영업장을 방문하지 않고 전화를 이용하여 직접 각종 조회, 계좌이체, 사고신고, 자동이체 신고, 주택청약, 지로 및 공과금 납부, 신규계좌 개설, 상담 등의 은행업무를 처리하는 서비스를 말한다.

② 각종 조회, 분실신고는 거래 은행에 별도의 신청 절차 없이 비밀번호 입력만으로 이용이 가능하며, 자금이체 등은 이용신청서를 제출하고 이용 시 비밀번호를 입력하도록 하고 있다.

③ 모든 은행에서 ARS를 이용한 자행이체 수수료를 면제하고 있으며, 타행이체인 경우에는 수수료를 징수하되 고객의 등급에 따라 수수료 면제 서비스가 제공된다.

(2) 텔레뱅킹 서비스 내용

구분		서비스 내용
조회	예금	• 입금, 출금, 입출금명세 조회 • 예금잔액, 예금해지 예상 금액 조회 • 외화예금잔액, 신탁상품 배당률 조회 • 현금카드, 직불카드 통장번호 조회 • 계좌이체 및 예약이체 결과 확인 조회
	신용카드	• 결제대금, 사용한도, 사용내역, 현금서비스 거래명세, 결제 통장번호 등 조회 • 연체 금액, 거래정지 사유 조회
	기타	• 자기앞수표, 환율, 대출금이자 및 원리금 조회 • 사고신고 등 조회
자금이체	계좌이체	• 자행 및 타행 계좌이체, 자동이체 • 예약이체 및 취소, 증권계좌로 이체 • 대출금이자 및 원리금 납부 • 국세, 지방세, 지로대금 납부
	서비스이체	• 신용카드 현금서비스 이체
분실신고		• 통장 및 인감, 직불카드, 현금카드 신용카드, 자기앞수표
전화 및 팩스 통지 서비스		• 입금명세 전화 통지 및 전화 통지 서비스 취소 • 환율, 거래확인증, 신용카드 사용내역, 예금거래명세
텔레뱅킹 서비스 이용안내		• 이용 안내, 비밀번호 신규 등록, 비밀번호 변경, 서비스 일시 정지 및 부활, 텔레뱅킹 서비스 해지 등
대출 및 금융상품 상담		• 예금, 신용카드, 외환, 보험 상담

07 금융상품 세일즈

1. 예금상품

(1) 입출식예금

① 정의

예치기간을 따로 정하지 않고 자유롭게 입금과 출금을 할 수 있는 예금으로, 요구불예금이라고도 한다. 입금과 출금이 자유롭다는 특성이 있는 반면, 이자를 지급하지 않거나 매우 낮은 이율이 적용되어 수익성이 거의 없다는 특성이 있다. 이러한 특성 때문에 입출식예금은 자산증식의 목적보다는 일시적으로 투자자금을 보유하거나 송금・결제를 하기 위한 자금을 잠시 보유하는 수단으로 주로 이용되고 있다.

② 종류

구분	내용
보통예금	• 예치금액이나 예치기간을 따로 정하지 않고 입출금을 자유롭게 할 수 있는 대표적인 입출식예금 • 예치금액이 일정 금액 이하인 경우 이자를 지급하지 않거나, 매우 낮은 이율이 적용(연 0.1% 내외의 차등금리 적용)됨에 따라 현재는 보통예금의 거래가 많이 감소함
저축예금	• 입출금을 자유롭게 할 수 있는 예금 • 보통예금에 비해 높은 금리를 지급한다는 특성 때문에 현재 입출식예금 중 가장 많이 사용됨
기업자유예금	• 기업의 여유자금을 예치하기 위한 입출금이 자유로운 예금 • 가입대상은 사업자등록번호를 부여받은 자(국가, 지방자치단체, 법인, 개인사업자) 또는 고유번호를 부여받은 단체로, 보통예금보다는 높은 금리가 지급됨
시장금리부 수시입출금식예금 (MMDA)	• 시장실세 금리를 적용하여 입출금이 자유로우면서도 저축예금이나 기업자유예금에 비해 상대적으로 높은 금리를 제공하는 상품 • 매일의 최종 잔액에 따라 예치 금액별로 차등금리가 적용됨 • 결제를 위한 대기자금이나 사용 시기를 정확하게 예측할 수 없는 단기운용자금에 유리
당좌예금	• 은행과 당좌거래계약을 체결한 예금주 간의 지급위탁계약으로 이루어지는 상품
가계당좌예금	• 당좌예금의 경우와 동일한 특성을 갖고 있는 예금이지만 대상이 기업이 아니라 개인 또는 자영업자인 상품
별단예금	• 자기앞수표발행대금, 당좌거래개설보증금, 사고신고 담보금, 부도 제재금, 기타 일시예수금 등과 같이 다른 예금과목으로 처리하기 어려운 자금을 일시적으로 보유하는 예금

③ 예금의 만기일 산정

㉠ 월 또는 년으로 정하였을 때에는 그 기간의 마지막 달에 있는 예금한 날의 상당일을 만기일로 한다.

㉡ 마지막 달에 있어야 할 날이 없을 때에는 그 달의 말일을 만기일로 한다.

㉢ 일로써 예금기간을 정하였을 때에는 예금한 날의 다음날부터 기산하여 해당일을 만기일로 한다.

㉣ 만기일이 공휴일(토요일 포함)에 해당할 때에는 그 다음 첫 영업일에 지급하되 이 경우의 경과일수에 대하여는 가입 당시의 만기이율로 계산한 이자를 지급한다.

④ 이자계산방법

㉠ 예금의 부리기간(예금에 이자가 붙는 기간을 의미)은 예입일(예금액이 들어온 날)로부터 예금했던 돈을 지급한 전일까지로 한다. 다만, 자기앞수표와 가계수표는 예입일로부터 기산(일정한 때를 기점으로 계산을 시작함)한다.

㉡ 이자계산은 원금에 연이율과 예입일수를 곱하고 365로 나눈다.

(원금)×(연이율)×(예입일수) / 365

㉢ 산출한 이자금액의 원 미만은 절사한다.
㉣ 상품별(MMDA, 복리식예금 등) 또는 적용이율별(중도해지이율, 만기후이율)로 이자계산방법을 달리하여 운용할 수 있다.

⑤ 입출식예금 개설 절차
㉠ 예금거래신청서 작성 방법을 안내하고 작성된 신청서를 받아 확인한다.
㉡ 실명확인증표 원본에 의한 실명확인을 한다.
㉢ 예금거래기본약관, 입출금이 자유로운 예금약관 등을 설명한다.
㉣ 개인정보 수집 이용 제공동의서, 금융거래목적확인서 등 필요한 서류를 징구한다.
㉤ 실명확인증표 사본을 첨부한다.
㉥ 고객정보 등록 및 통장을 발행한다.
㉦ 책임자 결재를 한다.
㉧ 통장을 교부한다.
㉨ 서류를 보관하거나 발송한다.

(2) 적립식예금

① 정의
㉠ 최초 예금 신규 시 일정한 기간을 정하여 매월 일정금액을 매월 일정일에 납입하기로 약정하고 이를 만기까지 납입한 후에 만기일이 되면 납입한 원금과 사전 약정한 이자를 합하여 지급받는 형태의 예금을 말한다.
㉡ 적립식예금은 신규 시 계약금액을 정하게 되는데, 계약금액이란 만기 시 고객이 수령할 원금과 이자를 합산한 총액을 말하며, 고객이 매월 납부하여야 할 월부금 산출의 기준이 되는 금액이다.

② 종류

구분	내용
정기적금	매월 일정한 날짜에 일정한 금액을 입금하기로 약정하여 만기에 약정한 금액을 지급하기 위한 정기적립식 상품
자유적금	정기적금과 달리 가입자가 자금여유가 있을 때 금액이나 입금 횟수에 제한 없이 입금할 수 있는 적립식 상품
상호부금	예금주가 일정한 기간을 정하여 부금을 납입하면 금융회사는 예금주에게 사전에 약정한 금액을 급부하여 줄 것을 약정하는 상호 목적부 금융상품
신용부금	상호저축은행이 취급하는 은행의 상호부금과 유사한 적립식 금융상품
재형저축	2012년 8월 8일 정부의 세법 개정안에 따라 일정 소득금액 이하인 서민·중산층의 재산 형성을 지원하기 위하여 2013년 1월 1일부터 새로 도입된 장기 적립식 비과세 저축 상품
주택청약종합저축	아파트와 같은 공동주택을 청약하기 유리한 상품

③ 정기적금의 지급
㉠ 지급의 종류
• 만기해지
계약기간에 따른 모든 회차의 월저축금을 전부 납입하고 지급기일이 도래하여 적금을 해지하거나 월저축금의 납입연체가 있어 지연일수에 따라 계산한 일수만큼 지급기일 연장을 하여 연장된 지급기일에 적금을 해지하는 것을 말한다.

• 만기앞당김해지

최종 회차 월저축금 납입기일로부터 1개월 후가 만기일이지만, 모든 회차의 월저축금을 차례로 납부한 고객이 만기일로부터 거슬러 올라가서 1개월 이내에 지급요청을 할 경우에는 앞당겨 지급할 수 있다. 다만, 계약금액에 대하여 만기를 앞당긴 일수만큼의 이자를 빼고 지급한다.

• 중도해지

만기일이 지났든 지나지 않았든 월저축금을 다 내지 않고 해지하는 경우에는 납입된 월저축금에 대하여 실제 납입일로부터 해지 전일까지의 일수를 고려하여 중도해지이율로 중도해지 보전금(이자)을 지급한다.

㉡ 이자계산법

• (원금)+(세전이자)=(월저축금)×{계약기간(월)}+(세전이자)

• $(\text{세전이자})=(\text{월저축금})\times(\text{표면이율})\times\dfrac{\{\text{계약기간(월수)}\}\times\{(\text{계약기간})+1\}}{2}\times\dfrac{1}{12}$

④ 적립식예금 개설 절차

㉠ 예금거래신청서 작성방법을 안내하고 작성된 신청서를 받아 확인한다.

㉡ 실명확인증표 원본에 의한 실명확인을 한다.

㉢ 예금거래기본약관, 적립식예금약관 등을 설명한다.

㉣ 개인정보 수집 이용 제공동의서, 금융거래목적확인서 등 필요한 서류를 징구한다.

㉤ 실명확인증표 사본을 첨부한다.

㉥ 고객정보 등록 및 통장을 발행한다.

㉦ 책임자 결재를 한다.

㉧ 통장을 교부한다.

㉨ 서류를 보관하거나 발송한다.

(3) 거치식예금

① 정의

최초 예금 신규 시 일정한 금액을 기간을 약정하여 예치하고, 그 기한 만료일에 약정한 이자를 받는 기한부 예금이다. 발행 형식에 따라 증서식과 통장식으로 구분하며, 이자지급방식에 따라 월이자지급식과 만기지급식으로 구분한다.

② 종류

구분	내용
정기예금	예금주가 가입 당시 일정한 기간을 정하여 은행에 예치하고, 은행은 이에 대하여 일정한 이자를 지급할 것을 약정하고 증서 또는 통장을 교부하는 대표적인 거치식예금
특판정기예금	금융회사가 예수금을 증대할 필요가 있거나 신상품 출시 또는 특별한 이벤트 등 자신들의 내부적인 사유로 특별한 기간을 정하여 기본 정기예금(정기예탁금) 금리에 특별우대금리를 더하여 판매하는 상품
실세금리연동 정기예금	• 실세금리연동 정기예금은 가입 당시 예치기간과 회전기간을 정하여 회전기간별로 시장의 실세금리에 연동하여 정기예금의 금리가 변동되는 정기예금 • 회전기간은 통상 1개월, 2개월, 3개월, 6개월 등이 있으며 회전기간별로 복리로 운용
주가지수정기예금	• 정기예금과 주가지수옵션을 결합한 구조의 상품 • 원금의 일부 또는 정기예금에서 발생한 이자를 KOSPI200지수 등과 연계된 주가지수옵션에 투자하는 정기예금 • 원금보장 및 추가 수익을 추구할 수 있는 투자형 예금상품

PART 5

(4) 예금자보호

① 개념

예금자보호법은 금융회사가 영업정지나 파산 등으로 예금주에게 예금을 지급할 수 없는 경우 정부(예금보험공사)가 해당 금융회사를 대신하여 예금자에게 일정 한도 내에서 예금 지급(외화예금의 경우 원화로 지급)을 보장함으로써 예금자들을 보호하고 금융제도의 안정성을 유지하기 위한 제도이다.

② 예금보험의 구조

㉠ 예금 지급 불능 사태를 방지할 수 있다.
㉡ 보험의 원리를 이용하여 예금자를 보호한다.
㉢ 법에 의해 운영되는 공적보험이다.

③ 보호대상 금융회사

㉠ 은행, 증권회사, 보험회사, 종합금융회사, 상호저축은행, 농협은행, 수협중앙회, 외국은행 국내지점, 자본시장법 시행에 따라 증권을 대상으로 투자매매업, 투자중개업 인가를 받은 금융투자업자(자산운용사, 중개회사, 선물회사, 증권금융사 중 인가를 받은 회사)
㉡ 농·수협 지역조합, 신용협동조합, 새마을금고, 우체국금융은 보호대상 금융회사가 아님. 다만, 지역조합별로 예금자보호를 위한 보험에 가입하여 자체적으로 예금자를 보호하고 있으며 보호대상 금융회사 수준으로 보호하고 있음
㉢ 외국은행 국내지점은 보호대상이나, 국내은행 해외지점은 보호대상이 아님(외화예금은 해외지점 예금도 보호)

④ 보호대상 상품

보호대상 금융회사가 취급하는 금융상품 중 예금(원화예금 및 외화예금), 적금, 원본 보전 금전신탁 등 원칙적으로 만기일에 원금 지급이 보장되는 금융상품만을 보호하며, 수익증권 등 금융상품은 운용 결과에 따른 이익 또는 손실이 투자자에게 귀속되는 상품은 보호대상에서 제외된다.

⑤ 예금자보호 한도

예금자보호 한도는 원금과 소정의 이자를 합하여 동일 금융회사 내에서 예금자 1인당 최고 5천만원이다.

⑥ 예금자보호제도에 의한 보험금이 지급되는 경우

보험사고	내용
예금이 지급 정지된 경우	금융회사의 재무상황 악화 등으로 금융감독 당국이 예금의 지급정지명령을 내린 경우에는 해당 금융회사에 대한 재산실사 등을 통해 경영 정상화 가능성을 판단하며, 정상화가 불가능하다고 판단될 경우에는 제3자 매각 등을 추진하게 되는데 매각 등의 절차도 실패하여 파산이 불가피해지면 예금보험공사가 보험금을 지급한다. 금융회사의 영업정지 후에 공사가 보험금 지급 결정을 하기까지는 통상 보험사고일로부터 2 ~ 3개월이 소요된다.
인가취소·해산·파산의 경우	금융회사의 인·허가취소, 해산, 파산의 경우 예금자의 청구에 의하여 예금보험공사가 보험금(예금대지급)을 지급한다.
계약이전의 경우	계약이전이란 감독 당국의 명령 또는 당사자 간의 합의에 따라 부실 금융회사의 자산과 부채를 다른 금융회사로 이전하는 것으로, 모든 자산과 부채가 반드시 포괄승계되는 것은 아니며, 구체적인 이전 계약내용에 따라 승계되는 자산과 부채의 범위가 달라진다. 계약이전 결과 부실 금융회사의 예금 중 일부가 다른 금융회사로 승계되지 않을 수 도 있는데, 이 경우 승계되지 않은 예금이 예금자보호법에 의한 보호대상예금이면 예금보험공사가 보험금을 지급한다.
합병의 경우	금융회사가 합병되는 경우에는 합병 전 금융회사의 모든 자산과 부채가 합병 후 금융회사로 포괄승계되므로 합병 전 금융회사와 거래하던 예금자는 종전과 마찬가지로 합병 후 금융회사와 정상적인 예금거래를 할 수 있다.

2. 대출상품

(1) 개인대출의 종류

① 담보유무에 따른 분류

㉠ 담보대출

금융회사가 요구하는 일정한 조건의 담보물을 제공하고 대출을 받는 것을 의미한다. 담보대출을 받기 위해서는 일정한 법적 절차(근저당 및 담보설정)를 거쳐야 하지만, 신용대출에 비해 담보물의 시장가치에 따라 빌릴 수 있는 금액이 크며, 금리가 2 ~ 3%포인트 정도 낮다는 장점이 있다. 담보의 종류로는 부동산(아파트 등 주택, 건물, 토지, 임야 등), 동산(예·적금, 채권, 주식 등 유가증권, 전세금, 자동차 등), 약관(보험 해약환급금) 등이 있다.

㉡ 신용대출

개인의 신용만을 근거로 대출을 받는 것으로, 신용카드, 현금서비스, 마이너스 통장 등이 대표적인 예이다. 신용대출은 담보대출에 비해 금리가 높고, 대출받을 수 있는 상한액이 낮다.

② 거래방식에 따른 분류

㉠ 개별거래

대출을 받기로 약정한 금액 범위 내에서 대출을 받은 후에 상환한 금액에 대하여 다시 대출을 받을 수 없는 특성을 갖는다. 따라서 대출이 필요할 때마다 대출계약을 다시 해야 한다.

㉡ 한도거래

고객의 신용에 따라 일정 규모의 신용한도(대출한도)를 정해놓고, 그 한도 내에서 고객이 필요할 때마다 대출을 자유롭게 사용하다가 대출기간 만료일에 대출받은 금액을 전액 상환하는 방식이다. 개별거래에 비해 별도 가산금리가 부과되어 금리가 약 0.5%포인트 높다.

(2) 자연인과의 거래

① 행위능력의 확인

㉠ 피한정후견인(심신이 박약하거나 재산의 낭비로 자기나 가족의 생활을 궁핍하게 할 염려가 있다는 청구에 의해 가정법원으로부터 후견개시 심판 확정을 받은 자) 또는 피성년후견인(자기행위의 결과를 합리적으로 판단할 능력, 즉 의사능력이 없는 상태에 있는 자로 청구에 의하여 가정법원으로부터 성년후견개시 심판 확정을 받은 자)과는 여신거래를 할 수 없다.

㉡ 거래하던 채무자가 한정후견 개시 또는 성년후견개시 심판 확정을 받은 사실을 알았을 때에는 즉시 거래를 중단한다.

(3) 개인대출 절차

업무 구분	주요 업무 내용	관련 규정
1. 융자상담	차주자격·적격 여부 확인 및 자금용도 확인, 소요자금 파악, BPR Pre-screen 활용	여신업무취급세칙
↓	↓	↓
2. 대출종류 선택	주택담보대출, 주택자금대출, 보금자리론, 신용대출, 담보대출 등	가계대출상품취급세칙, 보금자리론 취급기준
↓	↓	↓
3. 담보대출 한도 사정	주택담보대출 LTV, DTI 대상 여부 확인 후 한도사정, 상품별 대출한도 확인	여신업무취급세칙
↓	↓	
4. 신용평가	개인신용평가표(CSS), 행동평가표(BSS) 등	
↓	↓	
5. 시가조사 등 담보평가	KB시세 및 실거래가액에 의한 시가조사, 탁상감정 대상 확인, 감정평가 및 감정서 심사	
↓	↓	
6. 여신금리 결정	적용대출금리 산출표 조회, 영업점장 금리 가산·감면권 적용 등	
↓	↓	
7. 여신거래 약정	대출거래약정서(가계용) 약정 및 은행여신거래 기본약관 교부 등	
↓	↓	
8. 담보 취득	근저당권설정계약서(부동산), 근질권설정계약서(예금), 주택금융공사 보증서 등	
↓	↓	
9. 화재보험 가입	필요시 화재보험 가입, 공동주택(아파트, 연립주택 및 다세대주택)은 생략 가능	
↓	↓	
10. 연대보증인 입보	수탁보증 관련 연대보증인이 필요한 경우 관련 서류 징구	
↓	↓	↓
11. 대출 실행	가계일반자금대출, 주택자금대출, 가계당좌대출 등으로 실행하여 대체입금	가계대출상품취급세칙
↓	↓	↓
12. 사후관리	가계대출 연체관리, 기일예고통지, 기간연장, 신용위험고객 거래이탈, 조기경보시스템 적용	여신업무취급세칙, 가계대출상품취급세칙

3. 펀드상품

(1) 집합투자기구(펀드)의 개념

자본시장과 금융투자업에 관한 법률(이하 자본시장법) 제6조 제5항의 정의에 따르면, 집합투자기구(펀드)는 2인 이상에게 투자권유를 하여 모은 금전 등 또는 국가재정법 제81조의 규정에 따른 여유자금을 투자자 또는 각 기금 관리주체로부터 일상적인 운용지시를 받지 아니하면서 재산적 가치가 있는 투자대상자산을 취득, 처분, 그 밖의 방법으로 운영하고 그 결과를 투자자 또는 각 기금 관리주체에게 배분하여 귀속시키는 것을 말한다.

(2) 집합투자기구(펀드)의 구조

집합투자기구는 투자자로부터 증권 등의 투자에 운용할 목적으로 자금 등을 모은 집합투자업자(자산운용회사)가 그 재산을 수탁회사로 하여금 당해 집합투자업자의 지시에 따라 투자 · 운용하게 하고, 그에 따른 수익권을 분할하여 투자자에게 귀속시키는 구조로 이루어진다.

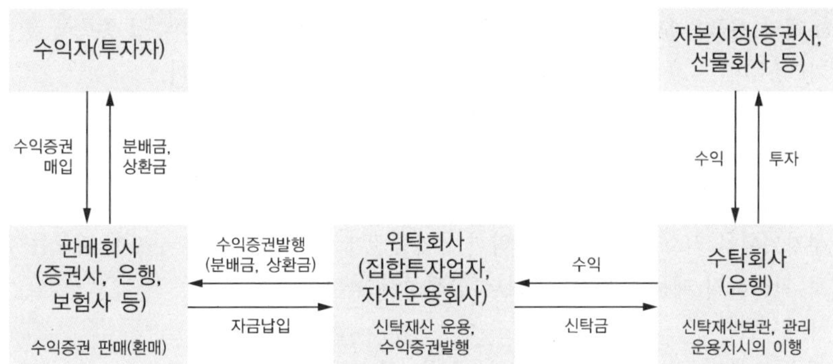

투자자(수익자)는 보유자산의 수익을 기대하고 투자하는 자를 말하며, 판매회사는 펀드의 판매(매수) 또는 환매업무를 담당하는 회사로, 은행 · 증권회사 · 보험회사 등이 포함된다. 자산운용회사(위탁회사)는 투자자로부터 자금을 주식 · 채권 · 부동산 등에 투자 · 운용하는 회사를 말한다. 수탁회사는 펀드재산을 보관 · 관리하고 자산운용회사의 펀드 운용을 감시하는 역할을 하는 회사로, 주로 은행과 증권회사가 이를 담당하고 있다.

(3) 집합투자기구(펀드)의 특징

① 집합 운영

펀드자산은 합동운용을 하기 때문에 소액 자금으로는 불가능한 영역의 투자를 가능하게 하고, 이를 통해 거래비용의 절감 효과를 얻을 수 있다.

② 펀드자산의 분리

집합투자자산은 집합투자업자(자산운용회사)의 고유자산이나 판매회사의 고유자산과 법적으로 엄격하게 분리되어 관리된다. 펀드자산은 신탁회사에 별도 신탁자산으로 보관 · 관리된다.

③ 실적배당의 원칙

펀드는 투자수단으로 투자에 따라 수익이 발생할 수도 손실이 발생할 수도 있으며, 이때 손실은 모두 투자자 본인에게 귀속된다. 펀드는 은행 예금과 달리 예금자보호법에 의해 보호되지는 않지만, 신탁자산은 집합투자업자(자산운용회사) 및 판매회사와 분리하여 신탁업자가 보관 · 관리하기 때문에 안전하게 보호된다.

④ 분산투자

펀드는 운용수익을 높이고 투자위험을 줄이기 위해 분산투자를 한다. 또한 집합투자재산의 일정 비율 이상을 동일 종목 증권에 투자할 수 없도록 정하는 등 분산투자와 관련된 규제요건이 적용된다.

⑤ 투자자 평등의 원칙

펀드의 수익자는 신탁원본의 상환 및 이익의 분배, 의결권 등에 관하여 수익증권의 좌수에 따라 균등한 권리를 갖는다.

⑥ 집합투자증권의 발행

펀드는 집합투자재산을 기초로 집합투자증권(투자회사는 주식, 투자신탁은 수익증권)을 발행한다. 집합투자증권은 관련법에 따라 증권예탁원에 등록 방식으로 예탁된다.

(4) 집합투자기구(펀드)의 장단점

① 펀드투자의 장점

㉠ 공동투자

소액의 자금을 모아 펀드를 구성하고 운용함으로써 우량한 주식 수십 종목에 분산투자하는 효과가 있으며, 효율적인 투자를 통해 거래비용을 최소화할 수 있다.

㉡ 전문성(대행투자)

풍부한 경험과 전문지식을 갖춘 전문투자자가 운용함으로써 전문성을 확보할 수 있다.

㉢ 상대적 안전성

투자위험을 최소화하기 위해 다양한 유가증권에 분산 투자하고, 투자에 따르는 위험을 체계적으로 관리하기 때문에 직접투자보다 안전성이 높다.

㉣ 세제 혜택

국내 주식에 투자하는 펀드에서 발생되는 주식의 매매 및 평가차익은 비과세이다. 그뿐만 아니라, 연금저축펀드, 재형펀드, 소득공제장기펀드, 분리과세 하이일드펀드 등 비과세·분리과세·분류과세 혜택을 받을 수 있는 펀드상품도 다양하다.

㉤ 거래의 편리성

추가매수·환매가 상대적으로 자유롭고, 특별한 상품을 제외하고는 만기가 없어 계속 운용이 가능하다는 편리함이 있다. 또 거래 형태(거치식, 적립식, 임의식 등), 투자대상(주식, 채권 해외자산 등), 투자목적(절세, 자산 관리 등), 투자기간, 투자성향 등에 따라 다양한 상품을 선택할 수 있다.

② 펀드투자의 단점

㉠ 원금손실의 위험

펀드는 예금 등과 달리 원금 손실의 위험이 존재하며, 위험에 따른 책임은 전적으로 투자자 본인에게 있다.

㉡ 투자에 따른 비용 발생

투자기간 동안 집합투자업자·판매회사·신탁회사에 대한 보수를 부담해야 하는데, 보수는 펀드의 성과와 관계없이 투자기간 동안 계속해서 발생한다. 또한 선취·후취 판매수수료를 부담해야 하고, 증권거래비용 등을 부담해야하며 환매수수료가 발생할 수 있다. 대부분의 펀드가 환매수수료 징수기간을 정하고 있기 때문에 환매수수료를 부담하지 않으려면 펀드별로 정해진 최소 투자기간 이상 유지해야 한다.

㉢ 펀드 특성에 따른 단점

주식형 펀드의 경우 주가지수 변동률과 펀드수익률 간에 차이가 발생할 수 있고, 주식형 펀드 간에도 운용전략에 따라 다양한 위험수익구조를 이루기 때문에 성과의 편차가 발생할 수 있다. 해외펀드의 경우에는 투자위험 외에 환율변동이 손익에 영향을 미치며, 운용현황이나 보유자산에 대한 구체적인 정보를 파악하기 쉽지 않다는 단점이 있다.

(5) 펀드운용전략에 따른 분류

액티브 펀드(Active Fund)	패시브 펀드(Passive Fund)
시장초과수익률을 얻기 위해 좋은 종목, 좋은 매매시점을 적극적으로 찾아 움직이는 전략을 취하는 펀드 **성장형 펀드** • 현재의 수익성보다 미래의 성장성이 높은 종목에 주로 투자하는 펀드 • 향후 수익신장률이 높은 기업으로 주당순이익에 비해 높은 가격에 거래 **가치형 펀드** • 수익 및 자산 대비 저평가 종목에 주로 투자하는 펀드 • 경기에 민감하지 않음 **배당형 펀드** • 주식의 높은 배당수익과 시세차익을 동시에 추구하는 펀드 • 배당을 많이 하는 주식에 주로 투자	시장에 있는 종목을 복사해 투자하는 수동적 전략을 취하는 펀드 **인덱스펀드** • 특정 주가지수의 수익률과 동일 혹은 유사한 수익률 달성을 목표로 하는 펀드 **상장지수펀드(ETF)** • 거래소나 코스닥 시장에 상장되어 있어 주식처럼 사고팔 수 있는 펀드 • 거래 시간 : 거래소 영업 시간 중 자유로이 거래 가능 • 거래 방법 : 증권사에 직접 주문, HTS, 전화 → 인덱스펀드와 주식의 장점을 모두 갖춘 상품

(6) 펀드구조에 의한 분류

① 종류형 집합투자기구(Multi-class Fund)

한 펀드 내에서 투자자 그룹별로 기준가격이 다르거나 판매수수료가 다른 여러 종류의 집합투자증권을 발행하는 펀드로, 멀티클래스펀드라고 부른다. 하나의 펀드로 운용하되, 투자기간과 투자금액에 따라 판매보수와 수수료를 달리하는 펀드이다. ○○펀드 Class A, ○○펀드 Class B와 같은 형태로 표시하며, 펀드명 뒤에 붙은 영문자는 각기 다른 수수료 체계와 판매보수체계를 나타낸다.

하나의 펀드에서 판매보수, 수수료가 다양한 종류의 간접투자증권을 발행함으로써 투자자가 투자자금의 규모 및 투자기간에 따라 선택할 수 있는 폭이 넓다. 일반적으로 투자금액이 많을수록, 투자기간이 길수록 수수료가 낮아지기 때문에 연금 등을 목적으로 장기간 투자하는 고객들은 수수료 절감효과를 거둘 수 있다. 자산운용사의 입장에서는 보수와 수수료 수준이 다른 소규모펀드를 한 펀드 내에 통합하여 운용할 수 있기 때문에 펀드의 대형화를 통해 운용의 효율성을 높일 수 있다.

② 전환형 집합투자기구(Umbrella Fund)

복수의 펀드 간에 전환이 가능한 권리를 투자자에게 부여하는 펀드이다. 마치 우산처럼 하나의 펀드 아래 운용성격이 다른 하위펀드를 구성하여 투자자가 자유롭게 수수료 없이 전환할 수 있도록 구성하였기 때문에 엄브렐라펀드라고도 한다. 전환 횟수에 제한은 없으며, 가입할 때 판매수수료는 선취한다. 전환형 펀드별로 하위구성 펀드가 다르기 때문에 자신의 투자성향에 맞는지 확인해야 하며, 전환 횟수 제한이나 수수료 방식도 다를 수 있으므로 투자조건을 사전에 검토해야 한다.

③ 모자형 집합투자기구(Family Fund)

많은 개별 펀드의 신탁재산을 한 개 또는 특성을 달리하는 여러 개의 모신탁(Mother Fund)에서 통합 운용하고, 자신탁(Baby Fund)에서는 펀드의 성격에 따라 모신탁의 수익증권을 편입해 투자자의 자금을 운용하는 것을 말한다. 소규모의 펀드가 많아지면 각각의 펀드를 운용・관리하기 위해 많은 비용이 발생하는데, 모자형 펀드를 운용하면 비용이 절감될 수 있고, 운용의 효율성과 전문성을 확보할 수 있다. 모펀드를 설정해서 모펀드를 운용하는 데에 집중하고, 여러 개 자펀드의 편입비율을 조정해 가면서 투자를 하는 것이다.

④ 재간접펀드(Fund of Funds)

펀드투자의 위험을 줄이기 위해 펀드 운용재산의 50% 이상을 다른 우수 펀드에 투자하는 펀드를 말한다. 법률상으로는 재간접투자기구라고 한다. 여러 펀드에 동시에 가입하는 효과를 볼 수 있다는 특징이 있으며, 실적이 뛰어난 펀드 위주로 투자되기 때문에 안전성과 수익률을 함께 기대할 수 있다. 해외의 특정 지역이나 섹터펀드와 헤지펀드 등 일반투자자가 접근하기 힘든 펀드에도 분산 투자가 가능하기 때문에 헤지펀드에 대한 일반 투자자들의 투자수단으로 등장했다.

⑤ 상장지수집합투자기구(ETF; Exchange Traded Fund)

시장수익률을 추구하는 펀드라는 면에서 인덱스펀드와 같지만 실시간으로 시장거래가 용이한 펀드이다. 인덱스펀드는 주가지수에 영향력이 큰 종목들 위주로 펀드에 편입해 펀드수익률이 주가지수를 따라가도록 운용하는 펀드를 말한다. 상장지수펀드는 소액의 자금으로도 지수상승률을 얻을 수 있어 개인투자자에게 유용한 투자수단이 되었다. 또 가입한도에 제한이 없고 자유롭게 매매가 가능하며 중도환매절차 없이 시장에서 수익을 즉시 실현할 수 있다.

(7) 투자권유 주요 원칙

투자권유란 특정 투자자를 상대로 금융투자상품의 매매 또는 투자자문계약・투자일임계약・신탁계약의 체결을 권유하는 것을 말한다. 자본시장법에서는 투자권유의 주요 원칙을 다음과 같이 정하고 있다.

① 적합성의 원칙

자본시장법 제46조에서는 금융투자업자가 일반투자자에게 투자권유를 하기 전에 면담・질문 등을 통하여 일반투자자의 투자목적・재산상황 및 투자경험 등의 정보를 파악하고, 일반투자자로부터 서명・기명날인・녹취, 그 밖에 대통령령으로 정하는 방법으로 확인을 받아 이를 유지・관리하여야 하며, 확인받은 내용을 투자자에게 지체 없이 제공해야 함을 정하고 있다. 또한 일반투자자의 투자목적・재산상황 및 투자경험 등에 비추어 그 일반투자자에게 적합하지 아니하다고 인정되는 투자권유를 해서는 안 된다.

② 설명의무

자본시장법 제47조에서는 금융투자업자가 일반투자자를 상대로 투자권유를 하는 경우, 금융투자상품의 내용, 투자에 따르는 위험, 그 밖에 대통령령으로 정하는 사항을 일반투자자가 이해할 수 있도록 설명해야 함을 정하고 있다.

금융투자업자는 설명한 내용을 일반투자자가 이해하였음을 서명・기명날인・녹취, 그 밖의 대통령령으로 정하는 방법 중 하나 이상의 방법으로 확인을 받아야 한다. 또한 투자자의 합리적인 투자판단 또는 해당 금융투자상품의 가치에 중대한 영향을 미칠 수 있는 중요사항을 거짓 또는 왜곡하여 설명하거나 중요사항을 누락해서는 안 된다.

③ 부당권유의 금지

자본시장법 제49조에서는 금융투자업자가 투자권유를 함에 있어 금지하는 내용을 정하고 있다. 즉, 거짓의 내용을 알리는 행위, 불확실한 사항에 대하여 단정적 판단을 제공하거나 확실하다고 오인하게 할 소지가 있는 내용을 알리는 행위, 투자자로부터 투자권유의 요청을 받지 않고 방문·전화 등 실시간 대화의 방법을 이용하는 행위, 투자권유를 받은 투자자가 이를 거부하는 취지의 의사를 표시하였음에도 불구하고 투자권유를 계속하는 행위 등은 법적으로 금지된다.

4. 보험상품

(1) 사망보험과 종신보험

피보험자가 보험기간 중 사망했을 때 보험금이 지급되는 사망보험은 정기보험과 종신보험으로 나눌 수 있다. 정기보험은 보험기간을 미리 정해놓고 피보험자가 그 기간 내에 사망했을 때 보험금이 지급되는 반면, 종신보험은 보험기간을 정하지 않고 피보험자가 일생을 통하여 언제든지 사망했을 때 보험금이 지급된다. 1997년 IMF 구제금융 사태 이후 대량 판매되었던 종신보험 시장이 포화됨에 따라 새롭게 CI보험(중대한 질병보험), 장기간병보험 등 다양한 질병 중심의 상품을 개발해 출시하는 경향이 나타나고 있다.

(2) 변액보험

생명보험의 일종으로, 보험회사가 보험계약자로부터 납입받은 보험료를 특별계정을 통해 기금을 조성한 후 주식, 채권 등에 투자해 발생한 이익을 보험금 또는 배당으로 지급하는 상품이다. 종류로는 변액종신보험, 변액연금보험, 변액유니버셜보험 등이 있다. 2001년 변액보험 제도가 도입된 이후 보험상품 또한 자산운용의 수단으로 인식되면서 변액보험의 비중이 상승하는 추세이다. 투자 수익률에 따라 받을 수 있는 보험금이나 환급금이 달라지는 등 수익성을 기대할 수 있으나, 투자 결과에 따라 원금이 손실되거나 원금 이상의 보험금을 내야 할 수도 있다. 한편 변액보험의 최저보증 제도는 변액보험 가입자들에게 만기 또는 연금 지급 개시 전까지 계약을 유지하면 이미 납입한 보험료의 최저 지급을 보장하는 것이다.

〈생명보험의 분류〉

구분	내용	
주된 보장 (사망 또는 생존)	• 사망보험(정기보험, 종신보험) • 생사혼합보험(양로보험)	• 생존보험
보험상품의 성격	• 저축성 보험 • 교육보험 • 양로보험	• 보장성 보험 • 연금보험(개인연금, 퇴직연금보험)
피보험자의 수	• 개인보험	• 단체보험
배당의 유무	• 유배당보험	• 무배당보험
가입 시 건강진단의 유무	• 유진단보험(건강진단보험)	• 무진단보험

PART 5

(3) 보험료의 추정치 산출을 위한 수지상등의 원칙

① 수지상등의 원칙은 보험사는 보험가입자(위험집단)가 납입하는 보험료의 총액과 그 보험가입자에게 지급하는 보험금의 총액이 균형을 이루게 해야 한다는 것이다. 보험료를 산출할 때는 보험금, 보험료 등을 예측하는 것이 중요하다. 수지상등의 원칙을 위배해 보험료를 높게 책정하면 보험회사의 과다 이익으로 인해 보험 소비자들의 권익을 침해함으로써 가격저항을 초래할 수 있고, 반대로 보험료를 낮게 산정하면 보험회사의 수지 불균형으로 인해 사업의 안정적인 운영이 불가능해질 수 있다.

② 수지상등의 원칙은 (보험상품의 순보험료 총액)=[지급보험금 총액의 현가(現價)], (영업보험료의 총액)=(지급보험금 및 운영경비 총액의 현가), (기업의 총수입)=(총지출의 현가) 등의 3가지 조건을 충족해야 한다.

③ 사회보험은 운영비용의 전부 또는 일부를 국가가 부담하고 이윤을 목적으로 하지 않기 때문에 수지상등의 원칙으로부터 비교적 자유롭지만, 민간 보험사에서 운용하는 보험상품은 수지상등의 원칙에 따라 상품을 설계할 때 인건비 등의 운영비를 비용(지출)으로 간주한다.

(4) 〈상법〉에 따른 보험의 분류

① 손해보험(損害保險) : 보험계약자(가입자)가 신체상 손해나 재물 손해가 났을 때 보험자(보험회사)가 그 손해를 배상하는 보험

㉠ 배상책임보험 : 보험계약자가 타인의 신체(대인보험)나 재물(대물보험)에 손해를 끼침으로써 법률상 책임을 졌을 때 그 손해를 보험자가 배상하는 보험

㉡ 재물보험 : 보험계약자(개인 혹은 법인) 소유의 건물, 건축물, 전자기기, 기계, 건설공사 등이 화재 등에 의해 직접 손해, 폭발 및 파열 손해 등이 발생했을 때 그 손해를 보험자가 배상하는 보험

② 인보험(人保險) : 보험계약자의 생명이나 신체를 위협하는 사고가 발생한 경우 보험자가 일정한 금액 또는 기타의 급여를 지급하는 보험

㉠ 상해보험 : 보험계약자가 우발적 사고로 신체에 상해를 입은 경우 보험금액 및 기타의 급여를 지급하는 보험으로, 보험사고 발생으로 인한 상해의 정도에 따라 일정한 보험금을 지급하는 정액보험과 그렇지 않은 비정액보험이 있다.

㉡ 생명보험 : 보험계약자가 사망 또는 일정 연령까지 생존 시 약정한 보험금을 지급하는 보험으로, 노후의 생활비, 사망 후 유가족의 생활 보호를 위한 자금 등을 마련하기 위해 이용한다. 보험금 지급 사유에 따라 보험기간 중 계약자가 장해 또는 사망 시 보험금을 지급하는 사망보험, 계약자가 보험기간 종료일까지 생존하는 경우에만 지급하는 생존보험, 생존보험의 저축 기능과 사망보험의 보장 기능을 절충한 생사혼합보험으로 구분된다.

〈보험의 분류(상법)〉

구분	분류
손해보험 (상법 제4편 제2장)	• 배상책임보험(대인배상, 대물배상) • 재물보험
인보험 (상법 제4편 제3장)	• 상해보험 • 생명보험 : 사망보험, 생존보험, 생사혼합보험

(5) 적하보험

① 적하보험의 의미 : 해상보험의 일종인 적하보험은 배에 실은 짐이 없어지거나 헐거나 깨졌을 때에 생기는 재산상의 손해를 보충할 목적으로 가입한다. 적하(積荷)라고 볼 수 없는 저하(底荷)·연료·어구 등은 포함되지 않지만, 다만 반드시 상품에 한하는 것은 아니다. 화물 이외에 승객의 수하물, 소지품, 유가증권 등 양륙이 예정된 운송물이면 모두 포함된다.

② 대금결재의 수단 : 보험계약을 명시한 적하보험증권은 선적서류·선하증권·상업송장 등과 함께 대금결재의 수단이 된다. 담보되는 위험은 본선 또는 부속선의 침몰·좌초·화재·폭발로 인한 손해, 물 이외의 물체와의 충돌·접촉으로 인한 손해, 선적·하역·환적 중의 손해 등이다.

③ 〈상법〉상의 적하보험의 특징

㉠ 적하의 보험에 있어서는 선적한 때와 곳의 적하의 가액과 선적 및 보험에 관한 비용을 보험가액으로 한다(상법 제697조).

㉡ 적하의 도착으로 인하여 얻을 이익 또는 보수(=희망이익)의 보험에 있어서는 계약으로 보험가액을 정하지 아니한 때에는 보험금액을 보험가액으로 한 것으로 추정한다(상법 제698조).

㉢ 보험자는 선박 또는 운임을 보험에 붙인 경우에는 발항 당시 안전하게 항해를 하기에 필요한 준비를 하지 않거나 필요한 서류를 비치하지 아니함으로 인해 생긴 손해, 적하를 보험에 붙인 경우에는 용선자·송하인 또는 수하인의 고의 또는 중대한 과실로 인하여 생긴 손해를 보상할 책임이 없다. 또한 보험자는 도선료, 입항료, 등대료, 검역료, 기타 선박 또는 적하에 관한 항해 중의 통상비용을 보상할 책임도 없다(상법 제706조).

PART 5

(6) 무배당보험과 유배당보험

① 배당보험의 구분 : 보험회사는 보험계약자가 납부한 보험료를 운용해 얻은 수익을 보험계약자에게 지급한다. 이때 보험은 배당의 유무에 따라 배당금을 지급하지 않는 대신 보험료가 상대적으로 낮은 무배당보험, 또는 배당금을 지급하는 대신 보험료가 상대적으로 높은 유배당보험으로 나눌 수 있다. 무배당보험이 보험료를 인하함으로써 이익이 발생하기 전에 이익을 지급하는 것이라면, 유배당보험은 이익이 발생한 후에 그 이익을 보험계약자에게 지급하는 셈이다.

② 무배당보험과 유배당보험의 차이점

㉠ 만기 시에 무배당보험은 보험회사에 이익이 발생해도 배당을 받지 못하고 약관에서 정한 환급금만을 보장받는다. 그러나 유배당보험은 환급금과 함께 이익을 배당금 형식으로 지급받을 수 있다.

㉡ 유배당보험은 금리가 상승하고 주식시장이 활황일 때 무배당보험보다 유리하고, 이와 반대로 무배당보험은 금리가 하락하고 주식시장이 불황일 때 유배당보험보다 유리하다.

③ 배당보험의 실제

㉠ 배당금은 보험회사가 얻은 수익에 따라 책정되기 때문에 유배당보험의 계약자에게 돌아가는 배당금이 적은 경우가 많다. 또한 이익이 아예 없거나 경영의 부진 등으로 인해 실제로는 배당이 반드시 발생한다고 보장할 수 없다.

㉡ 1990년대 초반까지 우리나라에서 판매되는 거의 대부분의 보험은 유배당보험이었다. 그러나 1992년 외국으로부터 무배당보험이 도입되었고, 1997년 IMF 사태 이후 저금리 시대가 도래하고 소비자들이 보험료가 저렴한 상품을 선호함에 따라 무배당보험이 생명보험 시장에서 지배적인 위치를 차지하게 되었다. 또한 보험회사의 이익 구조 면에서도 이익을 고객에게 지급하지 않고 기업 내부에 보유하는 것이 유리하기 때문에 무배당보험은 급증한 반면 유배당보험은 일부 연금 상품에만 남아 있을 뿐이며, 거의 사라지게 되었다.

무언가를 위해 목숨을 버릴 각오가 되어 있지 않는 한 그것이 삶의 목표라는
어떤 확신도 가질 수 없다.

- 체 게바라

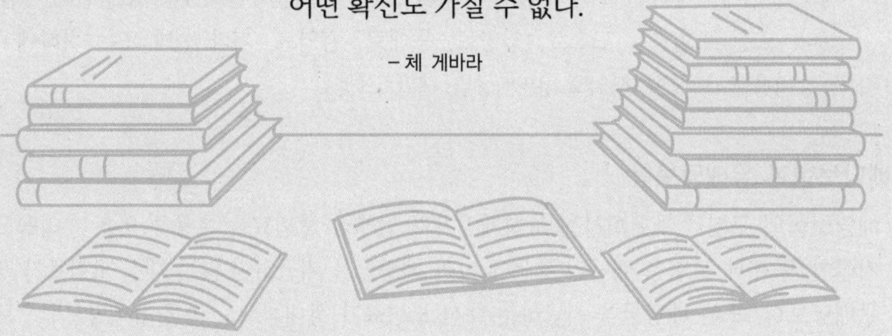

현재 나의 실력을 객관적으로 파악해 보자!

모바일 OMR

답안채점 / 성적분석 서비스

도서에 수록된 모의고사에 대한 객관적인 결과(정답률, 순위)를 종합적으로 분석하여 제공합니다.

OMR 입력

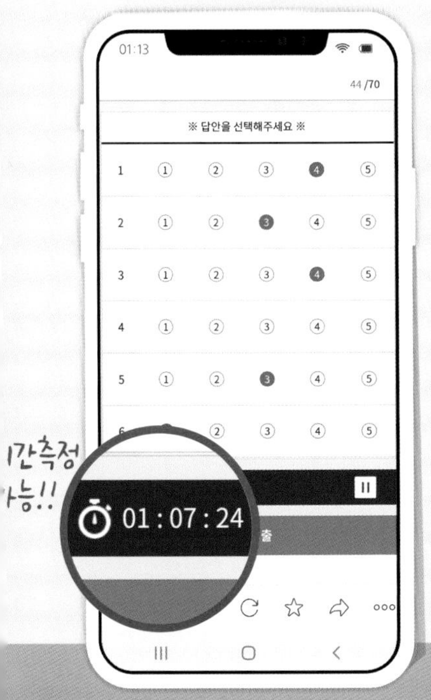

성적분석

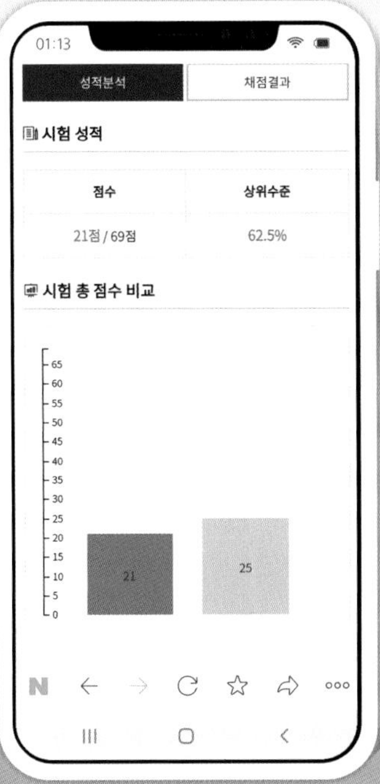

채점결과

※OMR 답안채점 / 성적분석 서비스는 등록 후 30일간 사용 가능합니다.

도서 내 모의고사 우측 상단에 위치한 QR코드 찍기 → LOG IN 로그인 하기 → '시작하기' 클릭 → '응시하기' 클릭 → 나의 답안을 모바일 OMR 카드에 입력 → '성적분석 & 채점결과' 클릭 → 현재 내 실력 확인하기

2025 최신판 All-New

| 모바일 OMR 답안채점 / 성적분석 서비스 · NCS 핵심이론 및 대표유형 무료 PDF · 온라인 모의고사 무료쿠폰

지역농협 6급

지역농협 | 지역축협 | 품목농협 | 품목축협

정답 및 해설

편저 | SDC(Sidae Data Center)

SDC

SDC는 시대에듀 데이터 센터의 약자로 약 30만 개의 NCS · 적성 문제 데이터를
바탕으로 최신 출제경향을 반영하여 문제를 출제합니다.

최신기출유형 + 모의고사 7회 + 무료 NCS 특강

대표기출유형 및 기출응용문제로 필기시험 대비!

70문항 유형 / 60문항 유형 출제경향 완벽 반영!

시대에듀

PART 1

NCS 직무능력평가

CHAPTER

01 의사소통능력

대표기출유형 01 기출응용문제

01

정답 ④

'독려'는 '감독하며 격려함'을 의미하며, '힘을 내도록 격려하여 용기를 북돋움'을 의미하는 '고취'와 유의어이다.

오답분석

① 달성 : 목적한 것을 이룸
② 구획 : 토지 따위를 경계를 지어 가름. 또는 그런 구역
③ 낙담 : 너무 놀라 간이 떨어지는 듯하다는 뜻으로, 바라던 일이 뜻대로 되지 않아 마음이 몹시 상함
⑤ 사려 : 여러 가지 일에 대하여 깊게 생각함. 또는 그런 생각

02

정답 ①

'시간적인 사이를 두고서 가끔씩'이라는 의미의 어휘는 '간간이'이다.

오답분석

② 왠지 : 왜 그런지 모르게 또는 뚜렷한 이유도 없이
③ 박이다 : 손바닥, 발바닥 따위에 굳은살이 생기다.
④ –든지 : 나열된 동작이나 상태, 대상 중에서 어느 것이든 선택될 수 있음을 나타내는 연결 어미
⑤ 깊숙이 : 위에서 밑바닥까지 또는 겉에서 속까지의 거리가 멀고 으슥하게

03

정답 ⑤

'대로'는 주로 어미와 결합하는 의존명사 '대로'와 체언 뒤에 붙는 보조사 '–대로'로 구분할 수 있다. 한글 맞춤법에 따라 의존명사 '대로'는 앞말과 띄어 써야 하고, 보조사 '–대로'는 붙여 써야 한다. ⑤는 '약속한'의 어미 '–ㄴ'과 결합한 의존명사이므로 '약속한 대로'로 띄어 써야 한다.

대표기출유형 02 기출응용문제

01

정답 ④

'임의'는 '일정한 기준이나 원칙 없이 하고 싶은 대로 함'이라는 뜻이므로 '권력이나 위력으로 남의 자유의사를 억눌러 원하지 않는 일을 억지로 시킴'이라는 뜻인 '강제'와 반의 관계이다. 반면, ①·②·③·⑤는 유의 관계이다.

오답분석

① 계획 : 앞으로 할 일의 절차, 방법, 규모 따위를 미리 헤아려 작정함. 또는 그런 내용
　 의도 : 무엇을 하고자 하는 생각이나 계획. 또는 무엇을 하려고 꾀함
② 고심 : 몹시 애를 태우며 마음을 씀
　 고충 : 괴로운 심정이나 사정
③ 과격 : 정도가 지나치게 격렬함
　 극성 : 성질이나 행동이 몹시 드세거나 지나치게 적극적임
⑤ 공헌 : 힘을 써 이바지 함
　 기여 : 도움이 되도록 이바지 함

02

정답 ①

제시된 단어는 상하 관계이다. '소설'은 '문학' 양식의 하나이며, '바로크'는 '건축' 양식의 하나이다.

03

정답 ②

'용호상박'은 용과 호랑이가 서로 치고받는다는 의미이고, '12지'에는 용이 속하며, '여의주'는 용이 가지고 있는 구슬이므로 '용'을 연상할 수 있다.

대표기출유형 03 기출응용문제

01

정답 ④

연말정산(年末精算)신청서(申請書)

02

정답 ②

'등하불명(燈下不明)'은 등잔 밑이 어둡다는 뜻으로, 가까이에 있는 물건이나 사람을 잘 찾지 못함을 이르는 말이다.

오답분석

① 누란지위(累卵之危) : 층층이 쌓아 놓은 알의 위태로움이라는 뜻으로, 몹시 아슬아슬한 위기를 비유적으로 이르는 말
③ 사면초가(四面楚歌) : 아무에게도 도움을 받지 못하는, 외롭고 곤란한 지경에 빠진 형편을 이르는 말
④ 조족지혈(鳥足之血) : 새 발의 피라는 뜻으로, 매우 적은 분량을 비유적으로 이르는 말
⑤ 지란지교(芝蘭之交) : 지초와 난초의 교제라는 뜻으로, 벗 사이의 맑고도 고귀한 사귐을 이르는 말

03

정답 ②

제시문에서 우려하고 있는 것은 외환 위기라는 표면적인 이유 때문에 무조건 외제 상품을 배척하는 행위이다. 즉, 문제의 본질을 잘못 이해하여 임기응변식의 대응을 하는 것에 문제를 제기하고 있다. 이럴 때 쓸 수 있는 관용적 표현은 '언 발에 오줌 누기'이다.

오답분석

① 타산지석(他山之石) : 다른 사람의 본이 되지 않는 사소한 언행도 자신의 지식과 인격을 수양하는 데에 도움이 됨
③ 우물에서 숭늉 찾기 : 성미가 몹시 급함
④ 소 잃고 외양간 고치기 : 일이 이미 잘못된 뒤에는 손을 써도 소용이 없음
⑤ 호랑이에게 잡혀가도 정신만 차리면 산다 : 위급한 상황에 처해도 정신만 바로 차리면 위기를 벗어날 수 있음

대표기출유형 04 기출응용문제

01

정답 ③

제시문에서 어떤 도시 사람들은 비둘기가 질병을 옮긴다고 생각해서 전혀 좋아하지 않는다고 이야기한다. 따라서 '모든 도시 사람들이 비둘기를 좋아하는 것은 아니다.'가 가장 적절하다.

• pigeon : 비둘기
• nature : 자연
• disease : 질병
• not ~ at all : 전혀 ~하지 않다.
• carry : (병 따위를) 옮기다.

어떤 도시 사람들은 비둘기를 좋아한다. 이 사람들은 비둘기가 도시 사람들에게 자연을 더 가깝게 느끼게 해 준다고 생각한다. 그러나 어떤 도시 사람들은 비둘기를 전혀 좋아하지 않는다. 이 사람들은 비둘기가 질병을 옮긴다고 생각한다.

오답분석

① 비둘기는 질병을 옮기지 않는다.
② 모든 도시 사람들은 비둘기를 좋아한다.
④ 도시 사람 아무도 비둘기를 좋아하지 않는다.
⑤ 비둘기는 자연 속에서 산다.

02

정답 ①

두 번째 문장 'We need more guards …'를 통해 중심 내용을 확인할 수 있다. 따라서 경비원 수를 늘려야 한다는 ①이 중심 내용으로 가장 적절하다.

• escape : 벗어나다, 탈출하다
• guard : 경비원
• run away : 도망가다, 달아나다
• provide : 제공하다

우리는 동물원에서 사자가 탈출했다는 소식을 듣고 놀랐다. 우리는 동물들이 달아나는 것을 막기 위해 더 많은 경비원들이 필요하다. 게다가, 사람들에게 안전을 제공하기 위해서 더 많은 경비원이 필요하다.

03

정답 ②

제시문은 악수하는 습관이 어떻게 유래했는지에 대한 것이다. 따라서 (B) – (A) – (C) 순으로 나열하는 것이 적절하다.

(B) 악수하는 습관은 고대로까지 거슬러 올라간다.
(A) 길에서 누군가를 만났을 때 당신이 어떤 무기도 지니지 않았음을 보여주기 위해 손을 내미는 것이 상례였다.
(C) 이것이 점차 악수로 발전한 것이었다.

대표기출유형 05 기출응용문제

01

정답 ④

보기는 논점에 대한 글쓴이의 주장을 다룬다. 글쓴이는 개체별 이기적 유전자가 자연선택의 중요한 특징이며, 종 전체의 이익이라는 개념은 부가적일 뿐 주된 동기는 되지 못한다고 주장한다. 그러므로 보기 앞에는 개체가 아닌 종적 단위의 이타심, 종의 번성을 위한 이기심과 같은 다른 사람들의 주장이 드러나야 한다. (라) 문단에서는 개체의 살아남음이 아닌 종의 전체 혹은 어떤 종에 속하는 한 그룹의 살아남음이 기존의 이기주의 – 이타주의 연구에서 주장하는 진화라고 한다. 따라서 보기는 (라) 문단의 뒤에 들어가는 것이 가장 적절하다.

02

정답 ⑤

보기는 그로티우스가 '국제법의 아버지'라고 불린다는 것이다. (마) 바로 앞 문장에서는 그로티우스가 자신의 저서 『전쟁과 평화의 법』에서 국가 간의 관계를 규율하는 법, 즉 국제법의 이론을 구성했다고 설명한다. 따라서 보기는 그로티우스가 국제법 이론을 처음으로 구성했다고 설명한 (마)에 들어가는 것이 가장 적절하다.

03

정답 ②

보기는 투과율이 비슷한 조직들 간의 구별이 어렵기 때문에 다른 조직과의 투과율 차이가 큰 경우로 한정된다는 X선의 활용 범위의 한계를 제시한다. 두 번째 문단의 마지막 문장에서는 이러한 한계를 극복한 것이 CT라고 말한다. 따라서 보기는 (나)에 들어가는 것이 가장 적절하다.

04

정답 ④

(가) : 제시문의 첫 번째·두 번째 문단은 완전국가에서 귀족정치체제, 과두체제로 퇴화하는 내용을 단계별로 제시하고 있다. 또 (가) 뒤의 문장이 그 첫 단계를 언급하고 있으므로 (가)에는 '타락해 가는 네 가지 국가형태'에 대한 개괄적인 진술이 와야 한다. 따라서 ㉡이 적절하다.

(나) : (나) 뒤의 내용은 명예정치체제의 불완전성인 정치가의 야심과 명예욕에 대해 설명하고 있다. 따라서 ㉢이 적절하다.

(다) : 마지막 문단은 민주에 대한 플라톤의 기술(記述)을 설명하고 있으므로 '민주체제에 대한 플라톤의 기술'을 언급하고 있는 ㉠이 적절하다.

05

정답 ④

(가) : 개혁주의자들은 중국의 정신을 서구의 물질과 구별되는 특수한 것으로 내세운 것이므로 ㉢이 적절하다.

(나) : 개혁주의자들은 서구의 문화를 받아들이는 데는 동의하면서도, 무분별하게 모방하는 것에 대해 반대하는 입장이므로 ㉠이 적절하다.

(다) : 정치 부분에서는 사회주의를 유지한 가운데, 경제 부분에서 시장경제를 선별적으로 수용하자는 입장이다. 즉, 기본 골격은 사회주의를 유지하면서 시장경제(자본주의)를 이용하는 것이므로 ㉡이 적절하다.

대표기출유형 06 기출응용문제

01

정답 ②

빈칸 뒤에서 민화는 필력보다 소재와 그것에 담긴 뜻이 더 중요한 그림이었다고 설명하고 있으므로, 민화는 작품의 기법보다 작품의 의미를 중시했음을 알 수 있다. 따라서 빈칸에 들어갈 내용으로 가장 적절한 것은 ②이다.

02

정답 ③

빈칸 뒤에서 최근 선진국에서는 스마트팩토리로 인해 해외로 나간 자국 기업들이 다시 본국으로 돌아오는 현상인 '리쇼어링'이 가속화되고 있다고 설명하며, 스마트팩토리의 발전이 공장의 위치를 해외에서 본국으로 변화시키고 있다고 한다. 따라서 빈칸에 들어갈 내용으로 가장 적절한 것은 ③이다.

03

정답 ②

제시문은 애덤 스미스의 '보이지 않는 손'에 대해 반박하기 위해 정부가 개인의 이익 활동을 제한하지 않으면 발생할 수 있는 문제점을 예를 들어 설명하고 있다. 수용 한계가 넘은 상황에서 개인의 이익을 위해 상대방의 이익을 침범한다면, 상대방도 자신의 이익을 늘리기 위해 사육 두수를 늘릴 것이다. 이러한 상황이 장기화된다면 두 번째 문단에서 설명한 것과 같이 '목초가 줄어들어 그 목초지에서 양을 키워 얻을 수 있는 전체 생산량이 줄어든다.' 따라서 ㉠ '농부들의 총이익은 기존보다 감소할 것'이고 이는 ㉡ '한 사회의 전체 이윤이 감소하는' 결과를 초래한다.

04

정답 ④

표준약관 제8조에 따르면 상품권면 금액의 60%(1만 원권 이하의 상품권은 80%) 이상에 해당하는 물품 등을 제공받고 잔액의 반환을 요구하는 경우 잔액을 현금으로 반환한다. 따라서 "1만 원권은 8천 원 이상을, 5만 원권은 3만 원 이상을 사용한 경우에 잔액을 돌려받으실 수 있습니다."라고 답변해야 한다.

오답분석

① 표준약관 제3조 제3호에 따르면 상품권의 유효기간은 발행일로부터 5년이며, 동조 제6호에 따르면 농협경제지주에서 전액을 보장한다. 또한 표준약관 제7조에 따르면 발행자(농협경제지주)가 자발적으로 상품권의 사용을 허락한 경우에는 소멸시효를 적용하지 않는다.

② 표준약관 제6조 제2항에 따르면 상품권이 훼손되었을 때 발행자의 상품권임은 알 수 있으나 상품권의 종류, 금액 또는 수량 등이 불명확한 경우 고객은 확인 가능한 범위 내에서 최저 가격의 상품권으로 재발급받거나 사용할 수 있다.

③ 표준약관 제6조 제1항에 따르면 고객이 요구하면 발행자 또는 가맹점은 훼손된 상품권을 재발급해야 하며, 이때 재발급에 따르는 실비는 고객이 부담한다.

⑤ 표준약관 제4조에 따르면 발행자 또는 가맹점의 매장에서 판매하는 물품 등에 대해 가격 할인 기간을 포함해 언제든지 상품권을 사용할 수 있다.

대표기출유형 07 기출응용문제

01

정답 ②

아이들이 따뜻한 구들에 누워 자는 것이 습관이 되어 사지의 활동량이 적어 발육이 늦어진 것이지, 구들이 체온을 높였기 때문에 발육이 늦어진 것은 아니다.

02

정답 ④

제시문의 두 번째 문단에 따르면 오히려 마이데이터 사업자와의 협력과 직접진출 등이 활발하게 나타남으로써 금융업 간 경쟁심화는 필연적일 것으로 전망된다.

오답분석

① 모바일(Mobile), SNS(Social Network Service), 빅데이터(Big Data) 등을 활용하여 기존의 금융기법과 차별화된 서비스를 제공하는 것이 대표적인 핀테크 사례이다.
② 금융위원회는 핀테크 산업 발전을 위해 규제완화와 이용자보호 장치마련에 대한 디지털금융의 종합혁신방안을 발표하였다.
③ 개인이 정보이동권에 근거하여 본인 데이터에 대한 개방을 요청하면 기업이 해당 데이터를 제3자에게 개방하도록 하는 것이 마이데이터 개념이다.
⑤ 데이터 3법 개정에 따라 핀테크 산업 진출이 활발해지면 그만큼 금융권 클라우드나 바이오 정보에 대한 공격이 증가한다. 이를 막기 위해서는 반드시 보안기술 시스템을 구축해야 한다.

03

정답 ③

'하지만 산수화 속의 인간은 산수에 부속된 것일 뿐이다. 산수화에서의 초점은 산수에 있지, 산수 속에 묻힌 인간에 있지 않다.'라는 문장을 통해 확인할 수 있다.

오답분석

① 조선 시대 회화의 주류가 인간의 외부에 존재하는 대상을 그리는 것이 대부분이었다면, 조선 후기에 등장한 풍속화는 인간의 모습을 화폭 전면에 채우는 그림으로 인간을 중심으로 하고, 현세적이고 일상적인 생활을 소재로 한다.
② 풍속화에 등장하는 인물의 주류는 이미 양반이 아닌 농민과 어민, 그리고 별감, 포교, 나장, 기생, 뚜쟁이 할미까지 도시의 온갖 인간들이 등장한다.
④ 조선 시대 회화의 주류는 산수화였다.
⑤ 여성이 회화의 주요대상으로 등장하는 것은 조선 후기의 풍속화에 와서야 가능하게 되었다.

04

정답 ③

유전거리 비교의 한계를 보완하기 위해 나온 방법이 유전체 유사도를 측정하는 방법이며, 유전체 유사도는 종의 경계를 확정하는 데 유용한 기준을 제공한다고 하였으므로 적절하다.

오답분석

① 두 번째 문단 첫 번째 문장에 따르면 미생물의 종 구분에 외양과 생리적 특성을 이용한 방법이 사용되기도 한다.
② 마지막 문단에 따르면 수많은 유전자를 모두 비교하는 것은 현실적으로 어렵기 때문에 유전체의 특성을 화학적으로 비교하는 방법이 주로 사용되고 있다.
④ 제시문에서 확인할 수 없는 내용이다.
⑤ 마지막 문단에 따르면 유전체의 특성을 화학적으로 비교하는 방법이 주로 사용되고 있다.

05

정답 ④

제4조에서 '대통령령 공포문의 전문에는 대통령이 서명한 후 대통령인을 찍고 그 공포일을 명기하여 국무총리와 관계 국무위원이 서명한다.'고 하였으므로 대통령인이 찍힌 법령에는 국무총리의 서명이 들어간다. 그리고 제2조 제1항 역시 같으므로 옳은 내용이다.

오답분석

① 제2조에서 '법률 공포문의 전문에는 대통령인을 찍지만 국회의장이 공포하는 법률의 공포문 전문에는 국회의장이 서명한 후 국회의장인을 찍는다.'고 하였으므로 옳지 않다.
② 제3조에서 '조약 공포문의 전문에는 대통령인을 찍는다.'고 하였으므로 옳지 않다.
③ 제2조에서 법률 공포문의 전문에는 대통령인 혹은 국회의장인을 찍는다고 하였으므로 옳지 않다.
⑤ 제6조 제2항에서 '관보의 내용은 종이관보를 우선으로 하며, 전자관보는 부차적인 효력을 가진다.'고 하였으므로 옳지 않다.

대표기출유형 08 기출응용문제

01

정답 ②

제시문은 최대수요입지론에 의해 업체가 입지를 선택하는 방법을 설명하는 글로, 최초로 입지를 선택하는 업체와 그다음으로 입지를 선택하는 업체가 입지를 선정하는 기준과 변인이 생기는 경우 두 업체의 입지를 선정하는 기준을 설명한다. 따라서 (나) 최대수요입지론에서 입지를 선정할 때 고려하는 요인 – (가) 최초로 입지를 선정하는 업체의 입지 선정법 – (다) 다음으로 입지를 선정하는 업체의 입지 선정법 – (라) 다른 변인이 생기는 경우 두 경쟁자의 입지 선정법 순으로 연결되는 것이 적절하다.

02

정답 ④

제시문은 사회서비스에 대한 정의와 다양한 방식을 소개하며, 이를 통해 알 수 있는 사회서비스의 의의를 설명하고 있다. 따라서 (라) 사회서비스의 정의 – (가) 사회서비스의 다양한 방식 – (다) 최근 사회서비스의 경향 – (나) 이를 통해 알 수 있는 사회서비스의 의의 순서로 연결되는 것이 적절하다.

03

정답 ④

제시문은 임베디드 금융에 대한 정의, 장점 및 단점 그리고 이에 대한 개선 방안을 설명하는 글이다. 따라서 (라) 임베디드 금융의 정의 – (나) 임베디드 금융의 장점 – (다) 임베디드 금융의 단점 – (가) 단점에 대한 개선 방안 순서로 연결되는 것이 적절하다.

04

정답 ③

제시문은 메타 윤리학에서 도덕 실재론과 정서주의의 상반된 주장에 대해 설명하고 있다. 도덕 실재론에 대한 설명인 (나)와 정서주의에 대한 설명인 (다) 중 전환 기능의 접속어 '한편'이 (다)에 포함되어 있으므로 (나)가 더 앞에 와야 한다. 다음으로 환언 기능의 접속어 '즉'으로 시작하며 도덕적 진리를 과학적 명제처럼 판단하는 도덕 실재론에 대한 부연설명을 하고 있는 (라)가 오는 것이 적절하다. 또한 도덕 실재론과 다른 정서주의의 특징을 설명하는 (다)가 오고, 이에 대한 부연설명인 (가)가 이어져야 한다. 따라서 (나) – (라) – (다) – (가) 순서로 연결되는 것이 적절하다.

대표기출유형 09 기출응용문제

01

정답 ①

제시문의 첫 번째 문단에서는 '사회적 자본'이 늘어나면 정치 참여도가 높아진다는 주장을 하였고, 두 번째 문단에서는 사회적 자본의 개념을 사이버공동체에 도입하였으나 현실과 잘 맞지 않는다고 하면서 사회적 자본의 한계를 서술했다. 그리고 마지막 문단에서는 이 같은 사회적 자본만으로는 정치 참여가 늘어나기 어렵고 이른바 '정치적 자본'의 매개를 통해서만이 가능하다는 주장을 하고 있다. 따라서 중심 내용으로 ①이 가장 적절하다.

PART 1

02

정답 ③

제시문은 우리나라가 지식 기반 산업 위주의 사회로 바뀌면서 내부 노동시장에 의존하던 인력 관리 방식이 외부 노동시장에서의 채용으로 변화함에 따라 지식 격차에 의한 소득 불평등과 국가 간 경제적 불평등 현상이 심화되고 있다고 말하고 있다. 따라서 주제로 ③이 가장 적절하다.

오답분석

① 정보통신 기술을 통해 전 지구적 노동시장이 탄생하여 기업을 비롯한 사회 조직들이 국경을 넘어 인력을 충원하고 재화와 용역을 구매하고 있다고 언급했다. 하지만 이러한 국가 간 노동 인력의 이동이 가져오는 폐해에 대해서는 언급하고 있지 않다.
② 지식 기반 경제로의 이행은 지식 격차에 의한 소득 불평등 심화 현상을 일으킨다고 하였다. 하지만 이것에 대한 해결책은 언급하고 있지 않다.
④ 생산 기능은 저개발국으로 이전되고 연구·개발 기능은 선진국으로 모여들어 정보 격차가 확대되고 있다고 하였다. 하지만 국가 간의 격차 축소 정책의 필요성은 언급하고 있지 않다.
⑤ 사회 불평등 현상은 지식 기반 산업 위주로 변화하는 국가에서 나타나거나 나라와 나라 사이에서 나타나기도 한다고 하였다. 그러나 제시문 전체 내용을 포괄하고 있지 않으므로 주제로 적절하지 않다.

03

정답 ②

제시문은 '탈원전·탈석탄 공약에 맞는 제8차 전력공급기본계획 수립 → 분산형 에너지 생산시스템으로의 정책 방향 전환 → 분산형 에너지 생산시스템에 대한 정부의 강한 의지 → 중앙집중형 에너지 생산시스템의 문제점 노출 → 중앙집중형 에너지 생산시스템의 비효율성'의 내용으로 전개되고 있다. 즉, 제시문은 일관되게 '에너지 분권의 필요성과 나아갈 방향'을 말하고 있으므로 주제로 ②가 가장 적절하다.

오답분석

①·③ 제시문에서 언급되지 않았다.
④ 다양한 사회적 문제점들과 기후 및 천재지변 등에 의한 문제점들을 언급하고 있으나, 이는 주제를 뒷받침하기 위한 이슈이므로 제시문 전체의 주제로 보기는 어렵다.
⑤ 전력수급기본계획의 수정 방안을 제시하고 있지는 않다.

04

정답 ④

(라) 문단에서는 부패를 개선하기 위한 정부의 제도적 노력에도 불구하고 반부패정책 대부분이 효과가 없었음을 이야기하고 있다. 따라서 부패인식지수의 개선 방안이 아닌 '정부의 부패인식지수 개선에 대한 노력의 실패'가 (라) 문단의 소제목으로 적절하다.

05

정답 ③

(다) 문단은 비실명 금융거래의 폐해로 금융실명제 도입의 필요성에 대해 설명하고 있다. 따라서 ③은 소제목으로 적절하지 않다.

대표기출유형 10 기출응용문제

01

정답 ③

㉠은 기업들이 더 많은 이익을 내기 위해 '디자인의 향상'에 몰두하는 것이 바람직하다는 판단이다. 즉, '상품의 사회적 마모를 짧게 해서 소비를 계속 증가시키기 위한' 방안인데, 이것에 대한 반론이 되기 위해서는 ㉠의 주장이 지니고 있는 문제점을 비판하여야 한다. ㉠이 지니고 있는 가장 큰 문제점은 '과연 성능 향상 없는 디자인 변화가 소비를 촉진시킬 수 있는 것인가'이다. 디자인 변화는 분명히 상품의 소비를 촉진시킬 수 있는 효과적 방법 중의 하나이지만 '성능이나 기능, 내구성'의 향상이 전제되지 않았을 때는 효과를 내기 힘들기 때문이다.

02

정답 ④

제시문에서는 드론이 개인의 정보 수집과 활용에 대한 사전 동의 없이도 개인 정보를 저장할 수 있어 사생활 침해 위험이 높으므로 '사전 규제' 방식을 적용해야 한다고 주장한다. 따라서 이러한 주장에 대한 반박으로는 개인 정보의 복제, 유포, 위조에 대해 엄격한 책임을 묻는다면 사전 규제 없이도 개인 정보를 보호할 수 있다는 ④가 가장 적절하다.

03

정답 ③

제시문은 사회복지의 역할을 긍정하며 사회복지 찬성론자의 입장을 설명하고 있다. 따라서 사회 발전을 위한 사회복지가 오히려 장애가 될 수 있다는 점을 주장하며 반박할 수 있다.

04

정답 ②

『일리아스』는 객관적 서술 태도와는 거리가 멀다고 할 수 있으므로, 비판으로 적절하지 않은 것은 ②이다.

05

정답 ①

뉴턴(㉠)은 시간은 공간과 무관한 독립적이고 절대적인 것으로, 모든 우주에서 동일한 빠르기로 흐른다고 보았다. 그러나 아인슈타인(㉡)은 이러한 뉴턴의 시간관을 근본적으로 거부하고, 시간과 공간은 서로 긴밀하게 연관되어 함께 변하는 상대적인 양이라고 보았다. 따라서 아인슈타인의 입장에서 시간은 상대적으로 흐르므로 시간을 절대적이라고 보는 뉴턴의 생각을 비판할 수 있다.

오답분석

② 상대 시간 개념이 물체의 운동을 설명할 수 없다는 내용은 아인슈타인의 생각과 같지 않다.
③ 아인슈타인은 시간을 인위적 개념으로 여기지 않았다.
④ 아인슈타인은 시간과 공간은 별개의 물리량이 아니라 서로 긴밀하게 연관되어 함께 변한다고 보았다. 즉, 독립적으로 고려할 수 없다고 본 것이다.
⑤ 마지막 문단을 통해 아인슈타인이 시간의 팽창에 대해서 언급한 것을 알 수 있다. 그러나 시간이 반대로 흐르는 역행 가능성에 대한 언급은 없다.

대표기출유형 11 기출응용문제

01

정답 ④

첫 번째와 두 번째 문단에서 EU가 철제 다리 덫 사용을 금지하는 나라의 모피만 수입하기로 결정한 내용과 동물실험을 거친 화장품의 판매조치 금지 법령이 WTO의 영향을 받아 실행되지 못한 예가 제시되고 있다. 따라서 ④의 추론은 적절하다.

02

정답 ③

두 번째 문단에 따르면 경덕왕 시기에 통일된 석탑양식이 지방으로까지는 파급되지 못하고 경주에 밀집된 모습을 보였다.

오답분석

① 문화가 부흥할 수 있었던 배경에는 안정된 왕권과 정치제도가 있었다.
② 장항리 오층석탑 역시 통일신라 경덕왕 시기 유행했던 통일된 석탑양식으로 주조되었다.
④ 통일된 양식 이전에는 시원양식과 전형기가 유행했다.
⑤ 1층의 탑신에 비해 2층과 3층은 낮게 만들어 체감율에 있어 안정감을 추구한다.

03

정답 ②

르네상스의 야만인 담론은 이전과는 달리 현실적 구체성을 띠고 있지만 전통 야만인관에 의해 각색되는 것은 여전하다.

오답분석

①·④·⑤ 두 번째 문단에서 확인할 수 있다.
③ 첫 번째 문단에서 확인할 수 있다.

04

정답 ⑤

김씨에게 탁구를 가르쳐 준 사람에 대한 정보는 말로 표현할 수 있는 서술 정보에 해당하며, 이는 뇌의 내측두엽에 있는 해마에 저장된다.

오답분석

① 김씨는 내측두엽의 해마가 손상된 것일 뿐 감정이나 공포와 관련된 기억이 저장되는 편도체의 손상 여부는 알 수 없다.
② 대뇌피질에 저장된 수술 전의 기존 휴대폰 번호는 말로 표현할 수 있는 서술 정보에 해당한다.
③ 운동 기술은 대뇌의 선조체나 소뇌에 저장되는데, 김씨는 수술 후 탁구 기술을 배우는 데 문제가 없으므로 대뇌의 선조체는 손상되지 않았음을 알 수 있다.
④ 탁구 기술은 비서술 정보이므로 대뇌의 선도체나 소뇌에 저장되었을 것이다.

05

정답 ③

누진적소득세는 재정정책 중 자동안정화장치의 하나로 내부시차가 없어 경제 상황에 신속하게 대응할 수 있다.

오답분석

① 누진적소득세는 재정정책의 하나이다. 화폐 공급량은 통화정책을 통해 조절된다.
② 자동안정화장치는 별도의 동의 절차 없이 적용된다.
④ 재량적 재정정책에 대한 설명이다. 누진적소득세와 같은 자동안정화장치는 내부시차가 없다.
⑤ 누진적소득세는 재량적 재정정책과 마찬가지로 외부시차가 짧다.

CHAPTER

02 수리능력

대표기출유형 01 기출응용문제

01

정답 ③

454,469÷709+879=641+879=1,520

02

정답 ⑤

512,745−425,427+23,147=535,892−425,427=110,465

03

정답 ④

$16=4^2$임을 이용한다.

$48^2=(4\times12)^2=4^2\times12^2$, $16^2=4^2\times4^2$

$(48^2+16^2)\div16+88=(12^2+4^2)+88=(144+16)+88=160+88=248$

대표기출유형 02 기출응용문제

01

정답 ①

홀수 항은 ×(−3)을 하는 수열이고, 짝수 항은 ÷5를 적용하는 수열이다.

따라서 (　)=10÷5=2이다.

02

정답 ②

앞의 항에 0.1, 0.15, 0.2, 0.25, …씩 더하는 수열이다.

따라서 (　)=1.1+0.3=1.4이다.

03

정답 ②

나열된 수를 각각 A, B, C라고 하면, 다음 관계가 성립된다.

$\underline{A\ B\ C} \rightarrow B-A=C$

따라서 (　)−(−27)=23이므로 (　)=23−27=−4이다.

대표기출유형 03 기출응용문제

01

정답 ③

(앞의 항)+(뒤의 항)=(다음 항)인 수열이다.

A	A	B	C	E	H	M	(U)
1	1	2	3	5	8	13	21

02

정답 ②

홀수 항은 1씩 더하고, 짝수 항은 2씩 곱하는 수열이다.

D	C	E	F	F	L	(G)	X
4	3	5	6	6	12	7	24

03

정답 ②

앞의 항에 2씩 곱하는 수열이다.

A	B	D	H	P	(F)
1	2	4	8	16	32(=26+6)

대표기출유형 04 기출응용문제

01

정답 ③

$(시간)=\frac{(거리)}{(속력)}=\frac{2}{4}=\frac{1}{2}$이므로, 하진이는 30분 만에 학교에 도착한다.

02

정답 ②

두 열차가 같은 시간 동안 이동한 거리의 합은 6km이다.
두 열차가 이동한 시간이 같고, KTX와 새마을호 속력의 비는 7 : 5이므로 KTX와 새마을호가 이동한 거리를 각각 $7x$km, $5x$km라고 하면 다음 식이 성립한다.

$7x+5x=6$

$\therefore\ x=0.5$

따라서 새마을호가 이동한 거리는 2.5km, KTX가 이동한 거리는 3.5km이다.

03

정답 ④

동녘이의 등산 소요 시간은 총 9시간이다.
이 중 집에서 산까지 걸어가는 데 소요되는 시간은 $10\div5=2$시간이며, 산을 오르는 데 걸린 시간은 $12\div4=3$시간이다.
또한 돌아올 때 평지에서 소요되는 시간도 2시간이므로 산을 내려오는 데 소요된 시간은 $9-(2+3+2)=2$시간이다.
따라서 산을 내려올 때의 속력은 $12\div2=6$km/h이다.

대표기출유형 05 기출응용문제

01

정답 ②

농도 5% 소금물의 양을 xg이라고 하면 다음 식이 성립한다.

$$\frac{11}{100}\times100+\frac{5}{100}\times x=\frac{10}{100}\times(100+x)$$

$1,100+5x=1,000+10x$

$\therefore x=20\text{g}$

따라서 농도 5%의 소금물은 20g이다.

02

정답 ③

- 10%의 소금물 1,000g에 들어 있는 소금의 양 : $1,000\times\frac{10}{100}=100\text{g}$
- 순수한 물의 양 : $1,000-100=900\text{g}$
- 1시간 30분 동안 증발한 물의 양 : $90\times4=360\text{g}$

따라서 1시간 30분 후 남은 순수한 물의 양은 $900-360=540\text{g}$이다.

03

정답 ④

농도 15%의 소금물 500g에는 $500\times\frac{15}{100}=75\text{g}$의 소금이 들어 있다. 이때 xg의 물을 더 넣으므로 다음 식이 성립한다.

$$\frac{75}{500+x}\times100=10 \rightarrow 750=500+x$$

$\therefore x=250$

따라서 농도 10%의 소금물이 되기 위해 250g의 물을 넣어야 한다.

대표기출유형 06 기출응용문제

01

정답 ①

A회사는 10분에 5개의 인형을 만드므로 1시간에 30개의 인형을 만든다. 따라서 40시간에 인형은 1,200개를 만들고, 인형 뽑는 기계는 40대를 만든다. 기계 하나당 적어도 40개의 인형이 들어가야 하므로 최대 30대의 인형이 들어 있는 인형 뽑는 기계를 만들 수 있다.

02

정답 ⑤

자료를 다운받는 데 걸리는 시간을 x초라고 하면 자료를 다운받는 데 걸리는 시간이 사이트에 접속하는 데 걸리는 시간의 4배라고 하였으므로, 사이트에 접속하는 데 걸리는 시간은 $\frac{1}{4}x$초이다.

$$x+\frac{1}{4}x=75 \rightarrow 5x=300$$

$\therefore x=60$

따라서 600KB의 자료를 다운받는 데 1초가 걸리므로, A씨가 다운받은 자료의 용량은 $600\times60=36,000\text{KB}$이다.

03

정답 ②

수조에 가득 채울 수 있는 물의 양을 X, 매분 급수관 A로 채울 수 있는 물의 양을 $2x$, 급수관 B로 채울 수 있는 물의 양을 x, 매분 발생하는 누수의 양을 y라고 하면 다음 식이 성립한다.

$4(2x-y)=X \cdots$ ㉠

$10(x-y)=X \cdots$ ㉡

㉠, ㉡을 연립하면 $4y=\frac{X}{5}$ 이다.

$\therefore\ y=\frac{X}{20}$

따라서 가득 찬 수조에서 누수에 의해 물이 모두 빠져나가기까지 걸리는 시간은 20분이다.

PART 1

대표기출유형 07 기출응용문제

01

정답 ⑤

원가를 x원이라고 하면 정가는 $(x+3,000)$원이다.

정가에서 20%를 할인하여 5개 팔았을 때 순이익과 조각 케이크 1개당 정가에서 2,000원씩 할인하여 4개를 팔았을 때의 매출액이 같으므로 다음 식이 성립한다.

$5\{0.8\times(x+3,000)-x\}=4(x+3,000-2,000)$

$\rightarrow 5(-0.2x+2,400)=4x+4,000$

$\rightarrow 5x=8,000$

$\therefore\ x=1,600$

따라서 정가는 $1,600+3,000=4,600$원이다.

02

정답 ④

총경비를 x만 원이라고 하면 다음 식이 성립한다.

- 숙박비와 왕복 항공권 비용 : $\frac{2}{3}x$만 원
- 교통비 : $\left(\frac{1}{3}x\times\frac{1}{6}\right)$만 원
- 교통비까지 쓰고 남은 경비 : $\left(\frac{1}{3}x\times\frac{5}{6}\right)$만 원

교통비까지 쓰고 남은 경비가 40만 원이므로 다음과 같다.

$\frac{1}{3}x\times\frac{5}{6}=40$

$\therefore\ x=144$

따라서 총경비는 144만 원이다.

03

정답 ②

- 이벤트 이전 가격 : $8,000\times46=368,000$원
- 이벤트 적용 가격 : $\left\{8,000\times\left(1-\frac{20}{100}\right)\times40\right\}+8,000\times6=304,000$원

따라서 할인받을 수 있는 금액은 $368,000-304,000=64,000$원이다.

대표기출유형 08 기출응용문제

01

정답 ①

25와 30의 최소공배수는 150이다.

따라서 $150 \div 7 = 21 \cdots 3$이므로, 다음으로 두 장터가 동시에 열리는 날은 목요일부터 3일이 지난 일요일이다.

02

정답 ②

$40 = 2^3 \times 5$, $12 = 2^2 \times 3$이므로 최소공배수는 $2^3 \times 3 \times 5 = 120$이다.

12명의 학생이 10일 동안 돌아가면서 정리하면 처음 같이 정리했던 부원과 함께 정리할 수 있다.

따라서 6월 7일에 정리한 학생들이 처음으로 도서관을 정리하는 날이 같아지는 날은 $10 + 4 = 14$일 후인 6월 21일이다.

03

정답 ④

제시된 연차 계산법에 따라 A씨의 연차를 구하면 다음과 같다.

- 기간제 : $(6 \times 365) \div 365$일$\times 15 = 90$일
- 시간제 : $(8 \times 30 \times 6) \div 365 \fallingdotseq 4$일

따라서 $90 + 4 = 94$일이다.

대표기출유형 09 기출응용문제

01

정답 ⑤

- 첫 번째 손님에게 6장의 쿠폰 중 1장을 주는 경우의 수 : ${}_6C_1 = 6$가지
- 두 번째 손님에게 5장의 쿠폰 중 2장을 주는 경우의 수 : ${}_5C_2 = 10$가지
- 세 번째 손님에게 3장의 쿠폰 중 3장을 주는 경우의 수 : ${}_3C_3 = 1$가지

따라서 쿠폰을 나눠주는 경우의 수는 $6 \times 10 \times 1 = 60$가지이다.

02

정답 ⑤

위원회를 구성할 수 있는 경우의 수는 학생회장과 A교수가 동시에 뽑히는 경우를 제외한 것과 같다.

전체 인원 12명 중 5명을 뽑는 경우의 수는 ${}_{12}C_5 = \frac{12 \times 11 \times 10 \times 9 \times 8}{5 \times 4 \times 3 \times 2 \times 1} = 792$가지이고, 학생회장과 A교수가 같이 대표로 뽑힐 경우의 수는 12명 중 이 2명을 제외한 10명에서 3명을 뽑는 경우이므로 ${}_{10}C_3 = \frac{10 \times 9 \times 8}{3 \times 2 \times 1} = 120$가지이다.

따라서 위원회를 구성하는 경우의 수는 $792 - 120 = 672$가지이다.

03

정답 ③

신입사원 10명 중 5명을 뽑는 경우의 수는 ${}_{10}C_5 = \frac{10 \times 9 \times 8 \times 7 \times 6}{5 \times 4 \times 3 \times 2 \times 1} = 252$가지이다.

대표기출유형 10 기출응용문제

01

정답 ⑤

A, B, C 세 사람이 가위바위보를 할 때 나올 수 있는 모든 경우의 수는 $3\times3\times3=27$가지이다.
이때 A만 이기는 경우를 순서쌍으로 나타내면 (보, 바위, 바위), (가위, 보, 보), (바위, 가위, 가위)로 3가지이다.

따라서 A만 이길 확률은 $\frac{3}{27}=\frac{1}{9}$이다.

02

정답 ③

두 수의 곱이 짝수인 경우는 (짝수, 홀수), (홀수, 짝수), (짝수, 짝수)이고, 두 수의 곱이 홀수인 경우는 (홀수, 홀수)이다.

a, b의 곱이 짝수일 확률은 $1-$(a, b의 곱이 홀수일 확률)이다. 따라서 a와 b의 곱이 짝수일 확률은 $1-\left(\frac{1}{3}\times\frac{2}{5}\right)=\frac{13}{15}$이다.

03

정답 ②

10명을 일렬로 배열하는 방법의 수는 $10!$이고 각각에 대하여 서로 같은 경우가 5가지씩 있으므로, 10명이 정오각형 모양의 탁자에 둘러앉는 방법의 수는 $\frac{10!}{5}$이다.

탁자의 각 변에 남자를 앉힐 수 있는 경우의 수는 $5!$이고, 여자 5명을 남은 자리에 앉히는 경우의 수 또한 $5!$이다. 각 변의 남녀가 서로 자리를 바꾸어 앉는 경우의 수는 각각 2가지이다. 이때, 남자와 여자가 이웃하여 앉은 각 변이 회전하여 같아지는 경우가 5가지($\because$ 정오각형 모양의 탁자)이므로 탁자의 각 변에 남자와 여자가 이웃하여 앉는 경우의 수는 $\frac{5!\times5!\times2^5}{5}$이다.

따라서 구하고자 하는 확률은 $\frac{\frac{5!\times5!\times2^5}{5}}{\frac{10!}{5}}=\frac{8}{63}$이다.

대표기출유형 11 기출응용문제

01

정답 ②

$$1,000\text{위안}\times\frac{170\text{원}}{1\text{위안}}\times\frac{1\text{바트}}{35\text{원}}=\frac{1,000\times170}{35}\fallingdotseq4,857.14\text{바트}$$

따라서 4,857바트이다.

02

정답 ③

$$1\text{루블}/13\text{원}=\frac{1\text{루블}}{13\text{원}}\times\frac{1,250\text{원}}{1\text{달러}}=\frac{1,250}{13}\text{루블/USD}\fallingdotseq96.15\text{루블/USD}$$

따라서 러시아 루블을 달러 지수로 환산한 값은 96루블/USD이다.

오답분석

① 중국 : $1\text{위안}/170\text{원}=\frac{1,250}{170}\text{위안/USD}\fallingdotseq7.35\text{위안/USD}$

② 일본 : $1\text{엔}/8.5\text{원}=\frac{1,250}{8.5}\text{엔/USD}\fallingdotseq147.06\text{엔/USD}$

④ 태국 : $1\text{바트}/35\text{원}=\frac{1,250}{35}\text{바트/USD}\fallingdotseq35.71\text{바트/USD}$

⑤ 사우디아라비아 : $1\text{리얄}/350\text{원}=\frac{1,250}{350}\text{리얄/USD}\fallingdotseq3.57\text{리얄/USD}$

03

정답 ②

2024년 9월에 100만 원을 달러로 환전 후 같은 금액을 2024년 12월에 원으로 환전한다.

- 2024년 9월 원화에서 달러로 환전 : $1,000,000\times\frac{1\text{달러}}{1,327\text{원}}\fallingdotseq753.6\text{달러}$
- 2024년 12월 달러에서 원화로 환전 : $753.6\text{달러}\times\frac{1,302\text{원}}{1\text{달러}}\fallingdotseq981,000\text{원}$

따라서 2024년 12월에 환전받는 금액은 981,000원이므로 손해를 본 금액은 1,000,000−981,000=19,000원이다.

대표기출유형 12 기출응용문제

01

정답 ③

이달 말부터 a만 원씩 갚는다고 하면 이자를 포함하여 갚아야 하는 금액의 총합은 다음과 같다.

$a+a\times1.015+\cdots+a\times1.015^{11}$

$\rightarrow\ \frac{a(1.015^{12}-1)}{1.015-1}=\frac{a(1.2-1)}{0.015}=\frac{0.2a}{0.015}=\frac{40}{3}a$

12개월 후 40만 원의 원리합계는 $40\times1.015^{12}=40\times1.2=48$이므로, $\frac{40}{3}a=48$이다.

$\therefore\ a=\frac{18}{5}=3.6$

따라서 매달 3만 6천 원씩 갚아야 한다.

02

정답 ②

매년 말에 일정 금액(x억 원)을 n번 일정한 이자율(r)로 은행에 적립하였을 때 금액의 합(S)은 다음과 같다.

$$S=\frac{x\{(1+r)^n-1\}}{r}$$

2025년 말부터 2044년 말까지 20번 적립하였고, 연이율 r은 10%이며, 복리 합인 S는 1억 원이므로 다음 식이 성립한다.

$$1=\frac{x(1.1^{20}-1)}{0.1} \rightarrow x=\frac{1\times0.1}{5.7}=\frac{1}{57}\fallingdotseq0.01754\text{억 원}$$

만 원 단위 미만은 절사하므로 A고객이 매년 말에 적립해야 하는 금액은 175만 원이다.

03

정답 ④

적립식 단리 이자가 (월 납입액)$\times\frac{n(n+1)}{2}\times\frac{r}{12}$($n$은 개월 수, r은 연이자율)일 때 다음 식이 성립한다.

- 이자 : $300,000\times\frac{24\times25}{2}\times\frac{0.021}{12}=157,500$원
- 세후 이자(이자 소득세 15% 제외) : $157,500\times0.85=133,875$원

따라서 만기 시 수령할 적금의 총액은 $(300,000\times24)+133,875=7,333,875$원이다.

04

정답 ⑤

문제의 조건에 따라 적금 상품별 만기환급금을 계산하면 다음과 같다.

- A적금 : $30\times\frac{1.025^{\frac{25}{12}}-1.025^{\frac{1}{12}}}{1.025^{\frac{1}{12}}-1}=30\times\frac{1.05-1.002}{0.002}=720$만 원
- B적금 : $30\times24+30\times\frac{24\times25}{2}\times\frac{0.04}{12}=750$만 원

05

정답 ⑤

A씨가 취급한 대출상환방식은 분기마다 1회 후납하는 방식이며, 4회 동안 동일한 원금을 납부해야 한다. 그리고 분기마다 적용되는 이율은 8÷4=2%이다. 기간별로 지불해야 할 이자를 계산하면 다음과 같다.

구분	1분기	2분기	3분기	4분기	합계
대출잔액	4천만 원	3천만 원	2천만 원	1천만 원	-
상환원금	4천만 원÷4회 =1천만 원	1천만 원	1천만 원	1천만 원	4천만 원
이자	4천만 원×2% =800,000원	3천만 원×2% =600,000원	2천만 원×2% =400,000원	1천만 원×2% =200,000원	2백만 원

따라서 지불해야 할 이자 총액은 2,000,000원이다.

대표기출유형 13 기출응용문제

01

정답 ③

참여율이 4번째로 높은 해는 2021년이다.

$(\text{참여율의 증가율})=\frac{(\text{해당연도 참여율})-(\text{전년도 참여율})}{(\text{전년도 참여율})}$이므로 $\frac{6.9-5.7}{5.7}\times 100 ≒ 21\%$이다.

02

정답 ⑤

작년 전체 실적은 45+50+48+42=185억 원이며, 1～2분기와 3～4분기 실적의 비중을 구하면 다음과 같다.

- 1～2분기 비중 : $\frac{45+50}{185}\times 100 ≒ 51.4\%$
- 3～4분기 비중 : $\frac{48+42}{185}\times 100 ≒ 48.6\%$

이때 두 비중의 합은 100%이므로 비율 하나만 계산하고, 나머지는 100%에서 빼면 빠르게 문제를 해결할 수 있다.

03

정답 ③

2024년 4월 아파트 실거래지수가 137.8이고 전월 대비 증감량이 －1.5이므로 2024년 3월 아파트 실거래지수는 137.8+1.5=139.3이다.

또한 제시된 자료를 역산하면 2023년 3월 실거래지수는 137.8+1.5－1.7+ … －2.7=131.6이다.

따라서 증감률은 $\frac{139.3-131.6}{131.6}\times 100 ≒ 5.9\%$이다.

04

정답 ③

'1권 이상'의 성인 독서율은 2023년 대비 2024년 사례수 증가율만큼 증가한다. 빈칸 (가)의 50대 성인 독서율의 경우, 2023년 대비 2024년 사례수가 $\frac{1,200-1,000}{1,000}\times 100=20\%$ 증가하였다.

따라서 '1권 이상'의 성인 독서율 (가)에 들어갈 수치는 60×1.2=72가 된다.

05

정답 ⑤

영업팀별 연간 매출액을 구하면 다음과 같다.

- 영업 A팀 : (50×0.1)+(100×0.1)+(100×0.3)+(200×0.15)=75억 원
- 영업 B팀 : (50×0.2)+(100×0.2)+(100×0.2)+(200×0.4)=130억 원
- 영업 C팀 : (50×0.3)+(100×0.2)+(100×0.25)+(200×0.15)=90억 원
- 영업 D팀 : (50×0.4)+(100×0.5)+(100×0.25)+(200×0.3)=155억 원

따라서 연간 매출액이 큰 순서로 팀을 나열하면 'D－B－C－A'이고, 이때 매출 1위인 영업 D팀의 연 매출액은 '155억 원'이다.

대표기출유형 14 기출응용문제

01

정답 ②

제시된 그래프는 구성비에 해당하므로 2024년에 전체 수송량이 증가하였다면 2024년 구성비가 감소하였어도 수송량은 증가했을 수 있다. 구성비로 수송량 자체를 비교해서는 안 된다는 점에 유의해야 한다.

02

정답 ①

5급 공무원과 7급 공무원 채용인원 모두 2018년부터 2021년까지 전년 대비 증가했고, 2022년에는 전년 대비 감소했다.

오답분석

ㄴ. 2014 ~ 2024년 동안 채용인원이 가장 적은 해는 5급과 7급 공무원 모두 2014년이며, 가장 많은 해는 2021년이다. 따라서 2021년과 2014년의 채용인원 차이는 5급 공무원이 28－18＝10백 명, 7급 공무원은 49－31＝18백 명으로 7급 공무원이 더 많다.

ㄷ. 2015년부터 2024년까지 전년 대비 채용인원의 증감량이 가장 많은 해는 5급 공무원의 경우 2022년일 때 전년 대비 23－28＝－5이므로 5백 명이 감소했고, 7급 공무원의 경우 2015년일 때 전년 대비 38－31＝7백 명이 증가했다.

ㄹ. 2022년 채용인원은 5급 공무원이 23백 명, 7급 공무원이 47백 명으로 7급 공무원 채용인원이 5급 공무원 채용인원의 2배인 23×2＝46백 명보다 많다.

03

정답 ③

ㄴ. 환율상승률이 가장 큰 해는 절상률의 (－) 값이 가장 큰 해를 의미하고, 환율하락률이 가장 작은 해는 절상률의 (＋) 값이 가장 작은 해를 의미하기 때문에 쉽게 찾을 수 있다. 환율하락률이 가장 작은 해는 2023년이다.

ㄷ. 달러에 대한 엔화의 절하율이 더 크기 때문에 엔화에 대한 원화의 통화가치는 커진 것이고(평가 절상), 따라서 엔화 대비 원화 환율은 하락하였다.

04

정답 ③

대치동의 증권자산은 23.0－17.7－3.1＝2.2조 원, 서초동의 증권자산은 22.6－16.8－4.3＝1.5조 원이므로 옳다.

오답분석

① 압구정동의 가구 수는 $\frac{14.4조}{12.8억}$＝11,250가구, 여의도동의 가구 수는 $\frac{24.9조}{26.7억}$ ≒9,300가구이므로 압구정동의 가구 수가 더 많다.

② 이촌동의 가구 수가 2만 이상이려면 총자산이 7.4×20,000＝14.8조 원 이상이어야 한다. 그러나 이촌동은 총자산이 14.4조 원인 압구정동보다도 순위가 낮으므로 이촌동의 가구 수는 2만 가구 미만이다.

④ 여의도동의 부동산자산은 12.3조 원 미만이다. 따라서 여의도동의 증권자산은 최소 3조 원 이상이다.

⑤ 도곡동의 총자산 대비 부동산자산의 비율은 $\frac{12.3}{15.0}$×100＝82%이고, 목동의 총자산 대비 부동산자산의 비율은 $\frac{13.7}{15.5}$×100≒88.39%이므로 옳지 않다.

대표기출유형 15 기출응용문제

01

정답 ④

20대의 연도별 흡연율은 40대 흡연율로, 30대는 50대의 흡연율로 반영되었다.

02

정답 ①

오답분석

② 무직원의 장소에 대한 만족도 점수가 없다.

③ B장소의 평균 점수가 3.9점이지만 4.0점 이상으로 나타났다.

④ 병직원의 A ~ E장소에 대한 만족도 평균이 없다.

⑤ A ~ E장소에 대한 만족도 평균에서 표와의 수치를 비교해 보면 3.6점인 A장소가 없고, 수치가 어느 장소의 평균을 나타내는지 알 수 없다.

03

정답 ②

전년 대비 난민 인정자 증감률을 구하면 다음과 같다.

• 2020년

– 남자 : $\frac{35-39}{39}\times100 \fallingdotseq -10.3\%$

– 여자 : $\frac{22-21}{21}\times100 \fallingdotseq 4.8\%$

• 2021년

– 남자 : $\frac{62-35}{35}\times100 \fallingdotseq 77.1\%$

– 여자 : $\frac{32-22}{22}\times100 \fallingdotseq 45.5\%$

• 2022년

– 남자 : $\frac{54-62}{62}\times100 \fallingdotseq 12.9\%$

– 여자 : $\frac{51-32}{32}\times100 \fallingdotseq 59.4\%$

따라서 2021년 남자와 2022년 남자와 여자의 수치가 옳지 않다.

CHAPTER

03 | 문제해결능력

PART 1

대표기출유형 01 기출응용문제

01

정답 ⑤

제시된 명제를 기호화하여 정리하면 다음과 같다.

- p : 지구 온난화 해소
- q : 탄소 배출을 줄인다.
- r : 기후 위기가 발생한다.

첫 번째 명제는 $p \rightarrow q$, 두 번째 명제는 $\sim p \rightarrow r$이다. 두 번째 명제의 대우는 $\sim r \rightarrow p$이므로, $\sim r \rightarrow p \rightarrow q$가 성립한다. 따라서 $\sim r \rightarrow q$인 '기후 위기가 발생하지 않으려면 탄소 배출을 줄여야 한다.'가 들어가는 것이 적절하다.

02

정답 ②

제시된 명제를 기호화하여 정리하면 다음과 같다.

- A : 스테이크를 먹음
- B : 지갑이 없음
- C : 쿠폰을 받음

첫 번째 명제와 마지막 명제는 각각 $A \rightarrow B$, $\sim B \rightarrow C$이다. 이때, 첫 번째 명제의 대우는 $\sim B \rightarrow \sim A$이므로 마지막 명제가 참이 되려면 $\sim A \rightarrow C$가 필요하다. 따라서 빈칸에 들어갈 명제는 '스테이크를 먹지 않는 사람은 쿠폰을 받는다.'가 적절하다.

03

정답 ④

제시된 명제를 기호화하여 정리하면 다음과 같다.

- p : 도보로 걸음
- q : 자가용 이용
- r : 자전거 이용
- s : 버스 이용

$p \rightarrow \sim q$, $r \rightarrow q$, $\sim r \rightarrow s$이며, 두 번째 명제의 대우인 $\sim q \rightarrow \sim r$이 성립함에 따라 $p \rightarrow \sim q \rightarrow \sim r \rightarrow s$가 성립한다. 따라서 '도보로 걷는 사람은 버스를 탄다.'는 반드시 참이다.

04

정답 ④

제시된 명제를 정리하면 다음과 같다.

- 테니스 ○ → 가족 여행 ×
- 가족 여행 ○ → 독서 ○
- 독서 ○ → 쇼핑 ×
- 쇼핑 ○ → 그림 그리기 ○
- 그림 그리기 ○ → 테니스 ○

따라서 쇼핑 ○ → 그림 그리기 ○ → 테니스 ○ → 가족 여행 ×이므로 '쇼핑을 좋아하는 사람은 가족 여행을 싫어한다.'는 반드시 참이다.

05

정답 ③

먼저 세 번째 ~ 여섯 번째 조건을 기호화하면 다음과 같다.

- A or B → D, A and B → D
- C → ~E and ~F
- D → G
- G → E

세 번째 조건의 대우 ~D → ~A and ~B에 따라 D사원이 출장을 가지 않으면 A사원과 B사원 모두 출장을 가지 않는 것을 알 수 있다. 결국 D사원이 출장을 가지 않으면 C사원과 E, F, G대리가 모두 출장을 가야 한다. 그러나 이는 대리 중 적어도 한 사람은 출장을 가지 않다는 두 번째 조건과 모순되므로 성립하지 않는다. 그러므로 D사원은 반드시 출장을 가야 한다.

D사원이 출장을 가면 다섯 번째, 여섯 번째 조건을 통해 D → G → E가 성립하므로 G대리와 E대리도 출장을 가는 것을 알 수 있다. 이때, 네 번째 조건의 대우에 따라 E대리와 F대리 중 적어도 한 사람이 출장을 가면 C사원은 출장을 갈 수 없으며, 두 번째 조건에 따라 E, F, G대리는 모두 함께 출장을 갈 수 없다. 결국 D사원, G대리, E대리와 함께 출장을 갈 수 있는 사람은 A사원 또는 B사원이다.

따라서 항상 참인 것은 'C사원은 출장을 가지 않는다.'이다.

06

정답 ⑤

8조각으로 나누어져 있는 피자 3판을 6명이 같은 양만큼 나누어 먹으려면 한 사람당 $8\times3\div6=4$조각씩 먹어야 한다. A, B, E는 같은 양을 먹었으므로 A, B, E가 1조각, 2조각, 3조각, 4조각을 먹었을 때로 나누어 볼 수 있다.

i) A, B, E가 1조각을 먹었을 때

A, B, E를 제외한 나머지는 모두 먹은 양이 달랐으므로 D, F, C는 각각 4, 3, 2조각을 먹었을 것이다. 하지만 6조각이 남았다고 했으므로 $24-6=18$조각을 먹었어야 하는데 총 $1+1+1+4+3+2=12$조각이므로 옳지 않다.

ii) A, B, E가 2조각을 먹었을 때

$2+2+2+4+3+1=14$조각이므로 옳지 않다.

iii) A, B, E가 3조각을 먹었을 때

$3+3+3+4+2+1=16$조각이므로 옳지 않다.

iv) A, B, E가 4조각을 먹었을 때

$4+4+4+3+2+1=18$조각이므로 A, B, E는 4조각씩 먹었음을 알 수 있다.

F는 D보다 적게 먹었으며, C보다는 많이 먹었다고 하였으므로 C가 1조각, F가 2조각, D가 3조각을 먹었다.

따라서 2조각을 더 먹어야 하는 사람은 현재 2조각을 먹은 F이다.

대표기출유형 02 기출응용문제

01

정답 ⑤

A와 C의 성적 순위에 대한 B와 E의 진술이 서로 엇갈리고 있으므로, B의 진술이 참인 경우와 E의 진술이 참인 경우로 나누어 생각해 본다.

- B의 진술이 거짓이고 E의 진술이 참인 경우 : B가 거짓을 말한 것이 되어야 하므로 'B는 E보다 성적이 낮다.'도 거짓이 되어야 하는데, 만약 B가 E보다 성적이 높다면 A의 진술 중 'E는 1등이다.' 역시 거짓이 되어야 하므로 거짓이 2명 이상이 되어 모순이다. 따라서 B의 진술이 참이어야 한다.
- B의 진술이 참이고 E의 진술이 거짓인 경우 : 1등은 E, 2등은 B, 3등은 D, 4등은 C, 5등은 A가 되므로 모든 조건이 성립한다.

PART 1

02

정답 ⑤

A나 C가 농구를 한다면 진실만 말해야 하는데, 모두 다른 사람이 농구를 한다고 말하고 있으므로 거짓을 말한 것이 되어 모순이 된다. 그러므로 농구를 하는 사람은 B 또는 D이다.

i) B가 농구를 하는 경우

C는 야구, D는 배구를 하고 남은 A가 축구를 한다. A가 한 말은 모두 거짓이고, C와 D는 진실과 거짓을 한 개씩 말하므로 모든 조건이 충족된다.

ii) D가 농구를 하는 경우

B는 야구, A는 축구, C는 배구를 한다. 이 경우 A가 진실과 거짓을 함께 말하고, B와 C는 거짓만 말한 것이 되므로 모순이 된다. 그러므로 D는 농구를 하지 않는다.

따라서 A는 축구, B는 농구, C는 야구, D는 배구를 한다.

03

정답 ④

지원자 4의 진술이 거짓이면 지원자 5의 진술도 거짓이고, 지원자 4의 진술이 참이면 지원자 5의 진술도 참이다. 즉, 1명의 진술만 거짓이므로 지원자 4, 5의 진술은 참이다. 또한, 지원자 3의 진술이 거짓일 경우 지원자 1과 지원자 2의 진술이 모두 참이 되어 A부서에 선발된 지원자가 2명이 되므로 지원자 3의 진술은 참이다. 그러므로 지원자 1과 지원자 2 중 1명의 진술이 거짓이다.

i) 지원자 1의 진술이 거짓인 경우

지원자 3은 A부서에 선발이 되었고, 지원자 2는 B 또는 C부서에 선발되었다. 이때, 지원자 3의 진술에 따라 지원자 4가 B부서, 지원자 2가 C부서에 선발되었다.

∴ A부서 : 지원자 3, B부서 : 지원자 4, C부서 : 지원자 2, D부서 : 지원자 5

ii) 지원자 2의 진술이 거짓인 경우

지원자 2는 A부서에 선발이 되었고, 지원자 3은 B 또는 C부서에 선발되었다. 이때, 지원자 3의 진술에 따라 지원자 4가 B부서, 지원자 3이 C부서에 선발되었다.

∴ A부서 : 지원자 2, B부서 : 지원자 4, C부서 : 지원자 3, D부서 : 지원자 5

04

정답 ①

을의 진술이 진실이면 무의 진술도 진실이고, 을의 진술이 거짓이면 무의 진술도 거짓이므로, 을과 무의 진술이 참인 경우와 거짓인 경우로 나누어 생각해 본다.

i) 을과 무가 모두 진실을 말하는 경우

무는 범인이고, 나머지 3명은 모두 거짓을 말해야 한다. 정의 진술이 거짓이므로 정은 범인인데, 병이 무와 정이 범인이라고 했으므로 병은 진실을 말하는 것이 되어 2명만 진실을 말한다는 조건에 위배된다. 따라서 을과 무는 거짓을 말한다.

ii) 을과 무가 모두 거짓을 말하는 경우

무는 범인이 아니며, 갑·병·정 중 1명만 거짓을 말하고 나머지 2명은 진실을 말한다. 만약 갑이 거짓을 말한다면 을과 병이 모두 범인이거나 모두 범인이 아니어야 한다. 그런데 갑의 말이 거짓이고 을과 병이 모두 범인이라면 병의 말 역시 거짓이 되어 조건에 위배된다. 따라서 갑의 말은 진실이고, 병이 지목한 범인 중에 을이나 병이 없으므로 병의 진술은 거짓, 정의 진술은 진실이다. 따라서 범인은 갑과 을 또는 갑과 병이다.

05

정답 ②

i) A의 진술이 진실인 경우

구분	대전지점	강릉지점	군산지점
A	×		
B		○	
C	×		

3명 중 누구도 대전지점에 가지 않았으므로, 3명이 각각 다른 지점에 출장을 다녀왔다는 조건에 부합하지 않는다. 따라서 A의 진술은 거짓이다.

ii) B의 진술이 진실인 경우

구분	대전지점	강릉지점	군산지점
A	○		
B		×	
C	×		

A는 대전지점에, B는 군산지점에, C는 강릉지점에 다녀온 것이 되므로, 3명이 각각 다른 지점에 출장을 다녀왔다는 조건에 부합한다.

iii) C의 진술이 진실인 경우

구분	대전지점	강릉지점	군산지점
A	○		
B		○	
C	○		

3명 중 누구도 군산지점에 가지 않았고 A와 C가 모두 대전지점에 갔으므로, 3명이 각각 다른 지점에 출장을 다녀왔다는 조건에 부합하지 않는다. 따라서 C의 진술은 거짓이다.

따라서 B의 진술이 진실이며, 출장지를 바르게 연결한 것은 ②이다.

06

정답 ④

만약 A가 진실이라면 동일하게 A가 사원이라고 말한 C도 진실이 되어 진실을 말한 사람이 2명이 되므로, A와 C는 모두 거짓이다. 또한 E가 진실이라면 B가 사원이므로 A의 'D는 사원보다 직급이 높아.'도 진실이 되어 역시 진실을 말한 사람이 2명이 되기 때문에 E도 거짓이다. 그러므로 B와 D 중 1명이 진실이다.

i) B가 진실인 경우

E는 차장이고, B는 차장보다 낮은 3개 직급 중 하나인데, C가 거짓이므로 A가 과장이고, E가 거짓이기 때문에 B는 사원이 아니므로 B는 대리가 되고, A가 거짓이므로 D는 사원이다. 그러면 남은 부장 자리가 C여야 하는데, E가 거짓이므로 C는 부장이 될 수 없어 모순이 된다. 따라서 B는 거짓이다.

ii) D가 진실인 경우

E는 부장이고 A는 과장이며, A가 거짓이므로 D는 사원이다. B가 거짓이므로 B는 차장보다 낮은 직급이 아니어서 차장이 되고, C는 대리가 된다.

따라서 진실을 말한 사람은 D이다.

대표기출유형 03 기출응용문제

01

정답 ②

제시된 조건을 정리하면 다음과 같다.

i) D는 가장 작다.
ii) D<C<E, C<A<B
iii) A<E, A<B<E, E<F

따라서 조건에 따라 키가 큰 순서대로 나열해 보면 'F>E>B>A>C>D'이므로, 세 번째로 키가 큰 사람은 'B'이다.

02

정답 ⑤

제시된 조건에 따라 앞서 달리고 있는 순서대로 나열하면 'A－D－C－E－B'가 된다. 따라서 이 순위대로 결승점까지 달린다면 C는 3등을 할 것이다.

03

정답 ⑤

첫 번째, 두 번째 조건에 따라 A와 B가 옆에 앉지 않고, B와 G가 마주보고 앉는 경우의 수는 총 네 가지인 것을 알 수 있다. 고정된 네 가지 경우에 따라 나머지 조건을 고려할 수 있다.

오답분석

① F 옆에는 H가 올 수도 있고, D가 올 수도 있다.
② C는 D와 마주볼 수도 있고, H와 마주볼 수도 있다.
③ C는 A의 오른쪽 옆에 있을 수도 있고, 왼쪽 옆에 있을 수도 있다.
④ B와 E는 항상 붙어 앉아 있다.

04

정답 ①

첫 번째, 두 번째 조건을 통해 1층에는 로비, 8층에는 경영지원부가 있다는 것을 알 수 있다. 또한 마지막 조건을 통해 HRM부는 5층에 위치한다는 것(8층－3층)을 알 수 있다. 이에 따라 나머지 조건을 고려하면 다음과 같다.

8층	경영지원부
7층	정보보호부
6층	시스템관리부
5층	HRM부
4층	마케팅부
3층	회계부
2층	고객상담부
1층	로비

따라서 고객상담부는 2층에 있다.

05

정답 ⑤

원형 테이블은 회전시켜도 좌석 배치가 동일하다. 그러므로 좌석에 인원수만큼의 번호 1 ~ 6번을 임의로 붙인 다음, A가 1번 좌석에 앉았다고 가정해 배치하면 다음과 같다.

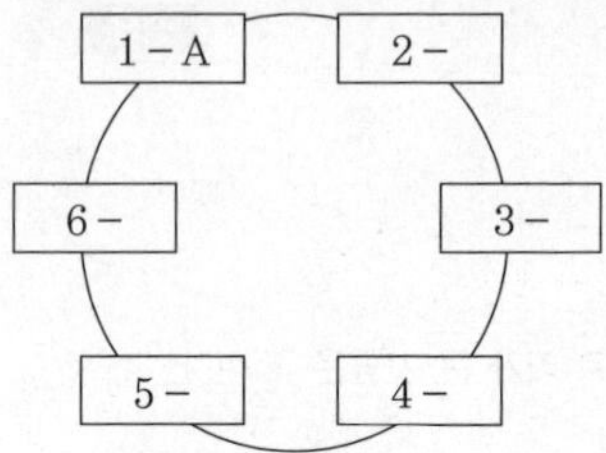

- 두 번째 조건에 따라 E는 A와 마주보는 4번 자리에 앉는다.
- 세 번째 조건에 따라 C는 E 기준으로 왼쪽인 5번 자리에 앉는다.
- 첫 번째 조건에 따라 B는 C와 이웃한 자리 중 비어있는 6번 자리에 앉는다.
- 마지막 조건에 따라 F는 A와 이웃한 2번이 아닌, 나머지 자리인 3번 자리에 앉는다.
- D는 남은 좌석인 2번 자리에 앉게 된다.

위의 내용을 정리하면 다음과 같다.

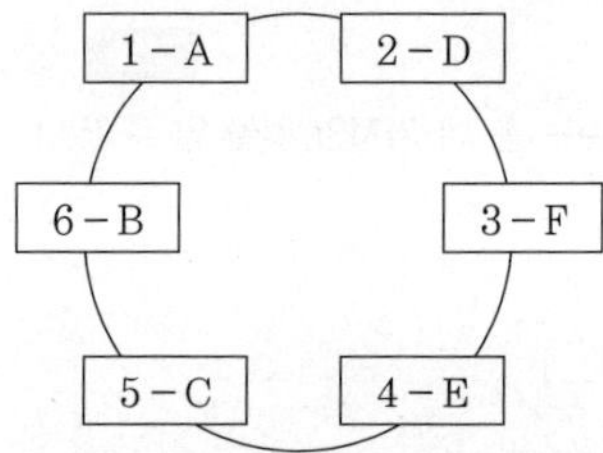

따라서 F와 이웃하여 앉는 사람은 D, E이다.

06

정답 ④

- 다섯 번째 조건에 따르면 A는 가장 낮은 층인 101호, 102호 중 하나를 배정받는데, 세 번째 조건에 따라 왼쪽 방을 배정받으므로 101호를 배정받는다.
- 세 번째·일곱 번째 조건에 따르면 G는 D와 같은 층에서 왼쪽 방을 이용해야 하므로, 배정 가능한 방이 2개인 5층을 배정받는다. 따라서 G는 501호, D는 503호를 배정받는다. 그러면 세 번째 조건에 따라 C는 남은 왼쪽 방인 401호를 배정받게 된다.
- 여섯 번째 조건에 따르면 F는 오른쪽 방을 배정받아야 하며, 네 번째 조건에 따르면 B는 F보다 높은 층을 배정받아야 하므로, 303호는 B가, 203호는 F가 배정받는다.

이를 정리하면 다음과 같다.

	왼쪽	가운데	오른쪽
5층	501 – G		503 – D
4층	401 – C		
3층			303 – B
2층		202	203 – F
1층	101 – A	102	

남은 인원인 E와 H는 102호와 202호에 배정받지만, 제시된 조건만으로는 이 중 어느 방을 각각 배정받을지는 확정지을 수 없으므로 E는 H보다 높은 층을 배정받을 수도 아닐 수도 있다. 따라서 옳지 않은 것은 ④이다.

대표기출유형 04 기출응용문제

01

정답 ④

직원 5명에 대한 1일 평균임금 및 퇴직금을 구하면 다음과 같다.

(단위 : 원)

구분	A	B	C	1일 평균임금	퇴직금
최과장	9,000,000	450,000	175,000	106,944	38,499,840
박과장	8,100,000	375,000	143,750	95,764	28,729,200
홍대리	8,850,000	337,500	156,250	103,819	24,916,560
신대리	9,000,000	300,000	121,875	104,688	18,843,840
양주임	6,300,000	225,000	106,250	73,681	6,631,290

따라서 두 번째로 퇴직금이 적은 직원은 신대리이다.

02

정답 ⑤

F카드사는 전월 52만 원(∵ 50만 원 이상)을 사용했을 때 K통신사에 대한 할인금액이 15,000원으로 가장 많다.

오답분석

① S통신사 이용 시 가장 많은 통신비를 할인받을 수 있는 제휴카드사는 C카드사(22,000원)이다.
② 전월 33만 원을 사용했을 경우 L통신사에 대한 할인금액은 G카드사는 1만 원, D카드사는 9천 원임을 알 수 있다.
③ 전월 23만 원을 사용했을 경우 K통신사에 대해 통신비를 할인할 수 있는 제휴카드사는 없다.
④ C카드사는 전월 카드 1회 사용 시 5천 원 할인 가능하다.

03

정답 ⑤

임대인이 외국인 또는 해외거주자일 경우에 대출이 불가한데, 질문자의 경우 한국으로 귀화한 임차인이기 때문에 다른 조건이 충족되면 대출이 가능하다.

04

정답 ②

㉡ 화장품은 할인 혜택에 포함되지 않는다.
㉢ 침구류는 가구가 아니므로 할인 혜택에 포함되지 않는다.

대표기출유형 05 기출응용문제

01

정답 ②

N사는 계속 증가하고 있는 재생에너지를 활용하여 수소를 생산하는 그린수소 사업을 통해 재생에너지 잉여전력 문제를 해결할 것으로 기대하고 있으며, 이러한 그린수소 사업에 필요한 기술을 개발하기 위해 노력하고 있다. 이를 N사의 SWOT 분석 결과에 적용하면, N사는 현재 재생에너지의 잉여전력이 증가하고 있는 위협적 상황을 해결하기 위하여 장점인 적극적인 기술개발 의지를 활용하여 그린수소 사업을 추진한다. 따라서 N사의 그린수소 사업은 위협을 피하기 위하여 강점을 활용하는 방법인 'ST전략'에 해당한다.

02

정답 ④

오답분석

① 필리핀의 높은 전기요금은 원료비가 적게 드는 신재생에너지를 통해 낮출 수 있다. 또한 열악한 전력 인프라는 분석 결과에 나타나 있지 않다.
② 자사는 현재 중국 시장에서 풍력과 태양광 발전소를 운영 중에 있으므로 중국 시장으로의 진출은 대안으로 적절하지 않다. 또한 중국 시장이 경쟁이 적은지 알 수 없다.
③ 체계화된 기술 개발 부족은 자사가 아닌 경쟁사에 대한 분석 결과이므로 적절하지 않다.
⑤ 자사는 필리핀 화력발전 사업에 진출한 이력을 지니고 있으며, 현재 필리핀의 태양광 발전소 지분을 인수하였으므로 중국 등과 협력하기보다는 필리핀 정부와 협력하는 것이 바람직하다.

03

정답 ④

ㄴ. 언택트 대출 프로세스 개발로 흥행 성공 등 국내 최정상의 ICT 역량이라는 강점(S)을 활용해 후발주자와 기존 은행과의 경쟁이라는 위협(T)을 극복하려는 방안은 강점을 활용하며 위협을 극복하는 ST전략으로 적절하다.
ㄹ. 가계 부문에 편중된 여신 구조라는 약점(W)과 정부의 가계부채 규제 강화라는 위협(T)에 대응하기 위해 SOHO(개인사업자) 대출, 주택담보 대출 비율을 끌어올리려는 방안은 약점을 보완하고 위협을 극복하는 WT전략으로 적절하다.

오답분석

ㄱ. 국내 금융 앱 MAU 1위의 플랫폼 비즈니스 경쟁력이라는 강점(S)을 활용해 오프라인 점포 부재로 인한 영업 채널상의 제약이라는 약점(W)을 최소화하려는 대응 전략이다. 그러나 이러한 SW전략은 SWOT 분석에 의한 경영전략의 4가지 유형에 포함되지 않는다. 또한 국내 금융 시장이 포화 상태에 도달해 저성장과 경쟁의 심화 추세에 있다는 점, ‘A뱅크’ 앱이 이미 MAU 1위에 올랐다는 점 등에서 ‘A뱅크’ 앱을 통해 대규모의 고객을 신규로 유치하는 것은 실현성이 낮다고 볼 수 있다.
ㄷ. ‘K톡 – A뱅크’의 연계라는 강점(S)을 강화해 MZ 세대의 부상이라는 기회(O)를 선점함으로써 대출을 촉진하려는 전략이다. 따라서 이러한 방안은 약점을 보완하고 기회를 활용하는 WO전략이 아니라, 강점을 활용하고 기회를 잡는 SO전략으로 적절하다.

04

정답 ②

국내 금융기관에 대한 SWOT 분석 결과를 정리하면 다음과 같다.

강점(Strength)	약점(Weakness)
• 높은 국내 시장 지배력 • 우수한 자산건전성 • 뛰어난 위기관리 역량	• 은행과 이자수익에 편중된 수익구조 • 취약한 해외 비즈니스와 글로벌 경쟁력
기회(Opportunities)	**위협(Threats)**
• 해외 금융시장 진출 확대 • 기술 발달에 따른 핀테크의 등장 • IT 인프라를 활용한 새로운 수익 창출	• 새로운 금융 서비스의 등장 • 글로벌 금융기관과의 경쟁 심화

ㄱ. SO전략은 강점을 살려 기회를 포착하는 전략으로, 강점인 국내 시장 점유율을 기반으로 핀테크 사업에 진출하려는 ㄱ은 적절한 SO전략으로 볼 수 있다.
ㄷ. ST전략은 강점을 살려 위협을 회피하는 전략으로, 강점인 우수한 자산건전성을 강조하여 글로벌 금융기관과의 경쟁에서 우위를 차지하려는 ㄷ은 적절한 ST전략으로 볼 수 있다.

오답분석

ㄴ. WO전략은 약점을 강화하여 기회를 포착하는 전략이다. 그러나 위기관리 역량은 국내 금융기관이 지니고 있는 강점에 해당하므로 WO전략으로 적절하지 않다.
ㄹ. 해외 비즈니스 역량을 강화하여 해외 금융시장에 진출하는 것은 약점을 보완하여 기회를 포착하는 WO전략에 해당한다.

CHAPTER

04 자원관리능력

PART 1

대표기출유형 01 기출응용문제

01

 ⑤

시간관리를 통해 스트레스 감소, 균형적인 삶, 생산성 향상, 목표 성취 등의 효과를 얻을 수 있다.

시간관리를 통해 얻을 수 있는 효과

- 스트레스 감소 : 사람들은 시간이 부족하면 스트레스를 받기 때문에 모든 시간 낭비 요인은 잠재적인 스트레스 유발 요인이라 할 수 있다. 따라서 시간관리를 통해 시간을 제대로 활용한다면 스트레스 감소 효과를 얻을 수 있다.
- 균형적인 삶 : 시간관리를 통해 일을 수행하는 시간을 줄인다면, 일 외에 자신의 다양한 여가를 즐길 수 있다. 또한, 시간관리는 삶에 있어서 수행해야 할 다양한 역할들이 균형 잡힐 수 있도록 도와준다.
- 생산성 향상 : 한정된 자원인 시간을 적절히 관리하여 효율적으로 일을 하게 된다면 생산성 향상에 큰 도움이 될 수 있다.
- 목표 성취 : 목표를 성취하기 위해서는 시간이 필요하고, 시간은 시간관리를 통해 얻을 수 있다.

02

 ④

모스크바에서의 체류시간을 구하기 위해서는 모스크바에 도착하는 시각과 모스크바에서 런던으로 출발하는 시각을 알아야 한다. 우선 각국의 시차를 계산하면, 러시아는 한국보다 6시간이 느리고(GMT+9−GMT+3), 영국보다는 3시간이 빠르다(GMT+0−GMT+3). 이를 참고하여 모스크바의 도착 및 출발 시간을 구하면 다음과 같다.

- 모스크바 도착 시간 : 7/14 09:00(대한민국 기준)+09:30(비행 시간)−06:00(시차)=7/14 12:30(러시아 기준)
- 모스크바 출발 시간(런던행) : 7/14 18:30(영국 기준)−04:00(비행 시간)+03:00(시차)=7/14 17:30(러시아 기준)

따라서 모스크바에서는 총 5시간(12:30 ~ 17:30)을 체류한다.

03

 ⑤

하루에 한 번만 이동하므로, 본사 복귀 전 마지막으로 9월 7일에 방문할 지점은 산청지점이다. 그러므로 청평지점, 무주지점, 예천지점 간의 방문 순서만 정하면 된다. ①~⑤의 경로에 따른 이동 소요시간을 계산하면 다음 표와 같다.

이때, 마지막 날 산청지점에서 본사로의 이동시간은 ①~⑤ 모든 경우에서 동일하므로 계산에서 제외하였다. 또한 계산상 편의를 위해 '1시간=60분'으로 환산하여 계산하였다.

구분	총소요시간
①	55+45+110+35=245분
②	55+50+110+80=295분
③	125+110+50+65=350분
④	125+45+50+35=255분
⑤	40+50+45+80=215분

따라서 이동에 소요되는 시간이 가장 적은 경로는 ⑤이다.

04

정답 ④

오답분석

① 업무현장 시설점검 및 보수가 예정되어 있다.
② 추석 당일인 15일이 겹친다.
③ 일요일은 본사 휴무이다.
⑤ 창립기념일 휴무가 있다.

대표기출유형 02 기출응용문제

01

정답 ④

성과주의 예산관리는 직접비용과 간접비용을 계산해야 하므로 범위를 정하는 것이 쉽지 않다.

- **직접비용**
  제품 또는 서비스를 창출하기 위해 직접 소비된 것으로 여겨지는 비용 예 재료비, 원료와 장비 구입비, 인건비, 출장비 등
- **간접비용**
  생산에 직접 관련되지 않은 비용 예 광고비, 보험료, 통신비 등

02

정답 ④

제품군별 지급해야 할 보관료는 다음과 같다.

- A제품군 : 300×0.01=3억 원
- B제품군 : 2,000×20,000=4천만 원
- C제품군 : 500×80,000=4천만 원

따라서 K기업이 보관료로 지급해야 할 총금액은 3억 8천만 원(=3억+4천만+4천만)이다.

03

정답 ③

A대리의 성과평가 등급을 통해 개인 성과평가 점수에 가중치를 적용하여 점수로 나타내면 다음과 같다.

실적	난이도평가	중요도평가	신속성	합계
30	20×0.8=16	30×0.4=12	20×0.8=16	74

따라서 A대리는 80만 원의 성과급을 받게 된다.

04

정답 ②

A사원이 용산역에서 7시 30분 이후에 출발한다고 하였으므로 07:45에 출발하는 KTX 781 열차를 탑승하고, 여수에 11:19에 도착한다. 여수 지사방문 일정에는 40분이 소요되므로 일정을 마치는 시각은 11:59이고, 12:00부터는 점심식사 시간이므로 13:00까지 식사를 한다. 식사를 마친 뒤 여수에서 순천으로 가기 위해 13:05에 출발하는 KTX 712 열차를 탑승하고, 순천에 13:22에 도착한다. 순천 지사방문 일정에는 2시간이 소요되므로 일정을 마치는 시각은 15:22이다. 따라서 용산역으로 돌아오는 열차는 16:57에 출발하는 KTX 718 열차를 탑승할 수 있고, 이때 용산역 도착 시각은 19:31이다. 또한, 각 열차의 요금은 KTX 781 – 46,000원, KTX 712 – 8,400원, KTX 718 – 44,000원이므로 총요금은 46,000+8,400+44,000=98,400원이다.

대표기출유형 03 기출응용문제

01

정답 ④

회전 대응 보관의 원칙이란 입·출하의 빈도가 높은 품목을 출입구 가까운 곳에 보관하는 것을 말한다.

오답분석

① 통로 대면의 원칙 : 물품의 창고 내 입고와 출고를 용이하게 하고, 창고 내의 원활한 흐름과 활성화를 위하여 물품을 통로에 보관한다.
② 중량 특성의 원칙 : 물품의 중량에 대응하여 보관 장소나 고저를 결정하는 것으로, 무거운 물품일수록 출구와 가까운 하층부에 보관한다.
③ 선입선출의 원칙 : 먼저 보관한 물품을 먼저 출고하는 원칙으로, 일반적으로 상품의 수명 주기가 짧은 경우 적용한다.
⑤ 네트워크 보관의 원칙 : 물품 정리 및 이동 거리의 최소화를 지원하는 방식으로 출하 품목의 연대적 출고가 예상되는 제품을 한데 모아 정리하고 보관한다.

02

정답 ③

각 과제의 최종 점수를 구하기 전에, 항목당 최하위 점수가 부여된 과제는 제외하므로 중요도에서 최하위 점수가 부여된 B과제, 긴급도에서 최하위 점수가 부여된 D과제, 적용도에서 최하위 점수가 부여된 E과제를 제외한다. 나머지 두 과제에 대하여 제시된 조건에 의해 각 과제의 최종 평가 점수를 구하면 다음과 같다. 이때, 가중치는 별도로 부여되므로 추가 계산한다.

- A과제 : (84+92+96)+(84×0.3)+(92×0.2)+(96×0.1)=325.2점
- C과제 : (95+85+91)+(95×0.3)+(85×0.2)+(91×0.1)=325.6점

따라서 C과제를 가장 먼저 수행해야 한다.

03

정답 ②

업체별 총점과 순위를 구하면 다음과 같다.

(단위 : 점)

구분	총점(순위)	품질 점수	가격 점수	직원규모 점수
갑	92.1(2위)	88×0.5=44	96×0.4=38.4	97×0.1=9.7
을	92.2(1위)	85×0.5=42.5	100×0.4=40	97×0.1=9.7
병	91.3(3위)	87×0.5=43.5	96×0.4=38.4	94×0.1=9.4

병이 현재보다 직원규모를 10명 더 늘리면 직원규모 점수가 9.7점으로 0.3점 올라 갑과 가격 점수, 직원규모 점수가 동일하지만 품질 점수에서 0.5점이 뒤처지므로 더 높은 총점을 받는 것은 불가능하다.

오답분석

ㄱ. 을이 92.2점으로 총점이 가장 높고 병이 91.3점으로 총점이 가장 낮다.
ㄴ. 갑의 직원은 93명, 을의 직원은 95명으로 다르지만 직원규모 점수는 9.7점으로 같다.
ㄷ. 가격 점수가 0.8점 올라가므로 옳다.

04

정답 ①

K씨 가족은 4명이므로 4인용 이상의 자동차를 택해야 한다. 2인용인 B자동차를 제외한 나머지 4종류 자동차의 주행거리에 따른 연료비용을 계산하면 다음과 같다.

- A자동차 : $\frac{140}{25}\times1,640 \fallingdotseq 9,180$원
- C자동차 : $\frac{140}{19}\times1,870 \fallingdotseq 13,780$원
- D자동차 : $\frac{140}{20}\times1,640=11,480$원
- E자동차 : $\frac{140}{22}\times1,870 \fallingdotseq 11,900$원

따라서 K씨 가족은 A자동차를 이용하는 것이 가장 비용이 적게 든다.

대표기출유형 04 기출응용문제

01

정답 ②

인적자원은 자연적인 성장과 성숙은 물론, 오랜 기간에 걸쳐 개발될 수 있는 많은 잠재능력과 자질, 즉 개발가능성을 보유하고 있다. 환경변화와 이에 따른 조직변화가 심할수록 현대조직의 인적자원관리에서 개발가능성이 차지하는 중요성은 더욱 커진다.

02

정답 ③

오답분석

① A지원자 : 9월에 복학 예정이기 때문에 인턴 기간이 연장될 경우 근무할 수 없으므로 부적절하다.
② B지원자 : 경력사항이 없으므로 부적절하다.
④ D지원자 : 근무시간(9 ~ 18시) 이후에 업무가 불가능하므로 부적절하다.
⑤ E지원자 : 포토샵을 활용할 수 없으므로 부적절하다.

03

정답 ④

성과급 기준표를 적용한 A ~ E교사에 대한 성과급 배점을 정리하면 아래와 같다.

구분	주당 수업시간	수업 공개 유무	담임 유무	업무 곤란도	호봉	합계
A교사	14점	–	10점	20점	30점	74점
B교사	20점	–	5점	20점	30점	75점
C교사	18점	5점	5점	30점	20점	78점
D교사	14점	10점	10점	30점	15점	79점
E교사	16점	10점	5점	20점	25점	76점

따라서 가장 높은 배점을 받는 교사는 D교사이다.

CHAPTER

05 조직이해능력

PART 1

대표기출유형 01 기출응용문제

01

정답 ①

농협 금융 부문에서 하는 일

- 상호금융사업
  - 소외계층 지원을 위한 사회공헌기금 조성
  - 농촌농협－도시농협 상생의 가교 역할 수행
  - 안정적인 농업경영을 위한 영농·가계자금 지원
  - 농촌경제 활성화를 위한 다양한 금융서비스 제공
  - 맞춤형 금융상품을 통해 서민금융 활성화에 기여
  - 조합원·고객의 실익 증진을 위한 각종 사업 추진
- 농협금융지주
  - 따뜻한 서민금융, 든든한 나라살림 지원
  - 순수 민간자본으로 구성된 국내 유일의 금융기관
  - 종합금융체계 구축으로 국내 금융업계 선도
  - 농업인과 국민의 생명·건강·안전·재산 지킴이
  - 고객 만족을 위한 최고의 종합 금융서비스 제공
  - 협동조합 이념에 기반한 다양한 사회공헌활동 실천

오답분석

ㄹ. 농협 교육지원 부문에서 하는 교육지원 사업 가운데 하나이다. 농협은 농·축협 균형 발전을 위한 종합컨설팅, 안정적 농업 기반 구축을 위한 자금 제공 등 체계적인 지도와 지원을 통해 농·축협이 지역사회 중심체로서의 역할을 다하고 행복하고 풍요로운 농업·농촌을 조성하는 데 기여하고 있다.

ㅁ. 농협 경제지원 부문에서 하는 농업경제 사업 가운데 하나이다. 농협은 하나로클럽·하나로마트 등의 농협 직영매장, 인터넷쇼핑몰과 홈쇼핑 등 도시민을 대상으로 한 소비지 유통망을 확충함으로써 우리 농산물의 안정적인 판매 기반을 구축하고 있다.

02

정답 ⑤

ㄷ. 지역농·축협에 대한 설명이다. 품목농·축협은 품목별로 전문화된 농업에 종사하는 농업인이 조직한 법인이다.

ㄹ. 2025년 1월 기준 농·축협은 1,111개이며, 현황은 다음과 같다.

(단위 : 개)

구분	지역농·축협		품목농·축협			합계
	지역농협	지역축협	품목농협	품목축협	인삼협	
개수	916	116	45	23	11	1,111

따라서 2025년 1월 기준 품목농·축협은 45+23+11=79개이며, 농·축협에서 $\frac{79}{1,111}\times 100 \fallingdotseq 7\%$를 차지한다.

오답분석

ㄱ. 농협은 크게 농·축협(지역농·축협+품목농·축협)과 농협중앙회의 2단계 조직으로 이루어져 있다.

ㄴ. 농·축협은 지역농협·지역축협으로 구성되는 지역농·축협(지역조합)과 품목농협(농업계)·품목축협(축산계)·인삼협(인삼계)로 구성되는 품목농·축협(품목조합)으로 구분된다.

03

정답 ④

우리나라에서 일어난 농촌 운동을 발생 시기 순서대로 나열하면 ㉡ 새농민 운동(1965년 ~) – ㉣ 새마을 운동(1970 ~ 1980년) – ㉢ 신토불이 운동(1989 ~ 1992년) – ㉤ 농도불이 운동(1992 ~ 2002년) – ㉠ 농촌사랑 운동(2003년 ~)이다.

04

정답 ③

협동조합 7대 원칙

- 자발적이고 개방적인 가입
- 조합원에 의한 민주적 통제
- 조합원의 경제적 참여
- 협동조합 간의 협력
- 지역사회 기여
- 자율과 독립
- 교육, 훈련 및 홍보

05

정답  ⑤

- B주임 : 경영기획부문부터 글로벌사업부문까지 14개의 부문이 은행장 산하에 있고, 이 가운데 글로벌사업부문은 그 명칭대로 글로벌 업무를 관장할 것이다. 그러나 부문 산하의 실무 부서가 제시되어 있지 않기 때문에 다른 부문과 글로벌 업무를 공조하는지 아니면 전담하는지 알 수 없다.
- D대리 : 통상적으로 기업체에서 위원회 위원장의 직위는 이사급(사내이사 또는 사외이사)이다. 또한 실제로 NH농협은행 각 부문 책임자의 직위는 부행장급이다. 그러나 D대리의 진술은 제시된 조직도를 통해 진위 여부를 판단할 수 없다.

오답분석

- A사원 : 은행장 직속으로 경영기획부문에서 글로벌사업부문까지 14개의 부문이 있고, 금융소비자보호부문 및 정보보호부문이 있으므로 부문의 개수는 16개이다. 또한 분사로는 카드분사 1개가 있다.
- C사원 : 조직도에서 감사 조직으로는 상근감사위원이 소속된 감사위원회가 있고, 이 위원회의 산하 보좌부서로 감사부가 있다. 따라서 감사부의 부서장은 담당 업무와 관련한 점검 보고서를 상근감사위원에게 제출할 것이다.

대표기출유형 02 기출응용문제

01

정답 ④

경영은 경영목적, 인적자원, 자금, 전략의 4요소로 구성된다. 경영목적은 조직의 목적을 달성하기 위해 경영자가 수립하는 것으로 보다 구체적인 방법과 과정이 담겨 있다. 인적자원은 조직에서 일하는 구성원으로 경영은 이들의 직무수행에 기초하여 이루어지기 때문에 인적자원의 배치 및 활용이 중요하다. 자금은 경영을 하는 데 사용할 수 있는 돈으로 자금이 충분히 확보되는 정도에 따라 경영의 방향과 범위가 정해지게 된다. 경영전략은 조직이 변화하는 환경에 적응하기 위하여 경영활동을 체계화하는 것으로, 목표달성을 위한 수단이다. 경영전략은 조직의 목적에 따라 전략 목표를 설정하고, 조직의 내·외부 환경을 분석하여 도출한다.

PART 1

02

정답 ①

맥킨지(McKinsey)의 7－S 모형

- 공유가치 : 조직 구성원들의 행동이나 사고를 특정 방향으로 이끌어 가는 원칙이나 기준이다.
- 스타일 : 구성원들을 이끌어 나가는 전반적인 조직관리 스타일이다.
- 구성원 : 조직의 인력 구성과 구성원들의 능력과 전문성, 가치관과 신념, 욕구와 동기, 지각과 태도 그리고 그들의 행동 패턴 등을 의미한다.
- 제도·절차 : 조직운영의 의사결정과 일상 운영의 틀이 되는 각종 시스템을 의미한다.
- 구조 : 조직의 전략을 수행하는 데 필요한 틀로서 구성원의 역할과 그들 간의 상호관계를 지배하는 공식요소이다.
- 전략 : 조직의 장기적인 목적과 계획 그리고 이를 달성하기 위한 장기적인 행동지침이다.
- 기술 : 하드웨어는 물론 이를 사용하는 소프트웨어 기술을 포함하는 요소를 의미한다.

03

정답 ②

사례 1은 차별화 전략의 대표적인 사례로, 넓은 시장에서 경쟁우위 요소를 차별화로 두는 전략이다.

04

정답 ③

사례 2는 집중화 전략에 대한 내용이다. 집중화 전략의 결과로 특정 목표에 대해 차별화되거나 낮은 원가를 실현할 수 있는데, 예를 들면 특정 지역의 공급자가 고객과의 제휴를 통해 낮은 원가 구조를 확보할 수 있다. 또한 특정 세분화된 시장이 목표가 되므로 다른 전략에 비해 상대적으로 비용이 적게 들고, 성공했을 경우 효과는 작지만 특정 세분시장에서의 이익을 확실하게 확보할 수 있다.

05

정답 ④

사례 3은 원가우위 전략과 차별화 전략을 동시에 적용한 사례이다. T사는 JIT 시스템을 통해 비용을 낮추는 원가우위 전략을 취함과 동시에 기존 JIT 시스템을 현재 상황에 맞게 변형한 차별화 전략을 추구하고 있다.

오답분석

ㄱ. 원가우위 전략을 사용하였다.
ㄴ. 집중화 전략을 사용하였다.

대표기출유형 03 기출응용문제

01

정답 ④

리더와 부하 간 상호관계는 조직문화의 구성요소 중 리더십 스타일에 대한 설명이다. 관리시스템은 조직문화의 구성요소로서 장기전략 목적 달성에 적합한 보상제도와 인센티브, 경영정보와 의사결정시스템, 경영계획 등 조직의 목적을 실제로 달성하는 모든 경영관리제도와 절차를 의미한다.

02

정답 ⑤

대규모 조직에 적합한 조직구조는 부문별 조직이다.

03

정답 ②

규칙과 법을 준수하고, 관행과 안정, 문서와 형식, 명확한 책임소재 등을 강조하는 관리적 문화의 특징을 가진 문화는 (다)이다. (가)는 집단문화, (나)는 개발문화, (다)는 계층문화, (라)는 합리문화이다.

Cameron & Quinn(카메론 & 퀸)의 조직문화 유형별 특징

- 집단문화 : 관계지향적인 문화이며, 조직구성원 간 인간애 또는 인간미를 중시하는 문화로서 조직내부의 통합과 유연한 인간관계를 강조한다. 따라서 조직구성원 간 인화단결, 협동, 팀워크, 공유가치, 사기, 의사결정과정에 참여 등을 중요시하며, 개인의 능력개발에 대한 관심이 높고, 조직구성원에 대한 인간적 배려와 가족적인 분위기를 만들어내는 특징을 가진다.
- 개발문화 : 높은 유연성과 개성을 강조하며, 외부환경에 대한 변화지향성과 신축적 대응성을 기반으로 조직구성원의 도전의식, 모험성, 창의성, 혁신성, 자원획득 등을 중시하며, 조직의 성장과 발전에 관심이 높은 조직문화를 의미한다. 따라서 조직구성원의 업무수행에 대한 자율성과 자유재량권 부여 여부가 핵심요인이다.
- 계층문화 : 조직내부의 통합과 안정성을 확보하고, 현상유지 차원에서 계층화되고 서열화된 조직구조를 중요시하는 조직문화이다. 즉, 위계질서에 의한 명령과 통제, 업무처리 시 규칙과 법 준수, 관행과 안정, 문서와 형식, 보고와 정보관리, 명확한 책임소재 등을 강조하는 관리적 문화의 특징을 나타내고 있다.
- 합리문화 : 과업지향적인 문화로, 결과지향적인 조직으로써의 업무의 완수를 강조한다. 조직의 목표를 명확하게 설정하여 합리적으로 달성하고, 주어진 과업을 효과적이고 효율적으로 수행하기 위하여 실적을 중시하고, 직무에 몰입하며, 미래를 위한 계획을 수립하는 것을 강조한다. 합리문화는 조직구성원 간의 경쟁을 유도하는 문화이기 때문에 때로는 지나친 성과를 강조하게 되어 조직에 대한 조직구성원들의 방어적인 태도와 개인주의적인 성향을 드러내는 경향을 보인다.

04

정답 ②

분권화된 의사결정이 가능한 사업별 조직구조는 (가)보다 (나)의 조직구조로 볼 수 있다.

(가)의 조직구조는 업무의 내용이 유사하고 관련성이 있는 것들을 결합해서 기능적 조직구조 형태를 이룬 것으로, 환경이 안정적이거나 일상적인 기술, 조직의 내부 효율성을 중요시할 때 나타난다.

(나)의 조직구조는 급변하는 환경변화에 효과적으로 대응하고 제품, 지역, 고객별 차이에 신속하게 적응하기 위하여 분권화된 의사결정이 가능한 사업별 조직구조의 형태를 이룬 것이다. (나)의 조직구조는 개별 제품, 서비스, 제품그룹, 주요 프로젝트나 프로그램 등에 따라 조직화된다.

대표기출유형 04 기출응용문제

01

정답 ④

제시된 분장 업무는 영리를 목적으로 하는 영업과 관련된 업무로 볼 수 있다. 따라서 영업부가 가장 적절하다.

오답분석

① 총무부 : 전체적이며 일반적인 행정 실무를 맡는 부서로, 문서 및 직인 관리, 주주총회 및 이사회 개최 관련 업무, 의전 및 비서 업무, 사무실 임차 및 관리, 사내외 행사 관련 업무, 복리후생 업무 등을 담당한다.
② 인사부 : 구성원들의 인사, 상벌, 승진 등의 일을 맡는 부서로, 조직기구의 개편 및 조정, 업무분장 및 조정, 인력수급 계획 및 관리, 노사관리, 상벌관리, 인사발령, 평가관리, 퇴직관리 등을 담당한다.
③ 기획부 : 조직의 업무를 계획하여 일을 맡는 부서로, 경영 계획 및 전략 수립·조정, 전사 기획 업무 종합 및 조정, 경영정보 조사 및 기획 보고, 종합예산수립, 사업계획, 손익추정, 실적관리 및 분석 등을 담당한다.
⑤ 자재부 : 필요한 재료를 구입하고 마련하는 일을 맡는 부서로, 구매계획 및 구매예산의 편성, 시장조사 및 구입처 조사 검토, 견적 의뢰 및 검토, 구입계약 및 발주, 재고조사 및 재고통제, 보관 및 창고 관리 등의 업무를 담당한다.

02

정답 ⑤

조직이나 개인의 업무지침 모두 환경의 변화에 따라 신속하게 수정되지 않으면 오히려 잘못된 결과를 낳을 수 있으므로 3개월에 한 번 정도 지속적인 개정이 필요하다.

03

정답 ②

간트차트(Gantt Chart)는 1919년 간트(Gantt)가 고안한 작업진도 도표이다. 단계별로 업무의 시작부터 끝나는 데까지 걸리는 시간을 바(Bar) 형식으로 표시한다. 전체 일정 및 단계별 소요 시간, 각 업무 활동 사이의 관계 등을 한눈에 볼 수 있는 장점이 있다.

오답분석

① 업무계획표(Business Planner) : 업무 진행 계획을 기재한 표 형식의 문서이다.
③ 체크리스트(Checklist) : 업무 단계 각각의 수행수준을 스스로 점검할 수 있는 도구이다.
④ 워크플로시트(Work Flow Sheet) : 각 과정을 도형으로 나타내어 일의 흐름을 동적으로 보여주는 도구이다.
⑤ 플로차트(Flow Chart) : 문제의 범위를 정하여 분석하고, 그 해법을 명확하게 하기 위해서 필요한 작업이나 사무처리 순서를 통일된 기호와 도형을 사용해서 도식적으로 표시한 것을 말한다.

남에게 이기는 방법의 하나는 예의범절로 이기는 것이다.

- 조쉬 빌링스 -

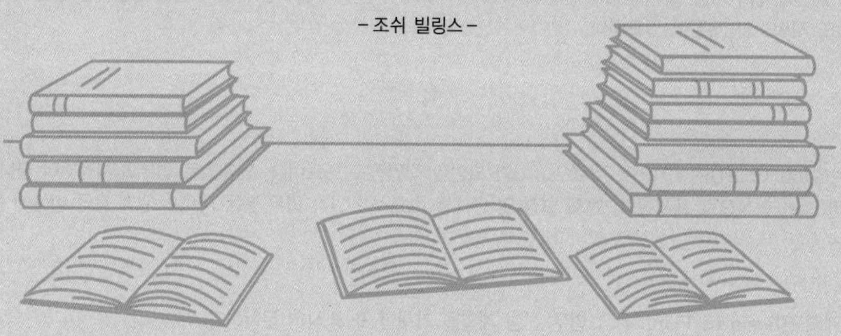

PART 2

최종점검 모의고사

제 1 회 최종점검 모의고사

01	02	03	04	05	06	07	08	09	10	11	12	13	14	15	16	17	18	19	20
④	⑤	②	⑤	④	④	②	⑤	②	②	③	⑤	④	④	②	④	②	④	①	③
21	22	23	24	25	26	27	28	29	30	31	32	33	34	35	36	37	38	39	40
⑤	④	①	③	⑤	④	①	④	①	③	④	②	③	①	②	②	④	⑤	③	①
41	42	43	44	45	46	47	48	49	50	51	52	53	54	55	56	57	58	59	60
②	④	③	①	④	③	③	②	③	②	③	④	④	④	④	⑤	③	③	④	⑤
61	62	63	64	65	66	67	68	69	70										
④	③	①	①	①	④	⑤	②	④	④										

01

정답 ④

제시된 단어는 유의 관계이다.
'유지(維持)'는 '어떤 상태나 상황을 그대로 보존하거나 변함없이 계속하여 지탱함'이라는 뜻이고, '부지(扶持 / 扶支)'는 '상당히 어렵게 보존하거나 유지하여 나감'이라는 뜻이다.

오답분석

①·②·③·⑤ 반의 관계이다.
① 황혼 : 해가 지고 어스름해질 때. 또는 그때의 어스름한 빛
 여명 : 희미하게 날이 밝아 오는 빛. 또는 그런 무렵
② 유별 : 여느 것과 두드러지게 다름
 보통 : 특별하지 아니하고 흔히 볼 수 있음
③ 낭설 : 터무니없는 헛소문
 진실 : 거짓이 없는 사실
⑤ 서막 : 일의 시작이나 발단
 결말 : 어떤 일이 마무리되는 끝

02

정답 ⑤

제시된 단어는 반의 관계이다.
'일반'은 '특별하지 아니하고 평범한 수준. 또는 그런 사람들'이라는 뜻이고, '특수'는 '특별히 다름'이라는 뜻이다.

오답분석

①·②·③·④ 유의 관계이다.
① 영고 : 번성함과 쇠퇴함
 성쇠 : 성하고 쇠퇴함
② 구획 : 토지 따위를 경계를 지어 가름. 또는 그런 구역
 경계 : 지역이 구분되는 한계. 사물이 어떠한 기준에 의하여 분간되는 한계
③ 귀향 : 고향으로 돌아가거나 돌아옴
 귀성 : 부모를 뵙기 위하여 객지에서 고향으로 돌아가거나 돌아옴

④ 결점 : 잘못되거나 부족하여 완전하지 못한 점
   단점 : 잘못되고 모자라는 점

03

정답 ②

제시된 단어는 유의 관계이다.
남을 시기하고 샘을 잘 내는 마음이나 행동을 의미하는 '암상'의 유의어는 '시기심'이고, 예로부터 해 오던 방식이나 수법을 좇아 그대로 행함을 의미하는 '답습'의 유의어는 '흉내'이다.

04

정답 ⑤

제시된 단어는 주어와 서술어의 관계이다.
'성격'은 '차다'라는 서술어를 사용할 수 있고, '온도'는 '내려가다'라는 서술어를 사용할 수 있다.

PART 2

05

정답 ④

제시된 단어는 반의 관계이다.
아주 정교하고 치밀함을 뜻하는 '정밀'의 반의어는 솜씨 등이 거칠고 잡스러움을 뜻하는 '조잡'이며, 일정한 상태를 유지함을 뜻하는 '안정'의 반의어는 분위기나 마음이 뒤숭숭함을 뜻하는 '불안'이다.

06

정답 ④

흰 백자, 도자기 백자, 조선 백자를 통해 '백자'를 연상할 수 있다.

07

정답 ②

맛이 달다, 무게를 달다, 단추를 달다를 통해 '달다'를 연상할 수 있다.

08

정답 ⑤

'입이 여물다'는 '말이 분명하고 실속이 있다.'는 뜻이므로, 문맥상 사용이 어색하다.

오답분석

① 입을 막다 : 시끄러운 소리나 자기에게 불리한 말을 하지 못하게 하다.
② 입을 모으다 : 여러 사람이 같은 의견을 말하다.
③ 입에 발린 소리 : 마음에도 없이 겉치레로 하는 말
④ 입이 닳다 : 다른 사람이나 물건에 대하여 거듭해서 말하다.

09

정답 ②

밑줄 친 '잡다'와 ②의 '잡다'는 '실마리, 요점, 단점 따위를 찾아내거나 알아내다.'라는 의미이다.

오답분석

① 돈이나 재물을 얻어 가지다.
③ 짐승을 죽이다.
④ 붙들어 손에 넣다.
⑤ 자동차 따위를 타기 위하여 세우다.

10

정답 ②

밑줄 친 '누르다'와 ②의 '누르다'는 '자신의 감정이나 생각을 밖으로 드러내지 않고 참다.'라는 의미이다.

오답분석

① 물체의 전체 면이나 부분에 대하여 힘이나 무게를 가하다.
③ 경기나 경선 따위에서 상대를 제압하여 이기다.
④ 마음대로 행동하지 못하도록 힘이나 규제를 가하다.
⑤ 국수틀로 국수를 뽑다.

11

정답 ③

'마뜩잖다'는 '마뜩하지 않다.'의 준말이 한 단어로 굳어진 것으로 '마뜩잖았다'가 올바른 표기이다.

오답분석

① 부리다 : 행동이나 성질 따위를 계속 드러내거나 보이다.
② 다잡다 : 들뜨거나 어지러운 마음을 가라앉혀 바로잡다.
④ 들르다 : 지나는 길에 잠깐 들어가 머무르다.
⑤ 옹골지다 : 실속이 있게 속이 꽉 차 있다.

12

정답 ⑤

한글 맞춤법에 따르면 한자음 '랴, 려, 례, 료, 류, 리'가 단어의 첫머리에 올 적에는 두음법칙에 따라 '야, 예, 이, 오, 우'로 적고, 단어의 첫머리 '이, 오'의 경우에는 본음대로 적는다. 다만, 모음이나 'ㄴ' 받침 뒤에 이어지는 '렬, 률'은 '열, 율'로 적는다. 따라서 장애률이 아닌 '장애율'이 옳은 표기이다.

오답분석

㉠ 특화 : 한 나라의 산업 구조나 수출 구성에서 특정 산업이나 상품이 상대적으로 큰 비중을 차지함. 또는 그런 상태
㉡ 포용 : 남을 너그럽게 감싸 주거나 받아들임
㉢ 달성 : 목적한 것을 이룸
㉣ 더불어 : 거기에다 더하여

13

정답 ④

제시문은 부채위기를 해결하려는 유럽 국가들이 당장 눈앞에 닥친 위기만을 극복하기 위해 임시방편으로 대책을 세운다는 내용을 비판하는 글이다. 따라서 제시문과 가장 관련 있는 한자성어는 '아랫돌 빼서 윗돌 괴고, 윗돌 빼서 아랫돌 괴기'라는 뜻으로, '임기응변으로 어려운 일을 처리함'을 의미하는 '하석상대(下石上臺)'이다.

오답분석

① 피발영관(被髮纓冠) : '머리를 흐트러뜨린 채 관을 쓴다.'는 뜻으로 머리를 손질할 틈이 없을 만큼 바쁨
② 탄주지어(呑舟之魚) : '배를 삼킬만한 큰 고기'라는 뜻으로 큰 인물을 비유하는 말
③ 양상군자(梁上君子) : '들보 위의 군자'라는 뜻으로 도둑을 지칭하는 말
⑤ 배반낭자(杯盤狼藉) : 술을 마시고 한참 신명나게 노는 모습을 가리키는 말

14

정답 ④

다문화(多文化)란 한 사회 안에 여러 민족이나 여러 국가의 문화가 혼재하는 것을 이르는 말로, '많을 다(多), 글월 문(文), 될 화(化)'로 표기한다.

15

정답 ②

첫 번째 문단은 최근 행동주의펀드가 기업의 주가에 영향을 미치고 있다는 내용이다. 그러므로 행동주의펀드가 어떻게 기업에 그 영향을 미치는지에 대해 서술하는 (나) 문단이 이어져야 하고, 다음으로 이에 대한 대표적인 사례를 서술하는 (가) 문단이 오는 것이 적절하다. 이어서 (다) 문단의 내용을 살펴보면 일부 은행에서는 A자산운용의 제안을 수락했고, 특정 은행에서는 이를 거부했다는 내용을 언급하고 있으므로, 해당 제안에 대한 구체적인 내용을 다루고 있는 (라) 문단이 먼저 오는 것이 더 적절하다. 따라서 (나) – (가) – (라) – (다) 순으로 나열하는 것이 적절하다.

16

정답 ④

제시문은 Mark Twain의 인생을 시간의 순서대로 설명한 글이다. 각 문단에 시간을 나타낸 표현들이 있어 이를 토대로 글의 순서를 추론할 수 있다. 따라서 (C) 작가가 되기 전 인물의 소개(before he became a writer) – (A) 작가 경력의 시작(began his career) – (D) 작가 경력의 중반(at mid–career) – (B) 말년의 투자 실패(in his later life) 순서로 나열하는 것이 적절하다.

• verse : 운문
• chronicler : 연대기 작가
• hypocrisy : 위선
• riverboat pilot : 뱃사공
• narrative : 묘사, 서술기법
• evolve into : ~으로 진화하다
• vanity : 허영심, 자만심
• typesetter : 식자공
• sturdy : 견고한
• distinctive : 독특한

(C) 필명인 Mark Twain으로 더 잘 알려진 Samuel Lang horne Clemens는 작가가 되기 전에 식자공과 미시시피 강의 뱃사공으로 일했었다.
(A) Mark Twain은 그의 경력을 가볍고, 유머러스한 운문을 쓰는 것부터 시작했지만 인류의 허영과 위선의 연대기 작가로 진화하였다.
(D) 경력의 중반기에 '허클베리핀의 모험'으로 그는 풍부한 유머와 견고한 서술기법 그리고 사회 비판을 결합하였고, 미국적인 주제와 언어로 독특한 미국 문학을 대중화시켰다.
(B) Twain은 비록 그의 글과 강의로 많은 돈을 벌었지만, 말년에 벤처기업에 대한 투자로 많은 것을 잃었다.

17

정답 ②

첫 번째 문장에서는 신비적 경험이 살아갈 수 있는 힘으로 밝혀진다면 그가 다른 방식으로 살아야 한다고 주장할 근거는 어디에도 없다고 하였으며, 이어지는 내용은 신비적 경험이 신비주의자들에게 살아갈 힘이 된다는 근거를 제시하고 있다. 따라서 빈칸에 들어갈 내용은 '신비주의자들의 삶의 방식이 수정되어야 할 불합리한 것이라고 주장할 수는 없다.'이다.

18

정답 ④

'최적화(最適化)되다'는 '주어진 조건이나 환경 아래에서 목적으로 하는 어떤 효과를 최대로 되게 하다.'라는 뜻이고, '특수화(特殊化)되다'는 '일반적이고 보편적인 것과 다르게 되다.'라는 뜻이다. 그러므로 농협은 온라인 유통을 맡길 전문가로 '산지어시스턴트'를 양성하고 있다는 제시문의 문맥상 '특수화된'과 '최적화된'은 적절하지 않다. 따라서 ㉣은 '온라인 유통을 담당하는'으로 수정하는 것이 적절하다.

오답분석

① '개선(改善)하다'는 '잘못된 것, 부족한 것, 나쁜 것을 고쳐 좋게 만들다 · 바로잡다.'라는 뜻인데, '농협농산물품질관리사'라는 명칭 자체는 잘못되거나 부족하거나 나쁜 것이 아니므로 바로잡는 대상이 될 수 없다. 따라서 ㉠은 다르게 바꾸어 새롭게 한다는 뜻의 '변경(變更)하다'를 활용한 '변경한'으로 수정하는 것이 적절하다.
② '추가적(追加的)'은 '나중에 더 보태는 것'을, '별도(別途)'는 '원래의 것에 덧붙여서 추가한 것'을 뜻하므로 '추가적인 별도의'는 의미가 중복된 표현이다. 따라서 '추가적인'과 '별도의' 중 하나를 삭제하는 것이 적절하다.
③ '–시키다'는 사동의 뜻을 더해 동사를 만드는 접미사이다. 따라서 '담당시키다'는 '다른 사람이 담당을 하게 시키다.'라는 뜻으로, 이는 산지유통핵심리더가 다른 사람으로 하여금 어떤 일을 하게 한다는 뜻이 된다. 즉, 어떤 일을 하는 주체는 산지유통핵심리더가 아니라 '다른 사람'이다. 그러나 제시문의 문맥에 따르면 실제로 산지농협 컨설팅, 지자체 농정 활동 등을 하는 주체는 산지유통핵심리더이므로 '담당시키다'는 적절한 표현이 아니다. 따라서 어떤 일을 담당하는 주체가 산지유통핵심리더가 되도록 ㉢을 수정하는 것이 적절하다.

⑤ '선발은 … 선정된다'는 구조로 주어와 서술어의 호응이 어색한 표현이다. 또한 '선발'과 '선정'은 여럿 가운데서 골라 뽑는다는 뜻이므로, 이 두 단어를 함께 쓰면 의미가 중복되어 혼동을 일으킬 수 있다. 따라서 '산지어시스턴트는 … 선발된다'는 구조로 수정해야 의미가 분명한 표현이 된다.

19

정답 ①

제시문을 살펴보면 먼저 첫 번째 문단에서는 이산화탄소로 메탄올을 만드는 곳이 있다며 관심을 유도하고, 두 번째 문단에서 메탄올을 어떻게 만들고 어디에서 사용하는지 구체적으로 설명함으로써 탄소 재활용의 긍정적인 측면을 부각하고 있다. 하지만 세 번째 문단에서는 앞선 내용과 달리 이렇게 만들어진 메탄올의 부정적인 측면을 설명하고, 마지막 문단에서는 이와 같은 이유로 탄소 재활용에 대한 결론이 나지 않았다며 글이 마무리되고 있다. 따라서 제시문의 주제로 가장 적절한 것은 탄소 재활용의 이면을 모두 포함하는 내용인 ①이다.

오답분석

② 두 번째 문단에 한정된 내용이므로 제시문 전체를 다루는 주제로 보기에는 적절하지 않다.

③ 지열발전소의 부산물을 통해 메탄올이 만들어진 것은 맞지만, 새롭게 탄생된 연료로 보기는 어려우며, 제시문 전체를 다루는 주제로 적절하지 않다.

④·⑤ 제시문의 첫 번째 문단과 두 번째 문단에서는 버려진 이산화탄소 및 부산물의 재활용을 통해 '메탄올'을 제조함으로써 미래 원료를 해결할 수 있을 것처럼 보이지만, 이어지는 세 번째 문단과 마지막 문단에서는 이렇게 만들어진 '메탄올'이 과연 미래 원료로 적합한지 의문점이 제시되고 있다. 따라서 제시문의 주제로 적절하지 않다.

20

정답 ③

제5조 제1항에 제시되어 있다.

오답분석

① 인지세는 은행과 본인이 50%씩 부담한다.

② 원금의 일부 또는 전액상환은 은행에 직접 납입해야 한다.

④ 이자를 기일에 상환하지 아니한 때에는 납입해야 할 금액에 대하여 즉시 지연배상금(연체이자)을 납입해야 한다.

⑤ 납입일 현재 지정계좌의 잔액이 청구금액에 미달하여 출금이 불가능할 경우에는 즉시 은행에 직접 납입해야 한다.

21

정답 ⑤

케인스는 절대소득가설을 통해 소비를 결정하는 요인들 중에 가장 중요한 것은 현재의 소득이라고 주장했다. 따라서 제시문의 내용으로 적절하지 않은 것은 ⑤이다.

22

정답 ④

마지막 문단에서 정약용은 청렴을 지키는 것의 효과 두 가지로 '다른 사람에게 긍정적 효과를 미친다.', '목민관 자신에게도 좋은 결과를 가져다준다.'고 하였다. 따라서 제시문의 내용으로 가장 적절한 것은 ④이다.

오답분석

① 두 번째 문단에서 '정약용은 청렴을 당위의 차원에서 주장하는 기존의 학자들과 달리 행위자 자신에게 실질적 이익이 된다는 점을 들어 설득하고자 한다.'고 설명하고 있다.

② 두 번째 문단에서 '정약용은 "지자(知者)는 인(仁)을 이롭게 여긴다."라는 공자의 말을 빌려 "지혜로운 자는 청렴함을 이롭게 여긴다."라고 하였다.'고 설명하고 있다. 그러므로 공자의 뜻을 계승한 것이 아니라 공자의 말을 빌려 청렴의 중요성을 강조한 것이다.

③ 두 번째 문단에서 '지혜롭고 욕심이 큰 사람은 청렴을 택하지만 지혜가 짧고 욕심이 작은 사람은 탐욕을 택한다.'라고 하였으므로 청렴한 사람은 욕심이 크기 때문에 탐욕에 빠지지 않는다는 설명이 적절하다.

⑤ 첫 번째 문단에서 '이황과 이이는 청렴을 사회 규율이자 개인 처세의 지침으로 강조하였다.'라고 하였으므로 이황과 이이는 청렴을 사회 규율로 보았다는 것을 알 수 있다.

23

정답 ⑤

제시문은 창조 도시가 가져올 경제적인 효과를 언급하며 창조 도시의 동력을 무엇으로 볼 것이냐에 따라 창조 산업과 창조 계층에 대한 입장을 설명하고 있다. 따라서 창조 도시가 무조건적으로 경제적인 효과를 가져오지 않을 것이라는 반박을 제시할 수 있다.

오답분석

①·③ 창조 산업을 동력으로 삼는 입장이다.
② 창조 도시에 대한 설명이다.
④ 창조 계층을 동력으로 삼는 입장이다.

24

정답 ③

치안 불안 해소를 위해 CCTV를 설치하는 것은 정부가 사회간접자본인 치안 서비스를 제공하는 것이지, 공공재·공공자원 실패의 해결책이라고 보기는 어렵다.

오답분석

①·② 공공재·공공자원 실패의 해결책 중에서 사용 할당을 위한 정책이라고 볼 수 있다.
④·⑤ 공공재·공공자원 실패의 해결책 중에서 사용 제한을 위한 정책이라고 볼 수 있다.

PART 2

25

정답 ①

㉠ : ㉠은 저온 순간 살균법이 무언가의 단점을 보완하기 위해 개발된 것이라고 하였다. 그런데 (다) 바로 앞의 문장에서는 시간이 오래 걸린다는 저온 살균법의 단점을 지적한다. 따라서 ㉠의 적절한 위치는 (다)임을 알 수 있다.
㉡ : ㉡에서는 제거하려는 미생물의 종류에 따라 적절한 열처리 조건을 알아야 한다고 하였다. 또한 (가) 바로 뒤에 있는 문장의 '이때'는 '적절한 열처리 조건을 알아야 하는 때'를 가리킨다. 따라서 ㉡의 적절한 위치는 (가)임을 알 수 있다.

26

정답 ④

제시문의 시작 부분에 '시장', '재분배', '호혜'의 개념을 제시하고, '호혜'의 특성을 다른 두 개념과 비교하면서 설명하고 있다. 또한 오늘날 분배 체계의 핵심이 되는 시장의 한계를 제시하면서 호혜가 이를 보완할 수 있는 분배 체계임을 설명하며 나아가 호혜가 행복한 사회를 만들기 위해 필요함을 강조하면서 그 가치를 말하고 있다. 따라서 글의 전개 방식으로 가장 적절한 것은 ④이다.

27

정답 ①

$0.8213+1.8124-2.4424=2.6337-2.4424=0.1913$

28

정답 ④

앞의 항에 $\times\frac{1}{4}$, $\div2+4$가 반복되는 수열이다.

따라서 ( )$=\frac{11}{2}\times\frac{1}{4}=\frac{11}{8}$이다.

29

정답 ①

나열된 수를 각각 A, B, C라고 하면

$\underline{A\ B\ C} \rightarrow A+C=3B$

따라서 ( )=(3×2)−5=1이다.

30

정답 ③

앞의 항에 $+3$, $+3^2$, $+3^3$, …인 수열이다.

b	e	n	o	(r)	a
2	5	14	41	122	365

31

정답 ④

비행기가 순항 중일 때와 기상 악화일 때, 날아간 거리를 구하는 식은 다음과 같다.

- 순항 중일 때 날아간 거리 : $860\times\left\{3+\frac{30-15}{60}\right\}=2,795\text{km}$
- 기상 악화일 때 날아간 거리 : $(860-40)\times\frac{15}{60}=205\text{km}$

따라서 비행기가 날아간 거리는 총 2,795+205=3,000km이다.

32

정답 ②

부어야 하는 물의 양을 xg이라 하면 다음과 같은 식이 성립한다.

$$\frac{\frac{12}{100}\times600}{600+x}\times100\le4 \rightarrow 7,200\le2,400+4x$$

$\therefore\ x\ge1,200$

따라서 최소 1,200g의 물을 부어야 한다.

33

정답 ③

완성품 1개를 만드는 데 필요한 일의 양을 1이라 하고, A와 B기계가 x일 만에 완성품을 1개 만들었다고 하면 다음과 같은 식이 성립한다.

- A기계가 하루에 하는 일의 양 : $\frac{1}{20}$
- B기계가 하루에 하는 일의 양 : $\frac{1}{30}$

$$\left(\frac{1}{20}+\frac{1}{30}\right)\times x=1 \rightarrow \frac{5}{60}\times x=1 \rightarrow \frac{1}{12}\times x=1$$

$\therefore\ x=12$

따라서 A기계와 B기계를 함께 사용하면 완성품 1개를 만드는 데 12일이 걸린다.

34

정답 ①

남자 5명 중에서 2명을 택하고 이들을 대표와 부대표로 정하는 것은 순서를 고려해야 한다. 즉, 5명 중에서 2명을 택하는 순열이므로 ${}_5P_2=5\times4=20$가지이다. 따라서 여자의 경우도 마찬가지로 생각해 보면 ${}_4P_2=4\times3=12$가지이므로 선출할 수 있는 총 경우의 수는 ${}_5P_2\times{}_4P_2=20\times12=240$가지이다.

35

정답 ②

100만 원을 맡겨서 다음 달에 104만 원을 받을 수 있다는 것은 이자율이 4%라는 것을 의미한다.
50만 원을 입금하면 다음 달에는 (원금)+(이자액)=52만 원이 된다.
따라서 다음 달 잔액은 52−30=22만 원이고, 그다음 달 총잔액은 220,000×1.04=228,800원이다.

36

정답 ②

서진이와 민진이 사이에 적어도 1명이 앉게 될 확률은 1에서 서진이와 민진이가 서로 이웃하여 앉을 확률을 빼서 구할 수 있다.
서진이와 민진이가 서로 이웃하여 앉을 확률은 $\frac{4!\times 2!}{5!}=\frac{2}{5}$ 이다.
따라서 서진이와 민진이 사이에 적어도 1명이 앉아 있을 확률은 $1-\frac{2}{5}=\frac{3}{5}$ 이다.

37

정답 ④

제시된 환전 수수료 공식을 달러 및 유로에 적용하면 다음과 같다.
(환전 수수료)=(매수 매도 차액)×[1−(우대율)]×(환전금액)]
• 달러 : (1,300−1,100)×(1−0.7)×660=39,600원
• 유로 : (1,520−1,450)×(1−0.5)×550=19,250원
따라서 A씨가 내야 할 환전 수수료는 총 39,600+19,250=58,850원이다.

38

정답 ⑤

예치기간이 12개월일 때 N정기예금의 최종 적용금리와 H정기예금의 최종 적용금리의 차이는 3.68−2.42=1.26%p이다.

오답분석

① 예치기간이 1개월일 때 N정기예금의 최종 적용금리와 H정기예금의 최종 적용금리의 차이는 2.84−1.85=0.99%p이다.
② 예치기간이 3개월일 때 N정기예금의 최종 적용금리와 H정기예금의 최종 적용금리의 차이는 3.51−1.85=1.66%p이다.
③ 예치기간이 6개월일 때 N정기예금의 최종 적용금리와 H정기예금의 최종 적용금리의 차이는 3.65−2.10=1.55%p이다.
④ 예치기간이 9개월일 때 N정기예금의 최종 적용금리와 H정기예금의 최종 적용금리의 차이는 3.65−2.30=1.35%p이다.

39

정답 ③

투자 규모가 100만 달러 이상인 투자 금액 비율과 50만 달러 미만인 투자 건수 비율을 구하면 다음과 같다.
• 투자 규모가 100만 달러 이상인 투자 금액 비율 : 19.4+69.4=88.8%
• 투자 규모가 50만 달러 미만인 투자 건수 비율 : 28+20.9+26=74.9%

40

정답 ①

이메일 스팸 수신량이 가장 높은 시기는 2022년 하반기이지만, 휴대전화 스팸 수신량이 가장 높은 시기는 2021년 하반기이다.

오답분석

② 제시된 자료를 통해 모든 기간 이메일 스팸 수신량이 휴대전화 스팸 수신량보다 많음을 확인할 수 있다.
③ 이메일 스팸 수신량의 증가・감소 추이와 휴대전화 스팸 수신량의 증가・감소 추이가 일치하지 않으므로 서로 밀접한 관련이 있다고 보기 어렵다.
④ 이메일 스팸 총수신량의 평균은 0.6이고, 휴대전화 스팸 총수신량의 평균은 약 0.19이다. 따라서 $\frac{0.6}{0.19}$ ≒ 3.16으로 3배 이상이다.
⑤ 컴퓨터 사용량과 이메일 스팸 수신량이 정비례 관계에 있으므로, 컴퓨터 사용량이 증가하면 이메일 스팸 수신량도 증가한다. 따라서 이메일 스팸 수신량이 가장 높은 2022년 하반기에 국민의 컴퓨터 사용량이 제일 높았을 것이다.

41

정답 ②

국채의 경우 1년 단기채, 3년 중기채, 10년 장기채 모두 발행했으며, 2023년까지 상환기간이 길수록 평균 금리가 높았지만, 2024년 국채 10년 평균 금리(4.24%)는 국채 3년 평균 금리(4.41%)보다 낮다.

오답분석

① 장기채는 상환기간이 5년 초과인 채권으로 국채 10년, 강원지역개발채 6년, 한국전력채 10년이 해당한다. 세 채권의 2021 ~ 2024년 동안 평균 금리의 전년 대비 증감 방향은 모두 '증가 – 증가 – 감소 – 증가'로 동일하다.

③ 지방채는 인천, 경기, 강원지역개발채로 2021년 지방채의 평균 금리는 $\frac{3.52+5.02+4.31}{3}$ ≒ 4.28%로 2024년 지방채의 평균 금리인 $\frac{3.56+4.81+4.39}{3}$ ≒ 4.25%보다 높다.

④ 상환기간이 동일한 특수채와 금융채는 각각 가스공사채 5년, 산업금융채 5년이며, 매년 평균 금리는 가스공사채가 금융채보다 매년 1.5배 이상이다.

(단위 : %)

구분	2020년	2021년	2022년	2023년	2024년
(가스공사채) (산업금융채)	$\frac{4.8}{3.2}=1.5$	$\frac{6.3}{3.5}=1.8$	$\frac{5.7}{3.8}=1.5$	$\frac{7.2}{4.5}=1.6$	$\frac{6.6}{4.4}=1.5$

⑤ 장기 특수채는 한국전력채 10년이며, 2022년 평균 금리의 전년 대비 증가율은 $\frac{5.39-5.22}{5.22}\times 100$ ≒ 3.26%이다.

42

정답 ④

'채소를 좋아한다.'를 A, '해산물을 싫어한다.'를 B, '디저트를 싫어한다.'를 C라고 하면 첫 번째 명제는 A → B로 표현할 수 있다. 다음으로 마지막 명제는 ~C → ~A로 표현할 수 있고 이의 대우 명제는 A → C이다. 따라서 중간에는 B → C가 나와야 하므로 빈칸에는 이의 대우 명제인 ④가 적절하다.

43

정답 ③

명제가 참이면 대우 명제도 참이다. 즉, '유민이가 좋아하는 과일은 신혜가 싫어하는 과일이다.'가 참이면 '신혜가 좋아하는 과일은 유민이가 싫어하는 과일이다.'도 참이다. 따라서 신혜는 딸기를 좋아하고, 유민이는 사과와 포도를 좋아한다.

44

정답 ①

주어진 조건을 정리하면 다음과 같다.

B>A, B>F, B<C<D, E<C

따라서 A와 F의 관계는 알 수 없다.

45

정답 ④

E가 수요일에 봉사활동을 간다면 A는 화요일, C는 월요일에 가고, B와 D는 평일에만 봉사활동을 가므로 토요일에 봉사활동을 가는 사람은 없다.

오답분석

① B가 화요일에 봉사활동을 간다면 A는 월요일, C는 수요일 또는 금요일에 봉사활동을 가므로 토요일에 봉사활동을 가는 사람은 없다.

② D가 금요일에 봉사활동을 간다면 C는 수요일과 목요일에 갈 수 없으므로 월요일이나 화요일에 봉사활동을 가게 된다. 따라서 5명은 모두 평일에 봉사활동을 가게 된다.

③ D가 A보다 봉사활동을 빨리 가면 D는 월요일, A는 화요일에 가므로 C는 수요일이나 금요일에 봉사활동을 가게 된다. 따라서 C가 수요일에 봉사활동을 가면 E는 금요일에 가게 되므로 B는 금요일에 봉사활동을 가지 않는다.
⑤ C가 A보다 빨리 봉사활동을 간다면 D는 목요일이나 금요일에 봉사활동을 간다.

46

정답 ③

제시된 조건에 따라 4명의 직원이 함께 탄 5인승 택시의 자리는 다음과 같다.

i) 경우 1

택시 운전기사		• 소속 : 디자인팀 • 직책 : 과장 • 신발 : 노란색
• 소속 : 연구팀 • 직책 : 대리 • 신발 : 흰색 또는 연두색	• 소속 : 홍보팀 • 직책 : 부장 • 신발 : 검은색	• 소속 : 기획팀 • 직책 : 사원 • 신발 : 흰색 또는 연두색

ii) 경우 2

택시 운전기사		• 소속 : 디자인팀 • 직책 : 과장 • 신발 : 노란색
• 소속 : 기획팀 • 직책 : 사원 • 신발 : 흰색 또는 연두색	• 소속 : 홍보팀 • 직책 : 부장 • 신발 : 검은색	• 소속 : 연구팀 • 직책 : 대리 • 신발 : 흰색 또는 연두색

따라서 '과장은 노란색 신발을 신었다.'는 항상 참이다.

오답분석

① 택시 운전기사 바로 뒤에는 사원 또는 대리가 앉을 수 있다.
② 부장은 뒷좌석 가운데에 앉는다.
④ 부장 옆에는 대리와 사원이 앉는다.
⑤ 사원은 흰색 또는 연두색 신발을 신었다.

47

정답 ③

전기의 가격은 10 ~ 30원/km인 반면, 수소의 가격은 72.8원/km로 전기보다 수소의 가격이 더 비싸다. 따라서 원료의 가격은 자사 내부환경의 약점(Weakness) 요인이 아니라 거시적 환경에서 비롯된 위협(Treat) 요인으로 보아야 한다.

오답분석

(가) : 보조금 지원을 통해 첨단 기술이 집약된 친환경 차를 중형 SUV 가격에 구매할 수 있다고 하였으므로, 자사의 내부환경(자사 경영자원)의 강점(Strength) 요인으로 볼 수 있다.
(나) : 충전소가 전국 12개소에 불과하며, 올해 안에 10개소를 더 설치한다고 계획 중이지만 완공 여부는 알 수 없으므로, 자사의 내부환경(자사 경영자원)의 약점(Weakness) 요인으로 볼 수 있다.
(라) : 친환경차에 대한 인기가 뜨겁다고 하였으므로, 고객이라는 외부환경에서 비롯된 기회(Opportunity) 요인으로 볼 수 있다.
(마) : 생산량에 비해 정부 보조금이 부족한 것은 외부환경(거시적)에서 비롯된 위협(Treat) 요인으로 볼 수 있다.

48

정답 ②

2분기 포인트 적립금은 직전분기의 승인금액 합계에 따르므로, 2024년 1월부터 3월까지의 승인금액의 합인 595.3만 원에 대해 적립된다.
따라서 2분기 포인트 적립금은 59×950p=56,050p이므로 A주임은 청소기를 사은품으로 수령하게 된다.

49

정답 ③

결산일이 8월 11일이므로 직전 3개월은 5, 6, 7월이다. 이 3개월간 입금 내역 중 대상연금 조건에 만족하는 입금 내역을 확인한다. 올해 3월부터 매월 일정한 금액의 퇴직연금 입금 내역이 존재한다고 하였으나 타행으로부터의 '연금' 문구가 인쇄되는 입금 내역은 월 최대 1건만 인정되므로 5, 6, 7월에 인정되는 퇴직연금 입금 내역 수는 2+2+2=6건이다.

또한 금년 6월 10일부터 국가보훈처로부터의 입금 내역이 존재하므로 6월, 7월에 각각 1건씩 인정된다. 그 외 입금 내역은 연금과 관련이 없으므로 대상연금으로 인정받을 수 있는 내역은 6+1+1=8건이다.

따라서 A씨에게 적용되는 우대이율은 1.0%p이다.

50

정답 ②

국내 사용금액의 경우 일시불과 할부 모두 마일리지 적립 대상이나, 해외 사용금액의 경우 일시불만 마일리지 적립 대상이라는 점에 유의해야 한다. 국내 사용금액 100만 원 전체에 대해 1천 원당 1마일리지, 해외 사용금액 중 일시불 50만 원에 대해 1천 원당 1마일리지가 적립된다. 문제에 언급된 내용만으로는 항공 / 면세업종에서 사용된 금액을 알 수 없으므로, 항공 / 면세업종에서 사용한 금액이 0원인 경우를 기준으로 예상 적립 마일리지를 구하면, 적립되는 항공마일리지의 최솟값이 된다.

(100만 원÷1,000원×1마일리지)+(50만 원÷1,000원×1마일리지)=1,500마일리지

따라서 Air One 카드를 보유한 고객에게 적립되는 항공마일리지는 최소 1,500마일리지이다.

51

정답 ③

A씨는 월평균 지출이 40만 원이고, B씨는 연회비 3만 원 이하의 카드를 원하므로 Air One은 두 사람 모두의 추천 대상에서 제외된다. 두 사람에게 각각 다른 카드를 추천하였기 때문에, 간편결제의 활용 빈도가 높은 A씨에게 #Pay를, 차량을 보유하고 외식을 선호하는 B씨에게 Mr. Life를 추천하는 것이 적합하다.

52

정답 ④

7월에 비해 8월에 변경된 사항을 반영하고, 인상된 건강보험료율 5%(3,500,000×0.05=175,000원)를 반영하여 계산하면 다음과 같다.

(단위 : 원)

지급내역	기본급	1,350,000	공제내역	갑근세	900,000
	직책수당	400,000		주민세	9,000
	직무수당	450,000		건강보험	175,000
	연장근로	350,000		국민연금	135,000
	심야근로	250,000		고용보험	24,000
	휴일근로	300,000		근태공제	–
	월차수당	400,000		기타	–
	합계	3,500,000		합계	1,243,000

따라서 실수령액은 3,500,000−1,243,000=2,257,000원이다.

53

정답 ④

행사장 방문객은 시계 반대 방향으로 돌면서 전시관을 관람한다. 400명의 방문객이 출입하여 제1전시관에 100명이 관람한다면 나머지 300명은 관람하지 않고 지나치게 된다. 따라서 A에서 홍보판촉물을 나눠줄 수 있는 대상자가 300명이 된다. 그리고 B는 A를 걸쳐서 오는 300명과 제1전시관을 관람하고 나온 100명의 인원이 합쳐지는 장소이므로 총 400명을 대상으로 홍보판촉물을 나눠줄 수 있다. 이러한 개념으로 모든 장소를 고려해 보면 각 전시관과의 출입구가 합류되는 B, D, F에서 가장 많은 사람들에게 홍보판촉물을 나눠줄 수 있다.

54

정답 ④

10년 이상 가입자로 특수직종근로자인 박정환은 만 55세이므로 제61조 제1항에 따라 노령연금을 받을 수 있다.

오답분석

① 10년 이상 가입자로 만 60세가 된 김갑돌은 제61조 제1항에 따라 유족연금이 아닌 노령연금을 받는다.
② 10년 이상 가입자였던 이을석은 국외이주 기간 중 사망하였으므로 제72조 제2항에 따라 유족연금을 받을 수 없다.
③ 제61조 제2항에 따라 조기노령연금 수급권자가 되려면 가입기간이 10년 이상이어야 한다. 정병문의 경우 가입기간이 현재 10년 이상이 되지 않으므로 조기노령연금을 받을 수 없다.
⑤ 제61조 제1항에 따르면 노령연금은 가입자가 생존하는 동안 지급되는 것으로 김무혁의 경우 2024년 3월에 사망하였으므로 노령연금을 받을 수 없다.

55

정답 ④

제시된 조건에 따라 근태 점수가 가장 높은 A, C, E, F, G, J직원이 희망하는 지역을 먼저 배치한다.

그다음 근태 점수가 높은 B, D, I직원을 배치한다.

그다음 H직원을 배치시켜야 하는데 각 지방에 적어도 1명씩 발령해야 하므로 9명에 대한 배치가 끝나고 1명도 배치되지 않은 부산에 배치한다.

직원들을 지망하는 지역에 따라 정리하면 다음과 같다.

구분	서울	대구	대전	광주	울산	부산
직원	A, E	D, I	B, G	C	F, J	H

따라서 H직원은 부산에 발령해야 하므로 ④가 옳지 않다.

56

정답 ⑤

10명의 직원의 환산점수를 구하면 다음과 같다.

구분	근태	근태 환산점수	성과	성과 환산점수	환산점수 합계
A	A	100×0.3=30	B	60×0.7=42	30+42=72
B	B	60×0.3=18	B	60×0.7=42	18+42=60
C	A	100×0.3=30	C	20×0.7=14	30+14=44
D	B	60×0.3=18	A	100×0.7=70	18+70=88
E	A	100×0.3=30	A	100×0.7=70	30+70=100
F	A	100×0.3=30	B	60×0.7=42	30+42=72
G	A	100×0.3=30	A	100×0.7=70	30+70=100
H	C	20×0.3=6	B	60×0.7=42	6+42=48
I	B	60×0.3=18	C	20×0.7=14	18+14=32
J	A	100×0.3=30	A	100×0.7=70	30+70=100

환산점수 합계가 가장 높은 직원을 원하는 지방으로 순서대로 배치하면 다음과 같다.

구분	서울	대구	대전	광주	울산	부산
직원	A, E	D	B, G	C, H	F, J	I

따라서 H직원은 부산에서 광주로, I직원은 대구에서 부산으로 발령 지역 변동이 생겼다.

57

정답 ③

T과장이 제시한 C홀 대관료는 예산 범위 안에 포함되지만, 수용인원이 워크숍 참여 인원보다 적으므로 C홀은 적절한 장소가 아니다.

오답분석

① 워크숍에 참여하는 인원은 143명이므로 수용인원이 참여 인원보다 적은 D홀을 제외하는 것은 적절하다.
② 예산은 175만 원이므로 대관료가 예산보다 비싼 A홀을 제외하는 것은 적절하다.
④·⑤ 적절한 거리에 대한 정보는 제시되어 있지 않으나, 앞선 대화에서 A홀과 D홀을 제외한 남은 세 홀 중에서 수용인원, 예산 범위를 모두 충족하는 홀은 B홀이다.

58

정답 ③

B홀을 선정하였으므로 대관료는 150만 원이다.

59

정답 ④

위험 한 단위당 기대수익률은 $\frac{(\text{기대수익률})}{(\text{표준편차})}$로 구할 수 있으므로 E는 $\frac{8}{4}=2$이며, F는 $\frac{6}{3}=2$이다. 따라서 E와 F는 위험 한 단위당 기대수익률이 같다.

오답분석

① 지배원리에 의해 동일한 기대수익률이면 최소의 위험을 선택하여야 하므로, 동일한 기대수익률인 A와 E, C와 F는 표준편차를 기준으로 우열을 가릴 수 있다.
② 위험 한 단위당 기대수익률이 높은 투자 대안을 선호한다고 하였으므로 A, B, C, D 중에서 D가 가장 낫다고 평가할 수 있다.
③ G가 기대수익률이 가장 높지만 표준편차도 가장 높기 때문에 가장 바람직한 대안이라고 볼 수 없다.
⑤ E는 B와 G에 비해 표준편차는 낮지만, 기대수익률 역시 낮으므로 우월하다고 볼 수 없다.

60

정답 ⑤

규정에 따라 직원별 평정 최종점수를 산출하면 다음과 같다.

구분	올해 업무평정	일반사고	중대사고	수상경력	평정 최종점수
A사원	420점	4회	2회	0회	260점
B사원	380점	9회	0회	1회	300점
C대리	550점	11회	1회	0회	290점
D대리	290점	0회	3회	2회	370점
E과장	440점	5회	3회	0회	220점

따라서 가장 낮은 점수를 받은 팀원은 E과장이다.

61

정답 ④

20～21일은 주중이며 출장 혹은 연수 일정이 없고, 부서이동 전에 해당하므로 김대리가 A지점의 감사를 수행할 수 있는 일정이다.

오답분석

① 6～7일은 김대리의 연수 참석 기간이므로 감사를 진행할 수 없다.
② 11～12일은 주말인 11일을 포함하고 있다.
③ 14～15일 중 15일은 목요일로, 김대리가 K지점으로 출장을 가는 날짜이다.
⑤ 27～28일은 김대리가 27일부터 부서를 이동한 이후이므로, 김대리가 아니라 후임자가 A지점의 감사를 수행한다.

62

정답 ③

경품별로 필요한 인원과 단가를 곱하여 경품별 총액을 구한 뒤 더하면 필요한 총예산을 구할 수 있다.

(단위 : 원)

구분	총액
상품권	100,000×2=200,000
쌀	30,000×5=150,000
김치	20,000×10=200,000
라면	20,000×15=300,000
김	15,000×26=390,000
밀폐용기	10,000×42=420,000
주방세제	10,000×100=1,000,000
합계	2,660,000

따라서 필요한 예산 금액은 총 2,660,000원이다.

63

정답 ①

승진자 결정방식에 따라 승진 대상자 갑～무 5명의 승진 점수를 계산하면 다음과 같다.

(단위 : 점)

구분	업무 실적 점수	사고 점수	근무태도 점수	가점 및 벌점		승진 점수
				점수	사유	
갑	20	7	7	+2	수상 1회	36
을	17	9	10	+4	수상 2회	40
병	13	8	7	–	–	28
정	20	6	4	–	–	30
무	10	10	10	+4	수상 1회, 무사고	34

따라서 승진 점수가 가장 높은 직원은 승진 점수가 40점인 을과 36점인 갑이므로, 갑과 을이 승진하게 된다.

64

정답 ①

농협이 하는 일 중 '교육지원사업'은 미래 농업·농촌을 이끌 영농인력 육성, 농촌지역 삶의 질을 높이는 문화·복지사업 실시, 농촌에 활력을 불어넣는 다양한 교류사업 추진, 농업·농촌의 가치를 알리는 농정홍보활동, 지역사회 중심체인 농·축협을 체계적으로 지원, 사회공헌 및 국제교류 등 농업 발전과 농가 소득 증대를 통한 농업인 삶의 질 향상을 위한 일이다.

농협이 하는 일

- 교육지원부문
  - 교육지원사업 : 미래 농업·농촌을 이끌 영농인력 육성, 농촌지역 삶의 질을 높이는 문화·복지사업 실시, 농촌에 활력을 불어넣는 다양한 교류사업 추진, 농업·농촌의 가치를 알리는 농정홍보활동, 지역사회 중심체인 농·축협을 체계적으로 지원, 사회공헌 및 국제교류 등
- 경제부문
  - 농업경제사업 : 규모화·전문화를 통한 농산물 산지유통 혁신, 영농에 필요한 자재를 저렴하고 안정적으로 공급, 혁신적 물류체계 구축으로 농산물 도매유통 선도, 소비지 유통망 활성화로 농산물 판매기반 강화, 다양한 유통채널을 통해 우수 국산 농산물 판매, 안전 농식품 공급으로 국민 건강에 기여
  - 축산경제사업 : 축산물 생산비 절감으로 가격안정에 기여, 위생안전체계 구축으로 소비자 신뢰에 보답, 가축분뇨 자원화로 친환경 축산 실천, 우수 브랜드 육성으로 우리 축산물 홍보, 가축질병 예방으로 축산농가의 성장 지원, 종축개량을 통해 안정적인 생산기반 구축
- 금융부문
  - 상호금융사업 : 농촌경제 활성화를 위한 다양한 금융서비스 제공, 안정적인 농업경영을 위한 영농·가계자금 지원, 농촌 농협 – 도시농협 상생의 가교 역할 수행, 맞춤형 금융상품을 통해 서민금융 활성화에 기여, 조합원·고객의 실익증진을 위한 각종 사업 추진, 소외계층 지원을 위한 사회공헌기금 조성
  - 농협금융지주 : 고객 만족을 위한 최고의 종합 금융서비스 제공, 순수 민간자본으로 구성된 국내 유일의 금융기관, 농업인과 국민의 생명·건강·안전·재산 지킴이, 협동조합 이념에 기반한 다양한 사회공헌활동 실천, 종합금융체계 구축으로 국내 금융업계 선도, 따뜻한 서민금융, 든든한 나라살림 지원

65

정답 ①

프로다운 서비스 정신을 바탕으로 농업인과 고객을 가족처럼 여기는 인재는 농협의 인재상 중 '행복의 파트너'에 해당한다.

농협의 인재상

- 시너지 창출가
  항상 열린 마음으로 계통 간, 구성원 간에 존경과 협력을 다하여 조직 전체의 성과가 극대화될 수 있도록 시너지 제고를 위해 노력하는 인재
- 행복의 파트너
  프로다운 서비스 정신을 바탕으로 농업인과 고객을 가족처럼 여기고 최상의 행복 가치를 위해 최선을 다하는 인재
- 최고의 전문가
  꾸준한 자기계발을 통해 자아를 성장시키고, 유통·금융 등 맡은 분야에서 최고의 전문가가 되기 위해 지속적으로 노력하는 인재
- 정직과 도덕성을 갖춘 인재
  매사에 혁신적인 자세로 모든 업무를 투명하고 정직하게 처리하여 농업인과 고객, 임직원 등 모든 이해관계자로부터 믿음과 신뢰를 받는 인재
- 진취적 도전가
  미래지향적 도전의식과 창의성을 바탕으로 새로운 사업과 성장동력을 찾기 위해 끊임없이 변화와 혁신을 추구하는 역동적이고 열정적인 인재

66

정답 ④

자료에 따르면 홈페이지 운영 등은 정보사업팀에서 하므로 적절하지 않다.

오답분석

① 감사실(1개)과 11개의 팀으로 구성되어 있다.
② 예산기획과 경영평가는 전략기획팀에서 관리한다.
③ 경영평가(전략기획팀), 성과평가(인재개발팀), 품질평가(평가관리팀) 등은 각각 다른 팀에서 담당한다.
⑤ 감사실을 두어 감사, 부패방지 및 지도점검을 하게 하였다.

67

정답 ⑤

자료를 통해 품질평가 관련 민원은 평가관리팀이 담당하고 있다는 것을 알 수 있다.

PART 2

68

정답 ②

자료에 따르면 위원회는 1명의 위원장과 3명의 위원으로 구성되어 있을 뿐, 위원장 선출방식은 나타나 있지 않다.

69

정답 ④

일반적인 조직에서 인사부는 조직기구의 개편 및 조정, 업무분장 및 조정, 직원수급계획 및 관리, 직무 및 정원의 조정 종합, 노사관리, 평가관리, 상벌관리, 인사발령, 교육체계 수립 및 관리, 임금제도, 복리후생제도 및 지원 업무, 복무관리, 퇴직관리 등의 업무를 수행한다.

오답분석

① 총무부의 업무이다.
② 기획부의 업무이다.
③ 회계부의 업무이다.
⑤ 영업부의 업무이다.

70

정답 ④

ㄴ. BCG 매트릭스는 시장성장율과 상대적 시장점유율을 기준으로 4개의 영역으로 나눠 사업의 상대적 위치를 파악한다.
ㄹ. GE&맥킨지 매트릭스의 산업매력도는 시장규모, 시장 잠재력, 경쟁구조, 재무·경제·사회·정치 요인과 같은 광범위한 요인에 의해 결정된다.
ㅁ. GE&맥킨지 매트릭스는 반영 요소가 지나치게 단순하다는 BCG 매트릭스의 단점을 보완하기 위해 개발되었다.

오답분석

ㄱ. BCG 매트릭스는 미국의 보스턴컨설팅그룹이 개발한 사업포트폴리오 분석 기법이다.
ㄷ. GE&맥킨지 매트릭스는 산업매력도와 사업경쟁력을 고려하여 사업의 형태를 9개 영역으로 나타낸다.

제 2 회 최종점검 모의고사

01	02	03	04	05	06	07	08	09	10	11	12	13	14	15	16	17	18	19	20
⑤	⑤	②	④	①	⑤	③	②	①	①	④	①	④	⑤	①	②	②	③	⑤	①
21	22	23	24	25	26	27	28	29	30	31	32	33	34	35	36	37	38	39	40
②	③	⑤	④	⑤	②	④	②	①	④	②	④	③	②	②	④	①	④	④	⑤
41	42	43	44	45	46	47	48	49	50	51	52	53	54	55	56	57	58	59	60
②	③	④	②	②	②	④	⑤	④	②	④	②	③	④	③	④	①	④	④	⑤
61	62	63	64	65	66	67	68	69	70										
③	③	①	⑤	⑤	④	⑤	③	④	③										

01

정답 ⑤

제시된 단어는 기능(양치)이 같은 도구의 관계이다.

오답분석

①·②·③·④ 도구와 그 도구의 기능 관계이다.

02

정답 ⑤

제시된 단어는 반의 관계이다.
'눌변(訥辯)'은 더듬거리는 서툰 말솜씨를 의미하고, '능변(能辯)'은 말을 능숙하게 잘함을 의미한다.

오답분석

①·②·③·④ 유의 관계이다.
① 신랄(辛辣) : '사물의 분석이나 비평 따위가 매우 날카롭고 예리하다'의 의미인 '신랄하다'의 어근
가혹(苛酷) : 몹시 모질고 혹독함
② 토로(吐露) : 마음에 있는 것을 죄다 드러내어서 말함
피력(披瀝) : 생각하는 것을 털어놓고 말함
③ 괴리(乖離) : 서로 어그러져 동떨어짐
괴격(乖隔) : 서로 어그러지고 멀어짐
④ 해태(懈怠) : 행동이 느리고 움직이거나 일하기를 싫어하는 태도나 버릇
나태(懶怠) : 행동, 성격 따위가 느리고 게으름

03

정답 ②

제시된 단어는 유의 관계이다.
'개선'의 유의어는 '수정'이고, '긴요'의 유의어는 '중요'이다.

- 개선(改善) : 잘못된 것이나 부족한 것을 고쳐 더 좋게 만듦
- 수정(修正) : 바로잡아 고침
- 긴요(緊要) : 꼭 필요하고 중요함

• 중요(重要) : 귀중하고 요긴함

오답분석

① 긴밀(緊密) : 서로 관계가 매우 가까워 빈틈이 없음
③ 경중(輕重) : 가벼움과 무거움. 또는 중요함과 중요하지 않음
④ 사소(些少) : 보잘것없이 작거나 적음
⑤ 친밀(親密) : 지내는 사이가 매우 친하고 가까움

04

정답 ④

제시된 단어는 목적어와 동사의 관계이다.
'용매'를 추출하고, '물건'을 올린다.

05

정답 ①

제시된 단어는 목적어와 서술어 관계이다.
'시간'을 보내고, '차례'를 지낸다.

06

정답 ⑤

'한산도(대첩)', '행주(대첩)', '진주성(대첩)'을 통해 조선 '임진왜란' 때 왜적을 무찌른 3대 대첩을 연상할 수 있다.

07

정답 ③

'연필을 쓰다.', '한약이 쓰다.', '머리를 쓰다.'라는 표현을 통해 '쓰다'를 연상할 수 있다.

08

정답 ②

'매'의 꼬리에 붙이는 '이름표'를 '시치미'라 하고, 이것에서 유래한 말이 '시치미를 떼다.'이므로 '시치미'를 연상할 수 있다.

09

정답 ①

오답분석

② 은익한 → 은닉한
③ 남존녀비 → 남존여비
④ 잎 → 닢
⑤ 년도 → 연도

10

정답 ①

오답분석

② 다릴 → 달일
③ 으시시 → 으스스
④ 치루고 → 치르고
⑤ 잠궜다 → 잠갔다

PART 2

11

정답 ④

• 소적 → 소정
• 지금 → 지급
• 수요 → 수용

12

정답 ①

(가) : '어떤 일의 가장 중요한 계기나 조건'의 의미를 지닌 ㉡ '기틀'이 들어가야 한다.
(나) : '내용을 진전시켜 펴 나감'의 의미를 지닌 ㉠ '전개'가 들어가야 한다.
(다) : '연극이나 방송극 따위에서 각본을 바탕으로 배우의 연기, 무대 장치, 의상, 조명, 분장 따위의 여러 부분을 종합적으로 지도하여 작품을 완성하는 일'의 의미를 지닌 ㉦ '연출'이 들어가야 한다.
(라) : '주된 역할'의 의미를 지닌 ㉥ '주역'이 들어가야 한다.

오답분석

㉢ 조연(助演) : 한 작품에서 주역을 도와 극을 전개해 나가는 역할을 함
㉣ 상연(上椽) : 연극 따위를 무대에서 하여 관객에게 보이는 일
㉤ 터전 : 집터가 되는 땅
㉧ 전환(轉換) : 다른 방향이나 상태로 바뀌거나 바꿈

13

정답 ④

제시문의 밑줄 친 단어와 ④의 '머리'는 '생각 또는 판단하는 능력'이라는 의미이다.

오답분석

①·② 뇌와 중추신경 따위가 들어있는 사람이나 동물의 목 윗부분
③ 단체의 우두머리
⑤ 머리털

14

정답 ⑤

제시문에 따르면 출생의 우연은 직업을 결정하는 데 중요한 역할을 하며, 아이들은 대개 부모의 직업을 따른다고 하였다. 따라서 제목으로 가장 적절한 것은 ⑤이다.

• sociologist : 사회학자
• accidental : 우연한, 우발적인

Theodore Caplow라는 한 사회학자에 의하면 출생의 우연은 종종 사람이 어떠한 직업을 선택할지를 결정하는 데 중요한 역할을 한다고 한다. 아이들은 부모의 직업을 따른다. 즉, 농부들은 농부의 자손에게서, 교사들은 교사의 자녀들에게서 재생산된다. 부모는 자녀들에게 직업을 물려준다. 게다가 출생의 시간과 장소, 인종, 국적, 사회계급 그리고 부모의 기대와 같은 요인들은 모두 우발적이다. 다시 말해, 계획되거나 통제되지 않는다. 그것들은 모두 직업 선택에 영향을 미친다.

15

정답 ①

문맥의 흐름상 '겉에 나타나 있거나 눈에 띄다.'의 의미를 지닌 '드러나다'의 쓰임은 적절하다. '들어나다'는 사전에 등록되어 있지 않은 단어로 '드러나다'의 잘못된 표현이다.

16

정답 ②

'미꾸라지 한 마리가 온 물을 흐린다.'는 속담은 '못된 사람 하나가 그 집단을 다 망친다.'는 뜻이므로 여성에 대한 부정적 고정관념에 대한 설명이 아니다.

오답분석

① 암탉이 울면 집안이 망한다 : 가정에서 아내가 남편을 제쳐 놓고 떠들고 간섭하면 집안일이 잘 안 된다는 말
③ 계집이 늙으면 여우가 된다 : 여자는 나이를 먹을수록 요망스러워진다는 말
④ 여편네 팔자는 뒤웅박 팔자라 : 여자의 운명은 남편에게 매인 것이나 다름없다는 말
⑤ 여자는 제 고을 장날을 몰라야 팔자가 좋다 : 여자는 집에서 살림이나 하고 사는 것이 가장 행복한 것임을 비유적으로 이르는 말

17

정답 ②

제시문은 세종대왕이 한글을 창제하고 반포하는 과정을 설명하고 있다. (가) 세종대왕이 글을 읽고 쓰지 못하는 백성들을 안타깝게 여김 – (라) 훈민정음을 만들었지만 신하들의 반대에 부딪힘 – (다) 훈민정음을 세상에 알림 – (나) 훈민정음의 해설서인 『훈민정음 해례본』과 『용비어천가』를 펴냄 순으로 나열하는 것이 적절하다.

18

정답 ③

(가) 도시의 동호회 회원과 농입인들이 만나는 '도농 공감' 프로그램을 실시하는 것으로 보아 도농협동연수원에서는 농업・농촌의 소중한 가치를 널리 알리는 일을 한다고 볼 수 있다.
(나) '우리 농산물로 세계적인 와인을 만들어 농산물 소비를 촉진하는 데 1차적인 목적이 있다.'는 전통주 명인 '이○○ 씨'의 발언을 통해 판단할 수 있다.
(다) 오미자를 생산하는 것에 머물지 않고 도시의 소비자들과 함께 술로 가공한 오미자주를 귀밝이술로 시음하는 등 지역의 전통문화를 체험하는 것으로 보아 판단할 수 있다.

오답분석

(라) 두 번째 제시문에 나와 있는 농협의 여러 조치는 '가격 안정'을 위한 것이라고 설명하고 있다.

19

정답 ⑤

푸성귀를 늦가을이나 초겨울에 심는 일. 또는 그 푸성귀를 뜻하는 단어는 '얼가리'가 아닌 '얼갈이'이다. 또한 '알타리무'의 바른 표기는 '총각무'이다.

오답분석

㉠ '와인'은 포도주를 가리킨다.
㉡ '와이너리'는 술을 만드는 양조장을 뜻한다.
㉢ '시음'은 '맛보기'로 순화할 수 있다. 맛보기는 맛을 보도록 조금 내놓은 음식 또는 어떤 일을 본격적으로 하기 전에 시험 삼아 해 보는 것을 비유하는 말이다. 참고로 '맛뵈기, 맛배기' 등은 모두 사전에 등재되지 않은 비표준어이다.
㉣ '소비자가격'은 소비자가 어떤 재화를 사들일 때의 가격을 뜻하는 한 단어로 붙여 쓴다.

20

정답 ①

첫 번째 문단에 '우리 조상은 화재를 귀신이 장난치거나, 땅에 불의 기운이 넘쳐서라 여겼다.'라고 하면서 안녕을 기원하기 위해 조상들이 시도했던 여러 가지 노력을 제시하고 있다.
따라서 제시문의 제목으로 가장 적절한 것은 ①이다.

21

정답 ②

화재 예방을 위한 주술적 의미로 쓰인 것은 지붕 용마루 끝에 장식 기와로 사용하는 '치미'이다. 물의 기운을 지닌 수호신인 해치는 화기를 잠재운다는 의미로 동상으로 세워졌다.

오답분석

① 첫 번째 문단에서 '농경 사회였던 조선 시대의 백성들의 삶을 힘들게 했던 재난・재해 특히 화재는 즉각적인 재앙이었고 공포였다.'고 하였다.
③ 세 번째 문단에서 '잡상은 건물의 지붕 내림마루에 『서유기』에 등장하는 기린, 용, 원숭이 등 다양한 종류의 신화적 형상으로 장식한 기와'라고 하였다.
④ 네 번째 문단에서 '실제 1997년 경회루 공사 중 오조룡이 발견되면서 화제가 됐었다.'고 하였다.
⑤ 마지막 문단에서 '세종대왕은 금화도감이라는 소방기구를 설치해 인접 가옥 간에 방화장을 쌓고 방화범을 엄히 다루는 등 화재 예방에 만전을 기했다.'고 하였다.

22

정답 ③

개정 무한계설은 법 규범이 가지는 실질적인 규범력의 차이는 외면한 채 헌법 개정에 있어서 형식적 합법성만을 절대시한다는 비판을 받는다.

오답분석

① 개정 한계설에서는 헌법 제정 권력과 헌법 개정 권력을 다른 것으로 본다.
② 개정 무한계설은 헌법에 규정된 개정 절차를 밟으면, 어떠한 조항이나 사항이더라도 개정할 수 있다는 입장이다.
④ 개정 무한계설에서는 헌법 규범과 헌법 현실 사이의 틈을 해소할 수 있는 유일한 방법은 헌법 개정을 무제한 허용하는 것이라고 주장한다.
⑤ 개정 한계설은 헌법 위에 존재하는 자연법의 원리에 어긋나는 헌법 개정은 허용되지 않는다고 본다.

23

정답 ⑤

지원자의 직무 능력을 가릴 수 있는 요소들을 배제하는 것은 기존의 채용 방식이 아닌 블라인드 채용 방식으로, 이를 통해 직무 능력만으로 인재를 평가할 수 있다. 따라서 ⑤는 블라인드 채용의 등장 배경으로 적절하지 않다.

24

정답 ④

블라인드 면접의 경우 자료 없이 면접을 진행하는 무자료 면접 방식과 면접관의 인지적 편향을 유발할 수 있는 항목을 제거한 자료를 기반으로 면접을 진행하는 방식이 있다.

오답분석

① 무서류 전형은 최소한의 정보만을 포함한 입사지원서를 접수하되 이를 선발 기준으로 활용하지 않는 방식이다.
② 블라인드 처리되어야 할 정보를 수집할 경우, 온라인 지원서상 개인정보를 암호화하여 채용담당자는 이를 볼 수 없도록 기술적으로 처리한다.
③ 무자료 면접 방식은 입사지원서, 인・적성검사 결과 등의 자료 없이 면접을 진행한다.
⑤ 기존에 쌓아온 능력・지식 등은 서류 전형이 아닌 필기 및 면접 전형을 통해 검증된다.

25

정답 ⑤

㉠은 지원자들의 무분별한 스펙 경쟁을 유발하는 반면, ㉡은 지원자의 목표 지향적인 능력과 역량 개발을 촉진한다.

26

정답 ②

$0.901+5.468-2.166=6.369-2.166=4.203$

27

정답 ④

분모는 +11, +22, +33, …이고, 분자는 −5, −6, −7, …인 수열이다.

따라서 ( )$=\frac{(-19)-9}{121+55}=-\frac{28}{176}$이다.

28

정답 ②

나열된 수를 각각 A, B, C라고 하면

$\underline{A\ B\ C} \rightarrow A-B-1=C$

따라서 ( )=12−7−1=4이다.

29

정답 ①

앞의 항에 −1, +2, −3, +4, −5, …인 수열이다.

ㄹ	ㄷ	ㅁ	ㄴ	ㅂ	(ㄱ)
4	3	5	2	6	1

30

정답 ④

석훈이는 평균 6m/s로 소영이는 4m/s의 속도로 달리기 때문에 서로 반대 방향으로 달리는 경우 1초에 10m씩 가까워진다. 점점 가까워지다가 만나게 되고 그 과정을 한 번 더 반복하게 되는데, 두 번째 만날 때까지 둘이 달린 거리는 트랙 길이의 2배와 같다. 따라서 1분 15초 동안 달린 거리는 10×75=750m이며 트랙의 길이는 그 절반인 375m이다.

31

정답 ②

농도 6% 설탕물의 양과 더 넣은 물의 양의 비가 3 : 1이므로 더 넣은 물의 양은 $\frac{y}{3}$g이며, 다음과 같은 식이 성립한다.

$x+y+\frac{y}{3}=600$ … ㉠

$\frac{15}{100}x+\frac{6}{100}y=\frac{8}{100}\times600$ … ㉡

㉡에 ㉠을 대입하여 정리하면 $15\times\left(600-\frac{4}{3}y\right)+6y=4,800 \rightarrow y=300$이다.

따라서 농도가 15% 설탕물의 양은 $600-\frac{4}{3}\times300=200$g이다.

32

정답 ④

갑, 을, 병의 득표수를 각각 x, y, z표라고 하면 다음과 같은 식이 성립한다.

$x+y+z=3,270-20$ … ㉠

$y=z+50$ … ㉡

$\frac{4}{100}\times x+z=y+10$ … ㉢

㉡을 ㉢에 대입하여 정리하면

$0.04x=60 \rightarrow x=1,500$ … ㉣

㉣과 ㉡을 ㉠에 대입하면

$1,500+y+y-50=3,250 \rightarrow y=900$

$\therefore\ x-y=600$

따라서 갑과 을의 득표수 차이는 600표이다.

33

정답 ③

B사원이 혼자 프로젝트를 마무리할 때 걸리는 시간을 x시간이라고 하면, A사원과 B사원이 함께 1시간 동안 일하는 양은 $\left(\frac{1}{4}+\frac{1}{x}\right)$이다.

$\left(\frac{1}{4}+\frac{1}{x}\right)\times 2+\frac{1}{4}\times\frac{40}{60}=1$

$\rightarrow \frac{x+4}{2x}+\frac{1}{4}\times\frac{2}{3}=1$

$\rightarrow \frac{x+4}{2x}=\frac{5}{6}$

$\rightarrow 4x=24$

$\therefore x=6$

따라서 B가 프로젝트를 마무리하는 데 걸리는 시간은 6시간이다.

34

정답 ②

저축액의 합이 2배가 되는 시점을 x주 후라고 하면, 다음 식이 성립한다.

$(640+240x)+(760+300x)=2(1,100+220x)$

$\rightarrow 540x-440x=2,200-1,400$

$\rightarrow 100x=800$

$\therefore x=8$

따라서 민희와 설희의 금액의 합이 은희의 금액의 2배가 되는 것은 8주 후이다.

35

정답 ②

2명씩 짝을 지어 한 그룹으로 보고 원탁에 앉는 방법은 원순열 공식 $(n-1)!$를 이용한다. 2명씩 3그룹이므로 $(3-1)!=2\times1=2$가지이다. 또한 그룹 내에서 2명이 자리를 바꿔 앉을 수 있는 경우는 2가지씩이다.

따라서 6명이 원탁에 앉을 수 있는 경우의 수는 $2\times2\times2\times2=16$가지이다.

36

정답 ④

$(10,000\text{원})\times\frac{(1\text{달러})}{(1,320\text{원})}\times\frac{(145\text{엔})}{(1\text{달러})}\fallingdotseq 1,098.5\text{엔}$

따라서 한국 10,000원을 일본 화폐로 교환하면 1,098.5엔이다.

37

정답 ①

$(3\text{유로})\times\frac{(1\text{달러})}{(0.95\text{유로})}\times\frac{(3.75\text{리얄})}{(1\text{달러})}\fallingdotseq 11.8\text{리얄}$

따라서 독일 3유로를 사우디아라비아 화폐로 교환하면 11.8리얄이다.

38

정답 ④

자료에 나타난 프로그램 수입액을 모두 합하면 380만 불이고, 이 중 영국에서 수입하는 액수는 150만 불이다.

따라서 프로그램 수입에서 영국이 차지하는 비율은 $\frac{150}{380}\times100\fallingdotseq 39.5\%$이다.

39

정답 ④

2023년과 2024년 총 매출액에 대한 비율의 차이가 가장 적은 것은 음악 영역으로, 그 차이는 4.8−4.6=0.2%p이다.

오답분석

① 2024년 총 매출액은 2,800억 원, 2023년 총 매출액은 2,100억 원으로, 2024년 총 매출액은 2023년 총 매출액보다 700억 원 많다.
② 게임 영역은 2023년에 56.0%, 2024년에 51.5%로, 매출액 비중이 50% 이상이다.
③ 전체 매출액이 2023년에 비해 2024년에 증가했으므로, 매출액 비중이 증가한 분야는 당연히 매출액이 증가했다. 음악, 애니메이션, 게임은 매출액 비중이 감소했지만, 증가한 매출액으로 계산하면 매출액 자체는 증가했음을 알 수 있다. 따라서 기타 영역을 제외한 모든 영역에서 2023년보다 2024년 매출액이 더 많다.
⑤ 음악(4.8% → 4.6%), 애니메이션(12.6% → 9.7%), 게임(56.0% → 51.5%), 기타(0.9% → 0.6%) 영역은 모두 2023년에 비해 2024년에 매출액 비율이 감소하였다.

40

정답 ⑤

2024년 동부지역을 여행한 서부지역 출신과 2014년 서부지역을 여행한 남부지역 출신의 비율을 구하는 식은 다음과 같다.

• 2024년 동부지역을 여행한 서부지역 출신 : 400,000명
• 2014년 서부지역을 여행한 남부지역 출신 : 510,000명

$\therefore \frac{510,000}{400,000} \times 100 \fallingdotseq 128\%$

따라서 2024년 동부지역을 여행한 서부지역 출신 대비 2014년 서부지역을 여행한 남부지역 출신 비율은 128%이다.

41

정답 ②

2014년에는 $\frac{300}{980} \fallingdotseq 0.31$, 2024년에는 $\frac{400}{1,200} \fallingdotseq 0.33$의 비중을 차지하고 있으므로 10년 사이에 증가했다.

오답분석

① 전체 관광객은 증가하였으나, 동부・북부지역의 관광객은 줄어들었다.
③ 2014년에는 $\frac{2,200}{4,970} \fallingdotseq 0.44$, 2024년에는 $\frac{1,900}{5,200} \fallingdotseq 0.37$의 비중을 차지하고 있으므로 2024년에 감소하였다.
④ 여행지>출신지 → 흑자, 여행지<출신지 → 적자
따라서 2014년에는 남부・서부지역 2곳이 적자, 2024년에는 동부・남부지역 2곳이 적자이다.
⑤ 2024년에 자신의 출생지를 여행한 관광객의 수가 가장 많은 곳은 800명인 서부지역이다.

42

정답 ③

2024년에는 전년 대비 29,227명이 증가했으나, 2023년에는 전년 대비 46,911명이 증가했다.

오답분석

①・④ 자료를 통해 쉽게 확인할 수 있다.
② 모든 나이에서 영유아 수가 두 어린이집 모두 증가하고 있다.
⑤ 민간 어린이집, 국・공립 어린이집, 법인 어린이집이 이에 해당한다.

43

정답 ④

2021년과 2024년의 어린이집 전체 영유아 수의 합은 다음과 같다.

• 2021년 어린이집 전체 영유아 수의 합 : 501,838+422,092+211,521=1,135,451명
• 2024년 어린이집 전체 영유아 수의 합 : 739,332+455,033+154,364=1,348,729명

따라서 2021년과 2024년 어린이집 전체 영유아 수의 차는 1,348,729−1,135,451=213,278명이다.

44

정답 ②

'공부를 열심히 한다.'를 A, '지식을 함양하지 않는다.'를 B, '아는 것이 적다.'를 C, '인생에 나쁜 영향이 생긴다.'를 D로 놓고 보면 첫 번째 명제는 C → D, 세 번째 명제는 B → C, 네 번째 명제는 ~A → D이므로 네 번째 명제가 도출되기 위해서는 ~A → B가 필요하다. 따라서 대우 명제인 ②가 적절하다.

45

정답 ②

먼저 A가 출장을 간다면 다음의 두 가지 경우로 나뉜다.

i) B－출장 ○ / C－출장 ×

ii) B－출장 × / C－출장 ○

다음으로, C가 출장을 가면 D와 E 중 한 명이 출장을 안 가거나 둘 모두 안 가는 3가지 경우가 생긴다. C가 출장을 가지 않으면 D, E, F는 출장 여부를 정확히 알 수 없어 8가지 경우가 발생하고, B가 출장을 가지 않으면 F는 출장을 가므로 이를 나타내면 다음과 같다.

i) B－출장 ○ / C－출장 ×
- D－출장 ○ / E－출장 ×
- D－출장 × / E－출장 ○
- D－출장 × / E－출장 ×

ii) B－출장 × / C－출장 ○
- D－출장 ○ / E－출장 ×
- D－출장 × / E－출장 ○
- D－출장 × / E－출장 ×

따라서 A가 출장을 간다면 B랑만 출장을 가는 경우가 최소 인원이 되므로 2명이다.

46

정답 ②

세 번째 조건과 다섯 번째 조건에 따라 3층에는 C사원, D사원, F사원이 묵고, 1층에는 I사원이 묵는다. 또한, 네 번째 조건에 따르면 홍보팀 H사원과 G사원은 각각 3층과 2층 또는 2층과 1층에 묵는데, 만약 H사원이 2층에 묵고 G사원이 1층에 묵는다면 2층과 1층에 객실이 2개밖에 남지 않으므로 두 번째 조건을 만족시킬 수 없다. 그러므로 H사원은 3층, G사원은 2층에 묵는다. 조건에 따라 배정된 객실을 정리하면 다음과 같다.

301호	302호	303호	304호
C, D, F사원(영업팀) / H사원(홍보팀)			
201호	202호	203호	204호
	사용 불가		
101호	102호	103호	104호
I사원	A사원(영업팀) / B, E사원(홍보팀)		

따라서 홍보팀 G사원은 201, 203, 204호 중 한 곳에 묵으므로 ②는 항상 참이 된다.

오답분석

① 제시된 조건만으로는 I사원의 소속팀을 확인할 수 없으므로 워크숍에 참석한 영업팀의 직원 수는 정확히 알 수 없다.

③ 제시된 조건만으로는 C사원이 사용하는 객실 호수와 2층 객실을 사용하는 G사원의 객실 호수를 정확히 알 수 없으므로 항상 참이 될 수 없다.

④ 1층 객실을 사용하는 A, B, E, I사원을 제외한 C, D, F, G, H사원은 객실에 가기 위해 반드시 엘리베이터를 이용해야 한다. 따라서 이들 중 C, D, F사원은 영업팀이므로 영업팀의 수가 더 많다.

⑤ H사원은 3층에 묵는다.

47

정답 ④

우선 한 달간 약국의 공휴일 영업일수는 서로 같아야 하므로 5일 동안 5개의 약국이 2곳씩 영업할 경우 각 약국은 모두 두 번씩 영업해야 한다.

세 번째 조건과 마지막 조건에 따르면 D약국은 첫 번째, 두 번째 공휴일에 이미 A약국, E약국과 함께 두 번의 영업을 하였다. E약국 역시 네 번째 조건에 따라 마지막 공휴일에 영업할 예정이므로 두 번의 영업일이 채워지며, A약국도 세 번째 공휴일인 오늘 영업 중이므로 두 번의 영업일을 채우게 된다.

B약국이 두 번의 영업일을 채우기 위해서는 네 번째와 다섯 번째 공휴일에 반드시 영업을 해야 하므로 C약국은 자연스럽게 남은 네 번째 공휴일에 영업을 하게 된다.

각 공휴일에 영업하는 약국을 정리하면 다음과 같다.

구분	첫 번째	두 번째	세 번째	네 번째	다섯 번째
경우 1	A(1), D(1)	D(2), E(1)	A(2), C(1)	B(1), C(2)	B(2), E(2)
경우 2	D(1), E(1)	A(1), D(2)			

따라서 네 번째 공휴일에 영업하는 약국은 B와 C이다.

오답분석

① 조건에 따르면 A약국은 첫 번째 또는 두 번째 공휴일에 한 번 영업할 수 있다. 따라서 A약국이 첫 번째 공휴일에 영업하는 경우 거짓이 된다.

② 다섯 번째 공휴일에는 B와 E약국이 함께 영업한다.

③ B약국은 네 번째, 다섯 번째 공휴일에 영업한다.

⑤ E약국이 다섯 번째 공휴일에 영업하는 것은 항상 참이다. 그러나 E약국은 첫 번째와 다섯 번째 또는 두 번째와 다섯 번째로 영업할 수 있다. 따라서 두 번째와 다섯 번째에 영업할 경우 거짓이 된다.

PART 2

48

정답 ⑤

ㄷ. 이미 우수한 연구개발 인재를 확보한 것이 강점이므로, 추가로 우수한 연구원을 채용하는 것은 WO전략으로 적절하지 않다. 따라서 기회인 예산을 확보하면, 약점인 전력 효율성이나 국민적 인식 저조를 해결하기 위한 전략을 세워야 한다.

ㄹ. 세계의 신재생에너지 연구(O)와 전력 효율성 개선(W)을 활용하므로 WT전략이 아닌 WO전략에 대한 내용이다. WT전략이 되기 위해서는 위협인 높은 초기 비용에 대한 전략이 나와야 한다.

49

정답 ④

IT 기기에 친숙하고 새로운 것을 좋아한다는 내용과 높은 저연령층 구성비로 미루어볼 때, D가 언급한 유형은 Digital Lifestyles, Evolving Landscapes에 가장 가깝다.

50

정답 ②

우선 E는 목요일에 근무한다. F가 E보다 먼저 근무하므로 F는 화, 수 중에 근무한다. 그런데 A는 월요일에 근무하고 G는 A와 연이어 근무하므로 월, 화, 수, 목은 A, G, F, E가 근무한다. 다음으로 F가 근무하고 3일 뒤에 C가 근무하므로 C는 토요일에 근무한다. C가 B보다 먼저 근무하므로 B는 일요일에 근무하고, 남은 금요일에 D가 근무한다. 이를 정리하면 다음과 같다.

월	화	수	목	금	토	일
A	G	F	E	D	C	B

따라서 금요일의 전날인 목요일과 다음 날인 토요일의 당직근무자는 E와 C이다.

51

정답 ④

오답분석

① 분석 자료에서 자사의 유통 및 생산 노하우가 부족하다고 분석하였으므로 적절하지 않다.

② 디지털마케팅 전략을 구사하기에 역량이 미흡하다고 분석하였으므로 적절하지 않다.

③ 분석 자료를 살펴보면 경쟁자 중 상위업체가 하위업체와의 격차를 확대하기 위해서 파격적인 가격정책을 펼치고 있다고 하였으므로 적절하지 않다.

⑤ 브랜드 경쟁력을 유지하기 위해 20대 SPA 시장 진출이 필요하며, 자사가 높은 브랜드 이미지를 가지고 있다는 내용은 자사의 상황분석과 맞지 않는 내용이므로 적절하지 않다.

52

정답 ②

제시된 교육과정 안내와 A씨의 한 달 일정에 따라 A씨가 참석할 수 있는 교육은 5월 10일부터 12일까지 이어지는 '세계농업유산의 이해'와 5월 17일부터 19일까지 이어지는 '미디어 홍보역량 강화' 2개이다.

53

정답 ③

판매가는 수매가의 1.15배이므로, 2023년 판매가와 2024년 판매가, 2023년 판매가 대비 2024년 판매가 비율을 구하면 다음과 같다.

(단위 : 원)

구분	2023년 판매가	2024년 판매가	비율
쌀	67,160	71,990	$\frac{71,990}{67,160} \fallingdotseq 1.07$
콩	19,780	22,310	$\frac{22,310}{19,780} \fallingdotseq 1.13$
배추	15,755	19,665	$\frac{19,665}{15,755} = 1.25$
무	19,090	23,000	$\frac{23,000}{19,090} \fallingdotseq 1.20$
감자	21,505	26,105	$\frac{26,105}{21,505} \fallingdotseq 1.21$

따라서 비율이 가장 높은 농산물인 '배추'를 중점으로 판매할 것이다.

54

정답 ④

2022년 수매가 대비 2023년 수매가의 비율을 a, 2023년 수매가 대비 2024년 수매가의 비율은 b라고 가정하여 비율을 구하면 다음과 같다.

구분	a	b	$b-a$
쌀	$\frac{58,400}{54,200} \fallingdotseq 1.08$	$\frac{62,600}{58,400} \fallingdotseq 1.07$	−0.01
콩	$\frac{17,200}{15,000} \fallingdotseq 1.15$	$\frac{19,400}{17,200} \fallingdotseq 1.13$	−0.02
배추	$\frac{13,700}{10,200} \fallingdotseq 1.34$	$\frac{17,100}{13,700} \fallingdotseq 1.25$	−0.09
무	$\frac{16,600}{12,100} \fallingdotseq 1.37$	$\frac{20,000}{16,600} \fallingdotseq 1.20$	−0.17
감자	$\frac{18,700}{16,300} \fallingdotseq 1.15$	$\frac{22,700}{18,700} \fallingdotseq 1.21$	0.06

따라서 $(b-a)$의 값이 가장 작은 농산물인 '무'의 수매를 줄일 것이다.

55

정답 ③

수매가에 15%를 가산해 매년 판매가를 구하면 다음과 같다.

(단위 : 원)

구분	2022년 판매가	2023년 판매가	2024년 판매가
쌀	62,330	67,160	71,990
콩	17,250	19,780	22,310
배추	11,730	15,755	19,665
무	13,915	19,090	23,000
감자	18,745	21,505	26,105

2022년 판매가와 2023년 판매가의 차이를 x원, 2023년 판매가와 2024년 판매가의 차이를 y원이라고 가정하고 정리하면 다음과 같다.

(단위 : 원)

구분	x	y
쌀	4,830	4,830
콩	2,530	2,530
배추	4,025	3,910
무	5,175	3,910
감자	2,760	4,600

따라서 $x \leq y$인 농작물은 '쌀, 콩, 감자'로 총 3가지이다.

56

정답 ④

상담 요청한 회사는 SB3 등급에 해당하므로 1.5%의 보증료율을 적용받는다. 또한 일부 해지 기준 미충족에 해당되므로 0.4%p가 가산되며, 혁신형 중소기업에 지정되어 0.1%p를 차감받는다.

해당 조건을 적용하면 보증료는 100억$\times(0.015+0.004-0.001)\times\frac{90}{365}\fallingdotseq$4,438만 원이다.

이때 1백만 원 미만은 절사하므로 보증료는 4,400만 원이다.

57

정답 ①

• 가 : 최종 적용 보증료율은 $1.7+0.2+0.5=2.4$%이지만, 대기업의 상한선 2.3%를 적용받으므로 보증료는 150억$\times0.023\times\frac{365}{365}=$3억 4,500만 원이다.

• 나 : 최종 적용 보증료율은 $1.7+0.4-0.2=1.9$%를 적용받으므로 보증료는 150억$\times0.019\times\frac{365}{365}=$2억 8,500만 원이다.

• 다 : 최종 적용 보증료율은 $1.3-0.3-0.2=0.8$%를 적용받으므로 보증료는 100억$\times0.008\times\frac{219}{365}=$4,800만 원이다.

따라서 보증료가 높은 순서대로 나열하면 '가－나－다'이다.

58

정답 ④

영화표 400장 구매 시 가격은 다음과 같다.

• A영화관 : $8{,}000\times400\times(1-0.02)=3{,}136{,}000$원
• B영화관 : $8{,}500\times400\times(1-0.08)=3{,}128{,}000$원
• C영화관 : $9{,}000\times400\times(1-0.12)=3{,}168{,}000$원

영화표는 B영화관이 가장 저렴하며, 추첨상품의 가격은 다음과 같다.
• ㅁㅁ청소기 : 90×3×(1−0.1)=243만 원
• △△냉장고 : 110×3×(1−0.2)=264만 원
• N상품권 : 80×3=240만 원
따라서 가장 저렴한 비용으로 준비하려면, B영화관과 N상품권으로 준비한다.

59

정답 ④

i) ㅁㅁ청소기로 추첨상품을 준비하는 경우
- A영화관 : 8,000×500×(1−0.05)×(1−0.02)=3,724,000원
- B영화관 : 8,500×500×(1−0.1)×(1−0.03)=3,710,250원
- C영화관 : 9,000×500×(1−0.15)×(1−0.03)=3,710,250원

ㅁㅁ청소기를 추첨상품으로 할 때, B영화관 또는 C영화관에서 티켓 구매 시 2,430,000+3,710,250=6,140,250원으로 가장 저렴하다.

ii) △△냉장고로 추첨상품을 준비하는 경우
- A영화관 : 8,000×500×(1−0.05)×(1−0.05)=3,610,000원
- B영화관 : 8,500×500×(1−0.1)×(1−0.05)=3,633,750원
- C영화관 : 9,000×500×(1−0.15)×(1−0.05)=3,633,750원

△△냉장고를 추첨상품으로 할 때, A영화관 선택 시 2,640,000+3,610,000=6,250,000원으로 가장 저렴하다.

iii) N상품권으로 추첨상품을 준비하는 경우
- A영화관 : 8,000×500×(1−0.05)=3,800,000원
- B영화관 : 8,500×500×(1−0.1)=3,825,000원
- C영화관 : 9,000×500×(1−0.15)=3,825,000원

N상품권으로 추첨상품으로 할 때, A영화관으로 티켓 구매 시 2,400,000+3,800,000=6,200,000원으로 가장 저렴하다.

따라서 가장 저렴한 방법은 티켓 원가가 B영화관보다 높은 C영화관과 ㅁㅁ청소기를 선택하는 것이다.

60

정답 ⑤

영화표는 400장을 구매하고 100장을 환불하였다. 이에 대해 영화표에 지불한 총금액을 계산하면 다음과 같다.
• A영화관 : (8,000×400×0.98)−(8,000×100×0.6)=2,656,000원
• B영화관 : (8,500×400×0.92)−(8,500×100×0.65)=2,575,500원
• C영화관 : (9,000×400×0.88)−(9,000×100×0.7)=2,538,000원
추첨상품은 ㅁㅁ청소기 2대를 할 경우 할인 없이 90×2=180만 원, △△냉장고 2대를 할 경우 할인으로 110×2×0.8=176만 원이다.
따라서 C영화관과 △△냉장고를 선택하는 것이 가장 손해를 줄이는 방법이다.

61

정답 ③

자원 활용 계획을 수립할 때는 자원의 희소성이 아닌 자원이 투입되는 활동의 우선순위를 고려하여 자원을 할당해야 한다.

62

정답 ③

같은 시간을 어떻게 활용하느냐에 따라 시간의 가치는 달라진다. 누구에게나 하루 24시간이라는 시간이 주어지지만, 시간관리를 어떻게 하느냐에 따라 하루의 가치가 달라지는 것이다. 이를 제시문의 표현으로 나타내면 효과적인 시간관리란 모두에게 똑같이 주어지는 크로노스의 시간을 내용으로 규정되는 카이로스의 시간으로 관리하는 것이다.
따라서 빈칸에 들어갈 내용으로 가장 적절한 것은 ③이다.

63

정답 ①

ㄱ. 분류기준에 따라 위험도와 경제성 점수 중 하나는 3.0점 초과, 다른 하나는 2.5점 초과 3.0점 이하여야 주시광종으로 분류된다. 이 기준을 만족하는 광종은 아연광으로 1종류뿐이다.

ㄷ. 모든 광종의 위험도와 경제성 점수가 각각 20% 증가했을 때를 정리하면 다음과 같다.

구분	금광	은광	동광	연광	아연광	철광
위험도	2.5×1.2=3	4×1.2=4.8	2.5×1.2=3	2.7×1.2=3.24	3×1.2=3.6	3.5×1.2=4.2
경제성	3×1.2=3.6	3.5×1.2=4.2	2.5×1.2=3	2.7×1.2=3.24	3.5×1.2=4.2	4×1.2=4.8

따라서 비축필요광종으로 분류되는 광종은 은광, 연광, 아연광, 철광으로 4종류이다.

오답분석

ㄴ. 분류기준에 따라 위험도와 경제성 점수 모두 3.0점을 초과해야 비축필요광종으로 분류되므로 이 기준을 만족하는 광종은 은광, 철광이다.

ㄹ. 주시광종의 분류기준을 위험도와 경제성 점수 중 하나는 3.0점 초과, 다른 하나는 2.5점 이상 3.0 이하로 변경할 때 아연광은 주시광종으로 분류되지만, 금광은 비축제외광종으로 분류된다.

64

정답 ⑤

ㄷ. 시간계획을 하는 데 있어서 가장 중요한 것은 그 계획을 따르는 것이지만, 너무 계획에 얽매여서는 안 된다. 따라서 이를 방지하기 위해 융통성 있는 시간계획을 세워야 한다.

ㄹ. 시간계획을 세우더라도 실제 행동할 때는 차이가 발생하기 마련이다. 자신은 뜻하지 않았지만 다른 일을 해야 할 상황이 발생할 수 있기 때문이다. 따라서 이를 염두하고 시간계획을 세우는 것이 중요하다.

ㅁ. 이동시간이나 기다리는 시간 등 자유로운 여유시간도 시간계획에 포함하여 활용해야 한다.

65

정답 ⑤

기계적 조직과 유기적 조직의 특징을 통해 안정적이고 확실한 환경에서는 기계적 조직이, 급변하는 환경에서는 유기적 조직이 적합함을 알 수 있다.

기계적 조직과 유기적 조직의 특징

기계적 조직	유기적 조직
• 구성원들의 업무가 분명하게 정의된다. • 많은 규칙과 규제들이 있다. • 상하 간 의사소통이 공식적인 경로를 통해 이루어진다. • 엄격한 위계질서가 존재한다. • 대표적인 기계조직으로 군대를 볼 수 있다.	• 의사결정 권한이 조직의 하부구성원들에게 많이 위임되어 있다. • 업무가 고정되지 않고, 공유 가능하다. • 비공식적인 상호의사소통이 원활하게 이루어진다. • 규제나 통제의 정도가 낮아 변화에 따라 의사결정이 쉽게 변할 수 있다.

66

정답 ④

오답분석

ㄷ. '한정 판매 마케팅 기법'은 한정판 제품의 공급을 통해 의도적으로 공급의 가격탄력성을 0에 가깝게 조정한 것이다. 이 기법은 판매 기업의 입장에서는 이윤 증대를 위한 경영 혁신이지만 소비자의 합리적 소비를 저해할 수 있다.

67

정답 ⑤

다른 국가들의 국제동향을 파악하기 위해서는 그 국가의 현지인의 의견이 무엇보다 중요하다.

68

정답 ③

㉠ '비서실 방문'은 브로슈어 인쇄를 위해 미리 파일을 받아야 하므로, ㉣ '인쇄소 방문'보다 먼저 이루어져야 한다. ㉡ '회의실, 마이크 체크'는 내일 오전 ㉤ '업무보고' 전에 준비해야 할 사항이다. ㉢ '케이터링 서비스 예약'은 내일 3시 팀장회의를 위해 준비하는 것이므로 24시간 전인 오늘 3시 이전에 실시하여야 한다. 따라서 위 업무순서를 정리하면 '㉢-㉠-㉣-㉡-㉤'이다. 이때 ㉢가 ㉠보다 먼저 이루어져야 하는 이유는 현재 시각이 2시 50분이기 때문이며, 비서실까지 가는 데 걸리는 시간이 15분이므로 비서실에 갔다 오면 3시가 지난다. 그러므로 비서실 방문보다 케이터링 서비스 예약을 먼저 하는 것이 옳다.

69

정답 ④

농협 창립기념일은 농업은행과 구 농업협동조합이 통합한 종합농협이 열린 1961년부터 8월 15일이었으나 2000년 농협·축협·인삼협 중앙회를 합친 통합농협이 출범하면서 7월 1일로 바뀌었다. 하지만 종합농협의 정통성 계승과 농·축협의 뿌리는 하나였다는 역사성을 문제로 종합농협 태동일인 8월 15일로 되돌리는 게 타당하다는 주장이 꾸준히 제기되었고, 2020년부터 창립기념일을 8월 15일로 변경해 적용하기로 결정했다.

70

정답 ③

농협의 부문별 업무

구분	사업분류	세부사업
교육지원부문	교육지원사업	농축협 육성 및 발전지도사업
		또 하나의 마을 만들기 운동
경제부문	농업경제사업	영농자재 공급
		산지 유통 혁신
	축산경제사업	축산 지도 및 컨설팅
		지원 및 개량 사업
금융부문	상호금융사업	서민금융 활성화
	농협금융지주	종합금융그룹의 금융상품(은행, 보험, 증권, 선물 등)

제 3 회 최종점검 모의고사

01	02	03	04	05	06	07	08	09	10	11	12	13	14	15	16	17	18	19	20
③	④	③	①	④	③	②	①	①	③	②	④	③	④	①	②	④	①	④	④
21	22	23	24	25	26	27	28	29	30	31	32	33	34	35	36	37	38	39	40
③	②	④	③	①	①	②	②	①	④	③	④	③	④	④	④	④	②	①	②
41	42	43	44	45	46	47	48	49	50	51	52	53	54	55	56	57	58	59	60
③	②	③	③	④	①	④	④	①	④	②	③	④	①	③	④	②	①	③	④

01

정답 ③

'도야'는 '훌륭한 사람이 되도록 몸과 마음을 닦아 기름을 비유적으로 이르는 말'로, '인격, 기술, 학문 따위를 닦아서 단련함'이라는 뜻인 '수련'과 유의 관계이다.

오답분석

①·②·④ 반의 관계이다.

① 반제 : 빌렸던 돈을 모두 갚음
　차용 : 돈이나 물건 따위를 빌려서 씀

② 등귀 : 물건 값이 뛰어오름
　하락 : 값이나 등급 따위가 떨어짐

④ 미숙 : 일 따위에 익숙하지 않아서 서투름
　성숙 : 경험이나 습관을 쌓아 익숙해짐

02

정답 ④

제시된 단어는 인과 관계이다.
'충격'이 있으면 '혼절'을 하게 되고, '감사'한 일이 있으면 '사례'를 하게 된다.

03

정답 ③

제시된 단어는 직업과 하는 일의 관계이다.
'농부'는 '수확'을 하고, '광부'는 '채굴'을 한다.

04

정답 ①

'누각', '앙부일구', '자격루'는 모두 '시계'의 종류이다.

- 누각 : 물을 넣은 항아리에 구멍을 뚫어 물이 나오면 그것을 받는 그릇에 잣대를 띄워, 그 잣대가 떠오르는 정도로 시각을 알게 한 물시계의 일종
- 앙부일구 : 천구의 모양을 본 떠 만든 반구 형태의 해시계
- 자격루 : 자동으로 시보를 알려주는 장치가 되어있는 물시계

05

정답 ④

제시문은 전자감시 기술에 대해 이야기하며 모든 일에는 신중해야 함을 강조한다. 따라서 이를 가장 잘 설명하는 속담은 무슨 일이든 낭패를 보지 않기 위해서는 신중하게 생각하여 행동해야 함을 이르는 말인 '일곱 번 재고 천을 째라.'가 적절하다.

오답분석

① 사공이 많으면 배가 산으로 간다 : 주관하는 사람 없이 여러 사람이 자기주장만 내세우면 일이 제대로 되기 어려움을 이르는 말
② 새가 오래 머물면 반드시 화살을 맞는다 : 편하고 이로운 곳에 오래 머물며 안일함에 빠지면 반드시 화를 당한다는 뜻
③ 쇠뿔은 단김에 빼랬다 : 어떤 일이든지 하려고 마음먹었으면 망설이지 말고 곧 행동으로 옮겨야 한다는 뜻

06

정답 ③

'간헐적(間歇的)'은 '얼마 동안의 시간 간격을 두고 되풀이하여 일어나는'을 의미하며, '얼마쯤씩 있다가 가끔'을 의미하는 '이따금'과 유의어이다.

오답분석

① 근근이 : 어렵사리 겨우
② 자못 : 생각보다 매우
④ 빈번히 : 번거로울 정도로 도수(度數)가 잦게

07

정답 ②

'– 만큼'은 조사로도 쓰이고 의존명사로도 쓰이는 단어로, 조사는 붙여 쓰고 명사는 띄어 쓰는 것을 원칙으로 한다. 따라서 ②에서는 의존명사로 쓰였으므로, 다음과 같이 띄어 쓴다. → 너도 <u>할 만큼</u> 했다.

08

정답 ①

'본받다'는 '본을 받다'에서 목적격 조사가 생략되고, 명사 '본'과 동사 '받다'가 결합한 합성어이다. 따라서 하나의 단어이므로 '본받는'이 옳은 표기이다.

09

정답 ①

밑줄 친 부분에 해당하는 한자성어는 '적을 알고 나를 알아야 한다.'는 뜻으로, '적의 형편과 나의 형편을 자세히 알아야 한다.'는 의미의 '知彼知己(지피지기)'이다.

오답분석

② 指鹿爲馬(지록위마) : '사슴을 가리켜 말이라고 한다.'는 뜻으로, 사실이 아닌 것을 사실로 만들어 강압으로 인정하게 됨
③ 百戰百勝(백전백승) : '백 번 싸워 백 번 이긴다.'는 뜻으로, 싸울 때마다 이김
④ 朋友有信(붕우유신) : '친구 사이의 도리는 믿음에 있다.'는 뜻으로 오륜(五倫) 중 하나

10

정답 ③

제시문의 중심 내용은 과거의 사람들이나 오늘날의 사람들 모두 변함없이 과학을 탐구하고 있으며 그것은 절대로 멈추지 않는다는 것이다. 따라서 마지막 문장에서 '세상에는 항상 탐구할 무언가가 있다.'는 말은 '지속적 과학 탐구의 당위성'을 가리키는 것으로 주제로 가장 적절하다.

- abandon : 버리다
- build on : ~를 추진하다
- bother : 수고스럽게 ~하다
- absolute : 절대적인
- memorize : 암기하다
- explore : 탐구하다, 개발하다

과학은 생각을 시도해 보고 효과가 없는 것은 버리고 효과가 있는 것은 계속 추진하는 것에 대한 모든 것이다. 그것은 절대로 멈추지 않는다. 잘못된 아이디어를 가진 과거의 사람들은 바보가 아니었다. 그들은 그 시대의 지식을 이용하여, 할 수 있는 최선을 다하는 중이었다. 우리도 현재 같은 일을 한다. 미래에 사람들은 우리를 되돌아볼 것이고 우리가 지금 믿고 있는 일들 중 몇 가지를 우리가 왜 믿는지 의아해할 것을 확신할 수 있다. 그것이 과학을 중요하지 않게 만드는가? 우리의 과학 이론 중 몇 가지가 거짓으로 판명난다면 왜 그것들을 공부하느라 힘들어하는가? 무언가를 절대적 진리라고 믿는다면 단지 그것을 암기하고 삶에서 이용할 수 있기만 하면 된다. 결국, 세상에는 항상 탐구할 무언가가 있다.

11

정답 ②

빈칸 앞에서는 제3세계 환자들과 제약회사 간의 신약 가격에 대한 딜레마를 이야기하며 제3의 대안이 필요하다고 한다. 빈칸 뒤에서는 그 대안이 실현되기 어려운 이유는 '자신의 주머니에 손을 넣어 거기에 필요한 비용을 꺼내는 순간 알게 될 것'이라고 하였으므로 개인 차원의 대안을 제시했음을 추측할 수 있다. 따라서 빈칸에 들어갈 내용으로 ②가 가장 적절하다.

PART 2

12

정답 ④

제시문은 시장 메커니즘의 부정적인 면을 강조하면서 인간과 자연이 어떠한 보호도 받지 못한 채 시장 메커니즘에 좌우된다면 사회가 견뎌낼 수 없을 것이라고 주장한다. 따라서 필자의 주장으로 시장 메커니즘에 대한 적절한 제도적 보호 장치를 마련해야 한다는 내용의 ④가 가장 적절하다.

오답분석

① 필자는 무분별한 환경 파괴보다는 인간과 자연이라는 사회의 실패를 막기 위한 보호가 필요하다고 주장한다.
② 필자는 구매력의 공급을 시장 기구의 관리에 맡기게 되면 영리 기업들은 주기적으로 파산하게 될 것이라고 주장하므로 적절하지 않다.
③ 필자는 시장 메커니즘이 인간의 존엄성을 파괴할 수 있다고 주장하지만, 한편으로는 시장 경제에 필수적인 존재임을 인정하므로 철폐되어야 한다는 주장은 적절하지 않다.

13

정답 ③

제시문은 단어 형성법에 대한 글이다. 따라서 (가) 단어 형성 과정에서의 파생접사와 어미·조사와의 혼동 – (라) 파생접사와 어미·조사의 차이점 – (나) 단어 형성법 중 용언 어간과 어미의 결합 – (다) 체언과 조사와의 결합을 통한 단어 형성의 순으로 나열하는 것이 적절하다.

14

정답 ④

(나) 문제제기 : 인구 감소 시대에 돌입 – (라) 문제분석 : 공공 재원 확보, 확충의 어려움 – (가) 문제해결 : 공공재원의 효율적 활용 방안 – (다) 향후과제 : 공공재원의 효율적 활용 등에 대한 논의 필요 순으로 나열하는 것이 적절하다.

15

정답 ①

ㄱ. '1. 업체 개요'에 따르면 농협금융지주는 농협은행의 지분을 100% 보유하고 있다. 따라서 농협은행은 농협금융지주의 직접적인 지배를 받는 자회사임을 알 수 있다. 실제로 농협중앙회는 지배구조 최상단에 위치해 있으며, 금융사업을 분리해 농협금융지주를 설립(농협중앙회가 100% 출자)했다. 또한 농협은행은 농협금융지주의 완전자회사로서 농협금융지주가 발행주식 100%를 소유하고 있다.

ㄴ. 제시문에 따르면 농협은행은 최근 수년 동안 자산건전성 지표가 안정화되며 수익 구조가 개선됐으나, 금리·인플레이션의 급상승과 경기둔화 등으로 인한 차주의 상환 부담 악화의 영향으로 일정 수준의 부실여신비율 상승이 불가피할 것으로 전망된다. 요컨대, 농협은행의 재무건전성이 우수하지만 금리 상승, 물가 상승으로 인해 자산건전성이 저하될 가능성이 있다는 것이다. 따라서 자산건전성이 악화될 가능성은 없다는 적절하지 않다.

오답분석

ㄷ. 농협은행은 금융체계상 중요 은행(D-SIB) 중 하나로, 시중은행과 규모가 대등하여 금융 시스템 내 중요도가 높으며, 농업 정책적 역할을 수행한다는 점에서 대체 가능성은 높지 않다. 또한 〈농업협동조합법〉에 규정된 농협은행의 설립 목적, 수행하는 정책 기능, 정부의 농업금융채권 보증 가능성, 농협중앙회와 연계된 정부정책 수행과 선도적인 시장지위 등으로 인해 농협은행에 위기가 닥쳤을 경우 정부가 지원할 가능성이 매우 높다.

ㄹ. '2. 주요 등급 논리'와 '3. 사업 및 재무 전망'의 내용을 근거로 '4. 평가 의견'의 도출할 수 있다. 제시문에 따르면 농협은행은 국내 최대 규모의 전국적 영업망을 토대로 안정적인 사업 기반의 지속 가능성이 높고 시장지위가 우월하며, 재무건전성 지표가 양호하고, 농업 정책적 역할 수행 기능과 정부의 지원 가능성 또한 매우 크다. 다만, 금리 및 물가 상승의 영향으로 자산건전성 저하 가능성이 있으나, 선제적 충당금 적립과 금융 당국의 연착륙 유도 등을 고려하면 부실로 인한 재무건전성이 급격히 훼손될 가능성은 높지 않다. 따라서 (가)에 들어갈 '평가 의견'에는 '농협은행의 등급 전망은 안정적이다.'라는 긍정적 내용이 적절하다.

16

정답 ②

첫 번째 문단에서 강이 구불구불하고 바닥이 얕아 홍수가 잦았다고 언급되어 있다. 따라서 ②는 적절하지 않다.

오답분석

① 영산강은 깊은 산 맑은 물에서 터를 잡고 있다가 때가 되면 승천하는 용이 사는 곳처럼 맑은 물줄기를 가지고 있다.
③ 영산강은 수질을 개선할 수 있는 능력이 있는 다목적댐이 없었다.
④ 마지막 문단에서 영산강의 수질을 빠르게 개선하고 앞으로도 계속 맑은 물이 흐를 수 있도록 하는 것이 통합물관리를 통해 이루고자 하는 목표라고 말하고 있다.

17

정답 ④

네 번째 문단에 따르면 '사람의 힘으로 한계가 있는 기존 건축 방식의 해결' 및 '전문인력 수급난을 해결할 수 있다는 점 또한 호평받고 있다.'고 하였다. 따라서 대량의 실업자가 발생할지 여부는 제시문에서 언급되지 않았으므로 ④는 적절하지 않다.

오답분석

① 첫 번째 문단에서 미국 텍사스 지역에서 3D 프린팅 건축 기술을 이용한 주택이 완공되었음을 알 수 있다.
② 두 번째 문단에서 전통 건축 기술에 비해 3D 프린팅 건축 기술은 건축 폐기물 및 CO_2 배출량 감소 등 환경오염이 적음을 알 수 있다.
③ 네 번째 문단에서 코로나19 사태로 인한 인력 수급난을 해소할 수 있음을 알 수 있다.

18

정답 ①

보기의 '이 둘'은 제시문의 산제와 액제를 의미하므로 이 둘에 대해 설명하고 있는 위치에 들어가야 함을 알 수 있다. 또한 상반되는 사실을 나타내는 두 문장을 이어 줄 때 사용하는 접속어 '하지만'을 통해 산제와 액제의 단점을 이야기하는 보기 앞에는 산제와 액제의 장점에 대한 내용이 와야 함을 알 수 있다. 따라서 보기는 (가)에 들어가는 것이 적절하다.

19

정답 ④

제시문에서는 사유 재산에 대한 개인의 권리 추구로 다수가 피해를 입게 된다면 사익보다 공익을 우선시하여 개인의 권리가 제한되어야 한다고 주장한다. 따라서 이러한 주장에 대한 반박으로는 개인인 땅 주인이 권리를 행사함에 따라 다수인 마을 사람들에게 발생하는 피해가 법적으로 증명되어야만 권리를 제한할 수 있다는 ④가 가장 적절하다.

20

정답 ④

제시문은 인간의 호흡기에 질식사 가능성이라는 불합리한 점이 있게 된 원인에 대해 진화론적으로 규명하고 있다. 몸집이 커지면서 호흡기가 생긴 후 다시 허파가 생기다 보니 이상적인 구조(질식사 가능성 차단)와는 거리가 멀어졌다. 즉, 환경에 적응하려는 각각의 변화 단계에서 '당시에는 최선의 선택'이었으나 결과적으로는 이상적인 구조가 아니게 된 것이다.

21

정답 ③

$(78,201+76,104)\div405=154,305\div405=381$

22

정답 ②

$4\times9\times16\times25\times36\div100=2^2\times3^2\times4^2\times5^2\times6^2\div100=720^2\div100=5,184$

23

정답 ④

-2, -2^2, -2^3, -2^4, -2^5, …인 수열이다.
따라서 ( )$=(-70)-2^6=-134$이다.

24

정답 ③

나열된 수를 각각 A, B, C라고 하면 다음과 같다.
$\underline{A\ B\ C} \rightarrow A+B+C=53$
따라서 ( )$=53-(20+7)=26$이다.

25

정답 ①

(앞의 항)$-3=$(뒤의 항)인 수열이다.

(A)	X	U	R	O	L
27	24	21	18	15	12

26

정답 ①

처음 12분 동안 달린 거리는 $8\times\frac{12}{60}=1.6$km이므로 남은 거리는 8.4km이다.
남은 거리 동안 평균 속력을 $x$km/h라고 할 때, 다음과 같은 식이 성립한다.
$\frac{8.4}{x}\le\frac{48}{60} \rightarrow 48x\ge504$
$\therefore x\ge10.5$
따라서 최소 평균 10.5km/h로 달려야 기념품을 받을 수 있다.

27

정답 ②

더 넣은 물의 양을 xg, 8% 소금물의 양을 yg이라 하면 다음과 같은 식이 성립한다.
$2x+y=500$ … ㉠
$\frac{6}{100}x+\frac{8}{100}y=\frac{4}{100}\times500$ … ㉡
$3x+4y=1,000$ … ㉡′
$\therefore x=200$, $y=100$
따라서 더 넣은 물의 양과 농도 8% 소금물의 양의 합은 $200+100=300$g이다.

28

정답 ②

전체 일의 양을 1이라고 하면 유진이의 분당 일의 양은 $\frac{1}{80}$이고, 상민이의 분당 일의 양은 $\frac{1}{120}$이다.

두 사람이 함께 일하는 시간을 x분이라고 하면 다음과 같은 식이 성립한다.

$$\left(\frac{1}{80}+\frac{1}{120}\right)x=1$$

$$\therefore\ x=\frac{1}{\frac{1}{80}+\frac{1}{120}}=\frac{240}{3+2}=48$$

따라서 같은 양의 쓰레기를 둘이 함께 주울 때 걸리는 시간은 48분이다.

29

정답 ①

30분까지의 기본 요금을 x원, 1분마다 추가 요금을 y원이라고 하면, 1시간 대여료와 2시간 대여료에 대한 다음 식이 성립한다.

$x+30y=50,000$ ⋯ ㉠

$x+90y=110,000$ ⋯ ㉡

㉠과 ㉡을 연립하면

$\therefore\ x=20,000,\ y=1,000$

따라서 기본 요금은 20,000원, 30분 후 1분마다 추가 요금은 1,000원이므로 3시간 대여료는 $20,000+150\times1,000=170,000$원이다.

30

정답 ④

주사위를 던졌을 때 4보다 큰 수인 5와 6이 나올 확률은 $\frac{1}{3}$, 동전의 앞면이 나올 확률은 $\frac{1}{2}$이다.

따라서 구하고자 하는 확률은 $\frac{1}{3}\times\frac{1}{2}=\frac{1}{6}$이다.

31

정답 ③

전체 8명에서 4명을 선출하는 경우의 수에서 남자만 4명을 선출하는 경우를 빼면 된다.

$${}_8C_4-{}_5C_4=\frac{8\times7\times6\times5}{4\times3\times2\times1}-\frac{5\times4\times3\times2}{4\times3\times2\times1}=70-5=65\text{가지}$$

따라서 구하고자 하는 경우의 수는 65가지이다.

32

정답 ④

가격이 540달러인 청소기를 구입하면 20%의 관세가 부과되므로 내야 하는 가격은 540×1.2달러이고, 이를 원화로 환산하면 $540\times1.2\times1,128$원이다. 영양제는 200달러 이하로 관세가 붙지 않고, 이를 원화로 환전하면 $52\times1,128$원이다. 또한 각각 따로 주문한다고 하였으므로 배송비는 2번 내야 한다.

따라서 O씨가 원화로 내야 하는 총금액은 $(540\times1.2\times1,128)+(52\times1,128)+(30,000\times2)=700\times1,128+60,000=789,600+60,000=849,600$원이다.

33

정답 ③

토요일 오전 8시는 영업시간 외이므로 타행 자동화기기로 5만 원 출금 시 1,000원의 수수료가 적용된다.

오답분석

① 평일 오후 8시는 영업시간 외이므로 N은행 자동화기기로 8만 원 출금 시 수수료는 500원이 적용된다.
② 평일 오후 3시는 영업시간 내이며 N은행 자동화기기를 이용하여 N은행계좌로 이체 시 수수료는 면제된다.
④ 일요일은 영업시간 외이므로 타행 자동화기기로 12만 원을 이체할 경우 1,000원의 수수료가 적용된다.

34

정답 ④

각 학년의 평균 신장 증가율은 다음과 같다.

- 1학년 : $\frac{162.5-160.2}{160.2}\times100≒1.44\%$
- 2학년 : $\frac{168.7-163.5}{163.5}\times100≒3.18\%$
- 3학년 : $\frac{171.5-168.7}{168.7}\times100≒1.66\%$

따라서 평균 신장 증가율은 '2학년 – 3학년 – 1학년' 순서대로 크다.

35

정답 ④

ㄷ. 2020년 대비 2024년 청소년 비만율의 증가율은 $\frac{26.1-18}{18}\times100=45\%$이다.

ㄹ. 2024년과 2022년의 비만율 차이를 구하면 다음과 같다.
- 유아 : 10.2−5.8=4.4%p
- 어린이 : 19.7−14.5=5.2%p
- 청소년 : 26.1−21.5=4.6%p

따라서 2024년과 2022년의 비만율 차이가 가장 큰 아동은 어린이임을 알 수 있다.

오답분석

ㄱ. 유아의 비만율은 전년 대비 감소하고 있고, 어린이와 청소년의 비만율은 전년 대비 증가하고 있다.
ㄴ. 2021년 이후의 어린이 비만율은 유아보다 크고 청소년보다 작지만, 2020년 어린이 비만율은 9.8%로, 유아 비만율인 11%와 청소년 비만율인 18%보다 작다.

36

정답 ④

제시된 명제를 기호화하여 정리하면 다음과 같다.

- p : 창의적인 문제해결
- q : 브레인스토밍을 한다.
- r : 상대방의 아이디어를 비판한다.

첫 번째 명제는 $p \rightarrow q$이고, 두 번째 명제는 $q \rightarrow \sim r$이므로, $p \rightarrow q \rightarrow \sim r$이 성립한다.
따라서 빈칸에는 $p \rightarrow \sim r$인 '창의적인 문제해결을 하기 위해서는 상대방의 아이디어를 비판해서는 안 된다.'가 들어가는 것이 적절하다.

PART 2

37

정답 ④

제시된 명제를 기호화하여 정리하면 다음과 같다.

• p : 커피를 많이 마시다.

• q : 카페인을 많이 섭취한다.

• r : 불면증이 생긴다.

첫 번째 명제는 $p \to q$, 두 번째 명제는 $\sim p \to \sim r$이다. 이때 두 번째 명제의 대우는 $r \to p$이므로 $r \to p \to q$가 성립한다. 따라서 빈칸에는 $r \to q$인 '불면증이 생기면 카페인을 많이 섭취한 것이다.'가 들어가는 것이 적절하다.

38

정답 ②

국어를 싫어하는 학생은 수학을 좋아하고, 수학을 좋아하면 영어를 싫어한다. 따라서 '국어를 싫어하는 학생은 영어도 싫어한다.'를 추론할 수 있다.

39

정답 ①

제시된 조건에 따라 좌석을 무대와 가까운 순서대로 나열하면 '현수 – 형호 – 재현 – 지연 – 주현'이므로 형호는 현수와 재현 사이의 좌석을 예매했음을 알 수 있다.

오답분석

②·③·④ 제시된 조건만으로 정확한 좌석의 위치를 알 수 없으므로 서로의 좌석이 바로 뒤 또는 바로 앞의 좌석인지는 추론할 수 없다.

40

정답 ②

먼저 B의 진술이 거짓일 경우 A와 C는 모두 프로젝트에 참여하지 않으며, C의 진술이 거짓일 경우 B와 C는 모두 프로젝트에 참여한다. 따라서 B와 C의 진술은 동시에 거짓이 될 수 없으므로 둘 중 1명의 진술은 반드시 참이 된다.

i) B의 진술이 참인 경우

A는 프로젝트에 참여하지 않으며, B와 C는 모두 프로젝트에 참여한다. B와 C 모두 프로젝트에 참여하므로 D는 프로젝트에 참여하지 않는다.

ii) C의 진술이 참인 경우

A의 진술은 거짓이므로 A는 프로젝트에 참여하지 않으며, B는 프로젝트에 참여한다. C는 프로젝트에 참여하지 않으나, B가 프로젝트에 참여하므로 D는 프로젝트에 참여하지 않는다.

따라서 반드시 프로젝트에 참여하는 사람은 B이다.

41

정답 ③

• 참여 인원 파악 : 10(운영 인원)+117(선발 인원)+6(아나운서)=133명

• 여유 공간 파악 : 전체 참여 인원의 10%를 수용할 수 있는 여유 공간이 있어야 하므로 133명의 10%인 13.3명을 추가로 수용할 수 있어야 한다. 따라서 146.3명 이상을 수용할 수 있어야 하므로 최대 수용 인원이 136명인 대회의실 2는 제외된다.

• 부대시설 파악 : 마이크와 프로젝터가 모두 있어야 하므로 프로젝터를 모두 갖추지 못한 한빛관은 제외된다.

• 대여 가능 날짜 파악 : 발대식 전날 정오인 4월 16일 12시부터 1박 2일의 발대식이 진행되는 18일까지 예약이 가능해야 하므로 비전홀은 제외된다.

따라서 A사원이 예약할 시설은 모든 조건을 충족하는 대회의실 1이 가장 적절하다.

42

정답 ②

부실여신 비율의 상승을 초래할 수 있는 금융 당국의 보수적인 정책은 조직 외부로부터 비롯되는 요인으로서, 조직의 목표 달성에 방해가 되는 위협(T)에 해당한다.

오답분석

① 디지털 전환(DT)의 안정적인 진행은 조직의 내부로부터 비롯되는 요인으로서, 조직의 목표 달성에 활용할 수 있는 강점(S)에 해당한다.

③ 다른 기업과의 제휴 등의 협업은 조직 외부로부터 비롯되는 요인으로서, 조직의 목표 달성에 활용할 수 있는 기회(O)에 해당한다. 참고로 연착륙은 경기가 과열될 기미가 있을 때에 경제 성장률을 적정한 수준으로 낮추어 불황을 방지하는 일을 뜻한다.

④ 인터넷전문은행의 영업 확대 등에 따른 경쟁은 조직 외부로부터 비롯되는 요인으로서, 조직의 목표 달성에 방해가 되는 위협(T)에 해당한다.

43

정답 ③

신청자격에 따르면 본인과 배우자가 합산한 주택보유수가 무주택 또는 1주택 이내인 고객만 해당 대출 상품을 신청할 수 있다. 이때, 주택보유수가 1주택인 경우에는 보유주택가액이 9억 원을 초과해서는 안 되며, 2020.7.10. 이후 투기지역 또는 투기과열지구 내에서는 3억 원을 초과해서는 안 된다. 따라서 고객이 보유한 아파트의 금액을 정확히 알 수 없는 상태에서 보유 주택과 관계없이 대출이 가능하다는 행원의 대답은 적절하지 않다.

44

정답 ③

대출금액에 따르면 주어진 조건 중 적은 금액 기준으로 대출금액이 결정되므로 1주택을 보유한 해당 고객의 최대 대출 가능 금액은 2억 원이 된다. 또한 적용 금리의 경우 24개월의 대출기간에 따라 연 3.6%의 금리가 적용되나, 급여 이체 실적을 통한 최고 우대금리와 적립식 예금 계좌 보유, 부동산 전자계약을 통해 0.3+0.1+0.2=0.6%p의 우대금리가 적용되므로 최종 적용 금리는 3.6−0.6=3.0%가 된다.

한편, 만기일시상환은 약정기간 동안 이자만 부담하고 만기에 대출금을 모두 상환하는 방식의 대출이므로 첫 달 지불해야 하는 금액은 매월 납부해야 하는 이자 금액이 된다. 따라서 첫 달의 지불 금액은 $200,000,000\times\frac{0.03}{12}=500,000$원이다.

45

정답 ④

44번 고객의 최대 대출 가능 금액은 2억 원이므로 적용되는 인지세는 15만 원이다. 이때, 인지세는 고객과 은행이 50%씩 부담하므로 고객이 납부해야 할 인지세는 7만 5천 원이다.

46

정답 ①

N씨는 장애의 정도가 심하지 않으므로 KTX 이용 시 평일 이용에 대해서만 30% 할인을 받으며, 동반 보호자에 대한 할인은 적용되지 않는다. 따라서 3월 11일(토) 서울 → 부산 구간의 이용에는 할인이 적용되지 않고, 3월 13일(월) 부산 → 서울 구간 이용 시 N씨 운임의 15%만 할인받는다. 따라서 두 사람의 왕복 운임을 기준으로 7.5%를 할인받았음을 알 수 있다.

47

정답 ④

나. A지역에 사는 차상위계층으로 출장 진료와 진료비를 지원받을 수 있다.
라. A지역에 사는 기초생활수급자로 진료비를 지원받을 수 있다.

오답분석

가. 지원 사업은 A지역 거주민만 해당되므로 진료비를 지원받을 수 없다.
다. 지원 내역 중 입원비는 제외되므로 진료비를 지원받을 수 없다.

48

정답 ④

• C강사 : 셋째 주 화요일 오전, 목요일, 금요일 오전에 스케줄이 비어 있으므로 목요일과 금요일에 이틀간 강의가 가능하다.
• E강사 : 첫째·셋째 주 화~목요일 오전에 스케줄이 있으므로 수요일과 목요일 오후에 강의가 가능하다.

오답분석

• A강사 : 매주 수~목요일에 스케줄이 있으므로 화요일과 금요일 오전에 강의가 가능하지만 강의가 연속 이틀에 걸쳐 진행되어야 한다는 조건에 부합하지 않는다.
• B강사 : 화요일과 목요일에 스케줄이 있으므로 수요일 오후와 금요일 오전에 강의가 가능하지만 강의가 연속 이틀에 걸쳐 진행되어야 한다는 조건에 부합하지 않는다.
• D강사 : 수요일 오후와 금요일 오전에 스케줄이 있으므로 화요일 오전과 목요일에 강의가 가능하지만 강의가 연속 이틀에 걸쳐 진행되어야 한다는 조건에 부합하지 않는다.

49

정답 ①

가. 뇌혈관은 중증질환에 해당하고 소득수준도 조건에 해당하기 때문에 이 사업의 지원금을 받을 수 있다.
나. 기준 중위소득 50% 이하는 의료비가 160만 원 초과 시 의료비를 지원받을 수 있다.

오답분석

다. 기준 중위소득 200%는 연소득 대비 의료비부담비율을 고려해 개별심사 후 지원받을 수 있다. 이때 재산 과표 5.4억 원을 초과하는 고액재산보유자는 지원이 제외되는데, '다'의 어머니는 재산이 5.4억 원이므로 심사의 대상이 될 수 있다.
라. 중증질환이 아닌 통원 치료는 대상질환에 해당하지 않는다.

50

정답 ④

첫 번째 조건에 따라 2층의 중앙 객실은 아무도 배정받지 않는다. 또한 D의 우측 객실은 C가 배정받는다. 또한 세 번째 조건에 따라 G와 E가 바로 인접한 두 방을 배정받으려면, E는 2층 우측, G는 1층 우측 방을 배정받아야 한다. 이때 B는 1층 좌 혹은 중앙 객실을 배정받으며, F는 나머지 방 중 한 곳을 배정받는다. 따라서 F는 B가 배정받지 않은 1층의 객실을 배정받을 수도 있으므로 ④는 옳지 않다.

	좌	중앙	우
3층		D	C
2층	A	–	E
1층		B	G

	좌	중앙	우
3층		D	C
2층	A	–	E
1층	B		G

51

정답 ②

• A호텔 예약 시
  - 스위트룸 1실, 2박 : 200만 원 / 디럭스룸 2실, 2박 : 100만 원 / 싱글룸 4실, 2박 : 144만 원
  - 조식요금 4인, 2식 : 28만 원(스위트, 디럭스에 투숙한 3명의 조식요금 무료)

  ∴ 총 472만 원
• B호텔 예약 시
  - 스위트룸 1실, 2박 : 171만 원 / 디럭스룸 2실, 2박 : 108만 원 / 싱글룸 4실, 2박 : 108만 원(객실 5개 이상 예약으로 숙박비 10% 할인)
  - 조식요금 7인, 2식 : 63만 원

  ∴ 총 450만 원
• C호텔 예약 시
  - 스위트룸 1실, 2박 : 180만 원(스위트룸 2박 이상 연박으로 10% 할인) / 디럭스룸 2실, 2박 : 120만 원 / 싱글룸 4실, 2박 : 96만 원
  - 조식요금 7인, 2식 : 56만 원

  ∴ 총 452만 원

따라서 예약비용이 제일 작은 B호텔을 예약하며, 비용은 450만 원이다.

52

정답 ③

A사원의 3박 4일간 교통비, 식비, 숙박비를 계산하면 다음과 같다.

• 교통비 : 39,500+38,150=77,650원
• 식비 : (8,500×3×2)+(9,100×3×2)=105,600원
• 숙박비
  - 가 : (75,200×3)×0.95=214,320원
  - 나 : (81,100×3)×0.90=218,970원
  - 다 : (67,000×3)=201,000원

  A사원은 숙박비가 가정 저렴한 '다'숙소를 이용하므로 숙박비는 201,000원이다.

따라서 A사원의 출장 경비를 합산하면 총 77,650+105,600+201,000=384,250원이다.

53

정답 ④

항목별 조건 범위에 따라 지역별 점수를 구하면 다음과 같다.

구분	외국인 인구	지역 지원예산	선호도
A지역	40점	30점	48점
B지역	50점	40점	40점
C지역	30점	30점	45점
D지역	40점	50점	50점
E지역	50점	50점	32점

가중치를 적용하여 총점을 구하면 다음과 같다.

• A지역 : (40×0.5)+(30×0.3)+(48×0.2)=38.6점
• B지역 : (50×0.5)+(40×0.3)+(40×0.2)=45점
• C지역 : (30×0.5)+(30×0.3)+(45×0.2)=33점
• D지역 : (40×0.5)+(50×0.3)+(50×0.2)=45점
• E지역 : (50×0.5)+(50×0.3)+(32×0.2)=46.4점

따라서 총점이 가장 높은 'E지역'이 취업교육을 실시하기 위해 가장 적절하다.

54

정답 ①

• 치과 진료 : 수요일 3주 연속 받는다고 하였으므로 13일, 20일은 무조건 치과 진료가 있다.
• 신혼여행 : 8박 9일간 신혼여행을 가고 휴가는 5일 사용할 수 있으므로 주말 4일을 포함해야 한다.

이를 종합하면, 2일(토요일)부터 10일(일요일)까지 주말 4일을 포함하여 9일 동안 신혼여행을 다녀오게 되고, 치과는 6일이 아닌 27일에 예약되어 있다. 신혼여행은 결혼식 다음 날 간다고 하였으므로 일정을 달력에 표시하면 다음과 같다.

일	월	화	수	목	금	토
					1 결혼식	2 신혼여행
3 신혼여행	4 신혼여행 / 휴가	5 신혼여행 / 휴가	6 신혼여행 / 휴가	7 신혼여행 / 휴가	8 신혼여행 / 휴가	9 신혼여행
10 신혼여행	11	12	13 치과	14	15	16
17	18	19	20 치과	21	22	23
24	25	26	27 치과	28 회의	29	30 추석연휴

따라서 A대리의 결혼날짜로 가능한 날은 9월 1일이다.

55

정답 ③

최나래, 황보연, 이상윤, 한지혜는 업무성과 평가에서 상위 40%에 해당하지 않으므로 대상자가 아니다. 업무성과 평가 결과에서 40% 이내에 드는 사람은 4명까지이지만 B를 받은 사람 4명을 동순위자로 보아 6명이 대상자 후보가 된다. 6명 중 박희영은 통근거리가 50km 미만이므로 대상자에서 제외된다. 나머지 5명 중에서 자녀가 없는 김성배, 이지규는 우선순위에서 밀려나고, 나머지 3명 중에서는 통근거리가 가장 먼 순서대로 '이준서, 김태란'이 동절기 업무시간 단축 대상자로 선정된다.

56

정답 ④

농협의 윤리시스템 중 윤리규범은 농협중앙회 임직원 윤리헌장, 농협중앙회 임직원 윤리강령, 농협중앙회 임직원 행동강령이다.

57

정답 ②

ㄱ. 농협중앙회에는 4개의 자회사·손자회사가 있고, 지주회사 2개에는 농협경제지주(자회사·손자회사 15개)와 농협금융지주(자회사·손자회사 11개)가 있다.
ㄷ. 농협금융지주는 은행 부문에 1개 회사, 보험 부문에 2개 회사, 증권 부문에 3개 회사, 기타 부문에 5개 회사 등 11개의 자회사·손자회사를 지배하고 있다.

오답분석

ㄴ. 농우바이오로부터 상림의 주식을 인수한 농협경제지주는 지역농협과 함께 출자해 상림+농협아그로+농협흙사랑을 합병해 2023년 7월 농협에코아그로를 창립했다.
ㄹ. 농협부산경남유통, 농협충북유통, 농협대전유통, 농협유통 등 4개 회사가 2021년 11월 농협유통으로 통합되었다.

범농협 계열사 현황(자회사 · 손자회사 포함, 2025년 1월 기준)

구분	자회사 · 손자회사
농협중앙회 (4개사)	• 농협정보시스템 • 농협자산관리 • 농협네트웍스(농협파트너스)
농협경제지주 (15개사)	• 유통 : 농협하나로유통, 농협유통 • 제조 : 남해화학(NES머티리얼즈), 농협케미컬, 농우바이오, 농협에코아그로 • 식품 / 서비스 : 농협양곡, 농협홍삼, 농협식품, 농협물류, NH농협무역 • 축산 : 농협사료(농협TMR), 농협목우촌
농협금융지주 (11개사)	• 은행 : NH농협은행 • 보험 : NH농협생명, NH농협손해보험 • 증권 : NH투자증권(NH선물, NH헤지자산운용) • 기타 : NH-Amundi자산운용, NH농협캐피탈, NH저축은행, NH농협리츠운용, NH벤처투자

※ 출처 : NH농협 홈페이지, '계열사 현황'

58

 ①

조직의 유형

1) 공식성 : 공식화 정도에 따라 공식조직(Formal Organization)과 비공식조직(Informal Organization)으로 구분할 수 있다. 공식조직은 조직의 구조 · 기능 · 규정 등이 조직화되어 있는 조직을 의미하며, 비공식조직은 개인들의 협동과 상호작용에 따라 형성된 자발적인 집단조직이다. 즉, 비공식조직은 인간관계에 따라 형성된 것으로, 조직이 발달해 온 역사를 보면 비공식조직으로부터 공식화가 진행되어 공식조직으로 발전해 왔다.
2) 영리성 : 영리성을 기준으로 영리조직과 비영리조직으로 구분할 수 있다. 영리조직은 기업과 같이 이윤을 목적으로 하는 조직이며, 비영리조직은 정부조직을 비롯하여 공익을 추구하는 병원, 대학, 시민단체, 종교단체 등이 있다.
3) 조직규모 : 조직규모를 중심으로 소규모 조직과 대규모 조직으로 구분할 수 있다. 소규모 조직에는 가족 소유의 상점 등이 있고 대규모 조직에는 대기업 등이 있다.

59

 ③

C는 N사의 이익과 자사의 이익 모두를 고려하여 서로 원만한 합의점을 찾고 있다. 따라서 제시된 협상에서 가장 적절한 대답을 한 사람은 C이다.

오답분석

① N사의 협상당사자는 현재 가격에서는 불가능하다고 한계점을 정했지만, A의 대답은 설정한 목표와 한계에서 벗어나는 요구이므로 적절한 협상이 아니다.
② B는 합의점을 찾기보다는 자사의 특정 입장만 고집하고 있으므로 적절한 협상이 아니다.
④ D는 상대방의 상황에 대해서 지나친 염려를 하고 있으므로 적절한 협상이 아니다.

60

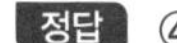 ④

비밀취급인가 서약서 집행 담당자는 보안담당관으로, 보안담당관은 총무국장이므로 서약서는 이사장이 아닌 총무국장에게 제출해야 한다.

제 4 회 최종점검 모의고사

01	02	03	04	05	06	07	08	09	10	11	12	13	14	15	16	17	18	19	20
②	③	④	③	②	④	④	④	④	①	②	②	④	③	①	①	②	④	④	④
21	22	23	24	25	26	27	28	29	30	31	32	33	34	35	36	37	38	39	40
①	①	②	③	④	②	④	④	④	②	③	④	②	④	③	①	④	①	③	②
41	42	43	44	45	46	47	48	49	50	51	52	53	54	55	56	57	58	59	60
④	③	③	④	④	②	①	③	①	①	③	③	④	③	④	④	②	③	③	②

01

정답 ②

제시된 단어는 유의 관계이다.
'과부'는 '남편을 잃고 혼자 사는 여자'라는 뜻이고, '미망인'은 '남편을 여읜 여자'라는 뜻이다.

오답분석

①·③·④ 반의 관계이다.
① 우량 : 물건의 품질이나 상태가 좋음
열악 : 품질이나 능력, 시설 따위가 매우 떨어지고 나쁨
③ 우연 : 아무런 인과 관계가 없이 뜻하지 아니하게 일어난 일
필연 : 사물의 관련이나 일의 결과가 반드시 그렇게 될 수밖에 없음
④ 문어 : 문자로 나타내는 말
구어 : 음성으로 나타내는 말

02

정답 ③

제시된 단어는 반의 관계이다.
'가공'은 '근거 없이 지어냄'을 뜻하고, '사실'은 '실제로 있었던 일'을 뜻한다. 따라서 '감추거나 숨김'의 뜻인 '은폐'와 반의 관계인 단어는 '마음에 있는 것을 죄다 드러내어 말함'의 뜻인 '토로'이다.

오답분석

① 진리 : 참되 이치
② 허위 : 진실이 아닌 것을 진실인 것처럼 꾸민 것
④ 공개 : 어떤 사실이나 사물, 내용 따위를 여러 사람에게 널리 터놓음

03

정답 ④

제시된 단어는 반의 관계이다.
- 우두망찰 : 정신이 얼떨떨하여 어찌할 바를 모르는 모양
- 초롱초롱 : 정신이 맑고 또렷한 모양
- 오명 : 더러워진 이름이나 명예
- 명성 : 세상에 널리 퍼져 평판 높은 이름

04

정답 ③

'서유럽'의 그리스도교들은 '예루살렘'을 '탈환'하기 위해 십자군 전쟁을 감행하였으므로 '십자군'을 연상할 수 있다.

05

정답 ②

'눈에 쌍심지를 켜다'는 '몹시 화가 나서 눈을 부릅뜨는 것'을 의미하므로, 문맥상 사용이 어색하다.

오답분석

① 눈 가리고 아웅하다 : 얕은수로 남을 속이려 함
③ 눈에 헛거미가 잡히다 : 욕심에 눈이 어두워 사물을 바로 보지 못함
④ 눈에 흙이 들어가다 : 죽어서 땅에 묻힘

06

정답 ④

'바라다'의 명사형으로, '바람'이라고 쓰는 것이 옳다.

• 바라다 : 생각이나 바람대로 어떤 일이나 상태가 이루어지거나 그렇게 되었으면 하고 생각하다. 또는 어떤 것을 향하여 보다.
• 바래다 : 볕이나 습기를 받아 색이 변하다.

07

정답 ④

'듯'은 의존명사이므로 앞에 오는 관형형 '올'과 띄어 써야 한다.

08

정답 ④

운영 기간, 개설 과목, 신청 방법과 등록 가능한 날짜에 대한 내용은 순서대로 제시문에 나와 있으나, 폐강 조건에 대한 언급은 찾아볼 수 없다.

• run : 운영하다, 제공하다
• course : 수업
• offer : 제안하다
• register : 등록하다

우리 방과 후 프로그램은 3월 19일부터 6월 29일까지 운영될 거예요. 영어, 생물학, 한국사를 포함한 수업들이 개설될 겁니다. 여러분은 3월 16일에 학교 홈페이지에서 등록할 수 있어요.

09

정답 ④

'맑은 물에 고기 안 논다'는 '사람이 지나치게 결백하면 남이 따르지 않음'을 비유적으로 이르는 말로, 지나치게 원리・원칙을 지키다 친구들의 신뢰를 잃게 된 반장 민수의 상황에 적절하다.

오답분석

① 원님 덕에 나팔 분다 : 남의 덕으로 대접을 받고 우쭐댄다는 말
② 듣기 좋은 꽃노래도 한두 번이지 : 아무리 좋은 일이라도 여러 번 되풀이하여 대하게 되면 싫어진다는 뜻
③ 집 태우고 바늘 줍는다 : 큰 것을 잃은 후에 작은 것을 아끼려고 한다는 뜻

10

정답 ①

'가치(價値)'는 '사물이 지니고 있는 쓸모'를 의미한다.

오답분석

② 가계(家計)
③ 사실(事實)
④ 실재(實在)

11

정답 ②

제시문은 코젤렉의 '개념사'에 대한 정의와 특징에 대한 글이다. 따라서 (라) 개념에 대한 논란과 논쟁 속에서 등장한 코젤렉의 개념사 – (가) 코젤렉의 개념사와 개념에 대한 분석 – (나) 개념에 대한 추가적인 분석 – (마) 개념사에 대한 추가적인 분석 – (다) 개념사의 목적과 코젤렉의 주장의 순으로 나열하는 것이 적절하다.

12

정답 ②

마지막 문장의 '표준화된 언어와 방언 둘 다의 가치를 인정'하고, '잘 가려서 사용할 줄 아는 능력을 길러야 한다.'는 내용을 통해 제시문의 중심 내용이 ②임을 알 수 있다.

13

정답 ④

빈칸 뒤에 나오는 내용에 따르면 양안시에 대해 설명하면서 양안시차를 통해 물체와의 거리를 파악한다고 하였으므로, 빈칸에 거리와 관련된 내용이 나왔음을 알 수 있다. 따라서 빈칸에 들어갈 내용은 ④이다.

14

정답 ③

제시문에서 에너지와 엔지니어 분야에 관련된 다양한 사례들을 언급하고 있으며 이 외에 다른 분야에 대한 사례는 설명하지 않고 있다. 따라서 ③은 적절하지 않다.

15

정답 ①

원자력 발전소에서 설비에 이상신호가 발생하면 스스로 위험을 판단하고 작동을 멈추는 등 에너지 설비 운영 부문은 이미 다양한 4차 산업혁명 기술이 사용되고 있다.

16

정답 ①

ⓐ 2002 ~ 2016년의 연평균 장학금은 23.4억 원(=351억 원÷15년)으로 2016년도의 장학금 27억 원보다 적다.
ⓑ 2002 ~ 2016년의 연평균 장학생은 1,028명(≒15,413명÷15년)이다. 올해 선발된 200명은 1,028명의 약 19.5%(≒200명÷1,028명×100) 정도이다. 따라서 20%를 넘지 않는다.

오답분석

ⓒ 올해 대학생 200명에게 지급할 최대 장학금은 1년간 2학기이며 학기당 최대 300만 원이므로 200명×2학기×300만 원=12억 원이다. 여기에 농업 계열 고교생 200명에게 연간 100만 원씩 지급하므로 200명×100만 원=2억 원이다. 따라서 필요한 자금은 최대 14억 원이다.
ⓓ 1,796가정의 6,917명이므로 한 가정당 평균은 약 3.85명(≒6,917명÷1,796가정) 정도가 혜택을 받았다.

17

정답 ②

AI가 발생한 2016년에는 11월 16일 계란 1판에 5,684원이었으며, 가격 최고점을 기록한 2017년 1월 12일에는 1판에 9,543원이었다. 따라서 3,859원 상승한 것이므로 5,684원의 약 67.9% 정도이다.

오답분석

① AI와 구제역 등의 가축 질병 때문에 가축을 살처분함으로써 공급량이 줄어 가격이 크게 올랐다.
③ AI 발생 이후 계란 소매 최고가는 1판에 9,543원이었으며, 2017년 2월 13일 현재 7,945원이 되었다. 따라서 1,598원 하락한 것이며, 이는 9,543원의 약 16.8% 정도이다.
④ 구제역 발생 전인 2017년 2월 1일과 발생 후인 2월 6일의 한우와 돼지 도매가를 비교하면 다음과 같다.
  - 한우 도매가 인상률 : (17,277−16,111)÷16,111원×100≒7.2%
  - 돼지 도매가 인상률 : (4,517−4,452)÷4,452원×100≒1.5%

  따라서 한우 도매가 인상률이 돼지보다 4.8배(≒7.2÷1.5) 정도 높으므로 한우 도매가가 돼지보다 구제역에 민감하다고 볼 수 있다.

조류 인플루엔자(AI; Avian Influenza)
흔히 '조류 독감'이라고 부르는 급성 바이러스성 전염병으로, 감염의 주요 매개체는 조류 인플루엔자 바이러스에 감염된 조류의 배설물이다. 드물게는 인체에서도 발생하지만, 조리된 조류를 먹으면 쉽게 걸리지는 않는다. 증상은 보통 기침, 호흡 곤란, 발열, 근육통, 산란율 저하 등을 일으키며, 전염성과 폐사율이 높아 대부분의 나라에서는 조류 독감에 걸린 가축을 도살한다.

18

정답 ④

거의 변동 없이 그대로 유지되는 시세를 뜻하는 '보합세(保合勢)'는 일본식 한자어로서 순화의 대상이 되며, '멈춤세 · 주춤세' 등으로 순화할 수 있다. '호조세(好調勢)'는 상황이나 형편 따위가 좋아지는 기세를 뜻하므로 보합세와는 의미가 다르다.

오답분석

㉠ '청년(靑年)'에는 이미 젊다는 뜻이 있으므로 '젊은'이라는 수식어는 중복된 표현이다.
㉡ 우리말 어법은 명사화 표현보다 동사(← 성공하다)나 형용사로 풀어서 설명하는 것이 더 자연스러울 때가 많다.
㉢ '혜택(惠澤)'은 은혜와 덕택을 아울러 이르는 말이다. 자칫 자화자찬하는 듯한 느낌을 줄 수 있으므로 '도움'으로 바꾸는 것이 적절하다.

19

정답 ④

$12^2+13^2-6^2-5^2=144+169-36-25=313-61=252$

20

정답 ④

$\frac{8}{9}\times\frac{11}{8}=\frac{11}{9}$

오답분석

① $\frac{5}{9}\times\frac{9}{11}=\frac{5}{11}$

② $\frac{7}{11}\times\frac{6}{5}=\frac{42}{55}$

③ $\frac{6}{9}\times\frac{8}{7}=\frac{16}{21}$

21

정답 ①

홀수 항은 +2, 짝수 항은 +3인 수열이다.

ㅁ	ㅅ	ㅅ	ㅊ	ㅈ	ㅍ	ㅋ	(ㄴ)
5	7	7	10	9	13	11	16

22

정답 ①

나열된 수를 각각 A, B, C라고 하면 다음과 같다.

$\underline{A\ B\ C} \rightarrow (A+B)\times 5=C$

따라서 ( )$=60\div 5-10=20$이다.

23

정답 ②

전체 일의 양을 1이라고 하자.

- A사원의 작업 속도 : $\frac{1}{24}$
- B사원의 작업 속도 : $\frac{1}{120}$
- C사원의 작업 속도 : $\frac{1}{20}$

세 사람의 작업 속도를 더하면 다음과 같다.

$\frac{1}{24}+\frac{1}{20}+\frac{1}{120}=\frac{12}{120}=\frac{1}{10}$

따라서 세 사람이 함께 일을 진행하면 10일이 걸린다.

24

정답 ③

(좋아하는 색이 다를 확률)=1−(좋아하는 색이 같을 확률)

i) 2명 모두 빨강을 좋아할 확률 : $\left(\frac{2}{10}\right)^2$

ii) 2명 모두 파랑을 좋아할 확률 : $\left(\frac{3}{10}\right)^2$

iii) 2명 모두 검정을 좋아할 확률 : $\left(\frac{5}{10}\right)^2$

따라서 학생 2명을 임의로 선택할 때, 좋아하는 색이 다를 확률은 $1-\left(\frac{4}{100}+\frac{9}{100}+\frac{25}{100}\right)=1-\frac{38}{100}=\frac{62}{100}=\frac{31}{50}$이다.

25

정답 ④

n을 개월 수, r을 연이자율이라고 하면, (단리식 적금 이자)=(월 납입액)$\times n\times \frac{n+1}{2}\times \frac{r}{12}$

- P가 만기 시 수령하는 이자액 : $120{,}000\times \frac{24\times 25}{2}\times \frac{0.025}{12}=75{,}000$원
- P가 가입 기간 동안 납입한 원금 : $120{,}000\times 24=2{,}880{,}000$원

따라서 만기환급금은 $75{,}000+2{,}880{,}000=2{,}955{,}000$원이다.

26

정답 ②

2024년 1분기 기준 원리금 보장형 퇴직연금의 수익률이 가장 낮은 곳은 A은행(1.09%)이다.

오답분석

① 2023년 원리금 비보장형 퇴직연금의 수익률은 7.32%로 B은행이 가장 높다.
③ 2023년 기준으로 지난 3·5·7년간 원리금 보장형 퇴직연금 수익률은 차례대로 1.58%, 2.13%, 2.68%인 C은행이 가장 높은 수익률을 보여준다.
④ 2023년 기준으로 지난 3·5·7·9년간 원리금 보장형 퇴직연금의 수익률은 차례대로 1.40%, 1.89%, 2.38%, 2.74%인 A은행이 가장 낮은 수익률을 보여주는 은행이다.

27

정답 ④

2022년 대비 2024년 한라산 이용객 증감률은 다음과 같다.

(단위 : %)

구분	증감률	구분	증감률
1월	19.3	7월	2.5
2월	9.9	8월	4.2
3월	10.6	9월	36.2
4월	1.1	10월	−10.9
5월	−24.5	11월	10.7
6월	−5.5	12월	11.7

따라서 가장 큰 비율로 변한 시기를 찾는 것이므로, 증감률의 절댓값이 가장 큰 시기는 9월(36.2%)이다.

오답분석

① 2024년 전체 증감률은 −3.4%이다. 즉, 전년 대비 감소하였다는 것을 알 수 있다.
② 2021 ~ 2023년까지는 매 10월에 방문객 수가 가장 많았으나 2024년에는 1월이 가장 많았고, 방문객 수는 감소하는 추세를 보이고 있다.
③ 전년 대비 증가율이 가장 높은 시기는 54.4%로 2022년 1월이다.

28

정답 ④

2025년 월별 예상되는 증감률은 2022년부터 2024년까지의 이용객 수 증감률의 평균이므로, 제시된 자료에서 2022년 증감률부터 2024년 증감률을 활용하여 다음과 같이 구한다.

(단위 : %)

구분	2022년	2023년	2024년	평균(=2025년 증감률)
10월	−9.2	−0.6	−10.4	−6.7
11월	1.3	19.2	−7.1	4.5
12월	5.1	0.3	11.3	5.6

2025년 4분기 예상 이용객 수는 2024년의 월별 이용객 수에 각 증감률을 곱하여 산출한다.

- 10월 : 133,509×(1−0.067)=124,563.897 → 124,563명
- 11월 : 105,697×(1+0.045)=110,453.365 → 110,453명
- 12월 : 82,064×(1+0.056)=86,659.584 → 86,659명

따라서 2025년 4분기 예상 이용객 수는 124,563+110,453+86,659=321,675명이다.

29

정답 ④

빈칸 (가)와 (나)의 값은 다음과 같다.

(가) : 7,176−(98+3,270+3,311+55)=442

(나) : 170+2,599+451+3,270+64=6,554

따라서 (가)+(나)=442+6,554=6,996이다.

30

정답 ②

오답분석

① 2024년 총취수량은 6,554백만 m^3로 전년보다 감소하였다.

③ 하천표류수의 양이 가장 많았던 해는 2021년, 댐의 취수량이 가장 많았던 해는 2022년이다.

④ 지하수의 양이 총취수량의 2% 미만이면 지표수의 양은 총취수량의 98% 이상이다.

- 2023년 총취수량 중 지하수의 비중 : $\frac{163}{7,300}\times 100 \fallingdotseq 2.23\%$
- 2024년 총취수량 중 지하수의 비중 : $\frac{170}{6,554}\times 100 \fallingdotseq 2.59\%$

따라서 2023 ~ 2024년에는 지표수의 양이 총취수량의 98%에 미치지 못한다.

31

정답 ③

B의 발언이 참이라면 C가 범인이고 F도 참이 된다. F는 C 또는 E가 범인이라고 했으므로 C가 범인이라면 E는 범인이 아니고, E의 발언 역시 참이 되어야 한다. 하지만 E의 발언이 참이라면 F가 범인이어야 하므로 모순이다. 따라서 B의 발언이 거짓이며, C 또는 E가 범인이라는 F의 발언 역시 거짓이므로 B와 F가 범인임을 알 수 있다.

32

정답 ④

각 펀드의 총점을 통해 비교 결과를 유추하면 다음과 같다.

- A펀드 : 한 번은 우수(5점), 한 번은 우수 아님(2점)
- B펀드 : 한 번은 우수(5점), 한 번은 우수 아님(2점)
- C펀드 : 두 번 모두 우수 아님(2점+2점)
- D펀드 : 두 번 모두 우수(5점+5점)

각 펀드의 비교 대상은 서로 다른 펀드 중 두 개이며, 총 4번의 비교를 했다고 하였으므로 다음과 같은 경우를 고려할 수 있다.

i)

A		B		C		D	
B	D	A	C	B	D	A	C
5	2	2	5	2	2	5	5

표의 결과를 정리하면 D>A>B, A>B>C, B·D>C, D>A·C이므로 D>A>B>C이다.

ii)

A		B		C		D	
B	C	A	D	A	D	C	B
2	5	5	2	2	2	5	5

표의 결과를 정리하면 B>A>C, D>B>A, A·D>C, D>C·B이므로 D>B>A>C이다.

iii)

A		B		C		D	
D	C	C	D	A	B	A	B
2	5	5	2	2	2	5	5

표의 결과를 정리하면 D>A>C, D>B>C, A·B>C, D>A·B이므로 D>A·B>C이다.

ㄱ. 세 가지 경우에서 모두 D펀드는 C펀드보다 우수하다.

ㄴ. 세 가지 경우에서 모두 B펀드보다 D펀드가 우수하다.

ㄷ. A펀드와 B펀드의 우열을 가릴 수 있다면 우열순위는 D>B>A>C 또는 D>A>B>C가 되므로, A ~ D까지의 우열순위를 확실히 알 수 있다.

33

정답 ②

농가별 각 항목의 점수를 계산하면 다음과 같다.

(단위 : 점)

구분	재배 품목	가격	품질	생산량
㉠농가	쌀, 채소, 과일	9	10	13
㉡농가	쌀, 채소, 과일	10	9	12
㉢농가	쌀, 채소	13	12	10
㉣농가	쌀, 과일	12	13	10
㉤농가	쌀, 채소, 과일	9	10	15

농협별 중요도 가중치를 적용하여 다섯 농가의 점수를 구하면 다음과 같다.

- A농협 : (품질)×3+(가격)×2+(생산량)
- B농협 : (품질)×3+(생산량)×2+(가격)
- C농협 : (가격)×3+(품질)×2+(생산량)

구분	㉠농가	㉡농가	㉢농가	㉣농가	㉤농가
A농협	30+18+13=61	27+20+12=59	36+26+10=72	39+24+10=73	30+18+15=63
B농협	30+26+9=65	27+24+10=61	36+20+13=69	39+20+12=71	30+30+9=69
C농협	27+20+13=60	30+18+12=60	39+24+10=73	36+26+10=72	27+20+15=62

A농협은 쌀과 채소를 재배하는 농가 중 점수가 높은 ㉢농가와 계약을 맺고, B농협은 쌀, 과일이 해당되는 농가 중 ㉣농가와 계약을 한다. C농협은 쌀, 채소, 과일을 재배하는 ㉠, ㉡, ㉤농가 중 ㉤농가와 계약을 맺는다.
따라서 A농협은 ㉢농가, B농협은 ㉣농가, C농협은 ㉤농가와 계약을 한다.

34

정답 ④

농가별 두 항목의 점수를 계산하면 다음과 같다.

(단위 : 점)

구분	재배 품목	품질	생산량
㉠농가	쌀, 채소, 과일	10	13
㉡농가	쌀, 채소, 과일	9	12
㉢농가	쌀, 채소	12	10
㉣농가	쌀, 과일	13	10
㉤농가	쌀, 채소, 과일	10	15

농협별 가격 점수를 제외한 중요도 가중치를 적용하여 다섯 농가의 점수를 구하면 다음과 같다.

구분	㉠농가	㉡농가	㉢농가	㉣농가	㉤농가
A농협	30+13=43	27+12=39	36+10=46	39+10=49	30+15=45
B농협	30+26=56	27+24=51	36+20=56	39+20=59	30+30=60
C농협	20+13=33	18+12=30	24+10=34	26+10=36	20+15=35

A농협은 ㉣농가를 제외하고 나머지 농가 중 가장 점수가 높은 ㉢농가와, B농협은 ㉢농가를 제외한 농가 중 ㉤농가와 계약을 하고, C농협은 ㉠, ㉡, ㉤농가 중 가장 점수가 높은 ㉤농가와 계약을 한다.
따라서 A농협은 ㉢농가, B·C농협은 ㉤농가와 계약을 한다.

35

정답 ③

후보 A는 9월 21일에 불가능하고, 남은 4팀 중 임의의 2팀을 섭외할 경우 예산 내에 모두 가능하다. 인지도 순위는 E>(B, D)>C이므로 E를 섭외하고, 나머지 1팀은 초대가수 후보 B, D 중 섭외가능 날짜가 많은 가수를 섭외한다. 후보 B는 예정일 모두 가능하므로, 조건에 부합하는 섭외가수 2팀은 B, E이다.

36

정답 ①

인지도 조건에서 후보 C는 제외되고, 9월 20일에 섭외가 불가능한 후보 D도 제외된다.
따라서 후보 A, B, E 중 섭외 시 최소비용은 섭외비용이 제일 높은 후보 E를 제외하고, 후보 A, B를 섭외하는 것이다.

37

정답 ④

D농가의 경우 입주일은 2019년 5월 6일이고, 신청일이 2024년 4월 30일이므로 5년이 경과하지 않아 지원받을 수 없다. A농가와 B농가의 경우 신청일로부터 3년 이내에 N은행에서 지원하는 사업을 받았으므로 제외된다. 또한 C농가의 경우 연소득이 4,000만 원 이상이므로 제외된다. 따라서 노후주택 보수 지원 사업에 선정되는 농가는 E농가이다.

38

정답 ①

현재처럼 노후주택 보수비의 70%를 지원한다면 필요예산은 (800+1,200+500+1,100+900)×0.7=3,150만 원이므로 보수비의 지원 비율을 낮춰야 한다. 따라서 다섯 농가의 보수비 총합인 4,500만 원에서 2,500만 원은 $\frac{2,500}{4,500}\times 100 \fallingdotseq 55.6\%$이므로, 선택지 중 이보다 낮은 비율인 50%(2,250만 원)를 지원해 줄 때 모든 농가에 최대한 많은 금액을 지원해 줄 수 있다.

39

정답 ③

오답분석

① 예산 집행 과정에서의 적절한 관리 및 통제는 사업과 같은 큰 단위만이 해당되는 것이 아니라 직장인의 경우 월급, 용돈 등 개인적인 단위에도 해당된다.
② 예산을 잘 수립했다고 해서 예산을 잘 관리하는 것은 아니다. 예산을 적절하게 수립하였다고 하더라도 집행 과정에서 관리에 소홀하면 계획은 무용지물이 된다.
④ 예산 사용 내역에서 계획보다 비계획의 항목이 더 많은 경우는 예산 집행 과정을 적절하게 관리하지 못하는 경우라고 할 수 있다.

40

정답 ②

- (하루 1인당 고용비)=(1인당 수당)+(산재보험료)+(고용보험료)
  50,000+50,000×0.504%+50,000×1.3%
  → 50,000+252+650=50,902원
- (하루에 고용할 수 있는 인원수)=[(본예산)+(예비비)]÷(하루 1인당 고용비)
  600,000÷50,902≒11.8명

따라서 하루 동안 고용할 수 있는 최대 인원은 11명이다.

41

정답 ④

- 직접비용 : ㄱ, ㄴ, ㅁ, ㅂ
- 간접비용 : ㄷ, ㄹ

- **직접비용**
  제품 또는 서비스를 창출하기 위해 직접 소비된 것으로 여겨지는 비용 예 재료비, 원료와 장비 구입비, 인건비, 출장비 등
- **간접비용**
  생산에 직접 관련되지 않은 비용 예 광고비, 보험료, 통신비 등

42

정답 ③

월요일에는 늦지 않게만 도착하면 되므로 서울역에서 8시에 출발하는 KTX를 이용하고, 수요일에는 최대한 빨리 와야 하므로 사천공항에서 19시에 출발하는 비행기를 이용한다.
따라서 소요되는 교통비는 65,200(서울 – 사천 KTX 비용)+22,200(사천역 – 사천연수원 택시비)+21,500(사천연수원 – 사천공항 택시비)+93,200(사천 – 서울 비행기 비용)×0.9=192,780원이다.

43

정답 ③

전체 비용은 (구입 가격)+(운송 비용)이므로 A ~ D사의 전체 비용은 다음과 같다.

- A사 : 89+(1.5×90)=224만 원
- B사 : 149+(1.2×60)=221만 원
- C사 : 115+(1.4×75)=220만 원
- D사 : 186+(1.1×35)=224.5만 원

따라서 N사는 C사와 계약하는 것이 가장 적은 비용이 든다.

44

정답 ④

간트차트를 활용하여 표로 만들면 공정 기간은 다음과 같다.

<table>
<tr><th>1일</th><th>2일</th><th>3일</th><th>4일</th><th>5일</th><th>6일</th><th>7일</th><th>8일</th><th>9일</th><th>10일</th><th>11일</th><th>12일</th></tr>
<tr><td colspan="2">A</td><td colspan="5">B</td><td colspan="5">G</td></tr>
<tr><td colspan="3">C</td><td></td><td></td><td></td><td></td><td></td><td></td><td></td><td></td><td></td></tr>
<tr><td colspan="8">D</td><td colspan="3">F</td><td></td></tr>
<tr><td colspan="3">E</td><td></td><td></td><td></td><td></td><td></td><td></td><td></td><td></td><td></td></tr>
</table>

따라서 공정이 모두 마무리되려면 최소 12일이 걸린다.

45

정답 ④

A대리는 2021년 11월에 입사해 현재 입사한 지 만 2년 이상에 해당한다. 올해 직원 복지 지원금은 한 번도 못 받았으므로 생일, 결혼, 출산, 학자금 모두 신청이 가능한 상황이다.
생일 10만 원, 결혼 50만 원, 출산은 결혼 축하금을 받을 것이고 아이는 등본상 둘째가 되므로 150+20=170만 원이다. 또한 첫째 아이가 중학생이므로 학자금 50만 원을 받는다. 따라서 총 10+50+170+50=280만 원의 혜택을 받을 수 있다.

46

정답 ②

대학원 학자금은 입사 후 만 2년 이상이 지나야 지원되므로 B직원은 받을 수 없고, 주택 대출 5,000만 원 중 절반인 2,500만 원은 최대한도 초과이므로 최대한도인 2,000만 원만 대출받을 수 있다.

47

정답 ①

재작년 3월 초에 입사했다면 입사 후 만 2년에 해당하므로, 대학원 학자금 대출원금의 80%인 1,500×0.8=1,200만 원을 지원받을 수 있다. 또한 주택 지원 대출의 한도는 3,000만 원으로 증가하여, 주택 대출 5,000만 원 중 절반인 2,500만 원이 최대한도 내에 해당되므로 2,500만 원 전액 대출이 가능하다. 따라서 B직원이 지원받을 총금액은 1,200+2,500=3,700만 원이다.

48

정답 ③

- 조직목표는 조직이 달성하려는 장래의 상태이다. (○)
- 조직의 구조는 조직 내의 부문 사이에 형성된 관계로 조직 구성원들의 상호작용을 보여준다. 조직 구성원 간 생활양식이나 가치를 공유하게 되는 것은 조직문화이며 조직구조와는 구분된다. (×)
- 조직도는 조직 구성원들의 임무, 수행과업, 일하는 장소를 알아보는 데 유용하다. (○)
- 조직의 규칙과 규정은 구성원들의 행동범위를 정하고 일관성을 부여하는 역할을 한다. (○)

49

정답 ①

항목별 점수를 환산하면 다음과 같다.

(단위 : 점)

구분	월 적금금액	가입기간	만기지급액	연이율	총점
A상품	1	4	5	4	14
B상품	2	3	3	3	11
C상품	3	2	1	2	8
D상품	4	1	3	1	9

따라서 총점이 가장 높은 A상품에 가입할 것이다.

50

정답 ①

상품별 만기 수령 금액을 계산하면 다음과 같다.

- A상품 : (3,000+1,000)+(3,000×0.065×5)=4,975만 원
- B상품 : (3,150+850)+(3,150×0.055×5)≒4,866만 원
- C상품 : (3,200+800)+(3,200×0.047×6)≒4,902만 원
- D상품 : (3,150+850)+(3,150×0.042×7)≒4,926만 원

따라서 추천해 줄 수 있는 상품은 만기 수령 금액이 가장 높은 A상품이다.

51

정답 ③

농협은 윤리경영의 필요이유는 사회적 책임 수행 요구, 가치를 추구하는 주주 고객 등장, 국제적인 윤리경영 노력 강화, 기업신뢰도 및 국가신인도 향상 등을 이유로 들 수 있으나, 궁극적으로는 기업가치를 향상시켜 지속적으로 기업경영을 영위하기 위함이다.

52

정답 ③

오답분석

- B : 사장 직속으로 4개의 본부가 있다는 설명은 옳지만, 인사만 전담하고 있는 본부는 없으므로 옳지 않다.
- C : 감사실이 분리되어 있다는 설명은 옳지만, 사장 직속이 아니므로 옳지 않다.

53

정답 ④

상호금융기획부는 주요 방침을 결정하는 것이 아니라, 전반적 지원활동을 수행한다.

오답분석

① 윤리경영위원회 – 윤리경영 추진방향 설정, 주요 방침 결정
② 범농협 윤리경영협의회 – 정보공유 및 협력강화, 공동 추진과제 추진
③ 준법지원부 – 윤리경영 실무 총괄

54

정답 ③

영희는 비영리조직이며 대규모조직인 학교와 시민단체에서 7시간 있었다.

• 학교 : 공식조직, 비영리조직, 대규모조직
• 편의점 : 공식조직, 영리조직, 소규모조직
• 스터디 : 비공식조직, 비영리조직, 소규모조직
• 시민단체 : 비공식조직, 비영리조직, 대규모조직

오답분석

① 비공식적이면서 소규모조직인 스터디에서 3시간 있었다.
② 공식조직인 학교와 편의점에서 8시간 있었다.
④ 영리조직인 편의점에서 2시간 있었다.

55

정답 ④

시스템 오류 확인 및 시스템 개선 업무는 고객지원팀이 아닌 시스템개발팀이 담당하는 업무이다.

PART 2

56

정답 ④

효과적인 회의의 5가지 원칙 중 D는 매출성장이라는 목표를 공유하여 긍정적 어법으로 회의에 임하였고, 주제를 벗어나지 않고 적극적으로 임하였다. 따라서 가장 효과적으로 회의에 임한 사람은 D이다.

오답분석

① A는 적극적인 참여가 부족하다.
② B는 부정적인 어법을 사용하고 있다.
③ C는 주제에서 벗어난 이야기를 하고 있다.

57

정답 ②

우선, 박비서에게 회의 자료를 받아와야 하므로 비서실을 들러야 한다. 다음으로 기자단 간담회는 대회 홍보 및 기자단 상대 업무를 맡은 홍보팀에서 기자단 간담회 자료를 정리할 것이므로 홍보팀을 거쳐야 하며, 승진자 인사 발표 소관 업무는 인사팀이 담당한다고 볼 수 있다. 또한, 회사의 차량 배차에 대한 업무는 총무팀과 같은 지원부서의 업무로 보는 것이 타당하다.

58

정답 ③

ㄱ. 집중화 전략에 해당한다.
ㄴ. 원가우위 전략에 해당한다.
ㄷ. 차별화 전략에 해당한다.

59

정답 ③

홍보팀은 브로슈어 제작을 위해 외주 업체 탐색과 외주 업체를 대상으로 디자인 공모를 할 예정이다.

60

정답 ②

우선 회의에서 도출된 12월 행사 관련 보안 사항을 정리한 후 보고서를 작성한다(㉠). 그 후 팀별 개선 방안 및 업무 진행 방향을 체크하고(㉣), 브로슈어 제작 관련 외주 업체 탐색 및 디자인 공모전을 개최한다(㉢). 마지막으로 이 모든 사항을 바탕으로 2월 데이행사 기획안을 작성한 후 보고한다(㉡).

만약 우리가 할 수 있는 일을 모두 한다면, 우리들은 우리 자신에 깜짝 놀랄 것이다.

– 에디슨 –

핵심이론
암기노트

NCS 직무능력평가

CHAPTER 01 의사소통능력

01 동의어 · 유의어

각오(覺悟)=결심(決心), 결의(決意)
간단(簡單)=간이(簡易), 단순(單純)
강조(强調)=부각(浮刻), 역점(力點)
개량(改良)=개선(改善), 개신(改新)
거부(拒否)=거절(拒絕), 사절(謝絕)
결점(缺點)=결함(缺陷), 허점(虛點)
결정(決定)=결의(決意), 결단(決斷)
결핍(缺乏)=결여(缺如), 부족(不足)
고국(故國)=조국(祖國), 모국(母國)
고무(鼓舞)=고취(鼓吹), 독려(督勵)
과오(過誤)=실수(失手), 과실(過失)
공헌(貢獻)=기여(寄與), 이바지
구속(拘束)=속박(束縛), 억압(抑壓)
구획(區劃)=경계(境界), 지구(地區)
규제(規制)=규정(規定), 한정(限定)
귀감(龜鑑)=모범(模範), 교훈(敎訓)
기아(飢餓)=기근(饑饉), 기황(饑荒)
기초(基礎)=기저(基底), 기본(基本)
나태(懶怠)=태만(怠慢), 나만(懶慢)
납득(納得)=요해(了解), 수긍(首肯)
달변(達辯)=웅변(雄辯), 능변(能辯)
달성(達成)=성취(成就), 성공(成功)
답습(踏襲)=모방(模倣), 인습(因襲)
도야(陶冶)=수양(修養), 수련(修鍊)
독점(獨占)=전유(專有)
동조(同祖)=찬성(贊成), 찬동(贊同)
모두(冒頭)=허두(虛頭), 서두(序頭)
모반(謀反)=반역(反逆), 반란(反亂)
모순(矛盾)=상반(相反), 상충(相衝)
발췌(拔萃)=요약(要約), 발취(拔取)
방법(方法)=방도(方道), 방식(方式)
배타(排他)=배척(排斥), 배제(排除)
백미(白眉)=출중(出衆)
사려(思慮)=변별(辨別), 분별(分別)
사명(捨命)=임무(任務), 책임(責任)
삭제(削除)=제거(除去), 말살(抹殺)
상황(狀況)=형편(刑鞭), 처지(處地)
손해(損害)=타격(打擊), 손실(損失)
수리(修理)=수선(修繕), 수장(修粧)
시조(始祖)=원조(元祖), 태두(泰斗)
실망(失望)=실의(失意), 낙담(落膽)
실행(實行)=실천(實踐), 이행(履行)
안전(安全)=안녕(安寧), 평안(平安)
양성(養成)=육성(育成), 함양(涵養)
업적(業績)=공적(功績), 거보(巨步)
영양(營養)=자양(滋養), 양분(養分)

오만(傲慢)=거만(倨慢), 교만(驕慢)
운명(運命)=숙명(宿命), 천운(天運)
운송(運送)=운반(運搬), 수송(輸送)
윤리(倫理)=도덕(道德), 윤상(倫常)
위엄(威嚴)=위세(威勢), 위신(威信)
의견(意見)=의사(意思), 견해(見解)
이용(利用)=활용(活用), 응용(應用)
이익(利益)=이윤(利潤), 수익(收益)
재능(才能)=능력(能力), 기량(器量)
절약(節約)=절감(節減), 절용(節用)
정확(正確)=명확(明確), 확실(確實)
진보(進步)=발전(發展), 향상(向上)
진퇴(進退)=거동(擧動), 거취(去就)
차별(差別)=구별(區別), 차이(差異)
창공(蒼空)=창천(蒼天), 창궁(蒼穹)
창립(創立)=창설(創設), 설립(設立)
추측(推測)=추리(推理), 예측(豫測)
치욕(恥辱)=모욕(侮辱), 모멸(侮蔑)
칭찬(稱讚)=칭송(稱頌), 갈채(喝采)
쾌활(快活)=활발(活潑), 명랑(明朗)
특수(特殊)=특별(特別), 특이(特異)
허락(許諾)=승낙(承諾), 허용(許容)
효용(效用)=효능(效能), 효과(效果)
희롱(戲弄)=농락(籠絡), 희설(戲媟)
희망(希望)=염원(念願), 소망(所望)
힐난(詰難)=힐책(詰責), 책망(責望)

02 반의어

결(可決)－부결(否決)
가열(加熱)－냉각(冷却)
간헐(間歇)－지속(持續)
감성(感性)－이성(理性)
강건(剛健)－유약(柔弱)
강대(强大)－약소(弱小)
강림(降臨)－승천(昇天)
개방(開放)－폐쇄(閉鎖)
객관(客觀)－주관(主觀)
객체(客體)－주체(主體)
거시적(巨視的)－미시적(微視的)
건조(乾燥)－습윤(濕潤)
걸작(傑作)－졸작(拙作)
검약(儉約)－낭비(浪費)
겸손(謙遜)－거만(倨慢)
경솔(輕率)－신중(愼重)
고정(固定)－유동(流動)
공급(供給)－수요(需要)
과격(過激)－온건(穩健)
관철(貫徹)－좌절(挫折)
구속(拘束)－해방(解放)
구체(具體)－추상(抽象)
권리(權利)－의무(義務)
규정(規定)－자유(自由)
귀납(歸納)－연역(演繹)
근면(勤勉)－나태(懶怠)
근소(僅少)－상당(相當)
기결(旣決)－미결(未決)
기발(奇拔)－평범(平凡)

기수(基數) - 서수(序數)
긴장(緊張) - 해이(解弛)
길조(吉兆) - 흉조(凶兆)
낙천(樂天) - 염세(厭世)
남용(濫用) - 절약(節約)
낭독(朗讀) - 묵독(默讀)
내포(內包) - 외연(外延)
눌변(訥辯) - 능변(能辯)
능멸(凌蔑) - 추앙(推仰)
다원(多元) - 일원(一元)
단순(單純) - 복잡(複雜)
단축(短縮) - 연장(延長)
당황(唐慌) - 침착(沈着)
도심(都心) - 교외(郊外)
동요(動搖) - 안정(安定)
득의(得意) - 실의(失意)
막연(漠然) - 확연(確然)
망각(忘却) - 기억(記憶)
매몰(埋沒) - 발굴(發掘)
명예(名譽) - 치욕(恥辱)
문명(文明) - 야만(野蠻)
문어(文語) - 구어(口語)
문외한(門外漢) - 전문가(專門家)
물질(物質) - 정신(精神)
미봉적(彌縫的) - 근본적(根本的)
민감(敏感) - 둔감(鈍感)
밀집(密集) - 산재(散在)
반항(反抗) - 복종(服從)
발랄(潑剌) - 위축(萎縮)
방심(放心) - 조심(操心)
배은(背恩) - 보은(報恩)

부연(敷衍) - 생략(省略)
부인(否認) - 시인(是認)
분리(分離) - 결합(結合)
불문율(不文律) - 성문율(成文律)
산문(散文) - 운문(韻文)
상승(上昇) - 하강(下降)
생성(生成) - 소멸(消滅)
선천(先天) - 후천(後天)
성숙(成熟) - 미숙(未熟)
수절(守節) - 훼절(毁節)
수축(收縮) - 팽창(膨脹)
순탄(順坦) - 험난(險難)
승낙(承諾) - 거절(拒絶)
심야(深夜) - 백주(白晝)
암시(暗示) - 명시(明示)
역경(逆境) - 순경(順境)
열등감(劣等感) - 우월감(優越感)
완만(緩慢) - 급격(急激)
완비(完備) - 불비(不備)
왕복(往復) - 편도(片道)
원인(原因) - 결과(結果)
우량(優良) - 열악(劣惡)
우연(偶然) - 필연(必然)
우회(迂廻) - 첩경(捷徑)
유물론(唯物論) - 유심론(唯心論)
유보(留保) - 결정(決定)
유실(遺失) - 습득(拾得)
은폐(隱蔽) - 공개(公開)
이득(利得) - 손실(損失)
이례(異例) - 통례(通例)
이론(理論) - 실제(實際)

이질(異質) - 동질(同質)
인위(人爲) - 자연(自然)
자율(自律) - 타율(他律)
절대(絶對) - 상대(相對)
정숙(靜肅) - 소란(騷亂)
정오(正午) - 자정(子正)
정착(定着) - 표류(漂流)
조잡(粗雜) - 정밀(精密)
중상(重傷) - 경상(輕傷)
중시(重視) - 경시(輕視)
증가(增加) - 감소(減少)
증진(增進) - 감퇴(減退)
직계(直系) - 방계(傍系)
진화(進化) - 퇴화(退化)
질서(秩序) - 혼돈(混沌)
질의(質疑) - 응답(應答)
집중(集中) - 분산(分散)
집합(集合) - 해산(解散)
착륙(着陸) - 이륙(離陸)
참신(斬新) - 진부(陳腐)
창조(創造) - 모방(模倣)
촉진(促進) - 억제(抑制)
취임(就任) - 사임(辭任)
칭찬(稱讚) - 비난(非難)
쾌락(快樂) - 고통(苦痛)
타당(妥當) - 부당(不當)
퇴영(退嬰) - 진취(進取)
패배(敗北) - 승리(勝利)
평등(平等) - 차별(差別)
폐지(廢地) - 존속(存續)
폭등(暴騰) - 폭락(暴落)
학대(虐待) - 우대(優待)
한랭(寒冷) - 온난(溫暖)
합법(合法) - 위법(違法)
현상(現象) - 본질(本質)
확대(擴大) - 축소(縮小)
환희(歡喜) - 비애(悲哀)
획득(獲得) - 상실(喪失)
횡단(橫斷) - 종단(縱斷)
흥분(興奮) - 안정(安靜)
희박(稀薄) - 농후(濃厚)
희생(犧牲) - 이기(利己)

03 속담

- 가게 기둥에 입춘 : 격에 어울리지 않음 (㊐ 개 발에 주석 편자)
- 가꿀 나무는 밑동을 높이 자른다 : 장래를 생각해서 미리부터 준비를 철저하게 해두어야 함
- 가는 날이 장날이다 : 생각지도 않은 일이 우연히 들어맞음
- 가루는 칠수록 고와지고 말은 할수록 거칠어진다 : 말이란 옮아 갈수록 보태어져서 좋지 않게 되기 쉽기 때문에 말을 삼가야 함
- 갓 쓰고 자전거 탄다 : 어울리지 않고 어색함
- 같은 말이라도 '아' 다르고 '어' 다르다 : 비슷한 말이라도 듣기 좋은 말이 있고 듣기 싫은 말이 있듯이 말을 가려 해야 함
- 개 꼬리 삼년 두어도 황모 못 된다 : 본디부터 나쁘게 태어난 사람은 어떻게 하여도 그 성질이 바뀌지 않음
- 개구리도 움쳐야 뛴다 : 일이 아무리 급해도 준비할 시간이 있어야 함
- 개미가 절구통을 물어 간다 : 협동하여 일을 하면 불가능한 일이 없음
- 개밥에 도토리 : 개는 도토리를 먹지 않기 때문에 밥 속에 있어도 먹지 않고 남긴다는 뜻에서, 따돌림을 받아서 사람들 사이에 끼지 못하는 사람을 비유적으로 이름
- 개 보름 쇠듯 한다 : 명절날 맛좋은 음식도 해 먹지 못하고 그냥 넘김
- 건너다보니 절터 : 얻고자 하나 남의 소유이므로, 도저히 그 뜻을 이룰 수 없음
- 고기는 씹어야 맛이요, 말은 해야 맛이다 : 필요한 말이면 시원히 해 버려야 함
- 고슴도치도 제 새끼는 함함하다고 한다 : 고슴도치도 제 새끼의 털이 부드럽고 번지르르하다고 하듯이 누구든 제 자식은 예뻐함
- 고양이 쥐 생각 : 마음속으로는 전혀 생각지도 않으면서 겉으로만 생각해 주는 척 함
- 광에서 인심 난다 : 자기의 살림이 넉넉해야 비로소 남을 동정함
- 구관이 명관이다 : 무슨 일이든 경험이 많거나 익숙한 이가 더 잘함
- 구더기 무서워서 장 못 담글까 : 다소 방해물이 있어도 할 일은 해야 함
- 굿하고 싶지만 맏며느리 춤추는 것 보기 싫어 못한다 : 무엇을 하려고 할 때 자기 마음에 들지 않는 사람이 참여하여 기뻐하는 것을 보기 싫어서 꺼려 함
- 굳은 땅에 물이 고인다 : 검소한 사람이 아껴서 재산을 모음
- 굽은 나무가 선산을 지킨다 : 쓸모없는 것이 도리어 제 구실을 하게 됨
- 굿이나 보고 떡이나 먹지 : 남의 일에 쓸데없는 간섭 말고 이익이나 얻도록 하라는 뜻
- 귀에 걸면 귀걸이, 코에 걸면 코걸이 : 원칙이 없어 둘러대기에 따라 이렇게도 되고 저렇게도 될 수 있음
- 급하다고 바늘 허리에 실 매어 쓰랴 : 급하다고 해서 밟아야 할 순서를 건너뛸 수는 없음
- 긁어 부스럼이다 : 공연히 일을 만들어 재앙을 불러들임

- 기둥을 치면 대들보가 울린다 : 넌지시 말해도 알아들을 수가 있음
- 깊은 물이라야 큰 고기가 논다 : 깊은 물에 큰 고기가 놀듯이 포부가 큰 사람이라야 큰일을 하게 되고 성공도 하게 됨
- 꿈보다 해몽이 좋다 : 하찮거나 언짢은 일을 그럴듯하게 돌려 생각하여 좋게 풀이함
- 꿔다 놓은 보릿자루 : 아무 말도 없이 우두커니 앉아 있는 사람
- 끓는 국에 맛 모른다 : 급하면 사리 판단을 옳게 할 수 없음
- 나귀는 제 귀 큰 줄을 모른다 : 누구나 남의 허물은 잘 알아도 자기 자신의 결함은 알기 어려움
- 나는 바담 풍(風) 해도 너는 바람 풍 해라 : 자신은 잘못된 행동을 하면서 남보고는 잘하라고 요구함
- 남 떡 먹는데 고물 떨어지는 걱정한다 : 쓸데없는 걱정을 하는 것
- 남이 장에 간다고 하니 거름지고 나선다 : 주관 없이 남의 행동을 따라 함
- 남의 염병이 내 고뿔만 못하다 : 남의 큰 걱정이나 위험도 자기와 관계없으면 하찮게 여김
- 내 칼도 남의 칼집에 들면 찾기 어렵다 : 자기의 물건이라도 남의 손에 들어가면 다시 찾기가 어려움
- 냉수 먹고 이 쑤시기 : 실속은 없으면서 있는 체함
- 노는 입에 염불하기 : 하는 일 없이 노는 것보다 무엇이든 하는 것이 나음
- 노적가리에 불 지르고 싸라기 주워 먹는다 : 큰 것을 잃고 작은 것을 아끼는 사람
- 논 끝은 없어도 일한 끝은 있다 : 일을 꾸준히 하면 성과가 있음
- 높은 가지가 부러지기 쉽다 : 높은 지위에 있으면 시기하는 사람이 많아 오히려 몰락하기 쉬움
- 누울 자리 봐 가며 발 뻗는다 : 다가올 일의 경과를 미리 생각해 가면서 시작함
- 눈 가리고 아웅 : 얕은 수로 남을 속이려 함
- 눈 둘, 귀 둘, 다만 입은 하나 : 눈과 귀가 각각 둘인데 비해서 입이 하나인 것은 눈과 귀는 짝 열고, 보고, 듣되, 입은 꾹 다물고 함부로 말하지 말라는 뜻
- 눈으로 우물 메우기 : 눈(雪)으로 우물을 메우면 눈이 녹아서 허사가 되듯이 헛되이 애만 씀
- 느릿느릿 걸어도 황소걸음 : 일을 천천히 하는 듯해도 꾸준히 하면 큰 성과를 얻을 수 있음
- 다리 아래서 원을 꾸짖는다 : 직접 말을 못하고 안 들리는 곳에서 불평이나 욕을 함
- 달걀에도 뼈가 있다 : 안심했던 일에서 오히려 실수하기 쉬우니 항상 신중을 기해야 함
- 달도 차면 기운다 : 모든 것이 한번 번성하고 가득 차면 다시 쇠퇴함
- 당장 먹기엔 곶감이 달다 : 당장에 좋은 것은 한순간이고 참으로 좋은 것이 못 됨
- 닭 소 보듯 한다 : 서로 무관심하게 보기만 하고 아무 말도 하지 않음
- 도깨비도 수풀이 있어야 모인다 : 의지할 곳이 있어야 무슨 일이든지 이루어짐
- 도끼가 제 자루 못 찍는다 : 자기 허물을 자기가 스스로 고치기는 어려움

- 도둑집 개는 짖지 않는다 : 윗사람이 나쁜 짓을 하면 아랫사람도 자기 할 일을 잊어버리고 태만하게 됨
- 도둑을 맞으려면 개도 안 짖는다 : 운수가 나쁘면 모든 것이 제대로 되지 않음
- 도마에 오른 고기 : 이미 피할 수 없는 운명에 부딪침
- 돌절구도 밑 빠질 날이 있다 : 아무리 단단한 것도 결딴이 날 때가 있음
- 두꺼비 파리 잡아먹듯 한다 : 무엇이고 닥치는 대로 음식을 잘 먹어댐
- 두부 먹다 이 빠진다 : 방심하는 데서 뜻밖의 실수를 함
- 들으면 병이고, 듣지 않으면 약이다 : 마음에 거슬리는 말은 듣지 않는 것만 못함
- 등치고 간 내 먹는다 : 겉으로는 제법 위하는 체 하면서 실상으로는 해를 끼침
- 뚝배기보다 장맛이 좋다 : 겉모양보다 내용이 훨씬 훌륭함
- 마파람에 게 눈 감추듯 : 음식을 어느 결에 먹었을지 모를 만큼 빨리 먹어 버림
- 말은 보태고 떡은 뗀다 : 말은 퍼질수록 더 보태어지고, 음식은 이 손 저 손으로 돌아가는 동안 없어짐
- 말은 할수록 늘고 되질은 할수록 준다 : 말은 퍼질수록 보태어지고, 물건은 옮겨 갈수록 줄어듦
- 말이 많으면 쓸 말이 적다 : 말이 많으면 오히려 실속 있는 말은 적음
- 말이 많은 집은 장맛도 나쁘다 : ① 말만 화려한 사람은 실제로 덕이 없음 ② 집안에 말이 많으면 살림이 잘 안됨
- 말 타면 경마 잡히고 싶다 : 사람의 욕심이란 끝이 없음
- 맑은 물에 고기 안 논다 : 너무 청렴하면 주변에 사람이 모이지 않음
- 망건 쓰자 파장 : 준비를 하다가 때를 놓쳐 목적을 이루지 못함
- 머리를 삶으면 귀까지 익는다 : 제일 중요한 것만 처리하면 다른 것은 자연히 해결됨
- 모난 돌이 정 맞는다 : ① 말과 행동에 모가 나면 미움을 받음 ② 강직한 사람이 남의 공박을 받음
- 모진 놈 옆에 있다가 벼락 맞는다 : 모진 사람하고 같이 있다가 그 사람에게 내린 화를 같이 입음
- 무쇠도 갈면 바늘 된다 : 꾸준히 노력하면 아무리 어려운 일도 이룰 수 있음
- 물동이 이고 하늘 보기 : 물동이를 머리에 이고 하늘을 보면 물동이에 가려서 하늘이 보일 리 없듯이 어리석은 행동을 함
- 물방아 물도 서면 언다 : 물방아가 정지하고 있으면 그 물도 얼듯이 사람도 항상 노력하지 않으면 발전이 없음
- 물 본 기러기 꽃 본 나비 : 바라던 바를 이룸
- 물은 트는 대로 흐른다 : 사람은 가르치는 대로 되고, 일은 사람이 주선하는 대로 됨
- 물이 깊을수록 소리가 없다 : 생각이 깊은 사람일수록 잘난 체하거나 아는 체 떠벌이지 않음 (㉸ 빈 수레가 요란하다)

- 미운 놈 떡 하나 더 준다 : 미운 사람일수록 더 잘 대우해주어 호감을 갖도록 함
- 바늘 가는 데 실 간다 : 서로 밀접한 관계가 있는 것끼리 떨어지지 않고 항상 따름
- 바늘 허리 꿰어 못 쓴다 : 아무리 마음이 급해도 과정을 거쳐야 원하는 것을 얻을 수 있음
- 배 먹고 이 닦기 : 한 가지 일의 성과 외에 또 이익이 생김
- 버들가지가 바람에 꺾일까 : 부드러운 것이 때로는 단단한 것보다 강함
- 벌거벗고 환도 찬다 : 격에 어울리지 않음
- 범은 그려도 뼈다귀는 못 그린다 : 겉모양은 볼 수 있어도 그 내막을 모름
- 변죽을 치면 북판이 울린다 : 슬며시 귀띔만 해 줘도 눈치가 빠른 사람은 곧 알아들음
- 부엌에서 숟가락을 얻었다 : 명색 없는 일을 큰일이나 해낸 듯 자랑함
- 비를 드니까 마당 쓸라고 한다 : 그렇잖아도 하려고 생각하고 있는 일을 남이 시키면 성의가 줄어듦
- 빛 좋은 개살구 : 겉보기에는 먹음직스러운 빛깔을 띠고 있지만 맛은 없는 개살구라는 뜻으로, 겉만 그럴듯하고 실속이 없는 경우를 이름
- 사공이 많으면 배가 산으로 올라간다 : 무슨 일을 할 때 간섭하는 사람이 많으면 일이 잘 안 됨
- 사람과 쪽박은 있는 대로 쓴다 : 살림살이를 하는 데 있어 쪽박이 있는 대로 다 쓰이듯이 사람도 제각기 쓸모가 있음
- 사람 살 곳은 골골이 있다 : 세상 어디에 가나 서로 도와주는 풍습이 있어 살아갈 수 있음
- 새가 오래 머물면 반드시 화살을 맞는다 : 편하고 이로운 곳에 오래 있으면 반드시 화를 당함
- 새도 가지를 가려서 앉는다 : 친구를 사귀거나 사업을 함에 있어서 잘 가리고 골라야 함
- 산이 높아야 골이 깊다 : 원인이나 조건이 갖추어져야 일이 이루어짐
- 소도 언덕이 있어야 비빈다 : 언덕이 있어야 소도 가려운 곳을 비비거나 언덕을 디뎌 볼 수 있다는 뜻으로, 누구나 의지할 곳이 있어야 무슨 일이든 시작하거나 이룰 수 있음
- 손 안 대고 코풀려고 한다 : 수고는 조금도 하지 않고 큰 소득만 얻으려고 함
- 쇠뿔도 단김에 빼랬다 : 무슨 일이든 시작하면 끝을 맺어 버려야 함
- 술 익자 체 장수 간다 : 술이 익어 체로 걸러야 할 때에 마침 체 장수가 지나간다는 뜻으로, 일이 공교롭게 잘 맞아 감
- 쌀독에 앉은 쥐 : 부족함이 없고 만족한 처지
- 썩어도 준치 : 값있는 물건은 아무리 낡거나 헐어도 제대로의 가치를 지님
- 썩은 새끼도 잡아 당겨야 끊어진다 : 아무리 쉬운 일이라도 하지 않고 기다리고 있으면 이루어지지 않음
- 아랫돌 빼어 윗돌 괴기 : 임시변통으로 급한 대로 일을 처리함
- 약방에 감초 : 한약에 감초를 넣는 경우가 많아 한약방에는 감초가 반드시 있다는 데서 유래한 것으로 어떤 일이나 빠짐없이 끼어드는 사람 또는 꼭 있어야 할 물건을 가리킴

- 어둔 밤에 주먹질하기다 : 상대방이 보지 않는데서 화를 내는 것은 아무 소용이 없음
- 언 발에 오줌 누기 : 임시변통은 될지 모르나 효력이 오래가지 못함
- 업은 아이 삼년 찾는다 : 가까운 데 있는 것을 모르고 여기저기 찾아다님
- 우물에 가서 숭늉 찾는다 : 일의 순서도 모르고 성급하게 덤빔
- 입찬소리는 무덤 앞에 가서 하라 : 입찬소리는 죽어서나 하라는 뜻으로, 함부로 장담을 해서는 안 됨
- 잔솔밭에서 바늘 찾기 : 매우 찾기 어려움
- 잘 집 많은 나그네가 저녁 굶는다 : 일을 너무 여러 가지로 벌여 놓기만 하면 결국에는 일의 결실을 보지 못하고 실패함
- 장님 코끼리 만지듯 : 전체를 보지 못하고 일부만 가지고 전체인 듯이 말함
- 장수 나자 용마 난다 : 일이 잘되느라 적합한 조건이 잇달아 생김
- 절룩말이 천 리 간다 : 약한 사람이라도 꾸준하게 열심히 노력하면 무슨 일이라도 할 수 있음
- 절에 가면 중노릇하고 싶다 : 일정한 주견이 없이 덮어 놓고 남을 따르려 함
- 정들었다고 정말 말라 : 아무리 가깝고 다정한 사이라도 서로에게 해서는 안 될 말은 절대로 나누지 말아야 함
- 죽은 자식 나이 세기 : 그릇된 일은 생각해도 소용이 없음
- 중이 미우면 가사도 밉다 : 그 사람이 밉다보니 그에게 딸린 것까지 다 밉게만 보임
- 지붕 호박도 못 따는 주제에 하늘의 천도 따겠단다 : 아주 쉬운 일도 못하면서 당치도 않은 어려운 일을 하겠다고 덤빔
- 찬 물에 기름 돌듯 한다 : 서로 화합하지 않고 따로 도는 사람을 보고 하는 말
- 참깨 들깨 노는데 아주까리가 못 놀까 : 남들이 다 하는 일을 나라고 못 하겠느냐는 뜻
- 처삼촌 묘 벌초하듯 하다 : 일에 정성을 드리지 않고 건성건성 해치움
- 천리마는 늙었어도 천리 가던 생각만 한다 : 몸은 비록 늙었어도 마음은 언제나 젊은 시절과 다름이 없음
- 초상술에 권주가 부른다 : 때와 장소를 분별하지 못하고 행동함
- 초상집 개 같다 : 의지할 데가 없이 이리 저리 헤매어 초라함
- 치고 보니 삼촌이라 : 매우 실례되는 일을 저지름
- 침 뱉은 우물을 다시 먹는다 : 다시는 안 볼 듯이 야박하게 행동하더니 어쩌다가 자신의 처지가 아쉬우니까 다시 찾아옴
- 콩 볶아 먹다가 가마솥 터뜨린다 : 작은 이익을 탐내다가 도리어 큰 해를 입음
- 큰 방축도 개미구멍으로 무너진다 : 작은 사물이라 업신여기다가 그 때문에 큰 화를 입음
- 큰 북에서 큰 소리 난다 : 도량이 커야 훌륭한 일을 함
- 태산을 넘으면 평지를 본다 : 고생을 하게 되면 그 다음에는 즐거움이 옴

• 터진 꽈리 보듯 한다 : 터져서 쓸데없는 꽈리를 보듯이 어느 누구도 탐탁지 않게 여기고 중요시하지 않음
• 팔이 들이굽지 내굽나 : 친밀한 사이에 있는 사람을 먼저 동정하게 됨
• 핑계 없는 무덤 없다 : 무슨 일이든 반드시 둘러댈 핑계가 있음
• 하늘 보고 주먹질한다 : 아무 소용없는 일을 함
• 한강에 돌 던지기 : 지나치게 작아 전혀 효과가 없음
• 혀 아래 도끼 들었다 : 말을 잘못하면 화를 입게 되니 말조심해야 함
• 행랑 빌면 안방까지 든다 : 처음에는 소심하게 발을 들여놓다가 재미를 붙이면 대담해져 정도가 심한 일까지 함
• 호미로 막을 것을 가래로 막는다 : 적은 힘으로 될 일을 기회를 놓쳐 큰 힘을 들이게 됨
• 흘러가는 물도 떠 주면 공이 된다 : 쉬운 일이라도 도와주면 은혜가 됨

04 한자성어

- 가담항설(街談巷說) : 사람들 사이에 떠도는 소문
- 각주구검(刻舟求劍) : 칼을 강물에 떨어뜨리자 뱃전에 그 자리를 표시했다가 나중에 그 칼을 찾으려 한다는 뜻으로, 현실에 맞지 않는 낡은 생각을 고집하는 어리석음을 이름 (㊊ 수주대토)
- 간난신고(艱難辛苦) : 갖은 고초를 겪어 몹시 힘들고 괴로움
- 간담상조(肝膽相照) : 간과 쓸개를 서로 내놓고 보일 정도로 마음을 터놓고 사귀는 사이
- 갈이천정(渴而穿井) : 목이 말라야 우물을 팜
- 감언이설(甘言利說) : 남의 비위에 맞도록 꾸민 달콤한 말과 이로운 조건
- 감탄고토(甘呑苦吐) : 달면 삼키고 쓰면 뱉는다는 뜻으로, 옳고 그름에 상관없이 자기 비위에 맞으면 좋아하고 그렇지 않으면 싫어함
- 갑론을박(甲論乙駁) : 자기의 주장을 세우고 남의 주장을 반박함
- 개세지재(蓋世之才) : 세상을 덮을 만한 재주
- 거두절미(去頭截尾) : 머리와 꼬리를 잘라버린다는 뜻으로, 요점만을 말함
- 거안사위(居安思危) : 편안할 때에도 위기를 생각하며 대비해야 함
- 건곤일척(乾坤一擲) : 승패를 걸고 단판 승부를 겨룸
- 격화소양(隔靴搔痒) : 신을 신은 채 가려운 발바닥을 긁음과 같이 일의 효과를 나타내지 못함
- 견강부회(牽强附會) : 이치에 맞지 않은 말을 억지로 끌어 붙여 자기에게 유리하게 함
- 견문발검(見蚊拔劍) : 모기를 보고 검을 빼든다는 뜻으로, 사소한 일에 지나치게 반응함
- 결자해지(結者解之) : 맺은 사람이 풀어야 한다는 뜻으로, 일을 저지른 사람이 끝을 맺어야 함
- 결초보은(結草報恩) : 죽은 뒤에도 은혜를 잊지 않고 갚음
- 계란유골(鷄卵有骨) : 달걀 속에도 뼈가 있다는 뜻으로, 뜻밖에 장애물이 생김
- 계륵(鷄肋) : '닭의 갈비'라는 뜻으로, 자기에게 별로 요긴한 것은 아니지만 버리기에는 아까운 사물을 이르는 말
- 계명구도(鷄鳴狗盜) : 닭의 울음소리를 잘 내는 사람과 개의 흉내를 잘 내는 좀도둑이라는 뜻으로, 천한 재주를 가진 사람도 때로는 요긴하게 쓸모가 있음
- 고립무원(孤立無援) : 고립되어 구원받을 데가 없음
- 고복격양(鼓腹擊壤) : 배를 두드리면서 땅을 친다는 뜻으로, 태평세월을 표현한 말
- 고식지계(姑息之計) : 임시변통으로 그 순간만을 넘기려는 대책 (㊊ 미봉책, 동족방뇨)
- 고육지계(苦肉之計) : 적을 속이기 위해 자신의 희생을 무릅쓰고 꾸미는 계책

- 고장난명(孤掌難鳴) : ① 혼자서는 어떤 일을 이룰 수 없음 ② 상대(相對) 없이는 싸움이 일어나지 않음
- 과유불급(過猶不及) : 지나친 것은 도리어 미치지 못한 것과 같음 (㊌ 과여불급)
- 괄목상대(刮目相對) : 눈을 비비고 상대를 본다는 뜻으로, 상대의 학식이나 재주가 놀랄 정도의 발전을 보임
- 교각살우(矯角殺牛) : 쇠뿔을 바로잡으려다 소를 죽인다는 뜻으로, 결점을 고치려다 정도가 지나쳐 오히려 일을 그르침
- 교언영색(巧言令色) : 남의 환심을 사기 위해 말을 교묘하게 하고 표정을 꾸밈 (㊌ 감언이설)
- 구밀복검(口蜜腹劍) : 입속에는 꿀을 담고 뱃속에는 칼을 지님 (㊌ 면종복배, 표리부동)
- 구상유취(口尙乳臭) : 입에서 아직 젖내가 난다는 뜻으로, 말과 행동이 매우 유치함
- 귤화위지(橘化爲枳) : 강남(江南)의 귤을 강북(江北)으로 옮기어 심으면 귤이 탱자가 된다는 뜻으로 환경에 따라 사물의 성질이 달라짐
- 근묵자흑(近墨者黑) : 먹을 가까이 하면 검게 된다는 뜻으로 좋지 못한 사람과 가까이 하면 물들게 됨 (㊌ 근주자적)
- 금의야행(錦衣夜行) : 비단 옷을 입고 밤길 걷기. 즉, 아무 보람 없는 일을 하거나 어떤 일을 해도 남이 알아주지 않음을 가리킴
- 금의환향(錦衣還鄕) : 비단 옷을 입고 고향으로 돌아옴. 즉, 타향에서 크게 성공하여 자기 집으로 돌아감
- 기우(杞憂) : 옛날 기나라의 어떤 사람이 하늘이 무너질까 봐 걱정을 했다는 데서 나온 말로, 쓸데없는 걱정을 함
- 난형난제(難兄難弟) : 누구를 형이라 하고 누구를 동생이라 할 지 분간하기 어려움. 즉, 우열을 가리기 어려움 (㊌ 막상막하, 백중지세)
- 낭중지추(囊中之錐) : 송곳이 주머니 속에 들어 있어도 날카로운 끝을 드러내는 것처럼, 재능이 뛰어난 사람은 세상에서 피해 있어도 자연히 사람들에게 알려짐
- 낭중취물(囊中取物) : 주머니 속의 물건을 꺼내는 것과 같이 매우 용이한 일
- 노마지지(老馬之智) : 늙은 말의 지혜라는 뜻으로, 연륜이 깊으면 나름의 장점이 있음
- 누란지세(累卵之勢) : 계란을 쌓아올린 것과 같이 몹시 위태로운 형세
- 능소능대(能小能大) : 모든 일에 두루 능함
- 단기지계(斷機之戒) : 학문을 중도에 그만두는 것은 짜던 베를 끊는 것과 같이 이익이 없음
- 단사표음(簞食瓢飮) : 변변치 못한 음식. 즉, 매우 가난한 살림
- 단순호치(丹脣皓齒) : 붉은 입술과 흰 이. 즉, 여자의 아름다운 얼굴을 가리킴
- 당구풍월(堂狗風月) : 서당 개 삼 년이면 풍월을 읊는다는 뜻으로, 비록 무식한 사람이라도 유식한 사람들과 오래 사귀게 되면 자연히 견문이 생김

- 당랑거철(螳螂拒轍) : 제 힘으로 당하지 못할 것을 생각지 않고 대적하려 함
- 도탄지고(塗炭之苦) : 진흙구덩이나 숯불 속에 떨어진 것 같은 괴로움. 즉, 생활이 몹시 곤란함
- 동량지재(棟梁之材) : 기둥이나 들보가 될 만한 훌륭한 인재. 즉, 한 집이나 한 나라의 큰일을 맡을 만한 사람
- 동상이몽(同床異夢) : 같은 자리에서 자면서 다른 꿈을 꾼다는 뜻으로, 겉으로는 같이 행동하면서도 속으로는 각각 딴생각을 함
- 득롱망촉(得隴望蜀) : 중국 한나라 때 광무제가 농을 정복한 뒤 촉을 쳤다는 데서 나온 말로, 끝없는 욕심을 이름
- 등고자비(登高自卑) : 높은 곳에 오르려면 낮은 곳에서부터 시작해야 함. 즉, 모든 일은 순서를 밟아야 함
- 등하불명(燈下不明) : 등잔 밑이 어두움. 즉, 가깝게 있는 것을 도리어 잘 모름
- 마부위침(磨斧爲針) : 도끼를 갈아 바늘을 만든다는 뜻으로, 아무리 이루기 힘든 일도 끊임없는 노력과 인내로 성공함
- 막역지우(莫逆之友) : 거스름 없는 친한 친구 (㊐ 막역지간)
- 망년지교(忘年之交) : 나이를 따지지 않고 허물없이 사귀는 벗
- 망양보뢰(亡羊補牢) : 양을 잃고서 우리를 고친다는 뜻으로, 어떤 일이 있고 나서야 뒤늦게 대비함
- 망운지정(望雲之情) : 타향에서 어버이를 그리워하는 마음
- 맥수지탄(麥秀之嘆) : 기자(箕子)가 은나라가 망한 뒤에도 보리만은 잘 자라는 것을 보고 한탄하였다는 데서 유래한 것으로 고국의 멸망을 한탄함을 이름
- 면종복배(面從腹背) : 겉으로는 복종하는 체하면서 속으로는 음해할 마음을 가지고 있거나 뒤에서는 모함함
- 멸사봉공(滅私奉公) : 사(私)를 버리고 공(公)을 위하여 힘씀
- 명경지수(明鏡止水) : 사념(邪念)이 전혀 없는 깨끗한 마음을 이름
- 명실상부(名實相符) : 이름과 실상이 들어맞음
- 명약관화(明若觀火) : 불을 보는 것처럼 밝음. 즉, 더 말할 나위 없이 명백함
- 명재경각(命在頃刻) : 목숨이 곧 끊어질 것 같은 위태로운 상황 (㊐ 풍전등화, 일촉즉발, 초미지급, 위기일발)
- 모순(矛盾) : 무엇이든 다 뚫을 수 있는 창과 무엇이든 다 막을 수 있는 방패라는 뜻으로, 말이나 행동의 앞뒤가 일치되지 않음 (㊐ 자가당착)
- 목불식정(目不識丁) : 낫 놓고 기역자도 모를 만큼 아주 무식함
- 목불인견(目不忍見) : 딱한 모양을 눈 뜨고 차마 볼 수 없음
- 묘두현령(猫頭懸鈴) : 고양이 목에 방울 달기라는 뜻으로, 실행할 수 없는 헛된 논의를 가리킴

• 무불통지(無不通知) : 무슨 일이든 모르는 것이 없음 (㊜ 무소부지)
• 무소불위(無所不爲) : 못할 것이 없음
• 무위도식(無爲徒食) : 하는 일 없이 먹기만 함
• 묵적지수(墨翟之守) : '묵적의 지킴'이라는 뜻으로 즉, ① 자기 의견이나 주장을 굽히지 않고 끝까지 지킴 ② 융통성이 없음 (㊟ 묵수)
• 문일지십(聞一知十) : 하나를 들으면 열을 알 정도로 총명함
• 미증유(未曾有) : 지금까지 한 번도 있어 본 일이 없음
• 박이부정(博而不精) : 널리 알되 능숙하거나 정밀하지 못함
• 반목질시(反目嫉視) : 미워하고 질투하는 눈으로 봄 (㊜ 백안시)
• 반포보은(反哺報恩) : 자식이 자라서 어버이의 은혜에 보답함 (㊜ 반포지효)
• 발본색원(拔本塞源) : 폐단의 근원을 아주 뽑아 버려 다시 고치려는 것
• 방약무인(傍若無人) : 곁에 사람이 없는 것처럼 아무 거리낌 없이 함부로 말하고 행동함
• 백골난망(白骨難忘) : 죽어도 잊지 못할 큰 은혜를 입음
• 백년가약(百年佳約) : 남녀가 부부가 되어 평생을 함께 하겠다는 아름다운 약속
• 백년하청(百年河淸) : 백 년을 기다린다 해도 황하의 물은 맑아지지 않는다는 뜻으로, 아무리 바라고 기다려도 실현될 가능성이 없음
• 백년해로(百年偕老) : 부부가 되어 서로 사이좋게 지내며 함께 늙음
• 백중지세(伯仲之勢) : 두 사람의 능력이 비슷하여 우열을 가릴 수 없음 (㊜ 난형난제, 막상막하, 백중지간)
• 부화뇌동(附和雷同) : 아무런 주견 없이 남이 하는 대로 덩달아 행동함
• 불립문자(不立文字) : 마음에서 마음으로 전함 (㊜ 이심전심)
• 불문가지(不問可知) : 묻지 않아도 알 수 있음
• 불치하문(不恥下問) : 자기보다 아랫사람에게 묻는 것을 부끄럽게 여기지 않음
• 빙탄지간(氷炭之間) : 얼음과 숯의 사이. 즉, 서로 화합될 수 없음
• 사면초가(四面楚歌) : 아무에게도 도움을 받지 못하는 외롭고 곤란한 처지
• 사상누각(沙上樓閣) : 모래 위에 세운 누각이라는 뜻으로, 기초가 튼튼하지 못하여 오래 견디지 못할 상태
• 사족(蛇足) : 안 해도 될 쓸데없는 일을 해서 도리어 일을 그르침
• 사필귀정(事必歸正) : 모든 일은 결국 옳은 이치대로 돌아감
• 사후약방문(死後藥方文) : 때가 지난 후에 대책을 세우니 소용이 없음
• 상산구어(上山求魚) : 산에서 물고기를 찾는다는 뜻으로, 당치 않은 곳에서 되지도 않는 것을 원함 (㊜ 연목구어)
• 상전벽해(桑田碧海) : 뽕나무 밭이 변하여 푸른 바다가 된다는 뜻으로, 세상일의 변천이 심함
• 새옹지마(塞翁之馬) : 인생의 길흉화복은 일정하지 않아 예측할 수 없음

- 설망어검(舌芒於劍) : 혀는 칼보다 날카로움. 즉, 말이 칼보다 무서움
- 수구초심(首丘初心) : 여우가 죽을 때 머리를 자기가 살던 굴 쪽으로 둔다는 뜻으로, 고향을 그리워하는 마음
- 수불석권(手不釋卷) : 손에서 책을 놓지 않는다는 뜻으로 늘 학문을 열심히 함
- 수어지교(水魚之交) : 물고기가 물을 떠나서는 살 수 없듯이 떨어지려해도 떨어질 수 없는 아주 친한 사이를 이름
- 숙맥불변(菽麥不辨) : 콩인지 보리인지를 분별하지 못함. 즉, 사물을 잘 분별하지 못하는 어리석은 사람을 가리킴
- 순망치한(脣亡齒寒) : 입술을 잃으면 이가 시리다는 뜻으로, 서로 의지하는 사이 중 한 쪽이 망하면 다른 한쪽도 영향을 받음
- 식소사번(食少事煩) : 먹을 것은 적은데 할 일은 많다는 뜻으로 고생에 비해 대가가 적음
- 십벌지목(十伐之木) : 열 번 찍어 안 넘어가는 나무가 없음
- 십시일반(十匙一飯) : 여러 사람이 힘을 모으면 한 사람을 돕기는 쉬움
- 아전인수(我田引水) : 자기 논에 물대기. 즉, 자기에게만 이롭게 하는 것
- 애이불비(哀而不悲) : 속으로는 슬프지만 겉으로는 슬픔을 나타내지 않음
- 양두구육(羊頭狗肉) : 양 머리를 걸어 놓고 개고기를 판다는 뜻으로, 겉과 속이 서로 다름
- 언중유골(言中有骨) : 부드러운 표현 속에 만만치 않은 뜻이 들어 있음
- 여반장(如反掌) : 손바닥을 뒤집는 것처럼 쉬움
- 염량세태(炎凉世態) : 세력이 있을 때는 따르고 세력이 없어지면 푸대접하는 세상인심
- 오매불망(寤寐不忘) : 자나 깨나 잊지 못함
- 오월동주(吳越同舟) : ① 어려운 상황에서는 원수(怨讐)라도 힘을 모으게 됨 ② 뜻이 전혀 다른 사람들이 한자리에 있게 됨
- 온고지신(溫故知新) : 옛것을 익혀서 그것으로 미루어 새것을 깨달음 (㊒ 법고창신)
- 우공이산(愚公移山) : 어떤 일이라도 끊임없이 노력하면 반드시 이루어짐 (㊒ 마부작침, 적소성대, 적토성산)
- 유비무환(有備無患) : 미리 준비가 되어 있으면 근심이 없음
- 이구동성(異口同聲) : 입은 다르나 목소리는 같다는 뜻으로, 여러 사람의 말이 한결같음
- 이현령비현령(耳懸鈴鼻懸鈴) : ① 정해 놓은 것이 아니고 둘러대기에 따라 다름 ② 하나의 사물(事物)이 양쪽에 관련되어 어느 한쪽으로 결정짓기가 어려움
- 인과응보(因果應報) : 행한 대로 대가를 받음
- 인지상정(人之常情) : 사람이라면 누구나 가지는 인정이나 생각
- 일어탁수(一魚濁水) : 한 사람의 잘못이 여러 사람에게 미침
- 임갈굴정(臨渴掘井) : 목이 마르고서야 우물을 판다는 뜻으로, 미리 준비하지 않고 지내다가 일을 당하고 나서야 서두름

- 자가당착(自家撞着) : 자기 언행의 전후가 일치하지 않음
- 자강불식(自强不息) : 스스로 몸과 마음을 가다듬어 쉬지 않음
- 적수공권(赤手空拳) : 맨손과 맨주먹. 아무것도 가진 것이 없음
- 전전반측(輾轉反側) : 근심이 있어 뒤척거리며 잠을 못 이룸
- 전화위복(轉禍爲福) : 재앙이 복으로 바뀜. 불행한 일도 노력에 따라 행복으로 바뀔 수 있음
- 정문일침(頂門一鍼) : 정수리에 침을 준다는 뜻으로, 남의 급소를 찔러 충고하는 것
- 조령모개(朝令暮改) : 아침에 내린 명령을 저녁에 다시 바꾼다는 뜻으로, 법령이나 명령을 자주 바꿈
- 조삼모사(朝三暮四) : 간사한 꾀로 남을 속이거나, 눈앞에 보이는 차이만 아는 어리석음
- 좌정관천(坐井觀天) : 우물 속에 앉아서 하늘을 본다는 뜻으로, 사람의 견문(見聞)이 매우 좁음 (㊮ 정중관천, 정저지와)
- 주마가편(走馬加鞭) : 달리는 말에 채찍질한다는 뜻으로, 자신의 위치에 만족하지 않고 계속 노력함
- 주마간산(走馬看山) : 달리는 말 위에서 산천을 구경함. 바쁘고 어수선하여 되는 대로 지나쳐 봄
- 중구난방(衆口難防) : 막기 어려울 정도로 여럿이 마구 지껄임
- 지기지우(知己之友) : 자기의 속마음을 참되게 알아주는 벗
- 지록위마(指鹿爲馬) : 사슴을 가리켜 말이라고 한다는 뜻으로, 윗사람을 속여 함부로 권세를 부림
- 진인사대천명(盡人事待天命) : 사람으로서 할 수 있는 일을 다 하고 나서 천명을 기다림
- 창해일속(滄海一粟) : 넓고 큰 바다 속의 좁쌀 한 알이라는 뜻으로, 아주 많거나 넓은 것 가운데 있는 매우 하찮고 작은 것 (㊮ 구우일모)
- 천우신조(天佑神助) : 하늘이 돕고 신이 도움
- 천재일우(千載一遇) : 천 년에 한 번 만남. 좀처럼 만나기 어려운 좋은 기회
- 청출어람(靑出於藍) : 제자가 스승보다 더 훌륭한 경우 (㊮ 후생가외)
- 초미지급(焦眉之急) : 눈썹에 불이 붙음과 같이 매우 다급한 상황
- 촌철살인(寸鐵殺人) : 조그만 쇠붙이로 사람을 죽인다는 뜻으로, 간단한 말로 사물의 가장 요긴한 데를 찔러 듣는 사람을 감동하게 하는 것
- 침소봉대(針小棒大) : 바늘같이 작은 것을 몽둥이라고 크게 말한다는 뜻으로 즉, 작은 것을 크게 과장해서 말함
- 타산지석(他山之石) : 다른 사람의 사소한 언행이나 실수도 나에게 커다란 교훈이나 도움이 될 수 있음
- 토사구팽(兎死狗烹) : 토끼를 다 잡고 나면 개를 삶는다는 뜻으로, 쓸모 있을 때는 이용하다가 가치가 없어지면 버림

- 파안대소(破顔大笑) : 얼굴이 찢어지도록 크게 웃는다는 뜻으로, 한바탕 크게 웃음
- 평지풍파(平地風波) : 고요한 땅에 바람과 물결을 일으킨다는 뜻으로, 괜한 일을 만들어서 뜻밖에 분쟁을 일으킴
- 풍수지탄(風樹之歎) : 부모가 돌아가셔서 더 이상 효도를 할 기회가 없는 슬픔
- 하로동선(夏爐冬扇) : 여름의 화로와 겨울의 부채라는 뜻으로, 쓸모없는 재능을 말함
- 하석상대(下石上臺) : 아랫돌 빼서 윗돌 괴고 윗돌 빼서 아랫돌 괴기. 즉, 임시변통으로 이리 저리 둘러댐
- 학수고대(鶴首苦待) : 학의 목처럼 목을 길게 빼고 간절히 기다림
- 한우충동(汗牛充棟) : 수레로 끌면 마소가 땀을 흘리고, 쌓아 올리면 들보에 닿을 만하다는 뜻으로 책이 많음을 뜻함
- 해로동혈(偕老同穴) : 부부가 살아서는 함께 늙으며 죽어서는 한 무덤에 묻힌다는 뜻으로, 사랑의 굳은 맹세를 이름
- 허심탄회(虛心坦懷) : 마음속에 아무런 거리낌 없이 솔직한 태도로 품은 생각을 터놓고 말함
- 형창설안(螢窓雪案) : 반딧불이 비치는 창과 눈(雪)에 비치는 책상이라는 뜻으로, 어려운 가운데서도 학문에 힘씀
- 호가호위(狐假虎威) : 여우가 호랑이의 위세를 빌려 뽐냄. 즉, 남의 힘을 빌어서 힘있는 체 함
- 호구지책(糊口之策) : ① 살아갈 방법 ② 그저 먹고 살아가는 방책
- 호사유피(虎死留皮) : 범이 죽으면 가죽을 남기는 것과 같이 사람도 죽은 뒤에 이름을 남겨야 함
- 호사토읍(狐死兎泣) : 여우의 죽음에 토끼가 슬피 운다는 뜻으로, 같은 무리의 불행을 슬퍼함
- 화룡점정(畵龍點睛) : 가장 요긴한 곳에 손을 대어 작품을 완성함
- 혼정신성(昏定晨省) : 자식이 아침저녁으로 부모의 안부를 물어서 살핌
- 효시(嚆矢) : 소리 나는 화살을 적진에 쏨으로써 전쟁의 시작을 알림. 즉, 사물의 '맨 처음'을 가리킴
- 회자정리(會者定離) : 만나면 반드시 헤어지게 마련임
- 흥진비래(興盡悲來) : 즐거운 일이 지나가면 슬픈 일이 닥쳐온다는 뜻으로, 세상일은 순환됨 (㉯ 고진감래)

05 헷갈리기 쉬운 어휘

×	○	×	○
~기 마련이다	~게 마련이다	뚜렷히	뚜렷이
가벼히	가벼이	말숙하다	말쑥하다
간(한 간)	칸(한 칸)	머릿말	머리말
강남콩	강낭콩	멋적다	멋쩍다
객적다	객쩍다	몇 일	며칠
거칠은	거친	모밀	메밀
곰곰히	곰곰이	무우	무
곱배기	곱빼기	바래다	바라다(望)
구지	굳이	반짓고리	반짇고리
금새	금세(지금 바로)	번번히	번번이
꺼꾸로	거꾸로	삭월세	사글세
껍질채	껍질째	생각컨대	생각건대
꼬깔	고깔	서슴치	서슴지
끔찍히	끔찍이	숫놈	수놈
널판지	널빤지	숫닭	수탉
넓다랗다	널따랗다	아지랭이	아지랑이
넙적하다	넓적하다	옛스럽다	예스럽다
네째	넷째	오랫만에	오랜만에
녹슬은	녹슨	요컨데	요컨대
높따랗다	높다랗다	일찌기	일찍이
눈쌀	눈살	조그만하다	조그마하다
늙으막	늘그막	집개	집게
닥달하다	닦달하다	치닥거리	치다꺼리
더우기	더욱이	통털어	통틀어
뒷굼치	뒤꿈치	풋나기	풋내기
딱다구리	딱따구리	어떻해	어떻게 해 / 어떡해

06 문서 작성법

1. 공문서

- '누가, 언제, 어디서, 무엇을, 어떻게(왜)'가 드러나도록 작성한다.
- 날짜는 연도와 월일을 반드시 함께 언급한다.
- 날짜 다음에 괄호를 사용할 때는 마침표를 찍지 않는다.
- 내용이 복잡할 경우 '-다음-', '-아래-'와 같은 항목을 만들어 구분한다.
- 한 장에 담아내는 것이 원칙이다.
- 마지막엔 반드시 '끝' 자로 마무리한다.
- 대외문서이고 장기간 보관되는 문서이므로 정확하게 기술한다.

2. 설명서

- 간결하게 작성한다.
- 전문용어의 사용은 가급적 삼간다.
- 복잡한 내용은 도표화한다.
- 명령문보다 평서형으로, 동일한 표현보다는 다양한 표현으로 작성한다.
- 글의 성격에 맞춰 정확하게 기술한다.

3. 기획서

- 무엇을 위한 기획서인지, 핵심 메시지가 정확히 도출되었는지 확인한다.
- 상대가 요구하는 것이 무엇인지 고려하여 작성한다.
- 글의 내용이 한눈에 파악되도록 목차를 구성한다.
- 분량이 많으므로 핵심 내용의 표현에 유념한다.
- 효과적인 내용 전달을 위해 표나 그래프를 활용한다.
- 제출하기 전에 충분히 검토한다.
- 인용한 자료의 출처가 정확한지 확인한다.

4. 보고서

- 핵심 내용을 구체적으로 제시한다.
- 간결하고 핵심적인 내용의 도출이 우선이므로 내용의 중복을 피한다.
- 상대가 궁금한 점을 질문할 것에 대비한다.
- 산뜻하고 간결하게 작성한다.
- 도표나 그림을 적절히 활용한다.
- 참고자료는 정확하게 제시한다.
- 개인의 능력을 평가하는 기본 자료이므로 제출하기 전 최종점검을 한다.

07 경청의 방해요인

구분	내용
짐작하기	상대방의 말을 듣고 받아들이기보다 자신의 생각에 들어맞는 단서들을 찾아 자신의 생각을 확인하는 것
대답할 말 준비하기	자신이 다음에 할 말을 생각하기에 바빠서 상대방이 말하는 것을 잘 듣지 않는 것
걸러내기	상대방의 말을 듣기는 하지만 상대방의 메시지를 온전하게 듣지 않는 것
판단하기	상대방에 대한 부정적인 판단 때문에 또는 상대방을 비판하기 위해 상대방의 말을 듣지 않는 것
언쟁하기	단지 반대하고 논쟁하기 위해서만 상대방의 말에 귀를 기울이는 것
조언하기	본인이 다른 사람의 문제를 지나치게 해결해 주고자 하는 것으로, 말끝마다 조언하려고 끼어들면 상대방은 제대로 말을 끝맺을 수 없음
자존심 세우기	자존심이 강한 사람에게서 나타나는 태도로, 자신의 부족한 점에 대한 상대방의 말을 듣지 않으려 함
슬쩍 넘어가기	문제를 회피하려 하거나 상대방의 부정적 감정을 회피하기 위해서 유머 등을 사용하는 것으로, 이로 인해 상대방이 진정한 고민을 놓치게 됨
비위 맞추기	상대방을 위로하기 위해서 너무 빨리 동의하는 것으로, 상대방에게 자신의 생각이나 감정을 충분히 표현할 시간을 주지 못하게 됨

CHAPTER 02 수리능력

01 기본계산

1 기본계산

(1) 곱셈 기호와 나눗셈 기호의 생략

① 문자와 수의 곱에서는 곱셈 기호 ×를 생략하고, 수를 문자 앞에 쓴다.

예 $x \times 4 = 4x$

② 문자와 문자의 곱에서는 곱셈 기호 ×를 생략하고, 보통 알파벳 순으로 쓴다.

예 $b \times (-3) \times a = -3ab$

③ 같은 문자의 곱은 거듭제곱의 꼴로 나타낸다.

예 $x \times x \times x = x^3$

④ 문자가 섞여 있는 나눗셈에서는 나눗셈 기호 ÷는 쓰지 않고 분수의 모양으로 나타낸다.

예 $a \div 2 = \frac{a}{2}$, $a \times b \div c = \frac{ab}{c}$ $(c \neq 0)$

(2) 사칙연산

① 덧셈(+)

㉠ 같은 부호일 때 : 절댓값의 합에 공통인 부호를 붙인다.

㉡ 서로 다른 부호일 때 : 절댓값의 차에 절댓값이 큰 수의 부호를 붙인다.

② 뺄셈(−) : 빼는 수의 부호를 바꾸어서 덧셈으로 고쳐서 계산한다.

③ 곱셈(×)

㉠ 같은 부호일 때 : 절댓값의 곱에 양의 부호를 붙인다.

㉡ 서로 다른 부호일 때 : 절댓값의 곱에 음의 부호를 붙인다.

④ 나눗셈(÷)

㉠ 같은 부호일 때 : 절댓값의 나눗셈의 몫에 양의 부호를 붙인다.

㉡ 서로 다른 부호일 때 : 절댓값의 나눗셈의 몫에 음의 부호를 붙인다.

덧셈(+)・뺄셈(−)・곱셈(×)・나눗셈(÷)의 혼합 계산

거듭제곱 → 괄호 → 곱셈・나눗셈 → 덧셈・뺄셈

※ 괄호 : (　) → {　} → [　]의 순서

2 등식의 성질

(1) 등식의 양변에 같은 수를 더하거나 빼도 등식은 성립한다.

$a=b$이면 $a+c=b+c$

(2) 등식의 양변에 같은 수를 곱하여도 등식은 성립한다.

$a=b$이면 $a\times c=b\times c$

(3) 등식의 양변을 0이 아닌 같은 수로 나누어도 등식은 성립한다.

$a=b$이면 $\frac{a}{c}=\frac{b}{c}$(단, $c\neq 0$)

3 지수법칙

m, n이 자연수일 때

(1) $a^m\times a^n=a^{m+n}$

(2) $(ab)^n=a^nb^n$

(3) $(a^m)^n=a^{m\times n}$

(4) $\left(\frac{a}{b}\right)^n=\frac{a^n}{b^n}$(단, $b\neq 0$)

(5) $a^0=1$

(6) $a^{-n}=\frac{1}{a^n}$(단, $a\neq 0$)

(7) $a^m\div a^n=\begin{cases} a^{m-n}(m>n\text{일 때}) \\ 1(m=n\text{일 때}) \\ \frac{1}{a^{n-m}}(m<n\text{일 때}) \end{cases}$

4 곱셈 공식과 인수분해

(1) 곱셈 공식

① $(a+b)^2=a^2+2ab+b^2$

② $(a-b)^2=a^2-2ab+b^2$

③ $(a+b)(a-b)=a^2-b^2$

④ $(x+a)(x+b)=x^2+(a+b)x+ab$

⑤ $(ax+b)(cx+d)=acx^2+(ad+bc)x+bd$

(2) 인수분해

① $a^2+2ab+b^2=(a+b)^2$

② $a^2-2ab+b^2=(a-b)^2$

③ $a^2-b^2=(a+b)(a-b)$

④ $x^2+(a+b)x+ab=(x+a)(x+b)$

⑤ $acx^2+(ad+bc)x+bd=(ax+b)(cx+d)$

02 수 · 문자추리

1 수열

(1) 등차수열 : 첫째 항부터 차례로 일정한 수를 더하여 만든 수열

예 1 3 5 7 9 11 13 15

(+2 +2 +2 +2 +2 +2 +2)

(2) 등비수열 : 첫째 항부터 차례로 일정한 수를 곱하여 만든 수열

예 1 2 4 8 16 32 64 128

(×2 ×2 ×2 ×2 ×2 ×2 ×2)

(3) 계차수열 : 앞의 항과의 차가 일정하게 증가하는 수열

예 1 2 4 7 11 16 22 29

(+1 +2 +3 +4 +5 +6 +7)

(+1 +1 +1 +1 +1 +1)

(4) 피보나치수열 : 앞의 두 항의 합이 그다음 항이 되는 수열

$a_n = a_{n-1} + a_{n-2}(n \geq 1,\ a_1 = 1,\ a_2 = 1)$

예 1 1 2(1+1) 3(1+2) 5(2+3) 8(3+5) 13(5+8) 21(8+13)

(5) 건너뛰기 수열 : 두 개 이상의 수열이 일정한 간격을 두고 번갈아가며 나타나는 수열

예 1 1 3 7 5 13 7 19

- 홀수 항 : 1 3 5 7 (+2 +2 +2)
- 짝수 항 : 1 7 13 19 (+6 +6 +6)

(6) 군수열 : 일정한 규칙성으로 몇 항씩 묶어 나눈 수열

① 주어진 수열을 묶어 군수열을 만든다.

② 각 군의 초항을 모아서 새로운 수열 하나를 만든다.

③ 각 군의 초항으로 이루어진 수열의 일반항을 구한다.

④ 일반항을 활용하여 문제에서 요구하는 답을 구한다.

예 $\underbrace{1}_{(1)}$ $\underbrace{1\ 2}_{(1\ 2)}$ $\underbrace{1\ 2\ 3}_{(1\ 2\ 3)}$ $\underbrace{1\ 2\ 3\ 4}_{(1\ 2\ 3\ 4)}$ $\underbrace{1\ 2\ 3\ 4\ 5}_{(1\ 2\ 3\ 4\ 5)}$

(7) 여러 가지 수열

① 제곱형 수열

예 $\underbrace{1}_{1^2}$ $\underbrace{4}_{2^2}$ $\underbrace{9}_{3^2}$ $\underbrace{16}_{4^2}$ $\underbrace{25}_{5^2}$ $\underbrace{36}_{6^2}$ $\underbrace{49}_{7^2}$ $\underbrace{64}_{8^2}$

② **표·도형 수열** : 나열식 수열추리와 크게 다르지 않은 유형으로 수가 들어갈 위치에 따라 시계 방향이나 행, 열의 관계를 유추해야 한다.

예

1	9	12	6
3	11	14	8

(위의 숫자)+2=(아래의 숫자)

③ **묶음형 수열** : 수열을 몇 개씩 묶어서 제시하는 유형으로 묶음에 대한 동일한 규칙을 빠르게 찾아내야 한다.

예 $\underbrace{1\ 3\ 4}_{1+3=4}$ $\underbrace{6\ 5\ 11}_{6+5=11}$ $\underbrace{2\ 6\ 8}_{2+6=8}$ $\underbrace{9\ 3\ 12}_{9+3=12}$

※ 대표 유형

$\underline{A\ B\ C}$

예 $A+B=C$, $A-B=C$, $A\times B=C$, $(A+B)^2=C$, $A^B=C$, $A^2+B^2=C$, $A=B\div C$

$\underline{A\ B\ C\ D}$

예 $A+B+C=D$, $A\times B\div C=D$, $A+B=C-D$, $(A+B=C,\ B+C=D)$, $(A\times B=C,\ C+1=D)$

$\underline{A\ B\ C\ D\ E}$

예 $A\times B=C$, $C+D-1=E$

2 문자열

(1) 알파벳

1	2	3	4	5	6	7	8	9	10	11	12	13	14	15
A	B	C	D	E	F	G	H	I	J	K	L	M	N	O
16	17	18	19	20	21	22	23	24	25	26				
P	Q	R	S	T	U	V	W	X	Y	Z				

(2) 한글 자음

1	2	3	4	5	6	7	8	9	10	11	12	13	14
ㄱ	ㄴ	ㄷ	ㄹ	ㅁ	ㅂ	ㅅ	ㅇ	ㅈ	ㅊ	ㅋ	ㅌ	ㅍ	ㅎ

1	2	3	4	5	6	7	8	9	10	11	12	13	14	15
ㄱ	ㄲ	ㄴ	ㄷ	ㄸ	ㄹ	ㅁ	ㅂ	ㅃ	ㅅ	ㅆ	ㅇ	ㅈ	ㅉ	ㅊ
16	17	18	19											
ㅋ	ㅌ	ㅍ	ㅎ											

(3) 한글 모음

• 일반모음 순서

1	2	3	4	5	6	7	8	9	10
ㅏ	ㅑ	ㅓ	ㅕ	ㅗ	ㅛ	ㅜ	ㅠ	ㅡ	ㅣ

• 이중모음이 포함된 순서

1	2	3	4	5	6	7	8	9	10	11	12	13	14	15
ㅏ	ㅐ	ㅑ	ㅒ	ㅓ	ㅔ	ㅕ	ㅖ	ㅗ	ㅘ	ㅙ	ㅚ	ㅛ	ㅜ	ㅝ
16	17	18	19	20	21									
ㅞ	ㅟ	ㅠ	ㅡ	ㅢ	ㅣ									

03 응용수리

1 방정식

1. 날짜 · 요일 · 시계

(1) 날짜 · 요일

① 정의 : 일정 시간 또는 일수 후에 무슨 요일인지 구하는 유형으로 출제

② 계산

- 1일=24시간=1,440(24×60)분=86,400(1,440×60)초
- 월별 일수 : 1, 3, 5, 7, 8, 10, 12월은 31일, 4, 6, 9, 11월은 30일, 2월은 28일(또는 29일)
- 윤년(2월이 29일)은 4년에 1번 돌아온다.
- x월 y일이 z요일일 때, n일 후 요일은 n을 7로 나눈 나머지를 z요일에 가산하여 구한다(단, x, y, n은 자연수이고, z는 월, 화, 수, 목, 금, 토, 일 중에 하나이다).

(2) 시계

① 정의 : 시침과 분침이 이루는 각도를 구하는 유형으로 출제

② 계산

- 시침이 1시간 동안 이동하는 각도 : $\frac{360^\circ}{12}=30^\circ$
- 시침이 1분 동안 이동하는 각도 : $\frac{30^\circ}{60}=0.5^\circ$
- 분침이 1분 동안 이동하는 각도 : $\frac{360^\circ}{60}=6^\circ$

2. 시간 · 거리 · 속력

(1) 시간

① 정의 : 어떤 거리를 일정한 속력으로 가는 데 걸리는 시간

② 계산 : $(\text{시간})=\frac{(\text{거리})}{(\text{속력})}$

(2) 거리

① 정의 : 일정한 속력으로 일정 시간 동안 이동한 거리

② 계산 : (거리)=(속력)×(시간)

- 기차가 터널을 통과하거나 다리를 지나가는 경우
  (기차가 움직인 거리)=(기차의 길이)+(터널 또는 다리의 길이)
- 두 사람이 반대 방향 또는 같은 방향으로 움직이는 경우
  (두 사람 사이의 거리)=(두 사람이 움직인 거리의 합 또는 차)

(3) 속력

① 정의 : 단위 시간 동안 이동한 거리

② 계산 : $(\text{속력})=\dfrac{(\text{거리})}{(\text{시간})}$

- 흐르는 물에서 배를 타는 경우
  - (하류로 내려갈 때의 속력)=(배 자체의 속력)+(물의 속력)
  - (상류로 올라갈 때의 속력)=(배 자체의 속력)−(물의 속력)

3. 나이 · 인원 · 개수

(1) 나이

① 정의 : 여러 명의 나이를 상대적으로 비교하였을 때, 특정 사람의 나이를 구하는 유형으로 출제

② 계산

- 구하고자 하는 것을 x로 놓는다.
- 미지수의 개수를 최소로 하여 방정식을 세운다.
- 현재의 나이와 과거 또는 미래의 나이를 헷갈리지 않도록 주의한다.

(2) 인원 · 개수

① 정의 : 인원이나 개수를 구하는 문제로 주로 증가, 감소 개념과 함께 출제

② 계산

- x가 $a\%$ 증가하면, $\left(1+\dfrac{a}{100}\right)x$
- x가 $a\%$ 감소하면, $\left(1-\dfrac{a}{100}\right)x$

4. 원가 · 정가 · 할인가(판매가)

(1) 원가

① 정의 : 이익을 붙이기 전의 가격

② 계산 : (원가)=(정가)−(이익)

(2) 정가

① 정의 : 원가에 이익을 가산한 가격

② 계산 : (정가)=(원가)+(이익)

(3) 할인가(판매가)

① 정의 : 정가에서 할인율을 적용하여 실제로 판매하는 가격

② 계산 : (할인가)=(정가)$\times\left\{1-\frac{(\text{할인율})}{100}\right\}$

- (a원에서 b% 할인한 가격)=$a\times\left(1-\frac{b}{100}\right)$
- (a원에서 b원 할인했을 때 할인율)=$\frac{b}{a}\times 100(\%)$

5. 일률 · 톱니바퀴

(1) 일률

① 정의 : 단위시간 동안 처리할 수 있는 작업량

② 계산 : 전체 작업량을 1로 놓고, 분 · 시간 등의 단위 시간 동안 한 일의 양을 기준으로 식을 세운다.

- (일률)=$\frac{(\text{작업량})}{(\text{작업시간})}$
- (작업시간)=$\frac{(\text{작업량})}{(\text{일률})}$
- (작업량)=(일률)×(작업시간)

(2) 톱니바퀴

① **정의** : 톱니의 맞물리는 힘으로 동력을 전달하는 장치. 주로 두 개 이상의 톱니바퀴가 맞물려 돌아갈 때, 회전수 또는 톱니 수를 묻는 문제가 출제

② **계산**

(톱니 수)×(회전수)=(총 톱니 수)임을 이용한다. 즉, 맞물려 돌아가는 A, B 두 톱니에 대하여, (A의 톱니 수)×(A의 회전수)=(B의 톱니 수)×(B의 회전수)가 성립한다.

6. 농도

① **정의** : 용액을 구성하는 용질의 양의 정도

② **계산**

- (용액)=(용매)+(용질)
- (용액의 농도)=$\frac{(\text{용질의 양})}{(\text{용액의 양})}\times 100=\frac{(\text{용질의 양})}{(\text{용질의 양})+(\text{용매의 양})}\times 100(\%)$
- (용질의 양)=$\frac{(\text{용액의 농도})}{100}\times(\text{용액의 양})$

7. 수

① **정의** : 주로 자연수(양의 정수)에 대하여 세 수나 홀/짝, 자릿수로 출제

② **계산**

- 연속하는 세 자연수 : $x-1,\ x,\ x+1$
- 연속하는 세 짝수 또는 홀수 : $x-2,\ x,\ x+2$
- 십의 자릿수가 x, 일의 자릿수가 y인 두 자리 자연수 : $10x+y$
  이 수에 대해, 십의 자리와 일의 자리를 바꾼 수 : $10y+x$
- 백의 자릿수가 x, 십의 자릿수가 y, 일의 자릿수가 z인 세 자리 자연수
  : $100x+10y+z$

8. 단리법 · 복리법

원금을 a, 이율을 r, 기간을 n, 원리금 합계를 S라 할 때, 또는 현재가치를 PV, 이율을 r, 기간을 n, 미래가치를 FV라 할 때(단, 이율과 기간은 연단위로 한다)

(1) 단리법

① **정의** : 원금에 대해서만 약정된 이자율과 기간을 곱해서 이자를 계산하는 방법

② **계산**

- $S = a \times (1 + r \times n)$
- $FV = PV \times (1 + r \times n)$

(2) 복리법

① **정의** : 원금에 대한 이자를 가산시킨 후 이 합계액을 새로운 원금으로 계산하는 방법

② **계산**

- $S = a \times (1 + r)^n$
- $FV = PV \times (1 + r)^n$

2 부등식

① **정의** : 두 수 또는 두 식의 관계를 부등호로 나타낸 식

② **계산** : 문제에 '이상', '이하', '최대', '최소' 등이 들어간 경우로 방정식과 해법이 비슷하다. 구하고자 하는 것을 미지수 x로 놓고 세운 부등식을 다음과 같은 부등식의 성질을 이용하여 풀이한다.

③ **성질**

- 부등식의 양변에 같은 수를 더하거나 양변에 같은 수를 빼도 부등호의 방향은 바뀌지 않는다.

$a < b$이면 $a + c < b + c$, $a - c < b - c$

- 부등식의 양변에 같은 양수를 곱하거나 양변을 같은 양수로 나누어도 부등호의 방향은 바뀌지 않는다.

$a < b$, $c > 0$이면 $a \times c < b \times c$, $\frac{a}{c} < \frac{b}{c}$

- 부등식의 양변에 같은 음수를 곱하거나 양변을 같은 음수로 나누면 부등호의 방향은 바뀐다.

$a<b$, $c<0$이면 $a\times c>b\times c$, $\frac{a}{c}>\frac{b}{c}$

3 경우의 수

① 정의 : 어떤 사건이 일어날 수 있는 모든 가짓수

② 성질

사건 A가 일어나는 경우의 수를 m, 사건 B가 일어나는 경우의 수를 n이라 하면

- 합의 법칙

  두 사건 A, B가 동시에 일어나지 않을 때, 사건 A 또는 사건 B가 일어나는 경우의 수는 $(m+n)$. '또는, ~이거나'라는 말이 나오면 합의 법칙을 사용
- 곱의 법칙

  사건 A와 사건 B가 동시에 일어나는 경우의 수는 $(m\times n)$. '그리고, 동시에'라는 말이 나오면 곱의 법칙을 사용

(1) 순열

① 정의 : 서로 다른 n개에서 순서를 고려하여 서로 다른 r개를 선택하는 가짓수(단, $0\le r\le n$)

② 계산 : ${}_n\mathrm{P}_r=n\times(n-1)\times(n-2)\times\cdots\times(n-r+1)=\frac{n!}{(n-r)!}$

③ 성질

- ${}_n\mathrm{P}_n=n!=n\times(n-1)\times(n-2)\times\cdots\times2\times1$
- $0!=1$, ${}_n\mathrm{P}_0=1$

(2) 조합

① 정의 : 서로 다른 n개에서 순서를 고려하지 않고 서로 다른 r개를 선택하는 가짓수(단, $0\le r\le n$)

② 계산 : ${}_n\mathrm{C}_r=\frac{{}_n\mathrm{P}_r}{r!}=\frac{n!}{r!\times(n-r)!}$

③ 성질 : ${}_n\mathrm{C}_r={}_n\mathrm{C}_{n-r}$, ${}_n\mathrm{C}_0={}_n\mathrm{C}_n=1$

(3) 여러 가지 경우의 수

① 동전 n개를 던졌을 때, 경우의 수 : 2^n

② 주사위 n개를 던졌을 때, 경우의 수 : 6^n

③ 동전 n개와 주사위 m개를 던졌을 때, 경우의 수 : $2^n \times 6^m$

④ n명을 한 줄로 세우는 경우의 수 : $n! = n \times (n-1) \times (n-2) \times \cdots \times 2 \times 1$

⑤ n명 중, m명을 뽑아 한 줄로 세우는 경우의 수 : ${}_{n}\mathrm{P}_{m} = n \times (n-1) \times \cdots \times (n-m+1)$

⑥ n명을 한 줄로 세울 때, m명을 이웃하여 세우는 경우의 수 : $(n-m+1)! \times m!$

⑦ 0이 아닌 서로 다른 한 자리 숫자가 적힌 n장의 카드에서, m장을 뽑아 만들 수 있는 m자리 정수의 개수 : ${}_{n}\mathrm{P}_{m}$

⑧ 0을 포함한 서로 다른 한 자리 숫자가 적힌 n장의 카드에서, m장을 뽑아 만들 수 있는 m자리 정수의 개수 : $(n-1) \times {}_{n-1}\mathrm{P}_{m-1}$

⑨ n명 중, 자격이 다른 m명을 뽑는 경우의 수 : ${}_{n}\mathrm{P}_{m}$

⑩ n명 중, 자격이 같은 m명을 뽑는 경우의 수 : ${}_{n}\mathrm{C}_{m} = \dfrac{{}_{n}\mathrm{P}_{m}}{m!}$

⑪ 원형 모양의 탁자에 n명을 앉히는 경우의 수 : $(n-1)!$

4 확률

① 정의 : 발생할 수 있는 모든 사건의 가짓수 중 특정 사건이 발생할 수 있는 가짓수의 비율

② 성질

- 모든 사건 A에 대해서 $0 \le \mathrm{P}(A) \le 1$이 성립한다.
- 절대로 일어날 수 없는 사건의 확률 $\mathrm{P}(\varnothing) = 0$이다.
- 반드시 일어나는 사건의 확률은 1이다.

사건 A가 일어날 확률을 p(단, $0 \le p \le 1$), 사건 B가 일어날 확률을 q(단, $0 \le q \le 1$)라고 하면

– 확률의 덧셈

두 사건 A, B가 동시에 일어나지 않을 때, 즉 배반사건의 경우 사건 A 또는 사건 B가 일어날 확률은 합으로 계산

$\mathrm{P}(A \cup B) = \mathrm{P}(A) + \mathrm{P}(B) = p + q$

– 확률의 곱셈

사건 A와 B가 서로 무관하게 일어날 때, 즉 독립사건의 경우 사건 A와 사건 B가 동시에 일어날 확률은 곱으로 계산

$\mathrm{P}(A\cap B)=\mathrm{P}(A)\times(B)=p\times q$

(1) 수학적 확률

① 정의 : 표본공간 S에 속하는 근원사건의 수를 $n(S)$, 사건 A에 속하는 근원사건의 수를 $n(A)$이라 할 때 사건 A가 일어날 확률

② 계산

$$(\text{사건 } A\text{가 발생할 확률})=\mathrm{P}(A)=\frac{n(A)}{n(S)}=\frac{(\text{사건 } A\text{가 발생하는 경우의 수})}{(\text{모든 사건이 발생하는 경우의 수})}$$

(단, $0\leq p\leq 1$)

(2) 여사건의 확률

① 정의 : 사건 A에 대하여 사건 A가 일어나지 않을 사건을 A의 여사건이라고 하고, 주로 '적어도'라는 말이 나오면 사용

② 계산 : $\mathrm{P}(A^c)=1-\mathrm{P}(A)$

(3) 조건부 확률

① 정의 : 표본공간 S에서 두 사건 A와 B에 대하여 $\mathrm{P}(B)>0$일 때, 사건 B가 일어난 조건하에서 사건 A가 일어날 확률

② 계산 : $\mathrm{P}(A|B)=\dfrac{\mathrm{P}(A\cap B)}{\mathrm{P}(B)}$

(4) 여러 가지 확률

① **연속하여 뽑을 때, 꺼낸 것을 다시 넣고 뽑는 경우** : 처음과 나중의 모든 경우의 수는 같다.

② **연속하여 뽑을 때, 꺼낸 것을 다시 넣지 않고 뽑는 경우** : 나중의 모든 사건이 발생하는 경우의 수는 처음의 모든 사건이 발생하는 경우의 수보다 1만큼 작다.

③ **도형에서의 확률** : $\dfrac{(\text{해당하는 부분의 넓이})}{(\text{전체 넓이})}$

04 자료해석

(1) 비율

- 기준량에 대한 비교하는 양의 크기
- $\frac{(\text{비교하는 양})}{(\text{기준량})}$

(2) 백분율

- 기준량을 100으로 했을 때의 비율
- $(\text{비율})\times 100=\frac{(\text{비교하는 양})}{(\text{기준량})}\times 100$

(3) 자료의 비교

- 대푯값 : 전체 자료의 특징을 대표적으로 나타내는 값
- 평균 : $\frac{(\text{변량의 총합})}{(\text{변량의 개수})}=\frac{(\text{계급값})\times(\text{도수})\text{의 총합}}{(\text{도수의 총합})}$
- 중앙값 : 변량을 크기 순으로 나열할 때, 중앙에 오는 값
- 최빈값 : 변량 중에서도 도수가 가장 큰 값

(4) 비례배분

- 전체의 양을 주어진 비로 나누는 것
- 전체의 양과 비에 따라 비례배분한 값은 달라짐
- 비례배분한 각각의 값의 합은 전체의 양과 같아짐

> **※ 전체의 양을 A : B $=x:y$로 비례배분하기**
>
> A=(전체의 양)$\times\frac{x}{x+y}$
>
> B=(전체의 양)$\times\frac{y}{x+y}$

(5) 통계

- 변량 : 조사 내용의 특성을 수량으로 나타낸 것
- 편차 : 수치, 위치, 방향 따위가 일정한 기준에서 벗어난 정도의 크기
  - (편차) : (변량)−(평균)
- 분산 : 통계에서 변량이 평균으로부터 떨어져 있는 정도를 나타내는 값
  - $(\text{분산})=\frac{(\text{편차})^2\text{의 총합}}{(\text{변량의 개수})}$
- 표준편차 : 자료의 분산 정도를 나타내는 수치, 분산의 제곱근
  - $(\text{표준편차})=\sqrt{(\text{분산})}$

(6) 증감률

$$(\text{증감률})=\frac{(\text{비교대상 값})-(\text{기준값})}{(\text{기준값})}\times 100$$

(7) %와 %p

- %(퍼센트) : 어떤 양이 전체의 양에 대하여 얼마를 차지하는 단위
- %p(퍼센트포인트) : %로 나타낸 수치가 이전 수치와 비교했을 때 증가하거나 감소한 양

CHAPTER 03 문제해결능력

01 문제해결

1 문제의 분류

구분	내용
발생형 문제 (보이는 문제)	• 눈앞에 발생되어 해결하기 위해 고민하는 문제 • 이탈 문제 : 어떤 기준을 이탈함으로써 생기는 문제 • 미달 문제 : 기준에 미달하여 생기는 문제
탐색형 문제 (보이지 않는 문제)	• 현재의 상황을 개선하거나 효율을 높이기 위한 문제 • 잠재 문제 : 문제가 잠재되어 인식하지 못하다가 결국 확대되어 해결이 어려운 문제 • 예측 문제 : 현재는 문제가 아니지만 계속해서 현재 상태로 진행될 경우를 가정했을 때 앞으로 일어날 수 있는 문제 • 발견 문제 : 현재는 문제가 없으나 좋은 제도나 기법, 기술을 발견하여 개선·향상시킬 수 있는 문제
설정형 문제 (미래의 문제)	• 장래의 경영 전략을 통해 앞으로 어떻게 할 것인가 하는 문제 • 새로운 목표를 설정함에 따라 일어나는 문제로, 목표 지향적 문제라고도 함 • 많은 창조적인 노력이 요구되므로 창조적 문제라고도 함

2 제3자를 통한 문제해결

구분	내용
소프트 어프로치	• 대부분의 기업에서 볼 수 있는 전형적인 스타일 • 조직 구성원들이 같은 문화적 토양을 가짐 • 직접적인 표현보다는 암시를 통한 의사전달 • 결론이 애매하게 산출되는 경우가 적지 않음 • 제3자 : 결론을 미리 그려 가면서 권위나 공감에 의지함
하드 어프로치	• 조직 구성원들이 상이한 문화적 토양을 가짐 • 직설적인 주장을 통한 논쟁과 협상 • 논리, 즉 사실과 원칙에 근거한 토론 • 이론적으로는 가장 합리적인 방법 • 창조적인 아이디어나 높은 만족감을 이끌어 내기 어려움 • 제3자 : 지도와 설득을 통해 전원이 합의하는 일치점을 추구함
퍼실리테이션	• 그룹의 지향점을 알려 주고, 공감을 이룰 수 있도록 도와주는 것 • 창조적인 해결방안 도출, 구성원의 동기와 팀워크 강화 • 퍼실리테이터가 미리 정한 합의점이나 줄거리대로 결론을 도출해서는 안 됨 • 제3자 : 깊이 있는 커뮤니케이션을 통해 창조적인 문제해결을 도모함

02 명제추리

(1) 연역 추론

이미 알고 있는 판단(전제)을 근거로 새로운 판단(결론)을 유도하는 추론이다.

① **직접 추론** : 한 개의 전제에서 새로운 결론을 이끌어내는 추론이며, 대우 명제가 대표적인 예이다.

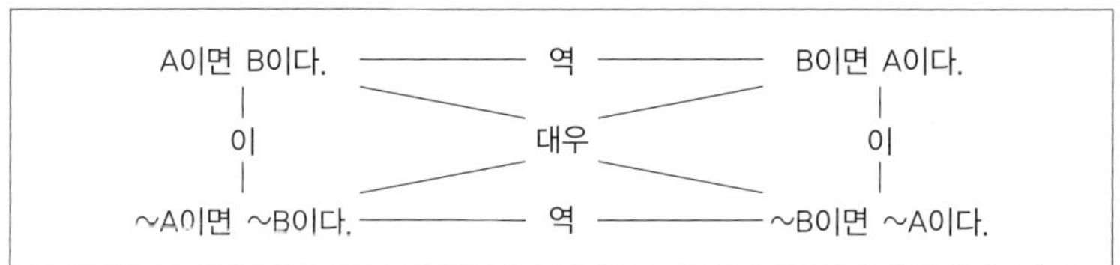

- ~A는 A의 부정 명제이다.
- 명제가 참일 경우 대우 명제도 반드시 참이 된다.
- 명제가 참일 경우 '역'과 '이'는 참일 수도 있고 거짓일 수도 있다.

예 • 명제 : 바나나는 노란 과일이다(참).
- 역 : 노란 과일은 바나나이다(거짓).
- 이 : 바나나가 아니면 노란 과일이 아니다(거짓).
- 대우 : 노란 과일이 아니면 바나나가 아니다(참).

② **간접 추론** : 둘 이상의 전제에서 새로운 결론을 이끌어내는 추론이며, 삼단논법이 가장 대표적인 예이다.

㉠ 정언 삼단논법 : 세 개의 정언 명제로 구성된 간접 추론 방식이다. 세 개의 명제 가운데 두 개의 명제는 전제이고, 나머지 한 개의 명제는 결론이다.

예 모든 사람은 죽는다(대전제). 소크라테스는 사람이다(소전제). 따라서 소크라테스는 죽는다(결론).

㉡ 가언 삼단논법 : '만약 ~이면(전건), ~이다(후건).'라는 하나의 가언 명제와 그 전건 또는 후건에 대한 긍정 또는 부정 명제로 이루어진 삼단논법이다.

예 만일 안개가 끼면, 비행기가 뜨지 않는다. 오늘 안개가 꼈다. 따라서 오늘 비행기가 뜨지 않는다.

㉢ 선언 삼단논법 : ' ~이거나 ~이다.'의 형식으로 표현되며 전제 속에 선언 명제를 포함하고 있는 삼단논법이다.

예 내일은 비가 오거나 눈이 온다. 내일은 비가 오지 않는다. 따라서 내일은 눈이 온다.

(2) 귀납 추론

특수 사실에서 일반적이고 보편적인 법칙을 찾아내는 추론 방법이다.

예 히틀러는 사람이고 죽었다. 스탈린도 사람이고 죽었다. 따라서 모든 사람은 죽는다.

① **통계적 귀납 추론** : 전체 대상 중에서 일부만을 조사하고 관찰한 후에 전체에 대하여 결론을 내리는 추론 방법이다.

② **인과적 귀납 추론** : 이미 발생한 현상이나 결과에서 그 원인을 추론해 가는 추론 방법이다.

(3) 유비 추론

같은 종류의 것들을 비교하는 관계의 속성에서 새로운 사실을 추론하는 사고 방법이다. 즉, 어떤 두 가지의 집합이 있을 때 그 집합이 어떤 관계적 속성을 공유한다면 특정 집합에 A와 B라는 속성이 있고, 다른 집합에 A라는 속성이 있다면 B에 상응하는 속성이 있다는 것을 유추할 수 있다는 것이다. 따라서 유추는 잣대(기준)가 되는 사물이나 현상이 있어야 한다.

예 지구에는 생물이 있다. 화성은 여러 점에서 지구와 유사하다. 따라서 화성에도 생물이 있을 것이다.

03 사고력

1 브레인스토밍 진행방법

- 주제를 구체적이고 명확하게 정한다.
- 구성원의 얼굴을 볼 수 있는 좌석 배치와 큰 용지를 준비한다.
- 구성원들의 다양한 의견을 도출할 수 있는 사람을 리더로 선출한다.
- 구성원은 다양한 분야의 사람들로 5 ~ 8명 정도로 구성한다.
- 발언은 누구나 자유롭게 할 수 있도록 하며, 모든 발언 내용을 기록한다.
- 아이디어에 대해 비판해서는 안 된다.

2 창의적 사고 개발 방법

구분	내용
자유 연상법	생각나는 대로 자유롭게 발상 – 브레인스토밍
강제 연상법	각종 힌트와 강제적으로 연결 지어서 발상 – 체크리스트
비교 발상법	주제의 본질과 닮은 것을 힌트로 발상 – NM법, Synetics

3 논리적 오류의 종류

- 권위나 인신공격에 의존한 논증
  상대방의 주장이 아니라 상대방의 인격을 공격
- 허수아비 공격의 오류
  상대방의 주장과는 전혀 상관없는 별개의 논리를 만들어 공격
- 무지의 오류
  그럴 듯해 보이지만 증명되지 않은 주장(신의 존재 유무 등 증명할 수 없거나 증명이 어려운 분야에서 자주 등장)
- 결합·분할의 오류
  하나의 사례에는 오류가 없지만 여러 사례를 잘못 결합하여 오류가 발생, 논리적 주장을 확대하거나 쪼개서 적용할 경우 흔히 발생됨
- 성급한 일반화의 오류
  몇몇 사례를 일반화하여 발생
- 복합 질문의 오류
  "또다시 이런 죄를 지을 것인가?"와 같은 질문의 경우 "예", "아니오" 중 어떤 답변을 해도 이미 죄를 지었다는 것을 인정하게 됨
- 과대 해석의 오류
  문맥을 무시하고 과도하게 문구에만 집착하여 발생하는 오류
- 연역법의 오류
  삼단 논법을 잘못 적용하여 발생하는 결과의 오류

04 문제처리

1 문제 인식

절차	환경 분석	주요 과제 도출	과제 선정
내용	Business System상 거시 환경 분석 예 3C 분석, SWOT 분석	분석자료를 토대로 성과에 미치는 영향과 의미를 검토하여 주요 과제 도출	후보과제를 도출하고 효과 및 실행가능성 측면에서 평가하여 과제 도출

2 SWOT 분석 및 전략

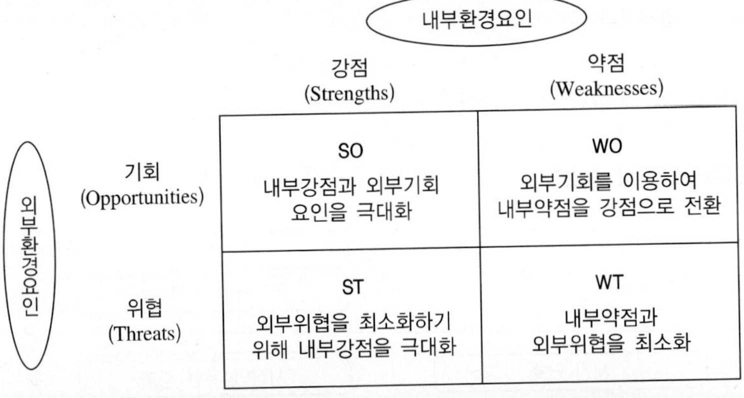

구분	내용
SO전략	외부환경의 기회를 활용하기 위해 강점을 사용하는 전략 선택
ST전략	외부환경의 위협을 회피하기 위해 강점을 사용하는 전략 선택
WO전략	자신의 약점을 극복함으로써 외부환경의 기회를 활용하는 전략 선택
WT전략	외부환경의 위협을 회피하고 자신의 약점을 최소화하는 전략 선택

CHAPTER 04 자원관리능력

01 시간자원관리

1 시간자원관리의 의의

(1) 시간의 특성

- 시간은 똑같은 속도로 흐른다.
- 시간의 흐름은 멈추게 할 수 없다.
- 시간은 빌리거나 저축할 수 없다.
- 시간은 어떻게 사용하느냐에 따라 가치가 달라진다.
- 시간은 시기에 따라 밀도・가치가 다르다.

(2) 시간자원관리의 효과

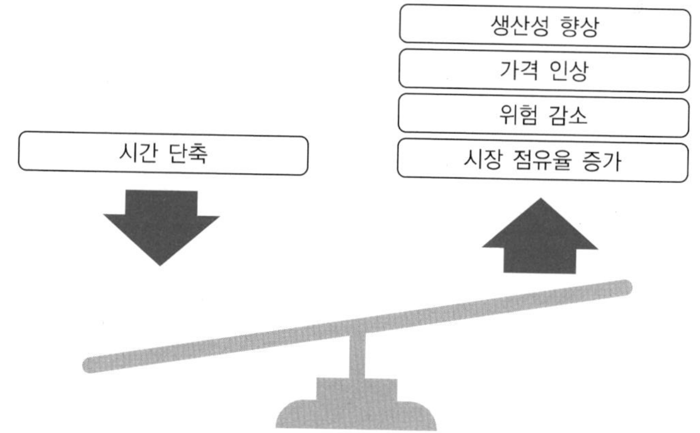

※ 가격 인상은 기업의 입장에서 일을 수행할 때 소요되는 시간을 단축함으로써 비용이 절감되고, 상대적으로 이익이 늘어남으로써 사실상 가격 인상 효과가 있다는 의미이다.

2 시간계획 작성의 순서

㉠ 명확한 목표 설정

㉡ 일의 우선순위 판단(Stenphen R. Covey)

중요성	결과와 연관되는 사명과 가치관, 목표에 기여하는 정도
긴급성	즉각적인 처리가 요구되고 눈앞에 보이며, 심리적으로 압박감을 주는 정도

	긴급함	긴급하지 않음
중요함	Ⅰ 긴급하면서 중요한 일 • 위기상황 • 급박한 문제 • 기간이 정해진 프로젝트	Ⅱ 긴급하지 않지만 중요한 일 • 예방 생산 능력 활동 • 인간관계 구축 • 새로운 기회 발굴 • 중장기 계획, 오락
중요하지 않음	Ⅲ 긴급하지만 중요하지 않은 일 • 잠깐의 급한 질문 • 일부 보고서 및 회의 • 눈앞의 급박한 상황 • 인기 있는 활동	Ⅳ 긴급하지 않고 중요하지 않은 일 • 바쁜 일, 하찮은 일 • 우편물, 전화 • 시간낭비거리 • 즐거운 활동

㉢ 예상 소요 시간 결정

모든 일의 자세한 계산을 할 필요는 없으나, 규모가 크거나 힘든 일의 경우에는 정확한 소요 시간을 계산하여 결정하는 것이 효과적이다.

㉣ 시간 계획서 작성

해야 할 일의 우선순위와 소요 시간을 바탕으로 작성하며 간단한 서식, 일정관리 소프트웨어 등 다양한 도구를 활용할 수 있다.

3 60 : 40의 법칙

계획된 행동(60%)	계획 외의 행동(20%)	자발적 행동(20%)

|◀ 총 시간 ▶|

02 예산자원관리

1 예산자원관리의 의의

(1) 예산자원관리의 의미

아무리 예산을 정확하게 수립하였다 하더라도 활동이나 사업을 진행하는 과정에서 계획에 따라 적절히 관리하지 않으면 아무런 효과가 없다. 따라서 활동이나 사업에 소요되는 비용을 산정하고, 예산을 편성하는 것뿐만 아니라 예산을 통제하는 과정이 필요하며, 이 과정을 예산자원관리라 한다.

(2) 예산자원관리의 필요성

예산자원관리는 이용 가능한 예산을 확인하고, 어떻게 사용할 것인지 계획하여 그 계획대로 사용하는 능력을 의미하며, 최소의 비용으로 최대의 효과를 얻기 위해 요구된다.

(3) 예산책정의 원칙

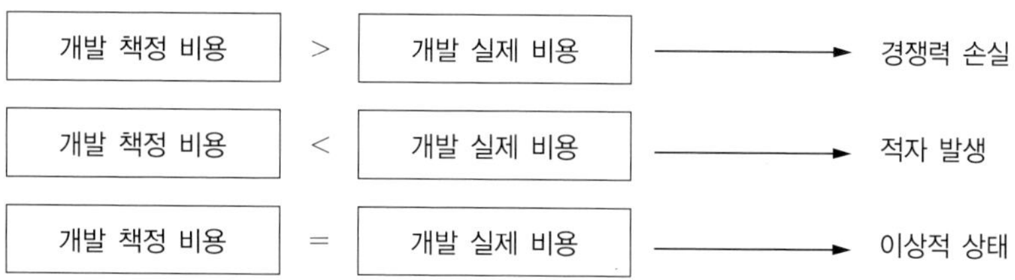

2 예산의 구성요소

(1) 직접비용

간접비용에 상대되는 용어로, 제품 생산 또는 서비스를 창출하기 위해 직접 소비된 것으로 여겨지는 비용을 말한다.

예 재료비, 원료와 장비, 시설비, 여행경비 및 잡비, 인건비 등

(2) 간접비용

제품을 생산하거나 서비스를 창출하기 위해 소비된 비용 중에서 직접비용을 제외한 비용으로, 제품 생산에 직접 관련되지 않은 비용을 말한다.

예 보험료, 건물관리비, 광고비, 통신비, 사무비품비, 각종 공과금 등

03 물적자원관리

1 물적자원관리의 의의

(1) 물적자원의 종류

- 직접비용 : 컴퓨터 구입비, 빔 프로젝터 대여료, 인건비, 출장 교통비, 건물 임대료 등
- 간접비용 : 보험료, 건물관리비, 광고비, 통신비 등

(2) 물적자원 활용의 방해요인

- 보관 장소를 파악하지 못하는 경우
- 훼손된 경우
- 분실한 경우
- 분명한 목적 없이 물건을 구입한 경우

04 인적자원관리

1 인적자원관리의 의의

(1) 인적자원관리의 의미

- 기업이 필요한 인적자원을 조달 · 확보 · 유지 · 개발하여 경영조직 내에서 구성원들이 능력을 최고로 발휘하게 하는 것
- 근로자 스스로가 자기만족을 얻게 하는 동시에 경영 목적을 효율적으로 달성하게끔 관리하는 것

(2) 효율적이고 합리적인 인사관리 원칙

구분	내용
적재적소 배치의 원칙	해당 직무 수행에 가장 적합한 인재를 배치해야 함
공정 보상의 원칙	근로자의 인권을 존중하고 공헌도에 따라 노동의 대가를 공정하게 지급해야 함
공정 인사의 원칙	직무 배당 · 승진 · 상벌 · 근무 성적의 평가 · 임금 등을 공정하게 처리해야 함
종업원 안정의 원칙	직장에서 신분이 보장되고 계속해서 근무할 수 있다는 믿음을 갖게 하여 근로자가 안정된 회사 생활을 할 수 있도록 해야 함
창의력 계발의 원칙	근로자가 창의력을 발휘할 수 있도록 새로운 제안 · 건의 등의 기회를 마련하고, 적절한 보상을 하여 인센티브를 제공해야 함
단결의 원칙	직장 내에서 구성원들이 소외감을 갖지 않도록 배려하고, 서로 유대감을 가지고 협동 · 단결하는 체제를 이루도록 해야 함

CHAPTER 05 조직이해능력

01 조직이해

1 조직과 조직이해

(1) 조직의 기능

경제적 기능	재화나 서비스를 생산함
사회적 기능	조직 구성원들에게 만족감을 주고 협동을 지속시킴

(2) 조직의 유형

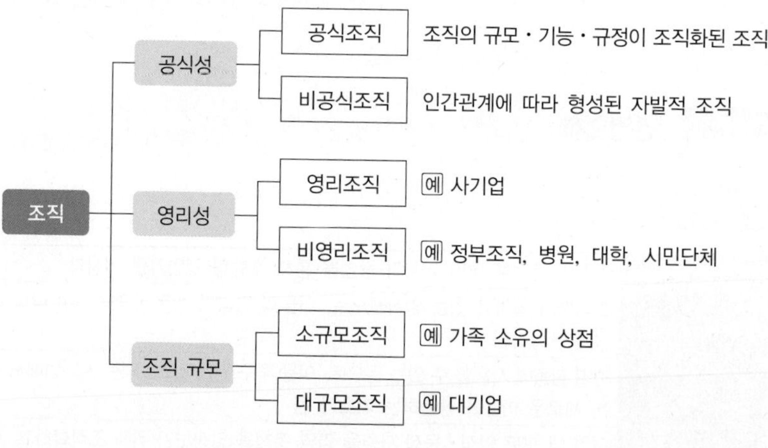

2 조직의 변화

(1) 조직 변화의 과정

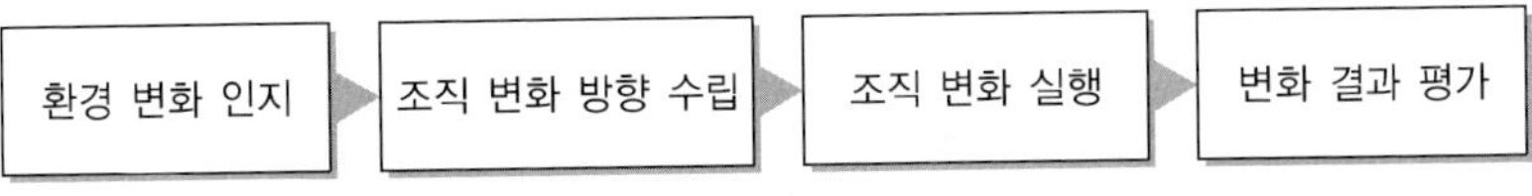

(2) 조직 변화의 유형

제품·서비스의 변화	기존 제품과 서비스의 문제점을 인식하고 고객의 요구에 부응하기 위한 것으로, 고객을 늘리거나 새로운 시장을 확대하기 위해 변화함
전략·구조의 변화	조직의 목적 달성과 효율성 제고를 위해 조직 구조·경영 방식·각종 시스템 등을 개선함
기술의 변화	새로운 기술을 도입하는 것으로, 신기술이 발명되었을 때나 생산성을 높이기 위해 변화함
문화의 변화	구성원들의 사고방식·가치체계를 변화시키는 것으로, 조직의 목적과 일치시키기 위해 문화를 유도함

02 경영이해

1 경영의 4요소

경영 목적	조직의 목적을 어떤 과정과 방법을 통해 수행할 것인가를 제시함
조직 구성원	조직에서 일하고 있는 임직원으로, 이들의 역량과 직무 수행능력에 따라 경영성과가 달라짐
자금	경영 활동에 사용할 수 있는 돈으로, 이윤 추구를 목적으로 하는 사기업에서 자금은 새로운 이윤을 창출하는 기초가 됨
경영 전략	기업 내 모든 인적·물적 자원을 경영 목적을 달성하기 위해 조직화하고, 이를 실행에 옮겨 경쟁우위를 달성하는 일련의 방침 및 활동

2 의사결정과정

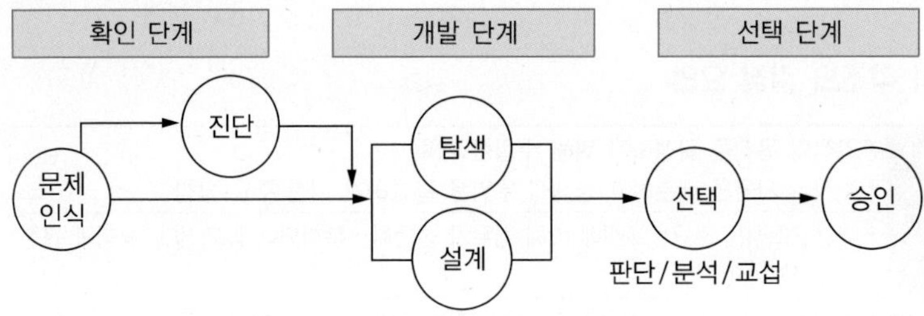

3 본원적 경영 전략

원가우위 전략	• 원가를 절감해 해당 산업에서 우위를 점하는 전략 • 대량생산을 통해 원가를 낮추거나 새로운 생산 기술을 개발해야 함
차별화 전략	• 생산품과 서비스를 차별화해 고객에게 가치 있게 인식되도록 하는 전략 • 연구·개발·광고를 통해 기술·품질·서비스·브랜드 이미지를 개선해야 함
집중화 전략	• 특정 시장과 고객에게 한정된 전략 • 경쟁 조직들이 소홀히 하고 있는 시장을 집중적으로 공략함

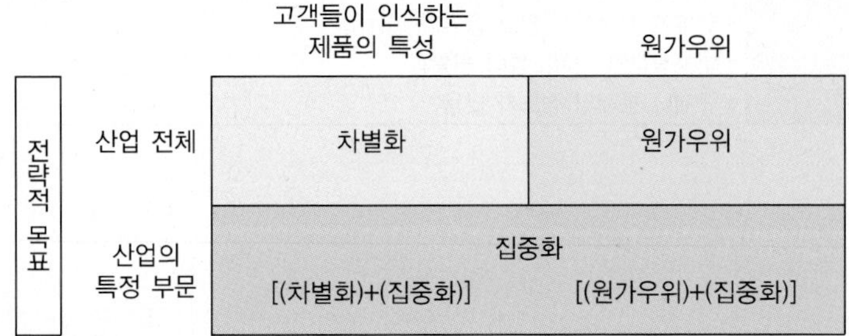

03 체제이해

1 조직 구조의 결정 요인

전략	• 조직의 목적을 달성하기 위해 수립한 계획 • 조직이 자원을 배분하고 경쟁적 우위를 달성하기 위한 주요 방침
규모	• 대규모조직은 소규모조직에 비해 업무가 전문화・분화되어 있고 많은 규칙과 규정이 존재
기술	• 조직이 투입 요소를 산출물로 전환시키는 지식・기계・절차 등을 의미 • 소량생산 기술은 유기적 조직, 대량생산 기술은 기계적 조직과 연결
환경	• 안정적이고 확실한 환경에서는 기계적 조직, 급변하는 환경에서는 유기적 조직이 적합

2 조직 구조의 유형

기계적 조직	• 구성원들의 업무가 분명하게 정의됨 • 다수의 규칙과 규제가 존재함 • 상하 간 의사소통이 공식적인 경로를 통해 이루어짐 • 위계질서가 엄격함
유기적 조직	• 의사결정 권한이 하부 구성원들에게 많이 위임됨 • 업무가 고정되지 않고 공유가 가능함 • 비공식적인 의사소통이 원활함 • 규제나 통제의 정도가 낮음

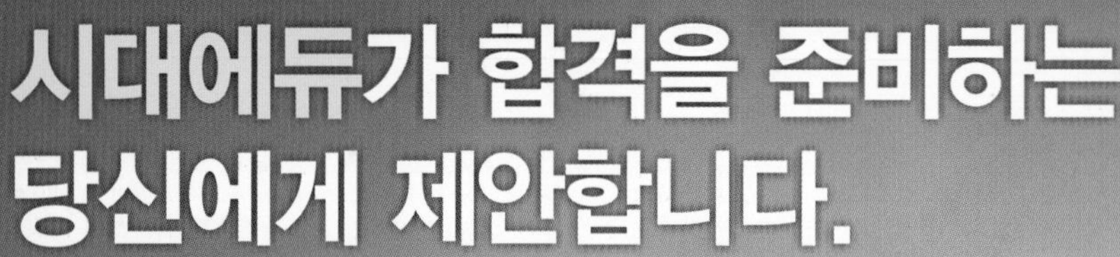
시대에듀가 합격을 준비하는
당신에게 제안합니다.

결심하셨다면 지금 당장 실행하십시오.
시대에듀와 함께라면 문제없습니다.

성공의 기회!
시대에듀를 잡으십시오.

NEXT STEP!

기회란 포착되어 활용되기 전에는 기회인지조차 알 수 없는 것이다.
- 마크 트웨인 -

지역농협 6급

정답 및 해설

2025 최신판 시대에듀 All-New NCS 지역농협 6급
필기시험 최신기출유형 + 모의고사 7회 + 무료NCS특강

개정29판1쇄 발행	2025년 03월 20일 (인쇄 2025년 01월 17일)
초 판 발 행	2006년 10월 20일 (인쇄 2006년 09월 22일)
발 행 인	박영일
책 임 편 집	이해욱
편 저	SDC(Sidae Data Center)
편 집 진 행	안희선 · 한성윤
표지디자인	김지수
편집디자인	김경원 · 장성복
발 행 처	(주)시대고시기획
출 판 등 록	제10-1521호
주 소	서울시 마포구 큰우물로 75 [도화동 538 성지 B/D] 9F
전 화	1600-3600
팩 스	02-701-8823
홈 페 이 지	www.sdedu.co.kr
I S B N	979-11-383-8713-2 (13320)
정 가	26,000원

지역농협 6급 OMR 답안카드(60문항 유형)

성 명

지원 분야

문제지 형별기재란	
(　　　)형	Ⓐ Ⓑ

수 험 번 호						
⓪	⓪	⓪	⓪	⓪	⓪	⓪
①	①	①	①	①	①	①
②	②	②	②	②	②	②
③	③	③	③	③	③	③
④	④	④	④	④	④	④
⑤	⑤	⑤	⑤	⑤	⑤	⑤
⑥	⑥	⑥	⑥	⑥	⑥	⑥
⑦	⑦	⑦	⑦	⑦	⑦	⑦
⑧	⑧	⑧	⑧	⑧	⑧	⑧
⑨	⑨	⑨	⑨	⑨	⑨	⑨

감독위원 확인
㊞ 인

1	①	②	③	④	21	①	②	③	④	41	①	②	③	④
2	①	②	③	④	22	①	②	③	④	42	①	②	③	④
3	①	②	③	④	23	①	②	③	④	43	①	②	③	④
4	①	②	③	④	24	①	②	③	④	44	①	②	③	④
5	①	②	③	④	25	①	②	③	④	45	①	②	③	④
6	①	②	③	④	26	①	②	③	④	46	①	②	③	④
7	①	②	③	④	27	①	②	③	④	47	①	②	③	④
8	①	②	③	④	28	①	②	③	④	48	①	②	③	④
9	①	②	③	④	29	①	②	③	④	49	①	②	③	④
10	①	②	③	④	30	①	②	③	④	50	①	②	③	④
11	①	②	③	④	31	①	②	③	④	51	①	②	③	④
12	①	②	③	④	32	①	②	③	④	52	①	②	③	④
13	①	②	③	④	33	①	②	③	④	53	①	②	③	④
14	①	②	③	④	34	①	②	③	④	54	①	②	③	④
15	①	②	③	④	35	①	②	③	④	55	①	②	③	④
16	①	②	③	④	36	①	②	③	④	56	①	②	③	④
17	①	②	③	④	37	①	②	③	④	57	①	②	③	④
18	①	②	③	④	38	①	②	③	④	58	①	②	③	④
19	①	②	③	④	39	①	②	③	④	59	①	②	③	④
20	①	②	③	④	40	①	②	③	④	60	①	②	③	④

※ 본 답안카드는 마킹연습용 모의 답안카드입니다.

지역농협 6급 OMR 답안카드(60문항 유형)

성 명

지원 분야

문제지 형별기재란	
( )형	Ⓐ Ⓑ

수 험 번 호						
⓪	⓪	⓪	⓪	⓪	⓪	⓪
①	①	①	①	①	①	①
②	②	②	②	②	②	②
③	③	③	③	③	③	③
④	④	④	④	④	④	④
⑤	⑤	⑤	⑤	⑤	⑤	⑤
⑥	⑥	⑥	⑥	⑥	⑥	⑥
⑦	⑦	⑦	⑦	⑦	⑦	⑦
⑧	⑧	⑧	⑧	⑧	⑧	⑧
⑨	⑨	⑨	⑨	⑨	⑨	⑨

감독위원 확인
ⓘ 인

번호					번호					번호				
1	①	②	③	④	21	①	②	③	④	41	①	②	③	④
2	①	②	③	④	22	①	②	③	④	42	①	②	③	④
3	①	②	③	④	23	①	②	③	④	43	①	②	③	④
4	①	②	③	④	24	①	②	③	④	44	①	②	③	④
5	①	②	③	④	25	①	②	③	④	45	①	②	③	④
6	①	②	③	④	26	①	②	③	④	46	①	②	③	④
7	①	②	③	④	27	①	②	③	④	47	①	②	③	④
8	①	②	③	④	28	①	②	③	④	48	①	②	③	④
9	①	②	③	④	29	①	②	③	④	49	①	②	③	④
10	①	②	③	④	30	①	②	③	④	50	①	②	③	④
11	①	②	③	④	31	①	②	③	④	51	①	②	③	④
12	①	②	③	④	32	①	②	③	④	52	①	②	③	④
13	①	②	③	④	33	①	②	③	④	53	①	②	③	④
14	①	②	③	④	34	①	②	③	④	54	①	②	③	④
15	①	②	③	④	35	①	②	③	④	55	①	②	③	④
16	①	②	③	④	36	①	②	③	④	56	①	②	③	④
17	①	②	③	④	37	①	②	③	④	57	①	②	③	④
18	①	②	③	④	38	①	②	③	④	58	①	②	③	④
19	①	②	③	④	39	①	②	③	④	59	①	②	③	④
20	①	②	③	④	40	①	②	③	④	60	①	②	③	④

※ 본 답안카드는 마킹연습용 모의 답안카드입니다.

〈절취선〉

지역농협 6급 OMR 답안카드(70문항 유형)

성 명

지원 분야

문제지 형별기재란	
(　　　)형	Ⓐ Ⓑ

수 험 번 호						
⓪	⓪	⓪	⓪	⓪	⓪	⓪
①	①	①	①	①	①	①
②	②	②	②	②	②	②
③	③	③	③	③	③	③
④	④	④	④	④	④	④
⑤	⑤	⑤	⑤	⑤	⑤	⑤
⑥	⑥	⑥	⑥	⑥	⑥	⑥
⑦	⑦	⑦	⑦	⑦	⑦	⑦
⑧	⑧	⑧	⑧	⑧	⑧	⑧
⑨	⑨	⑨	⑨	⑨	⑨	⑨

감독위원 확인
㉧인

번호	답	번호	답	번호	답	번호	답
1	① ② ③ ④ ⑤	21	① ② ③ ④ ⑤	41	① ② ③ ④ ⑤	61	① ② ③ ④ ⑤
2	① ② ③ ④ ⑤	22	① ② ③ ④ ⑤	42	① ② ③ ④ ⑤	62	① ② ③ ④ ⑤
3	① ② ③ ④ ⑤	23	① ② ③ ④ ⑤	43	① ② ③ ④ ⑤	63	① ② ③ ④ ⑤
4	① ② ③ ④ ⑤	24	① ② ③ ④ ⑤	44	① ② ③ ④ ⑤	64	① ② ③ ④ ⑤
5	① ② ③ ④ ⑤	25	① ② ③ ④ ⑤	45	① ② ③ ④ ⑤	65	① ② ③ ④ ⑤
6	① ② ③ ④ ⑤	26	① ② ③ ④ ⑤	46	① ② ③ ④ ⑤	66	① ② ③ ④ ⑤
7	① ② ③ ④ ⑤	27	① ② ③ ④ ⑤	47	① ② ③ ④ ⑤	67	① ② ③ ④ ⑤
8	① ② ③ ④ ⑤	28	① ② ③ ④ ⑤	48	① ② ③ ④ ⑤	68	① ② ③ ④ ⑤
9	① ② ③ ④ ⑤	29	① ② ③ ④ ⑤	49	① ② ③ ④ ⑤	69	① ② ③ ④ ⑤
10	① ② ③ ④ ⑤	30	① ② ③ ④ ⑤	50	① ② ③ ④ ⑤	70	① ② ③ ④ ⑤
11	① ② ③ ④ ⑤	31	① ② ③ ④ ⑤	51	① ② ③ ④ ⑤		
12	① ② ③ ④ ⑤	32	① ② ③ ④ ⑤	52	① ② ③ ④ ⑤		
13	① ② ③ ④ ⑤	33	① ② ③ ④ ⑤	53	① ② ③ ④ ⑤		
14	① ② ③ ④ ⑤	34	① ② ③ ④ ⑤	54	① ② ③ ④ ⑤		
15	① ② ③ ④ ⑤	35	① ② ③ ④ ⑤	55	① ② ③ ④ ⑤		
16	① ② ③ ④ ⑤	36	① ② ③ ④ ⑤	56	① ② ③ ④ ⑤		
17	① ② ③ ④ ⑤	37	① ② ③ ④ ⑤	57	① ② ③ ④ ⑤		
18	① ② ③ ④ ⑤	38	① ② ③ ④ ⑤	58	① ② ③ ④ ⑤		
19	① ② ③ ④ ⑤	39	① ② ③ ④ ⑤	59	① ② ③ ④ ⑤		
20	① ② ③ ④ ⑤	40	① ② ③ ④ ⑤	60	① ② ③ ④ ⑤		

※ 본 답안카드는 마킹연습용 모의 답안카드입니다.

지역농협 6급 OMR 답안카드(70문항 유형)

성 명

지원 분야

문제지 형별기재란	
(　　　)형	Ⓐ Ⓑ

수 험 번 호						
⓪	⓪	⓪	⓪	⓪	⓪	⓪
①	①	①	①	①	①	①
②	②	②	②	②	②	②
③	③	③	③	③	③	③
④	④	④	④	④	④	④
⑤	⑤	⑤	⑤	⑤	⑤	⑤
⑥	⑥	⑥	⑥	⑥	⑥	⑥
⑦	⑦	⑦	⑦	⑦	⑦	⑦
⑧	⑧	⑧	⑧	⑧	⑧	⑧
⑨	⑨	⑨	⑨	⑨	⑨	⑨

감독위원 확인
㊞

번호	답	번호	답	번호	답	번호	답
1	① ② ③ ④ ⑤	21	① ② ③ ④ ⑤	41	① ② ③ ④ ⑤	61	① ② ③ ④ ⑤
2	① ② ③ ④ ⑤	22	① ② ③ ④ ⑤	42	① ② ③ ④ ⑤	62	① ② ③ ④ ⑤
3	① ② ③ ④ ⑤	23	① ② ③ ④ ⑤	43	① ② ③ ④ ⑤	63	① ② ③ ④ ⑤
4	① ② ③ ④ ⑤	24	① ② ③ ④ ⑤	44	① ② ③ ④ ⑤	64	① ② ③ ④ ⑤
5	① ② ③ ④ ⑤	25	① ② ③ ④ ⑤	45	① ② ③ ④ ⑤	65	① ② ③ ④ ⑤
6	① ② ③ ④ ⑤	26	① ② ③ ④ ⑤	46	① ② ③ ④ ⑤	66	① ② ③ ④ ⑤
7	① ② ③ ④ ⑤	27	① ② ③ ④ ⑤	47	① ② ③ ④ ⑤	67	① ② ③ ④ ⑤
8	① ② ③ ④ ⑤	28	① ② ③ ④ ⑤	48	① ② ③ ④ ⑤	68	① ② ③ ④ ⑤
9	① ② ③ ④ ⑤	29	① ② ③ ④ ⑤	49	① ② ③ ④ ⑤	69	① ② ③ ④ ⑤
10	① ② ③ ④ ⑤	30	① ② ③ ④ ⑤	50	① ② ③ ④ ⑤	70	① ② ③ ④ ⑤
11	① ② ③ ④ ⑤	31	① ② ③ ④ ⑤	51	① ② ③ ④ ⑤		
12	① ② ③ ④ ⑤	32	① ② ③ ④ ⑤	52	① ② ③ ④ ⑤		
13	① ② ③ ④ ⑤	33	① ② ③ ④ ⑤	53	① ② ③ ④ ⑤		
14	① ② ③ ④ ⑤	34	① ② ③ ④ ⑤	54	① ② ③ ④ ⑤		
15	① ② ③ ④ ⑤	35	① ② ③ ④ ⑤	55	① ② ③ ④ ⑤		
16	① ② ③ ④ ⑤	36	① ② ③ ④ ⑤	56	① ② ③ ④ ⑤		
17	① ② ③ ④ ⑤	37	① ② ③ ④ ⑤	57	① ② ③ ④ ⑤		
18	① ② ③ ④ ⑤	38	① ② ③ ④ ⑤	58	① ② ③ ④ ⑤		
19	① ② ③ ④ ⑤	39	① ② ③ ④ ⑤	59	① ② ③ ④ ⑤		
20	① ② ③ ④ ⑤	40	① ② ③ ④ ⑤	60	① ② ③ ④ ⑤		

※ 본 답안카드는 마킹연습용 모의 답안카드입니다.

〈절취선〉